사회보장입법사연구 Ⅰ

이흥재 · 김복기 편저

法文社

서 문

흐르는 것이 물뿐이랴
우리가 저와 같아서
강변에 나가 삽을 씻으며
거기 슬픔도 퍼다 버린다

— 정희성, "저문 강에 삽을 씻고" 중

흐르는 강물처럼, 법(法)도 생성과 변화를 하며 흘러간다.

급속한 고령화, 산업구조의 변화, 그리고 사회 양극화로 인하여 사회보장의 중요성이 그 어느 때보다 큰 오늘날, 우리나라 사회보장법이 앞으로 나아갈 바, 그 입법방향과 지향점을 모색함에 있어 우리 사회보장법의 발원(發源)을 탐색하는 작업은 긴요한 일이다.

이 책은 이러한 탐색의 첫걸음으로, 대한민국 정부 수립 이후 1993년 고용보험법 제정으로 4대 사회보험이 완성되기까지의 사회보장입법 제정사에 대한 연구를 담고 있다. 우리나라 사회보장제도가 규범적으로 정립되었다고 볼 수 있는 이 시기의 주요 사회보장입법(1960년 공무원연금법부터 1993년 고용보험법까지 14개 법률)에 대한 제정사는 기본적으로 각 법률의 입법 배경과 과정에 대한 고찰을 통해 해당 입법의 의의와 한계를 살펴보고 있다(제정일-공포번호순). 이러한 개별 법률에 대한 제정사에 앞서 살펴본 우리나라 사회보장법 형성과 그 입법풍토에 관한 총론적 고찰(이흥재, "사회보장법 형성의 풍토적 특징")은 우리나라 사회보장제도의 규범적 정립 과정을 전체적으로 조망하는 길을 밝히는 탐조등(探照燈)이 될 것이다. 책 말미에서는 우리나라 사회보장법 형성을 주도한 핵심요인 중 하나인 사회보장지향 전문가 집단의 헌신적 노력을 집중적으로 조명하기 위하여, 이 시기 사회보장 입법과정에서 중요한 역할을 수행한 사회보장심의위원회의 활동상을 소개하고 있다(류호연, "사회보장심의위원회의 입법활동").

사회보장입법사 연구에 관한 단행본 발간은 오래전부터 기획된 것으로, 2000년대 서울대학교 대학원 법학과 사회보장법 수업에서 사회보장입법사에 관한 발표를 한 것이 계기가 되었다. 2008년 가을부터 정례화된 서울대 사회보장법연구회의 월례세미나에서도 사회보장입법사에 관한 발표가 이어졌고, 이렇게 축적된 연구를 바탕으로 2010년경부터 단행본 발간을 시도하였으나, 여러 사정들로 인해 그 작업이 마무리되지 못하였고 그간 일부 연구성과들은 서울대 사회보장법연구회의 학술지인 「사회보장법연구」 등을 통해 공개되었다. 여전히 부족한 상태의 때늦은 발간에 아쉬움이 적진 않지만, 「사회보장판례연구」에 이어 사회보장법 연구공동체의 또 하나의 소중한 결실을 맺은 기쁨이 더 큰 말할 나위 없다.

작업기간이 길었던 만큼 이 책이 빛을 보게 되기까지 많은 분들의 노고와 도움이 있었다. 집필자들은 물론, 원고 내용 전반을 검토한 서정희 교수, 차성안 교수, 오대영 변호사, 그리고 해당 작업 당시 연구조교로서 교정 작업을 맡아 준 이다혜 교수, 김주영 변호사에게 감사의 마음을 전한다.

어려운 출판 상황에도 오랫동안의 우정과 사회보장법 발전을 위하여, 「사회보장판례연구」에 이어, 이 책의 출판을 맡아 준 법문사의 모든 분들께도 머리 숙여 감사드린다.

끝으로, 우리나라 사회보장 입법 초기 황량한 풍토 속에 고군분투한 사회보장지향 전문집단의 고독한 헌신에 묵묵히 경의를 표하며, 사회보장입법사 연구가 험난한 역사의 강물 밑에 그들이 퍼다 버린 슬픔도 함께 건져내어 그 위에 사회보장의 꽃을 피울 수 있길 염원한다.

사회보장입법사 연구의 광장인 '사회보장법연구' 창간 10주년이 저무는 즈음에
편저자를 대표하여, 김복기 씀

차 례

사회보장입법사연구

I

解 題

‒ ‘국민생활의 균등한 향상'을 위한 사회보장제도의 규범적 정립 ‒*

김복기**

절대적 빈곤과 은혜적 구빈(救貧)

지금으로부터 약 70여 년 전인 1948. 6. 23. 제헌의회 제17차 회의에서는 국회 헌법기초위원회의 헌법안(헌법초안)에 대한 보고가 있었다. 이 헌법안 제19조는 "노령, 질병 기타 근로능력의 상실로 인하여 생활유지의 능력이 없는 자는 법률의 정하는 바에 의하여 국가의 보호를 받는다."라고 규정하여 생활유지능력 없는 자에 대한 보호의무를 국가에 부여하였다. 헌법안 보고에 이어 시작된 제1독회에서 헌법기초위원회 전문위원 유진오는 이 헌법안의 "기본정신은 정치적 민주주의와 경제적 사회적 민주주의와의 조화를 꾀하려고 하는 데 있다."[1]라고 밝히면서, 구체적으로 제19조에 대하여는 "종래의 체제로 본다면 개인 한 사람 한 사람의 생활문제는 오로지 그 사람에게 맡겨 두"었으나 "우리 헌법은 그렇게 하지 아니하고 생활능력이 없는 사람에게 대해서는 국가가 이것을 보호해서 생활할 수 있게 되도록 그런 체제를 취한 것"[2]이라고 그 취지를 설명하였다.

이러한 헌법초안 제19조는 1948. 7. 17. 제정된 제헌헌법 제19조에 그대로 수용되었으며, 사회보장에 관한 이와 같은 헌법규정은 1962년 헌법 개정 전까지 그대로 유지되었다. 이 국가의무규정에 따라 국가는 사회보장제도를 실시할 의무를 부담하게 되었는데, 이와 관련하여 1948. 8. 15. 정부 수립 이후 종래 미군정의 보건후생부 및 노동부가 병합되어 사회부로 개편되었다.[3] 그러나 이러한 헌법 규정이

---

* 이 글은 "위기의 상시화와 사회안전망으로서 사회보장법의 과제 ‒ 공공부조와 실업보험을 중심으로 본 사회보장법 형성과정과 기본원칙 ‒"(서울대학교 법학, 제58권 제1호, 2017), "헌법과 헌법재판을 통해 본 사회보장법의 전개"(저스티스, 제170권 제3호, 2019) 등 사회보장법의 역사적 전개를 다룬 필자의 이전 연구들에 바탕하여 작성하였다.

** 서울대학교 법학전문대학원 교수.

1) 국회도서관, 「헌법제정회의록(제헌의회)」, 헌정사자료 제1집, 102면.
2) 이상, 위의 책, 104면.
3) 김종수, "제헌헌법 사회보장이념의 재발견과 계승", 「사회보장법연구」, 제2권 제2호, 2013, 31면.

실질적으로 실현되기 위해서는 하위법령과 이에 따른 예산이 뒷받침되어야 했는데, 당시의 열악한 정치적·경제적 상황은 이를 허락하지 않았다. 무엇보다 정부수립 후 만 2년이 지나지 않아 발발한 6·25 전쟁은 당시 사회보장의 중심을 전쟁 피해자에 대한 긴급구호에 둘 수밖에 없도록 하였다. 한국전쟁 이후 1955년 '국민생활보호법' 초안이 마련되고, 1957년 '실업보험법' 초안이 작성되었으나, 모두 예산 부족을 이유로 법률로 제정되지는 못하였다.[4] 결국 1944년 제정·공포된 '조선구호령'[5]이 해방 이후 1961년 '생활보호법'이 제정되기까지 사실상 우리나라 공공부조의 기본법 역할을 담당하였다.

이러한 상황에서 1960년에 이르러서야 비로소 새로운 사회보장입법이 등장하기 시작하는데, 1960. 1. 1. 법률 제533호로 제정·시행된 공무원연금법[전일호, "공무원연금법 제정사"(이하, 제정사의 경우 제목 생략)]이 바로 그것이다. 이 법은 비록 특정 직역에 한정된 법이었으나 우리나라 사회보험법의 효시가 되었다는 점에서 사회보장입법사에서 적지 않은 의미를 부여할 수 있을 것이다.

맹목적 경제성장과 명목적 사회보장권

우리나라 경제사에서 의미가 클 경제개발 5개년 계획의 원년인 1962년은 우리나라 사회보장입법사에서도 특별한 의미가 있는 해이다. 바로 권리로서의 사회보장의 기반을 제공한다고 할 수 있는 '인간다운 생활을 할 권리'가 헌법상 명문화된 해이기 때문이다. 1961년 5·16쿠데타로 권력을 장악한 군사정권은 국가재건최고회의(1961. 5. 19. ~ 1963. 12. 16.)를 통해 사실상 입법권을 행사하고 제5차 개헌을 단행하였으며, 1962. 12. 26. 탄생한 이른바 제3공화국 헌법(제6호 헌법, 1963. 12. 17. 시행)에 '인간다운 생활을 할 권리'가 명문으로 규정되었다.

개정 헌법 제30조는 "모든 국민은 인간다운 생활을 할 권리를 가진다."(제1항)라는 규정을 신설하여 사회보장에 관한 국민의 권리를 보장하고, 다른 한편으로 "국가는 사회보장의 증진에 노력하여야 한다."(제2항)라는 규정을 두어 국가에 사회보장증진에 관한 의무를 부여하였다.[6] 국민의 인간다운 생활을 할 권리를 규정

---

4) 이흥재, "사회보장법 형성의 풍토적 특징 – '전문집단 헌신' 주도 속의 '국민저항과 집권층대응'의 '정치적 산물' –", 「서울대학교 법학」, 제52권 제3호, 2011, 386-387면 참조.

5) 일반적으로 우리나라에서 근대적 의미의 빈민구제제도가 실시된 것은 조선구호령으로 보고 있다(문진영, "공공부조와 생활보호의 역사적 변화와 전망", 「우리 복지국가의 역사적 변화와 전망」, 서울대학교출판문화원, 2015, 130면 참조).

6) 같은 조 제3항은 제헌헌법 제19조의 기본 내용을 이어 받아 "생활능력이 없는 국민은 법률이 정하

한 1962년 헌법의 사회보장에 관한 규정은 그 기본적 형식과 내용이 현행 헌법에 이르기까지 유지되고 있다.[7] 사회보장법의 실질적 규범력이 관련 헌법규정의 형식 및 내용과 무관하지 않다는 점을 고려할 때, 이 헌법 개정은 어떠한 사회보장 관련 법률의 제·개정보다 중요한 사건이었다.

그러나 이러한 진일보한 헌법 개정에도 불구하고 '인간다운 생활을 할 권리'는 법현실에서는 그 옷이 벗겨진 채 초라히 표류하기 시작하였다. 이 규정은 그 문언에도 불구하고 구체적·현실적 권리를 국민에게 부여한 규정이 아니라 국가의 사회정책적 목표 내지 정치적 강령을 선언한 것으로 국가권력에 대하여 정치적·도의적 책임을 지운 것에 불과하다는 것이 1962년 헌법상 '인간다운 생활을 할 권리'의 법적 성격에 관한 주류의 견해였다.[8] 이후 사회적 기본권 일반에 대하여 법적 권리로의 새로운 가능성이 점차 모색되고, 사회적 기본권을 구체적 권리로 파악하려는 시도가 행해졌으나,[9] 이 기본권의 법적 성격을 둘러싼 논의는 헌법의 규범력을 소송법적으로 확인한 헌법재판, 즉 현행 헌법에 의거하여 1988년 창립된 헌법재판소에 의한 헌법소원심판이 시행된 이후에야 비로소 긴 표류를 마칠 수 있게 되었다. 사회 전반의 경제성장에도 불구하고 경제적 약자를 위한 사회권 실현의 긴요함과 절박함이 인식되지 못한 우리 법현실의 한 단면이라 할 수 있겠다.[10]

복지의 실시에 재원이 필요하다는 점에서 경제성장이 사회보장 수준과 밀접한 관련을 맺을 수밖에 없다는 점은 다언을 요하지 않는다. 1996년까지 총 7차례에 걸쳐 시행된 경제개발 5개년 계획은 경제의 대외의존 심화와 빈부격차 등의 부작용을 낳기도 하였지만 우리나라 압축고도성장을 표현하는 하나의 상징이 되었다. 그러나 전반적으로 볼 때 이러한 경제성장이 실질적인 사회보장입법 내지 규범력 강화로 이어진 것은 아니었다. 박정희정권은 국가재건최고회의 시절 '사회보장제도심의위원회'(사회보장에 관한 법률 제정 후 '사회보장심의위원회'로 명칭변경)를 설치하고, 오랜 기간 우리나라 공공부조법의 근간이 된 생활보호법(1961. 12. 30. 법률

는 바에 의하여 국가의 보호를 받는다."라고 규정하였다.

7) 구체적으로 1969년 헌법과 1972년 헌법에는 1962년 헌법 제30조 제1항 내지 제3항이 그대로 유지되었고, 후술하는 바와 같이 1980년 헌법 개정 때에 제2항이 수정되었고, 이어서 1987년 헌법 개정 때에는 제3항 내지 제6항이 수정 내지 신설되었다.

8) 한병호, "사회적 기본권 50년", 「헌법학연구」, 제4집 제1호, 1998, 114면.

9) 한병호, 위의 글, 116, 120면 참조.

10) 한병호, 위의 글, 133면 참조.

제913호, 1962. 1. 1. 시행 – 방정열)을 비롯하여 아동복리법(1961. 12. 30. 법률 제912호, 1962. 1. 1. 시행 – 김태선), 사회보장에 관한 법률(1963. 11. 5. 법률 제1437호, 같은 날 시행 – 오대영), 산업재해보상보험법(1963. 11. 5. 법률 제1438호, 1964. 1. 1. 시행 – 김재희), 의료보험법(1963. 12. 16. 법률 제1623호, 1964. 3. 17. 시행 – 이율경) 등을 제정하였으나, 산업재해보상보험법을 제외하고는 대부분 장식적(裝飾的) 입법에 지나지 않았다.

특히, 1961년 제정된 '생활보호법'은 군사정권 시절 명목적으로 제정된 대표적인 사회보장입법 중 하나라고 할 수 있다. 제정 '생활보호법'은 대한민국 정부 수립 이후 첫 공공부조법이란 점에서 그 기본 의의를 찾을 수 있겠으나, 그 당시 경제상황상 보호대상자에 대해 실질적인 최저생활 보장을 할 수 없었던 현실적 한계는 별론으로 하더라도, 보호대상을 빈민 일반으로 하지 않고 기본적으로 연령을 기준으로 노동능력이 없는 자에 한정하였다는 점에서 규범적 한계를 갖고 있었다. 한편, 산업재해보상보험법이 이 시기의 다른 법률들과 달리 사문화되지 않은 배경에는 산업재해를 둘러싼 노사 간 이해관계의 일치, 즉 산업재해는 산업화 초기에 어느 나라에서나 심각하게 대두되는 사회문제이고 사용자의 책임과도 관련되어 있기 때문에 산재보험의 시행에 노사 간 이해가 일치하는 측면이 있었다.[11]

공화당정권에서는 사회복지사업법(1970. 1. 1. 법률 제2191호, 1970. 4. 2. 시행 – 심재진), 사립학교교원연금법(1973. 12. 20. 법률 제2650호, 1974. 1. 1. 시행 – 장혜영)이 제정·시행되었고, 1976년에는 의료보험법이 개정되어 이듬해부터 500인 이상 근로자를 고용하는 사업장에 적용되게 되었다. 무엇보다 1973년 제정되었으나 이듬해 발령된 긴급조치(제3호)에 의하여 그 시행이 무기한 연기된 국민복지연금법(1973. 12. 24. 법률 제2655호 – 서정희)의 운명은 경제성장기 우리나라 사회보장입법의 또 다른 측면을 상징적으로 보여주고 있다. 경제기획원의 한국개발연구원에 의하여 주도적으로 입안된 이 법의 진정한 제정목적은 국민의 노후 사회보장에 있는 것이 아니라 사실은 중화학 공업 육성을 위한 내자동원에 있었으며 그나마 제1차 오일쇼크 이후 자금조달효과 축소 등을 이유로 시행이 되지 못하였던 것이다.[12]

1980년 신군부의 주도로 이루어진 제8차 개헌으로 1980. 10. 27. 이른바 제5공

---

11) 전광석, "헌법 50년과 사회보장법의 발전", 「한림법학 FORUM」, 제8권, 1999, 156면 참조.
12) 이홍재, 앞의 글, 394면.

화국 헌법(제9호 헌법, 같은 날 시행)이 탄생하였다.[13] 전두환정권에서도 3저 호황의 괄목할 경제성장이 이루어졌음에도 불구하고 이 시기 사회보장 영역에서 새롭게 이루어진 입법은 많지 않았는데, 주요 입법으로 심신장애자복지법(1981. 6. 5. 법률 제3452호, 같은 날 시행 – 김종수)과 노인복지법(1981. 6. 5. 법률 제3453호, 같은 날 시행 – 황신정), 그리고 법률구조법(1986. 12. 23. 법률 제3862호, 1987. 7. 1. 시행 – 구본권) 정도를 들 수 있겠다. 노인복지법과 심신장애자복지법은 대부분 노력의무 내지 임의규정으로 이루어진 명목적 입법에 지나지 않았으며, 법률구조법의 제정은 추후 검찰청으로부터 관련 조직이 독립되기 전까지는 별다른 변화를 가져오지 못했다.

이처럼 군사정권 시기에는 사회보장에 관한 권리가 헌법상 명문으로 규정되고 또 경제성장이 고도로 진행되었음에도 불구하고, 사회보장 영역 전반에서 그에 상응하는 실질적인 개선은 없었던 것으로 보인다. 헌법개정권자가 권리의 옷을 입혀주었음에도 불구하고 권리성이 부인되고, 고도경제성장에도 불구하고 성장의 과실(果實)이 일반 국민에게 복지의 형태로 전달되지 않는 현실은 우연의 일치인가? 1962년 헌법과 관련하여 전광석 교수가 지적한 바와 같이 "잘 정비된 사회적 기본권이 결코 자동적으로 헌법현실을 가져오는 것은 아니며, 오히려 부정적인 현실을 포장하는 왜곡된 기능을 수행할 수도 있다."[14]는 점을 상기하게 된다. 다만, 이 시기 대다수 사회보장 입법이 경제성장우선주의와 정책결정자의 인식부족, 그리고 열악한 사회경제여건으로 인한 비용부담 및 전달체계의 취약구조 등으로 인하여 법형성의 졸속성과 그 명목적 편의성을 면하지 못한 것도 사실이나, 그 형성과정에서 핵심적 역할을 수행한 사회보장심의위원회를 비롯한 사회보장법 실현지향의 전문가 집단의 노력과 분투는 사회보장입법사에서 주목받아 마땅하다.[15]

정치민주화와 사회보장의 권리성 확보

1987년 6월 시민항쟁의 결실로 민주헌정의 실질적 초석을 이루게 된 새로운 헌법이 탄생하였다. 1987. 10. 29. 개정되고 1988. 2. 25.부터 시행된 이 현행 헌법

---

13) 이때 사회보장에 관한 국가의무와 관련된 규정에 약간의 변화가 생긴다. 즉, 종전의 "국가는 사회보장의 증진에 노력하여야 한다."라는 규정이 개정 헌법에서는 "국가는 사회보장·사회복지의 증진에 노력할 의무를 진다."로 바뀌었다(제32조 제2항).
14) 전광석, 앞의 글, 153면.
15) 이흥재, 앞의 글, 398면.

(제10호)에 이르러 사회보장에 관한 규율은 더욱 구체화되었다. 즉, 헌법 제34조는 종래의 인간다운 생활을 할 권리 조항과 국가의 사회보장 증진의무 조항은 제1항과 제2항에 그대로 유지하고, 제3항과 제4항에 "국가는 여자의 복지와 권익의 향상을 위하여 노력하여야 한다."라는 규정과 "국가는 노인과 청소년의 복지향상을 위한 정책을 실시할 의무를 진다."라는 규정을 각각 두어 여성, 노인, 그리고 청소년에 관한 특별조항을 신설하였다. 생활무능력자에 대한 국가의 보호에 관한 종래의 규정은 "신체장애자 및 질병·노령 기타의 사유로 생활능력이 없는 국민은 법률이 정하는 바에 의하여 국가의 보호를 받는다."(제5항)로 그 문언이 변경되었다.

이른바 '6·29 선언'이 계기가 되어 성립한 노태우정권은 민주화의 흐름 속에 1988년 '전 국민 의료보험 및 연금보험 체계'를 표방하면서 관련 사회보장입법을 규범적으로 정비하기 시작하였고, 모자복지법(1989. 4. 1. 법률 제4121호, 1989. 7. 1. 시행 – 이재숙) 등을 제정하였다. 이때부터 오늘에 이르기까지 현행 헌법하에서 사회보장에 관한 입법은 공공부조, 사회보험, 그리고 사회복지서비스의 모든 부문에서 양적·질적으로 괄목할 만한 발전을 이루게 된다. 이 기간에 이루어진 수많은 사회보장입법 중, 1989년 전 국민 의료보험체제 확립[16]과 1999년의 전 국민 연금제도 시행[17]은 물론, 1995년의 사회보장기본법(1995. 12. 30. 법률 제5134호, 1996. 7. 1. 시행),[18] 그리고 2007년의 '장애인차별금지 및 권리구제 등에 관한 법률'(2007. 4. 10. 법률 제8341호, 2008. 4. 11. 시행) 및 노인장기요양보험법(2007. 4. 27. 법률 제8403호, 2007. 10. 1. 시행)의 제정 모두 사회보장입법사에서 뜻깊은 순간들이었지만, 무엇보다 근대 4대 사회보험 체제를 완성한 고용보험법의 제정(1993. 12. 27. 법률 제4644호, 1995. 7. 1. 시행 – 김진)과 국민의 최저생계를 실질적 권리의 형태로 보장한 국민기초생활보장법의 제정(1999. 9. 7. 법률 제6024호,

---

16) 앞에서 언급한 바와 같이, 1963년 도입된 의료보험은 1977년부터 500인 이상 근로자를 사용하는 사업장에 강제 적용되었으며, 1988년과 1989년에 농어촌주민 및 도시지역자영인을 적용대상에 포함하면서 전국민보험으로 발전하였다. 이후 1997년 의료보험법 개정(1997. 12. 31. 법률 제5489호, 1998. 10. 1. 시행) 및 국민의료보험법 제정(1997. 12. 31. 법률 제5488호, 1998. 10. 1. 시행)으로 지역의료보험조합과 공무원 및 사립학교교직원 의료보험관리공단이 국민의료보험관리공단으로 통합되었으며, 이어 1999년 국민건강보험법(1999. 2. 8. 법률 제5854호, 2000. 1. 1. 시행) 제정(의료보험법, 국민의료보험법 폐지)에 따라 국민의료보험관리공단과 직장의료보험조합이 국민건강보험공단으로 통합되었다.

17) 전술한 국민복지연금법은 1986년 국민연금법(1986. 12. 31. 법률 제3902호로 전부개정, 1988. 1. 1. 시행)으로 대체되었으며, 1998. 12. 31. 법률 제5623호로 개정된 국민연금법에 의하여 1999년부터 국민연금의 가입대상자의 범위가 도시지역거주자까지 확대되었다.

18) 사실상 사문화된 '사회보장에 관한 법률'을 대체하여 사회보장에 관한 기본법으로서 우리나라 사회보장제도의 새로운 기반을 제공하였다.

2000. 10. 1. 시행)이야말로 우리나라 사회보장입법사상 가장 큰 이정표가 된 의회 입법이라 할 것이다. 특히, 제정 고용보험법은 우리나라 사회보험을 제도상으로 완비하고, 이로써 우리나라 사회보장제도가 규범적으로 정립되었다는 측면에서 그 기본적 의의가 컸다.

1987년 시민의 명예혁명 정신을 수용한 민주정권이 사회보장법을 규범적으로 정비한 것은 경제성장 바탕의 정치민주화가 그 실질적 기초를 이루었기 때문인 것으로 풀이된다. 특히 산업구조조정과 IMF 구제금융 위기와 맞물렸던 1980년대 말부터 1990년대 말까지의 사회보장입법사를 돌이켜 보면, 경제성장이 되어도 진정한 민주정치가 실현되지 않으면 사회보장법의 규범성은 담보되기 어려움을 실감할 수 있게 된다.[19]

'국민이익균점' 사상의 부활과 '국민생활의 균등한 향상'의 실현

결국 우리나라 사회보장법 형성구조의 풍토적 특징은 "국민저항과 집권세력 대응의 정치적 산물인 사회보장입법이 사회보장지향 전문집단의 연속적인 헌신적 노력으로 제정되지만˚ 경제우선주의와 비용부담 및 전달체계 취약구조로 인해 명목적 편의규정에 머물다가 1987년 헌법(민주정치와 경제성장의 동반결실) 이후 시민혁명의 요구에 대응하여 단계적으로 규범적 실효성을 확보하게 된 것"[20]이라고 보는 것이 타당하며(이흥재, "사회보장법 형성의 풍토적 특징"), 특히 사회보장심의회를 비롯한 전문집단의 헌신적 노력이 우리 사회보장법 형성의 기틀이 되었음은 높이 평가하여야 할 것이다(류호연, "사회보장심의위원회의 입법활동").

사회보장입법의 규범적 기반이 되는 헌법의 관점에서 볼 때, 1987년 헌법의 민주정권에서 사회보장제도가 규범적으로 정립되는 과정은 제헌헌법상 '국민이익균점' 사상의 부활과정,[21] 궁극적으로는 '국민생활의 균등한 향상'의 실현과정으로 볼 수 있을 것이다.

대한민국헌법 전문(前文)은 제헌 이래로 헌법 제정 및 개정의 목적을 일관되게 밝히고 있는데, 그것은 다름 아닌 "우리들과 우리들의 자손의 안전과 자유와 행복을 영원히 확보"하는 것이다. 이러한 목적은 "안으로는 국민생활의 균등한 향상을 기하고 밖으로는 항구적인 세계평화와 인류공영에 이바지함"으로써 달성될 수 있

---

19) 이흥재, 앞의 글, 401, 409면 참조.
20) 이흥재, 위의 글, 408면.
21) 이흥재, 위의 글, 410면.

는 것인데, 사회보장 내지 사회복지는 바로 '국민생활의 균등한 향상'을 위한 가장 대표적인 제도이다. 헌법기초위원회 전문위원 유진오 역시 생활능력이 없는 국민에 대한 국가의 보호의무를 규정한 제헌헌법 제19조가 "국민의 균등생활의 확보를 기도하는 우리나라 헌법으로서는 당연한 규정"이라고 확인한 바 있다.[22]

국가의 사회보장과 관련하여 우리에게 필요한 헌법상 문언은 어쩌면 "안으로는 국민생활의 균등한 향상을 기"한다는, 헌법 전문(前文)의 이 언명 하나로 충분할지도 모른다. 오늘날 사회 양극화 극복을 위한 사회통합과 포용적 성장을 요청하는 목소리가 갈수록 높아지고 있는데, 70여 년 전 제헌의원들은 이미 새 헌법의 모두(冒頭)에 한 목소리로 '국민생활의 균등한 향상'을 천명하였던 것이다.

1948년 제헌헌법 이래로 면면히 이어져 내려온 이 경구(警句)를 입법부를 비롯한 모든 국가기관들이 각자의 권한을 행사함에 있어 기본지침이 되는 최고 법규범으로 엄숙히 새긴다면 앞으로 사회보장법제의 내실화를 통해 충실한 사회안전망을 만들고 나아가 평화로운 복지국가를 이룩하는 데에 든든한 밑거름이 될 것이다.

---

22) 유진오, 「헌법해의」, 명세당, 1949, 54면.

사회보장법 형성의 풍토적 특징

- '전문집단 헌신' 주도 속의 '국민저항과 집권층대응'의 '정치적 산물' - *

이흥재(李興在)**

동방은 하늘도 다 끝나고
비 한 방울 나리잖는 그 때에도
오히려 꽃은 빨갛게 피지 않는가
내 목숨을 꾸며 쉬임없는 날이여

북쪽 툰드라에도 찬 새벽은
눈 속 깊이 꽃 맹아리가 옴자거려
제비 떼 까맣게 날라 오길 기다리나니
마침내 저버리지 못할 약속이여

한 바다 복판 용솟음치는 곳
바람결 따라 타오르는 꽃 성에는
나비처럼 취하는 회상의 무리들아
오늘 내 여기서 너를 불러 보노라

— 李陸史, "꽃"

---

* 이 글은 「서울대학교 법학」(서울대학교 법학연구소) 제52권 제3호(2011)에 발표된 논문이다.
** 서울대학교 명예교수.

Ⅰ. 주제의 의미와 그 논의의 이유: '풍토와 형성'

인간다운 삶을 지향하는 사회보장법의 이념은 세계적으로 통일적 경향을 갖지만 그 형성과 실효성 정도는 각 국가의 풍토에 따라 다양한 특수성을 반영할 수밖에 없다. 왜냐하면 인간다운 삶을 실현하기 위한 정치경제적 기초는 다른 법 영역과는 달리 특히 각 국가의 고유한 성격 즉 '지정학적 역사문화의 풍토'에 따라 천차만별로 다르기 때문이다. 그러므로 사회보장법의 형성은 이러한 풍토의 결정체(crystallization)로서 남다른 특징을 간직하기 마련이다. 이러한 의미의 '풍토'는 각 국가의 역사 및 정치적 성격, 사회경제적 여건, 사상적 경향과 지도층의 양식 그리고 언론과 사법제도의 역할 등을 포괄지칭하기 위하여 사용한 개념이다. 한편 사회보장법의 '형성'이란 개념은 그 제정이란 개념보다 넓은 의미로 사용하기 위하여 설정한 것이다. 그 설정이유는, 형성이란 의미는 법안의 '잉태와 준비, 제정과 시행, 규범성 확보'를 포괄하는 동태적 실질적 광의개념임에 비하여 제정이란 뜻은 정태적 형식적인 협의개념이므로 양자를 구별하기 위해서이다. 사회보장법형성과 그 입법풍토는 상호의존적 관계이므로 우리나라 사회보장법 형성이 우리의 특수한 풍토에서 어떠한 배경과 요인으로 이루어졌는지를 살펴봄으로써 그 특징을 추출하여 앞으로의 입법방향에 기여하려는 것이 이 주제를 연구하는 기본목적이다.

이를 위해 먼저 우리 풍토의 현대사적 수난(2차 대전 후 지금까지 통일되지 않은 유일의 분단국)과 역동구조에서 비롯된 독특한 한국적 현상에 주목할 필요가 있다. 1945년에서 1950년 사이 해방과 분단 및 한국전쟁으로 인한 해외동포의 귀국과 월남피난민의 대이동, 대량의 군경유가족과 고아 및 상이군경의 발생으로 인한 극도의 빈곤상황은 최대의 사회보장을 요구하는 비참한 현실이었다. 그 후 이승만 12년 장기독재에 저항한 4·19 혁명(1960)과 그 반동인 5·16 군사쿠데타(1961), 그리고 25년(1961~1987)간의 연속된 군사독재정권(18년간의 박정희 정권과 7년간의 전두환 정권)을 무너뜨린 실질적 시민혁명인 1987. 6~8월의 '시민항쟁 및 노동자 대투쟁'이 역사의 분수령을 이루었다. 사회보장입법은 민주혁명을 찬탈한 박정희 정권초기(1961, 1963)에 5개 제정되고 20년 뒤 민주화운동을 억압하여 정권을 획득한 전두환 정권초기(1981)에 2개 제정되었다. 1987년 헌법의 민주정권에서 비로소 규범적 입법을 정비(1988)하면서 고용보험법(1993)과 사회보장기본법(1995)이 제정되었다. 이러한 역사적 혁명과 그 반동 또는 계승의 결과 사회보장법이 제정된 사실에 초점을 맞추어, 필자는 '국민저항과 집권층대응의 정치적 산물'인 사회보장법이 사회보장운동 '전문집단의 헌신'적 주도 속에서 형성된 것이라는 사회보장법형성의 추론원리를 포착하였다. 이 추론원리를 탐조등으로 하여, i) 상당한 수량의 사회보장법을 제정한 5 · 16 군사정권은 과연 사회보장법 실현의 정책적 의지가 실질적으로 있었던 것인가, ii) 경제성장이 민주정치의 확립보다 더욱 우선하는 사회보장법형성의 관건인가, iii) 사회보장법제정의 명목적 편의성의 원인은 사회경제기초의 결여에서만 비롯된 것인가, iv) 사회보장법의 제정은 오로지 행정관료들에 의해 주도 되었는가 등의 문제 사항을 조명해 보려고 한다.

위에서 제시한 사회보장법형성의 추론원리는 크게 두 가지 접근방법에 의해 검증될 것이다. 먼저 독재와 저항의 정치변동에 의한 정권의 속성에 따른 헌정사적 고찰(Ⅱ. 법형성의 정권적 특징), 다음으로 법형성의 전체과정을 일관하는 풍토적 특징을 추출하는 법사회학적 검토(Ⅲ. 법형성의 실질적 특징)이다. 끝으로 법사상사적 관점에서 사회보장법형성과정이 제헌헌법정신인 '국민이익균점'사상 부활의 수난과 그 결실의 과정이란 점을 간략히 검증해 보기로 한다.

이 주제가 다루는 사회보장법형성시기는 법제정차원에서는 공무원연금법(1960)에서 고용보험법(1993) 및 사회보장기본법(1995)에까지 이르는 약 35년간이지만 그 형성의 잉태 및 준비를 포함한 1948년 제헌헌법 시기까지 소급하여 검토하기로 한다. 또한 주제의 대상이 되는 사회보장법의 범위는 이른바 4대 사회보험법(공무원연금법 포함)을 중심으로, 생활보호법, 사회복지법(아동, 노인, 장애인) 그리고 사회보장에 관한 법률(뒤의 사회보장기본법)과 사회복지사업법에 한정하기로 한다.

Ⅱ. 법형성의 정권적 특징: 정치변동에 조응한 특수성

헌정사에 등장한 정권의 특징을 독재와 저항의 순환적 정치변동에 조응하여, 이승만 독재정권에 항거한 4 · 19혁명과 25년간의 군사독재정권을 종식시킨 1987년 시민혁명의 두 가지 역사적 분수령을 기준으로 각각 민간정권, 군사정권, 민주정권 등 세 가지 정권[1]으로 분류하기로 한다. 구체적으로 1948년 제헌헌법－4 · 19

---

1) 5 · 16군사쿠데타 이전의 정권을 '민간정권'이라고 말한 것은 민간인 출신의 정권이라는 점에서 군인 출신의 박정희 및 전두환 군사독재정권과 차별화하고 또한 이승만의 독재정권을 1987년 헌법 이후 민주정권과 구별하기 위해서이다. 노태우가 군인출신이고 전두환 정권의 협력자라 할지라도, 노태우 정권은 1987. 6. 29. '민주화선언'을 계기로 한 실질적 시민혁명의 결실인 1987년 헌법을 기초로 하

혁명－5·16 군사쿠데타 전까지를 민간정권, 5·16군사쿠데타－1980.민주화운동 탄압－1987년 시민혁명 전까지를 군사정권, 1987년 헌법 이후를 민주정권으로 파악한 것이다.

사회보장현실과 사회보장규범의 관계를 기준으로 정권의 속성에 따른 사회보장 법형성의 수준정도를 살펴보면 민간정권은 기초적 생성단계, 군사정권은 명목적 제정단계, 민주정권은 규범적 정비단계로 나눌 수 있을 것이다.[2] 이를 차례로 검토해 보기로 한다.

1. 기초적 생성단계: 민간정권

이승만 정권 말기에 공식적으로 출범한 보건사회부의 '건강보험제도 도입을 위한 연구회'의 활동과, 장면 정권시절 '전국종합경제회의'에서 '사회보장제도심의위원회설치'를 정부에 건의한 것이 향후 사회보장법형성의 모태가 된 점이 특기할만한 사실이다.

1) 이승만 정권

일련의 법(초)안을 준비하고 사회보장연구 활동을 시작한 것이 주목할 만하다.

(1) 법제정 및 법(초)안 성립

최초로 공무원연금법이 제정되었고 국민생활보호법초안, 실업보험법안, 아동복리법안 등이 마련되었지만 그 입법은 이루어지지 않았다.

여 성립되었고 또한 민주화 정책을 전개하였으므로 전두환 정권과 차별화하기 위하여 '민주정권'으로 포섭하였다.

2) 전광석 교수는 사회보장법발전의 시대구분을 하기 위한 기준으로 '사회보장과 정치체제, 사회보장의 확대와 생활유형의 변화, 보호되는 사회적 위험'을 제시하면서 이를 기초로 '1961년 이전시기, 1961년에서 1976년까지의 시기, 1977년에서 1986년까지의 시기, 1987년에서 1997년의 시기, 1997년에서 현재까지의 시기'로 구분하여 각각 그 시기의 특징을 제시하고 있다. 전광석, 「한국사회보장법론」, 제8판, 법문사, 2010.

필자는 '사회보험수급권의 실질적인 보장정도'를 기준으로 사회보험법의 생성단계를 명분적 생성단계(1960년대), 시험적 정비단계(1970년대~1980년대 중반), 기초적 진입단계(1980년대 말~현재)등 3단계로 구분하였고[이흥재, "사회보험수급권의 범위에 관한 소고", 서울대학교 법학, 제31권 제3-4호(서울대학교 법학연구소, 1990. 12.)] 또한 사회보장입법의 발전에 대하여 '사회보장입법의 실효성 보장여부'를 기준으로 1987년 헌법을 분수령으로 삼아 그 이전은 '독재정권하의 사회보장입법의 명분성 내지 전시성'이고 그 이후는 '민주헌정 진행과 사회보장입법의 명목성 및 실효성의 혼재'로 양분하였으나[이흥재, "노동기본권과 사회보장수급권의 실효성", 서울대학교 법학, 제39권 제4호(서울대학교 법학연구소, 1999. 2.)], 위에서 제시한 것처럼 3단계의 시대구분으로 재구성하고자 한다.

가. 공무원연금법(1960. 1. 1. 법률 제533호)

1954. 6. 29. '국가공무원퇴직연금법제정에 관한 건'이 총무처 인사국에서 입안되었지만 어떤 이유에서인지 국무회의에 상정되지 않았다.[3] 1958. 국무원 사무국 인사과에서 준비한 공무원연금법안이 1959. 11. 12. 국회에 제안되었다. 공무원연금법안의 제안 설명을 한 송인상 재무장관은 공무원연금제도를 통해 형성되는 기금으로 주식시장과 자본시장을 육성하는 한편 공무원연금제도의 경험을 토대로 실업보험까지 발전할 수 있도록 하는 것이 그 입법목적이라고 밝혔다.[4] 공무원연금법의 적용범위는 국가공무원 및 지방공무원(동 직원 임시공무원 및 조건부공무원 제외)이고 급여의 종류는 퇴직연금, 장해연금, 유족부조금, 퇴직일시금, 유족일시금 등 5종이며 급여내용은 20년 이상 재직하고 60세 이상 퇴직하는 자에게 퇴직부터 사망할 때까지 봉급연액의 100분의 30에 상당하는 금액을 지급하는 것이었다.

나. 국민생활보호법초안

한국전쟁의 휴전 이후 사회부가 '국민생활보호법'초안을 작성한 객관적 사실을 신문기사를 통하여 확인할 수 있다. 구체적으로는 1953. 10. 이후 사회부가 국민생활보호법초안을 기초한 것으로 보인다. 석간으로 발행되던 동아일보(1953. 10. 24. 2면)는 "국민생활보호법 가칭, 기초, 최저생활을 보장, 노쇠·불구·병자·유아 등"이라고 보도하고, 조간으로 발행되던 조선일보(1953. 10. 25. 2면)도 "극빈자 생활을 부조, 당국 생활보호법안을 작성"이라는 제목으로 보도하였다. 다음해 1954. 조선일보(1954. 3. 18. 2면)는 "생활능력 없는 자를 보호, 법안은 되어가나 예산 없어 난관"이라는 제목으로 보도하면서 "생활보호법안을 정부가 공포실시하려면 그에 앞서 적절한 예산조치를 수립하지 않으면 안 된다는 것"이라고 지적하였다. 1955. 조선일보(1955. 3. 10. 3면)는 "구호에 적극책, 당국 국민생활보호법 기초"라는 제목으로, "전문 9장 57조 되어있는 국민생활보호법초안을 머지않아 법제실에 제출"하여 "구호대책을 더욱 강화하고 극빈자들에 대한 적극적이고 합리적인

---

3) 총무처 인사국 복지과, "국가공무원 퇴직연금제도에 관한 건", 1955.

4) 국회속기록 제33회 제27호, 45면 하단. 이에 대해 정준 의원은 전몰군경 유가족에 대한 연금체불액이 96억 환에 이르는 상황에서 공무원연금제도 창설은 시기상조이고 오히려 실업자보험제도가 먼저 성립되어야 한다고 주장하였다. 국회속기록 제33회 제27호, 48면 상단 및 49면 하단.

또한 양일동 의원도 내국세 전체의 90%를 공무원인건비로 소비하는 상황에서 전체국민을 대상으로 하는 사회보장제도를 창설하지 않고 공무원연금제도를 먼저 실시하는 것은 그 사례를 찾기 어렵고 서민층 특히 빈곤층을 구호하는 방향으로 나아가야 한다고 지적하였다. 국회속기록 제33회 제27호, 50면 하단 및 52면 중단-하단.

구호방책을 법률화하기 위하여 국민생활보호법초안을 작성하게 된 것"이라고 밝히면서 생활보호위원회, 생활보호시설, 구호대상자 등 그 내용에 대하여 자세히 보도하였다. 그러나 이 법안성립은 무산되었다.

다. 실업보험법안

보건사회부가 1957. 국회에 제출한 국정감사 답변 자료에는 실업보험법안을 정부안으로 국회에 제출하였다고 기록되어 있다. '보건사회행정연보(1959)'에 따르면 그간 실업보험법의 성립이 예산문제로 이루어지지 않아 이의 도입을 당분간 유보하고 실업보험법의 실시를 위한 기본 자료의 조사연구비로 1천 5백만 환을 계상하였다고 한다.[5] 그러나 이 법안성립도 이루어지지 않았다.

라. 아동복리법안

1952. 구성된 한국아동복리위원회[6]의 아동복지법 기초분과위원회가 작성한 아동복리법안이 1957. 1. 17. 법제실 심의에 회부된 이후 관계부처의 숙의 검토 끝에 1959. 국무회의에 상정, 자구수정을 위해 법제실에 반송된 뒤 4·19혁명으로 다시 보건사회부로 반송되어 그 성립이 무산되었다.[7]

(2) 사회보장연구 및 그 실천운동

가. 보건사회부의 '건강보험제도 도입을 위한 연구회(속칭 목요회)'

보건사회부 의정국에 1959년 10월부터 '건강보험제도 도입을 위한 연구회'가 조직되어 매주 목요일 오후 1회씩 보사부 회의실에서 연구회 모임을 가졌다.[8] 이 연

---

5) 남찬섭, "1950년대의 사회복지-3", 복지동향(참여연대 사회복지위원회, 2005.8). 실업보험 실시를 위한 조사연구비로 1천 5백만 환을 계상한데 대하여, 1959.12.30. 공무원연금법안 제안 설명을 하면서 송인상 재무부장관은 "공무원연금법을 통해서... 우리가 경험을 얻고 또한 그것을 통해서 실업자보험에까지도 갈 수 있지 않겠느냐 해서 금년도 예산에 실업자보험을 조사연구하기 위해서 1천 5백만 환을 계상하는 동시에 공무원연금법을 저희가 제안하게 된 것"이라고 밝히고 있다. 국회속기록 제33회 제27호, 45면 하단.

6) 한국아동복리위원회는 아동 및 가족의 복지에 관련된 모든 심의활동을 할 목적으로 보건사회부장관을 명예회장으로 하고 국내 아동복지관계 각급행정기관의 대표자 및 각종 아동복지사업단체의 대표자와 재한 외국 공사립 아동복지관계 사업기관의 대표자 등을 위원으로 하여 보건사회부 아동과에 그 사무실을 두고 활동을 하는 과도적인 반민반관의 심의기관이다. 구자헌, 아동복지 (남산소년교호상담소, 1961), 301-302면.

7) 구자헌, 위의 책, 351-352면.

8) 이 연구회 회원은 8명이다. 윤유선(尹裕善, 의정국장), 손창달(孫昌達, 의무과 촉탁), 엄장현(嚴章鉉, 자문위원), 양재모(梁在謨, 자문위원), 윤석우(尹錫宇, 의정국 시설과장), 김용성(金容聖, 의정국 의무과장), 김택일(金澤一, 의무과 기좌), 정경균(鄭慶均, 의정국 촉탁). 1960년 7월 연구를 보다 활성화하기 위해 엄장현, 양재모를 각각 의정국 연구원으로 위촉하였다. 의료보험연합회, 의료보험의 발자취: 1996년까지 (1997), 19면.

구회가 관민합동 사회보장연구 활동의 선구적 역할을 하였으며 향후 사회보장법 형성에 전문가 집단으로서 공헌하는 구심체 기능의 시발점이 된다. 이들의 체계적 연구결과는 다음과 같이 발표되었다.[9] '의료보험제도도입에 관련된 제 문제에 관한 견해 및 예비권고(엄장현, 1960)', '사회보장제도의 창시에 관한 건의(양재모, 1961)', '현대사회보장적인 제법규의 고찰' 및 '국제노동기구의 사회보장의 최저기준에 관한 국제조약'과 '건강보험제도 5개년계획시안(손창달, 1961)'.

나. '사단법인 부산노동병원'의 건강보험조합 운영

'건강보험제도 도입을 위한 연구회' 회원인 손창달(孫昌達)은 일찍이 1955년 부산에서 일정액의 회비를 받고 회원증을 교부하여 일반근로자의 질병을 치료하는 건강보험조합의 운영방식을 원용한 '사단법인 부산노동병원'을 설립 운영하였다. 우리나라에서 처음 등장한 민간의료보험조합인 이 병원의 이용회원은 부두노조,[10] 기아산업노조, 대한조선공사노조, 이용사 및 영양사 노조 등의 노동조합 가입자와 그들의 직계존비속으로 약 3만 8천 명에 이르렀다.[11] 손창달은 또한 환자들의 질병발생빈도, 진료횟수 및 이환율 등을 조사 연구하여 '의료보장을 중심으로 한 한국의 사회보장도입을 권고함(1959.8)'이란 제목의 건의서를 정부에 제출하였다.[12]

다. 해외사회보장 연구

'건강보험제도 도입을 위한 연구회'는 영국 William Beveridge의 사회보장연구 보고서인 Social Insurance and Allied Service(1943), 1952년 제35회 국제노동기구(ILO) 총회에서 채택된 '사회보장의 최저기준에 관한 협약(제102호)', 세계노동조합연맹(WFGU) 주최의 사회보장회의에서 채택된 '사회보장계획' 등 당시 해외의 사회보장과 관련된 자료를 수집하여 연구활동에 참고하였다.[13]

---

9) 손준규, 사회보장·사회개발론 (집문당, 1983), 63면.
10) 경향신문(1955. 10. 28. 3면)은 "부산부두노조에서는 노동법에 보장되어 있는 노무자들의 복리증진을 위한 후생사업의 하나로서 「노동병원」의 설치를 구상 중에 있던바 지난 25일의 동 노조 연차 대의원대회의 결의를 얻어 드디어 이를 실천에 옮기게 되었다. 동 대회의 결의에 의거하여 명년 10월내로 실현을 보게 될 이 노동자를 위한 종합병원은 현재 하루 수명씩 하역작업 중 업무상 부상을 입는 노무자들의 치료와 기타 질병에 신음하는 노무자들 및 그의 가족들을 실비로 요양하게 될 것이며 또한 근로기준법에 규정된바 재해보상의 책임을 감당하는 사용주 측의 치료비 부담을 경감하는데도 혜택이 많을 것이라는 바 이의 조속한 실현이 기대되고 있는데 노조 측에서는 대지만 물색되면 곧 건립에 착수할 준비를 갖추고 있다고 말하고 있다."라고 보도하였다.
11) 손준규는 "이와 같은 사실은 당시 노동병원 설립자였고 현재 보사부사회보장심의위원회의 연구위원으로 있는 손창달 씨와의 면담에서 확인된 것임(1978년 12월 18일, 보사부가족계획연구원 3층 식당에서 면담 녹음함)"이라고 밝히고 있다. 손준규, 위의 책, 61면 각주 16.
12) 의료보험연합회, 위의 책, 18면.

심계원(審計院)의 유병덕(俞炳德, 심계 제2국 제3과 검사관)은 심계원 발행의 월간 '심우(審友)'에 1958. 12.~1960. 3. 동안 '각국의 사회보장제도'를 10회에 걸쳐 연재하였다. "유병덕의 특별기고는 사회보장의 연구 불모지에서 큰 힘이 되었고 국내에서 사회보장제도 도입을 촉구한 우리나라 사회보장연구사의 선각적 개인의 의지와 착상이 있었던 것"[14]이라고 평가되기도 한다.

2) 장면 정권

4·19 혁명에서 폭발된 국민의 생존권보장 욕구에 대하여 이를 충족시킬 일련의 사회경제정책회의를 개최한 점이 평가할만한 업적이지만 단명의 정권으로 사회보장입법은 하나도 제정하지 못하였다.

(1) '전국종합경제회의'에서 '사회보장제도심의위원회설치'를 정부에 건의

민주당정권은 빈곤의 악순환 방지와 자립경제의 결정적 계기를 마련하기 위한 장기발전계획의 청사진을 준비하기 위하여 '전국종합경제회의'를 1960. 12. 15.~19. 서울대학교 동숭동 캠퍼스 대강당에서 5일간 개최하였다. 이 회의는 전국의 각 분야 대표 300여 명이 참석한 대규모 경제학술회의였는데 대회 첫날에 윤보선 대통령 및 장면 총리가 참석하여 치사를 하고 대회주재는 변희용(성균관대학교 총장)이 맡아서 7개 분과로 나누어 진행되었다. '고용 및 생활수준 분과위'에 속하였던 최천송(崔千松)이 제의한 '사회보장제도도입을 위한 연구심의 사회보장제도심의위원회설치'안이 최종 전체종합회의에서 만장일치로 채택되어 정부에 건의되었다.[15]

(2) 준비된 사회보장제도심의위원회규정의 5·16 군사쿠데타로 인한 좌절

민주당정권의 보건사회부 김판술(金判述) 장관과 김학묵(金學黙) 차관은 1961년 봄 사회보장관련 연구자들의 간청에 주목하여 '전국종합경제회의'에서 채택, 건의한 '사회보장제도심의위원회'설치 작업을 손창달에게 위임하였다.[16] 그가 주도하여 작성한 사회보장심의위원회규정이 3월 법제처 심의를 거쳐 국무회의에 회부되었

---

13) 한몽연, "사회보장의 국제적 동향", 국회보 제24호 (1959), 101면.
14) 최천송, 한국사회보장연구사 (한국사회보장문제연구소, 1991), 23면.
15) '사회보장제도심의위원회 설치건의안'에서, 최천송은 "제반 사회정책적 시설 – 사회보장제도의 확대 강화가 요망되나 분단과 전재(戰災)로 인한 요구호대상자가 많은 우리나라에서 여러 가지 어려운 점이 있으므로 우선 제도도입준비를 위한 사회보장심의회를 설치하여 적절한 대책을 연구하여 그 결과에 따라서 실시하도록 하는 것이 좋을 것"이라고 밝히고 있다. 최천송, 위의 책, 13~14면.
16) 최천송, 위의 책, 19면.

으나 국무회의 의결예정일 새벽에 5·16 군사쿠데타가 발생하여 동규정의 법제화
작업은 중단되고 말았다.[17]

2. 명목적 제정단계: 군사정권

박정희 정권은 국가재건최고회의시절 '사회보장제도심의위원회'를 설치하고 5개
의 사회보장입법을 하여 형식적 측면에서 보면 사회보장법형성에 집중한 것 같지
만, 그 제정은 실제로는 임의가입의 의료보험법 등 대부분 명목적 내지 장식적 입
법에 지나지 않았을 따름이다. 전두환 정권 역시 명목적 사회복지법 2개만 제정했
을 뿐이다. 이러한 사실로 미루어 보면 군사정권에서는 산재보험법을 제외하고는
진정한 사회보장법이 제정되지 않은 것을 그 특징으로 보아야 할 것이다.

1) 박정희 정권

국가재건최고회의와 공화당정권 및 유신정권의 두 시기로 나누어 살펴보기로
한다.

(1) 국가재건최고회의

가. 사회보장제도심의위원회 설치

사회보장제도심의위원회규정(1962. 3. 20. 각령 제469호)제정으로 보건사회부 자
문기구로서 사회보장제도심의위원회가 설치되었다.[18] 실제는 이보다 앞서 1962.
2. 20. 이미 실무사업 착수를 위하여 전문위원이 임명되고 심의위원도 위촉되었
다.[19] 사회보장연구의 실제업무를 담당하게 될 8명의 전문위원들은 종합반(조만제,
남상복), 노동반(이후 노동보험반[20]으로 개칭: 심강섭, 민부기), 의료보험반(최천송, 강

17) 의료보험연합회, 위의 책, 28면.
18) 경향신문 (1962. 3. 30. 사설)은 "정부에서 사회보장제도의 실시를 위하여 심의위원회를 구성하고
   질병. 실업에 관한 기초조사에 착수하였다는 것은 매우 중요한 사실"이라고 지적하면서 "혁명정부
   가 이 어려운 사업의 실천에 착수하였다는 것은 의의 깊은 일"이라고 평가하였다.
19) 가) 전문위원: 조만제(趙萬濟), 심강섭(沈崗燮), 한상무(韓相武), 최천송(崔千松)
   전문위원보좌: 남상복(南相福), 민부기(閔富基), 박필재(朴必載), 강남희(姜南熙)
   나) 심의위원: 한국진(韓國鎭, 보사부차관, 위원장), 강봉수(姜鳳秀, 보사부기획조정관, 부위원장),
   백창석(白昌錫, 중앙대 교수), 손정준(孫正準, 최고회의자문위원), 하상락(河相洛, 서울대 교수),
   양재모(梁在謨, 연세대 교수), 육지수(陸芝修, 국회의원), 김치선(金致善, 서울대 교수), 김인달(金
   仁達, 최고회의자문위원)
   당연직 위원: 김문영(金文永, 보사부 노동국장), 김원규(金圓圭, 보사부 사회국장), 이용승(李溶昇,
   보사부 의정국장). 최천송, 위의 책, 10면.
20) 노동반의 개칭된 명칭에 대하여, 산재보험 40년사 (노동부, 2004), 18면에서는 '노동보험반'이라 하

남희), 공적부조반(한상무, 박필재) 등 4개 반으로 나누어 삼청동 사회사업지도자 훈련원에 전문위원연구실을 차렸다.[21] 향후 제정될 사회보장에 관한 법률, 산업재해보상보험법, 의료보험법, 국민복지연금법, 사회복지사업법의 초안 기초 작업이 이곳에서 실질적으로 이루어졌다.[22]

나. 법제정

(가) 1961년

생활보호법 및 아동복리법이 사회보장의 목적보다는 국가재건최고회의의 이른바 '구법의 정리'[23]차원에서 제정되었다.[24]

ㄱ) 생활보호법(1961. 12. 30. 법률 제913호)   생활보호법안 제안이유는 조선구호령(단기 4277년 3월 제령 제21호)을 법령정리사업의 하나로서 정리대치하는 것이고, 그 입법목적은 노령 질병 기타 노동능력의 상실로 생활유지의 능력이 없는 자를 보호하려는 것이었다. 보호대상자는 부양의무자가 없는 65세 이상의 노령자나 18세미만의 아동으로서 노동능력이 없는 자이고 보호의 종류는 생계보호, 질병보호, 해산보호 및 상제조치이며 보호비용부담 및 보호책임 주체는 국가와 지방자치단체이다.[25]

ㄴ) 아동복리법(1961. 12. 30. 법률 제912호)   아동복리법의 제정이유는 "구법령 정비의 일환으로 쓸모없고 불합리한 구법령에 대체할 아동복리법을 새로 제정 공포함으로써 전체 아동의 복리증진을 위한 기틀을 마련"하는 데 있었다.[26] 이 법은 요보호아동이 건전하고 행복하게 육성되도록 그 복리를 보장하려는 것을 그 목적으로 하여 아동복리위원회, 아동복리시설, 아동에 대한 금지행위와 위반 시의

고, 한국사회보장연구사(최천송, 1991), 22면에서는 '산재보험반'이라 하고 있으나 그 팀이 실업보험 문제까지 다루었으므로 '노동보험반'이라 칭하기로 한다.

21) 의료보험연합회, 위의 책, 29면.

22) 사회보장제도심의위원회는 1966년 가을에 국제사회보장협회(ISSA)에 준회원으로 가입하였으며, 또한 허찬종(許讚宗) 수석연구위원 주도로 W. Beveridge의 Social Insurance and Allied Services를 번역한 '사회보험과 관련사업(1966)'이 단행본으로 출간되었다. 최천송, 위의 책, 32-33면.

23) '구법의 정리'는 국가재건최고회의가 1961. 7. 15. 구법령정리에관한특별조치법을 제정하여 정부수립 전인 1948. 7. 16. 이전에 시행된 일제의 법령, 미군정시의 법령을 1961. 12. 31.까지 모두 정리하고 정리되지 않은 법령은 실효토록 하는 법령정비사업이었다.

24) 이 밖에 제정된 직업안정법(1961. 12. 6. 법률 제807호) 제2조 5호에서 '실업보험사업과 이에 관련된 사항'을 정부가 행할 업무의 범위에 포함시킴으로써 국가재건최고회의는 실업보험제도 도입의지를 표명하였다.

25) 국가기록원(www.archives.go.kr), "생활보호법 공포의 건", 88-89면.

26) 행정백서발간위원회 편, 행정백서(1962), 392면.

처벌 등을 주요내용으로 하고 있다.

(나) 1963년

박정희 국가재건최고회의의장은 1962. 7. 28. '사회보장제도 확립'이라는 지시각
서[27](국가재건최고회의 문서 제683호)를 내각수반에게 시달하였고, 이후부터 산업재
해보상보험법안, 의료보험법안, 사회보장에 관한 법률안의 입법화 작업이 본격적
으로 진행되기 시작하였다.

ㄱ) **산업재해보상보험법(1963. 11. 5. 법률 제1438호)**   산업재해보상보험법
(이하 산재보험법이라 한다)의 제정목적은 근로자의 업무상 재해에 관한 재해보상의
불이행이 사용자의 재력부족에 기인할 경우 근로기준법의 재해보상제도만으로는
즉시대응이 어렵기 때문에 보험제도 방식을 도입하는 데에 있었다. 산재보험법은
상시 500인 이상 근로자를 사용하는 업체에 강제 적용되고 보험업무관장기관은
보건사회부이며 업무상 재해(2요건주의)에 대하여 요양, 휴업, 장해, 유족, 장제비
및 일시보상 등 6종류의 보험급여를 지급하는 한편 보험료는 재해비율 실적주의
(merit system)를 채택하였다.[28]

ㄴ) **의료보험법(1963. 12. 16. 법률 제1623호)**   정부원안의 핵심내용은 500
인 이상 사업장을 당연적용대상으로 하고 그 시행시기를 5년간 유예하는 것을 골
자로 하는 것이었다. 의료보험의 강제적용 여부가 문교사회위원회 및 최고회의상
임위원회 심의의 최대쟁점이었다. 그러나 결국 300인 이상 사업장의 사업주는 당
해 근로자 2분의 1의 동의를 얻어 보건사회부장관의 승인을 얻도록 하는 임의포
괄적용으로 변경되어 정부원안을 수정통과 시켰다.[29]

ㄷ) **사회보장에 관한 법률(1963. 11. 5. 법률 제1437호)**   사회보장에 관한 법
률안은 헌법정신에 의거한 사회보장제도 확립의 기본원칙 및 기준설정의 필요성
과 각 부처에 분산되고 있던 사회보장업무의 일원화 내지 통합화 요청 그리고 각

---

27) "국민소득을 증가시키고 실업, 질병, 노령 등의 생활위험으로부터 국민을 보호하여 복지국가를 조속
   히 이룩함은 우리의 궁극적 목표... 이미 생활보호법을 공포하여 요구호자에 대한 부조를 실시하고
   있지만 국민, 기업주, 정부가 함께 참여하여 연대적으로 국민생활을 보장하는 항구적인 사회보장제
   도가 경제개발과 병행하여 추진되어야 할 것이며 사회보장제도의 중요한 부분인 사회보험 중에서
   그 실시가 비교적 용이한 보험을 선택하여 착수하고 이 시범사업을 통하여 우리나라에 적합한 제도
   를 연구 발전시켜 종합적인 사회보장제도를 확립토록 지도할 것..." 의료보험연합회, 위의 책, 30면.
   사회보장입법의 방향을 제시한 박정희 의장의 지시각서를 작성하는 데에 사회보장제도심의위원회
   손창달 위원이 직접 참여하였다고 한다. 조영재, "한국복지정책과정의 특성에 관한 연구", 한국정치
   학회보 제42집 제1호(한국정치학회, 2008), 78면.

28) 노동부, 위의 책, 21-22면.

29) 의료보험연합회, 위의 책, 37-38면.

령으로 설치된 사회보장제도심의위원회의 법률상기관으로의 위상강화 등을 목적으로 하여 입안되었다. 그러나 제정과정에서 원안이 제시한 사회보장심의위원회의 기능이 사회보장제도에 대한 조사·심의기구에서 자문기구로 약화되었고, 그 직무사항으로 열거한 노령급여 등 11개 사항이 모두 삭제되었다. 이렇게 제정된 사회보장에 관한 법률은 사회보장심의위원회 규정 외에는 실질적 내용이 결여된 전문 7개조로 구성된 형식적인 명분의 입법이었다. 더욱이 사회보장사업의 관장을 정부가 행한다(제3조 제1항)고 하여 특정 부처를 지정하지 않았기 때문에 이후 사회보장의 일원화·통합화 작업이 어렵게 되었다.[30]

(2) 공화당정권 및 유신정권

사회복지사업법이 제정되고 의료보험법이 강제가입방식으로 개정되었으며 국민복지연금법이 제정되었으나 그 시행이 유보되었다.

가. 사회복지사업법(1970. 1. 1. 법률 제2191호)

사회복지사업법안은 외국 민간원조단체의 철수로 부족해진 사회복지사업의 재원을 사회복지공동모금회의 조직에 의한 공동모금의 활성화로 확보하려는 데에 그 입법배경이 있었다. 또한 이 법안은 의원입법의 형식으로 제안된 점이 주요한 특징이다. 이 법안의 목적은 사회복지사업의 수행주체인 법인과 사회복지법인이 운영하는 시설의 통일적 규율, 즉 사회복지관련 제도 하에서 사회복지서비스를 위한 조직체계화 서비스조직의 운영에 대한 기본법의 마련에 있었다.[31] 그 주요내용으로 사회복지법인이라는 비영리특수법인제도, 사회복지시설의 허가제, 사회복지공동모금회에 의한 공동모금, 사회복지종사자자격증 제도 등을 규정함으로써 사회복지사업법은 체계적 통일성을 갖추게 되었다.

나. 국민복지연금법(1973. 12. 24. 법률 제2655호)

국민복지연금법 입안은 보건사회부의 사회보장심의위원회가 아니라 경제기획원

---

30) 최천송은 사회보장에 관한 법률의 원안이 "사회보장제도도입과 발전을 약속하는 기본적 법률안"이었는데 "실제로 제정된 법률은 여러 사람의 손을 거치고 최고회의 의결을 얻는 가운데 그 기본적 요구의 필요골격과 필수사항은 거의 삭제되고 겨우 위원회 설치근거만을 확보하는 정도의 선언적 형식적 규정의 간명한 법률"이 되었다고 지적하면서 "결과적으로 사회보장의 통합적 경영에 의한 종합적 균형발전 그리고 효율적 재분배기능의 수행을 가로막는 기준적 악법(基準的 惡法)이 되었고 오늘날의 사회보장의 제멋대로의 분장이 그 결정적 표상"이라고 비판하는 한편 "사회보장에 관한 법률이 사회보장에 관한 헌법상 선언적 명시규정의 범위를 벗어나지 못했고 두고두고 후회 막심한 일"이라고 자탄하고 있다. 최천송, 위의 책, 26면 및 29면.
31) 오정근, "사회복지사업법(안)의 중요골자와 문제점", 사회복지 제26호(한국사회복지연합회, 1969. 9).

의 한국개발연구원이 주도하였다. 이는 국민복지연금법의 진정한 제정목적이 국민의 노후 사회보장에 있는 것이 아니라 사실은 중화학공업 육성을 위한 내자동원에 있었음을 반증한다.[32] 그러나 국민복지연금법의 실시는 제1차 오일쇼크 이후 저소득근로자의 조세부담경감과 자금조달효과 축소 등의 이유를 내세워 긴급조치(3호 제18조)로써 무기한 연기된다.

다. 의료보험법개정(1976. 12. 22. 법률 제2942호)

의료보험법은 1976년에 강제가입방식으로 전면 개정되어 1977년부터 500인 이상 사업장에는 직장의료보험이 당연 적용되었다.

2) 전두환 정권

1970년대의 경제성장을 기반으로 1980년대의 사회보장에 관한 국민의 요구에 대응하면서 동시에 이를 통하여 정권의 신뢰를 획득하려고 2개의 사회복지법을 제정하고 일련의 사회보장입법을 전면개정형식으로 새로이 제정하였다.

(1) 사회복지법제정

1981. 6. 5. 노인복지법과 심신장애자복지법이 국회에서 동시에 심의, 제정되었다.

가. 노인복지법(1981. 6. 5. 법률 제3453호)

민주공화당 윤인식 의원은 1970. 11. 26. 국회 보건사회위원회에 노인복지법안을 제안[33]하였지만 법제사법심사위원회에서 심사 중 국회회기가 만료되어 그 법안은 폐기되었다. 1981년 노인복지법 제정이유에 대하여 나도헌 보건사회부차관은 "노인인구의 절대 수 증가, 산업화, 도시화, 핵가족화의 진전에 따른 노인문제가 점차 사회문제로 대두되고 있음에 대응하여 ... 노인을 위한 건강보호와 시설의 제

---

32) 언론은 국민복지법안에 대하여 그 제정이 시기상조이며 오히려 내자동원의 필요성에 기인한 것이라고 비판하였다. 조선일보(1973. 9. 14. 사설)는 "...이 연금제도의 요강이 경제기획원에서 작성되는 것은 석연치 않은 의문점을 남기게 된다. 사회복지 문제를 다루는 부처가 다루어야만 사회복지적인 안목에서 다룰 수 있을 것이고 불필요한 억측을 사지 않을 것이다. ...노후를 보장하는 문제 이상으로 몇 년 후에 당면할지 모르는 실업에 대하여 실효성 있는 보장이 있어야 한다. ...사용주와 근로자 외에 정부도 일정한 갹출금을 부담하여야 소득 재분배 효과를 얻을 수 있다..."고 주장하였다. 중앙일보(1973. 11. 24. 1면)는 "아예 입법동기가 중화학공업을 위한 내자동원이라고 명문화해서 참여의식을 높이는 것이 차라리 더 나을 것이다"라고 꼬집었다.
33) 윤인식 의원은 노인복지법안 제안이유를 노인인구의 증가 및 핵가족화 그리고 산업구조 변경으로 인한 노인의 사회적 지위저하에서 노인을 보호하려는 것이라고 밝혔다. 제75회 국회 제14차 보건사회위원회회의록 제14호(1970. 11. 26.), 2-3면.

공 등 노인의 안락한 생활을 도모하고 나아가 사회복지의 증진에 기여"하는 데 있
는 것이라고 밝혔다.[34] 법의 주요내용은 노인복지 상담원, 시설수용조치 등의 소
극적 복지조치, 경로우대조치 및 노인직종개발 등의 적극적 복지조치, 노인복지시
설 등에 관한 규정을 포함하고 있다.

나. 심신장애자복지법(1981. 6. 5. 법률 제3452호)

한국신체장애자재활협회는 1972. 4. 20. 제1회 '재활의 날'을 기념하면서 '장애
인복지기본법' 제정을 정부에 건의[35]했지만 법제정으로는 연결되지 않았다. 심신
장애자복지법은 1981년 UN의 '세계 장애인의 해'를 계기로 심신장애 발생의 예방
과 심신장애인의 재활 및 보호조치를 통하여 심신장애인의 복지증진에 기여함을
목적으로 제정되었다. 그 주요내용은 장애상황조사 등 예방조치 및 의료재활 등
재활조치와 보장구의 교부 등 부양조치 그리고 장애인복지시설에 관한 규정을 포
함하고 있다.

(2) 전면개정형식을 통한 법제정

아동복리법의 전면개정형식을 통하여 아동복지법(1981. 4. 13. 법률 제3438호)이
제정되었다. 또한 국민복지연금법의 전면개정형식을 통하여 새로이 국민연금법
(1986. 12. 31. 법률 제3902호)이 제정되었지만 그 시행은 2년 뒤(1988. 1. 1.)에 이
루어졌다.

3. 규범적 정비단계: 민주정권

이른바 1987년 6월 '시민항쟁'과 7·8월의 '노동자 대투쟁'은 노동계층 및 일반
민중세력의 성장과 중산층 시민의식의 고양이 그 하나의 중요한 계기가 되었지만
그 결과가 사회보장수급권의 실질적 전면적 확보와는 직접 연결되지는 못하였다.
그러나 1987년 헌법 이후 사회보장법이 규범적으로 정비되기 시작하였다.

1) 노태우 정권

1988년 세계 올림픽 서울개최를 계기로 한 전시행정적인 정치적 동기가 1988년
이후 '전 국민의료보험 및 연금보험체제 확립'이라는 정부의 정책에 더욱 크게 작
용한 것으로 볼 수 있다.

---

34) 제11대 국회 제107회 보건사회위원회회의록 제1호(1981. 5. 13.), 41면.
35) 경향신문(1972. 4. 21.) 6면 머리 7단 기사.

(1) 의료보험법

가. 전 국민의료보험체제 확립

1988. 1. 농어촌 지역의료보험이 전면 실시되는 한편 같은 해 7월부터 직장의료보험의 당연적용 사업장이 5인 이상으로 확대되었다. 또한 1989. 7. 도시지역 의료보험이 전면적으로 강제 적용됨으로써 이때부터 이른바 전 국민의료보험체제가 법규정상으로 확립되었다.

나. '국민의료법안'의 좌절

보험료 산정의 누진제 적용과 관리기구의 통합화를 중요 골자로 한 '국민의료법안'이 1989. 3. 임시국회에서 여야합의에 따라 만장일치로 통과되었으나 대통령의 법률안거부권 행사로 인하여 발효되지 못하였다.

(2) 국민연금법

1988. 이후 정부는 전 국민연금보험체제를 확립했다고 표방하고 있지만 실질적으로는 10인 이상 사업장의 근로자들만이 사업장가입자로서 당연적용의 대상으로 되고 있을 뿐이었다. 따라서 임의적용 대상자인 영세기업 근로자와 지역주민은 사실상 연금수급권의 범위에서 제외되고 있는 실정이었다.

2) 김영삼 정권

김영삼 정권은 문민정부임을 내세워 세계화를 표방하면서 '사회적 합의'로 노동 및 사회보장문제를 풀어나가게 됨으로써 민주노조 진영의 경쟁적 비판적 정책개발을 촉진하게 되어 사회보장이 노사정의 중요한 과제로 부상하게 되었다.

(1) 고용보험법(1993. 12. 27. 법률 제4644호)

1980. 이후 경제의 국제화, 개방화, 정보화로 인한 산업구조조정의 필요에 따라서 고용보험법이 제정되어 1995. 7. 1.부터 시행되었다. 고용보험법은 실업예방과 고용촉진을 위한 적극적 성격과 실직근로자의 생활보장을 위한 실업급여 지급의 소극적 성격을 아울러 갖고 있다. 이승만 정권 때부터 논의되었던 실업보험법안이 적극적 고용정책을 포함하는 고용보험법으로 제정되었지만 이 법은 사회보장차원보다는 노동시장조정기능을 우선하였다.

(2) 사회보장기본법(1995. 12. 30. 법률 제5134호)

명목적 성격 때문에 제대로 기능하지 못하여 사실상 사문화되었던 사회보장에 관한 법률(1963. 제정)이 폐지되고 사회보장기본법이 제정되어 1996. 7. 1. 시행되었다. 사회보장기본법은 사회보장의 기본원칙 및 체계와 사회보장수급권 등 사회보장법의 공통원리를 규정함으로써 개별 사회보장법의 해석과 입법방향을 제시하는 기본법으로서 제정된 것이다. 사회보장기본법은 사회보장의 보편적 보장원리, 최저생활보장원리, 국가책임주의, 민주적 운영원리, 전달체계의 지역적 형평성과 접근의 용이성 보장 등을 규정하고 있다.

Ⅲ. 법형성의 실질적 특징: 형성구조의 풍토적 특수성

사회보장법 형성배경의 총체적 경향은 거시적으로 보아 국민저항과 이에 대한 집권세력 대응의 정치적 산물인 것으로 그 전체적인 흐름을 파악할 수 있으리라고 본다. 그러나 경제성장우선주의와 정책결정자의 인식부족, 그리고 열악한 사회경제여건으로 인한 비용부담 및 전달체계의 취약구조 등으로 인하여 법형성의 졸속성과 그 명목적 편의성을 면하지 못한 것도 사실이다. 사회보장법형성의 주도적 핵심요인은 사회보장심의위원을 중심으로 한 사회보장운동세력 즉, 사회보장법 실현지향의 이념적 전문가 집단이란 점이 주목할 만한 특징이다.

1. 국민저항과 집권세력 대응의 정치적 산물: 형성배경의 총체적 경향

사회보장법형성은 독재정권에 대한 국민저항과 집권세력 대응의 순환에서 민주정권의 규범적 입법으로까지 진전하였으나 군사정권은 그 위선적 대응으로 사회보장법 실현의지가 결여되었으므로 그 입법목적도 복합구조를 띄었다.

1) 저항과 대응의 순환에서 민주정권의 규범적 입법으로까지 진전

4·19혁명을 이승만 정권에 대한 국민의 '못 살겠다. 갈아보자'라는 생존권 사수를 위한 저항으로 볼진대, 1년 남짓하여 이를 찬탈한 5·16군사쿠데타의 국가재건최고회의는 이 생존권 보장을 위한 4·19혁명과제에 대응하는 정치적 방책으로서 1960년대 초기에 4개의 사회보장입법을 조속히 제정하게 된 것이다. 그 후 공화당 및 유신체제의 박정희 정권은 개발독재를 위한 탄압의 정보정치를 단행하

면서 '우리도 한번 잘 살아보세'라는 경제성장우선주의 정책을 실현하기 위해 노동억압 및 인권제한에 관한 입법은 많이 하였지만 사회보장입법의 제(개)정은 거의 하지 않았다. 박정희의 18년간 장기독재가 자신의 죽음으로 끝난 1979. 10. 26. 이후 전개된 국민의 '민주화 운동'을 무참하게 말살한 공포의 전두환 정권은 국민 요구를 찬탈한 것에 관한 대응책의 일환으로 복지국가 건설을 표방하면서 2개의 사회복지법을 제정하고 그 후 약간의 사회보장입법의 정비를 하게 된다. 전두환의 억압공포의 독재정권에 저항하여 직선제 실현의 민주정치를 요구한 1987. '6월의 시민항쟁'과 생존권 및 노동기본권 보장을 위한 '7·8월의 노동자 대투쟁'의 결실로 민주헌정의 실질적 초석을 이루게 되는 1987년 헌법이 제정되었다. 1987. '6·29 민주선언'이 계기가 되어 성립한 노태우 정권은 시민항쟁과 노동자 대투쟁의 역사적 흐름 속에 1988년 '전 국민 의료보험 및 연금보험체제'를 표방하면서 관련 사회보장입법을 규범적으로 정비하기 시작하였다. 그 후 문민정부를 자처하며 등장한 김영삼 정권이 고용보험법(1993) 및 사회보장기본법(1995)을 제정함으로써 비로소 '전 국민 4대 보험체제'가 확립되고 사회보장입법의 이념 및 기본방향을 제시하는 기본법이 성립된 것이다. 이처럼 사회보장법의 형성배경을 헌정사의 역동적 맥락 속에서 거시적으로 포착해 보면 그 입법이 어떠한 정권의 자발적인 일방적 창설로 비롯된 것이 아니라, 국민의 생존과 민주화를 위한 독재정권에 대한 저항과 이를 수습하기 위한 집권세력의 정치적 사후 대응방책에서 이루어진 '저항과 대응의 정치적 산물'인 것으로 추론할 수 있다.

2) 군사정권의 '위선적 대응'과 사회보장법 실현의지의 결여

이 사회보장법 형성의 추론원리를 헌정사에 보다 구체적으로 적용해 보면 박정희 정권과 전두환 정권의 군사독재정권이라는 일란성 쌍생아의 사회보장입법에서의 공통점이 객관적 사실 그대로 드러난다. 4·19혁명을 찬탈한 박정희 정권은 그 국민의 저항요구에 대응하여 5·16군사쿠데타 이후 7개월 뒤인 1961. 12. 30. 생활보호법과 아동복리법을 같은 날 동시에 심의제정 하였다. 마찬가지로 1979. 10. 26. 이후의 민주화운동을 찬탈한 전두환 정권은 그 민주화운동에 대응하여 1980. 5. 17. 조치 이후 1년여 뒤인 1981. 6. 5. 노인복지법과 심신장애자복지법을 같은 날 동시에 심의제정 하였다. 20여년의 격차가 있는데도 어떻게 이렇듯 군사정권의 사회보장입법은 똑같은 수순원리를 되풀이하여 제정된단 말인가. 박정희 정권에서 1963년(산재보험법, 의료보험법, 사회보장에 관한 법률의 제정) 이후 10년 만에 겨우 국민복지연금법이 제정되었을 뿐이고 그동안 이미 제정된 임의가입의 의료보험법 등의 결함을 개정하려는 입법 활동이 없었던 이유는 무엇일까. 이 시기에 제정된 사회보장입법이 제정 이후 시행유보 내지 사실상 사문화된 상황을 어떻게 설명해야 할까. 의료보험법은 1963년 임의가입에서 1976년 강제가입으로 개정되기까지 14년간 사실상 사문화되었다. 국민복지연금법은 1974년 시행을 유보하여 국민연금법으로 개정(1986)되어 특정근로자계층만이 강제가입 되는 1988년까지 15년간 실질적으로 사문화되었고 사회보장에 관한 법률 역시 1996. 7. 1. 폐지될 때까지 사실상 기능하지 못한 명목적 규정이었던 것이다. 이러한 사실로 미루어 보면 박정희 정권은 사회보장제도를 진정으로 실현할 의지가 없었고 명분을 앞세워 국민의 요구에 위선적으로 대응하여 단순히 명목적 입법만 한 것임을 알 수 있다. 이같은 위선적 대응의 성격은 전두환 정권의 경우도 마찬가지인 것으로 드러난다. 1981년 제정된 노인복지법과 심신장애자복지법은 대부분 노력의무 내지 임의규정이고 국가의 재정부담도 규정하지 않아 그야말로 명목적 입법에 지나지 않았다. 이렇듯 군사독재정권에서는 형식적 명목적으로 사회보장입법이 제정되었을 따름이고, 산재보험법을 제외하면 그 실질적 규범적 입법은 사실상 형성되지 않은 것으로 보아야 마땅할 것이다.

3) 군사정권의 위선적 이중성격으로 인한 입법목적의 복합구조

특히 박정희 정권의 경우 제정된 6개의 사회보장입법 중 국민복지연금법 하나만을 제외한 나머지 5개가 '위헌적 입법기관'인 국가재건최고회의에서 군사쿠데타 직후 초기(1961년 2개, 1963년 3개)에 집중입법 된 것은 무엇을 의미하는 것일까. 이러한 입법현상은 한편으로는 4·19혁명에서 분출한 국민의 생존권보장에 대한 대응책으로서, 또 다른 한편으로는 민정이양형식으로 정권획득을 노린 군사정부가 1963년 후반부의 대통령 선거 및 총선거에서 승리할 선거 전략의 하나로 복지국가지향의 그랜드 디자인을 홍보한 정치선전의 '분식(粉飾)적 상징물' 전시로 보아야 할 것이다. 이러한 태생의 위선적 이중성격 구조로 인하여 개별 사회보장법의 제정목적은 복합성을 가질 수밖에 없었던 것이 그 특징이다. 그 중에서 1961년 생활보호법 및 아동복리법은 절대빈곤계층과 전쟁고아의 처절한 삶을 보호하기 위한 목적보다는 이른바 '구법정리'의 필요성으로 인해 제정되었기 때문에 그 내용에 전혀 알맹이가 없는 것도 이러한 성격을 말해 준다고 할 것이다. 강제적 사회보험제도가 아닌 임의가입의 사적보험 형식을 취한 의료보험법의 제정이 그 입법

목적의 위선적 복합성을 가진 전형적 경우이고, 그 후 유신체제에서 제정된 국민복지연금법은 중화학공업을 위한 내자동원 목적과 유신체제의 보랏빛 환상의 상징조작 등 복합적 목적에서 제정된 것으로 볼 수 있다.

4) 민주정권의 규범적 사회보장 입법

위에서 전체적으로 살펴본 것처럼 사회보장입법은 1987년 헌법 이후에야 단계적으로 비로소 규범적 성격을 갖추게 된 것으로 정리할 수 있다. 1988년 노태우 정권이 표방한 '전 국민의료보험 및 연금보험체제 확립'은 그해 개최된 서울올림픽을 의식한 전시행정의 측면도 없지 않았지만 실질적으로 상당부분은 규범적 실효성을 확보하였다고 볼 수 있다. 즉, 의료보험법(농어촌지역의료보험의 전면실시와 직장의료보험의 당연적용 사업장을 5인 이상으로 확대)은 명실상부한 규범성을 갖추게 되었지만, 국민연금법은 10인 이상의 사업장가입자에게만 강제적용됨으로써 '근로자연금법'으로서의 부분적 규범성만을 확보했을 따름이다. 이후 사회보장입법은 규범적 정비를 진행하여 김영삼 정권에서 고용보험법(1993년 제정, 1995년 시행)과 사회보장기본법(1995년 제정, 1996년 시행)이 제정 시행됨으로써 실제로 1995년을 규범적 사회보장법의 체계적 형성의 원년으로 자리매김하는 것이 현실에 부합되는 해석이 아닐까. 이처럼 1987년 실질적 시민의 명예혁명 정신을 수용한 민주정권이 사회보장법을 규범적으로 정비 내지 보완 입법한 것은 경제성장 바탕의 정치민주화가 그 실질적 기초를 이루었기 때문인 것으로 풀이된다. 따라서 민주정권은 군사정권과는 달리 국민저항의 요구에 비교적 성실히 대응하여 사회보장입법을 정비한 것으로 풀이할 수 있을 것이다.

이상의 논의를 요약할 때 사회보장법형성의 추론원리 중, 국민저항에 대한 '집권세력 대응' 부분을 정권의 속성에 따라 더욱 구체화해 보면 군사독재정권의 경우는 국민저항에 대한 '위선적 대응'이고 1987년 헌법이후의 민주정권의 경우는 국민요구에 대한 '수용적 대응'으로 분류하는 것이 타당하리라고 본다. 따라서 정치의 민주화가 규범적 사회보장입법의 필요조건이고 경제성장은 그 충분조건에 지나지 않는다는 것이 분명하다.

2. 법제정의 졸속성과 명목적 행정편의성: 형성내용의 실효성 문제

사회보장법형성에 있어서 군사정권의 위선적 대응으로 인하여 입법의 졸속처리가 행하여지고 한편으로는 정책결정자 및 행정 관료의 인식부족과 기초여건의 결여, 다른 한편으로는 경제우선주의로 인한 경제기획원의 실질적인 영향력 행사가 원인이 되어 그 입법은 명목적 행정편의성을 갖게 되어 실효성을 담보할 수 없었다.

1) 입법의 졸속처리로 인한 의료보험의 '민간보험'식 변질

법제정 졸속성의 대표적인 경우로는 1963년 의료보험법의 제정과정을 들 수 있다. 1963. 12. 11. 최고회의에서 의료보험의 강제적용 여부가 최대쟁점이 되었는데 의사봉을 잡은 이주일 부의장은 "이 법은 이대로 통과된 것으로 하고 저기의 법률고문이 수정한 내용으로 한다."는 단서를 붙여 통과하였다.[36] 위임을 받은 법률고문은 의료보험을 임의적용으로 최종 수정하였다. 이에 대해 강제적용 의료보험법안의 기초를 주도한 최천송은 "의료보험법 통과가 이부의장의 손에서 김 고문의 손으로 넘어가고 통과된 법률이 다시 법률고문의 자의에 의하여 마음대로 되었다.... 제아무리 군사정부에 의한 강제입법의 무리한 처리라 해도 이렇게 상식외의 방법으로 이루어졌다는 것을 밖에서는 상상조차 할 수 없는 일"이라고 밝히면서, "사회보험에서 강제성이 제거된 채 최초의 입법이 출현되었다는 것은... 법률학전문인의 손에 의하여 사회정의실현을 목표하는 기초입법이 이렇게 기형아로 출생되게 되었다는 것은 크게 부끄러워해야 할 일"이라고 자탄의 비판을 한다.[37]

입법 졸속처리의 중요한 정치적 요인의 하나로는 최고회의의 입법기능 자체의 시한문제이었다. 대통령선거와 총선을 마치고 1963. 12. 17. 새로운 정권이 출범해야하기 때문에 최고회의는 그 시한에 쫓겨 의료보험법안 뿐만 아니라 함께 상정된 많은 법안들을 제대로 심의하지 못한 채 무더기로 통과시킬 수밖에 없던 상황이었다.[38]

2) 정책결정자 및 행정 관료의 인식부족과 기초여건 결여로 인한 행정 편의성

정희섭 보사부장관이 산재보험업무관장자를 보험자인 보사부장관이 아니라 민간보험공사로 변경하라는 지시를 내리자 사보심 노동보험반이 산재보험의 주관은

---

36) 최천송, 위의 책, 10면.
37) 최천송, 위의 책, 113면.
38) 이때 최고회의 마지막 보름동안 제정 내지 개정된 법률안이 무려 166개에 이른다. 의료보험연합회, 위의 책, 36면.

정부가 해야 한다는 구체적 논거를 설명하는 등 1개월간 장관을 설득하여 1963. 7. 무렵 최종결재를 받았다.[39] 그러나 또한 1963. 9. 9. 제70회 차관회의는 산재보험은 체신부 등의 보험부서가 담당하거나 민간보험에 위탁함이 타당하다는 이유로 심의가 보류되기도 하였지만 결국 관계기관 회의를 통해 원안대로 통과되었다.[40] 정부의 산재보험법안은 강제적용 대상을 상시 100인 이상 근로자 사용업체로 하였으나 최고회의는 500인 이상 근로자 사용업체로 수정하여 제정하였다. 산재보험법의 경우 산재보험료산정의 수리계산이나 요양내용 및 질병에 대한 전문지식을 갖춘 공무원이 없었으므로 사보심위원이 그들의 사적인 인맥을 통하여 민간전문가의 협조를 구할 수밖에 없는 처지였다.[41] 이렇듯 극도의 경제곤궁과 외국원조경제 의존상황에서 비롯된 사회보장 비용부담 및 전달체계의 취약구조로 인하여 사회보장입법은 명목적 성격을 가진 채 전시행정 측면에서 그 실시가 용이한 것부터 시행하는 행정편의주의를 취하였다.

3) 경제우선주의로 인한 경제기획원 등의 실질적 영향력 행사

더욱이 경제성장우선정책을 지상과제로 삼아 밖으로는 사회보장의 명분을 내세우며 안으로는 경제개발의 자금조성을 위한 사회보장입법을 하게 됨으로써 오히려 담당부서인 보건사회부 보다는 경제기획원 등 경제부처가 영향력을 발휘하여 입법의 주도권을 행사하게 되는 역설현상이 또 다른 특징을 이루게 되었다. 그 전형적인 경우가 유신체제 확립 후 경제기획원 주도로 제정된 국민복지연금법이고, 이승만 정권 때에 재무부장관이 국회에서 공무원연금법 제안 설명을 하면서 그 목적이 경제개발기초의 자금조성에 있다고 밝힌 것도 이를 대변하는 예증이다. 이러한 경제부처의 영향력이 사회보장입법과정에서 얼마나 중요한지를 가늠하려면 산재보험법의 경우를 살펴보면 알 수 있다.[42] 경제부처의 영향력과 행정의 실시편의성은 정부안 입안단계에서부터, 제정된 후 시행유보 연한을 미리 정하는 특이한

---

39) 노동부, 위의 책, 23-24면.
40) 노동부, 위의 책, 28면.
41) 미군정기에 자격을 취득한 당시 우리나라 유일한 보험계리사인 이겸재(동방생명보험회사 부사장)가 보험수리 문제에 대하여 자문하였고, 직업병과 요양내용 등 의학전문 분야에 관하여는 이승한(가톨릭의과대학 부설 산업의학연구소 박사)이 협조하였다. 노동부, 위의 책, 26면.
42) 사보심 노동보험반은 경제부처와의 협의 등 업무처리를 위하여 당시 서울대학교 법과대학 석사과정(헌법전공)의 남윤호를 특별히 채용하였다. 남윤호가 개인적 인맥을 통하여 경제부처와의 협의에 주도적 역할을 함으로써 협의에 응하지 않던 경제기획원 및 재무부 관계자를 설득하여 산재보험을 위한 예산확보의 결재를 받아내었다. 노동부, 위의 책, 25면. 손준규, 위의 책, 100-102면.

현상을 연출하게 하였다. 정부의 의료보험법안은 500인 이상 사업장의 강제적용을 골자로 하면서도 경과규정으로 5년간 시행유보를 정하였다. 국민연금법의 경우도 제정이후 2년간 시행유보를 규정하였다. 이러한 고질적인 병폐는 민주정권에서도 개선되지 않았는데 김영삼 정권의 고용보험법은 제정 이후 2년간의 시행유보규정을 두었고 또한 고용보험기금의 운용주체를 경제기획원장관(노태우 정권의 국민연금법상 국민연금기금운용주체도 경제기획원장관)으로 규정하였던 것이다.

3. '사회보장법 형성' 전문집단의 계속된 고독한 숨은 역할: 형성주도의 핵심요인

사회보장법 형성주도의 핵심요인은 제헌헌법의 이익균점 및 사회보장 사상을 실현하려는 전진한, 조봉암 노선 경향을 잇는 사회보장운동세력, 특히 사회보장심의위원을 중심으로 한 전문집단의 일관된 고군분투의 노력으로 볼 수 있다.

1) 전진한, 조봉암 노선 경향의 면면한 사회보장운동세력

제헌헌법의 이익균점권 및 사회보장규정 확보를 주도했던 전진한 초대 사회부장관은 제1회 국회 83차 본회의에서 발표한 '이재동포 구제에 거족적 열성을 경주'라는 시정보고에서 "질병 의료행정에 있어서는 국민이익균점의 헌법정신에 부합케 하여 전 국민은 빈부의 차별과 지방의 구별 없이 균등으로 의료를 향수하도록 현 의료행정을 개선하겠으며 그 목적달성을 위하여 당면정책으로 사회보험제도를 계획하여 점차적 이익을 향수"하도록 할 것이라면서 '사회보험제도를 창정(創定)실시케 할 것'을 천명하였다.43) 조봉암은 제헌헌법 제17조의 정신에 대하여 제헌당시 최초로 '사회보장법'이란 용어를 정확하게 사용하여 전진한과 함께 그 이념의 실현을 강조하였다.

1959년 보건사회부 의정국의 '건강보험제도 도입을 위한 연구회' 창립과 그 활동은 전진한의 '사회보험제도 창정실시' 정신의 계승으로 볼 수 있고 이들 행정관료 및 전문연구원은 전진한과 그 뜻을 같이 한 것으로 추정할 수 있으리라고

---

43) "....三. 사회보험제도를 창정(創定)실시케 할 것. 근로자가 불려(不慮)의 재해, 질병, 폐질, 노년 급(及) 실업 등의 불행한 경우에 처했을지라도 능히 그 생활난에 소호(小毫)라도 지장이 없이 그들의 생활향상과 그 사회적 처우를 적극적으로 개선하기 위하여 일반 노동시책과 병행하여 차(此)에 대한 대책을 시급히 강구 수립코자 (一) 노동재해보험 (二) 노동질병보험 (三) 양로 급(及) 폐질보험 (四) 실업보험에 분(分)해서 국가제도로서 차(此)를 강행 실하고자 합니다." 시정월보 창간호 (1949. 1. 5.), 29-42면.

본다. 1962년 최고회의 기본정책방향(제7장 문교사회 제2항 보건사회)[44]에서 표명된 "의료균점(醫療均霑)을 수립하고 부조와 보험을 기간으로 하는 사회보장제도의 기틀을 마련하여 국민생활향상과 복지사회를 건설한다." 중에서, '의료균점'이라는 단어에 특히 주목할 필요가 있다. 의료균점의 뜻을 위의 전진한 시정보고의 발언에 따라 풀이해 보면 '국민이익균점의 헌법정신에 부합한 빈부, 지방의 차별 없는 의료의 향수'라고 정의할 수 있을 것이다. 또한 박정희 최고회의의장의 1962년 '사회보장제도 확립'이라는 지시각서의 내용은 국민·기업주·정부의 연대적 참여, 사회보장과 경제개발의 병행추진, 우리나라에 적합한 사회보장제도 연구발전의 3대원칙으로 요약할 수 있다. 의료균점의 용어사용 및 지시각서의 사회보장 3대원칙 제시는 사회보장의 탁견과 실천의지를 간직한 전문 사회개혁가의 작품임에 틀림없다. 앞에서 밝힌 것처럼 손창달이 박의장의 지시각서 작성에 참여[45]한 것으로 미루어보면 '의료균점'이란 용어도 손창달의 표현[46]이라는 추정이 가능하고 그렇다면 손창달은 전진한의 '국민이익균점의 사회보험제도 창정' 노선을 계승한 숨은 추종세력이라는 추론 역시 합당하리라고 본다. 또한 4·19혁명 후 장면 정권 시절 '전국종합경제회의'에서 '사회보장제도심의위원회설치'를 정부에 건의한 중심인물인 최천송은 박정희 정권의 사회보장심의위원회 전문위원으로 참여하여 줄곧 30년 가까이 사회보장 발전에 공헌한 인물이다. 한국독립당 입당, 삼균주의(三均主義)이념 공명, 파리 솔본느 대학 유학 경력의 최천송은 "남북의 이질적 사회생활 하에서 공산주의적 강제적 배분이나 자본주의적 안이한 배분고려가 아니고 제도적으로 사회적 공동의식하의 연대적 책임으로 해결"[47]을 모색하려는 정신을 가졌으므로, 이러한 사상은 전진한의 자유협동사상과 그 맥락을 같이 하는 것으로 추정할 수 있을 것이다.

---

44) 한국군사혁명사편찬위원회, 한국군사혁명사 제1집 상권 (1963), 402면.
45) 손준규는 "의장의 지시각서가 나타난 배경 중에는 당시 최고회의의 K문사위원장과 동 소속의 홍종철 위원이 사회보장제도의 실시에 크게 동조하여 전문위원들과 대화를 자주 가졌으며 이 뜻이 최고회의의장에게 전달된 것"이라고 하면서 "의장의 지시각서의 초안은 우기도(최고회의문교사회위원회 전문위원), 오정근(최고회의문교사회위원회 전문위원) 및 S씨 등에 의해 작성"된 것이라고 기술하여 손창달을 S씨로 표현하고 있다. 손준규의 기술 중에는 손창달을 S로 지칭하고 있는데 그 이유는 확실하지 않다(그 관련된 부분이 저자가 직접 손창달 및 최천송과의 녹음면담을 한 것이므로 손창달의 부탁에 의해 본명을 밝히지 않은 것으로 추측할 뿐이다). 손준규, 위의 책, 81면.
46) 손창달은 "당시의 예산국장(이한빈)을 면담하여 사회보장제도의 수립에 필요한 재원확보를 요청한 바 좋은 반응을 얻었다. 아울러 당시의 무의면(無醫面)해소대책을 위한 획기적인 예산조치도 가능했으며... 의료보장사업의 기반사업으로 무의면(無醫面)해소대책을 담당하면서 의료균점(醫療均霑) 체계 확립방안을 강구하여 그 실시를 권고했다"고 한다. 손준규, 위의 책, 67면.
47) 최천송, 위의 책, 15면.

2) '사회보장심의위원회' 전문집단의 일관된 고군분투의 '대승보살도' 실천

경제개발우선주의, 권력층 의사결정자의 인식부족, 경제행정 관료의 몰이해와 같은 사면초가의 황량한 풍토에서 사보심 전문연구위원들은 오로지 사회보장법 형성을 위한 일념으로 갖가지 고난을 인용하며 이타적 대승보살도 정신을 거의 20년~30년간 일관되게 실천한다. 그중 가장 주목되는 인물 중의 한명이 손창달 위원이다. 손위원은 '부산노동병원'[48]의 민간의료보험조합[49] 운영(1955) – 이승만 정권의 보건사회부 '건강보험제도 도입을 위한 연구회' 회원(1959) – 장면 정권에서 '사회보장제도심의위원회' 규정작성(1961) – 박정희 정권에서 박의장의 '사회보장제도 확립'이라는 지시각서 작성참여(1962) – 사보심 행정지원반에서 사보심 연구위원으로 옮겨 활동(1968) – 한국사회보장문제연구소 이사(1978) – '국민복지연금제도의 실시방향에 관한 연구'에 최천송 등과 함께 사보심 연구위원자격으로 공동참가(1984) – 58세로 별세(1986)하기까지 사회보장법 형성의 외길만 걸었다.[50] 손창달의 '사회보장 외길'의 삶에 대하여 최천송은 "그의 일생의 집념인 사회보장에 관한 도입착상과 연구업적은 그의 독학적 노력과 함께 사회보장연구사에 길이 남을 것"[51]이라고 회고한다.[52] 일찍이 '건강보험제도 도입을 위한 연구회' 회원인 양재모는 세계보건기구의 후원으로 1960. 1. 2.~1960. 4. 28. 세계보건기구(WHO), 국제노동기구(ILO), 서독, 영국, 스칸디나비아 제국, 일본 등을 방문하여 각국의 사회보장제도를 관찰한 결과를 토대로 '사회보장제도의 창시에 관한 건의'를 제출하였다.[53] 이 연구보고서에서 "사회보장제도의 도입 초기단계에서는 기구조직편성 및 담당간부의 훈련이 무엇보다도 중요"하다고 생각한 양재모는 "제네바의 국제기

---

48) "이 병원의 성격을 전국규모로 확대시킨다는 취지 아래 병원의 명칭도 '사단법인 한국노동병원'으로 개칭하고 이사장은 신영식, 총무는 설립자인 손창달이 담당했다." 의료보험연합회, 위의 책, 18면.

49) "1968. 5. 13. 일생을 국민보건향상과 후생사업에 몸 바친 장기려(張基呂) 복음병원원장과 사회사업가 김영환(金榮煥)에 의하여 부산 청십자(靑十字) 의료보험조합이 설립(실제 인가는 1969. 7. 29.)"되었는데(최천송, 위의 책, 126면), 청십자 의료보험조합 운동은 '부산노동병원' 의료보험조합의 정신을 계승, 발전시킨 것이라고 추측할 수 있을 것이다.

50) 최천송, 위의 책, 17-18면 및 137면.

51) 최천송, 위의 책, 18면.

52) 의료보험법안의 요강을 설계할 때의 어려운 상황에 대하여 최천송은, "지금은 고인이 된 손창달이 자기가 관계한 부산노동병원이며 8인 연구회의 건강보험자료 등에 의하여 당시 복개가 되지 않은 삼청동 국무총리공관 옆의 청계천 개울 길의 좁은 돌담 위를 걸어내려 오면서 나의 손목을 꼭 쥐어 잡으면서 뒤따라오는 강남희를 넌지시 바라보며 '우리들이 해 낼 수 있고 자기도 함께 하겠다'며 힘을 부추겨주던 일은 영원히 잊을 수 없다."고 회고한다. 최천송, 위의 책, 24면.

53) 양재모, "사회보장제도의 창시에 관한 건의" (보건사회부, 1961).

구 방문당시 간부직원의 훈련을 위하여 전문가 파견 및 지원에 관하여 질의하였더니 우리 정부에서 기술지원을 요청하면 각계 전문가로 구성된 팀을 보낼 수 있다는 답변을 들었다."고 술회하고 있다.[54] 또한 최천송[55]은 의료보험법안 요강작성 당시의 심경을 이렇게 토로하고 있다.[56]

> 요강시작의 기본방향이 전 국민을 대상으로 명분상만이라도 전체국민이 포괄되어야 하는데 기실, 일부피용자 그것도 규모가 크고 임금수준도 높은 사업장이 대상이 되어 처음부터 최저생활에 허덕이는 많은 사회보장대상자를 외면하여야 하는 가슴 아픔을 겪어야 했다. 의료보험의 기초를 비요급대상에 설정하여, 많은 빈곤층을 안고 있는 나라에서 그것도 한주먹도 안 되는 상대적으로 고수준의 근로자를 대상으로 요강을 작성하여야 하니, 하늘을 쳐다보고 내가 어찌 사회보장을 해야 한다고 주장한 사람의 할 짓이랴. 그러나 이렇게라도 기초를 설정해 놓지 않으면 우리나라 의료보험은 영원히 도입할 수 없는 일이 아닌가... 약자를 돕기 위한 강자보장의 의료보험... 거꾸로 추진하는 제도적 도입, 목적과는 반대되는 수단의 원용, 여기에 의료보험사업의 어려움이 시작되게 된 것이다.

이렇게 최천송은 현실적 어려움 속에서 의료보험제도 본래의 취지와 사뭇 어긋나는 요강을 향후 의료보험의 '기초 설정을 위하여 모순적으로 설계'하지 않으면 안 되었다. 또한 국민연금에 대하여는 사보심 신임연구위원 민재성을 중심으로 한 연구반이 2년여에 걸친 자료수집과 조사결과에 의해 국민복지연금 모형을 구축하여 그 법안의 초안을 마련하였지만, 보사부 장관이 아니라 경제기획원장관 주도로 법제정이 이루어지게 되었다. 민재성은 그 후에도 국민연금제도 연구를 계속하였는데, 이에 관하여 "우리나라 연금제도의 뿌리는 사보심 연구위원과 K.D.I 연구위원으로 재직한 민재성에 의하여 20여년의 긴 잉태 속에 탄생되었다는 것을 부인하지 못한다."고 평가되기도 한다.[57]

---

54) 뿐만 아니라 양재모는 이 연구보고서에서 사회보장제도의 입법방향 및 운영, 급부, 조직구성 등에 관한 세부적 사항에 대하여 구체적인 내용을 고찰하여 사회보장제도의 도입을 건의하고 있다. 양재모, 위의 논문, 85-87면.

55) 최천송은 자신이 사회보장연구를 평생사업으로 한 것에 대하여 "우리사회의 고질적 빈곤생활과 남북이 처한 이념적 중화의 길 모색 그리고 민족 평화적통일의 숙명적 과제를 안고 필자 자신의 자생성장의 장도에 오르게 된다. 실제로 도불(渡佛) 이후 파리대학(솔본느 대) 철학부 사회학과에 적을 두고서도 그동안 조국에 송고한 1955년의 '구라파인의 생계'와 '사회안전보장' 등은 조국사회의 빈곤문제를 외국의 생활과 그들의 시정방향에서 절규한 외침들이다... 이로써 삼균주의(三均主義)와 구라파생활이 필자로 하여금 사회보장연구에 몰입시켰고 평생사업으로 묶여져" 버렸다고 술회한다. 최천송, 위의 책, 15면.

56) 최천송, 위의 책, 49면.

이러한 처지에서 사보심 전문위원들은 신분적 직업적 안정을 얻지 못하고 때로는 보건사회부 일부 행정 관료들의 전횡을 감수하면서도 "국회상임위에 출석, 장관의 요청에 의하여 대신 약식이나마 답변 설명하는 등 그 의욕만은 충천하는 기세였고 어느 누구도 이를 따르지 못하는 전문가적 위세를 갖고"[58] 인내하였다. 사보심 위원들을 시종일관 격려하고 사회보장입법의 지원활동을 아끼지 않은 국가재건최고회의 홍종철 최고위원의 사회보장실현에 대한 확고한 신념도 이들의 고군분투를 뒷받침한 든든한 바람막이가 되었을 것이다.[59]

Ⅳ. 총결: '전문집단 헌신'주도 속의 '국민저항과 집권층대응'의 정치적 산물 – '국민이익균점'사상 부활의 수난과 결실–

정권의 속성에 의한 사회보장법형성의 특징은, 민간정권의 기초적 생성단계, 군사정권의 명목적 제정단계, 민주정권의 규범적 정비단계 등 3단계로 구분되어 드러난다고 할 수 있다. 사회보장법 형성구조의 풍토적 특징은 i) 국민저항과 집권세력 대응의 정치적 산물인 사회보장입법이 ii) 사회보장지향 전문집단의 연속적인 헌신적 노력으로 제정되지만 iii) 경제우선주의와 비용부담 및 전달체계 취약구조로 인해 명목적 편의규정에 머물다가 iv) 1987년 헌법(민주정치와 경제성장의 동반결실) 이후 시민혁명의 요구에 대응하여 단계적으로 규범적 실효성을 확보하게 된 것이라고 보는 것이 타당하리라 생각한다. 이러한 특징을 압축하여 사회보장입법은 '전문집단의 헌신적 주도 속의 국민저항과 집권층대응의 정치적 산물'이라는 그 형성의 추론원리를 제시하는 것이 가능하리라고 본다. 그러나 그 추론원리의 의미를 정권의 성격과 사회보장운동의 맥락에서 더욱 자세히 천착할 필요가 있다. 집권층 대응의 의미도, 국민의 절실한 저항정신을 찬탈한 집권층의 위선적 대응을 한 군사정권과 시민혁명 정신을 수용하여 그 요구에 비교적 성실한 대응을 한 민주정권과는 분명한 엄청난 차이가 있음을 알아야 한다. 또한 전문집단의 헌신 즉 그들의 연속적인 숨은 희생적 노력도 이중적 의미를 함축하고 있는 것으로 보아

---

57) 최천송, 위의 책, 138면.

58) 최천송, 위의 책, 23면.

59) 홍종철 위원은 "사회보장제도심의위원회의 탄생, 최고회의의장의 사회보장제도 확립에 관한 지시각서, 또한 의장의 연두시정방침의 내용… 등 사회보장의 창설 작업에 적극 참여하여 전문위원들을 격려하며 사기를 높여준 사람"이며 "서울상대 대학시절부터 노동, 사회문제에 대해서 깊은 관심을 가지고 있었으며 보좌관들에게도 항시 사회보장제도가 잘 되어야 한다고 역설했다"고 한다. 손준규, 위의 책, 104면 및 123면.

야 한다. 그 좁은 의미는 사보심연구위원조직의 일관된 사회보장입법 활동 즉 밖으로 드러나는 현재(顯在)적 열의와 성과를 뜻한다. 그 넓은 의미는 사회보장운동의 이념세력이 국민저항의 구심역할을 하는 한편, 또 한편으로는 그 저항정신의 찬탈세력이 저항에 대한 대응으로 사회보장입법을 하도록 유도하는 양면의 드러나지 않는 잠재(潛在)적 추진력을 뜻하는 것이다.

이 같은 법형성의 추론원리를 밑바탕으로 하고 사회보장입법의 실질적 규범성여부를 판단기준으로 삼아 법형성의 특징을 검토하면 다음과 같은 결론에 이르게된다. 첫째, 5·16군사정권은 실제로 사회보장법을 실현할 정책적 의지가 없었다는 점이다. 강제적용이 원칙인 4대 사회보험법은 박정희 정권의 산재보험법(1963년 제정; 국가재건최고회의)과 의료보험법(1977년 강제가입으로 시행; 유신체제), 노태우 정권의 국민연금법(1988년 10인 이상 사업장 당연적용 실시), 김영삼 정권의 고용보험법(1995년 실시)으로 그 체계를 확립하게 되었는데 1960년대 초기에 제정된규범적 입법은 근로자대상의 산재보험법 1개뿐이다. 1961년 생활보호법과 아동복리법은 '구법정리'의 차원에서 제정된 것에 지나지 않았다. 따라서 이 시기에 5·16군사정권이 대량의 사회보장입법을 제정하였다고 분석하는 견해는 법제정의 형식적 접근에서 비롯된 것이 아닌가 하는 의문이 든다. 둘째, 경제성장 보다는 오히려 정치민주화가 규범적 사회보장법형성의 관건으로 작용했다는 것을 지적할수 있다. 1987년 헌법 이후 민주정권에서 전 국민 의료보험 및 연금체제가 비로소규범적 입법에 의하여 확립되기 시작한 사실이 이를 뒷받침하고 있다. 전두환 정권에서는 1970년대 수출경제기반의 경제발전을 바탕으로 3저 호황의 괄목할 경제성장이 이루어졌음에도 불구하고 명목적인 사회복지법 2개의 제정과 형식적인 법개정만 있었을 뿐 규범적 사회보장입법은 하지 않았다. 이로 미루어보면 경제성장이 되어도 진정한 민주정치가 실현되지 않으면 사회보장법의 규범성은 담보되지않음을 볼 수 있다. 경제성장은 규범적 사회보장입법의 충분조건이지만 반드시 그필요조건이 아니란 점이 밝혀진 것이다. 셋째, 법제정의 명목적 편의성의 원인은사회경제적 기초여건의 결여 못지않게 정책결정자의 인식부족에서 비롯된 것이많음을 알 수 있다. 사회보험의 경우 장기적 보험료부담능력의 필요 때문에 고용유지 등 일정수준의 경제기초가 없으면 그 실시전제요건이 결여됨으로써 입법을하더라도 명목적 규정만 될 뿐임은 물론이다. 그러나 이러한 원인 외에도 임의가입방식 의료보험법제정에서 볼 수 있듯이 계약자유원칙을 내세워 강제가입을 반대한 당시 국가재건최고회의 법률고문과 같은 사회보장법 인식부족의 정책결정자 그리고 실시의 편의성만을 쫓아 우선 대기업부터 적용하려는 일부 행정 관료의 안이한 자세가 명목적 규정을 입법한 다른 요인이 되었다. 넷째, 사회보장운동세력(사회보장심의위원 등을 중심으로 한 전문집단)의 헌신적 노력이 사회보장법형성의 기틀이 된 점을 높이 평가하여야 한다. 공식적으로는 이승만 정권말기(1959) '건강보험제도 도입을 위한 연구회'로부터 시작된 사회보장운동세력의 활동은 군사정권과 민주정권에서도 사회보장심의위원회를 중심으로 20~30년간 일관되게 계속되었다. 특히 국가재건최고회의시절 사회보장심의연구위원들은 각 분야별 사회보장의 연구뿐만 아니라 법안초안 작성, 주무장관의 설득과 경제 및 관계부처의 협조요청, 각료회의에서부터 최고회의까지 법안통과를 위한 사적인맥을 통한 로비활동 등 그야말로 전천후의 작업을 하였다. 또한 이들 연구위원이 신분보장이 없는 처지에서 때로는 정책결정자의 인식부족으로 인한 당초 구상한 법안내용의 좌절과 직업공무원의 관료적 독선으로 인한 굴욕을 묵묵히 참고 견딘 것은 오로지 사회보장의 꽃을 피우기 위한 일념 때문이었다. 군사독재정권을 거부하지 않고 오히려 그 심장부에 참여함으로써 군사정권이 사회보장입법을 하도록 적극적으로 설득하여 유도한 이들의 대승적 실천자세는 자신이 때 묻지 않은 당당함에서 비롯된 '처염상정(處染常淨)'의 정신적 표현일 것이다.

　법사상적 관점에서 본다면 사회보장법 형성과정을, 제헌헌법의 정신 즉 사회민주주의를 기초로 한 '국민이익균점'사상의 부활과정으로 파악할 수 있는 특징이 괄목할 만하다. 남북통일 지향의 이념적 초석으로 보장된 이익균점권으로 대표되는 사회민주주의 경향의 제헌헌법정신은 한국전쟁과 이승만 정권의 헌법유린사태인 '발췌개헌'으로 인해 이른바 '중간파'와 함께 그 입지를 상실한다. 특히 한국전쟁을 계기로 김일성은 박헌영 등 남로당세력을 숙청하여 독재체제를 더욱 강화하고 이승만도 전진한 탄압과 조봉암 사형 등으로 한층 독재체제를 굳힘으로써 사회민주주의자 등 진보세력은 설 땅을 잃었다. 5·16군사정권에 의한 1963년 헌법에서 이익균점권 조항이 삭제된 것은 향후 북한의 김일성 적색독재와 이에 대립하는 남한의 박정희 백색독재가 장기화되는 분단의 고착상태를 예고하는 상징적 의미를 지닌다고 볼 수 있다. 그러나 1963년 헌법에서 삭제된 이익균점권의 사상은 사회보장운동세력들이 주도한 사회보장입법 형성의 수난과정을 통하여 오히려 소생, 계승되는 끈질긴 저력의 '불사조의 넋'을 감추고 있었던 것이다. 드디어

1987년 헌법의 민주정권에서 규범적 사회보장입법이 정비됨으로써 40년 만에 제헌헌법의 '국민이익균점'사상이 부활된 것이다.

이렇듯 근본적으로 사회보장법의 형성은 정치민주화를 향한 기층세력의 저항과 경제성장을 위한 노동계층의 희생 그리고 사회보장추진 전문집단의 헌신이 기초가 된 '통합관계의 연속적 개혁 흐름'의 결정체로 보아야 할 것이다. 이들이 간직한 인간다운 삶을 위한 생활균점(生活均霑)사상의 시퍼런 혼불(魂火)이 사회보장법의 꽃을 피우기 위해 험난한 역사의 강물 밑을 그 강심(江心)이 되어 흘러 왔듯이, 앞으로도 이상적 통일복지국가의 저 꽃 바다(花海)를 향하여 계속 그렇게 도도히 흘러가지 않겠는가. 더욱이 경제성장의 견인역할을 한 섬유수출의 뒤안길에 우리 자매들의 여공애사(女工哀史)가 피땀으로 얼룩져 있듯이 사회보장법 형성의 기층에는 그 숨은 고독한 전위대 역할을 한 민주열사 및 사회보장운동가의 의인비사(義人悲史)가 인고(忍苦)의 통한(痛恨)으로 아로새겨져 있으리라.

01 공무원연금법 제정사

전일호*

Ⅰ. 서 론

1948. 8. 15. 대한민국 건국과 동시에 수립되고 1960년 4·19 혁명으로 인하여 붕괴된 이승만 정부는 정부수립 후의 정치적 혼란과 한국전쟁 및 전쟁 후의 절대적 빈곤을 극복하기 위하여 사회보장 내지 사회복지 정책을 실시하였다. 특히 한국전쟁으로 발생한 피난민, 고아, 미망인, 전몰군경 유가족, 상이군경 등을 대상으로 한 구호와 원조가 절실하였다. 이러한 문제를 해결하기 위해 이승만 정부시기에 가장 먼저 제정된 사회보장법률로는 1950. 4. 14. 법률 제127호로 제정된 군사원호법, 1951. 4. 12. 법률 제187호로 제정된 경찰원호법 및 1952. 9. 26. 법률 제256호로 제정된 전몰군경유족과상이군경연금법이 있다.

위 각 법률은 한국전쟁으로 인하여 생겨난 상이군경과 전몰군경 그리고 그 유가족들의 생활문제를 대처하기 위한 것으로 요보호상태에 있는 국민들의 생활을 보장한다는 의미에서 우리나라 사회보장의 시작이라는 의의를 갖고 있다. 그러나 그 대상이 정부의 지지기반 계층인 군인, 경찰, 공무원에 한정되고, 국민의 적극적인 요구가 반영된 것이 아니라 정부가 시혜 차원에서 베푸는 것이었기 때문에 제대로 된 사회보장입법이라고 보기 어렵다.

이와 같은 이승만 정부의 사회보장 관련 입법에 대하여, 사회보장에 관한 개념적 정의가 이루어지지 못한 상태에서 이루어진 것이고 단순한 구호정책(救護政策)을 위한 법적 장치에 불과하다는 평가[1]와 1948년 제정된 대한민국 헌법상의 사회보장 규정들이 실제적 규범력을 갖지 못하였고, 이승만 정부 하의 사회보장적 사

---

* 광주지방법원 부장판사.
1) 김익균·신재명·이현기·장세철·조추용, 「사회복지법제」, 교문사, 2005, 87면.

회정책은 독자적인 국가정책영역으로 체계적으로 형성된 것이 아니었으며, 행정현실도 법제화되지 않아서 개인에게 권리로서 사회보장청구권을 부여하지 못했다는 점 등을 근거로 1961년 이전까지의 시기는 우리나라 사회보장법의 역사가 시작되기 이전 시기로 보아야 한다는 견해[2]도 이승만 정부가 제정 헌법 제19조 등의 사회보장규정과 관련하여 사회보장에 관한 정확한 인식이나 사회보장수급권의 보장에까지 나아가지 못하였음을 지적하는 것에 다름 아니다.

그럼에도 불구하고 이 시기에 제정된 사회보장법률 중 가장 주목할 만한 것은 1960. 1. 1. 법률 제533호로 제정·공포되고 같은 날 시행된 공무원연금법이다.[3][4] 공무원연금법은 사회보장에 관한 인식이 전무한 상태에서 제정·시행된 사회보험법의 효시라 할 수 있는바, 정부 주도로 입법이 이루어졌고, 법률안의 국회 통과를 전후하여 정치권을 중심으로 법률안에 대한 찬반논쟁이 발생하였다.

이 글에서는 먼저 공무원연금법의 제정 배경을 살펴보고, 공무원연금법안이 국회를 통과하는 과정에서 이루어진 찬반논쟁의 내용을 검토한다. 그리고 제정법률의 내용을 정리한 다음, 그에 대한 간략한 평가를 하고자 한다.

Ⅱ. 공무원연금법의 제정 배경

1. 사회적 배경

1) 일제 강점기 및 미군정기

일제 강점기에는 일제관헌의 관기(官紀)를 단속하는 한편 관리의 최저생활을 보장함으로써 관리군(官吏群)의 생활상의 불안을 제거하기 위하여 일본에서 시행되던 관리은급법(官吏恩級法), 관리유족부조법(官吏遺族扶助法), 교육직원퇴은료법(敎育職員退隱料法), 경찰감옥직원퇴은료법(警察監獄職員退隱料法) 등이 실시되었다. 제1차 세계대전 후인 1923년에는 당시의 일제총독이 위 각 법률에 따른 복잡한 연금제도를 통합한 은급법(恩級法)을 실시함과 동시에 공제조합제도를 실시하였고, 1925년에는 퇴직일시금제도를 창설하여 공무원의 노후생활안정을 기함으로써 일제하

---

2) 전광석,「한국사회보장법론」, 법문사, 2007, 176면.
3) 공무원연금법시행령은 1960. 2. 6. 대통령령 제1588호로 제정·공포되고 1960. 1. 1.부터 소급적용되었다.
4) 공무원연금특별회계의 설치 및 기금 관리를 위하여 1960. 1. 1. 법률 제534호로 공무원연금특별회계법이 제정·공포되고 같은 날 시행되었다. 1983년 위 연금특별회계가 폐지되고 기금이 공무원연금관리공단에 이관됨에 따라 위 법률은 폐지되었으며, 그 내용이 공무원연금법에 흡수통합되었다.

의 관리를 붙들어 매는 데 성공하였다. 당시 일제가 각종 은급제도(恩級制度)를 통합하여 새로 창설한 은급법은 연금은급을 보통은급(普通恩級), 증가은급(增加恩級), 상이은급(傷痍恩級), 부조료(扶助料) 등 4종으로 나누고, 일시은급을 일시은급(一時恩級), 상병사금(傷病賜金), 일시부조료(一時扶助料) 등 3종으로 나누어 외국의 퇴직금제도와 비슷한 제도를 만들었으며 이에 더하여 공제조합과 퇴직수당제도를 병행하여 실시하였다.

8·15 해방을 맞이하여 미군정이 실시되자 은급공제조합 및 퇴직금제도에 근본적인 변화가 발생하였다. 즉 미군정청은 일제하에 지급되던 은급을 폐지하고, 공제조합납부금도 반환하지 않았으며, 은급법을 대체할 새로운 제도를 제정하려 하지도 않았을 뿐만 아니라 공제조합의 새로운 운영도 구상하지 않았다.[5] 미군정청은 퇴직연금제도에 대하여는 그 취지를 수긍하면서도 대한민국 정부수립 이후 외국의 예를 따라 사회보장제도의 일환으로 공무원연금퇴직법을 제정하면 되고, 과도적 정부인 미군정청이 이 제도를 실시할 수 없다는 견해를 가지고 있었다. 또한 당시 공무원복지문제에 깊은 연구가 없었던 한인 인사담당관들도 이 문제를 적극 실현하려고 노력하지 않았다.[6]

그러나 은급제도 내지 퇴직연금제도가 공무원 제도를 구성하는 중요한 요소라는 점에 대한 인식은 계속되어 정부수립 직후 공무원법 제정을 위한 법안을 성안할 때에도 은급제도를 창설하려는 시도가 이루어졌다.[7]

2) 이승만 정부의 공무원 제도 정비

이승만 정부하에서 공무원 제도가 정비되고 발전하였는데 그 양상을 신규채용, 교육훈련, 처우개선, 강기숙정(綱紀肅正), 감원의 측면에서 살펴볼 수 있다.[8]

---

5) 일본의 경우 만주사변, 중일전쟁을 치른 후 태평양전쟁이 발발할 때에는 군인은급대상자 수가 급격히 증가하여 일본재무당국에서는 은급망국(恩級亡國)을 주장하게 되었다. 종전 직후 극동군사령관인 맥아더 장군의 포고로 일본에서는 상이군인 이외의 은급이 폐지되었다. 미군이 행정권을 반환한 뒤 1953. 8. 일본정부는 과거 군인 은급제도를 다시 부활시켰다. 김득황, "퇴직연금제도", 「국회보 25」, 국회사무처, 1959, 129면.

6) 위의 논문, 127-128면. 전광석, 앞의 책, 175면은 군주시대를 우리의 손으로 마감하지 못하고 이어졌던 일제 강점기 그리고 해방 후 미군정하에서 이루어졌던 사회정책적 조치들에는 개인의 생활보호를 독자적인 목적으로 추구할 수 있는 정치적 구조가 결여되어 있었기 때문에 이 시기는 본격적인 사회보장입법사에 편입할 수 없다고 본다.

7) 이승만 정부는 공무원법의 초안을 마련함에 있어 12가지 항목의 제정요강을 발표하였는데, 그 중 열 번째 항목은 '은급에 관한 규정은 공무원법에 규정하지 않고 따로 은급법을 제정할 것'이라고 하고 있다. 동아일보 1948. 10. 8.자 1면 기사.

8) 송해경, "국무회의록을 통해 살펴본 제1공화국 후기의 국가관리와 공무원 인사정책", 한국인사행정

(1) 신규채용 및 교육훈련

먼저 한국전쟁 후 재건기에 미국의 원조가 이승만 정부의 행정부문에 영향을 미치게 되었다. 미 원조 당국의 사고방식과 우리의 현실을 조정해서 행정을 집행함에 있어 해외에서 유학하고 돌아온 이들이 중책을 맡게 되었으며, 기술원조계획의 일환으로 수많은 공무원·학자·은행원·기업인들이 해외의 세계적인 기구에서 연수를 받은 것이 우리나라의 성공적인 경제발전과 깊은 관련을 갖게 되었다.

1959. 2. 11.에는 국무회의에서 '사무처리의 부진을 시정하고 동시에 공무원의 비행을 사전에 방지할 수 있는 방안'과 '우수한 공무원을 채용할 수 있는 신규고용의 방안'이 논의되어 1959. 3. 1.부터 그 실시가 추진되었다. 또한 공무원의 자숙과 공무원 비행단속에 관한 사항이 1959. 2. 17.과 1959. 2. 24. 국무회의에서 논의되었다. 1959. 5. 초에는 국무회의에 '공무원 처우개선과 말단행정의 강화가 필요하다'는 안건이 제출되면서 참신하고 효율적인 행정운영에 필요한 계획을 수립하기 위하여 국무원에 내무, 재무, 법무, 부흥,[9] 농림, 상공장관과 공보실장을 위원으로 하는 '중요정책심의회'를 두기로 하였다.[10]

(2) 감원

한국전쟁 전후 복구를 위한 행정개혁이 필요하게 되자, 1955. 2. 7. 기구개편 및 인원조정에 관한 행정개편이 단행되었다.[11] 당시는 전쟁으로 인해 식량난조차 해결할 수 없을 정도로 경제가 완전히 붕괴된 상태였기 때문에 경비절감을 위한 인원감축 등의 감축개혁은 정당성을 얻기에 충분하였다.

그리고 1958년에는 감원정책이 시행되었다. 1958. 5. 27. 국무회의에서는 '1958년의 정원정책(감원)에 대비하여 당분간 신규채용은 일절 보류한다'는 공무원 공석보충보류에 관한 안건을 결의하고, 지속적으로 감원정책의 대강을 구상해가고 있었는데, 이때 공무원의 감원은 예산상의 필요에 의해 제기된 측면이 있었다.[12] 그 결과 1958. 10. 말까지 국가공무원 중 13,121명을 감축하여 당시 공무원 총수

학회보, 제9권 제1호, 2010, 123-129면.

9) 부흥부는 1955. 2. 기획처를 모체로 발족, 1961년 각 부처에 분산된 경제정책 조직을 통합하여 경제기획원이 설치되기까지 존속하였다. 부흥부는 산업경제의 부흥에 관한 종합적 계획과 그 실시의 조정에 관한 사무를 관장하였다.

10) 송해경, 앞의 논문, 122-123면.

11) 국회에서 통과된 정부조직법개정안이 1955. 2. 8. 실시되고, 그로 인해 약 300명이 감원될 것으로 예상되었다. 동아일보 1955. 1. 30.자 석간 3면 기사.

12) 송해경, 앞의 논문, 129면.

245,691명의 5.34%에 해당하는 공무원의 감원이 이루어졌다.[13)14)]

(3) 처우개선

이승만 정부하에서 급여 수준이 낮아 공무원의 생활이 보장되지 않았고, 퇴직금 제도가 없을 뿐만 아니라, 공무원의 신분이 확고히 보장되지 않았기 때문에 공무원으로서 재직 중에 생활의 기반을 닦기 위하여 일부 공무원이 부정행위를 감행하였고, 공무원의 비위에 대한 비난과 우려가 증가하였다. 그에 대한 대책으로서 처우개선이 이루어졌다.

공무원의 처우개선과 관련하여 이승만 대통령은 1958. 4. 25. '공무원의 처우개선을 위해 노력하고 있다'는 내용의 담화를 발표하였다. 물가상승과 관련하여 공무원 봉급을 배액으로 인상하는 안건이 제기되어 이승만 대통령이 봉급인상을 허락하자, 1958. 10.부터 인상을 하기로 하고 일반회계 추가경정 예산 규모 수정안에 이를 반영하여 제출하였다.

또한 앞서 본 바와 같이 일제 강점기에 이미 은급제도의 형태로 공무원에 대한 퇴직연금제도가 실시되었고, 그로 인해 공무원의 정부에 대한 충성심이 고취되고 사무능률이 향상되었다. 이러한 현실적 필요성 등을 고려하여 1959년 '공무원의 사기앙양'을 위한 중요시책의 하나로서 공무원연금법안이 국회에 제출되었다.

3) 국가재정상 필요

이승만 정부는 적립된 연금 기금이 공무원들의 노후생활을 보장할 뿐만 아니라 경제발전을 위한 사업을 추진하게 되는 종자돈이 될 것이라고 보고 있었다.[15)] 당시 정부는 장기성농사자금(長期性農事資金)의 자원을 조성하기 위하여 1960년도에

---

13) 김윤권·최순영, 「인력감축의 효과분석과 사후관리방안」, 한국행정연구원, 2009, 125면. 공무원 감원은 1958. 10. 말까지 단행되었는데, 공무원의 사무능률과 근무성실성, 장래성 등을 참작하되 징계처분을 받은 자, 휴직 중에 있는 자, 사실상 사무담당을 않고 있는 자, 근무불성실한 자, 공무원의 위신을 실추시킨 자, 고령자를 우선적으로 감원하기로 하고, 감원된 공무원에게는 인상된 봉급 2개월분의 퇴직수당을 지급키로 하였다. 동아일보 1958. 10. 9.자 석간 1면 기사.

14) 공무원 감원과 맞물려 정년제도의 도입에 관한 논의도 이루어졌다. 신두영 국무원 사무국장은 공무원 감원을 계기로 하여 퇴직공무원의 생활부조를 위한 연금법을 연내로 제정하여 1960. 1. 1.부터 시행할 방침을 수립하고 이를 추진 중에 있다고 밝히고, 연금법 제정의 기저가 되는 정년제의 규정이 국가공무원법에 없으므로 우선 국가공무원법을 개정해서 정년제를 새로 삽입하고 연금법을 제정할 것이라는 언급을 하였으나(조선일보 1958. 10. 19.자 조간 1면 기사), 그러한 언급 후 정년규정의 삽입과 연금법 제정이 사적(私的)인 구상에 불과하다고 뒤로 물러선 바 있다(조선일보 1958. 10. 21.자 석간 1면 기사). 실제로 일반적인 공무원 정년제도는 1963. 4. 17. 법률 제1325호로 폐지제정된 국가공무원법 제74조에 의해 최초로 도입되었다.

15) 송해경, 앞의 논문, 127면.

100억 환의 농업금융채권을 발행하고, 이 채권 중 50억 환은 1960년도부터 실시되는 공무원연금제도에 의한 적립금 50억 환으로 소화할 계획을 세웠다.[16]

2. 법적 배경

1) 관련 법 조항

(1) 헌 법

1948년 제정된 대한민국 헌법 제19조는 "노령, 질병 기타 근로능력의 상실로 인하여 생활유지의 능력이 없는 자는 법률의 정하는 바에 의하여 국가의 보호를 받는다."라고 규정하고 있었다. 그러나 이 조항은 실제 규범력을 갖기에는 몇 가지 장애요소가 있었다. 즉 첫째, 규범적인 면에서 국가의 사회보장과제가 빈민구조에 국한되어 소극적이었고, 둘째, 근로능력이 있으나 현실적으로 생활유지능력이 없는 자는 보호될 수 없다는 점에서 기본적인 구상에 있어서 문제가 있었으며, 셋째, 사회적 기본권 실현을 위한 제반여건이 결여되어 있었을 뿐만 아니라, 넷째, 정부수립 후 정치적 혼란과 한국전쟁 등으로 이어진 상황이 신생국가인 대한민국으로 하여금 개인의 생활보장에 정책적 비중을 둘 여유를 주지 않았다.[17]

(2) 국가공무원법

1949. 8. 12. 법률 제44조로 제정된 국가공무원법 제26조는 "공무원이 공무로 인하여 질병, 부상 또는 사망하였을 때에는 본인 또는 그 부양가족에 대한 보상제도는 따로 대통령령으로써 정한다."라고 규정하였다. 그리고 제27조는 "공무원으로서 상당한 연한 성실히 근무하여 퇴직하였거나 공무로 인한 부상 또는 질병으로 퇴직 또는 사망하였을 때에는 법률의 정하는 바에 의하여 연금을 지급한다."라고 규정하여 공무원연금제도의 법률적 근거를 마련하였다.[18]

---

16) 1960. 2. 3. 농업금융채권 100억 환 중 공무원연금 적립금을 통해 인수될 예정인 농촌고리채정리자금 25억 환을 1960년 1/4 분기 중에 방출하기로 결정하였다. 그러나 실제로 공무원연금 적립금을 통한 자금지급이 이루어지지 않았음에도 불구하고 농업은행이 자기자금으로 위 농촌고리채정리자금 25억 환을 인수한 후 공무원연금 적립금으로 추후보전하도록 하였다. 결국 위 농촌고리채정리자금 25억 환은 자금 유무와 관계없이 3 · 15 정 · 부통령 선거 전에 방출되었다. 농업은행이 추계한 농가부채가 800억 환을 돌파하는 상황에서 위 25억 환으로 융자를 한다 하더라도 농가 1호당 융자금이 2,500환에 불과하여 농가부채 실태에 비추어 볼 때 이 융자금으로 고리채를 정리할 수 없음에도 불구하고 정부가 정 · 부통령 선거 전에 자금 방출을 끝내도록 지시한 것은 위 자금을 선거자금으로 유용하려는 의도라는 지적이 제기되었다. 동아일보 1960. 2. 4.자 3면 기사, 1960. 2. 27.자 3면 기사, 1960. 3. 11.자 3면 기사.

17) 전광석, 앞의 책, 176면.

그러나 1960. 1. 1. 공무원연금법이 시행되기까지 10여 년이 넘는 기간 구체적인 공무원연금제도가 창설되지 않았는바, 정부수립 직후 비전문가들이 국가공무원법을 제정할 당시 연금제도창설에 관한 연구와 검토를 거치지 않고, 2차 대전 전(前)의 일본 공무원법을 그대로 모방하다가 우연히 조문에 삽입한 것으로 보이고, 한국전쟁의 발발로 인해 정부가 공무원 연금제도 등 국방에 관련된 사항 이외에는 주의를 기울일 여력이 없었으며, 한국전쟁에 뒤따른 혼란한 제반 국내사정과 악성 인플레이션 및 국가재정의 궁핍으로 인해 공무원연금제도의 창설이 미루어졌다고 할 수 있다.[19)]

2) 관련 사회보장법률

앞서 본 바와 같이 공무원연금법의 제정에 앞서 군인, 경찰 등을 대상으로 하는 각종 원호법(援護法)이 제정·시행되었다. 이들이 최우선적인 수혜 대상이었던 것은 군인, 경찰 등이 분단과 한국전쟁 와중에서 모두 이승만 정권에게는 중요한 기반이었고, 국가 안보를 위협하는 세력, 즉 북한이나 '빨갱이'가 존재하는 위기 상황에서 국가와 사회를 위해 헌신하는 계층에게 먼저 사회적인 혜택이 돌아가야 한다는 논리가 성립했기 때문이다.[20)]

(1) 군사원호법 및 경찰원호법

1950. 4. 14. 법률 제127호로 제정된 군사원호법과 1951. 4. 12. 법률 제187호로 제정된 경찰원호법은 한국전쟁이라는 특수상황에서 군경의 사기진작과 그들의 생활을 보호하기 위한 법적 대처로서 제정되었다.

군무에 복무하는 장병과 그 가족 또는 유족에게 생계부조(생활부조, 의료부조, 조산부조, 생업부조, 육영부조), 직업보호와 수용보호의 원호가 제공되었고, 전투 또는 전투에 준할 행위로 인하여 상이를 받은 경찰관과 그 가족 또는 순직한 경찰관의 유가족에 대하여 생계부조(생활부조, 의료부조, 조산부조, 생업부조, 육영부조)와 수용보호의 원호가 제공되었다. 양 법률 모두 생계부조의 정도와 방법은 대통령령으로

---

18) 대한민국 정부가 수립된 뒤 공무원의 생활 불안정을 구제하고, 능률을 향상시키려는 의도 하에 사무당국자 간에 퇴직연금제도에 관한 논의가 이루어졌으나, 정부의 재정난을 이유로 그 실현을 보지 못하고 국가공무원법에 의한 사망급여금으로 봉급액의 6개월분이 사망공무원의 유족에게 지급될 뿐이고 재해보상에 대한 규정조차 없었다. 김득황, 앞의 논문, 128면.

19) 김승엽, "한국공무원 연금제도론: 한국공무원 연금제도에 대한 이론적 분석", 서울대학교 행정대학원 석사학위논문, 1962, 23-24면.

20) 김헌식, 「색깔논쟁」, 새로운 사람들, 2003년, 96면.

써 정하되, 부조는 금품의 급여로 행하도록 규정하였다.

양 법률은 1961. 11. 1. 법률 제758호로 제정된 군사원호보상법 부칙 제2항에 의하여 폐지되었다.[21]

(2) 전몰군경유족과상이군경연금법

1952. 9. 26. 법률 제256호로 제정된 전몰군경유족과상이군경연금법은 전투 또는 전투에 준할 행위로 인하여 전몰한 군인 또는 경찰관의 유족과 상이를 받은 군인 또는 경찰관에게 연금을 지급하는 것을 목적으로 하였다. 연금액과 급여의 구체적인 방법은 대통령령으로 정하되, 연금액 결정에 있어서는 국회의 동의절차를 거치도록 하였다. 이 법이 정한 연금에 대하여는 조세 기타 일체의 공과를 면제하되, 연금을 받는 자는 군사원호법과 경찰원호법에 의한 생활부조는 받지 못하도록 되어 있었다.

이 법은 1962. 4. 16. 법률 제1054호로 제정된 군사원호보상급여금법 부칙 제2항에 의하여 폐지되었다.[22]

Ⅲ. 공무원연금법의 제정과정

1. 이승만 정부의 입법안 준비과정

1) 1954년도 총무처 인사국의 입법안

(1) 심의과정

1953년 정부가 부산에서 서울로 천도한 후 총무처 인사국 기획과가 주동이 되어 연금제도의 법제화를 위한 준비사무에 착수하여 1954년 법안의 기초가 마련되었다.

총무처 인사국장의 주도로 1954. 6. 16.과 같은 달 22. '국가공무원퇴직연금법심의회'가 관계관의 참석하에 열렸고, 총무처 인사국장, 인사국 기획과장, 기획처 예산국 과장, 재무부, 보건사회부, 교통부, 체신부 등의 과장이 위원으로 참석하였다.

---

21) 군사원호보상법은 제대군인, 상이군경, 전몰군경의 유족을 적용대상으로 하여 연금 또는 보상금 지급 등의 원호를 규정하고 있으며, 군사원호보상법에 규정된 연금과 제 수당의 급여에 관한 사항을 규정하기 위하여 1962. 4. 16. 법률 제1054호로 군사원호보상급여금법이 제정되었다.

22) 군사원호보상급여금법은 군사원호보상법에 규정된 연금과 제 수당의 급여에 관한 사항을 정하는 법률로서 연금을 상이연금과 유족연금으로, 수당은 생계부조수당, 보철구수당, 간호수당 및 근로수당으로 구분하였다.

당시 마련된 공무원연금법안은 주로 캐나다와 일본의 입법례를 참고로 하였고, 연금제도 확립에 필요한 통계자료를 얻기 위해 1954. 3. 11. '국가공무원실태조사의 건'이라는 제목으로 각급 관서에 공문을 발송하였으나, 미제출된 부분이 많아서 중앙관서의 통계자료를 주로 참고하였다.

두 차례에 걸친 관계관 심의회에서는 공무원연금법안에 관한 여러 가지 의견들이 개진되었는바,[23] 1차 심의회에서는 ① 각 공공기관에 현존하는 공제조합제도와 유사하다는 견해, ② 공무원에게 기여금을 분담시키는 것은 모순되고, 전액 국고부담이 타당하다는 견해가 제기되었다. 이에 대하여 총무처 인사국장은 구미 각국의 입법례에 비추어 공무원의 기여금 부담은 정당하고, 연금제도는 국가의 은전에 불과한 은급제도와는 구별되며, 부조적인 성격에 불과한 공제조합제도는 과도적인 현상으로서 공무원에 대한 보장에 있어서 영구적·근본적인 해결책이 될 수 없어 연금제도가 실현되면 자연적으로 해체될 것으로 본다고 답변하였다. 2차 심의회에서는 ① 현행 공무원 보수가 호구(糊口)에도 부족하므로 미래를 위해 기여금을 징수하는 것은 무리이므로 생계를 유지할 수 있도록 보수규정을 개정해야 한다는 견해, ② 공무원을 위한 정책보다 국민을 위한 긴급한 사회정책이 허다하다는 견해, ③ 경찰관, 교통부 공무원 등은 박봉이고 사망률이 높아 본법의 혜택을 거의 받을 수 없다는 견해가 제시되었다.

(2) 입법안의 내용

두 차례에 걸친 관계관 심의회를 개최한 후 총무처 인사과장, 기획과장은 공무원연금법안을 마련하여 1954. 6. 29.자로 '국가공무원퇴직연금법제정에 관한 건'이라는 제목으로 국무회의에 상정할 보고서를 작성하였다.

위 보고서는 공무원연금법의 입법취지를 "민주국가의 건립을 기본이념으로 하는 헌법 정신과 민주적 공무원 제도의 확립을 지향하는 국가공무원법의 근본정신 및 동법 제27조의 규정에 기하여 공무원으로 하여금 안정된 심정으로 공무에 전심진력케 하기 위하여 공무상의 재난으로 인하여 퇴직 또는 사망하였거나 상당 연한 성실히 국가에 봉사하고 퇴직한 후 가동능력이 감퇴 내지 상실되었을 때 공무원 본인 및 그 유족에 대하여 그 후에 있어서의 적당한 생계를 유지할 수 있는

---

23) 총무처 인사국 복지과에서 1955년 생산한 '국가공무원퇴직연금제도에 관한 건'이라는 기록물의 88면 이하에 심의회 회의 내용이 속기록의 형태로 정리되어 있다. 이 글에서는 그 내용을 간략하게 정리하였다.

합리적 공무원제도를 확립"으로 설명하고, "엄밀한 수리적 기초하에 장기수지계획을 수립하여 운영의 건전 및 합리화를 기한다."(운영방침), "운영기관에 관하여는 그 조직 및 책임 등을 별도 대통령령으로 제정토록 한다."(운영기관), "피적용자는 상시 근무하는 국가공무원으로 일원화하고 일반직, 별정직 또는 노무직 등의 신분상 차이를 배제한다."(피적용자의 신분), "소요기금의 4분의 1은 공무원의 기여금으로서 충당하고 그 밖의 4분의 3은 국고가 부담한다. 단, 경찰관 등 공무원에 대한 특례 및 내우, 외환, 천재지변 등으로 인한 증액분은 국고가 전담한다."(기금의 거출방법), "본법 시행시의 현직 공무원에 대하여는 민국 수립 이후 본법 시행시까지에 있어서의 재직기간은 이를 소급 통산하고 그 소요기금은 국고에서 전담한다."(현직 공무원에 대한 경과적 조치)라는 내용의 입법요강을 밝히고 있다.[24]

위 공무원연금법안은 퇴직연금의 발생에 필요한 재직 연한을 18년으로 정하였고, 퇴직연금액을 연봉급액의 40%로 책정하면서 물가 변동 등으로 인한 별도의 조정 규정은 두지 않았으며, 경찰관의 직무상 특수성을 고려하여 퇴직연금의 발생에 필요한 재직 연한을 일반공무원에 비하여 단축하였다.

(3) 입법안의 처리 결과

위와 같은 공무원연금법안은 어떠한 이유에서인지 국무회의에 상정되지 않은 채 총무처 인사국장 선에서 사장되었다.[25]

2) 1959년 입법안

(1) 심의과정

국무원 사무국 인사과에서는 해외에서 전문적으로 훈련된 공무원을 중심으로 1958년부터[26] 공무원연금제도의 법제화 사무에 착수하여 1959. 4.에 법률안 성안을 완료하고 국무회의에 상정하였다. 국무회의는 제출된 법률안 심의를 보류하고 국무원 사무국 인사과장, 재무부 예산국장, 내무부 지방국장, 문교부 편수국장, 국

---

24) 위의 기록물, 3-8면.
25) 위의 기록물 1면의 결재란에 총무처 차장까지만 날인이 되어 있고, 총무처장, 국무총리, 대통령의 날인은 빠져 있다.
26) 1958. 10. 18. 신두영 국무원 사무국장이 기자단과의 간담회에서 '공무원 감원을 계기로 현행 국가공무원법에 대한 전반적인 검토를 하는 한편 현행 공무원법에 충분하게 규정되어 있지 않는 공무원 정년제도와 정년 또는 부상, 질병 등으로 퇴직 혹은 사망하는 공무원에 대한 연금지급제도 등을 늦어도 내년 안으로 신설 실시하기 위하여 적극추진 중에 있다'고 설명하였다. 동아일보 1958. 10. 19.자 1면 기사.

방부 병무국장, 보건사회부 원호국장 및 체신부 서울보험관리국장 7인으로 구성된 소위원회에 법안을 회부하여 재차심의하기를 의결하였다. 그 후 7인 소위원회가 채택한 수정안이 국무회의 의결과 대통령 결재를 얻어 1959. 11. 20. 1960년도 총 예산안과 함께 국회에 제출되었다.[27]

당초 공무원연금법안은 1959. 10. 20.경 국회에 제출될 예정이었다. 그러나 국 방부가 공무원연금법과 병행 실시할 군인연금법의 제정을 요구하였고, 이 요구가 일부 받아들여져 군인연금법을 따로 제정·실시하지 않는 대신 군인 관계 연금의 특수성을 반영하도록 공무원연금법안을 수정하였다. 수정된 공무원연금법안은 1959. 11. 13. 국무회의에서 의결되었다.

2. 국회 통과 과정

1) 통과 경위

이승만 정부는 1959. 11. 22. 제4대 국회 제33회기에 공무원연금법안 및 공무원 연금특별회계법안을 제안하였다. 소관상임위원회인 재정경제위원회는 1959. 12. 26. 정부안을 상정하여 수정 가결하였고, 국회는 1959. 12. 30. 제33회 제27차 본 회의에서 상정된 재정경제위원회의 수정안 및 법제사법위원회의 수정안을 심의하 고 공무원연금법안을 수정 가결하였다. 본회의를 통과한 법률안은 1959. 12. 31. 정부로 이송되었고, 1960. 1. 1. 공포와 동시에 시행되었다.

2) 정부 제출 공무원연금법안의 주요 내용

(1) 적용대상

정부 제출 법안은 공무원연금법의 적용범위와 관련하여 만 20세 이상의 국가공 무원과 지방공무원에게 적용하되 선거에 의하여 취임하는 공무원과 동(洞)직원, 임시공무원 및 조건부공무원은 적용대상에서 제외하였다.

(2) 급여의 종류

일반공무원에 대한 급여의 종류는 퇴직연금, 장해연금, 유족부조금, 퇴직일시금, 유족일시금 등 5종으로 하였다.

---

27) 김승엽, 앞의 논문, 27면.

(3) 급여의 내용

퇴직연금은 20년 이상 재직하고 연령 60세 이상으로서 퇴직하는 자가 퇴직 시부터 사망할 때까지 봉급연액의 100분의 30에 상당하는 금액을 연금으로 지급하도록 하고, 준퇴직연금은 공무원이 20년 이상 재직하고 연령 50세 이상 60세 미만으로서 퇴직한 때에는 본인이 원하는 바에 따라 퇴직 시부터 사망할 때까지 퇴직연금의 반액에 상당하는 금액을 지급하도록 하였다.[28]

장해연금은 공무원이 공무로 인한 부상 또는 질병으로 인하여 폐질상태로 퇴직하였거나 퇴직 후 3년 이내에 그 부상 또는 질병으로 인하여 폐질상태로 된 때에는 그때부터 사망 시까지 봉급연액의 100분의 50 상당액을 지급하도록 하였다.

유족부조금은 퇴직연금을 받을 권리 있는 자가 사망한 때에는 퇴직연금의 5배로 한 액의 100분의 50 상당액(배우자의 경우)을 지급하도록 하였다.

퇴직일시금은 공무원이 재직 5년 이상 20년 미만으로서 퇴직한 때에는 본인이 납부한 기여금과 그에 대한 국고부담금에 소정이자를 합한 금액을 지급하도록 하였고, 공무원이 20년 이상 재직하고 50세 미만으로서 퇴직한 때 및 퇴직연금 또는 장해연금을 받을 권리가 있는 자라도 그 연금 지급 개시 전에 본인이 원하는 바에 따라 퇴직일시금을 지급할 수 있게 하였다.

유족일시금은 공무원이 공무 이외의 사유로 인하여 재직기간 5년 이상 20년 미만으로서 사망한 경우에 공무원이 재직 시 납부한 기여금과 그에 대한 국고부담금에 소정이자를 합한 액을 그 유가족에게 지급하도록 하였다.

(4) 급여의 제한

연금을 받을 권리는 공무원이었던 자가 금고 이상의 형의 선고를 받았거나 국적을 상실하였을 때 소멸하도록 정하였다.

(5) 기금의 조성

공무원이 매월 봉급액의 100분의 2.3에 해당하는 금액을 기여금으로 납부하고, 국가 및 지방자치단체는 공무원의 기여금과 같은 금액을 부담금으로 납부하도록 하였다.

---

28) 퇴직연금과 준퇴직연금을 통해 공무원연금법이 노후소득보장의 목적을 뚜렷이 했다는 것을 알 수 있다. 전광석, "공무원연금법의 체계와 체계전화 -입법사적 관점에서-", 「법학연구」 제28권 제1호, 연세대학교 법학연구원, 2018, 150면.

(6) 군인의 특례

재직기간의 계산에 있어서 일반공무원에 대하여는 기여금을 납부하는 조건 아래 정부 수립 시까지 과거의 재직기간을 통산해 주는 데 반하여 군인에 대하여는 기여금을 납부하지 아니하여도 병역법 제6조 제1항의 규정에 의한 복무기간을 제외하고는 이를 통산하도록 하는 외에 전투근무기간은 3배로 계산하도록 하였다.

또한 일반공무원은 연령 60세, 재직기간 20년이 퇴직연금의 급여요건으로 되어 있으나, 군인은 연령에 관계없이 재직기간 20년만 되면 지급하도록 하였고, 일반공무원의 퇴직연금액은 봉급연액의 100분의 30이나 군인의 경우는 100분의 40으로 하였다.

군인의 경우 매월 봉급액의 100분의 3.5에 해당하는 금액을 기여금으로 납부하고, 국가는 매월 봉급액의 100분의 2.3에 해당하는 금액을 부담금으로 납부하도록 하였다.

3) 재정경제위원회 수정안

(1) 수정취지

재정경제위원회 심의과정에서 정부 제출 법안에 대하여 몇 가지 수정이 이루어졌는바, 그 주된 내용은 다음과 같다.[29]

첫째, 유족에 대한 정의에 있어서 배우자에 '사실상 혼인관계에 있는 자로서 동거한 증거가 확실한 자'를 포함시켰다. 이는 사실상 혼인관계에 있는 자라 할지라도 호적상 신고를 하지 않은 경우가 많은 것을 고려하여 이를 구제하려는 취지였다. 둘째, 급여를 받을 권리의 소멸 사유로 '징계면직 되었을 때'를 추가하였다. 공무원연금법에 의한 급여는 공무원으로서 상당한 연한 성실히 근무한 자에게 지급하는 것이므로 국가공무원법의 규정을 위반하여 공무원으로서의 본분에 배치되는 소위가 있거나 직무상의 의무를 위반하여 징계 면직된 자에게는 당연히 급여지급권을 해소한 것이다. 셋째, 소멸시효의 기간을 권리자의 권익을 보호하기 위해 5년에서 7년으로 연장하였다. 넷째, 군인에 대한 재직기간의 계산과 관련한 '전투근무의 기간은 3배로 계산한다'는 규정에 있어서 '전투근무의 기준은 대통령령으로 정한다'라는 규정을 추가하였다. 이는 전투근무의 기준을 따로 명확히 규정하는 것이 실제 운영상 필요할 것으로 인정하였기 때문이다.

---

29) 제4대 국회 제33회 제27차 국회본회의 속기록 40-41면.

(2) 소수의견

재정경제위원회 심의과정에서 정부 제출 법안에 대하여 수정안이 제기되었으나 표결결과 채택되지 못한 의견이 있는바, 그 내용은 다음과 같다.

가. 시행일 연기 의견

'본법은 단기 4293.(서기 1960.을 가리킨다. 이하 편의상 서기로 표기한다.) 1. 1.부터 시행한다'는 공무원연금법안 부칙을 '본법은 서기 1961. 1. 1.부터 시행한다'로 수정하여 시행시기를 1년간 연기하자는 수정안이 제시되었다. 이는 전몰군경유족과 상이군경에게 지급하여야 할 연금 중 체불된 금액의 완불을 위하여 공무원연금법의 시행시기를 늦추고 그 실시에 소용되는 국고와 지방자치단체의 부담금 약 22억 원을 위 미지급 연금의 지불에 충당하자는 의견이다. 이에 대하여 위 미불연금의 완불을 위하여 1960년 예산에 44억 원의 예산을 계상하고, 순차로 1962년까지는 체불을 일소할 것이고, 어려운 재정상태 하에서도 공무원연금제도라는 장기적 정책이 시행될 필요가 있고, 국가공무원법에 의거한 공무원연금제도의 실시를 더 이상 미룰 수 없다는 반대의견[30]이 제시되었다. 표결결과 위 수정안은 채택되지 못하였다.

나. 부담금 규정 삭제 의견

정부 제출 법안 제27조 중 국고 및 지방자치단체가 부담하는 부담금을 삭제하자는 수정안과 제29조에 국고의 부담금은 서기 1961. 1. 1.부터 부담한다는 단서 규정을 추가하자는 수정안이 제시되었다. 부담금 규정을 삭제하자는 수정안은 국고나 지방자치단체 재정의 어려움을 이유로 한 것인바, 이에 대하여 공무원의 기여금만으로 운영할 경우 공무원연금제도가 계(契)와 같은 성질에 그치게 되어 지향하는 목적을 달성할 수 있을 정도의 기금 조성이 불가능해지게 되고, 고용주로서의 국가가 부담금을 납부하는 것은 사회일반의 퇴직연금 내지 실업보험에 있어서의 고용주의 의무에 합치하고, 국가가 부담금을 납부하지 않는 입법례를 찾기 어렵다는 반대의견[31]이 제시되었다. 표결결과 위 수정안은 채택되지 못하였고, 서기 1961. 1. 1.부터 부담한다는 단서 규정을 추가하자는 수정안은 시행일을 연기하자는 수정안 및 부담금 규정을 삭제하자는 의견과 같은 것으로 채택되지 못하

---

30) 위의 속기록 41면.
31) 위의 속기록 41-42면.

였다.

다. 금융기관 예치 의견

공무원연금법안 제29조 및 공무원연금특별회계법안 제5조와 관련하여 기금을 가장 고율의 이자를 받을 수 있는 공신력이 확실한 금융기관에 예치하자는 수정안이 제시되었다. 이에 대하여는 금융기관의 예금이율이 점차 저하되는 추세에서 연금 지급이 개시될 15년 후에 이자율이 어느 정도로 저하될 것인지, 금융기관의 자금 융통이 용이할 것인지 예측하기 어렵고, 향후 금융기관 예치보다 더 유리한 사업의 운영이나 투자가 어려워지며, 가장 확실한 공신력을 갖는 것은 국가라는 반대의견[32]이 제시되었다. 표결결과 위 수정안은 채택되지 못하였다.

라. 물가 연동제 의견

수정안은 아니지만, 물가의 변동에 따른 화폐가치의 변동을 고려하여야 한다는 의견도 제시되었다. 이에 대하여는 장기 계획하에 이루어지는 제도가 공무원연금 제도뿐이 아니고, 물가의 급격한 변동 시에는 그때그때의 상황에 맞추어 적절한 시책을 강구할 수 있으며, 물가의 변동에 따라 기여금의 기초가 되는 보수가 변동되어 자연적인 조절이 이루어질 것이라는 반대의견[33]이 제기되었다.

4) 법제사법위원회 수정안

(1) 수정취지

법제사법위원회에서는 법률적 견지에서 다음과 같은 내용으로 수정이 이루어졌고, 그 외에는 자구수정이 이루어졌다.

첫째, 공무원법에는 공무원이 될 자격에 관하여 연령상의 제한이 없음을 이유로 법안 제2조 적용대상자의 규정에 있어서 '(만 20세 이상)'이라는 제한을 삭제하였다. 둘째, 법안 제4조 제2항 원안은 유족부조금을 받을 유족이 없는 경우에 호주상속인을 제1순위로 하고 호주상속인이 없을 때에는 민법 재산상속의 예에 의하도록 되어 있으나, 호주상속인을 별도로 취급하지 아니하고 전적으로 민법의 재산상속의 예에 따르도록 규정하였다. 셋째, 법안 제10조는 연금법에 의한 급여를 받을 권리를 상실하게 될 사유로서 몇 가지 사항을 들고 있는바, 권리상실 사유로 자격정지형과 탄핵을 삽입하고, '공무원이었던 자가 금고 이상의 형의 선고를 받

---

32) 위의 속기록 42면.
33) 위의 속기록 42면.

앉을 때'를 '공무원이 그 재직 중의 사유로서 자격정지 이상의 형의 선고를 받을 때'로 수정하였다. 넷째, 법안 제23조는 유족부조금의 지급에 관하여 배우자, 자녀, 부모라는 순위를 규정하고 있는바, 이는 구민법의 사고방식으로 신민법의 재산상 속순위와 배치되어 이를 민법의 원칙에 따르도록 수정하였다.[34]

(2) 소수의견

법제사법위원회에서 엄상섭 의원[35]이 부칙을 '서기 1961. 1. 1.부터 시행한다'로 수정하자는 의견을 제시하였고, 부칙 제2조 '본법 시행 시에 재직한 공무원은 서기 1948. 8. 15.부터 본법 시행 시까지 사이에 재직한 기간에 대한 본법 시행 후 동일한 기간 동액의 기여금을 따로 납부하는 때에는 퇴직연금 지급기간의 계산에 한하여 그 기간을 통산한다.'와 관련하여 대한민국 수립 당시부터 재직한 공무원에 대하여는 기여금의 납입 없이도 그 기간을 퇴직연금 지급기간의 계산에 있어서 통산하여 주도록 하자는 수정의견[36]을 제시하였다. 첫 번째 수정안은 앞서 본 바와 같은 이유로 채택되지 못하였고, 두 번째 수정안은 기여금 납부 없는 통산 시 적자가 예상된다는 이유로 채택되지 못하였다.

5) 본회의 통과과정

(1) 채택안

본회의에서는 법제사법위원회의 수정안을 그대로 채택하여 통과시켰다. 다만, 본회의 표결에 앞서 송인상 재무부장관이 제안설명을 하였고, 그 후 주로 야당인 민주당 소속 국회의원들이 반대의견을 발표하였다. 그러나 자유당과 민주당 양당 대표 사이에 본회의 부의 안건에 관하여 8개항의 합의가 이루어지고, 9항에서 '위 합의사항에 저촉되는 양당의 수정안은 전부 철회한다.'라는 합의가 이루어짐에 따라 공무원연금법에 대한 야당의원들의 수정안 내지 반대의견에 대하여는 표결이 이루어지지 않았다. 위 8개항의 합의안 중 제3항에서 '군경연금 전사자사금(戰死者賜金) 미불금은 1961년과 1962년에 완불하기로 한다'는 합의가 이루어졌다. 이하에서는 제안설명과 발표의견의 요지를 살펴보기로 한다.

---

34) 위의 속기록 43-44면.
35) 민주당 소속 의원으로 선거구는 용산갑이었다.
36) 위의 속기록 44면.

(2) 송인상 재무부장관의 제안설명

송인상 장관은 우선 공무원연금법안을 제출하게 된 법률적 근거가 헌법 제19조와 국가공무원법 제27조에 있음을 밝혔다. 그리고 공무원을 포함한 일체의 피고용자에 대한 실업자보험이나 연금제도를 성공적으로 운영하기 위해서는 정확한 통계자료와 경험이 있어야 하는데, 우선 공무원연금제도를 시행해 보고 그 경험을 토대로 다른 실업자보험에까지 나아갈 수 있을 것으로 생각하고 공무원연금법안을 제안하였고, 자본시장이 없는 우리나라에서 정부의 융·투자액을 늘리는 것이 자본을 형성하는 유일한 길이므로 공무원연금제도를 통해 형성되는 기금을 경제발전을 위해 계속 사용함으로써 주식시장과 자본시장을 형성해보자는 것이 법안 제출의 목적임을 밝혔다.[37]

(3) 국회의원의 발언

가. 정준 의원

정준 의원[38]은 순국선열의 유족에 대한 생활 안전장치가 없고, 전몰군경 유가족에 대한 연금 체불액이 96억 원에 이르는 상황이며, 전쟁고아, 미망인, 상이군경 아닌 일반 불구자, 자손 없는 노인 등에 대한 대책이 없는 상황에서 국민의 부담을 가져오는 공무원 연금제도를 창설하는 것은 시기상조이고, 공무원연금제도 보다 실업자보험제도의 창설이 선행되어야 한다[39]고 주장하였다.

나. 양일동 의원

양일동 의원[40]은 내국세 전체의 90%를 공무원 인건비로 소비하는 상황에서 전체 국민을 대상으로 하는 사회보장제도를 창설하지 않고 공무원연금제도를 먼저 실시하는 것은 그 사례를 찾기 어렵고, 서민층 특히 빈민층을 구호하는 방향으로 가야 하며, 미불된 연금을 완불한 후에 공무원연금제도를 창설해야 한다[41]고 주장하였다.

다. 나판수 의원

나판수 의원[42]은 송인상 재무부장관에게 미불 연금의 완불을 위하여 1961년 예

---

37) 위의 속기록 45-46면.
38) 무소속 의원으로 선거구는 김포였다.
39) 위의 속기록 47면.
40) 무소속 의원으로 선거구는 옥구였다.
41) 위의 속기록 51면.

산에 41억 원, 1962년 예산에 40억 원을 추가할 의사가 있는지[43]를 질의하였다.

라. 이필호 의원

이필호 의원[44]은 공무원연금기금을 선거자금으로 이용할 불순한 의도가 있다고 주장하면서, 공무원 처우개선에 수반하여 공무원연금제도를 실시하기 전에 공무원에 대한 신분보장을 먼저 해 주어야 되고, 감군(減軍)을 통해 2만 5,000명 내지 2만 6,000명의 군 공무원이 퇴직할 수밖에 없는 상황에서 공무원연금법에 의해 기여금을 납부한 후 1년 후에 그대로 찾아간다는 것은 부당하다고 주장하였다. 또한 물가 앙등과 화폐가치 하락의 문제를 지적하였다.[45]

마. 류청 의원

류청 의원[46]은, 공무원연금기금으로 농업채권 등을 소화하여 농촌의 고리채를 상환하면 간접적으로 농민에게 유리하게 되는바, 이는 공무원연금법 제1조의 취지에 반하여 공무원을 기망하는 결과라고 주장하면서, 공무원의 신분보장과 화폐가치의 안정이 전제되어야 한다[47]고 주장하였다.

바. 조일환 의원

조일환 의원[48]은, 공무원연금법을 실행하는 것은 좋은 것이나 현재의 경제상황과 전몰상이군경연금 미납액 및 국가 총부채를 고려할 때 그 시기가 이르며, 공무원이 봉급으로 생활을 유지할 수 있는 상황에서 1960년의 정·부통령 선거를 앞두고 시행하려는 것은 공무원의 환심을 사려고 하는 것에 불과하다[49]고 주장하였다.

사. 엄상섭 의원

엄상섭 의원은, 진정한 의미의 공무원연금법을 만드는 데에는 반대할 이유가 없으나, 정·부통령 선거를 앞둔 지금은 시기가 나쁘고, 경제적으로 안정되고, 국제적으로나 정치적으로나 안정되었을 때를 기다려야 한다고 주장하였다. 또한 공무원 재직 시의 공적을 보상하기 위해서는 공무원의 기여금 부담이 없어져야 하고, 화폐가치의 변동을 고려하지 않은 것은 공무원을 기만하는 것에 불과하다고 주장

---

42) 자유당 소속 의원으로 선거구는 무안갑이었다.
43) 위의 속기록 53면.
44) 민주당 소속 의원으로 선거구는 광주을이었다.
45) 위의 속기록 55-56면.
46) 민주당 소속 의원으로 선거구는 전주갑이었다.
47) 위의 속기록 57-58면.
48) 민주당 소속 의원으로 선거구는 대구무였다.
49) 위의 속기록 59면.

하였다. 그리고 지금까지 근속해온 공무원의 경우 기여금의 납부 없이 과거의 근속연한을 통산을 해 주어야 한다[50]고 주장하였다.

아. 손영수 의원

손영수 의원[51]은, 국가에게 공무원연금제도의 보장의무가 있음을 지적하면서, 일부 공무원들과 농민들이 반대하는 상황에서 공무원연금법을 제정한다는 것이 오히려 정치 방면에 이용할 의사가 없다는 것을 명백히 나타내고, 공무원연금법이 부정 또는 부패공무원을 제거하는 데 일조할 수 있으며, 공무원에 대한 권리의무 관계를 규정할 필요가 있다[52]고 주장하였다.

자. 김동욱 의원

김동욱 의원[53]은 공무원들이 비교적 안정된 생활을 하고 있으므로 공무원연금법의 제정에 반대한다는 견해를 피력하였다.[54]

6) 반대의견에 대한 평가

야당의원들의 반대의견의 주된 내용은, 공무원연금법을 제정하는 취지에는 공감하나, 약 120억 환에 이르는 상이군경연금 및 유가족연금을 지급하지 못하고 있는 국가의 열악한 재정상황과 공무원연금 기금이 선거자금으로 사용될 우려가 있는 1960년 3 · 15 정 · 부통령 선거를 앞둔 정치적 상황에 비추어 공무원연금법의 제정은 시기상조라는 것이었다. 야당의원들은 이를 이유로 각 상임위원회 단계에서 공무원연금법안 심의 및 1960년도 예산안 심의를 거부하면서 1960년도 예산안에 위 미지급 군경유족연금을 반영할 것을 요구하였다.[55] 그 결과 야당은 본회의 심의과정에서 미지급 군경연금을 1962년도까지 완불하기로 하는 여당과의 합의를 얻어냈고, 그에 따라 위 반대의견들은 철회되었다.

그러나 위와 같은 반대의견들은 퇴직연금제도를 핵심으로 하는 공무원연금제도에 대한 근본적인 반대는 아니었다. 그리고 일부 야당의원들이 상임위원회 심의단계에서 금융기관 예치, 물가 연동제 등의 수정안을 제출하였으나, 대부분의 반대

---

50) 위의 속기록 61-62면.
51) 자유당 소속 의원으로 선거구는 하동이었다.
52) 위의 속기록 64면.
53) 민주당 소속 의원으로 선거구는 부산서을이었다.
54) 위의 속기록 65면.
55) 동아일보 1959. 11. 21.자 1면 기사(사회보건위원회 심의거부), 동아일보 1959. 11. 25.자 1면 기사(재정경제위원회 심의거부), 동아일보 1959. 12. 4.자 1면 기사(예산결산위원회 심의거부), 동아일보 1959. 12. 24.자 1면 기사(법제사법위원회 심의거부).

의견은 공무원연금법 제정안이 가지고 있던 중요 문제점들을 다루는 것이 아니었다. 그보다는 1960년 실시될 3·15 정·부통령 선거에 앞서 미지급 군경연금의 완불을 관철시킴으로써 야당의 지지도를 끌어 올리고, 공무원연금 적립금이 여당 측 선거자금으로 사용되는 것을 방지하기 위한 정치적인 목적에서 반대의견이 제기되었다고 볼 수 있다.

IV. 제정 공무원연금법에 대한 평가

1. 제정 공무원연금법의 의의

1) 직업공무원제도의 근간 형성

1810년 영국을 비롯하여 관료제도가 일찍부터 형성·발달한 유럽 국가에서 먼저 공무원퇴직연금제도가 법제화되기 시작하였고, 미국 연방정부의 경우 집단적 관료제가 형성·정착한 1920년부터 법제화가 시작되었다.

고용주로서의 정부의 관점에서 볼 때 적절한 퇴직연금제도의 주요목적은 노령 또는 장해 등으로 무능력화된 공무원을 퇴직시킴으로써 공무원을 개량하는 것이다. 또한 퇴직연금제도는 공무원에게 퇴직의 길을 열어줌으로써 재직자의 발전을 촉진하고 또한 유능한 신진의 등용을 가능케 하여 관료기구의 신진대사를 원활하게 한다. 그리고 공무원의 퇴직 후 생활을 보장해 줌으로써 재직 시에는 근무능률을 자극할 수 있고 유능한 공무원의 이탈을 방지할 수 있다. 퇴직연금제도가 있음으로써 정부는 퇴직예정인원을 파악할 수 있게 되고 이를 충원하기 위하여 신규 채용 및 인사이동에 관한 계획을 세울 수 있게 된다.[56] 이러한 점에서 퇴직연금제도는 직업공무원제도를 수립하는 데 있어서 하나의 토대가 된다.

비록 공무원연금법의 적용대상인 군인, 경찰, 공무원이 이승만 정부의 주된 지지기반이었기 때문에 정부 상층부에서는 공무원연금법의 제정을 통해 위 지지기반을 포섭하여 그들의 충성심을 확보할 수 있을 것으로 기대하였지만, 근대적 집단 관료제가 형성되고 있던 이승만 정부하에서 공무원연금법이 직업공무원제도의 한 근간을 형성하였다는 점은 부인할 수 없다.

---

56) 이경서, "한국공무원연금제도의 발전방향에 관한 연구 – 연금기금관리의 효율화방안을 중심으로-", 경희대학교 대학원 박사학위논문, 1987, 15-16면.

2) 연금제도의 효시

공무원연금법은 비록 공무원만을 대상으로 하는 것이지만 우리나라 연금제도의 효시라는 점에서 그 의의가 크다. 더 나아가 공무원연금제도가 성숙·발전하는 과정에서 급여제도연구, 기금증식방법, 기금장기전망분석 등 연금제도 발전기법이 개발되었고,[57] 이는 사립학교교직원연금법, 국민연금법 등 연금제도의 기초가 되었다 할 것이다.

3) 공무원에 대한 사회보장의 실시

공무원연금법이 제정·시행됨으로써 공무원 및 그 가족을 대상으로 하는 소득보장, 장해보상, 근로보상 등이 이루어지게 되었는바, 이는 단순히 공무원 처우개선이나 사기진작의 정책수단에 그치는 것이 아니라 공무원에 대한 사회보장제도가 시행되기 시작하였음을 의미한다.

2. 제정 공무원연금법의 문제점

1) 높은 급여수준

공무원연금법이 제정된 시기에 공무원의 급여가 적어 적립되는 기여금 및 정부부담금이 연금의 급여수준을 충족하기에는 부족하였으나, 낮은 보수에 대한 보상적 차원과 우수 공무원을 유치하려는 목적으로 급여수준이 높게 책정되었다.[58] 이는 공무원연금 기금과 국고에 부담으로 작용하여 왔고, 현재에 이르러서는 국민연금 등 다른 연금제도와의 통합을 저해하는 요소로 작용하고 있다.

2) 보장의 불완전성

또한 제정 공무원연금법은 공무원에 대한 사회보장제도로서의 통합된 법전으로서 기능하지 못하고 한정된 보험사고에 대하여 급여를 실시하는 데 그쳤으며,[59] 기타 보험사고 중 소수의 보험사고에 대하여는 각기 공무원의 인사에 관한 법령에 산발적인 규정을 두어 시행하는 데 불과하였다.[60][61]

---

57) 보험개발원, 「1998년 보험통계연감」, 498면.
58) 남궁배홍, "한국 공무원 연금제도의 변화", 「의정논총」 제4권 제1호, 한국의정연구회, 2009, 134면.
59) 공무 외의 질병 및 부상으로 인하여 장해 혹은 사망에 이르러 소득이 상실되는 상황은 보호될 수 없었고, 공무원의 질병 또는 부상 그 자체는 (그로 인하여 장해 또는 사망에 이르지 않는 한) 보호의 대상이 아니었다. 전광석, 앞의 논문, 150-151면.

Ⅴ. 결   론

이승만 정부의 집권층은 지지기반인 공무원을 포섭하고 1960년 3·15 정·부통령 선거를 대비하기 위한 정치적인 목적하에 공무원연금법 제정을 추진하였다. 따라서 정부가 그 대상인 공무원의 적극적인 요구를 수용하여 사회보장제도로서 공무원연금법을 제정·시행한 것이 아니라 시혜 차원에서 베푸는 것이었다. 이러한 태생적 난점으로부터 지나치게 높은 급여수준 책정의 문제와 보장의 불완전성의 문제가 발생하였다고 볼 수 있다.

특히 공무원연금법이 제정·시행된 지 60여 년이 지난 오늘날 공무원연금의 높은 급여수준은 공무원연금 기금의 재정 악화의 원인 중 하나로 비판받는 동시에 타 연금제도와의 통합에 있어서 걸림돌로 작용하고 있다. 연금 기금의 운용에 대한 통계적 분석 및 예측이나 미래세대에 미칠 장기적 영향에 대한 고려 없이 급여수준이 정치적인 차원에서 결정되어 법제화된 연혁에 비추어 볼 때 급여수준의 완화 내지 변경 문제를 해결함에 있어 유연한 자세를 갖고 접근할 필요가 있을 것이다.

그러나 이러한 한계를 갖고 있음에도 불구하고 공무원연금법이 제정·시행되어 직업공무원제도의 한 근간을 이룸으로써 우리나라에서 근대적인 집단 관료제가 형성되기 시작하였고, 사회보험제도의 효시인 공무원연금제도의 시행을 통해 축적된 통계와 경험이 다른 사회보험법 제정의 기초가 된 점은 부인할 수 없다. 또한

---

60) 정윤한, "우리나라 공무원 연금제도 변천 연혁", 「지방재정과 지방세」, 한국지방재정공제회, 2008년, 146면.

61) 제정 공무원연금법이 시행된 지 얼마 지나지 않아 5·16 쿠데타를 통해 집권한 박정희 정부는 이승만 정부가 시행한 공무원연금법에 대하여 ① 공무원연금기금의 운영에 있어서 무원칙하게 그 기금의 태반을 인기전술을 위해서 연고 지방의 개발사업을 빙자하여 무이자로 대부하거나 정부가 자의로 전용하고도 소정의 이자(이윤)를 계상하지 않아 자체수입을 감퇴시키는 사례가 많았다, ② 공무원연금기금 완성목표를 1960년부터 30년 후를 기준으로 함으로써 책임준비금의 확보에 과도한 적립금을 투입하게 하고 또한 완성연도 이전의 공무원에게는 저급여율을 적용하여 희생시키는 결과를 빚어냈다, ③ 퇴직연금급여에 있어서는 20년을 복무하고도 퇴직 당시의 연령이 60세 이상일 경우에 한하여 혜택을 보도록 함으로써 20년 이상을 복무하고도 60세가 되지 않으면 연금을 탈 수 없는 운영의 모순을 초래하였다, ④ 현 기금상황과 보험수리에 의하여 급여율을 충분히 인상할 수 있는 재원의 여지가 있음에도 불구하고 정부가 임의로 적립금을 방편적으로 사용함으로써 매월 보험료식으로 봉급에서 기여금을 거출함으로써 공무원들에게 부당한 손실을 끼치게 한 결함이 있었다라고 비난하고 있다. 김병삼, "개정된 공무원연금법의 개설", 「최고회의보 13」, 국가재건최고회의, 1962년, 144면. 그러나 박정희 정부가 집권 직후 공무원을 지지기반으로 끌어들일 목적으로 공무원에게 보다 더 유리하게 공무원연금법을 개정하기 위한 근거로 위와 같은 비난을 내세운 것이므로 위와 같은 평가의 정당성에는 의문의 여지가 많다.

비록 보장의 범위가 불완전하였지만 공무원을 대상으로 하는 사회보장제도로서 공무원연금법이 시행됨으로써 점차 보장의 범위가 확대되었고, 그 결과 공무원연금법이 단순한 소득보장을 넘어 재해, 부조 및 후생복지 등을 포괄적으로 실시하는 종합적인 사회보장제도를 실시하는 통합된 법전으로 발전할 수 있게 되었다는 점에서 공무원연금법 제정의 의미를 찾을 수 있다.

아동복리법 제정사

김태선*

Ⅰ. 서 론

아동복리법은 5·16 군사정권하의 국가재건최고회의에 의해 1961. 12. 30. 제정되어 1962년부터 시행되었다. 그러나 아동복리법의 내용은 위 기관에 의해 새롭게 만들어진 것은 아니었다. 그 초안은 전쟁 직후인 1952년 구성된 민관 전문가 모임인 '한국아동복리위원회'에 의해 기초된 것이었다. 그리고 그 기초 작업의 배경에는 한국전쟁의 가장 큰 피해자였던 전쟁고아들의 비참한 현실에 직면하여 아동복지의 필요성에 대한 자각과 이를 위한 공적인 제도가 필요하다는 사회적 인식이 자리하고 있었다고 할 수 있다. 당시 2차 세계대전 직후 전쟁국 아동의 상황을 개선하기 위한 국제조직이 생성되고 있었으며 일본도 1948년 아동복지법을 제정하여 시행하고 있었는데, 이러한 외국의 동향도 아동복지법의 제정이 필요하다는 사회적 인식에 영향을 미쳤다고 생각된다.

그러나 모든 사회복지제도는 그에 상응하는 국가재정의 지출이 이루어질 때에만 그 실효성을 담보할 수 있다. 이러한 의미에서 볼 때, 민관의 전문가 모임에서 기초된 아동복지법의 내용이 이후 정부기관을 거치면서 예산을 수반하여야 하는 내용이 대부분 제거된 사실은 한국정부가 아동복지에 관하여 국가책임을 실질적으로 실현할 의지와 능력이 부족하였던 점을 반증하고 있다.

이 글은 1961년 아동복리법이 제정된 역사적 경위를 돌아보고 위 법률이 제정되었던 5·16 군사정권 초기의 아동정책을 검토함으로써 최초로 아동복리법이 제정되어 시행되었던 한국의 초기 아동복지제도의 함의를 살핀다.

---

* 서강대학교 법학전문대학원 교수.

II. 아동복리법 제정 이전 사회·경제적 상황(해방 이후~1950년대 말)

1. 해방, 분단, 전쟁으로 이어진 절대빈곤의 시기

해방 이후 분단, 미군정, 독립, 6·25로 이어지는 1950년대 말까지, 한국은 극도의 빈곤과 혼란 속에 있었다.[1] 해방 이후 좌·우익으로 갈린 정치단체들 간의 심각한 갈등, 정치적 테러, 폭동 등으로 혼돈스러운 분위기가 지속되었다. 이러한 혼란스러운 정세 속에서도 38도선 이북의 공산주의 세력의 지배를 피하여 월남하거나 해외에서 8·15 해방을 맞이하여 귀환한 동포들로 인해 생활빈곤자 수가 증가하였으며, 이들과 남한의 생활빈곤자를 합하여 당시의 전체 인구 2천만 명 중 5분의 1을 상회하는 4백만 명 이상의 국민들이 기아선상에 놓여있었다.[2]

이러한 와중에 발발한 6·25는 국민 대다수를 전쟁이재민으로 만들었다. 6·25 다음 해인 1951년, 서울의 경우 160만 명의 서울시민 중 3/4이 피난을 떠나고 타지역으로부터 유입된 피난민과 지역에 남아 있는 전쟁 피해민을 합하여 47만 명의 잔존인구 전원이 전쟁이재민이었다. 경기·강원 지역의 경우에도 당시 현존인구 80% 이상이 전쟁이재민이었으며, 전국적인 이재민 수는 당시 전인구의 38%인 782만여 명에 달하였다.[3] 따라서 이 시기의 "요구호" 대상자는 6·25 다음 해인 1951년도에는 782만 명, 그 다음해에는 956만 명, 그리고 휴전이 선포되던 1953년도에는 985만 명으로서 전인구의 절반 수준에 육박하고 있었다.[4]

당시 국민 생산성은 극도로 낮은 수준이었고,[5] 아동인구 비율은 0~14세 유년인구가 전 인구의 40% 이상을 차지하여 유년부양비가 80%에 가까운 상황이었다.[6]

---

1) 이혜경, "경제성장과 아동복지정책의 변용", 「한국아동복지학」, 창간호, 아동복지학회, 1993, 202면. 이혜경은 이 시기를 "전쟁과 절대빈곤, 그리고 시설보호중심의 응급적 아동구호정책"의 시기로 명명하고 있다.
2) 김만두, 「社會福祉法制論」, 弘益齋, 1991, 74면.
3) 하상락, 「韓國社會福祉史論」, 博英社, 1989, 90면.
4) 이두호, 「貧困論」, 나남, 1991, 241면 참조.
5) 국민 일인당 GNP는 1956년 당시 66달러(US$), 1961년에는 82달러에 불과하여 세계 최하위 수준이었다.
6) 유년부양비는 유년인구(0~14세)를 생산가능인구(15~64세)로 나눈 백분율로 나눈 비율을 뜻한다. 참고로 2000년 유년부양비는 29.4%에서 2010년 22.2%까지 떨어지고, 65세 이상 인구를 생산가능인구로 나눈 노년부양비는 10.1%에서 15.1%로 올라섰다. 생산가능인구 100명이 유년 22명과 노인 15명을 부양한다는 뜻이다.

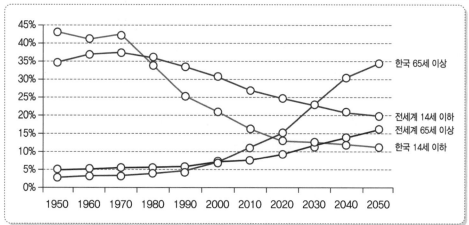

14세 이하와 65세 이상, 세계 및 한국 인구 비율 변화 전망
(단위: 백분율)

자료: UN World Population Prospects: The 2008 Revision, Population Database

연도별 유년인구비율 및 유년부양비 추이

연도	유년인구(0~14)비율	유년부양비	연도	유년인구(0~14)	유년부양비
1960	42.33	77.3	1980	33.97	54.6
1965	43.82	82.5	1985	30.15	46.0
1970	42.52	78.2	1989	26.52	38.5
1975	38.59	66.6			

자료: 한국의 사회지표 1990 (이혜경, 앞의 논문, 202면에서 재인용)

이처럼 해방과 함께 격증한 월남동포, 귀환동포들 틈에서, 고아·미아·기아 등 수많은 "요구호" 아동이 발생하였다.[7] 1948년 제헌헌법 제19조는 "노령, 질병 기타 근로능력의 상실로 인하여 생활유지의 능력이 없는 자는 법률의 정하는 바에 의하여 국가의 보호를 받는다"고 규정하고 있었으나, 당시 한국 정부로서는 아동복지에 대한 국가책임을 실제적으로 실현할 수 있는 상황이 아니었다.[8]

2. 시설수용 중심의 아동구호와 외국원조에의 의존

1950년대 말까지 계속된 한국정부의 요보호아동대책은 민간자원의 활용을 강조

---

7) 이혜경, 앞의 논문, 202면.
8) 이혜경, 앞의 논문, 202면.

한 "응급적 시설수용 중심의 아동구호정책"이었다.[9] 해방 당시 아동 보호시설은 이미 33개가 있었으나, 월남동포, 귀환동포들 틈에서 요구호 아동이 증가하고 이들을 수용할 필요성이 커짐에 따라 1948년 임시정부 수립 당시에는 아동 보호시설이 96개로 증가하고 있었다.[10] 이어 6·25로 인하여 일시에 많은 전쟁고아가 빌생하어 요구호 아동은 전쟁 중과 휴전 후에 걸쳐 그야말로 범람하였으며, 이들의 구호와 보호문제는 가장 긴급한 사회문제가 되었다.[11] 1950년 한국전쟁 직전에 116개 시설, 수용 아동의 수가 8,908명에 이르던 아동 보호 시설[12]은 휴전 당시 440개, 수용 아동의 수는 5만 명을 넘어서고 있었다.[13]

1947년 미군정 당시 「남조선과도정부 보건후생부장 통첩」으로 각 도지사에게 지시된 "후생시설의 운영강화에 관한 건"을 보면, "국가재정상으로 보아 수많은 요구호 아동에 대하여 전적으로 충분한 국비를 보조하기 불능하므로, 관민 유지와 긴밀한 조직적 연결 하에 당해 시설의 지역별 또는 개별적 후원단체를 구성케 하며 인적 물적 자원을 유감없이 발휘하여 당해 시설로 하여금 자급자족하도록 극력 추진"이라고 하여 당시의 시설지도방침이 지역사회의 자발적인 자선활동을 장려하는 데 치중했음을 알 수 있다.[14] 이는 국가의 아동구호가 재정적으로 역부족인 상황에서, 아동구호를 민간과 분담하면서 아동에 대한 일차적인 책임을 가족 및 지역사회와 같은 비공식 조직에 의지하려는 것이었다.[15]

휴전 이후 외국원조가 본격적으로 실시됨에 따라 원조액이 크게 늘어났다. 1953년 1.94억 달러, 1955년 2.36억 달러, 1956년 3.26억 달러, 1957년 3.82억 달러로 원조액이 증가됨에 따라 세입총액에서 원조액이 차지하는 비중도 높아졌다. 그 비중이 1953년 12%이었으나, 1954년 30%, 1955년 47%, 1957년 53%로 급격히 높아지고 있었다.[16] 아동보호시설에 대한 외국 민간구호단체의 지원 역시 절대적

---

9) 이혜경, 앞의 논문, 202면.

10) 구자헌, 「韓國社會福祉史」, 韓國社會福祉硏究所, 1970, 199면.

11) 구자헌(1970), 앞의 책, 202면.

12) 전체 후생시설총수가 153개소, 수용인원이 10,469명이었음에 비추어 볼 때 아동보호 시설이 전체 후생시설의 절대적 비중을 차지하고 있었다[구자헌(1970), 앞의 책, 201면 참조].

13) 구자헌(1970), 앞의 책, 202면, 263면의 자료에 따르면 1957년 정부세출총액은 24,306백만 원이었으며 그 중 사회복지부분 예산은 보건사회부 예산 935백만 원, 문교부 예산 3,061백만 원인데, 당시 매년 시설보호아동에 대한 주·부식비 국고보조액이 16억 원에 달한다고 되어 있다. 이는 보건사회부 전체 예산을 넘는 것이다.

14) 구자헌, 앞의 책, 198-199면.

15) 송주미, "한국 아동복지관의 변천과정 연구 – '정책분석을 중심으로'", 숙명여자대학교 박사학위논문, 1998, 40면.

16) 국가기록원, 경제재건기 재정정책, 아래 인터넷 사이트에서 확인할 수 있음.

인 비중을 차지하여, 한 국내 문헌에 따르면 대표적인 3개의 외원기관(1951년 설립의 기독교 아동복리회, 1952년 설립의 스완슨복음선교회, 1953년 설립의 선명회)이 전체아동시설 수용아동 중 90% 이상의 후원을 담당하였던 것으로 보고되고 있다.[17] 아동복리시설 운영의 재원은 1957년 32%에서 1965년 64%에 이르기까지 외원의존도가 계속 증가하는 실정이었다.[18]

결국 이 시기는 절대빈곤과 사회정치적 혼란 속에서 국가재정으로 감당하기 어려운 시설수용 중심의 아동구호를 외국 민간구호단체의 재정적 지원에 의존하던 시기였다고 볼 수 있다.[19]

Ⅲ. 일제와 미군정 시기의 복지 관련 법령

1. 일제의 조선구호령

해방 전년도인 1944년 일본은 조선구호령[20]을 발표하였는데, 이는 본국에서 1929년 제정하여 1932년 실시된 구호법과 동일한 내용을 담고 있었다.[21] 일본은 1929년 제국의회에서 구호법을 제정하였으나, 그것을 시행할 국가재정의 곤란으로 그 시행을 유보시켜 오다가, 경매법에 의해 재원을 마련하여 1932년에 시행을 하게 된다. 위 법률의 제정 동기는 같은 해 일어난 세계공황이 후발자본주의 국가인 일본에 심각한 타격을 주어 빈곤으로 인한 사회불안과 사회계층 간의 갈등이 심화되자, 이에 대한 대책으로서 사회계층 간의 갈등을 완화시킬 목적이었다고 한다.[22]

조선구호령은 위와 같이 만들어진 일본의 구호법을 해방 직전인 1944년 명칭만 바꾸어 공포한 것이다. 위 법령은 그 구호 대상을 빈곤으로 인하여 생활이 불가능한 자들로서 (1) 65세 이상의 노약자, (2) 13세 이하의 유아, (3) 임산부, (4) 불구폐질, 질병, 상이 기타 정신 또는 신체장애로 인하여 노무를 하기에 장애가 있는

---

https://www.archives.go.kr/next/search/listSubjectDescription.do?id=008532&sitePage=1-2-1 (최종방문일자 2021. 1. 30.)

17) 문인숙, "1950년대 사회사업 소고", 「사회복지의 이론과 실제」, 인석 장인협 교수 퇴임 기념 논집 간행위원회, 20면; 이혜경, 앞의 논문, 204면에서 재인용.

18) 이혜경, 앞의 논문, 204면.

19) 이혜경, 앞의 논문, 202면도 같은 취지이다.

20) 조선총독부제령 제12호, 1944. 3. 1. 제정.

21) 구자헌(1970), 앞의 책, 197면.

22) 김만두, 앞의 책, 77면 참조.

자로 정하고 있다(제1조). 그리고 구호시설로서는 "양로원, 보육원, 병원 기타 이 영에 의한 구호를 목적으로 하는 시설"을 규정하고 있었다.

구호의 주체는 구호대상자 거주지의 시장 또는 읍·면장, 구호대상자의 거주지 가 분명하지 아니한 때에는 그 현재지의 시장 또는 읍·면장이 구호를 행하도록 하고 있었으며(제3조), 비용과 관련하여 국가가 2분의 1 이내, 도가 4분의 1을 부 담하도록 하고 있었다(제25조). 구호법은 시장 또는 읍·면장이 구호 대상자에 대 한 구호를 거부할 수 있는 사유로서 (1) 이 영 또는 이 영에 의한 명령에 의하여 시장, 읍·면장 또는 구호시설의 장이 행한 처분에 따르지 아니한 때, (2) 이유 없이 구호에 관한 검진 또는 조사를 거부한 때, (3) 성행이 현저하게 불량하거나 몹시 게으른 때를 규정하고 있었다(제30조).

이러한 조선구호령은 구호대상에 대한 제한주의를 취한 것으로서, 근대적인 사 회보장법 또는 아동복지법에 있어서의 무차별주의, 국가책임주의와는 거리가 먼 것이었다.[23] 또한 이는 당시 전시동원체제에서 식민지에서의 군사력을 위한 인력 동원이라는 동기를 가지고 제정되었던 것이었으며, 법규로만 존재할 뿐 실효성은 없는 것이었다.[24]

아동보호에 관한 부분만을 살펴본다면 구호의 대상으로서 "빈곤하기 때문에 생 활할 수 없는 13세 이하의 유아"가 규정되어 있고 보호시설로서 보육원을 인정한 부분이 눈에 띈다. 위 조선구호령에서는 구호는 "구호를 받는 자의 거택에서 이를 행한다"고 하여 거택구호가 원칙으로 되어 있으나(제11조), 거택구호가 불가능하거 나 또는 그것이 부적당하다고 인정하는 경우에는 "구호시설에 수용하거나" "수용 을 위탁하거나" 또는 "사인의 가정 또는 적당한 시설"에 수용을 위탁할 수 있게 되어 있다(제13조). 또 13세 이하의 유아가 거택구호를 받아야 하는 경우에는 유 자(幼子)와 같이 그 모(母)의 구호를 할 수 있도록 하고 있다(제12조). 그러나 이러 한 내용에서 아동에 대한 복지정책이 존재하였다고 볼 수는 없을 것이고, 아동은 단지 정부의 응급구호대상 중의 하나로서 13세 이하의 자로 규정되어 있던 것에 지나지 않는다.[25]

---

23) 구자헌(1970), 앞의 책, 198면.

24) 조선구호령 시행세칙이 "(…) 구호를 행하고 있으나 그 정도가 박약하고, 그 범위가 한정되어 있어 요구호자에 대한 구호가 불충분한 실정이므로 결전을 앞에 두고 국민생활의 계조(階調)를 확보하 고, 건강한 국민과 강력한 군사의 배양을 육성하거나, 인구정책 등 후생보건의 견지에서도 본 구호 제도를 (…)"라고 규정하고 있듯이, 조선구호령의 실시 목적은 구빈차원이 아니라 전시동원체제하 식민지통치의 효율성 제고라는 점에서 그 특징을 찾아야 할 것이다(하상락, 앞의 책, 362면).

2. 미군정 시기

1945년 해방이 되자 약 3년간에 걸쳐 미군정이 실시되면서 사회사업 정책 및 구호에 관한 각서들이 발표되었다. 사회복지와 관련된 각서로는 1946. 1. 12. 발표된 「후생국보 3-C」를 들 수 있다. 위 각서는 조선구호령과 유사하게 구호의 대상을 "구호 시설에 수용되지 않고 또 그 가족이나 친족의 보호를 얻을 수 없고 노동할 수 없는 자"로서 (1) 65세 이상 된 노령자, (2) 6세 이하의 부양할 어린이를 가진 여자, (3) 불치의 병으로 신음하는 자, (4) 13세 이하의 어린이, (5) 분만 시에 원조를 필요로 하는 자, (6) 정신적 · 육체적 결함이 있는 자로 규정하고, 식량, 주택, 연료, 의류, 의료, 매장(埋葬)의 구호를 지급하도록 하고 있었다. 「후생국보 3-A」는 이재민과 피난민에 대한 구호를 규정하고 있었으며, 「후생국보 3-C」는 빈곤한 자와 실업자에 대한 구호규칙으로서 거택구호 시 세대 인원에 대한 지급 한도액을 규정하고 있었다.

위 내용에서 볼 수 있듯이, 미군정하의 구호제도 역시 조선구호령과 매우 유사하게 제한적 구제주의에 기초한 응급처리와 임시구호의 성격을 가지고 있었을 뿐, 체계적인 사회복지와는 거리가 멀었다.[26] 이는 미국이 종전(終戰) 후 대일본 정책과는 달리, 한국에 대해서는 구체적인 준비가 없었음을 보여주는 일례로 해석된다. 미국은 제2차 세계대전이 시작된 직후부터 일본의 전후 처리를 위해 세밀한 계획을 세워 진행하였고[27] 전쟁 후 맥아더 최고사령부에서는 미국에서 사회복지 정책의 전문가를 불러들여 패전국 일본의 사회복지 기초 형성을 지원하였다.[28] 이는 무차별평등, 국가책임에 의한 사회보장, 공사분리의 원칙 등과 같은 근대적 복지이념을 기초로 한 것이었으며,[29] 일본의 사회보장 · 사회복지의 기본적인 행정과 법률제도의 골격은 맥아더 사령부의 지도에 의해 만들어진 것으로 기록되고 있다.[30] 이는 한국에 대한 미군정의 구호정책과는 대비되는 것이었다.

---

25) 송주미, 앞의 논문, 40면.
26) 김만두, 앞의 책, 74면.
27) 미국의 일본에 대한 전후 처리를 위한 사회복지 측면의 의도적 준비에 대해서는 村上貴美子, 「占領期の福祉政策」, 勁草書房, 1987, 5-8면에서 상세하게 기술되고 있다(김만두, 앞의 책, 75면에서 재인용).
28) 김만두, 앞의 책, 75면.
29) 김만두, 앞의 책, 78면.
30) 吉田丘一, 「戰後社會福祉の展開」, トメス出版, 1976, 192-193면. 김만두, 앞의 책, 75면 각주 11에서 재인용.

기타 관련 법령으로서, 미군정 시기인 1946년 군정법령인 아동노동법규가 제정되어 시행되었다.[31] 6 · 25 직전인 1950. 2.경에는 「후생시설설치기준」이 제정되었으며, 휴전 약 1년 전인 1952. 10.경에는 후생시설운영요령이 지방자치단체에 시달되었다. 등록제로 운영되었던 후생시설을 허가제로 전환한 것이 위 내용의 특징이었다.[32]

Ⅳ. 한국아동복리위원회의 구성과 아동복리법안의 기초

1. 법안 기초의 사회적 배경

전쟁 직후 혼란의 와중인 1952년 '한국아동복리위원회'가 구성되어 아동복리법안을 기초하게 되는데, 그 내용은 이후 1961년 제정된 아동복리법의 사전 작업의 성격을 가지므로 당시의 사회적 배경과 법안 기초의 경위를 살펴볼 필요가 있다.

당시 한국은 전후 약 6만 명으로 추산되는 전쟁고아들 가운데 약 5만 명의 수용아동 외 1만 명의 아동들이 '부랑아동'으로서 거리에서 배회하는 비참한 상황에 직면해 있었고,[33] '부랑아동'이 아니라 할지라도 서민 계층의 많은 아동들이 제대로 먹거나 입지도 못하고 교육도 받지 못한 채 구두닦이, 신문팔이, 버스차장 등의 직업에 종사하여 가계를 보조하는 것이 보편적인 현상이었다.[34] 이러한 현실에 직면하여 모든 어린이가 공평하게 기본적인 생활을 보장받아야 하고, 부모만이 아니라 정부가 그 책임을 부담하여야 한다는 인식이 공감을 얻게 되었고, 외국의 제도 등이 소개되면서 아동복지법이 제정되어야 한다는 주장이 꾸준히 제기되고 있었다.[35]

가까운 일본에서 1948년 아동복지법을 제정하여 1949년 시행하고 있었고, 국제적으로도 전후 전재아동(戰災兒童)의 구제문제를 해결하기 위한 노력이 확산되어, 1952년 국제아동복지연합이 인도 봄베이에서 1923년 아동인권을 위한 제네바 선언을 구체화하기 위한 권고안을 채택한 점 등도 이러한 인식에 일정한 영향을 주었다고 짐작된다.[36][37]

---

31) 위 법령은 1953년 근로기준법이 실시됨에 따라 폐지되었다.

32) 구자헌(1970), 앞의 책, 203-204면.

33) 경향일보, 1954. 5. 5. 기사(사설), "어린이복지법을 제정실시하라" 참조.

34) 동아일보 1955. 5. 5. 기사(사설) "어린이날을 맞이하여" 참조.

35) 경향일보, 1954. 5. 5. 기사(사설), "어린이복지법을 제정실시하라"; 동아일보 1957. 7. 21. 기사, "장마에 시달려"; 동아일보 1957. 10. 4. "시급한 제정실시, 아동보호법"; 동아일보 1959. 11. 17. 기사 "아동복지법을 재촉" 등 기사 참조.

2. 한국아동복리위원회의 구성

한국아동복리위원회의 구성과 활동에 관한 자료로서 구자헌, 「兒童福祉」, 南山少年教護相談所, 1961, 301－302면에 수록된 내용을 찾을 수 있었는데, 이를 옮겨보면 다음과 같다.

"6·25 동란 이래 여러 가지 사회문제를 수습하기 위하여 한국정부와 「유엔」 또는 미국정부 및 민간원조단체의 在韓代表들 간에 각종 위원회를 조직하여 문제의 연구조사를 행하고 또는 정부의 자문에 응하는 일이 많았다. 그 중의 하나로 1952년부터 발족하여 1961년 4월에 제84회차 월례회의를 보고 앞으로도 매월 회합을 계속할 아동복리위원회(Child Welfare Committee)가 있다. 이것은 아직 정부조직법에 의한 국가의 기관으로 설정되지는 않았으나, 보건사회부장관을 명예회장으로 하고 국내 어린이 복지관계 각급 행정기관의 대표자와 재한 외국공사립 아동복지관계 사업기관의 대표자, 국내 각종 아동복지 사업단체의 대표자, 그 외의 사회사업연구·교육훈련기관의 대표자, 또는 사회사업에 대한 학식과 경험이 풍부한 자를 위원으로 하여 '아동 및 가족의 복지를 향상시키기 위하여 필요한 각종 자료의 수집조사와 연구토의를 하고 이에 관련되는 모든 심의활동을 할 목적'으로 사무실을 보건사회부 아동과에 두고 심의활동을 꾸준히 계속하고 있는 과도적인 반민반관의 심의기관인 것이다"[38]

위 아동복리위원회는 내부에 여러 가지 분과위원회를 두고 있었는데, 그 가운데 '아동복지법기초분과위원회'가 있었으며, 이 위원회에서 이후 정부 심의안의 전신인 「아동복지법안」을 작성하여 보건복지부에 건의하였다고 한다.[39]

---

36) 경향일보, 1954. 5. 5. 기사(사설), "어린이복지법을 제정실시하라" 참조.

37) 전광석, 「한국사회보장법의 역사」, 집현재, 2019, 172면은 1957년 2월 우리나라에서 '대한민국 어린이헌장'이 선포되어 아동문제에 대한 관심이 표현되었으며, 1959년 국제연합(UN)은 「아동권리선언(declaration on the rights of children)」을 채택한 점을 들면서, 이러한 국내외적 환경이 아동복리법을 제정하는 배경이 되었는지는 확실하지 않으나, 당시 보건사회부 사업에서 아동복지가 중요한 비중을 가졌던 것은 사실이라고 언급하고 있다.

38) 동위원회의 명예회장은 보건사회부장관, 의장은 서울지방법원소년부지원장 권순영, 부의장은 국제사회봉사회 한국책임자 Anne Davison, 간사로는 보건사회부 아동과장, 미국경제원조처 지역사회개발국 보좌관을 두고 이었으며, 57명의 위원이 있었는데, 구자헌의 앞의 책에 기술된 바에 따르면 사회사업연합회 상무이사 최성봉, 중앙신학대학장 김덕준, 이화여대의 이메리, 외국인으로서 NCWC의 Glorge Carroll, 미국경제원조처의 Lucile L. Chamberlin, YMCA의 박에스더 등이 활발한 활동을 한 위원으로 거명되고 있다(구자헌, 앞의 책, 302면).

39) 구자헌, 「兒童福祉」, 南山少年教護相談所, 1961, 302면.

구자헌의 위 자료에 따르면 "위와 같이 아동복리위원회와 보건복지부에 의하여 기초된 아동복리법안은 1957년 1월 17일경 법제실에 심의가 의뢰된 이후 심의가 거듭되어 왔는데, 본 법안이 통과 시행되기에 필요한 방대한 국가예산의 수반이라고 하는 고충이 이 법안 심의상 가장 큰 난제"[40]였다고 한다. 따라서 위 법안은 "1958년 이래 정부 각 관계 부처의 실무자가 누차 회합을 거듭하여 이 문제를 숙의 검토한 결과 1959년 7월에 회합한 최종회의에서는 현 국가예산이나 지방예산에 심대한 영향을 줌이 없이 소기의 목적을 달성할 수 있는 안을 채택하여 차관회의에 회부"되는 경과를 거치게 된다.[41] 이러한 경위를 거쳐 동 법안은 1959년 차관회의를 통과한 뒤 국무회의에 상정되었고,[42] 자구 수정을 위하여 법제실에 반송되었다가 1960년 4·19혁명 이후 전(前)정권에서 기초된 각종 법안은 재검토될 필요가 있다는 이유로 다시 보건사회부에 반송되게 된다.

3. 아동복리법안의 내용

1) 위원회 초안의 골자

'한국아동복리위원회'가 우리나라 최초로 작성한 아동복지법안은 전문 제4장 제60조로 이루어져 있었고, 기아·고아·그리고 환경이 불우한 아동 등 모든 아동들의 건전한 육성을 목적으로 하여 특히 아동들의 거주 및 의식 등에 관한 '표준'을 정하고 아동들이 학교를 졸업하는 연령에 도달할 때까지 아동들의 생명을 보호하는 규정 등이 담겨져 있었다. 동 법안의 주요골자는 다음과 같다.[43]

(1) 목적

양친이 없는 아동, 양친으로부터 유실, 또는 유기당한 아동, 양친과 분리된 아동, 양친이 아동을 보호, 양육하기에 부적당한 경우, 보호할 수 없는 경우 기타 아동의 생활에 있어 복지가 저해당하였거나 저해당할 우려가 있는 아동을 건전하게 육성토록 하는 것이다.

---

40) 구자헌(1961), 앞의 책, 351-352면.
41) 구자헌(1961), 앞의 책, 352면.
42) 동아일보 1959. 12. 12.자 기사에 따르면 정부는 동년 12. 10. 국무회의에 아동복지법안을 상정하고 심의를 진행하였으나 동법 시행에 뒷받침이 될 예산조치 문제를 둘러싸고 관계부처 사이에 의견의 일치를 보지 못하였다고 한다.
43) 동아일보 1956. 10. 21. 기사(뉴스) "생활, 취학 등 보장" 기사에 소개된 내용임.

(2) 당국의 의무

당국은 고아 기아 부랑아동 일정한 보호자가 없는 아동들에 대한 보호 및 육성의 의무를 가지며 또한 「아동심의회」(가칭)를 설치하여 아동들에 관한 모든 편의를 도모하기 위한 조치를 취한다.

(3) 아동복지사(가칭)제도

취학연령에 달한 아동들이 전원 졸업할 때까지 완전히 취학할 수 있도록 당국은 보장하며 그 방법으로서 「아동복지사」를 두어 취학을 거부하거나 싫어하는 아동에 대하여 우선 그 부모를 타이르는 한편 아동의 착실한 취학을 권유하고 이것을 듣지 않을 경우 「감화원」 등에 수용교도한다.

(4) 거주와 의식표준

불우한 아동들의 양육을 맡고 있는 「고아원」 등에 대하여 아동들의 음식물(영양가치)과 수용되어 있는 실내의 면적 그리고 의류 등에 대하여 일정한 표준을 정하고 그 이하의 대우를 못하도록 금한다.

(5) 아동상담소

전국 각 시, 도, 군에 「아동상담소」를 설치하고 아동에 관한 어떠한 문제가 생겼을 때 이의 해결을 하여 준다. 일례로 통행인 부락민 등인 고아 기아 또는 거지 등을 발견하여 동 상담소로 데려오면 상담소는 그 아동의 일시적 보호를 하여야 되고 그들을 수용하기 위한 「아동일시보호소」도 마련한다.

(6) 고아원

고아원에 대하여는 그 운영요령과 설치요령 등을 따로 정하여 그 요령에 맞지 않는 고아원은 인가를 하지 않는다.

(7) 기타

이 밖에 동 아동복지법에는 아동들의 생명을 보호하는 규정 후생시설 기부금에 대한 규정 등이 있었다.

2) 정부안의 주요 내용

그러나 여러 정부 기관을 거쳐 최종 확정된 아동복리법안은 위 한국아동복리위원회의 초안과는 상당한 차이가 있게 된다.[44] 1959. 11. 말경 법제실에서 관계부처 의견을 종합하여 국무회의 부의를 위해 제출한 아동복리법안의 주요 내용은 다음과 같으며, 이는 국무회의에 원안대로 부의되어 심의된다.[45]

(1) 아동복리위원회의 설치

아동복리에 관한 사항을 조사 심의하기 위하여 보건사회부장관, 특별시장, 도지사의 자문기관으로 중앙, 특별시, 도에 대통령령이 정하는 바에 의하여 동위원회를 둘 수 있게 하였다(제5조).

(2) 아동복리지도위원

아동보호 기타 아동에 대하여 전문적 기술에 의하여 필요한 지도를 행하게 하기 위하여 특별시, 도에 아동복리지도원을 두도록 하였다(제7조).

(3) 아동위원

시, 읍, 면에 아동위원(명예직)을 두어 아동복리를 위하여 관계행정기관에 협조하도록 하였다(제9조).

(4) 지방자치단체장의 조치

구청장, 시·읍·면장은 요보호 아동 등을 일시보호 수용하고 시·도지사에게 보고하도록 하였으며, 시·도지사는 보고일로부터 10일 내 ① 아동 및 보호자에 대한 설득 또는 서약서 제출조치, ② 아동복리지도원 또는 아동위원에게 아동 또는 보호자의 지도 위탁, ③ 보호수탁자에게 아동 위탁 조치, ④ 각종 보호시설 입소 조치, ⑤ 지방법원 소년부에 송치를 취하여야 한다(제10조 및 제11조 제1항).

(5) 아동에 대한 위탁보호

아동수탁제도를 채택하여 아동을 일반가정에 위탁하여 양육하도록 하였다(제11조 제2항, 제12조).

---

44) 구자헌은 이 초안이 "보건사회부에서 관계각부, 법제실, 차관회의, 국무회의를 전전하는 동안 전문분야가 아닌 손에서 첨삭·수정되어 만신창이의 미숙아의 신세가 된 유감"을 지녔다고 평가하였다 {구자헌(1961), 앞의 책, 368면}.

45) 차관회의록(제84회~제94회) 중 아동복리법 관련(제89회), 관리번호 BA0085318; 국가기록원 나라기록 → 기록정보 콘텐츠 → 국무회의기록(검색키워드: 아동복리법). 아래 인터넷 사이트에서 확인할 수 있음. https://theme.archives.go.kr/next/cabinet/keywordSearchResultDescription.do(최종방문일 2021. 1. 30.)

(6) 친권상실, 후견인에 관한 규정

아동의 친권자가 그 친권을 남용하거나 또는 현저한 비행 기타 친권을 행사할 수 없는 중대한 사유가 있을 때에는 시·도지사는 법원에 친권상실을 청구할 수 있게 하였고, 친권자가 후견인이 없는 아동에 대해서 필요가 있는 때에는 후견인 선임을 청구하도록 하였다. 또 일정한 사유가 있을 경우 후견인 해임도 청구할 수 있게 하였다(제17조~제19조).

(7) 특수학교의 설치

신체부자유아 보호시설에 특수학교를 문교부장관의 인가를 받아 부설하여 그들의 교육문제를 해결토록 하였다(제21조).

(8) 금지행위

아동을 걸식시키는 행위 등 아동에 대한 학대행위 등을 규정하고 그 위반자에 대한 벌칙을 정하였다(제23조).

(9) 복리시설의 설치

아동복지시설은 인가주의를 택하였으며, 민간에서 설치하는 경우에는 재단법인 설립허가를 받은 자에 한하여 설치할 수 있도록 하였다.

(10) 경비

국가는 아동복리위원회 및 아동복리위원에 요하는 비용, 아동복리시설의 설치 및 운영에 필요한 비용 또는 수탁보호 중인 아동양육에 요하는 비용 등의 일부를 보조할 수 있다고 규정하였다(제46조).

3) 법안 내용의 검토

'한국아동복리위원회'의 초안에는 전국 각 시, 도, 군에 아동 문제를 전담하는 아동상담소를 설치하도록 하고, 아동전문가인 아동복지사 제도를 만들어 아동에 대한 전담기관과 전문인력제도를 구상한 것을 볼 수 있다. 그러나 1959년 관계부처의 조정을 거쳐 국무회의에 상정된 정부안은 아동상담소 대신 지방자치단체장이 아동 관련 업무를 처리하도록 하고, 아동복지사 대신 전문가 집단으로서 아동복리지도위원제도를 두고는 있으나 시·도 단위의 설치에 그쳐 현장에서 아동 문제를 담당하는 인력으로 활용되기 어려운 한계가 있었다. 행정부에 대한 자문기관인 아동복리위원회 역시 시·도에 국한하여 설치되었고, 시·읍·면 단위로 설치되는 아동위원은 명예직에 지나지 않아서 실제로 아동복지를 위한 전담기구나 전문 인력의 증가는 거의 이루어지지 않은 셈이다. 결국 민관 위원회의 초안이 위와 같은 정부안으로 변경된 데에는 새로운 법률의 제정으로 정부가 예산을 부담하게 되는 조직 및 인력의 증가를 억제하여 국가 재정의 부담을 최소화하는 데 초점이 있었음을 알 수 있다. 보건사회부는 국무회의에 위 법안이 상정될 당시 제출한 참고자료에서 "현행 아동복리사업 예산 이상을 필요로 하지 않는다"는 점을 강조하고 있다.[46]

기타 당초 원안에는 아동복리위원회의 권한 가운데 "필요하다고 인정할 때에는 관계행정기관에 대하여 소속직원에 대한 출석설명이나 자료의 제출을 요구할 수 있다"는 내용이 포함되어 있었으나 1959. 12. 10. 관계 부처 차관회의를 거치면서 위 권한이 삭제되고 동 위원회의 역할을 관계 행정기관에 자문기관으로 한정한 점이 눈에 띈다.[47]

위와 같은 정부안은 당시 시행되고 있던 일본의 아동복지법의 내용과도 비교해 볼 수 있다. 일본은 1947. 12. 아동복지법을 제정하여 이듬해인 1948. 4. 이를 시행하였는데, (1) 전국단위로 아동복지 전문기관인 아동상담소를 설치하여 전국적으로 122여 개의 아동상담소를 두고 아동복지사를 배치시키고, (2) 지방자치단체가 설치하는 복지사무소에 약 8,500명의 사회복지주사를 두어 아동보호를 포함한 복지업무를 담당하게 하고, (3) 자문기관인 아동복지위원회의 설치도 하부 지방자치단체에도 설치될 수 있게 하는 등 아동복지 담당기구의 설치가 기초 지역 단위까지 훨씬 폭넓게 이루어지고 실제로 국가가 비용을 부담하는 담당 인력도 매우 많다는 점, (4) 자치단체장이 요보호 아동에 대한 조치를 담당하는 우리나라와는 달리, 전국적으로 설치된 아동상담소가 아동에 대한 검사 및 가정상황의 조사를 기초로 하여 요보호 아동에 대한 여러 가지 조치를 취하도록 하는 점, (5) 위와 같은 조치에는 "신체장애아로서 특수한 의료 등을 요하는 경우에는 지정 의료기관

---

46) 국무회의상정안건철(제96~114회) 중 아동복리법 제안 설명 및 심의자료(제114회), 관리번호 BA0084229. 국가기록원 나라기록 → 기록정보 콘텐츠 → 국무회의기록(검색키워드: 아동복리법). 아래 인터넷 사이트에서 확인할 수 있음. https://theme.archives.go.kr/next/cabinet/keywordSearch ResultDescription.do(최종방문일 2021. 1. 30.)

47) 차관회의록(제84회-제94회) 중 아동복리법 관련(제89회), 관리번호 BA0085318; 국가기록원 나라기록 → 기록정보 콘텐츠 → 국무회의기록(검색키워드: 아동복리법). 아래 인터넷 사이트에서 확인할 수 있음. https://theme.archives.go.kr/next/cabinet/keywordSearchResultDescription.do(최종방문일 2021. 1. 30.)

에서 의료양육을 하고 또 보장구를 지급하는 일"이 포함되어 있는 등 보다 복지적인 조치가 포함되어 있는 점 등에 차이가 있었다.[48] 또 일본의 아동복지법에는 보육 시설 등에는 설비, 갖추어야 할 의료품, 직원 및 보육시간, 보육내용 등의 아동복지시설의 최저기준을 두고 있었다.[49] 아동상담소의 설치와 전문가 양성, 아동복지시설에 관한 표준제도의 도입 등은 우리나라의 '아동복지법기초위원회'가 작업한 초안의 내용에도 포함되었던 것으로, 일본의 아동복지법이 위 초안의 형성에 일정한 영향을 미쳤음을 짐작할 수 있다.

일본의 경우 아동복지의 경비는 국고와 지방자치단체가 분담하도록 되어 있었으며, 1957년도 당시 국고보조예산액이 70억 9천8백만 원으로서, 이중 각종 시설 등의 운영경비가 61억 8천5백만 원으로 전체 경비의 87%를 차지하고 있었으며, 복지시설 설치비용 보조액으로 4억 원, 아동상담소비용보조액에 1억 5천7백만 원, 신체장애아 대책비용 보조액에 1억 3천4백만 원 정도가 소요되고 있었다.[50] 이와 비교하여 1957년 당시 한국은 전체 정부 예산액이 240억 원 가량, 보건사회부 예산은 9억 원 가량에 불과하고,[51] 수용 시설 내의 요보호 아동들에 대한 식량 보조액을 지급하기에도 벅찬 상황이었으므로,[52] 정부가 실효성 있는 아동복지정책을 감당할 수 있는 상황이 아니었다. 이러한 국가재정상황 때문에 결국 아동복리법안은 "국가예산이나 지방예산에 심대한 영향을 줌이 없이 소기의 목적을 달성할 수 있는 안"으로 귀결되었다.

V. 5·16 군사정권의 등장과 아동복리법 제정

1. 5·16 군사정권의 등장

장면 정권하의 사회적·경제적 혼란을 빌미로 삼아 군부는 5·16 쿠데타로써 민간정권을 붕괴시키고 군사정권을 수립하였다.[53] 군부는 사회의 구악과 부패 일소, 자주경제 재건, 혁명과업 성취 후 정권이양 등을 골자로 한 혁명공약을 내세웠다.[54] 그러나 이런 공약을 내건 5·16 군사정권에 대한 국민들의 반응은 열광

---

48) 구자헌(1961), 앞의 책, 348-350면 참조.
49) 현정환, "일본 보육소의 역사에 대한 연구", 「한국일본교육학연구」, 제7권 제1호, 한국일본교육학회, 2003, 151-153면.
50) 구자헌(1961), 앞의 책, 351면 참조.
51) 구자헌(1970), 앞의 책, 263면 통계자료 참조.
52) 주 14) 내용 참조.
53) 하상락, 앞의 책, 490면(권문일 집필부분).

적인 환영이나 격렬한 저항 그 어느 쪽도 아닌 무관심에 가까웠다고 한다.[55] 권문일은 이에 대하여 "이러한 무관심이 내포하고 있는 의미는 향후 군사정권의 정국운영능력을 보고 판단하겠다는 의미로서 군사정권의 정통성에 대한 국민들의 심판이 유보된 것이라고 해석할 수 있을 것이다. 따라서 군사정권이 그 정통성을 확보 유지하기 위해서는 그들이 내건 혁명공약을 충족시켜 주어야만 했다"고 설명한다.[56] 이러한 배경하에서 군사정권은 5·16 직후 농어민에 대한 고리채 정리, 부정 축재자의 정리, 불량도당의 소탕 등 수많은 사회개혁 조치를 단행하였다.

5·16 군사정권에서 입법, 사법, 행정의 3권을 행사하던 국가재건최고회의는 1961. 5. 16. 헌정을 중단시키면서 1961. 5. 19.부터 1963. 12. 16.까지 활동하였는데,[57] 그 기간 동안 1,162건의 법률안을 접수하여 그 87%에 해당하는 1,015건을 가결하였다.[58] 연도별로는 1961년 363건, 1962년에는 276건, 1963년에는 252건의 법률안을 가결하였다. 국가재건최고회의가 활동을 시작한 1961년에 가장 많은 법률안이 처리되었음을 알 수 있다.[59] 1961년에 처리된 법안 가운데에는 생활보호법, 아동복리법, 고아입양특례법 등 사회복지관련 입법이 포함되어 있었다.

2. 아동복리법의 제정 경위

당시 심의된 아동복리법은 1950년대 말 한국아동복리위원회가 기초를 성안하고 정부 부처에 의해 확정된 법안의 내용과 대동소이한 것으로 보인다. 동 법안은 고아입양특례법과 마찬가지로 보건사회부 장관에 의해 제안되었는데, 국가재건최고회의에서 처음 동 법안을 심리할 당시 보건사회부 장관은 제안이유와 함께 당해 입법이 "구법의 정리"임을 설명하고 구법안의 취지와 법안 내용을 설명한 것으로 기록되어 있다.[60]

"구법의 정리"라는 것을 잠시 살펴보면, 국가재건최고회의는 1961. 7. 15. 구법령정리에관한특별조치법을 제정하여 정부수립 전인 1948. 7. 16. 이전에 시행된

---

54) 한국일보 1961. 5. 16. 하상락, 앞의 책, 490면(권문일 집필부분)에서 재인용.

55) 김성해·김정음, 「1960년대」, 거름신서, 1984, 147면. 하상락, 앞의 책, 490면(권문일 집필부분)에서 재인용.

56) 하상락, 앞의 책, 490면(권문일 집필부분).

57) 이철호, "韓國에서의 「違憲的 立法機構」에 관한 硏究", 동국대학교 박사학위논문, 2002, 52면.

58) 이철호, 앞의 논문, 49면.

59) 이철호, 앞의 논문, 54면.

60) 국가재건최고회의상임위원회 회의록 제81호. 국회회의록 인터넷 시스템. http://likms.assembly.go.kr/record/mhs-60-010.do#none에서 확인할 수 있음(최종방문일자 2021. 1. 30.).

일제의 법령, 군정시의 법령을 1961. 12. 31.까지 모두 정리하고, 정리되지 않은 법령은 실효토록 한 것으로서, 군사정권이 대단한 의욕을 가지고 최단시일 내에 추진했던 작업이었다.[61] 정부가 1962년에 발간한 행정백서[62]에는 위와 같은 아동복리법의 제정에 관하여 "휴전후의 구정권시만 하더라도 구법령인 조선구호령과 감화령에 의한 시설구호는 극히 소극적인 구호행정에 불과하였던 것으로 광범위한 아동복리를 위해서는 모든 면에서 미흡"하였으므로, "혁명 후 정부는 구법령 정비의 일환으로 쓸모없고 불합리한 구법령에 대체할 아동복리법을 새로 제정·공포함으로써 전체 아동의 복리증진을 위한 기틀을 마련"하였다고 자평하고 있다.

국가재건최고회의는 1961. 12. 7., 같은 달 21., 22. 세 차례에 걸쳐 동 법안을 심의하였는데,[63] 원안에서 ① 금지되는 아동학대행위 가운데 연기를 업으로 시키는 행위를 제외한 것(예술발전에 저해를 가져온다는 이유), ② 아동복리시설에 대한 면세조치의 범위를 축소한 것,[64] ③ 아동학대행위에 대한 벌칙조항의 정도를 완화한 것 등 지엽적인 수정에 그친 정도였다.

위와 같은 과정을 거쳐 1961. 12. 30. 아동복리법이 제정되고 1962. 1. 1. 시행되었다. 아동복리법은 "아동이 그 보호자로부터 유실, 유기 또는 이탈되었을 경우, 그 보호자가 아동을 양육하기에 부적당하거나 양육할 수 없는 경우 또는 아동의 건전한 출생을 기할 수 없는 경우에 아동이 건전하고 행복하게 육성되도록 그 복리를 보장하려는 것"을 목적으로 제정되었고(제1조), 본 법의 아동이란 18세 미만의 자를 말하고 아동과 출산전후 3월 이내의 임산부를 보호 대상으로 하여(제2조) 다음과 같은 내용을 규정하고 있다. 그 주요 내용은 앞서 본 바와 같이 구법안의 내용과 대동소이하다.

---

61) 이철호, 앞의 논문, 56면. 위 논문에서는 한인섭, "권위주의적 지배구조와 법체계", 「사상과 정책」, 1989년 가을호, 94면을 인용하여, 이 작업은 국민의 대표로 구성된 국회에 의해 법률이 제정·개폐되지 않았던 근본적 문제점이 있기는 하지만 이것으로 법률형식적인 측면에서는 과거 일제와의 단절이 이루어졌다고 평가될 수 있다고 기술하고 있다.

62) 行政白書發刊委員會 編, 「行政白書」, 1962, 392면.

63) 국가재건최고회의상임위원회회의록, 제81호, 제90호, 제91호. 국회회의록시스템 인터넷사이트 (http://likms.assembly.go.kr/record/mhs-60-010.do#none)에서 확인할 수 있음(최종방문일자 2021. 1. 30.).

64) 원안은 제24조에 "아동복리시설을 위하여 사용하는 건물 토지 및 수용아동을 위하여 지급되는 금품에 대하여는 조세 기타의 공과를 면제하며 여하한 경우를 막론하고 압류하지 못한다"라고 되어 있었는데, 시설장 등이 이를 악용할 우려가 있음을 이유로 들어 "수용아동이 직접 사용하는 건물 및 토지에 대하여는 조세 기타 공과를 면제할 수 있다"로 수정하였다.

1) 아동복리위원회 설치

아동복리에 관한 사항을 조사연구하기 위해 보건사회부에 중앙아동복리위원회를, 서울특별시와 도에 지방아동복리위원회를 둘 수 있다. 아동복리위원회는 아동복리에 관하여 필요한 사항을 관계행정기관에 건의할 수 있다(제4조).

2) 아동복리지도원, 아동위원제도

아동복리에 관한 사항을 지도하기 위하여 서울특별시와 도에 아동복리지도원을, 구·시·읍·면에는 아동위원을 둘 수 있다. 아동위원은 명예직으로 하되 수당을 지급할 수 있도록 하였다(제5조, 제6조).

3) 자치단체장의 사무

구청장·시장 또는 군수가 그 관할구역에서 요보호 아동이나 요보호 임산부를 발견하였을 때에는 서울특별시장 또는 도지사에게 보고하도록 하고, 보고된 보호가 필요한 아동 등에 대하여는 10일 이내에 보육, 조산시설 등에 입소시키거나 기타 조치를 취하도록 하였다(제8조, 제9조).

4) 친권상실, 후견인선임제도

서울특별시장이나 도지사는 법원에 친권상실선고를 청구할 수 있도록 하고, 또한 아동의 후견인의 선임이나 해임을 법원에 청구할 수 있도록 하였다(제12조, 제13조).

5) 금지행위

불구기형의 아동을 공중에 관람시키는 행위, 아동에게 걸식을 시키거나 또는 아동을 이용하여 걸식하는 행위, 공중의 오락 또는 흥행을 목적으로 14세 미만의 아동에게 곡예를 시키는 행위, 14세 미만의 아동에게 주점 기타 접객영업에 종사시키는 행위, 아동에게 음행을 시키는 행위, 음행을 매개시키는 행위 등 아동에 대한 금지행위를 규정하였다(제15조).

6) 아동복리시설의 설치

국가와 지방자치단체는 아동복리시설을 설치할 수 있고, 재단법인이 아동복리시설을 설치하는 경우는 서울특별시장이나 도지사의 인가를 받도록 하였다(제17조).

7) 비용의 보조

국가와 지방자치단체는 다음 각호의 비용의 일부를 보조할 수 있도록 하였다 (제21조).

① 아동복리위원회, 아동복리지도원 및 아동위원에 요하는 비용

② 아동복리시설이 설치 및 운영에 요하는 비용 또는 수탁보호중인 아동양육에 요하는 비용

③ 서울특별시 또는 도가 행하는 아동복리사업의 지도감독 및 계몽선전에 요하는 비용

④ 아동보호관리에 요하는 비용

동법 시행령은 1962. 3. 27. 제정·시행되었고, 동법 시행규칙은 다음해인 1963. 3. 26. 제정·시행되게 된다. 동법 시행령은 (1) 아동복리시설을 종류별로 정의하고(제2조), (2) 아동복리지도원과 아동위원의 직무, 자격, 인원, 관할구역 등을 정하고 있으며(제3조-제8조), (3) 아동위탁의 절차 및 아동복리시설 입소절차 등을 정하고 있다(제8조-제9조). 한편 동법 시행령은 아동복리시설의 설치, 인가 등에 관한 규정을 두면서 설치기준을 보건사회부령으로 정한다고 하고 있으나, 다음 해 시행된 시행규칙에는 시설의 설치 및 인가와 인가의 갱신신청에 재산목록을 첨부하도록 하고는 있으나 구체적인 시설기준을 규정하고 있지는 아니하다. 또한 아동복리지도원의 인원을 서울특별시, 부산시와 도에 각각 40명 이내로 정하였다.

위와 같은 제정 경위 및 제정 법률의 내용을 볼 때 결국 1961년 아동복리법은 군사정권 스스로 아동복지에 관한 정책수립의 의지를 가지고 제정하였다기보다는 구법령의 정비 일환으로 진행된 측면이 크며, 그 법안의 내용 역시 이미 지난 정부에서 기초된 것을 소극적으로 수정하는 데 그침으로써 구 법안이 가지고 있던 한계, 즉 비용부담을 최소화하기 위해 국가 예산이 소요되는 아동복지담당 기관이나 아동에 대한 복지적 조치를 최소화함으로써 결과적으로 아동복지의 실효성을 담보하기 어렵게 된 한계를 그대로 가진 것이었다.

VI. 법제정 이후의 경과

1. 아동복지 관련 재정

군사정권 초기 시행되었던 사회개혁적 조치에 대한 국민들의 반응은 대체로 호의적이었다. 그러나 5·16 군사정권은 체제의 정당성을 위해 이보다 더 장기적이고 근본적인 조치가 필요하였고, 그것은 국민의 절반 이상이 절대빈곤 상태에 있던 한국 현실[65]에서 "경제성장을 통한 조국 근대화"였다.[66] 사회복지정책도 이와 같은 경제성장에 상치되게 추진될 수 없는 한계를 지니고 있음을 짐작할 수 있다. 따라서 이 시기의 아동복지상황은 "실제 구체적인 아동복지 사업의 경우 이전과 다를 바 없이 전개되면서 '제도화 속의 복지 부재현상'을 초래한다"고 평가받는다.[67] 이 시기 정부예산 대비 보건사회부예산의 비중은 2~4%, 보건사회부예산 가운데 아동복지예산이 포함된 사회복지부문예산은 정부예산 대비 1~3% 정도였다. 아동운영시설 재원구성에서 보듯 사회복지자원에 대한 외원에의 의존도도 높은 편이었다.

정부예산과 보건사회부예산의 비교

(단위: 백만 원)

연도별	사회복지부문 예산(A)	보건사회부 예산(B)	정부예산(C)	A/C(%)	B/C(%)
1961	893	1,468	57,153	1.56	2.56
1962	1,236	2,021	88,393	1.40	2.28
1963	2,117	2,904	72,839	2.90	3.98
1964	1,760	2,722	75,180	2.34	3.62
1965	2,282	3,168	94,692	2.40	3.34
1966	2,910	4,342	141,629	2.05	3.06
1967	3,631	5,394	182,076	1.99	2.97

자료: 보건사회백서 각년도, 송주미, 주 15) 논문 71면 [표 Ⅲ-18] [표 Ⅲ-19] 재구성.

---

65) 1965년 당시 인구의 54.9%가 절대빈곤 상태에 처해 있었다{서상목, 「빈곤의 실태와 영세민 대책」, KDI, 1981, 102-103면. 하상락, 앞의 책, 491면(권문일 집필부분)에서 재인용}.
66) 하상락, 앞의 책 490-491면(권문일 집필부분).
67) 송주미, 앞의 논문, 79면.

연도별 아동복리시설 운영재원 현황

연도	국고보조	외원	자체	기타
1957	26.8	32.8	19.6	20.8
1958	28.3	36.5	22.3	12.9
1959	22.9	41.5	21.5	14.1
1961	21.1	53.3	20.4	5.2
1962	20.2	56.0	18.0	6.0
1965	15.5	64.0	13.2	7.3
1966	17.4	53.3	18.7	10.6
1967	19.8	50.3	20.7	9.2
1968	22.2	52.5	16.8	8.5
1969	26.2	51.0	15.8	7.0

자료: 한국사회복지연감 1972: 76.
　　이혜경, 주1) 논문 204면에서 재인용.

2. 탈시설정책의 추진과 그 경과

5·16 군사정부하에서 추진된 아동복지의 특징 중의 하나로서, 정부 주도적인 탈시설정책을 들 수 있다. 아동복리법의 제정과 함께 1961년 고아입양특례법 제정을 통해 전쟁고아 및 혼혈아의 해외입양을 위한 기초법률을 만들었으며,[68] 1962년부터는 위탁사업을 실시하기 시작하였다.[69]

이 시기 "시설구호에서 거택구호로,[70] 무상구호에서 근로구호로"라는 슬로건이 말해주는 구호정책의 변환은 경제성장을 위해 일반사회복지분야의 재정지출을 통제할 군사정부의 필요성이 담긴 것이었다. 이 시기에 본격적으로 시작된 실업자들의 해외이민정책이나,[71] "빈곤으로부터의 탈출"을 목표로 하는 산아제한 위주의 가족계획 사업도 같은 맥락의 것들로 볼 수 있다. 이와 더불어, 이러한 탈시설 정

---

68) 동법은 외국인이 한국인을 양자로 삼을 때의 요건과 절차를 정한 것으로서 이 법으로 인해 입양될 대상자의 조건은 완화된 반면, 양부모의 조건은 강화되었다.

69) 송주미, 앞의 논문, 56면.

70) 부양 의무자가 있는 시설아동을 그 가정에 돌아가게 하고 금품을 보조하자는 구호를 말한다. 경향신문 1962. 10. 17.자 기사 참조.

71) 1962년 3월 해외이주법이 통과되고 이민교섭단이 구성되어 남미의 브라질, 파라과이, 니카라과, 과테말라의 4개국에 현지 답사가 이루어졌다. 이는 "국민의 해외진출로 실업자를 구함으로써 국민경제의 안정을 기하기 위한 정부의 해외이민계획"에 따른 것이었다. 동아일보 1962. 3. 18.자 기사 참조.

책은 당시 인가를 받지 않은 고아원들이 양산되어 전국적으로 고아원의 수가 지나치게 많고 시설에서 이탈하는 아동들도 많으므로 시설수용보다는 개인이나 가정에 아동을 위탁하고 국가가 이를 보조하는 방안이 바람직하다는 민간의 견해도 그 배경이 되었다고 볼 수 있다.[72]

1962년 발행된 행정백서는 1950. 12. 10,066명이던 수용 아동수가 1961년 63,335명으로 증가되었다고 하면서, "이러한 아동의 구호를 위한 시설에의 투자는 증가하는 요보호 아동 수에 비례하여 엄청나게 증가해야만 했던 것이니 국가재정 면에 있어서 부담이 과중하였음이 사실"이어서 "혁명 후 이러한 아동복지의 원칙과 국가재정의 난점을 타개코자 선진제국의 선례를 참작하여 획기적인 입양위탁 및 거택구호 시책을 구상 실시하게 되었다"고 기술하고 있다. 이를 위해 정부는 1962. 2. 전국 616개 아동복리시설을 조사하여 그중 125개의 시설을 폐쇄하고 이곳에 수용중인 아동 1만478명을 거택구호 또는 다른 인가시설에 수용하게 된다. 또 '새가정찾기운동'을 실시하여 1962. 3.부터 동년 9.말까지 유료위탁(840명),[73] 무료위탁(904명),[74] 고용위탁(499명),[75] 거택구호(6,055명), 입대, 정착(649명) 등을 통해 9,676명의 아동이 위탁시설에서 감소하게 된다.

1963년 국가재건회의보 제21호에 소개된 "혁명 이년간의 업적개요" 가운데에도 보건사회분야와 관련하여 "입양위탁 및 거택구호사업이 민간의 제휴로 적극 추진되어 1963. 3.말까지 다음 표와 같은 성과를 거두었다"고 소개되고 있다.

---

72) 전쟁 이후 아동과 소년문제 연구를 위해 결성된 '한미아동복지위원회'는 1959년 1월부터 1959년 6월까지 전국 각 고아원에서 빠져나온 고아 즉 '전출아동'이 전체수용아동의 1할에 이른다는 구체적인 숫자를 제시하고 앞으로 정부에서는 무작정한 고아원 육성 보조보다는 "고아를 될수록 개인이나 일정한 가정에 맡겨 인연을 맺게 한 후 그곳으로 국가원조를 기울이게 해야겠다"는 의견과 더불어 "현재 고아원의 숫자가 너무 많다"는 결론을 내렸고, "금명간 이와 같은 실태를 구체적으로 지적하고 정부에 건의서를 제출하여 종래의 고아대책에 일대변혁을 가져오도록 촉구할 것"이라고 하였다. 동아일보 1959. 12. 6.자 기사 참조.
73) 부양의무자 또는 연고자 없는 시설아동을 수탁희망자 가정에서 금품(한달의 정부지출 3백원, 외원비 5-8달러, 쌀배급)의 보조로 위탁양육케 하는 것을 말한다. 경향신문 1962. 10. 17.자 기사 참조.
74) 부양의무자 또는 연고가 없는 시설아동을 수탁희망자 가정에서 금품의 보조 없이 위탁양육하게 하는 것을 말한다. 경향신문 1962. 10. 17.자 기사 참조.
75) 국민학교를 졸업한 고아들에게 일자리를 구해주고 양육될 수 있도록 해주는 것을 말한다. 주로 남자들에게 많아 일인일기(一人一技)의 기술습득을 목표로 자립할 수 있게 한다고 한다. 경향신문 1962. 10. 17.자 기사 참조.

입양 · 위탁 및 거택보호 현황

연도별	입양	유료 위탁	무료 위탁	고용 위탁	거주 구호	기타	합계
1962	1,057	1,734	1,276	658	6,995	1,098	12,818
1963. 3.	76	140	67	25	367	20	695
계	1,133	1,874	1,343	683	7,362	1,118	13,518

자료: 1963년 국가재건회의보 제21호.

그런데 위 자료에서 보듯 실제로 시설에서 감소된 아동의 대다수는 거택구호로 전환된 것을 알 수 있다. 이는 부양의무자가 부양능력 또는 의지가 없어 시설에 위탁 또는 유기한 아동을 약간의 보조와 함께 그 부양의무자에게 다시 되돌아가게 한 것이 대체적인 실상이었다고 해석할 수 있을 것이다. 또 매년 2천 명의 위탁계획을 세웠으나 위탁가정을 찾기가 쉽지 않고, 유료위탁사업은 양육비를 정부가 지원하는 구조였는데 늘어나는 예산을 감당할 수가 없어 위 위탁사업은 결국 1964년에 중단되었다.[76)

한편 고아입양특례법은 해외입양의 요건과 절차에 통일성을 가져오고, 혼혈인 아닌 고아의 입양도 증가시킨 반면 상대적으로 기존의 주요 해외입양의 대상이었던 혼혈아동의 입양은 어렵게 하는 결과를 낳았다고 한다.[77) 또한 1962년 개정된 미국의 특별이민법은 한국과 같은 외국에서 양자를 입양하려는 미국인 양부모는 입양수속 전이나 수속 중 아이를 만난 일이 있어야 한다고 규정함으로써 한국에 있는 해외기관이 양부모 대신 입양수속절차를 밟는 이른바 '대리입양제도'가 폐지되었고, 이는 당시 해외입양아동의 절대다수를 차지하는 미국입양 혼혈아동의 감소로 이어졌다.[78)

이러한 변화로 1960년까지 한해 평균 600명에서 700명, 1961년에는 665명에 달하던 해외입양 혼혈아동의 숫자는 1962년에는 그 삼분의 일 수준인 254명으로 줄어들게 되었다.[79)

---

76) 김아람, "1950~1960년대 전반 한국의 혼혈인 문제: 입양과 교육을 중심으로", 이화여자대학교 석사 학위논문, 2009, 47면.
77) 김아람, 위의 논문, 42면.
78) 경향신문, 1961. 10. 20. 자 기사, 동아일보 1963. 3. 13. 자 기사 참조.
79) 동아일보 1963. 2. 13. 기사.

해외입양 혼혈아동 수

연도	1956	1957	1958	1959	1960	1961	1962	1963
해외입양 혼혈아동	671	486	930	741	638	665	254	442

출처: 보건사회부의 1956년-1963년까지의 「보건사회통계연보」 중 「혼혈아외국입양상황표」를 재구성함.

이에 비해 국내 입양아동 수는 1962년 833명, 1964년 918명, 1965년 903명으로 증가하였다.[80] 그러나 이는 '국내 입양아동'의 숫자로서, 국내에 입양되는 혼혈아동이 증가하였음을 의미하는 것이 아니다. 이에 관하여 1960년대 입양에 대한 인식의 변화로 국내 입양아동은 증가하였으나, 혼혈아동에 대한 입양은 여전히 꺼려지는 사회 분위기가 존속하고 있었고, 혼혈아동은 지속적으로 열악한 사회경제적 상황에 놓여 있었다는 분석이 있다.[81]

Ⅶ. 결 론

1952년 구성된 민관 전문가모임인 '한국아동복리위원회'에서 작성한 아동복리법 초안은 전국 각 시·도·군에 아동상담소를 설치하고 아동전문가인 아동복지사 제도를 만들어 아동전문기관 및 전문인력양성을 제도화한 것이 특징이었다. 그러나 1959년 말경 수정된 정부안은 아동상담소와 아동복지사 제도를 삭제하여 정부가 예산을 부담하는 조직 및 인력이 증가되지 않는 데 초점을 둔 것이었으며, 이러한 정부안은 그대로 5·16 군사정권에 의해 제정되어 시행되었다.

최초의 아동복지법안 기초 작업의 배경에는 한국전쟁의 가장 큰 피해자였던 전쟁고아들의 비참한 현실에 직면하여 아동복지의 필요성에 대한 자각과 그를 위한 공적인 제도가 필요하다는 사회적 인식이 자리하고 있었다고 할 수 있다. 2차 세계대전 이후 아동복지에 관한 국제적 노력과 가까운 일본의 법제도 역시 이에 영향을 주었다고 보인다. 그러나 최초의 아동복지법안이 이후 정부기관을 거치면서 예산을 수반하여야 하는 내용이 대부분 제거된 사실은 한국정부가 아동복지에 관하여 국가책임을 실질적으로 실현할 의지와 능력이 부족하였던 점을 보여주고 있다.

---

80) 보건사회부, 「보건사회 행정의 실적과 전망: 보건사회 행정백서」, 1971, 244면.
81) 김아람, 앞의 논문, 44-47면.

한편 1960년대 초 정부는 적극적으로 시설아동들에 대한 탈시설정책을 시행하게 되는데, 그 이유로서 "원래 아동은 가정에서 자라나야 한다는 것이 아동복리의 기본개념인 바 시설아동으로 하여금 되도록 가정에 복귀할 기회를 주어 가정생활 속에서 성장되도록 하는 것이 가장 긴요"함을 들고 있다.[82] 원론적으로 사회복지정책은 시설수용정책에서 탈시설정책으로 발전해온 역사를 가지고 있으며, 당시 민간에서도 탈시설정책을 주장하는 목소리가 있었음을 볼 수 있다. 그러나 탈시설정책은 시설에서 이동하는 아동에 대한 지역사회의 복지서비스가 제대로 기능할 수 있도록 국가적인 재정지원이 있을 때에만 의미가 있다고 볼 수 있다. 그러나 탈시설정책에 따른 재정부담을 이유로 위 정책의 핵심인 위탁사업은 몇 년 후인 1964년 중단되게 되고, 아동복리법 제정 후의 경과를 보더라도 아동복지를 포함한 사회복지정책은 별다른 정부재원의 증가 없이 계속 높은 외원에의 의존도를 보이고 있어 아동 복지서비스는 여전히 미약한 상황이었다고 볼 수 있다.

결과적으로 이 시기의 아동복지정책은 민간으로부터 시작된 제도화의 노력이 군사정권하의 법제정으로 일단락을 맺기는 하였으나, 재정확보가 뒷받침되지 않음으로써 "형식적 제도 속의 복지 부재 현상"이라는 한국복지정책의 전반적 특징을 보여주는 것이라고 평가할 수 있을 것이다.

---

82) 「국가재건회의보」, 21호, 1963, "혁명 이년간의 업적개요" 중 보건사회부에 관한 보건사회부장관 정희섭 작성부분.

03 생활보호법 제정사

– 역사 속에 사라진 "국민생활보호법 초안" 단서의 발견과 평가 –

방정열*

Ⅰ. 서 론

1. 연구의 의의

사회보장 제도는 자기 기여를 기준으로 사회보험과 공공부조로 나눌 수 있다. 생활보호법은 1961. 12. 30. 법률 제913호로 제정되고[1] 1962. 1. 1.부터 시행[2]되었는데, 대한민국 수립 이후 빈민 일반을 대상으로 만들어진 공공부조 영역에서의 일반법이라고 평가[3]되고 있다. 결국, 생활보호법의 입법배경과 그 과정을 연구하는 것은 대한민국[4]에서 공공부조제도의 성립과정과 탄생의 원인을 밝히는 의미가 있다.

---

* 법무법인 남산, 변호사.
1) 생활보호법은 1961. 12. 21. 국가재건최고회의 제90차 상임위원회에 상정되어 같은 날 의결된 뒤, 1961. 12. 26. 정부에 이송되고 1961. 12. 30. 공포되었다. 법률이 공포된 날을 그 제정일로 해석하는 것이 일반적이고, 법무부 홈페이지 내 법령정보 검색결과에서도 제정일을 1961. 12. 30.로 기재하고 있다. 하지만, 기존에 생활보호법에 관하여 소개하는 일부 문헌에서는 그 제정일자를 1961. 12. 31.로 기술하고 있기도 하는데 제정일자에 하루의 차이가 있는 이유를 정확히 알 수는 없다(제정일을 1961. 12. 31.로 기술한 구체적으로인 예로 윤찬영, "빈민에 관한 사회복지법의 문제: 생활보호법의 제 문제에 대한 비판적 분석을 중심으로", 「한국사회복지정책학 논문집 사회복지정책」 제7집, 1998. 11., 13면 참조).
2) 생활보호법 부칙<제913호, 1961. 12. 30.> 제1항 "본법은 단기 4295년 1월 1일부터 시행한다."
3) 김원규, "생활보호법과 아동복리법", 「동광」 제7권 제3호, 어린이재단, 1963, 17면.
   이계탁, "우리나라 생활보호사업의 내용분석과 개선과제", 「사회과학논총」 제7호, 1989, 2면.
4) 공공부조제도의 성립배경에 관한 연구의 시간적인 범위를 대한민국 수립 이후로 한정하는 의미에서 "우리나라"라는 표현 대신 "대한민국"이라는 표현을 사용하였다.

2. 연구의 목적

생활보호법이 제정된 지 50년 가까이 지났지만, 생활보호법의 내용 자체를 분석[5]하거나, 생활보호법 제정 이전에 조선시대 또는 일제 강점기의 공공부조 제도와 규정들을 단순히 시간의 흐름에 따라 나열하는 방식으로 소개하는 글이 일부 보일 뿐, 대한민국 수립 이후 어떠한 정치적, 경제적, 사회적 배경에서 구체적으로 어떤 과정을 거쳐 입법화 된 것인지 사료를 중심으로 면밀히 분석한 글은 보이지 않는다.

가령 생활보호법과 관련된 글에서는 그 제정의 경위에 관하여 "빈곤계층의 보호는 국가적인 차원에서 제도적으로 실시해야 한다는 사회적 요구와 정부수립 후 제정된 우리나라 헌법의 기본정신 중 국민복지가 보장된 조항으로 헌법 제19조에 '노령, 질병 기타 노동능력의 상실로 인하여 생활능력이 없는 자는 법률이 정하는 바에 의하여 국가의 보호를 받는다'라고 규정한 정신에 따라 생활보호법이 제정된 것"이라고 간략히 기술하여 생활보호법의 입법 원인을 사회적 요구와 헌법의 구체화라는 맥락에서 소개하기도 하고,[6] 일부는 제정주체와 시기에 주목하여 "군사정부의 정통성을 보완, 혹은 그 흠결을 보충할 다른 정치적 선전도구가 필요하여 생활보호법이 제정된 것"이라거나 "1944년 제정된 조선구호령을 대체하고자 하였지만 전체적으로 1948년 헌법 및 기존 조선구호령의 한계를 벗어나지는 못하였다"고 기술하여, 생활보호법의 입법 원인을 시민의 요구 또는 사회정책에의 의지라는 측면보다는 군사정권의 정당성 보완수단이라는 측면에서 찾기도 하였다.[7][8]

하지만 전자의 분석은 당시의 사회적 요구가 어떤 과정을 거쳐 생활보호법의 입법과정에까지 이르게 된 것인지 구체적인 분석이 되어 있지 아니한 한계가 있고, 군사정권의 정당성을 보완하는 수단으로 생활보호법을 제정하게 되었다는 후자의 시각 역시, 어느 날 갑자기 생활보호법이 만들어질 수는 없는 것이므로 적어도 군사정권이 생활보호법에 대하여 관심을 갖게 된 경위와 생활보호법의 초안을 마련함에 있어 어떠한 내용을 구체적으로 어떤 경위로 담게 된 것인지 등을 충분히 설명하지 못하였다는 한계가 있는 것으로 보인다.

---

5) 이계탁, 앞의 글, 9-23면.
6) 이계탁, 앞의 글, 3면.
7) 전광석, 「한국사회보장법론」 제8판, 법문사, 2010, 175-183면, 특히 182면.
8) 전광석, 「한국사회보장법의 역사」, 도서출판 집현재, 2019, 169면.

물론 그와 같은 분석의 한계는 생활보호법이 제정되었을 무렵인 1961년에는 입법자료를 보관하여 두지 아니한 탓에 그 입법과정과 경위 등을 알 수 있는 1차 자료가 부족하고, 1960년대에서 1980년대까지 생활보호법 또는 공공부조 등을 주제로 한 논문 등이 많이 작성되지 아니하여 사후적으로 그 입법과정을 분석하기가 어려운 점에 기인하는 결과이기도 하나, 사료에 기초한 입법과정을 분석하려는 시도조차 없었던 점은 아쉬움으로 남는다.

이에 이와 같은 자료 조사의 한계에도 불구하고 이번 글에서는 생활보호법의 입법원인을 최대한 1차 자료와 2차 자료를 발굴하여 이를 토대로 생활보호법이 제정되기까지 사회적 요구가 어떤 방식으로 입법자에게 전달되어 제정되게 되었는지 그 탄생의 과정과 원인을 분석하는 데 초점을 두도록 한다.

특히, 생활보호법 입법과정을 살펴볼 수 있는 사료가 부족한 점을 고려하여 관련된 자료를 수집하여 1차적으로 가치관이나 판단을 배제한 채로 사실관계를 정리하여 다른 연구자가 추가 연구를 할 수 있는 기초자료를 마련하여 두는 한편, 2차적으로 그에 기초하여 생활보호법이 탄생한 원인을 분석하도록 하겠다.

3. 연구 방법

본 연구를 위해 공공부조 영역에서 조선시대, 일제 강점기, 미군정기 및 대한민국 수립 이후 생활보호법 제정 전까지 각각 어떠한 제도가 있었는지를 역사적으로 살펴 기존의 공공부조에 관한 규정들이 대한민국 수립 이후 제정된 생활보호법의 내용에 어떤 식으로 영향을 끼친 것인지 분석하고, 다음으로, 입법사와 관련된 사실관계를 정리하기 위하여 입법과정에 관한 1차 자료[9](법안상정과 관련된 회의록 등)와 2차 자료[10](관련 논문 및 신문자료 등)를 토대로 최대한의 사실관계를 정리하고, 당시의 정치, 경제, 사회적 배경 등을 토대로 입법의 경위에 관하여 분석하는 방법으로 생활보호법 제정 경위를 분석한다.

---

9) 보통의 경우 국회회의록 등이 입법사와 관련된 1차 자료가 될 것이나, 생활보호법은 군사쿠데타 이후 국가재건최고회의 상임위원회에 상정되어 의결된 특수성으로 말미암아 '국가재건최고회의 상임위원회 회의록' 등이 입법사와 관련된 1차 자료로 활용된다.
10) 생활보호법 입법과정과 관련하여 논문, 신문 등에서 기술된 내용을 토대로 당시의 입법과정을 추론하였다.

Ⅱ. 생활보호법 제정 이전까지의 공공부조와 관련된 제도

국가의 책임 하에 빈곤을 퇴치하려는 노력은 삼국시대, 고려시대, 그리고 조선시대에도 존재하였지만 근대적 의미에서 공공부조제도 혹은 구빈제도가 시작된 것은 일제 강점기인 1944. 3. 1. 조선총독부에 의하여 조선구호령이 제정 공포되면서부터라고 할 수 있다.[11] 세계대전 이후부터 빈곤의 문제를 개인의 책임으로만 보는 시각에서 사회 구조적 문제로 보는 시각으로 변화하고 그에 대한 대응책으로 사회보장제도가 실시되었기 때문이다.

1. 일제 강점기

일제 강점기의 구제사업은 식민정책의 일부로 정치적인 목적을 갖는 시혜 또는 자선의 의미가 컸다는 점에서 근대적인 복지 이념과는 거리가 멀다. 실제로 일본에서는 1929년경 새로운 구빈행정법인 「구호법」을 제정하여 1932년부터 그 법을 시행하였지만,[12] 한국에서는 「구호법」을 시행하지 않고 유사시에 은혜를 베푸는 것을 주로 하는 생업부조 또는 현물급여 등의 극히 한정된 구호를 해오다가 한국인의 징병과 노무징용을 강요하기 위해 일본 구호법 전문 33개조를 거의 그대로 가져와 1944. 3. 1. 조선총독부에 의해 「조선구호령」[13]으로 공포 · 실시하였다.

---

11) 정우열 · 손능수, "한국 사회복지행정의 역사적 변천과정에 대한 연구", 「한국행정사학지」 제22호, 2008. 6., 211면.

12) 이명현, "일본 생활보호법에서의 구조적 문제와 생활보호의 전망", 「사회과학연구」2, 부산여자대학 사회과학연구소, 1998, 140면. 본 연구에 따르면, 일본 사회보장의 전개과정에서 생활보호의 역사적 추이는 ① 노동능력이 없는 극빈층에 대한 은혜적인 구제제도로서 개별적으로 형성된 구빈제도 (1871년 「행려병자취급규칙」, 「휼구규칙」 등)을 출발점으로 하여, ② 제1차 대전 후의 빈곤문제에 대응하기 위하여 "사회연대론에 기초한 의무적 구호주의"를 표방한 구호제도(1929년 「구호법」)로 통합되고, ③ 1937년 「모자보호법」, 1941년 「의료보호법」, 1942년 「전시재해보호법」 등 개별구호 입법을 거쳐, ④ 제2차 대전 후 생존권의 원리에 기반하여 포괄적인 생활보호제도(1946년 「구생활 보호법」, 1950년 「생활보호법」)가 형성되어, 결국, "은혜적인 체계"에서 "의무의 체계"로 그리고 마지막으로 "권리의 체계"로 전개되었다고 보고 있다.
즉 일본에서는 사회연대원리에 입각한 국가의 의무적 구호를 규정한 「구호법」을 시행하였음에도 불구하고, 조선에서 그 법의 시행을 미루고, 은혜적인 구제제도만을 시행 및 유지하다가, 조선에서 강제징용을 하면서 발생한 사회적 불만을 잠재우기 위해 일본 「구호법」과 거의 유사한 「조선구호령」을 제정하여 실시하게 된 것이라고 보았다.

13) 신재명 · 노무지 공저, 「사회복지발달사」, 청목출판사, 2005, 150-151면.
조선구호령의 구호대상은 65세 이상의 노약자, 13세 이하의 유아, 임산부, 불구, 폐질, 질병, 상이 기타 정신 또는 신체의 장애에 의해서 노동할 수 없는 자(조선구호령 제1조 제1항)로, 이들에게 생활부조, 의료부조, 조산부조 및 생업부조의 방식(조선구호령 제10조 제1항)으로 구호를 하였다. 여기에서는 어린이 구호의 대상을 빈곤하기 때문에 생활할 수 없는 13세 이하의 유아와 임산부로 열

이는 선진 국가에서 도입하고 있던 무차별주의, 국가책임주의와는 거리가 먼 것이었으나 광복 이후 1961년 「생활보호법」이 제정되기까지 우리나라의 공공부조를 맡아 온 기본법이었다. 그 외에도 공공부조 법령에 속하는 것으로는 「조선수난구호령[14]」, 「조선이재구조기금령[15]」, 「이재구조기금관리규칙」 등이 있으며 이는 일본의 법을 거의 그대로 적용·실시한 것이다.[16]

조선구호령은 부양의무자가 있는 경우 원칙적으로 구호대상에서 제외하고 있고,

거하고 있으며 보육원을 구호시설로 인정하고 있다. '구호는 구호를 받는 자의 거택에서 이를 행한다'라고 하여 거택구호를 원칙으로 하고 있으나(조선구호령 제11조) 거택구호가 불가능하거나 또는 그것이 부적당하고 인정되는 경우에는 '구호시설에 수용하거나', '수용을 위탁하거나', 또는 '개인의 가정 혹은 적당한 시설'에 그 수용을 위탁할 수 있게 되어 있다. 제25조에 의하면 비용은 국가가 1/2 이내, 도가 1/4을 부담하게 되어 있다.

일본의 구호법에서는 구호를 받는 자가 ① 구호설비의 장이 행하는 처분에 복종하지 않거나, ② 이유 없이 구호에 관한 검진, 조사를 거절하거나, 특히 ③ 성행이 몹시 불량하거나 태만할 경우 읍·면장이 구호를 거부할 수 있도록 하였다. 구호대상을 제한적으로 열거하고 있고, 구호 대상자가 구호할 만한 가치가 있는 경우에 한하여 구호를 하는 등 영국의 빈민법과 마찬가지로 제한주의를 취하고 있다.

14) 「조선수난구호령」, 조선총독부령 제12호, 1914. 4. 7. 제정.
제1조 수난구호에 관하여는 이 영이 규정하는 사항을 제외하고 수난구호법에 의한다. 다만, 동법 중 시정촌장은 경찰서장 또는 그 직무를 수행하는 자로 한다.
제2조 면장은 구호사무에 관하여 경찰관리 또는 그 직무를 수행하는 자를 도와 경찰관리 또는 그 직무를 수행하는 자가 현장에 있지 아니하는 때에는 그를 대신하여 직무를 집행하여야 한다.
<부칙 조선총독부령 제12호, 1914. 4. 7.>
이 영은 1914. 6. 1.부터 시행한다.
15) 「조선이재구조기금령」 조선총독부제령 제28호, 1938. 8. 30, 제정.
제1조 도는 비상재해를 당한 자를 구조하기 위하여 이재구조기금을 축적하여야 한다.
제2조 도에서 축적하여야 하는 이재구조기금의 최소액은 조선총독이 정한다.
제3조 도는 이재구조기금을 축적하기 위하여 필요한 경우 조선총독이 정한 바에 따라 도세를 부과할 수 있다.
제4조 이재구조를 위하여 지출하여야 하는 비목은 다음 각 호와 같다.
1. 피난소비   2. 식료품비   3. 피복비   4. 치료비   5. 매장비
6. 가건물건축비   7. 생업비   8. 학용품비   9. 운반용구비   10. 인건비
제5조 이재구조기금의 운용은 다음의 범위 안에서 하여야 한다.
1. 국채증권·지방채증권·조선식산채권·조선금융채권·동양척식채권 또는 선만척식채권의 응모 또는 매입을 하거나 도 기타 공공단체에 이자부로 대출한다. 다만, 지방채증권 및 채권의 응모액 및 매입액과 도 기타 공공단체에 대한 대출액은 합하여 이재구조기금 연도 초의 현재액에서 제2조의 규정에 의하여 정한 금액의 3분의 1을 공제한 금액을 초과하지 못한다.
2. 확실한 은행에 이자부로 예금할 것
3. 확실한 신탁회사에 신탁할 것
제6조 국고는 이재구조기금을 축적하는 방법에 대하여 보조금을 교부할 수 있다.
제7조 이 영에서 정한 사항 외에 이재구조기금의 축적·관리 및 지출에 관하여 필요한 사항은 조선총독이 정한다.
부칙<제28호, 1938. 8.30>
이 영은 공포일로부터 시행한다.
※ 1962. 1. 20. 조선이재구조기금령폐지에 관한 법률에 의하여 폐지됨.
16) 신재명 외 1, 앞의 책, 151면.

사후적으로 부양의무자 내지 피구호자 본인이 자력이 있는 경우 구호에 사용한 금원을 징수할 수 있도록 하고 있어 가족주의와 상호부조주의 등의 입장을 취하고 있으며,[17] 구호자의 명령을 따르지 아니하거나 검진조사를 거부하거나 성행이 현저히 불량하거나 몹시 게으른 경우 구호를 하지 아니할 수 있도록 규정되어 있을 뿐[18] 피구제자 본인의 구제권이 인정되지는 아니하는 등의 문제점을 내포하고 있었으며,[19] 한국인의 노무징용을 강요하기 위한 수단이라는 태생적으로 한계가 있는 법이었다. 또한 근로능력이 없는 혹은 없는 것으로 의제될 수 있는 자 중 보호가치 있는 자만을 보호의 대상으로 포섭한 점에서 전통적인 빈민법(Poor Law)의 구조를 이어받은 법이었다.[20]

2. 미군정기

1945. 8. 15. 광복 이후 1948. 8. 15. 대한민국 정부가 수립되기 전까지 미군정체제 3년간의 기간 중인 1946. 1. 12. 미군정 후생국보 제3C호에 의하여 일제 강점기 조선구호령의 효력이 그대로 승계되었다가 1961. 12. 30. 생활보호법이 제정·공포됨에 따라 폐지되었다. 미군정 3년간의 구호행정법은 미군정하의 일본에서 미군정 당국이 행한 "사회보장에 관한 권고"[21]와 같은 장기적이고 적극적인 사

---

17) 「조선구호령」
　제2조 전조의 규정에 의한 구호대상자의 부양의무자가 부양을 할 수 있는 때에는 구호하지 아니한다. 다만, 급박한 사정이 있는 때에는 그러하지 아니하다.
　제26조 구호를 받는 자가 자력이 있음에도 불구하고 구호를 한 때에는 구호에 필요한 비용을 부담한 부읍면 또는 도는 그 자로부터 그 비용의 전부 또는 일부를 징수할 수 있다.
　제28조 제1항 구호를 받는 자에 대하여 부양의 의무를 이행하여야 하는 자가 있는 때에는 그 의무의 범위 내에서 구호에 필요한 비용을 부담한 부읍면 또는 도는 비용의 전부 또는 일부를 그 자로부터 징수할 수 있다.

18) 「조선구호령」
　제30조 구호를 받는 자가 다음 각호의 1에 해당하는 때에는 부윤 또는 읍면장은 구호를 아니 할 수 있다.
　1. 이 영 또는 이 영에 의한 명령에 의하여 부윤 또는 읍면장 또는 구호시설의 장이 행한 처분에 따르지 아니한 때
　2. 이유 없이 구호에 관한 검진 또는 조사를 거부한 때
　3. 성행이 현저하게 불량하거나 몹시 게으른 때

19) 윤찬영, 앞의 글, 12면에서 「조선구호령」의 문제점으로 "피구제자의 시민권 박탈"의 문제가 있다고 기술되어 있으나 「조선구호령」의 어떤 내용 때문에 피구제자의 시민권이 박탈되는 것으로 볼 수 있는 것인지는 명확하지 아니하다.

20) 개인의 속성에서 빈곤의 원인을 찾고, 보호할 가치가 있는 빈민(deserving poor)과 보호가치 없는 빈민(undeserving poor)의 구별, 열등처우의 원칙(less eligibity)등이 전통적인 빈민법의 속성들이다. 영국의 빈민법(Poor Law) 및 개정 빈민법(Poor Law Amendment Act) 등이 여기에 속하는 대표적인 예이다. 이에 관해서는 윤찬영, 앞의 글, 14면 참조.

회보장방안의 제시 없이 몇 개의 미군정법령 및 처우준칙에 근거하고 있었을 뿐
이며, 보건후생정책의 실제 내용도 기아방지, 최소한의 영세민 생계유지, 보건위생
및 질병치료 등 응급조치에 중점을 두는 데 한정되어 있었다. 미군정 기간 동안의
공적 조직으로는 보건위생부가 있었다.[22)

그러나 미군정기에는 주로 민간구호단체에 의한 구호활동이 주를 이루었기에
위와 같은 규정은 별다른 의미가 없었던 것으로 보인다.

3. 1950년대

1948. 8. 15. 미군정이 끝나고 대한민국 정부가 수립되었다. 제헌헌법 제19조에
서 "노령, 질병, 기타 근로능력이 없는 자는 법률이 정하는 바에 의하여 국가의
보호를 받는다."라고 국민의 생존권 보장을 헌법에 명문화함으로써, 대한민국의
공공부조의 역사는 시작되었다. 그러나 정부수립으로부터 만 2년이 지나지 않아서
6·25가 발발하여, 우리나라의 공공부조는 전쟁 피해자에 대한 긴급구호 위주로
할 수밖에 없는 상황이었다. 따라서 6·25 전쟁 발발 직후인 1950. 8. 4.에는 "피
난민 수용에 관한 임시조치법(법률 제145호)"이 제정, 공포되어 전재민 긴급구호에
주력하게 되었다. 그러나 이 시기에도 조선구호령은 그 효력이 상실되지 아니한
채 남아 있는 유일한 공공부조 관계 법령이었다.[23)24)

---

21) 미국은 1947년 일본에 사회보장 및 복지 분야 전문가로 구성된 특별조사단을 파견해 일본 국민에
  게 적절한 사회보장계획수립에 관한 조사, 연구를 하게 하였고, 그 연구결과를 토대로 1948년 "사
  회보장제도에의 권고"를 만들어 일본에 통고하였다. 일본정부는 "사회보장제도에의 권고"를 받고
  같은 해에 「사회보장 심의회 설치법」을 제정하였고, 1949년 심의회를 조직하여 (일본)「생활보호법」
  을 제정하는 등 최저 생활보장제도를 확립하였다.
22) 최일섭·이인재, 「공적부조의 이론과 실제」, 집문당, 1996, 35면.
  남찬섭, "미군정기의 사회복지 – 민간구호단체의 활동과 주택정책", 「월간 복지동향」 2005. 4.
  이와 관련하여 "미군정기의 구호대책의 주무부서는 보건후생부였는데, 그 출발은 1945. 9. 24. 미군
  정당국이 발표한 군정법령 제1호 '위생국설치에 관한 건'이었다. 즉, 당시, 미군정당국은 군정법령
  제1호를 통해 일제시기 경무국 위생과를 폐지하고 위생국을 설치했으며, 1945. 10. 27. 군정법령
  제18호를 공포하여 위생국을 보건후생국으로 개칭하였고, 1945. 11. 7. 군정법령 제25호를 공포하
  여 각 도에 보건후생부를 설치하였다. 미군정 보건후생부가 담당했던 구호대책의 주 대상은 전쟁의
  피해를 입은 '전재민'이었다. 하지만, 당시에는 빈곤이 만연한 상황이어서 빈민과, 전재민, 실업자,
  이재민을 정확히 구분하는 것도 어려웠다."라고 기술하고 있다.
23) 정우열, 손능수, 앞의 글, 212면.
24) 1947. 7. 17. 대한민국헌법 제100조 "현행법령은 이 헌법에 저촉되지 아니하는 한 효력을 가진다."

Ⅲ. 생활보호법 제정 당시 경제·정치·사회적 배경

1. 경제·사회적 배경

1950년대의 경제·사회적 배경에 관한 남찬섭(2005. 6.)의 글을 요약하여 소개하면서 그와 관련된 통계자료를 소개하면 다음과 같다.

총가용자원과 자원의 사용

(단위: 10억 환)

가용자원별	1953	1954	1955	1956	1957	1958	1959	1960	1961
총가용자원	420.6	598.3	1,028.4	1,384.8	1,822.5	1,875.1	1,967.1	2,260.5	2,642.8
국민총생산	389.4	566.7	950.2	1,219.8	1,629.9	1,720.8	1,854.5	2,107.1	2,414.1
해외부터의 차입	8.8	5.9	11.5	−4.8	0.1	−20.1	−9.3	−10.8	−16.2
증여순수입	22.4	25.7	66.7	169.8	192.5	174.4	121.9	164.2	244.9
총가용자원의 처분	420.6	598.3	1,028.4	1,384.8	1,822.5	1,875.1	1,967.1	2,260.5	2,642.8
소비지출	374.7	523.6	905.1	1,287.6	1,576.1	1,645.3	1,732.1	1,998.2	2,269.8
민간	337.9	457.3	807.2	1,154.2	1,371.5	1,394.7	1,437.7	1,663.1	1,870.9
정부	36.8	66.3	97.9	133.4	204.6	250.6	294.3	335.1	379.1
총투자	45.9	74.7	123.3	97.2	246.4	229.8	235.1	262.3	373.0
민간	42.2	63.2	100.2	65.3	165.3	156.5	151.9	176.8	228.5
정부	3.7	11.5	23.1	31.9	81.1	73.3	83.2	85.5	144.5

출처: 대한민국 통계연감(1952~1962).

위 표에서 보이는 바와 같이 1950년대는 6·25 전쟁으로 인하여 사회기반시설이 파괴되어 매우 가난한 시기였기는 하지만, 나름의 역동성을 지니고 있었던 것으로 평가된다. 즉 1950년대 경제는 크게 보아 전쟁이 끝난 1954년[25]부터 1957년까지 전쟁복구기와 1958년부터 전반적 불황기 혹은 구조조정기로 나눌 수 있는데, 1954년 전쟁복구기에는 최초로 경제계획이 수립되기 시작[26]하고 해외로부터의 차

---

25) 6·25. 전쟁은 1953. 7. 27. 휴전되었다.
26) 남찬섭, "1950년대의 사회복지", 『월간 복지동향』, 2005. 6.
　　한국전쟁 중에 수립된 경제계획은 유엔이 수립한 것과 미국이 수립한 것이 있는데, 유엔이 수립한 것으로는 유엔한국재건단(UNKRA)이 미국 네이산 협회(Nathan Association)에 연구용역을 의뢰하

입과 원조물자가 들어오면서 경제 성장이 급격히 이루어졌던 반면, 1958년부터는 해외원조 물자(증여순수입)도 급격히 줄어들고 무엇보다 다음 표에서 보는 바와 같이 국민총생산의 성장 역시 정체되어 산업구조의 변화 등을 통해 생산성을 향상시킬 필요성과 빈곤의 문제 등을 해결할 필요성이 대두되기 시작하였다고 한다.

국민총생산 및 성장률

(단위: 10억 환)

국민총생산별	1953	1954	1955	1956	1957	1958	1959	1960	1961
	경상시장가격								
국민총생산지수(1953=100)	100.0	145.5	244.0	313.3	418.6	441.9	476.2	541.1	620.0
국민총생산대 전년증감율 (%)	–	45.5	67.7	28.4	33.6	5.6	7.8	13.6	14.6

출처: 대한민국 통계연감(1952~1962).

위 표를 보더라도 전쟁 이후 1957년까지 지속적으로 경제성장이 이루어지다가 1958년경부터 성장이 정체되기 시작하는 것을 확인할 수가 있다.

이처럼 1958년부터 성장이 정체되면서 이를 해결할 필요성이 발생하기 시작하였음에도 불구하고 당시 이승만 정권(1948. 8. 15.부터 1960. 4. 19.까지)은 물론이고 그 이후의 민주당 정권 역시 그에 대한 적절한 대응을 하지 못하였다고 한다.

이처럼 성장이 정체되고 때마침 해외 원조(증여순수입)가 급격히 줄어들면서 한국경제는 전반적인 불황기에 빠져들고 노동자들의 실업문제가 악화되는 한편 생활수준도 급격히 악화되어 그에 대한 사회적 문제가 커지기 시작하였다.

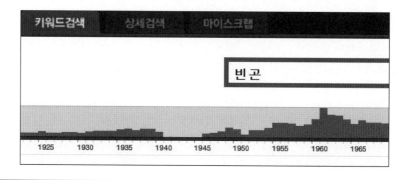

여 작성한 한국경제재건계획(네이산 보고서, 1954. 2. 최종보고서 제출)이 있으며, 그 외에 세계식량농업기구(FAO)가 주관한 한국농업 5개년 계획과 세계보건기구(WHO)가 주관한 한국보건 5개년 계획이 있었다. 미국이 수립한 계획으로는 아이젠하워 대통령의 특사로 파견된 헨리 타스카가 주도하여 작성한 타스카 보고서가 있었다. 이러한 경제계획에 의해 전쟁복구는 전쟁이 끝난 1954년부터 본격적으로 추진되기 시작하였다.

"빈곤"이라는 검색어로 검색되는 보도자료의 개체수량을 나타낸 위 표를 보더라도 광복 이후 점차 빈곤 문제가 사회적으로 중요한 문제로 대두되었다가 1962년 무렵 그 관심이 정점에 이르게 되었다는 사실을 확인할 수 있고,[27] 사회보장제도의 입법화를 위한 요구가 나타나기 시작했음을 알 수 있다.[28]

또한 당시의 지역별 경제적 특징으로 서울을 비롯한 대도시의 급격한 비대화현상을 들 수 있는데, 그 원인으로는 해방 직후에는 전재민의 유입을 들 수 있고, 6 · 25 전쟁 이후에는 농업기반의 붕괴와 기근 가뭄으로 인해 일자리를 찾아 대도시로 인구가 유입[29]된 것을 들 수 있다. 앞서 설명한 1958년 경제성장의 정체에따른 사회적 문제와 맞물려 대도시 내의 빈민의 문제는 더욱 심각한 사회적 문제로 대두되기 시작하였다.

2. 정치적 배경

역사적으로 사회보장제도는 유럽에서 산업화가 진전되고 도시로 인구가 급격히유입되면서 도시 빈민들로 인한 사회적 문제를 해결하고자 하는 시민들의 요구가제도화된 것이라고 보는 것이 일반적이다. 나아가, 시민의 의사가 정치로 연결될수 있는 성숙한 민주주의의 발전이 사회보장의 전제라고 보는 견해도 있다.[30]

이러한 측면에서 우리나라 사회보장 제도 중 공공부조에 관한 생활보호법이 시민들의 요청에 의하여 이루어진 것인지 여부와 관련해서는 당시의 사회 경제적측면뿐만 아니라 정치적 측면까지 함께 고려할 필요가 있는 것이다.

1961. 12. 30. 생활보호법을 제정한 주체는 국가재건최고회의라는 군사정권의국회를 대신한 기구였는데 생활보호법 제정 당시까지의 주요 정치적 배경을 간략히 설명하면 다음과 같다.

1948. 8. 15. 대한민국 정부가 수립될 무렵부터 수차례 헌법 개정 등을 통해 재

---

27) http://newslibrary.naver.com.내에서 "빈곤"이라는 검색어로 검색되는 자료의 양에 관한 그래프 참조.
28) 김덕준, "사회보장제도의 의의-그 입법화를 촉진하면서(상)", 경향신문, 1955. 10. 19.자.
29) 1956. 6. 1.자 경향신문, "경북도내 전농가의 60% 이농, 걸인으로 전락 속출". 경북도 농무과에 집계된 바에 의하면 도내 농가 39만 1424호 중 절량상태에 빠져 기아선상에 놓인 절량농가는 60퍼센트인 23만호에 달하고 있어 당국의 구호책은 긴급을 요하고 있었다. 그런데 당국에서는 이들의 구호책으로 전후 2차에 걸쳐 도합 3만 9,000석의 양곡을 대여하였으나 이는 전체 절량 농가에 평균 1두도 못되는 배당율로서 실제적으로는 별반 효율적인 구호책이 되지 못하고 있는 것으로 식량이 떨어져 조석을 이어갈 수 없는 이들 절량농가 농민들은 굶주림을 참다못하여 초근목피로 연명해나가는가 하면 또는 걸식 행각을 하는 등 이농하는 수효가 나날이 격증하고 있으며 당국의 구호가 시각을 다투고 있는 참상에 놓여있었다 한다.
30) 전광석(2010), 앞의 책, 18-26면 참조.

임되어 오던 이승만 정권은 1960. 3. 15. 제4대 대통령선거에서 부정선거를 저질러 1960년 4 · 19혁명을 통해 막을 내리게 되었다.

이후 같은 해 6. 15. 개헌을 통해 내각제가 실시되고 윤보선이 대통령으로, 장면이 국무총리로 선출되었으며, 총선거를 통해 장면을 수장으로 하는 민주당이 집권하게 되었다.

그러나 앞서 사회 경제적 배경에서 설명한 바와 같이 1958년부터 경제성장이 정체되고 빈곤의 문제가 극대화 되어 사회적 불만이 고조되어 있는 상태에서 그러한 문제를 해결하지 못한 채 위와 같은 정치적 문제까지 불거져 시민들의 불만이 극에 달하였는데, 1961. 5. 16. 박정희, 김종필 등 육군사관학교 8기생을 중심으로 하는 군사쿠데타가 일어나, 명목상 대통령이었던 윤보선 대통령이 1962. 3. 22. 퇴진함으로써 완전히 군정체제로 들어가게 되었다.

이와 같이 형식적으로 대통령은 존재하지만 실질적으로는 군사쿠데타에 의하여 정권이 장악된 상태이던 1961. 12. 30.경 당시 비상체제하에서 국회의 기능을 대신하고 있던 국가재건최고회의에 의하여 생활보호법이 제정되게 된 것이다.

이처럼 생활보호법 제정 주체의 특수성과 그 시기적 특수성으로 인해 생활보호법은 시민들의 사회적 요구를 수용하여 빈곤의 문제를 해결하려는 목적으로 제정되었다기보다는 정치적 정당성과 정통성이 없는 군사정부가 그 흠결을 보충할 선전도구로서 제정한 것이라고 보는 견해[31]가 있다.

하지만 서두에서 간략히 언급한 바와 같이 군사정권이 선전도구로서 다른 제도가 아닌 사회보장 제도의 입법화를 택한 배경까지 고려할 때에 이미 시민사회로부터 사회보장제도의 도입에 대한 강렬한 열망이 표출되어 있었고 사회적 공감대까지 이루어졌기 때문이라고 보는 것이 보다 균형에 맞는 해석이라고 보인다.

IV. 생활보호법 제정 과정

1. 기존 연구자들의 생활보호법 제정 원인에 대한 분석

1) 군사정권의 정치적 정당성 획득을 위한 수단으로 입법되었다는 견해

생활보호법의 입법과정 그 자체에 대한 연구가 거의 없기는 하나, 1960년대 초반 생활보호법을 포함한 다수의 복지입법이 이루어진 원인에 대하여 대부분의 논

---

31) 전광석(2010), 앞의 책, 182면.

문은 그 원인이 "군사 쿠데타 이후 정치적 기반을 갖추지 못하고 있던 정권이 정치적 정당성을 획득하기 위하여" 이루어진 것이라고 설명하고 있다. 즉, 1961. 5. 16. 쿠데타 직후의 불안정한 정치상황에서 민심을 획득함과 아울러 민정 이양 발표 이후 치러질 1963. 10. 대통령 선거와 1963. 11. 총선거에서의 승리를 목적으로 한 것이라는 분석이 그것이다.[32][33][34]

해방 이후 군사쿠데타 이전까지 이승만 정부(1948~1960)에서는 사회복지 법령의 제정이 없었으며, 사회문제 해결을 위한 사회정책기구를 체계적으로 정비 확대시키기 보다는 오히려 축소, 통폐합함으로써 사회복지문제에 대하여 무관심한 태도[35]로 일관하였던 반면, 이승만 정부를 전복하고 정권을 획득한 군사정권은 종전의 정부와의 차별화를 시도하는 과정에서 사회복지입법을 대량으로 실시하였다는 사실, 군사정권이 경제 성장 패러다임을 통해 정치적 정당성의 문제를 극복할 수 있게 되자 사회복지문제에 대한 관심이 급격히 줄어들었던 사실, 사회보장입법은 보통의 경우 빈곤 등의 문제에 대한 사회구조적 문제라는 인식이 발생하고 그에 대한 관련 이해집단의 요구 등이 반영되어 그 해결책으로서 제시되는 것이 일반적인데, 군사정권 하에서 생활보호법 등의 입법은 어떠한 이해집단의 요구도 없이 군사정권 스스로 사회문제에 대한 해결책으로서 만든 입법[36]이라는 점, 민주주의

---

32) 남찬섭, "한국사회복지현황과 쟁점", 「인간과 복지」, 2000, 17-24면.

33) 전광석, "헌법 50년과 사회보장법의 발전", 153면은 이에 관하여 "1961년 5 · 16 이후 군사정부는 적극적인 사회정책에 의욕을 보였다. 그리고 학계 및 실무계가 이에 고무되어 활발하게 사회정책의 입안을 행한다. 특히, 사회보장제도심의회가 구성되어 사회보장법의 각국 유형을 연구하고, 이를 한국에 접목하는 시도가 활발하게 이루어졌다. (중략) 그러나, 이후 정부는 정통성의 흠결을 경제성장을 통해서 보완하려는 데에 우선순위를 두고, 이로써 정부의 사회정책적 관심은 쉽게 무력화 되었다"라고 기술하고 있다.

34) 정무권, "한국 사회복지제도의 초기형성에 관한 연구", 「한국사회정책」 제3집, 1996, 334면. "사회보장제도의 실시에 대한 강력한 의지가 있었다기보다는 군사정권의 정치적 정당성의 확보를 위한 정치적 논리가 더욱 강하였다고 볼 수 있다.(중략) 군사정권은 대중적 기반이 없었기 때문에 개혁노선은 일관성을 가지기보다는 기회주의적일 수밖에 없었다. 쿠데타를 주도한 군부 엘리트들의 기본적인 세계관은 국가를 통한 경제발전을 이룩하는 보수적인 중상주의적 이데올로기를 갖고 있었다고 볼 수 있다."라고 설명하고 있다. 정치적 상황에 기초한 역사적 제도주의 분석에 경제 사회적 구조를 반영한 구조주의 분석을 가미한 해석이라고 할 수 있다.

35) 정무권, 앞의 글, 331면. 이승만 정부의 사회복지 문제에 대한 무관심의 근거로, 미군정 시기에 더 방대했던 사회후생부 조직들을 사회부로 통폐합하여 축소시킨 점, 1951년 보건부와 사회부를 통합하여 보건사회부로 축소시킨 점, 사회복지에 관한 법령 제정이 없었다는 점, 사회복지서비스 영역에 있어 국가가 주도적으로 문제를 해결하기보다는 주로 민간부문에 대한 의존도를 증가시키고 특히나 구호행정에 있어 단지 원조에만 의존하였던 점 등이 그 근거이다.

36) 손준규, "한국의 복지정책 결정과정에 관한 연구-행정부 내 정책결정과정을 중심으로-", 1981. 이 논문에서 한국 복지정책은 결정 주체가 민간의 특정한 요구에 대한 대응으로서가 아니라 행정부 스스로 연구에 의하여 도입한 결과라는 특수성, 즉 권위주의적 의사결정이라는 특성이 있다고 보았다.

가 사회보장제도 발생의 전제조건인데 당시는 군사독재 시절이었던 점[37] 등을 그 근거로 든다.

2) 사회복지에 대한 국내적 욕구에 대응하는 자주적 노력에 따른 일련의 흐름의 결과로 보는 견해

생활보호법을 포함하여 1960년대 초반의 사회복지 관련 입법이 전적으로 국민의 필요에 부응하려는 목적으로 제정되었다는 평가는 존재하지 않는다. 다만, 앞서 설명한 바와 같이 군사정권의 정당성 획득을 위하여 도입된 측면도 존재하나 그 외에도 군사정권 성립 이전부터 쭉 이어져 내려온 사회복지입법을 위한 일련의 노력들이 성과를 거둔 측면도 존재하는 것으로 보이며, 일부 학자들도 1960년대 복지입법의 자주적 측면을 설명하기도 한다.

민주당 정권에서 사회보장심의위원회가 건의만 되고 실제로 설치되지는 못하였지만 사회보장전문가들의 노력은 일정한 흐름을 형성하고 있었으며 이는 군사정권기에까지 영향을 미쳤다. 군사정권기에 있었던 한 사회관계부처 실국장급 회의에서 당시 재무부의 한 국장이 '요즘 사회보장 운운하고 다니는 사람들은 다 미친 사람들'이라고 주장하자 회의에 참석했던 당시 보건사회부의 한 국장은 '요즘 세상에 사회보장이라는 말을 처음 들어본다고 하는 사람들이야말로 미친 사람들'이라고 응수하여 큰 논쟁이 벌어진 바 있다고 한다. 이것은 60년대 초반에 사회보장제도 도입으로 대표되는 일종의 복지개혁노력이 일정한 세를 형성하고 있었음을 보여준다. 그리고 이러한 흐름은 바로 50년대 말에 한국경제가 구조조정단계에 진입하였으며, 그에 따라 경제뿐만 아니라 사회분야에서도 개혁이 필요하다는 공감대가 상당 정도 형성되고 있었다는 점을 배경으로 한 것이다. 60년대 초반 군사정권이 시도했던 대량복지입법은 이러한 배경에 의해 일정한 흐름을 형성하고 있던 복지개혁노력을 군사정권의 국가형성방향에 맞게 일정하게 이용한 것이라 할 수

---

37) 전광석(2010), 앞의 책, 19면. "사회보장의 전제로서 민주주의"라는 제목 아래 "사회보장정책은 민주주의 정치체제를 정치적 기반으로 하여 비로소 형성·실현될 수 있다. 즉 사회문제가 발생했을 때 그것이 국민 개개인의 사회경제적 생활에 미치는 파급효과를 민감하게 인식하고 정치적 정당성을 유지하기 위해서 이에 대한 정책적 대응을 하여야 하는 정치체계가 전제되어야 한다. 이러한 정치체제에서는 동시에 사회문제에 대한 인식과 대응이 적절히 이루어지지 않는 경우 (그 정권의) 정치적 정당성을 박탈할 수 있는 기회가 국민에게 보장되어 있어야 한다."라고 설명하고 있다. 나아가 "전체주의 정치체제에서도 사회보장정책이라는 외형이 존재할 수는 있다. 그러나 이때 사회보장은 소수에게 독점되어 있는 의사결정의 산물이다.""설령 객관적인 정책적 판단에 기초하여 사회보장이 형성된다 하더라도 민주주의적 기반이 취약한 정치체제에서 사회보장급여는 단지 은혜적 성격을 띨 뿐 권리로서의 성격을 갖지 못하고, 정치권력의 자의에 의해 언제든지 퇴화할 수 있다."라고 설명한다.

있다.[38]

결국, 이러한 측면을 강조한다면 사회보장제도의 도입을 필요로 하는 사회의 요구를 군사정권이 수용한 것으로 평가할 수도 있는 것이다.[39]

2. 입법과정과 관련하여 기존에 연구된 사료를 통한 사실관계

1) 1차 자료

생활보호법은 5 · 16 쿠데타 이후 국회를 대신한 국가재건최고회의에서 통과된 법률로서 국가재건최고회의 상임위원회에서 다음과 같은 간략한 논의가 있었을 뿐이다.

보사부 차관 : 제안이유 및 골자설명(유인물 참조)
요약해서 말씀드리면 현재 실행하고 있는 사업으로서 구법을 정리하는데 지나지 않음
홍종철 위원 : 현재 실행하고 있는 사업으로서 예를 들면 도변에서 사망한 자를 조치한다는 것임
부의장 : 이의 없습니까? (좋습니다 하는 이 있음)
이의 없이 무수정 통과함[40]

특히, 동 법률이 정부로 이송되어 공포된 경위에 관하여는 국가기록원에 보관되어 있는 "생활보호법 공포의 건"[41]이라는 문서에 나와 있다. 그 중 1~2면은 윤보선 대통령의 결재가 필요한 부분이고, 내용의 대부분을 이루는 생활보호법 조문이 3~87면까지, 그리고 88~90면까지는 국가재건최고회의 의결주문, 제안이유, 참고자료, 기타로 구성되어 있다. 그 중 88면부터의 내용을 소개하면 다음과 같다.

---

38) 남찬섭, "1960년대의 사회복지-1", 「월간 복지동향」 2005년 9월호.
39) 남찬섭, "1960년대 사회복지-2", 「월간 복지동향」 2005년 10월호. 군사정권기의 복지 대량입법에 대한 재평가라는 제목으로 "군사정권기에 복지 관련 법률이 대량으로 입법된 것은 사실이나, 법률 입법건수를 복지 관련 분야에 한정하여 보는 것은 일면적이며, 다른 법률의 제정 및 개정건수와 함께 비교하는 시도도 해보아야 한다. 이는 당시 군사정권이 복지 관련 법률만 대량으로 입법한 것이 아니라 다른 분야의 법률 역시 대량으로 입법하였기 때문이다. 쿠데타 이후 1962. 9.까지 약 1년 4개월 동안 545건의 법률을 새로 제정하였고, 시행령까지 포함하면 1,531건의 법령이 새로 제정되었는데, 1963년까지 노동법, 복지관련법률이 제정 개정된 것은 모두 합쳐도 36건에 불과한바, 전체 법령 제개정 건수 중 그 비율이 미비하다."는 점을 근거로 이는 "군사정권이 복지를 포함하여 사회 전반에 걸쳐 대대적인 재편성을 시도하였다"는 것을 의미한다고 한다.
40) 제90차 국가재건최고회의 상임위원회 회의록(1961. 12.), 16면.
41) www.archives.go.kr 기록물검색 > 대통령 기록물 > 생활보호법 공포의 건.

一. 의결주문

생활보호법안을 별지와 같이 의결한다.

二. 제안이유

본법안은 헌법 제100조에 의하여 유효한 "조선구호령(단기 4277년 3월 제령 제21호)"을 법령정리사업의 하나로서 정리대치하려는 것임

三. 참고자료 기타

본법안은 노령, 질병 기타 노동능력의 상실로 인하여 생활유지의 능력의 상실로 인하여 생활유지의 능력이 없는자 등을 보호하려는 것으로 그 중요점은 다음과 같다.

1. 보호를 행하는 기관은 국가 또는 지방자치단체로 되어 있음(안 제2조)

2. 보호대상자는 부양의무자가 없는(있어도 부양능력이 없는 경우) 자들로서 65세이상의 노령자나 18세미만의 아동과 임산부, 불구, 폐질, 상병 기타 심신장애로 인하여 노동능력이 없는 자와 기타 보호를 필요로 하는 자등임(안 제3조)

3. 보호의 종류와 방법은 생계보호(보호금품급여), 질병보호(수술치료, 약제 또는 치료재료의 급부 및 병원 또는 진료소에의 수용), 해산보호(조산, 분만 전후의 필요한 조치와 보호) 및 상제조처(사체의 검사, 운반, 화장 또는 이장 등)에 의하도록 되어 있음(안 제5조 내지 제14조)

4. 보호비용은 국가와 지방자치단체가 부담하기로 되어 있음(안 제38조)

결국 1차 자료를 기초로 해서는 구체적으로 누구에 의하여 어떤 경위로 위 법률이 제정되게 된 것인지 그 과정을 알 수는 없고 다만 조선구호령을 대체하기 위하여 입법된 것이라는 점, 1961. 12. 21. 국가재건최고회의 제90차 상임위원회에 상정되어 같은 날 의결된 뒤, 1961. 12. 26. 정부에 이송되고 1961. 12. 30. 공포됨으로써 이 날 제정된 사실만을 명확하게 알 수 있었을 뿐이다.

한편, 생활보호법 시행에 있어 재원소요가 많을 것으로 예상되어 보건사회부령으로 시행령의 제정[42]은 법률 공포 후 거의 7개월 이상 지난 이후에야 이루어지게 되었다. 이는, 군인 및 군사원호관련 법률 중에는 공포일 이후 일주일 내에 시행령이 제정된 경우도 5건이나 되어 이들 법률에 있어서는 군사정권이 시행령 마련에 매우 신속한 움직임을 보였던 것과 대조적이다.[43]

---

42) 1962. 7. 23. 각령 제893호 보건사회부령으로 제정.

이계탁, 앞의 글, 4면에서는 생활보호법이 1961. 12. 30. 제정되었으나, 그 법의 실시를 위한 시행령이 8년 후인 1969년 공포되었다고 기술하고 있는데, 동아일보 1962. 7. 24.자 1면에는 1962. 7. 23. 생활보호법시행령을 공포하였다고 보도하면서 그 세부 내용을 소개하고 있는 바, 그 시행령의 공포일자는 잘못된 내용인 것으로 보인다. 참고로 1969. 11. 10. 부령이 아닌 대통령령으로 생활보호법시행령이 1차 개정된 바 있다.

43) 남찬섭, "1960년대 사회복지-2", 「월간복지동향」 2005년 10월호.

또한 시행령과 별도로 보건사회부령으로 시행규칙은 1984. 3. 31. 제정되었는데 그 전까지는 보건사회부령으로 제정된 시행령만으로 생활보호법이 운영된 것으로 보인다.

당시 제정된 생활보호법과 시행령의 내용은 Ⅱ의 1항에서 소개한 조선구호령과 거의 유사[44]하기에 추가 설명은 생략하되 일부 차이가 있는 점은 아동복리법 등 특별법과 생활보호법이 중복되는 경우 특별법을 우선하도록 규정하고 있고,[45] 보호의 수준을 "건강하고 문화적인 최저 생활"로 명시[46]하고 있으며, 조선구호령과는 달리 요보호자와 친족 기타 관계인은 관할 시장, 군수 등에게 보호를 신청할 수 있고,[47] 피보호자, 보호신청자, 보호변경신청자는 그 결정자의 처분에 대하여 이의를 할 수 있도록 하여[48] 대상자의 권리성을 인정한 것처럼 규정[49]된 것이 특징적이다.

2) 생활보호법 제정 이전까지 사회보장제도 도입을 위한 자발적인 노력

(1) 1950년대 실업보험과 사회보장제도 도입 요구

공공부조제도의 도입에 관한 직접적인 논의는 아니지만, 1950년대에는 실업보험제도를 도입해야 한다는 요구가 제법 있었으며 정부 역시 실업보험제도의 도입을 추진한 바 있다. 실업보험에 관한 논의가 정부에서 먼저 시작된 것인지 아니면 민간의 요구로부터 비롯된 것인지는 분명치 않지만 어찌 됐든 전쟁 복구기간 내내 실업보험제도 도입에 관한 논의는 지속되었다. 당시 사회부는 전쟁이 끝난 직후인 1954년에 실업대책이 중요함을 강조하면서 이를 위해 직업안정법을 제정 중에 있고 그 외에 실업대책법안과 직업기능등록법안을 작성하여 법제처에 회부하였으며, 실업보험법을 현재 기초 중에 있다는 사실을 정부의 공식문건인 "사회행

---

44) ① 보호대상자를 근로능력 없고 요양의무자가 없는 자로 제한하고 있고, ② 보호 방법으로 생활보호, 의료보호, 조산(해산)보호, 상장(장례)보호 등이 있고, ③ 국가가 보호의무를 실시하기 위해서 현황을 조사할 의무가 있다는 점이 동일하다. 그 중 의료보호사업에 관해서는 1977년 보건사회부령 제545호로 공포된 "의료보호에 관한 규칙"에 의해 시행되어 오다가 1977. 12. 31.부터는 법률 제3076호로 "의료보호법"이 제정되어 동법에 따른 의료보호가 이루어지게 되었다.

45) 생활보호법 제3조 제3항 전2항의 규정에 해당하는 자(보호대상자)로서 다른 법령에 의하여 따로 보호를 받고 있는 경우에는 본법에 의한 보호대상에서 제외한다.

46) 생활보호법 제4조, 하지만 동 규정에도 불구하고 실제 실시된 보호의 수준은 건강하고 문화적인 생활에 한참 부족한 것이었다.

47) 생활보호법 제18조 (보호의 신청) 요보호자와 그 친족 기타 관계인은 요보호자의 보호를 관할 서울특별시장, 시장 또는 군수에게 신청할 수 있다.

48) 생활보호법 제7장(제33조 내지 제36조).

49) 윤찬영, 앞의 글, 19면 참조.

정개요"를 통해 밝힌 바 있다. 다만, 이때 정부가 추진하고 있었던 실업보험법이 그 후에 어떻게 되었는지는 문헌상 확인할 수 없었지만 1950년대 말에도 정부는 여전히 실업보험제도의 도입을 추진한 것으로 보인다.[50]

오늘날의 입장에서 볼 때 전쟁복구기와 그 후의 경제불황기에 있었던 1950년대의 한국에 실업보험의 도입은 현실성이 없는 것이라 할 수 있다. 하지만, 위 사실들로 미루어 볼 때, 정부의 복지정책 실시를 촉구했던 요구는 분명히 존재하였으며 정부 역시 그에 대하여 일정한 대응을 한 것으로 보인다.[51]

(2) 1950년대 사회보장전문가들의 노력 – '목요회' 활동

정부 차원에서 사회보장에 대하여 보인 관심에 관하여 살펴보면, 1959. 10.부터 보건사회부회의실에서 매주 목요일 오후 "건강보험제도도입을 위한 연구회"(속칭 목요회)가 있다. 이 모임의 참석자는 당시 보건사회부 의정국장이었던 윤유선과 그외 손창달, 양재모, 엄장현 등 모두 8명[52]이었는데 사회보장제도에 대한 몰이해의 시대에 우선적으로 자신들이 제도에 대하여 이해를 하고 추후 사회보장제도 수립을 위한 매개체 역할을 하자는 뜻에서 사회보장제도 전반에 대한 연구를 거듭하게 되었다. 이 연구회에서 논의된 사항들이 추후 우리나라 사회보장제도의 모태가 되었다고 평가되기도 하며, 사회보장제도심의위원회의 기원으로 보기도 한다.

특히, 보건사회부에서는 1959년부터 의료보험은 의정국에서, 실업 및 노동재해 보험관계는 노동국에서, 그리고 공공부조는 사회국에서 각각 부분적인 연구가 시작되었다.[53]

---

50) 남찬섭, "1950년대 사회복지-3", 「월간복지동향」 2005년 8월호. 1957년 보건사회부가 국회에 제출한 국정감사 답변자료에도 정부가 실업보험법안을 국회에 제출했다는 사실이 기재되어 있다. 또한, 1959년 발간된 "보건사회행정연보"에 의하면 그간 예산문제로 실업보험법의 도입이 이루어지지 않아 이를 당분간 보류하고 실업보험법의 실시를 위한 기본자료의 조사연구비로 1960년도 예산에 1,500만 환을 계상하였다고 한다.

51) 남찬섭(2005. 8.), 앞의 글. 실업보험제도 도입 이외에 사회보장제도의 도입이라든지 사회정책의 실시, 복지국가의 건설과 같은 요구도 제법 존재한다. 예컨대, 조창화는 "동국경제" 제1권 제1호에 실린 "경제발전과 사회정책"이라는 글을 통하여 사회정책의 실시를 주장하고 있으며, 이설호는 "경제학논집" 제1집에 "현대사회와 사회정책"이라는 글을 실어 역시 사회정책에 관한 주장을 하고 있다. 또한, 최병권은 "의회평론" 제3권 제7호에서 "사회보장제도에 관한 고찰: 우리나라에 있어서의 필요성을 말한다"라는 글을 통해 사회보장제도의 실시를 주장하였고 나판수 민의원 의원은 "행정계" 제1권 제1호에서 "사회보장제도 도입에도 스로우 템포: 백만 실업자의 총수 보사부"라는 글을 통해 실업문제에 대한 정부의 늑장대응을 비판하면서 사회보장제도의 실시를 주장한 바 있다.

52) 1953. 3. 15. 동아일보 조간 기사를 보면, 보건사회부의 주최로 1953. 3. 13. 연세대 양재모 교수 외 14명을 초대하여 건강보험제도에 관한 토의를 하였다고 보도되어 있어 정기 모임이 있기 7개월 전부터 그 계기가 마련되었던 것으로 보인다.

53) 손준규, 앞의 글, 10면, 19-20면 참조.; 남찬섭(2005. 9.), 앞의 글 참조.

또한, 이들 사회보장 연구는 일정한 연구 성과물로 나타났는데, 양재모 "사회보장제도창시에 관한 건의(1961)"와 손창달 "국제노동기구의 사회보장의 최저기준에 관한 국제조약(1961)", 손창달 "현대 사회보장적인 제법규의 고찰(1961)" 등이 그것이다.

(3) 1960. 12. 민주당 정권에 의해 "전국종합경제회의" 개최 결과 "사회보장제도심의위원회 설치 제의"

1960. 4. 19. 민주화 혁명 이후 자유당에서 민주당으로 정권이 넘어가게 되었다. 당시 민주당에서는 1960. 12. 전국종합경제회의를 개최하였는데, 이것은 각계 대표 및 지역대표 약 300명이 모여 7개 분과(행정기구개편분과, 재정금융분과, 산업구조개편분과, 공기업분과, 국제수지분과, 고용 및 생활수준분과, 지방개발분과)로 나눠 건국 이래 처음으로 갖는 대단위 종합학술대회였으며, 대회 마지막 날에는 대통령과 장면 총리도 참석한 가운데 성대하게 진행되었다. 7개 분과 중 고용 및 생활수준분과에서는 최종보고서에서 "모든 근로자의 근로조건 개선과 생활보장을 위하여 사회보장제도의 수립"을 제의하였고 이를 위해 우선 제도모형을 연구할 수 있는 "사회보장제도심의위원회"의 설치를 제의하게 되었다. 그러나 사회보장제도심의위원회규정(안)이 국무회의에 넘어간 것이 1961. 3.경이었고, 그에 관한 의결 예정일자가 군사쿠데타 다음 날인 1961. 5. 17.이어서 결국 민주당 정권에서 사회보장제도심의위원회의 성립은 무산되었다.[54)]

3) 생활보호법 입법 원인에 대한 검토

기존 연구자들의 연구 자료를 통해 나타난 바와 같이 이처럼 자주적인 사회보장입법을 위한 일련의 흐름이 있었던 점에 비추어 군사정권하에서 생활보호법의 제정이 단순한 정권의 정당성 획득 차원에서 이루어진 것이 아닐지도 모른다는 생각은 본 연구 도중에 추가로 발견된 다음의 사료를 생각할 때 더욱 더 고려할 만한 것으로 보인다.

---

54) 남찬섭(2005. 9.), 앞의 글.
　　한편, 위 연구회 위원들의 설득으로 국가재건최고회의에서 1962. 2. 20. 각령 제469호로 사회보장제도 심의위원회 규정이 제정되어 결국 사회보장제도심의위원회가 설치되었는바, 민주당 정권 하의 입법 제안 내용과 대동소이한 것으로 보인다. 그러나 생활보호법이 제정된 것은 사회보장제도심의위원회 설치 이전으로 위 위원회와 생활보호법의 제정은 직접적인 관련은 없는 것으로 보인다. 다만, 그 제도를 제안했던 전문가들이 위원회 설치 이전에 생활보호법의 제정에 어떤 방식으로든 영향을 미쳤을 것으로 추측된다.

3. 새로운 사료의 발견 : '국민생활보호법 초안'의 존재에 대한 단서

1) 새로운 사료 발견의 의의

생활보호법 입법사를 연구함에 있어 2차 사료인 신문 자료를 검색하던 중 조선 구호령 실시 이후 생활보호법 제정 이전에도 생활보호법과 거의 유사한 '국민생활 보호법' 초안이 입안되었던 사실이 발견되었다. '국민생활보호법' 초안에 관한 자료는 그와 관련된 1차 자료가 남아있지 아니함은 물론이고 사회보장제도 입법사를 다룬 기존의 연구자료 어디에서도 언급된 바 없었던 것으로 보인다. 위 국민생활보호법 초안과 관련된 내용에 관하여는 항을 바꾸어 상술할 것이기는 하나 위 법안이 6·25 전쟁 중[55]이던 1953. 3.부터 그 구상이 시작되었다가 1953. 10.경 구체적인 법률의 이름과 커다란 제도적 틀을 갖추게 된 점, 1955. 3.경 초안을 완성하여 법제처에 법안제출을 준비하는 등 2년에 걸친 연구가 있었던 점에 비추어 이승만 정부에서 사회보장제도에 대한 아무런 관심이 없었다는 기존 연구자의 평가[56]는 재고되어야 할 것으로 보이며, 자주적으로 사회적 문제에 대하여 사회보장 제도의 도입을 통해 문제해결을 시도하였다고 볼 수 있다는 점에서 본 자료의 발견은 큰 의미가 있다.

2) 국민생활보호법 초안과 관련한 신문기사의 내용

추후 국민생활보호법 초안 관련 연구 사료로서의 의미를 생각하여 본문에 관련 신문기사 전문을 옮겨오면 다음과 같다.

(1) 1953. 10. 24.자 동아일보

국민생활보호법(가칭) 기초, 최저생활을 보장, 사회부에서는 현안 중에 있던 생활이 곤란한 국민에 대한 국가적보호법 초안작성에 착수하였다. 이 법이 공포 실시케 되면 생활이 곤란한 노쇠자 불구자 고아 및 병자들은 이 법에 의해 국가 보호를 받을 수 있게 된다. 그런데 해방 후 오늘날까지는 정부에서는 행정조치 또는 구호령에 의하여 임기응변적으로 구호하여 왔던 것이다. 사회부에서는 초안 중에 있는 동법은 "국민생활보호법"(가칭)으로서 전문 57조로 되어 있다. 동법의 중요 골자를 보면 대략 다음과 같다.

---

55) 1953. 7. 27. 6·25. 전쟁에 관한 정전협정이 체결되었다.
56) 정무권, 앞의 책, 331면.

제1장 총칙

제1조(목적) 본법은 국가의 생활이 곤란한 모든 국민에 대하여 곤란한 정도에 응하여 필요한 보호를 행하여 그 최저한도의 생활을 보장함과 동시에 그 자립을 보장함을 목적으로 한다.

제2조(무차별평등) 본법에 의한 보호는 성별 신앙 또는 사회적 신분을 불문하고 무차별하게 행하여야 한다.

제3조(최저생활) 본법에 의하여 보장되는 최저한도의 생활이라 함은 보통건강한 생활수준을 유지할 수 있는 정도를 말한다.

제3장

제12조(생활보호위원회)

(1) 서울특별시도및 시읍면에 본법에 의한 요보호자를 심의결정하기 위하여 생활보호위원회를 둔다.

(2) 생활보호위원회의 조직 직무에 관하여는 대통령령으로 정한다.

제4장 보호의 종류범위 및 방법

제21조(종류) (1) 보호의 종류는 다음과 같다. 1. 생활부조, 2. 교육부조, 3.의료부조, 4.조산부조, 5.생업부조, 6.장의부조

제5장 보호시설

제25조(종류) (1) 보호시실은 양로시설, 구호시설, 갱생시설, 의료보호시설, 수산시설, 숙소제공시설의 종류로 이를 구별한다.

(2) 1953. 10. 25.자 조선일보 조간 제2면

극빈자 생활을 부조, 당국 생활보호법안을 작성

생활의 길이 없는 노약, 불구자 및 병자 기타 일반국민을 종래와 같은 응급조치로서 구호하는 정책을 떠나서 법으로서 국가가 국민의 최저생활을 보장하게하고 아울러 자립을 조장할 목적으로 사회부에서는 '국민생활보호법'의 초안을 작성하였다. 그런데 동법 초안에 의하면 서울특별시와 각도 및 각시읍면에 생활보호위원회를 설치하고 생활해 나갈 길이 없는 모든 국민에게 그 정도에 상응한 필요한 보호를 하게 하는 것으로 이법이 제정·시행되면 적어도 굶어죽는 사람은 없어질 것인바 보호의 종류와 보호시설은 다음과 같이 되어 있다.

ㅇ 보호종류[57)]   一. 생활부조   二. 교육부조   三. 의료부조   四. 조산부조

---

57) 1961. 12. 30. 제정된 생활보호법 제5조에서 보호의 종류는 생계·의료·해산·상장(장례) 부조가 규정되어 있어, 1953년도 국민생활보호법 초안에서 규정되어 있던 교육·생활 부조가 빠져 있었다. 그러나, 1982. 12. 31. 생활보호법이 개정되면서 보호의 종류가 생계·의료·자활·교육·해산·장

五. 생업부조　　六. 장의부조

○ 보호시설　一. 양로시설　　二. 구호시설　　三. 갱생시설　　四. 의료시설

五. 원산시설　　六. 숙소제공시설

(3) 1954. 3. 18.자 조선일보 조간 2면

생활능력 없는 자를 보호, 법안은 되어가나 예산 없어 난관

헌법 제19조에 의한 생활보호법이 근간 완성되어 공청에 부쳐질 것이라고 한다. 즉, 작년부터 1년 가까운 시일을 두고 사회부에서 예의 심의 중에 있던 생활보호법은 국민생활의 정상적인 영위를 목적으로 정부가 국민에게 의무를 갖게 되는 사회보장제도인데, 며칠 전에 초안을 완성하고 현재 세부를 검토 중에 있다는 것이다. 헌법 제19조에 의하면 노쇠자 질환자, 요구호대상자 등 자력으로 생활능력이 없는 국민은 정부의 보호를 받게 되어 있는데, 현재 이에 해당하는 자로서 실지보호를 못 받고 있는 자가 전체의 약 8할에 달한다고 한다. 사회부당국자에 의하면, 동법이 만약 공포시행되더라도 이 역시 예산부족으로 "근로기준법"과 같이 또 하나의 공문서를 만들 우려가 있다고 탄식하고 있다. 실례를 든다면 4,286년 12월 말 현재 요구호 불구자수가 47,601명인데, 수용자수는 겨우 1,975명에 불과하고, 맹아자 24,425명 중 수용자는 938명에 불과하다는 것이다. 이를 불구자와 맹아자의 미수용자 69,988명 가운데 시급한 정부의 보호를 필요로 하지 않는 자를 1할로 잡더라도 나머지 60,000명에 대한 정부의 대책은 전혀 막연하다고 한다. 따라서 생활보호법안을 정부가 공포실시하려면 그에 앞서 적절한 예산 조치를 먼저 수립하지 않으면 안 된다는 것이다. 이리하여 "해야 한다"는 취지에서 법은 만들어지고 있으나 실지 실행문제는 벌써부터 걱정꺼리가 되고 있다.

(4) 1955. 3. 10.자 조선일보 조간 3면

구호에 적극책, 당국, 국민생활보호법 기초

보건사회부에서는 극빈자의 생활을 보호하기 위하여 전문 9장 57조로 되어 있는 국민생활보호법 초안을 머지않아 법제실에 제출할 것이라고 한다. 6·25 후 생활력을 잃은 구호대상자들을 골라 이들에 대한 구호책으로서 구호령에 의하여 한 사람 앞에 하루 세 홉씩의 구호미를 지급해왔던 것인데, 보건사회부 당국자가 9일 말한 바에 의

제의 6가지로 국민생활보호법초안에서 규정한 보호의 종류와 동일하게 되었다. 역사속에 사라진 국민생활보호법 초안이 그로부터 30년이 지나 만들어진 법률의 내용과 동일하다는 점이 흥미롭다.

하면, 구호령에 의한 구호대책을 더욱 강화하고 극빈자들에 대한 적극적이고 합리적인 구호방책을 법률화하기 위하여 국민생활보호법초안을 작성하게 된 것이라고 한다. 그런데 동초안의 골자를 보면, 생활보호위원회를 구성하여 보호대상자를 고르게 하기로 되었으며 심사에 뽑힌 극빈자는 교육, 의료, 해산, 생업, 그리고 장례 등에 있어 국가의 원조를 받게 되어있다. 또한 동초안에는 국가보호 시설로서 양로시설을 비롯하여 구호, 의료, 재생, 정양, 숙박 등의 여러 가지 시설을 설치하여 해당구호대상자를 무료로 수용 혹은 보육치료하도록 되어있다. 그런데 동초안에 의하면 구호대상자는 다음의 세 항목에 해당하지 않는 사람이다. 1. 부양의무자로부터 부양을 받을 수 있는 사람 2. 정신적 신체적 결함이 없는데도 노동할 의사가 없거나 또한 태만한 자와 생활이 방종한 자. 3. 소행이 불미한 자.

3) 기사를 통해 간접적으로 추론해 낸 국민생활보호법 초안 제정 과정

위 기사를 통해 국민생활보호법 초안이 만들어진 과정을 시간의 흐름에 따라 정리하면 다음과 같다.

- 1953년 3월[58] 공공부조를 위한 법률안을 구상하기 시작함
- 1953년 10월 국민생활보호법이라는 법률의 이름과, 동법의 취지 및 큰 제도적 틀 및 57개 조문의 내용 초안이 완성된 것으로 보임
- 1954년 3월 구체적인 조문을 대략적으로 완성하고, 그에 대한 공청회를 개최할 준비
- 일자불상 공청회 개최
- 1955년 3월 2년간의 작업 끝에 초안[59]을 완성함. 법제처에 법안제출을 준비함
- 그 이후 법제처에 법안이 제출되었는지 여부는 알 수 없음

1953. 10. 24.자 동아일보 기사의 내용을 중심으로 국민생활보호법 초안의 내용을 1961. 12. 30. 제정된 생활보호법과 비교하여 보면 무엇보다 보호대상의 측면에서 "모든 국민"을 대상으로 하고 있으며, 보호와 관련하여 무차별적인 평등을

---

58) 1954. 3. 18.자 기사 내용 중 "작년부터 1년 가까운 시일을 두고 사회부에서 예의 심의 중"이라는 부분에 근거하여 날짜를 추론하였으나, 1953. 3. 경에는 아직 6·25 전쟁이 끝나지 않은 시점이었는바 1953. 7. 17. 휴전 이후의 어느 날로 볼 수도 있을 듯하다. 다만, 건강보험제도에 대한 토론이 1953. 3.경 이루어졌던 것으로 보아 그 무렵 심의가 이루어졌을 수도 있을 것으로 보이나 명확하지 않다.

59) 전문 9장 57조.

명시하여 보호가치 있는 빈민 이외의 모든 빈민을 원칙적으로 보호의 대상으로 삼고자 하는 점을 명확히 하여 오히려 나중에 만들어진 생활보호법보다 공공부조에 관한 법률로 진일보한 내용이었던 것으로 평가할 수 있다. 다만 어떤 경위로 동법이 제정되지 아니하고 사장될 수밖에 없었던 것인지 아쉬움으로 남는다.

1953. 3.경 대략적인 국민생활보호법 초안이 1950년 제정된 일본 "생활보호법"의 영향을 받은 것으로 보이기도 하는데 그 이유는 조문의 구조와 내용이 상당히 유사하기 때문이다. 즉 일본생활보호법 제1조는 국민생활보호법 초안과 마찬가지로 법의 목적을 규정하고 있는데, "일본국 헌법 제25조에서 규정하는 이념에 기초하여 국가가 생활에 곤궁한 모든 국민에 대하여 그 곤궁의 정도에 따라 필요한 보호를 행하고, 그 최저한도의 생활을 보장함과 아울러, 그 자립을 조장하는 것을 목적으로 한다."고 규정되어 있어 국민생활보호법 초안 제1조의 목적에서 "곤란한 정도에 따라 필요한 보호", "최저생활 보장", "자립을 보장"하도록 규정되어 있는 점이 비슷하다. 특히 "자립보장"은 조선구호령이나 우리나라 생활보호법 제정안에는 들어 있지 않던 내용이라는 점에서 더욱더 그러하다. 다음으로 일본 생활보호법 제2조는 국민생활보호법 초안과 마찬가지로 "모든 국민은 이 법률이 정하는 요건을 충족하는 한 이 법률에 의한 보호를 무차별하고 평등하게 받을 수 있다."고 규정하여 무차별의 평등을 규정하고 있어 매우 유사하며, 다만 보호의 수준과 관련하여 일본 생활보호법 제3조에서는 "이 법률에 의해 보장되는 최저한도의 생활은 건강하고 문화적인 생활수준을 유지할 수 있는 것이어야 한다"고 규정하여 "건강하고 문화적인 생활수준"을 보호의 수준으로 설정하고 있음에 반하여 국민생활보호법 초안에서는 "보통건강한 생활수준을 유지할 수 있는 정도"로 규정되어 있어 차이가 있다. 아마도 우리나라의 재정적 상황을 고려하여 보호수준을 낮게 설정하였던 것은 아닐까 하고 추측할 수 있을 뿐이다.

4) 국민생활보호법 초안의 의의와 한계

국민생활보호법 초안의 존재는 사회보장제도에 대하여 전혀 무관심했던 것으로 보이는 이승만 정부에 대한 새로운 평가 근거임과 동시에 1961년 생활보호법 제정이 동법 제정을 위한 일련의 흐름의 연속선상에서 나타난 결과물 또는 종전의 시민사회의 요구에 미치지 못하는 전시행정에 불과하다는 평가근거로 사용될 수도 있다. 다만, 1955. 3.경 구체적인 법 초안이 완성되었음에도 불구하고 어떤 이유로 입법화 되지 못한 것인지는 여전히 의문으로 남는다. 이와 관련하여, 1959년

경 실업보험법의 법안을 마련하여 놓고서도 예산상의 문제로 이를 도입하지 못하고 실업현황에 대한 연구를 하던 중 군사쿠데타에 의하여 입법이 되지 못했던 것[60]과 마찬가지로 공공부조를 위한 예산이 확보되지 아니한 상황에서 재정적 여유가 생긴 뒤에 입법을 하기 위하여 기다려 오던 중 입법화되지 못하고 역사 속으로 사라진 것일지도 모른다는 추측이 가능할 뿐이다.

Ⅴ. 생활보호법의 제정과 그 시행

1. 생활보호법의 주요 내용

군사쿠데타 이후 1961. 12. 30. 국가재건최고회의에 의해 제정된 생활보호법은 9장 47개 조문으로 이루어져 있다. 그 내용을 주요 항목별로 살펴보면 다음과 같다.

1) 보호대상

전체국민이 아니라 ① 65세 이상 노쇠자 ② 18세 미만 아동 ③ 임산부 ④ 불구, 폐질, 상이 기타 정신 또는 신체장애로 인하여 근로능력이 없는 자 ⑤ 기타 보호기관이 본법에 의하여 보호를 필요로 하는 자 중 실질적으로 부양능력이 없거나 부양이 이루어지고 있지 아니하는 자를 대상으로 한정(제1조 목적, 제3조 보호대상, 제42조 비용징수 규정 참조)한다. 부양능력 여부 등에 대한 조사 및 그에 관한 판단은 일률적으로 정해진 것이 아니라, 보호위원회에 의하여 조사 및 결정이 이루어진다(제16조).

2) 보호의 종류

제정된 법률에서 보호의 종류는 생계·의료·해산·상장 보호 4종류에 한정(제5조 보호의 종류)되어 있었으나 1981. 12. 31. 개정되면서 자활·교육 보호가 추가되었다. 자활 보호는 노동능력 없는 자에게 노동능력을 부여하는 것이고 교육보호 역시 교육의 부족을 노동능력 부족의 주된 원인으로 보아 자활 보호의 일환으로 이루어진 것이다.

3) 보호 수준

생활보호법이 지향하던 보호의 수준은 "건강하고 문화적인 최저생활"[61]을 유지

---

60) 남찬섭(2005. 8.), 앞의 글.
61) 제헌 헌법 제17조 "노령, 질병 기타 근로능력의 상실로 인하여 생활유지의 능력이 없는 자는 법률

할 수 있도록 하는 것이었다. 보호의 수준을 "건강하고 문화적인 최저생활"로 잡은 명확한 이유는 우리 법 내에서는 찾을 수 없다. 생활보호법 제정 당시의 헌법에는 보호수준이 규정되어 있지 아니하였고, 생활보호법 제정 직후 개정된 헌법에서도 "인간다운 생활"을 할 권리를 규정하였을 뿐 그 수준에 관하여는 규정한 바가 없기 때문이다.

다만 1950년 일본 생활보호법 제3조에 "이 법률에 의해 보장되는 최저한도의 생활은 건강하고 문화적인 생활수준을 유지할 수 있는 것이어야 한다"고 규정하고 있어 1961년 우리나라의 생활보호법은 일본의 생활보호법상 보호수준에 관한 규정의 영향을 받은 것으로 보인다.

4) 보호의 방법

조선구호령에서 보호대상 1인당 쌀 3홉을 지급하는 현물지급방식을 취하였음에 반하여 생활보호법에서는 금전급부를 원칙으로 정하였다. 그러나 실질적으로는 여전히 원호물자에 의존하여 현물급여가 이루어졌다.

나아가, 피보호대상자는 자신의 집에서 보호를 받는 거택구호의 방식을 원칙으로 삼고 예외적으로 보호시설에 수용 또는 제3자에게 위탁하여 보호를 하기도 하였다. 이는, 당시의 시대적 상황에서 수용시설이 현저히 부족하였기 때문이었던 것으로 보인다.

2. 생활보호법 시행 이후 생활보호실적

위와 같이 제정된 생활보호법이 시행된 이후 실질적으로 어느 정도 생활보호가 이루어졌는지를 표로 살펴보면 다음과 같다.

연도별 보호시설 및 수용인원상황[62]

연도	계		모자, 육아, 영아		양로, 불구	
	시설수	인원	시설수	인원	시설수	인원
1964	656	76,486	607	72,250	49	4,236

의 정하는 바에 의하여 국가의 보호를 받는다."

사회보장의 수준과 관련하여 1962. 12. 26. 개정된 5차개헌 헌법 제30조 제1항에서는 "모든 국민은 인간다운 생활을 할 권리를 갖는다"라고 하여 보호대상을 생활유지능력 없는 자에서 전국민으로 확대하였으며, 보호의 수준을 "인간다운 생활"을 할 수 있을 정도로 규정하였다.

62) 신재명 외 1, 앞의 책, 166면 표 2-13 참조.

1965	665	71,615	616	67,331	49	4,284
1966	670	74,111	619	69,644	51	4,467
1967	675	75,442	622	70,879	53	4,563
1968	657	67,341	604	62,699	53	4,642
1969	643	67,901	590	63,119	53	4,782
1970	622	63,209	569	58,238	53	4,971

모자, 아동 및 영아시설이 전체 수용인원의 94.5%로 절대다수를 차지하고 있었는데, 점차 사회적·경제적 안정이 이루어지면서 이들에 대한 가정 복귀와 활발한 부모와 연고자 찾기 운동으로 1970년 들어 시설 수와 수용인원이 감소하게 되었다.

그 외에도 연도별 수용보호의 기준(1인에게 하루 동안 지급되는 기준)을 보면, 같은 기간 동안 피보호자 1인당 양곡 3홉을 지급한 점은 같지만 정맥(精麥)의 양은 줄이고 점차 양질의 백미를 지급하는 양이 늘어났으며, 지급하는 생계비는 1964년부터 1966년까지는 3원이었다가 점차 5원, 6.39원, 10원까지 늘어났고, 1964년 이전에는 정부의 재정곤란으로 전체 수용보호인원의 70%에게만 양곡을 지급하였으나, 1965년부터는 수용인원 전체에게 이를 지급하여 점차 보호의 수준이 높아지고 보호대상의 범위가 확대된 사실을 알 수 있다.[63]

생활보호대상자의 선정기준[64]

년도	일인당 월평균소득(원)			가구당 면적비		가구당 재산액(만원)		
	대도시	중소도시	농촌	도시	농촌	대도시	중소도시	농촌
1966	600	600	400	3미만	3미만			
1970	800	800	700	상동	상동			
1975	2,400	2,400	1,800	상동	상동	30	30	20
1976	3,500	3,500	1,800	상동	상동	30	30	20
1977	4,400	4,400	3,600	상동	상동	40	40	30
1978	8,000	8,000	7,000	상동	상동	44	44	33
1979	15,000	15,000	13,000	상동	상동	50	50	40
1980	20,000	18,000	16,000	상동	상동	70	60	50

63) 신재명 외 1, 앞의 책, 167면.
64) 이계탁, 앞의 글, 8면 표 2에서 재인용.

1981	26,000	23,000	20,000	상동	상동			
1982	33,000	29,000	25,000	상동	상동	200	175	150
1983	35,000	31,000	27,000	상동	상동	210	185	160
1984	36,000	32,000	28,000	상동	상동	230	200	180
1985	38,000	34,000	30,000	상동	상동	290	260	230
1986	42,000	38,000	34,000	상동	상동	320	290	260
1987	43,000	43,000	43,000			320	320	320
1988	44,000	44,000	44,000			320	320	320

출처: 보건사회부, 사회국.

위 표에 따르면 생활보호 대상자로 책정한 일정 소득 이하의 저소득층의 기준이 매년 증가하고 있음을 알 수 있다. 전반적으로 국민의 생활수준이 높아졌기 때문으로 볼 수 있을 것이다. 다만 보호대상자 선정의 기준을 높게 하게 된 원인이 생활보호법의 영향이었다고만은 할 수 없을 것이고 경제적인 영향이 가장 클 것으로 생각된다. 위 표의 해석상 또 다른 특징으로, 생활보호법 도입 당시 최초에는 보호대상자의 기준을 볼 때 농촌이 도시에 비하여 낮고 소득수준도 낮았지만, 1987년부터는 도시와 농촌의 차이 없이 보호대상자 선정기준이 동일해지고 있다. 다음으로 일인당 소득 이외에도 가구당 재산액까지 고려하여 보호대상자를 선정하게 되어 생활보호법의 가족주의적인 측면을 알 수 있다.

3. 제정된 생활보호법의 한계

제정 시기 및 형식적 측면에서 보면 소수자에 의한 의사결정의 결과물이라는 점, 보호대상자 선정기준에 대한 사회적 합의가 없고 논란의 여지가 있는 점, 국민 전체를 대상으로 한 것이 아니라 보호할 가치 있는 빈민에 한정한 점, 보호 대상자 전체에 대한 실질적인 최저생활의 보장이 예산상의 문제로 실행되지 아니한 점 등이 생활보호법 제정의 한계로 보인다. 실질적으로, 생활보호법은 재정적인 여건이 충족되기 전까지는 외원 구호물자에 의존하여 이를 정부가 관리하여 빈민에게 나누어주는 정도의 의미를 지녔던 것으로 보인다.

Ⅵ. 결   론

1945년 해방 이후 미군정기를 거쳐 1948. 8. 15. 대한민국 정부가 수립된 지 얼마 되지 아니하여 1950. 6. 25. 한국전쟁이 발발하였고 1953. 7. 정전협정이 발효된 직후부터 한국 사회는 전쟁의 후유증을 치유하는 데 온 힘을 기울여 왔다. 그 와중에 농업 중심에서 산업화가 동시에 진행되는 등 산업구조가 변화하여 도시로의 인구유입이라는 산업화로 인한 특성을 겪고 있었으며, 미군정기와 한국전쟁을 겪으면서 북한 주민의 남한으로의 유입, 해외 거주자들의 한국으로의 복귀라는 현상이 동시적으로 발생하였다. 이로 인하여 한국사회는 특정 계층 또는 특정지역의 문제가 아닌 전 국민의 빈곤 문제를 동시적으로 해결해야 하는 상황에 처하게 되었다.

한편 당시 산업화에 따른 구조적 문제와 2차에 걸친 세계대전의 결과 개인의 빈곤이 개개인의 잘못만은 아니라는 인식에 따라 세계적으로 사회보장입법이 행해지고 있었으며 국제기구에서도 최소한의 인간다운 삶을 위한 각종 조치들이 취해지고 있는 상황이었다.

전쟁 직후부터 2년에 걸친 연구 끝에 국민생활보호법초안을 완성하였으나 재정적인 여건 또는 기타 사정으로 인하여 입법화되지는 못하였던 것으로 보이며, 1960년 민주당 집권 이후 사회보장제도심의위원회의 설치가 건의되었으나 1961년 군사쿠데타로 말미암아 그에 대한 의결이 이루어질 수도 없었다. 다만, 이러한 사회보장에 대한 일련의 사회적 흐름에 편승하여 당시 군사쿠데타 이후 정치적 기반이 없었으며 정권으로서의 정당성도 확보하지 못하였던 군사정권은 기존 조선구호령을 법으로 정비하는 수준에서 생활보호법을 제정하게 된 것으로 보인다.

대한민국이 성립된 이후 최초로 빈민의 구호에 관한 기본법으로 생활보호법이 제정되기는 하였으나 이와 같이 성립과정에 있어 당시 집권정당의 정치적 정당성에 대한 이용목적에 사용되었다는 한계가 있다고 볼 수도 있지만, 집권정당이 여러 가지 선전 수단 중 굳이 생활보호법 제정이라는 수단을 선택하기까지는 그 이전에 이미 그에 대한 시민사회계층 곳곳의 요청이 있었기에 시민사회의 불만을 잠재우기 위한 효과적인 수단으로 인식하게 된 것으로 볼 수 있고, 보도자료 및 기타 사료에서 확인한 바와 같이 사회보장제도에 대한 전문가들의 지속적인 연구와 제도 도입의 요청의 결과라는 또 다른 측면을 간과해서는 아니 될 것이다.

04 사회보장에관한법률 제정사

- 기본법이 될 수 없었던 태생적 한계 -

오대영*

Ⅰ. 서 론

사회보장에관한법률은 그 명칭의 포괄적·추상적 성격에서 짐작할 수 있듯이 사회보장의 의의, 내용, 기준 등을 정한 기본법을 제정하려는 의도에서 만들어졌다. 하지만 7개의 조문에 불과한 사회보장에관한법률이 1995. 12. 30. 사회보장기본법 제정과 동시에 폐지될 때까지 과연 그 명칭대로 사회보장에 관한 기본법으로서의 역할을 하였는지에 대해서는 커다란 의문이 남는다. 이 글에서는 사회보장에관한법률의 입법 배경, 입법 과정 등을 검토하여 사회보장에 관한 기본적인 법률로서의 역할을 할 수 없었던 사회보장에관한법률의 태생적 한계에 관하여 살펴보려고 한다.

Ⅱ. 사회보장에관한법률의 입법 배경 : 전문가들의 열정적인 노력과 이를 정통성 확보에 이용하고자 하였던 군부의 정치적 계산의 결과물

1. 사회보장심의위원회 전문위원들의 적극적 활동

1960년 12월 민주당 정부에 의하여 개최된 전국종합경제회의에서 최천송은 사회보장제도심의위원회의 설치를 주창하였는데 이러한 주장은 위 회의에서 만장일치로 채택되었다. 이후 민주당 정부는 전국종합경제회의에서 논의된 바를 진척시켜 사회보장제도심의위원회규정을 만들어 1961년 3월 법제처 심의를 거쳐 국무회의에 회부하였으나, 위 규정은 1961년 5·16 군사쿠데타의 발발에 따라 제정되지

---

* 김·장 법률사무소 변호사, 명지대학교 객원교수.

는 못하였다.[1] 그리고 양재모[2]는 1961년 발표한 '사회보장제도창시에 관한 건의'라는 글에서 사회, 질병, 노동, 산업, 정부예산, 입법 관계당사자는 물론이요 전문지식을 가진 인사로서 정당과 관련 없는 이들, 사용주대표, 피용자대표가 포함된 사회보장심의회를 구성하자고 제안하기도 하였다.[3] 이처럼 1960년에서 1961년을 지나는 동안 사회보장심의위원회 설치를 위한 분위기가 조성되고 있었다.

한편 박정희 군사정부의 국가재건최고회의는 1962년도 최고회의 기본정책 제7장 문교사회 제2항 보건사회에서 "사회보장제도의 기초를 확립하여 복지사회건설을 지향한다."라는 목표를 세우고, 이를 이루기 위한 방법으로 "1. 사회보장심의회를 구성하여 우리나라 현실에 적합한 사회보장제도를 조사연구한다. 2. 우선적으로 시작될 사회보험의 시험적 실시와 평가 3. 사회보장제도 확대실시를 위한 입법 및 단계적 연구"를 제시하였다.[4]

이에 따라 1962년 2월 20일 각령 제469호로 사회보장제도심의위원회규정이 제정되었는데,[5] 위 규정은 사회보장제도에 관한 사항을 조사·심의하게 하기 위하여 보건사회부 자문기구로 사회보장제도심의위원회를 설치하고(제1조), 보건사회부 차관을 위원장으로 하는 20인 이내의 위원으로 위원회를 구성하고(제2조, 제3조), 위원과는 별도로 사회보장제도에 관한 학식과 경험이 풍부한 자 중에서 보건사회부장관이 임명하는 15인 이내의 전문위원을 둘 수 있도록 하고 있었다(제7조).

당시 전문위원 중 한 사람이었던 최천송에 의하면 실제로 1962년 2월 20일 이미 실무사업 착수를 위하여 서둘러 조만제, 심강섭, 한상무, 최천송이 전문위원으로, 남상복, 민부기, 박필재, 강남희가 전문위원 보조로 임명되고, 한국진, 강봉수, 백창석, 손정준, 하상락, 양재모,[6] 육지수, 김치선, 김인달, 우기도, 김문영, 김원규, 이용승이 심의위원으로 위촉되어 업무가 진행되었다고 한다.[7] 사회보장제도심의위원회규정 제정과 동시에 심의위원과 전문위원의 진용을 갖춘 것은 이 규정을 제정하기 이전에 이미 상당한 실무적 준비가 이루어졌음을 짐작케 하는 부분이다.

---

1) 의료보험연합회 편, 「의료보험의 발자취: 1996년까지」, 의료보험연합회, 1997, 28면.
2) 이후 사회보장심의위원회 심의위원을 역임함.
3) 양재모, 「사회보장제도창시에관한건의」, 보건사회부, 1961, 43면.
4) 한국군사혁명사편찬위원회, 「한국군사혁명사」, 제1집 상권, 1963, 402면.
5) 1962년 3월 30일자 경향신문은 사설에서 "정부에서 사회보장제도의 실시를 위하여 심의위원회를 구성하고, 질병·실업에 관한 기초조사에 착수하였다는 것은 매우 중요한 사실이다"라고 하면서 역대정권이 사회보장제도를 선거공약으로만 내세우고 정말로 실시하지 않아 국민을 우롱해 왔는데, "혁명정부가 이 어려운 사업의 실천에 착수하였다는 것은 의의깊은 일"이라고 평가하고 있다.
6) 연세대 의과대학 교수, 의정국 자문위원, 건강보험제도 도입을 위한 연구회 구성원.
7) 최천송, 「한국사회보장연구사」, 사회보장사, 1991, 10면.

사회보장제도심의위원회의 전문위원들은 종합반 남상복,[8] 노동반 심강섭,[9] 민부기, 의료보험반 최천송,[10] 강남희,[11] 공적부조반 한상무, 박필재[12] 이렇게 네 개 반으로 분임편성되어 연구를 진행하였고,[13] 이들의 연구에는 ILO헌장과 외국 사례 등에 관한 비교법적 연구도 포함되었다.[14]

그런데 전문위원들은 네 개 반으로 나누어 각자의 분야에 대한 연구에 몰두하던 중 사회보장 전반을 포괄하는 사회보장의 기준입법의 필요성을 통감하였고,[15] 사회보장에관한법률 초안 작성에 착수하게 된다. 즉 사회보장에관한법률은 종합반, 노동반, 의료보험반, 공적부조반 네 개 반으로 나누어 개별 사회보장제도의 연구에 착수하였던 선각자들이 공감한 사회보장에 관한 기본적인 법률의 필요성에서 비롯되었다고 할 수 있다.

2. 민정이양을 앞두고 사회보장제도 도입을 정통성 확보의 수단으로 이용한 군부의 전략

4·19 혁명에서 분출된 민주주의에 대한 국민의 열망을 만족시켜 주지 못하고 있던 제2공화국 정권을 쿠데타에 의하여 전복시킨 군사정부는 그들의 위헌적이고 불법적인 정권탈취를 정당화할 명분이 필요하였다. 군사정부는 경제성장을 통한 국가 근대화를 정권의 정당성을 확보하기 위한 주요한 수단으로 인식하고 1962년 1월 5일 제1차 경제개발 5개년 계획을 발표하기에 이르렀다.

그런데 1963년에 들어오면서 군사정부는 정권수립 이후 최악의 정통성 위기를 맞게 되는데, 이는 군사정부의 정당인 민주공화당 내에서 육사 8기를 주축으로 하는 쿠데타 핵심세력과 육사 5기 등의 다른 세력 간의 주도권 다툼이 발생하여 양측의 비난과 반격 속에 정치자금 모금을 둘러싼 김-오히라 비밀회담, 4대 의혹사건 등 군사정권의 부정과 비리가 드러나기 시작했고, 박정희 의장이 민정불참가 선언을 하였다가 군정 연장 선언을 하고, 다시 군정 연장을 철회하고 총선거 실시가 선언되는 과정 속에서 군사정부에 대한 국민의 신뢰가 실추되었으며, 당시 소

---

8) 동경제국대학 경제학부 출신임.
9) 노동국 출신임.
10) 건국대 경제학 학사, 파리(솔본느) 대학에서 사회학 전공
11) 서울대 보건대학원 출신임.
12) 사회분야 전공, 대학교수임.
13) 최천송, 앞의 책, 22면.
14) 최천송, 앞의 책, 23, 27면.
15) 최천송, 앞의 책, 26면.

비자 물가 상승률은 32%, 쌀값 상승률은 64%, 식료품비 상승률은 55.7%에 이르는 등 당시 군사정부가 야심차게 추진하였던 경제개발 5개년 계획의 성과가 국민들에게 체감되지 않았기 때문이었다.[16] 1963년은 민정으로 정권이 이양되는 해였으므로 군사정부는 정통성 위기로 인한 선거에서의 패배를 방지하기 위해서 정통성 확보를 위한 보조적 수단으로 사회복지정책을 선택하게 되었던 것이다.[17]

당시 국가재건최고회의 문교·사회위원회 위원장 홍종철은 동아일보에 기고한 글에서 "우리나라는 아직 그 중추적 역할을 담당하게 될 일반근로대상에 대한 아무런 제도가 없고 공무원연금, 군인보험, 선원보험 등 특수층에 대한 사회보장제도가 각 주무부서별로 실시되어 있을 뿐이었다. 그러므로 혁명정부는 이의 종합적인 체계와 정상적인 발전을 이룩하기 위하여 사회보장제도심의위원회를 구성하여 사회보장제도의 기초조사와 연구를 하게 하여 우선 우리나라에서 실시가능한 산업재해보상보험과 의료보험을 실시할 것을 결정하고 이에 관련되는 법률을 입법 중에 있으며 금년중에는 양개보험의 시범사업을 실시하고자 만반준비를 갖추었다. … 위와 같은 혁명정부의 노력은 개정헌법 제30조에 명시되어 있는 바와 같이 '국가는 사회보장의 증진에 노력하여야 한다'는 헌법정신을 가장 적절하게 구현하고 있는 것으로서 복지사회건설을 지향하는 국가목표달성에 큰 역할을 하게 될 것이 기대되는 바이며 국가장래의 번영을 위하여 다행한 일이라 하겠다."[18]라고 하여 군사정부의 국가목표가 복지사회건설의 지향에 있다고 홍보하고 있는데, 이를 보더라도 군사정부가 정통성 확보의 수단으로 복지사회건설을 적극적으로 홍보하였음을 알 수 있다.

3. 소결론

이처럼 사회보장제도를 확립하기 위해 분투하던 사회보장심의위원회 전문위원들의 헌신적인 열정과 민주적 정당성이 없는 군사정부가 국민의 삶의 질을 향상시키는 복지국가의 건설을 목표로 천명하여 국민적 지지를 획득함으로써 부족한 정당성을 보완하여 선거에서 승리하고자 했던 정략이 결합되어 1963년 사회보장에관한법률과 산업재해보상보험법, 의료보험법의 세 개의 사회보장 관련 법률이 제정되기에 이른 것이다.

---

16) 권문일, "1960년대의 사회보험", 하상락 편; 「한국사회복지사론」, 박영사, 1995, 490-493면.
17) 권문일, 앞의 글, 501면.
18) 동아일보, 1963년 5월 16일자, 3면.

Ⅲ. 사회보장에관한법률의 입법 목적 및 입법 과정

1. 입법 목적

사회보장에관한법률은 헌법정신에 따른 사회보장제도 도입의 기본원칙 및 기준 설정의 필요성과, 당시 이미 각 부처에 분산되고 있던 사회보장사업(공무원연금법, 군인연금법, 군사원호보상법, 국가유공자및월남귀순자특별보호법 등)의 균형 발전 및 그 조정의 필연성,[19] 각령으로 설치된 사회보장제도심의위원회의 법률상 기관으로의 위상강화[20] 등을 목적으로 하여 입법이 추진되었다.

사회보장에관한법률은 이 법이 "국민의 인간다운 생활을 도모하기 위한 사회보장제도의 확립과 그 효율적인 발전을 기함을 목적으로" 제정되었다고 명시하고 있다(제1조).

2. 입법 과정

사회보장제도심의위원회 전문위원들이 작성한 초안은 1963년 8월 의안 제1234호로 제안된 후 1963년 9월 9일 개최된 제70회 차관회의에서 사회보장심의위원회의 소속을 내각수반에서 보건사회부장관으로 변경하는 내용으로 수정의결되고,[21] 1963년 9월 17일 개최된 제94회 각의에서 차관회의에서와 같은 내용으로 수정의결된 다음,[22] 1963년 10월 8일 제107차 최고회의 상임위원회의에 산재보상보험법과 함께 상정되어 질의와 심의를 거치게 되었는데, 이 과정에서 뒤에서 상술하는 것과 같이 법안의 핵심내용이 많이 삭제되어,[23] 1963년 11월 5일에 법률 1437호로 사회보장에관한법률이 제정되었다.

3. 법률안 심의 과정에서의 수정·삭제

1) 법률안과 법안의 내용 비교

보건사회부장관이 1963년 8월 의안 제1234호로 제안한 '사회보장에관한법률(안)'[24]과 실제로 제정된 '사회보장에관한법률'의 내용을 비교하면 아래 표와 같다.

---

19) 김유성·이흥재, 『사회보장법』, 한국방송통신대학, 1991, 78면.
20) 최천송, 앞의 책, 26면.
21) 국가기록원, 제70회 차관회의록, 1963. 9. 9.
22) 국가기록원, 제94회 각의록, 1963. 9. 17.
23) 손준규, "한국의 복지정책결정과정에 관한 연구", 서울대학교 정치학과 박사학위논문, 1981, 39-40면.

	법률안	법률
제1조 (목적)	이 법은 국민의 인간다운 생활을 도모하기 위한 사회보장제도의 확립과 그 효율적인 발전을 기함을 목적으로 한다.	좌동.
제2조(사회보장의 정의)	이 법에서 "사회보장"이라 함은 사회보장에 의한 제급여와 무상으로 행하는 공적부조를 말한다.	좌동.
제3조(사회보장사업의 관장 및 그 내용)	① 사회보장사업은 정부가 행하며 그 내용은 다음과 같다. 다만, 사회보장사업의 운영을 위하여 필요하다고 인정할 때에는 그 일부를 법률이 정하는 바에 의하여 지방자치단체 또는 기타의 법인으로 하여금 행하게 할 수 있다. 1. 사회보험 (1) 의료급여에 관한 사업 (2) 질병급여에 관한 사업 (3) 실업급여에 관한 사업 (4) 노령급여에 관한 사업 (5) 산업재해보상에 관한 사업 (6) 가족급여에 관한 사업 (7) 출산급여에 관한 사업 (8) 폐질급여에 관한 사업 (9) 유족급여에 관한 사업 (10) 장제급여에 관한 사업 2. 공적부조 전호각호에 해당하는 부조사업 3. 기타 사회보장에 관련된 사업 ② 정부는 사회보장사업을 행함에 있어서 국민의 자립정신을 저해하지 아니하도록 하여야 한다. ③ 사회보장사업은 국가의 경제적 실정을 참작하여 순차적으로 법률이 정하는 바에 의하여 행한다. ④ 제1항 단서의 규정에 의하여 사회보장사업을 지방자치단체 또는 법인으로 하여금 행하게 할 경우에는 그 비용은 국고가 부담한다.	① 정부는 사회보장사업을 행하며 필요하다고 인정할 때에는 그 일부를 지방자치단체 또는 기타의 법인으로 하여금 행하게 할 수 있다. ② 정부는 사회보장사업을 행함에 있어서 국민의 자립정신을 저해하지 아니하도록 하여야 한다. ③ 사회보장사업은 국가의 경제적 실정을 참작하여 순차적으로 법률이 정하는 바에 의하여 행한다. ④ 제1항의 규정에 의하여 사회보장사업을 지방자치단체 또는 법인으로 하여금 행하게 할 경우에는 그 비용은 국고가 부담한다.
제4조(사회보장심의위원회)	① 사회보장에 관한 주요사항에 대한 중요사항을 조사·심의하게 하기 위하여 내각수반 소속하에 사회보장심의위원회(이하 "위원회"라 한다)를 둔다. ② 정부는 사회보장에 관한 계획을 수립하고자 할 때에는 미리 위원회의 심의를 거쳐야 한다. ③ 위원회는 위원회에서 심의한 사항을 내각수반에게 보고하여야 한다.	① 사회보장에 관한 중요사항에 대한 자문에 응하게 하기 위하여 보건사회부장관소속하에 사회보장심의위원회(이하 "위원회"라 한다)를 둔다. ② 보건사회부장관은 사회보장에 관한 계획을 수립하고자 할 때에

---

24) 국가기록원이 보존문서 원본을 스캔한 광디스크로부터 복사하여 제공한 사본을 참고하였다.

	④ 위원회는 사회보장에 관한 중요사항에 대하여 관계행정기관에 건의할 수 있다.	는 미리 위원회의 자문을 거쳐야 한다.
제5조(위원회의 구성)	① 위원회는 위원장 및 부위원장 각 1인을 포함한 위원 20인 이상 25인 이내로 구성한다. ② 위원장은 및 부위원장은 위원 중에서 호선한다. ③ 위원은 다음 각 호의 자중에서 내각수반이 위촉한다. 1. 관계행정부처의 장 2. 근로자를 대표하는 자 및 사용자를 대표하는 자 3. 사회보장에 관한 학식과 경험이 풍부한 자 ④ 위원의 임기는 2년으로 한다. 다만, 공무원인 위원의 임기는 그 재직기간으로 한다. ⑤ 보결위원의 임기는 전임자의 잔임기간으로 한다. ⑥ 위원회에 필요한 전문위원을 둔다. ⑦ 전문위원은 위원장의 명을 받아 사회보장에 관한 사항을 조사·연구한다. ⑧ 전문위원의 임면과 처우에 관한 사항은 각령으로 정한다. ⑨ 위원회의 운영에 관하여 필요한 사항은 각령으로 정한다.	① 위원회는 위원장 1인과 부위원장 2인을 포함한 위원 11인 이내로 구성한다. ② 위원장은 보건사회부차관이 되고, 부위원장은 위원 중에서 호선한다. ③ 위원은 다음 각 호의 자중에서 보건사회부장관이 위촉한다. 1. 관계행정부처의 2급공무원 이상의 자 2. 근로자를 대표하는 자 및 사용자를 대표하는 자 3. 사회보장에 관한 학식과 경험이 있는 자 ④ 위원의 임기는 2년으로 한다. 다만, 공무원인 위원의 임기는 그 재직기간으로 한다. ⑤ 보결위원의 임기는 전임자의 잔임기간으로 한다. ⑥ 위원회의 운영에 관하여 필요한 사항은 각령으로 정한다.[25]
제6조(관계행정기관의 협력)	① 위원회는 관계행정기관에 대하여 사회보장에 관한 자료의 제출과 위원회의 업무에 관하여 필요한 협력을 요청할 수 있다. ② 관계행정기관은 위원회로부터 전항의 요청을 받은 때에는 특별한 지장이 없는 한 이에 응하여야 한다.	① 위원회는 행정기관에 대하여 사회보장에 관한 자료의 제출과 위원회의 업무에 관하여 필요한 협력을 요청할 수 있다. ② 관계행정기관은 위원회로부터 전항의 요청을 받은 때에는 이에 응하여야 한다.
제7조(시행령)	이 법 시행에 관하여 필요한 사항은 각령으로 정한다.	좌동.

이를 구체적으로 분설하면, (i) 법안 제3조 제1항은 사회보장사업의 내용으로서 1. 사회보험에 관하여 ① 의료급여에 대한 사항, ② 질병급여에 대한 사항, ③ 실업급여에 대한 사항, ④ 노령급여에 대한 사항, ⑤ 산업재해보상에 대한 사항, ⑥ 가족급여에 대한 사항, ⑦ 출산급여에 대한 사항, ⑧ 폐질급여에 대한 사항, ⑨ 유족급여에 대한 사항, ⑩ 장제급여에 대한 사항, 2. 공적부조에 관하여 전 호

---

25) 전광석 교수는 ILO 사회보장 최저기준에 관한 협약 제102호는 우리나라에서 1963년 사회보장에관한법률이 제정되고, 그 제5조 제6항에 의하여 사회보장심의위원회의 운영에 관한 세부적인 사항을 규율하기 위하여 제정된 사회보장제도심의위원회 규정에서 심의회의 직무범위를 정하는 데 기준이 되었다(규정 제4조)고 설명하고 있다(전광석, 「한국사회보장법의 역사」, 집현재, 2019, 138면).

각 호[26])에 해당하는 부조사업, 3. 기타 사회보장에 관련된 사업을 내용으로 한다고 정하여 사회보장의 내용을 상세하게 규정하고 제3호에서 '기타 사회보장에 관련된 사업'을 사회보장사업에 포함하여 제1, 2호에서 열거되지 않은 사업이라도 사회보장사업에 포함할 수 있도록 포괄적으로 규정하고 있었으나, 심의 과정에서 직무사항으로 열거되었던 위 사항들이 전부 삭제되었다.

(ⅱ) 법안 제3조 제1항은 사회보장사업은 원칙적으로 정부가 행하되 필요하다고 인정하는 때에는 그 일부를 '법률이 정하는 바에 의하여' 지방자치단체 또는 기타의 법인으로 하여금 행할 수 있도록 하여 사회보장사업을 지방자치단체 또는 기타의 법인이 행할 때에는 법률에 근거를 두도록 하고 있었으나, 법률에서는 '법률이 정하는 바에 의하여' 부분이 삭제되어 법률적 근거 없이도 정부가 지방자치단체나 기타 법인에게 사회보장사업을 행하도록 할 수 있게 하였다.

(ⅲ) 법안 제4조 제1항의 사회보장심의위원회의 위상이 사회보장제도에 대한 '조사·심의기구'에서 '자문기구'로 약화되었고 사회보장심의위원회의 소속이 '내각수반'에서 '보건사회부장관'으로 변경되었으며, 법안 동조 제2항은 모든 '정부'부서가 사회보장에 관한 계획 수립 시 사회보장심의위원회의 사전 심의를 받도록 정하고 있었으나, 법률에서는 '보건사회부장관'이 사회보장에 관한 계획 수립 시 사전 심의를 받는 내용으로 축소되었다. 법안 동조 제3항, 제4항에서는 위원회는 위원회에서 심의한 사항을 내각수반에게 보고하여야 하고, 사회보장에 관한 중요사항에 대하여 관계행정기관에 건의할 수 있다는 내용이 규정되어 있었지만 입법과정에서 모두 삭제되었다.

(ⅳ) 법안 제5조에서는 사회보장심의위원회가 위원장 및 부위원장 각 1인을 포함한 '20인 이상 25인 이하'의 위원으로 구성되고, 위원은 '관계행정기관의 장' 등으로 구성되도록 정하고 있었는데, 법률은 동위원회가 '11인 이하'의 위원으로 구성되도록 하여 위원수를 줄이고, 관계행정기관의 장대신 '관계행정기관의 2급 이상의 공무원'이 위원이 될 수 있도록 하였다.

(ⅴ) 법안은 제5조 제6항 내지 8항에서 사회보장심의위원회 전문위원에 대한 규정을 두고 있었는데 심의과정에서 전부 삭제되었다.

(ⅵ) 이상에서 보듯이 심의과정에서 법안의 내용이 약화되거나 삭제된 부분이 많은데, 법안보다 법률의 내용이 강화된 것은 법안 제6조 제2항에서는 위원회로부

---

26) 사회보험에 관한 ①부터 ⑩까지의 각 급여에 대한 사항을 의미한다.

터 자료 제출 또는 협력을 요청받은 관계기관이 '특별한 지장이 없는 한' 이에 응하여야 한다고 하여 특별한 지장이 있는 경우에는 이에 응하지 않을 여지를 두고 있는 반면, 법률 제6조 제2항은 "관계행정기관은 위원회로부터 전항의 요청을 받은 때에는 이에 응하여야 한다."라고만 규정하여 법문상 아무런 조건 없이 위원회의 요청에 응하여야 하는 것으로 규정하고 있는 부분이 유일하다.

2) 수정·삭제의 원인 및 그에 대한 평가

사회보장에관한법률안이 입법 과정에서 대폭 수정·삭제된 원인으로는, 당시의 시대상황상 정책결정과정에서 고위공무원의 수정 요구에 대해 일반 공무원이 그것이 부당하다고 항변할 수 없었고, 당시 국가는 한정된 재원을 가지고 경제발전에 치중하고 있었기 때문에 사회보장에 대한 능력이 부족한 상태에서 사회보장에 대한 국민의 요구가 늘어날 경우 감당하지 못할 것을 걱정했다는 사실이 지적되고 있다.[27] 정무권 교수는 사회보장에관한법률의 경우 사회보장에 관한 국가의 역할과 개입의 범위를 최소한으로 줄이려는 흔적을 볼 수 있는데, 국가의 사회보장의 범위를 분명하게 명시하지 않고 "필요에 의해서", "국민의 자립정신을 저해하지 않고", "국가의 경제적 실정을 참작하여"와 같은 문구를 삽입함으로써 사실상 국가의 사회복지문제에 대한 적극적 개입을 유도하기보다는 사회복지문제에 대한 국가의 책임회피를 정당화할 수 있는 규정이 되고 말았다고 평가하고 있다.[28]

이처럼 '사회보장에관한법률안' 보다 대부분의 내용이 후퇴된 상태로 사회보장에관한법률이 제정된 사실을 통해 당시 군사정부는 사회보장에관한법률의 실효성을 강하게 보장할 의사를 가지고 있지 않았다는 점을 추론할 수 있는데, 당초 사회보장에관한법률안을 입안한 사람들의 의사가 최고회의 상임위원회의를 거치는 동안 굴절되어 버린 것은 안타까운 일이 아닐 수 없다.

4. 사회보장에관한법률을 제정할 당시 참조된 외국 자료

1) 일본의 사회보장제도심의회설치법

가. 사회보장제도심의회설치법의 내용
일본은 소화 23년(1948년)에 법률 제266호로 사회보장제도심의회설치법을 제정

---

27) 손준규, 앞의 논문, 48-50면.
28) 정무권, "한국 사회복지제도의 초기형성에 관한 연구", 「한국사회정책」, 제3집, 한국사회정책학회, 1996, 341면.

하였는데, 그 내용은 아래와 같다.

제1조 사회보장제도심의회(이하 '심의회')는 내각총리의 관할에 속하고, 사회보장제도에 관한 조사, 심의 및 권고를 행한다.

제2조 심의회는 스스로 사회보험에 의한 경제적 보장의 가장 효과적인 방법에 대해 또는 사회보험 및 관계사항에 관한 입법 및 운영의 체계에 대해 연구하고 그 결과를 국회에 제출하도록 내각총리에게 권고하고 내각총리 및 관계 부처 장관에게 서면으로 조언하는 임무 및 권한을 가지고, 내각총리 및 관계 부처 장관은 사회보장에 관한 기획, 입법 또는 운영의 체계에 대해서는 미리 위원회의 의견을 구하여야 한다.

제3조 심의회는 34명의 위원으로 조직되고, 특별한 사항을 조사심의하기 위하여 내각총리가 필요하다고 인정하는 경우에는 12인 이내의 임시위원을 둘 수 있다.

제4조 심의회는 회장 및 부회장 1인을 두고, 위원의 호선에 의하여 회장 및 부회장을 정하고, 회장은 회무를 총괄하고, 회장에게 사고가 있을 때에는 부회장이 직무를 대리한다.

제5조 위원은 국회의원, 관계 부처의 관리, 학식·경험이 있는 자, 사용자, 피용자, 의사, 치과의사, 약사 기타 사회보험사업에 관계있는 자 중에서 내각총리가 각각 10명(관계각기관의 관리는 4명)[29]을 임명 또는 위촉하고, 임시위원은 국회의원을 제외한 위 사람들 중에서 내각총리가 각각 동수[30]를 임명 또는 위촉한다.

제6조 위원의 임기는 2년으로 하고, 매년 그 절반을 임명 또는 위촉하고, 보궐위원의 임기는 전임자의 잔임기간으로 하고, 임시위원의 임기는 그 임무를 달성하는 데 필요한 기간으로 한다.

제7조 관계 부처는 심의회가 요구하는 자료 및 정보를 제출하여야 한다.

제8조 심의회의 회의는 필요에 따라 개최하는데, 정당한 이유가 있는 경우를 제외하고는 적어도 3개월에 1회는 개최하여야 한다.

제9조 심의회는 매 회계연도 말부터 60일 이내에 전 회계연도내의 활동, 조사의 결과 및 그 권고의 요지에 대한 보고서를 내각총리가 국회에 제출할 수 있도록 내각총리에게 제출하여야 한다.

제10조 심의회에 간사 30인 이내를 두고, 간사는 사회보험에 관계가 있는 행정청의 관리 및 학식·경험이 있는 사람 중에서 내각총리가 임명 또는 위촉하고, 간사는 항상 위원에 대해 기술적 조언 및 사무상 원조를 하여야 한다.

제11조 심의회의 사무를 처리하기 위해 심의회에 사무국을 두고, 사무국에는 사무국장 및 필요한 직원을 두고, 사무국장은 회장의 명을 받아 국무를 관리하고, 이외에 사무국에 관하여 필요한 사항은 시행령(政令)으로 정한다.

---

29) 국회의원 10명, 관계각기관의 관리 4명, 학식·경험이 있는 자 10명, 사용자, 피용자, 의사, 치과의사, 약사 기타 사회보험사업에 관계있는 자 10명을 합산하면 총 34명의 위원이 된다.

30) 관계각기관의 관리 4명, 학식·경험이 있는 자 4명, 사용자, 피용자, 의사, 치과의사, 약사 기타 사회보험사업에 관계있는 자 4명을 합하면 최대 12인의 임시위원이 된다.

나. 사회보장제도심의회설치법과 사회보장에관한법률의 비교

사회보장심의위원회 전문위원 중 한 사람인 최천송이 사회보장심의위원회 명칭에서 '제도'가 빠진 것은 일본의 같은 성격의 기구 명칭에 제도라는 용례가 사용되고 있어서 모방이라는 평가를 피하고, 제도를 포함한 광의의 사회보장을 다룬다는 의도가 반영된 것이라고 밝히고 있는 사실[31]을 보면 사회보장에관한법률안을 작성할 당시 전문위원들이 일본의 사회보장제도심의회설치법을 참고하였다는 점을 알 수 있다.

구체적으로 사회보장에관한법률안 중 사회보장심의위원회에 관한 부분(제4 내지 6조)은 위원회가 내각수반에 소속된 점, 정부가 사회보장에 관한 계획 수립 시 위원회의 사전 심의를 거치도록 한 점, 위원회에서 심의한 사항을 내각수반에게 보고하도록 한 점, 위원회가 사회보장에 관한 중요사항에 대하여 관계행정기관에 건의할 수 있도록 한 점, 위원장 및 부위원장이 각 1인이고 위원 중에서 호선하도록 한 점, 위원의 임기를 2년으로 한 점, 위원회에 전문위원을 두도록 한 점,[32] 관계행정기관이 위원회로부터 자료 제출과 협력 요청을 받은 경우 이에 응하도록 한 점 등 많은 면에서 일본의 사회보장제도심의회설치법과 유사점을 보인다.

하지만 사회보장에관한법률은 사회보장심의위원회의 설치, 구성, 관계행정기관의 협력에 관해서만 규정한 것이 아니라 사회보장의 정의, 사회보장사업의 관장 및 그 내용에 관하여서도 규정하고 있다는 점에서 일본의 사회보장제도심의회설치법과는 다른 측면이 있다.

2) ILO의 사회보장에 관한 구상

사회보장심의위원회는 "1962년 사회보장에관한법률 제정으로 사회보장제도의 근간을 형성할 당시 ILO의 사회보장에 관한 구상에 영향을 받아 사회보장제도를 사회보험과 공적부조로 제정하였으나, 그후 사회보장에 관한 국제적 통설의 변화와 국력의 증진에 따라서 우리의 사회보장도 사회보험, 공적부조, 보건위생과 사회복지의 4개 부문으로 성립되는 국가의 종합제도로 발전케 하고자 노력이 경주되어 사회보장에 관한 각종 제도가 설립, 확충되어 오늘에 와서는 실업 및 가족급여부문을 제외하고서는 각종의 급부부문이 정비된 종합적 사회보장제도로 형성되

---

31) 최천송, 앞의 책, 28면.
32) 전문위원은 일본 사회보장제도심의회의 간사와 유사한 점이 있는 것으로 보인다.

었다고 하겠다."라고 하여,[33] 사회보장에관한법률 제정 당시 ILO의 영향을 받아 사회보장의 종류를 사회보험과 공적부조 두 가지로 한정한 것이라고 밝히고 있다.

결국, 사회보장에관한법률은 일본에서 시행되고 있던 사회보장제도심의회설치법과 ILO의 사회보장에 관한 구상의 영향을 받아 제정된 것이라고 할 수 있다.

Ⅳ. 사회보장에관한법률에 대한 평가

이렇게 제정된 사회보장에관한법률은 전문 7개조로 구성된 매우 형식적이고 명분만 앞세운 법으로서 사회보장심의위원회에 관한 규정 외에는 실질적인 내용을 갖는 규정이 없었고(사회보장심의위원회마저도 심의결과에 구속력이 없는 단순한 자문기관에 불과하다), 동법 제2조는 사회보장사업의 구성요소를 사회보험과 공적부조의 두 범주로 한정하여 사회복지서비스 및 관련 복지제도 등의 사회보장제도 전체를 포괄하지 못하고 있으며(법률안에서는 기타 사회보장에 관련된 사업을 사회보장의 범주에 포함하고 있었으나 입법 과정에서 삭제되었다), 동법 제3조 제1항은 사회보장사업의 관장을 정부가 행한다고 하고 어느 부처를 지정하지 않았기 때문에, 사회보장의 통합화·일원화의 작업이 어렵게 되었고 이때부터 사회보장에 관한 소관부처의 역할이 다원화되는 등 그 혼란이 예상되었다.[34][35]

다만 사회보장제도심의위원회규정에서 사회보장제도에 관한 학식과 경험이 풍부한 자 및 관계공무원 중에서 위원을 위촉하도록 되어 있었던 것과 달리, 사회보장에관한법률에서는 근로자를 대표하는 자 및 사용자를 대표하는 자도 위원이 될 수 있도록 규정하고 있는데(제5조 제3항 제2호), 이는 사회보장 관계 당사자 중 하나인 노동자와 사용자의 참여권을 (형식적으로나마) 보장하였다는 점에서 진일보한 것으로 평가할 수 있다.

Ⅴ. 결   론

우리나라 사회보장제도 특히 1960년대의 사회보장제도가 경제·사회적인 변천 과정에서 사회적 요구에 의하여 자연발생적으로 도입된 것이라기보다는 개인적으

---

33) 보건사회부 사회보장심의위원회, 「사회보장의 현황」, 1976. 11.

34) 김유성·이흥재, 앞의 책, 78면.

35) 현재도 건강보험사업, 국민연금사업은 보건복지부장관이, 고용보험사업, 산재보험사업은 고용노동부 장관이 관장하도록 되어 있어, 사회보험의 관장기관이 이원화되어 있다.

로 관심을 가진 전문가들의 각성과 노력에 의하여 그 계기가 마련되었다는 점은 부인할 수 없다.[36] 사회보장에 관한 법률 역시 사회보장에 대한 사회적 관심이 많지 않던 시기에 사회보장제도를 수립하려는 사회보장제도심의위원회 전문위원들의 선구적 노력과 복지국가 건설 그 자체보다는 복지국가 건설을 강조하여 국민의 지지를 얻는 데에 더 관심이 있는 군사정부의 의도가 뒤섞인 상태에서 제정되었다고 볼 수 있다.

이러한 시대적·정치적 상황 속에서 사회보장심의위원회 전문위원들이 고군분투하여 작성한 사회보장에관한법률안은 정치권력에 의해 쉽게 왜곡될 수 있는 태생적 한계를 지니고 있었고, 실제로 입법과정에서 초안의 많은 부분이 후퇴하였다. 이 법이 제정 이후 1996년 7월 1일 폐지될 때까지 단 한 차례의 개정도 없이 그대로 존속하였다는 사실은 사회보장에관한법률이 사회보장의 기본법 역할을 하기는커녕 관심 자체를 받지 못한 사문화된 법이었음을 잘 드러내준다.

---

36) 최천송, 앞의 책, 19면.

05 산업재해보상보험법 제정사[*]

김재희[**]

Ⅰ. 서론 : 산업재해보상보험법의 제정 의의 및 목적

근로자의 업무상 재해에 대한 우리나라의 보상제도는 일제 강점기에 조선광업회가 근로자의 업무상 재해에 대한 부조의무를 도입한 것을 그 시작으로 볼 수 있다. 다만 이는 상호부조에 의한 미약한 제도에 불과하였고, 적용대상도 일부 광업근로자에 국한되어 매우 한정적이었다. 그 후 1948년 정부수립과 함께 제정된 헌법에서 근로자의 권리를 보장함에 따라, 이에 기하여 결성된 노동조합이 사용자와 체결한 단체협약을 통하여 근로자의 재해보상문제를 해결하고자 하는 시도가 있었으나, 이는 법령에 의한 것이 아니므로 노동조합 및 단체협약의 적용을 받지 못하는 근로자는 여전히 재해보상의 사각지대에 놓이게 되었다. 이를 극복하고자 1953년에 제정, 공포된 근로기준법에서는 재해보상의 개별 사용자책임제도를 법정하여 비로소 재해보상에 관한 사항이 노동조합에 가입하지 아니한 일반 근로자에게도 확대적용되었지만, 실제 적용에 있어서는 한계를 지니고 있었으며 그에 따라 보험의 원리에 입각한 사회보장제도로서의 산업재해보상보험법(이하에서는 '산재보험법'이라고만 한다)의 도입이 논의되었고, 1963년 산재보험법이 제정, 공포됨에 따라 사회보장제도의 한 방도로서 산업재해보상보험(이하에서는 '산재보험'이라고만 한다) 제도가 도입, 시행되게 된 것이다.[1)]

산재보험법 제정 당시인 1963년도의 우리나라는 취업자의 63.2%가 농림수산업에 종사하며, 광공업이 차지하는 비율은 8.7%(그중 제조업은 7.9%)에 불과한, 아직

---

* 이 글은 「법학논총」(국민대학교 법학연구소) 제29권 제2호(2016)에 발표된 글이다.
** 국민대학교 법과대학 교수, 변호사.
1) 하상락 편, 「한국사회복지사론」, 박영사, 1998, 101-102면.

1차 산업이 중심이 되는 경제체제였다.[2] 일반적으로 질병이나 실업 등과 같은 사회적 위험에 가장 노출되기 쉬운 층이 광업이나 제조업과 같은 2차 산업에 종사하는 근로자들인바, 이들이 가장 우선적인 보호대상으로 되어 자연적으로 산재보험 등 사회보장제도의 필요성 및 도입에 관한 논의가 이루어져 온 구미와는 우리나라는 도입의 배경이 같다고 볼 수는 없었으며, 1960년대의 사회, 경제적 환경은 산재보험제도의 형성에 크게 영향을 미치지 못한 것으로 평가되고 있다.[3] 그와 같이 사회적, 경제적 외적 여건이 따라주지 않는 상황에서는 시기상조로 여겨질 수 있음에도 불구하고 산재보험의 도입이 전격적으로 결정되었던 이유는 당시 군사정권의 정통성 실추로 인한 선거경쟁에서의 패배를 방지하기 위하여, 정통성 확보의 보조적 수단으로서 경제성장정책에 더하여 사회복지정책을 택한 것이 그 연유가 된 것이라고 평가되고 있다.[4] 그 결과, 법제정은 사회, 경제적인 외적 여건이 성숙되지 못한 상황에서 정부주도하에 일방적으로 진행되었으며, 어디까지나 당시 정부의 최우선과제인 경제성장 일변도의 정책을 해하지 않을 것을 전제로 한 한정적인 범위 내에서 기능하도록 규정, 도입되었다.

이하에서는 산재보험법이 제정되기 이전에는 근로자의 재해에 대한 보상이 어떠한 형태로 이루어졌는지를 우선 살펴보고, 이를 통하여 산재보험법의 제정에 이르게 된 경위를 확인하도록 한다. 산재보험법의 제정경위와 관련하여는 보건사회부의 산하기관이자 자문기관으로 설립된 사회보장심의위원회(이하 '사보심'이라고 한다)의 역할이 제일 크게 작용하였다고 할 수 있는바, 사보심에서의 논의과정을 중심으로 하되, 이를 포함한 전체적인 제정경위를 검토하고자 한다.

그 다음으로는 제정된 법률의 주된 내용 및 그 적용대상과, 공포 이후의 경과를 간략히 살펴보며, 제정 당시의 상황에 의한 산재보험법의 적용실태 및 그 한계를 확인하며 본 연구를 마무리하도록 한다.

II. 산재보험법 제정 이전의 근로자 재해에 대한 대응

서구에서는 산업혁명에 의한 산업 발전 및 근로자의 권리 신장과정에서 재해보상에 관한 원칙이 단계적으로 발전되어 왔지만, 그와 같은 과정은 우리나라에서는

---

2) 노동청, 「제1회 한국노동통계연감」, 1971, 13면.
3) 하상락 편, 앞의 책, 487면.
4) 하상락 편, 위의 책, 501면.

그대로 적용되지는 아니하였고, 근로기준법이 제정되기 이전에는 사용자의 은혜적, 구휼적 부조 또는 근로자 자신의 노력에 의한 공제제도라는 개념하에 재해보상이 실시되어 왔다.[5] 이에 관한 사항을 이하에서는 시기별로 살펴보도록 한다.

1. 일제 강점기

일제 강점기에 일본 본국에서는 공장근로자의 재해에 대한 부조제도를 중심으로 제정되어 있던 공장법(工場法, 1916년 시행), '광산 및 공장근로자의 업무상 재해를 규정한 건강보험법'(1922년 제정), '토목, 건축 등 옥외 근로자에 대한 부조제도의 확립과 그 부조책임에 관한 노동자재해 부조법' 및 노동자부조책임보험법(1931년 제정), '업무재해사고에 대한 부조의 사회보험화를 시도한 후생연금보험법'(1944년 제정) 등 각종 노동보호법규를 실시하여 자국의 일본인 근로자를 보호하였으나, 이는 일본인에게만 적용되었으며 기본적으로 한국인 근로자는 일본인에 비하여 차별적 처우를 받았다.[6] 따라서 한국인 근로자의 업무상 재해에 대한 구제조치는 그 대부분이 일본인인 사용자의 은혜적인 구휼, 부조에 의존할 수밖에 없는 상황이었다.[7]

일부 공공부문에 있어서의, 즉, 관영 현업근로자의 업무상 재해에 대하여는 정규직원으로 구성되는 공제조합에 의하여 공제의 형식으로 조합원의 갹출금과 정부의 보조금으로 형성되는 기금으로서 공제금이 지급되었다. 구체적으로는 체신의 경우에는 1935년, 전매 및 철도의 경우 1939년에 공제조합을 조직하도록 하였으며, 이에 대하여 정부가 조합원 급료총액의 2~2.4%에 해당하는 보조금을 지급하여 기금을 조성한 후, 조합원의 업무상 상병 등 재해에 대하여 동 기금에서 공제금을 지급하는 구조를 취하였다.[8] 다만 이와 같이 공공부문에서 직원 보상을 위한 공제제도를 실시한 이유는 동 공공부문에는 일본인이 다수 종사하고 있었기 때문이라고 한다.[9] 이러한 공제제도는 이후 공무원재해보상제도의 공포와 더불어 순수한 자치적인 경향으로 존속하게 되었다.[10]

한편 조선광업령(朝鮮鑛業令)[11]에서 조선총독은 광업권자에게 시업안 또는 광부

---

5) 민부기, "사회보장의 실현을 위하여", 「국가재건최고회의보」, 제18호, 1963, 87면.
6) 노동청, 「노동행정 10년사」, 1973, 250면.
7) 노동부, 「산재보험 40년사 1964~2004」, 2004, 4-5면.
8) 민부기, 앞의 글, 87면.
9) 노동부, 앞의 책, 5면.
10) 민부기, "산재보험제도의 창설", 「국가재건최고회의보」, 제26호, 1963, 67면.

의 보호단속에 관한 규정의 인가를 받게 할 수 있다고 하여(제24조 제1항), 당시의 지배적 산업이자 노동재해율이 높았던 광업근로자에 대하여만은 법령상으로 부조조치의 도입근거를 두었지만, 이 이외에는 한국인 일반근로자에 대한 부조제도를 거의 찾아볼 수 없었다고 할 수 있다.[12] 동령은 1938. 5. 12.자로 개정되어 50인 이상의 광부를 상시 사용하는 광산에 대하여 광업권자가 광부의 업무상 상병 또는 사망시 부조할 것을 정하는 등,[13] 부조제도에 관한 상세한 내용을 추가로 도입하였고,[14] 이에 근거하여 '조선광부노무부조규칙'이 제정되었다.[15] 그외에도 선원에 관하여는 '조선민사령에 의한 상법' 제725조에 해원부조규정이 있었다.[16]

또한 근로자의 업무상 재해에 대한 손해배상제도로서 '조선민사령에 의한 민법' 제709조의 불법행위제도가 있기는 하였지만, 이는 과실책임주의이므로 근로자의 입증이 사실상 곤란하였고, 재판상 청구시에는 근로자의 비용부담 및 시간소요가 커서 민법상의 손해배상제도는 실효성이 없었다.[17]

결국 위 광업근로자에 대한 부조제도가 일제 강점기에 한국인 일반근로자를 대상으로 하는 업무상 재해에 대한 거의 유일한 보상제도였지만,[18] 이 조선광부노무

---

11) 조선총독부제령 제8호, 1915. 12. 24. 제정, 1916. 1. 1. 시행
12) 노동부, 앞의 책, 5면.
13) 손준규, "한국의 복지정책 결정과정에 대한 연구: 행정부 내 정책결정과정을 중심으로", 서울대학교 정치학과 박사학위논문, 1981, 52면.
14) 광업권자의 부조의무와 관련하여 새로이 신설된 규정은 다음과 같다(1938. 9. 1.자 시행).
   제26조의5 광업권자는 조선총독이 정하는 바에 의하여 광부가 업무상 부상을 당하거나 질병에 걸리거나 사망한 경우에 본인이나 그 유족 또는 본인의 사망 당시 그 수입에 의하여 생계를 유지한 자를 부조하여야 한다.
   제26조의6 광업권자가 전조의 규정에 의한 부조를 한 때에는 광업권자는 부조가액의 한도에서 조선민사령에 의할 것을 정한 민법에 의한 손해배상의 책임을 면한다.
   제26조의7 제26조5의 규정에 의한 부조를 받을 권리는 2년간 행사하지 아니한 때에는 시효로 인하여 소멸한다.
   제26조의8 제26조5의 규정에 의한 부조를 받을 권리는 양도하거나 차압할 수 없다.
15) 민부기, 앞의 글, 66-67면. 이에 의하면 동 부조제도의 종류 및 내용은 다음과 같다.
   ○ 요양부조: 요양기간중 소요요양비
   ○ 휴양부조: 휴양기간중 임금의 40/100
   ○ 장해부조
     ① 종신자유불능자＝임금의 400일분
     ② 종신노무종사불능자＝임금의 300일분
     ③ 종래업무에 종사불능자＝임금의 150일분
     ④ 신체장해의 복구는 불가능하더라도 노동에 종사할 수 있는 자＝임금의 30일분
   ○ 유족부조: 사망시 유족에게 임금의 300일분
   ○ 장제비: 사망시 임금의 30일분
   ○ 일시부조: 요양후 2년이 경과하여도 그 상병이 완치불가능할시 임금의 360일분
16) 노동청(1973), 앞의 책, 250면.
17) 노동청(1973), 위의 책, 250면.

부조규칙은 근로기준법의 제정에 따라 폐지되었고,[19] 이러한 일제 식민지 시절의 역사는 산재보험제도의 발전에 직접적인 영향을 주지는 못한 것으로 평가되고 있다.[20]

2. 해방 후 미군정시기

해방 이후 1945. 9.에는 미군정청 상공부 광공국 노무과가 설치되었으며, 동 조직에서 노동행정을 담당하게 되었다.[21] 한편 미군정청은 1946. 7. 23.자로 군정법령 제97호 '노동문제에 관한 공공정책 공포 및 노동부 설치'를 제정, 공포하였는바, 동 법률에서는 고용주와 노동조합 간에 고용조건을 명기한 평화적 협정을 장려한다고 하여[22] 노동재해에 대한 보상문제를 포함하되 그 기본은 단체협약을 통한 해결을 장려하였다.[23]

위 조항에 바탕을 두고 체결된 대표적인 단체협약상의 재해보상사례로는 경성전기주식회사 대 대한노총 총연맹경전노동조합의 단체협약(1947. 8. 15. 체결, 유효기간 6개월)을 들 수 있다.[24]

위와 같은 단체협약의 체결사례에도 불구하고 위 조항을 활용한 근로자 재해보상은 근본적인 한계에 부딪힐 수밖에 없었는바, 그 이유로는 해방 후 이루어진 노동조합 활동은 기업별 노동조합이 주된 단위였으므로 그 본질상 해당 조합이 속한 기업 내의 노동문제에 좀 더 관심이 갈 수밖에 없었으며, 이러한 단체협약은 해당 조합원들에게만 적용되었으므로 결과적으로는 노동조합이 조직되어 있지 아니한 중소, 영세한 기업의 근로자들에 대하여는 재해보상문제가 해결될 수 없었다

---

18) 노동부, 앞의 책, 6면.
19) 노동부, 위의 책, 6면.
20) 우명숙, "한국의 복지제도 발전에서 산재보험 도입의 의의", 「한국사회학」, 제41집 3호, 2007, 175면.
21) 노동부, 앞의 책, 6면.
22) 동법 제1조는 다음과 같이 규정되어 있다.
   제1조 (정책선포) 재조선 미국 육군 군정청은 노동 문제에 관한 공공 정책을 자에 좌와 여히 선포함.
   (가) 민주주의적 노동조합의 발전을 장려할 사.
   (나) 노동자는 자율적 노동조합을 통하야 노동연합회를 조직하고 가입하며, 타 노동조합을 원조하고 우는 원조를 수하는 권리가 잇는 동시에 고용주와 기 대리인의 간섭을 수치 안코, 고용 계약의 기간 급 조건을 협정할 목적으로 자기가 선거한 대표자를 지명할 권리가 유함.
   (다) 고용 계약서에 잇서 고용주와 노동조합간의 합의된 노임, 노동시간 급 기타 고용조건을 명기한 평화적 협정을 장려할 사.
23) 노동부, 앞의 책, 7면.
24) 노동부, 앞의 책, 10면. 동 협약에는 사망사고시의 장의비 및 일시보상금 지급, 부상시 치료비 및 입원비와, 작업 복귀시까지의 임금지급의무, 종신간 작업불능시의 매달 퇴직금지급의무 또는 이에 갈음하는 일시금 보상 등이 규정되어 있다.

는 점이 거론되고 있다.[25]

3. 정부 수립 후 과도기

소위 노동 3권을 보장한 우리나라의 제헌헌법이 공포되자, 노동자단체는 이에 기반한 구체적인 노동입법을 촉구하는 한편 단체협약의 체결을 위한 활동을 전개하여 나갔다. 그러나 이후 공포된 정부조직법에서는 미군정시의 노동부를 사회부의 노동국으로 개편하고, 지방조직인 도별 노동국은 노동과, 이후 사회과 노동계로 격하시켰으며, 자의적 인사정책에 의하여 군정시의 경험을 쌓은 훈련된 노동업무 담당 공무원은 점차 없어지게 되었다.[26]

한편 산업현장에서는 노동재해는 계속하여 발생하였지만, 이에 대한 제도적 대책은 아직까지 특별히 마련되지는 못하였는바, 그에 따라 노동조합이 없는 사업장은 물론, 노동조합 및 단체협약이 체결되어 있다고 하더라도 사업주의 지불능력이 현실적으로 제한적인 경우에는 피재근로자가 제대로 된 보상을 받지 못하는 문제가 발생하고 있었다.[27] 이를 해결하기 위하여 부산 부두의 하역노동자를 대상으로 하여 갹출금 선납주의를 기반으로 하는 후생협약[28]이 체결되기도 하였으나 이는 예외적인 사례에 불과하였으며, 근로자 전체를 놓고 보았을 때에는 여전히 다수의 근로자들이 재해보상의 사각지대에 놓여있었다.[29]

4. 근로기준법의 제정 및 시행

1953. 5. 10.에 법률 제286호로 제정, 공포된 근로기준법은 모든 사업 또는 사업장을 적용대상으로 하였고, 제8장에서 재해보상에 관한 규정을 두어 근로자의 업무상 부상 또는 질병에 대하여 사용자가 보상할 의무를 법률상의 의무로 규정하였다.[30] 이에 따라 사용자의 무과실책임주의의 원칙이 처음으로 법률로 전면적

---

25) 우명숙, 앞의 논문, 175면.
26) 노동부, 앞의 책, 10-11면.
27) 노동부, 앞의 책, 11면.
28) 본 협약에 의한 재해보상 기준은 다음과 같다 (노동부, 앞의 책, 12면):
    ○ 요양보상: 전액
    ○ 휴업보상: 경상자는 일수노임의 50%, 중상자는 일수노임의 100%
    ○ 장해보상: 장해정도에 따라 등급을 결정하되, 취업복귀 불능 시에는 자활자금 명목으로 지급(대체로 60만원 내외의 일시보상)
    ○ 유족보상: 직계존비속 또는 사망 당시 생계를 같이 하는 부양가족에게 1인당 15만원 지급
    ○ 장제비: 일체를 부담
29) 노동부, 앞의 책, 11-12면.

으로 도입되었으며, 근로자의 노동재해에 대하여는 사용자가 전적으로 책임지고 그 손해를 보상하여야 한다는 소위 고용주책임주의의 근대적인 의의가 부여되게 된 것이다.[31] 동법에서는 요양보상, 휴업보상, 장해보상, 유족보상, 장사비 및 일시보상의 6가지 급여를 규정하고, 보상청구권의 양도, 압류금지, 다른 손해배상과의 관계 등을 비교적 상세히 규정하고 있다.[32]

동법은 공포일로부터 90일 이후에 시행되기로 되어 있었지만(부칙 제113조), 당시는 아직 한국전쟁이 지속중이던 시기로 계엄이 발동되어 있어서 위와 같은 고용주 책임주의를 실제로 시행하기에는 현실적인 제약이 따랐다.[33] 한편 동법 시행령에서는 적용 대상을 상시근로자 16인 이상의 사업장(시행령 제1조)으로 제한하고 있었으며, 근로기준법의 기준의 시행을 감독하여야 할 근로감독관에 관한 규정은 시행일 이전에 만들어지기는커녕, 법제정으로부터 8년이 지난 1961년에야 제정, 공포되었다는 점은 법령과 현실의 괴리를 보여주는 상황이었다고 할 수 있다.[34]

---

30) 노동부, 앞의 책, 13면.

31) 민부기, 앞의 글, 67면.

32) 제정 당시의 근로기준법상의 재해보상에 관한 내용은 대략 다음과 같다.

  ○ 요양보상: 근로자가 업무상 부상 또는 질병에 걸린 경우에는 사용자는 그 비용으로 필요한 요양을 행하거나 또는 필요한 요양비를 부담하여야 함(제78조)

  ○ 휴업보상: 요양기간 중 평균임금의 100분의 60의 휴업보상을 지급(제79조)

  ○ 장해보상: 업무상 상병의 완치 후 장해가 남는 경우 장해정도에 따른 장해보상을 행할 의무(제80조)

  ○ 유족보상: 업무상 사망시 평균임금의 1,000일분을 유족에게 지급(제82조)

  ○ 장사비: 업무상 사망시 평균임금의 90일분의 장사비를 지급(제83조)

  ○ 일시보상: 근로자가 요양개시 후 1년을 경과하여도 상병이 완치되지 아니하는 경우 평균임금 1,000일분의 일시보상을 행하고 이후의 책임을 면할 수 있음(제84조)

  ○ 분할보상: 사용자가 지급능력이 있음을 증명하고 보상을 받을 자의 동의를 얻은 경우에는 장해보상, 유족보상, 일시보상은 1년간에 걸쳐 분할보상 가능(제85조)

  ○ 보상청구권은 퇴직으로 인하여 변경되지 아니하며, 양도 또는 압류할 수 없음(제86조)

  ○ 다른 손해배상과의 관계: 보상을 받게 될 자가 동일한 사유에 대하여 민법 기타법령에 의하여 본법 재해보상에 상당한 금품을 받을 경우에는 그 가액의 한도에 있어서 사용자는 보상의 책임을 면함(제87조)

  ○ 사회부의 심사의 중재: 업무상의 부상, 질병 또는 사망의 인정, 요양의 방법, 보상금액의 결정, 기타 보상실시에 관하여 이의가 있는 자는 사회부에 대하여 심사 또는 사건의 중재를 청구할 수 있고(제88조), 이에 불복하는 자는 노동위원회의 심사 또는 중재를 청구할 수 있음(제89조)

  ○ 민사소송: 본법에 의한 재해보상에 관한 사항에 대하여 민사소송을 제기함에는 노동위원회의 심사 또는 중재를 거쳐야 함(제90조)

  ○ 도급사업에 대한 예외: 사업이 수차의 도급에 의하여 행하여지는 경우에는 재해보상에 대하여는 그 원도급인을 사용자로 봄(제91조)

  ○ 서류보존 및 시효사용자는 재해보상에 관한 서류를 2년간 보존하여야 하며(제92조), 본법에 의한 재해보상청구권은 2년간 행사하지 아니하는 경우 시효로 소멸함(제93조)

33) 노동부, 앞의 책, 13면.

34) 노동부, 앞의 책, 13면.

실제로 한국전쟁 이후에는 대부분의 공장이 가동되지 않거나 사업주가 임금도 제대로 지급하지 못하였으므로, 위와 같은 근로기준법상의 근로자재해보상에 관하여는 근로자, 노동조합 및 사용자 모두 제대로 인지하거나 이를 요구, 시행할 여력이 없었다.[35] 근로기준법의 시행 이후에도 실제로 동법에 따라 사용자가 직접 보상을 행한 사례 및 그 지급금액은 상당히 한정적이었음을 이하의 표를 통하여도 확인하여 볼 수 있다.

〈표 1〉 재해보상 실시 일람 (1955. 1. 1. ~ 1955. 7. 31.)

산업별	재해 및 대상인원수			재해보상				합계	
				업무상 사망		업무상 질병 또는 부상			
	사망	부상	합계	장사비 지급액 (건수)	유족보상 지급액 (건수)	요양보상 지급액 (건수)	휴업보상 지급액 (건수)	총액	건수
광업	10	–	10	527,221 (10)	5,152,480 (10)	–	–	5,679,701	10
방직업	1	33	34	120,000 (1)	300,000 (1)	25,772 (33)	–	445,772	34
기계 공업		14	14			7,800 (14)	4,807 (4)	12,607	14
운수업	2		2	52,000 (2)	400,000 (2)			452,000	2
합계	13	47	60	699,221 (13)	5,852,480 (13)	33,572 (47)	4,807 (4)	6,590,000	60

출처: 한국산업은행 조사부, "국내경제개관", 「산업은행월보」 제9호, 1955, 76-77면.

〈표 2〉 재해보상 실시 통계

대상 기간	재해 및 대상인원수			재해보상				합계	
				업무상 사망		업무상 질병 또는 부상			
	사망	부상	합계	장사비 지급액 (건수)	유족보상 지급액 (건수)	요양보상 지급액 (건수)	휴업보상 지급액 (건수)	총액	건수
1955	12	55	67	698,542 (12)	6,803,245 (12)	54,918 (35)	3,370 (3)	7,560,075	62

---

35) 우명숙, 앞의 논문, 176면.

1956.1.1.~10.31.	24	107	131	1,768,360 (24)	16,544,430 (95)	75,165 (99)	114,040 (22)	18,501,995	168
11~12월	–	–	–	–	–	–	–	1,413,580	28

출처: 한국산업은행 조사부, "국내경제개관", 「산업은행월보」 제20호, 1957, 92면.

한편, 근로기준법 이외에는 1961. 11.에 공무원의 재해사고를 대상으로 하는 공무원재해보상규정이 설정되었으며,[36] 1962. 1. 10.에 제정, 공포되어 시행된 선원법에서는 선원의 업무상 재해에 대한 제반 보상규정을 규정하여, 미약하지만 특수직역 종사자들에 대한 보호를 도모하였다.[37]

Ⅲ. 산업재해보상보험법의 제정 과정

1. 도입배경

위와 같이 근로기준법에서 개별 사용자의 책임에 의한 재해보상제도를 규정하고 있었음에도 불구하고 다음과 같은 현실적 문제점이 지적되었으며, 이를 보험제도의 도입에 의하여 해결하고자 함에 따라, 사회보장제도로서의 산업재해보상보험을 도입하자는 논의가 대두되었다.

우선 당시의 재해발생율이 선진국에 비하여 결코 낮은 것은 아니었음에도 불구하고, 실제 재해발생시 근로자의 무지 및 전통적인 주종관계의 영향으로 인하여 근로자의 권리행사를 위한 의지가 희박하여 재해보상청구가 이루어지지 않는 경우도 있었고, 나아가 당시 한국의 고용사정상 높은 실업률[38]로 인하여 근로자의 입지가 불리한 상태에서는 근로자 스스로가 법적 권리행사를 포기할 수밖에 없는 환경으로 되어, 이는 재해보상이 원활하게 이루어지는 것을 막는 요인으로 작용하였다. 또한, 사용자로서도 이러한 점을 알고 악용하는 경우가 지적되었고, 한편 비록 사용자가 법령준수 및 재해보상의 의사가 있더라도 도산이나 기타 사실상의 재력부족으로 인하여 재해보상능력이 없어서 보상을 행할 수 없는 경우도 문제로

---

36) 이는 이후 공무원연금제도의 도입에 따라 동 제도하에 포괄되게 되었다. 민부기, "산업보험제도의 창설", 67면.

37) 민부기, "사회보장의 실현을 위하여", 84면.

38) 가령 1963년 경제활동 인구는 8,653,000여 명인데 이 중 실업자는 약 677,000명으로 추계되며, 실업률은 8.1%에 달하였다. 노동청(1971), 앞의 책, 10면.

지적되었다.[39)]

또한 각 사업장에서의 근로기준법의 준수여부를 감독하여야 할 근로감독관이, 각 시도에 고작 2~4명만이 배치된 상태에서 16명 이상의 직원을 사용하는 전 사업장을 감독하도록 하였고, 이로 인한 인력의 부족으로 대기업이나 중기업체를 제외하고는 근로감독관이 관할지구의 사업장 자체를 전부 파악하고 있지 못하며, 감독 또한 불충분한 것도 문제점으로 거론되었다.[40)]

이와 같은 현실하에서 근로자의 신속공정한 보호를 도모하는 동시에 사업주의 위험부담을 분산시키는 방안으로서 근로기준법에 의한 재해보상제도를 산업재해보상보험제도로 발전시켜야 한다는 주장이 일각에서 대두되었다.[41)] 이러한 주장을 뒷받침하는 구체적 근거로는, 우선 근로자에게 업무상 재해가 발생할 경우 개별적으로 사용자와 시간 및 노력을 들여 시비를 가릴 필요 없이 직접 보험관서에 보상신청을 함에 의하여 신속히 보상을 받을 수 있으며, 사용자로서도 평소 소액의 보험금을 부담함으로써 대량으로 재해사건이 발생할 경우에 예기치 않은 일시보상금의 지출로 인한 재정적 타격을 받을 위험을 분산시킬 수 있고, 국가는 신속하고 공정한 보상을 실시함에 의하여 국가노동력을 보존하는 한편, 필요 이상의 비용을 절감할 수 있고, 사용자의 재해 은폐의 필요성이 없어짐에 따라 정확한 자료를 파악하여 재해방지책을 수립할 수 있다는 점 등이 열거되었다.[42)]

위와 같은 산재보험제도의 도입은 사회보장제도의 기초를 확립하기 위한 첫 단계로서 필요한바, 경제발전과의 상호발전관계를 통하여 당시 우리나라가 표방하는 복지국가건설을 위한 기초가 될 것이라고 여겨졌다. 그렇지만, 산재보험제도의 도입으로 인하여 당시 최우선목표였던 경제발전에 영향을 줄 정도로까지 막대한 재원을 투자할 수는 없으며, 따라서 발족 당시부터 전 적용대상과 전 위험사고를 포괄하는 완전한 제도를 구비할 수는 없고, 경제적, 사회적 발전에 따라, 그리고 산재보험제도의 기술적 경험의 축적에 바탕하여 점진적으로 적용범위를 확대하여 발전하여야 할 것이라고 하여, 사회보장제도의 기초확립이 시급하다고 하면서도 당시의 상황 하에서의 본질적 한계를 벗어나지는 못하고 있었음을 파악할 수 있다.[43)]

---

39) 민부기, "산재보험제도의 창설", 67면.
40) 민부기, "사회보장제도의 실현을 위하여", 87면.
41) 민부기, 위의 글, 88면.
42) 민부기, 위의 글, 88면.
43) 민부기, 위의 글, 90면.

2. 사회보장제도 심의위원회의 설치 및 법안기초 확립

1) 위원회의 창설

1959년 가을 보건사회부의 의정국 주관하에 매주마다 보건사회부에서 '건강보험제도 도입을 위한 연구회'가 열렸으며, 동 연구회에서 연구, 토의된 사항이 우리나라의 사회보장제도의 모태가 되었다고 알려져 있다.[44] 연구회의 구성원들은 사회보장에 관하여 전문적인 교육을 받거나 이에 관한 경험이 많은 전문가는 아니었지만, 개인적으로 한국의 사회현실과 연관하여 사회보장문제에 각별히 관심을 가진 법률가, 의사, 학자 등을 중심으로 모인 소위 준전문가들이었다.[45] 이들은 그자신은 정치적으로 영향력을 지닌 집단은 아니었지만, 당시 국가재건최고회의의 구성원 중 사회보장문제에 관심이 있던 군부 엘리트와 개인적으로 연계가 되면서, 사회보험을 중심으로 하는 사회보장제도를 군사정권의 정당성의 확보를 위한 정책으로 도입하도록 적극적으로 활약하게 되었다.[46] 이들은 비버리지 보고서, 1952년 제35회 ILO 총회에서 채택된 사회보장의 최저기준에 관한 조약, 세계노동조합연맹(WFGU) 주최의 사회보장회의에서 채택된 사회보장계획 등 당시 해외의 사회보장과 관련한 추세에 관한 자료도 입수하고,[47] 이를 바탕으로 국가개발계획에 있어서의 사회부문의 참여를 적극적으로 주장하였다.[48]

한편 1959년 5월경에는 당시 보사부 의정국장인 윤유선 박사가 국제연합의 세계보건기구 제12차 총회에 한국대표로 참석하였는바,[49] 총회에서는 우리나라의 재건 및 발전, 세계보건기구 기타 국제기구와 연계한 보건의료분야의 정상회복노력 등에 관하여 소개하고 세계보건기구의 운영자금에도 일정 비율의 금액을 출연하는 등,[50] 국제적인 사회보장의 흐름에도 어느 정도 참여하고자 하는 모습을 찾아

---

44) 손준규, 앞의 논문, 10면.
45) 정무권, "한국 사회복지제도의 초기형성에 관한 연구", 「한국사회정책」 제3집, 한국사회정책학회, 1996, 339면.
46) 정무권, 위의 논문, 339-340면.
47) 한몽연, "사회보장의 국제적 동향", 「국회보」 제24호, 1959, 101면.
48) 1957년 국제연합 경제사회이사회에서 'social planning(사회계획)'이라는 용어를 처음으로 사용하여 사회부문에도 경제부문과 같이 계획관념을 도입시켰으며, 1961년 12월 제16차 국제연합총회에서 '균형된 경제 및 사회개발에 관한 결의(Resolution on Balanced Economic and Social Development)'를 천명하고 이를 개발도상국과 선진국에 동시에 권유하였는바, 이러한 해외의 추세에 관한 자료를 입수하고 이를 적극적으로 활용하고자 한 것으로 보인다. 손준규, 앞의 논문, 15면.
49) 조선일보, "우리대표파견 WHO총회에", 1959. 5. 5. 일간 제2판 제1면.
50) 외무부 구미과/방교과, "WHO총회. 제12차. Geneva. 1959", 「외교문서. I-0004(1948~1959)」, 외무부, 1993, 1243면 이하.

볼 수 있다.[51] 한편 1960년에는 당시 보건사회부 건강보험제도연구원 양재모 씨가 보건사회부의 추천에 의하여 세계보건기구 장학금으로 1월 2일부터 4월 28일까지 세계보건기구, 국제노동기구 및 스위스, 서독, 영국, 노르웨이, 핀란드, 덴마크, 중국, 일본 등을 순방하며 각국의 사회보장제도를 고찰한 후 그에 의한 연구결과를 바탕으로 '사회보장제도의 창시에 관한 건의'를 제출하였다.[52]

이와 같은 경위를 바탕으로, 1962년 국가재건최고회의의 기본정책방향에 '부조와 보험을 근간으로 하는 사회보장제도의 기틀을 마련하여 국민생활 향상과 사회복지를 건설한다'는 사항이 포함되었다.[53] 이에 동 연구회의 구성원들은 나아가 연구회에서의 연구결과를 가지고 국가재건회의의 최고위원들을 설득하여 그 결과 1962. 2. 20.자로 각령 제469호로 사회보장제도 심의위원회 규정이 제정되었고, 이를 바탕으로 같은 해에 보건사회부장관의 자문기관으로서 사회보장제도에 관한 사항을 조사, 심의하기 위한 기관으로서 사회보장제도 심의위원회가 설치되었다 (규정 제1조). 동 위원회는 위원장 및 부위원장 각 1인을 포함한 위원 20인 이내로 조직되며(동 규정 제2조), 위원장은 보건사회부차관이 되고 부위원장은 보건사회부 기획조정관이 되었다(제3조 제1항). 한편 위원은 사회보장제도에 관한 학식과 경험이 풍부한 자 및 관계공무원 중에서 보건사회부장관이 위촉 또는 임명하는 것으로 하여, 임기는 1년으로 하고 공무원인 위원은 재임기간을 재직기간으로 하였다 (동조 제2, 3항). 창설 당시의 비상임 심의위원은 다음과 같이 구성되었다.[54]

- ■ **위원장**: 보건사회부 차관 한국진
- ■ **부위원장**: 보건사회부 기획조정관 강봉수
- ■ **비상임위원**: 김치선(서울대학교 교수), 백창석(중앙대학교 교수), 손정준(최고회

---

51) 이와 관련하여, 손준규, 위의 논문에서는, 동 총회에서의 각국의 사회보장사업의 현황과 추진계획에 대한 소개과정에서, 우리나라에는 이 분야에 여하한 제도나 사업이 없다는 점에 대하여 각국 대표로부터 힐난에 가까운 수준으로 그 이유를 추궁당하였고, 그러한 사건도 사회보장제도 도입 추진의 계기 중 하나로 작용하였다고 기술하고 있다. 손준규, 위의 논문, 24면.

52) 양재모, "사회보장제도 창시에 관한 건의", 서울대학교 행정대학원, 1961. 위 글에서는 사회보장제도의 입법방향 및 운영, 급부, 조직구성 등에 관하여 세부적인 사항에 이르기까지 구체적인 내용을 기술하여 제도의 도입을 건의하고 있고, 나아가 필자는, '사회보장제도의 도입초기단계에서는 기구조직 편성 및 담당간부의 훈련이 무엇보다도 중요한바, 제네바의 국제기구 방문 당시 간부직원의 훈련을 위하여 전문가파견 및 지원에 관하여 질의하였더니 우리 정부에서 기술원조를 요청하면 각계 전문가로 구성된 팀을 보낼 수 있다는 답변을 들었다'고 기술하고 있는바, 이로부터도 사회보장제도의 도입에 관한 당시의 관계 전문가들의 열의를 미루어 짐작할 수 있다. 양재모, 위의 글, 85-87면.

53) 손준규, 앞의 논문, 28-29면.

54) 노동부, 앞의 책, 17면.

의 자문위원), 양재모(연세대학교 교수), 육지수(국회의원), 하상락
(서울대학교 교수)

한편 사회보장제도에 관한 사항과 의원장이 지정하는 사항을 조사연구하기 위
하여 사회보장연구실을 설립하고 위원회에 15인 이내의 전문위원을 두도록 하였
으며, 이러한 전문위원은 사회보장제도에 관한 학식과 경험이 풍부한 자 중에서
보건사회부장관이 임명하는 것으로 하되, 공무원은 전문위원이 될 수 없도록 하여
(규정 제7조), 외부의 민간 전문가들이 사회보장제도의 방향 및 내용, 기틀과 특징
을 마련하도록 하고 있었다.

위 규정에 따라 설치된 사회보장연구실은 분야별로 4개 반으로 나뉘어 제도수
립을 위한 사전준비활동을 계속하였다. 4개 반은 즉 종합, 의료보험, 공적부조 및
노동보험으로 나누어지는바,[55] 노동보험반의 전문위원으로는 전문위원들 중 유일
한 공무원 출신인 심강섭 씨가, 전문위원 보조로는 건국대학교 출신 경제학사이자
도덕재무장운동의 중견인물인 민부기 씨가 임명되었다.[56]

위 심의위원과 전문위원들이 조속히 사회보장제도를 수립, 실현하기 위하여 당
시 군사정부의 최고회의 의장의 이해를 구하고자 노력하였고, 이를 계기로 하여
박정희 당시 최고회의 의장은 1962. 7. 28.자로 '사회보장제도를 수립하라'는 지시
각서(제12531호)를 내각 수반에 내려서 사회보장에 대한 인식을 높이고 이의 수립
을 추진하는 계기를 마련하여 주었다.[57] 동 지시각서에서는 사회보장제도와 경제
개발계획을 병행추진하되, 사회보험 중 비교적 실시하기 용이한 것을 택하여 이를
시범적으로 실시하여 우리나라에게 적합한 제도를 확립하라고 하여, 사회보장제도
의 수립에 탄력을 가하고 있다.[58] 한편 1963년도에는 국가재건최고회의의 기본 정
책방향에 '사회보장제도를 수립함으로써 빈곤과 질병, 실업 및 인구과잉 등 사회
불안의 요인을 제거하고 사회정의를 실현하여 복지사회 건설에 매진한다'는 사항
이 포함되게 되었다.[59]

---

55) 사보심의 직무분담은 급여종류를 중심으로 한 것으로서, ILO에서 정한 국제사회보장 최저기준조약
(제132호)에 의한 6종의 보장종류를 참고로 한 것으로 보인다. 손준규, 앞의 논문, 42면.
56) 노동부, 앞의 책, 17-18면.
57) 손준규, 앞의 논문, 10면.
58) 손준규, 위의 논문, 36면.
59) 손준규, 위의 논문, 29면.

2) 산재보험법의 제정추진 결정

사보심의 각 전문반에게는 광범위한 사회보장제도 중 어떠한 제도를 먼저 도입할 것인지, 직무범위는 어디까지로 할 것인지 등에 관한 구체적인 방향 및 우선순위를 정할 필요성이 우선 대두되었다. 1960년 및 1961년에 노동재해 및 실업보험에 대한 기초조사를 실시하고 이에 대한 연구보고서도 발간되었으며, 보사부에서는 1960년 2월에 근로자의 해고상황을 산업별로 조사하여 분석하기도 하였는바,[60) 이러한 사실을 바탕으로 노동보험반은 우선 실업보험제도와 노동자재해보상보험제도의 도입을 당면과제로 정하였다.[61)

이 중 실업 및 실업보험의 경우에는 해방 이후 지속적으로 정당이나 사회적 집단 또는 노동단체 등이 계속하여 이를 제기하여 왔으며, 문서화하기도 하여 근로자뿐만 아니라 일반국민도 실업보험제도를 인지하였으며, 그에 따라 이 분야에 관하여는 여론의 지지가 이루어지고 있었다.[62) 가령 4·19 후 과도정부 수립 이후 1960년 7·29 총선 기간 동안 민주당은 선거공약으로서 사회복지제도의 확립과, 개혁정책으로서 점진적으로 실업보험, 건강보험 기타 각종 사회보장제도를 창설할 것을 주장하였고, 한편 자유당도 이에 대항하는 정책으로서 전적 취업의 보장과 사회보장제 실시를 제시하는 한편 선거공약으로서 사회보장제도를 확립하고 복지사회를 건설할 것을 제안하였다.[63) 이와 달리 산재보상보험제도에 관하여는 이때까지도 특별히 문제를 제기한 흔적을 찾아볼 수 없었다.[64)

그러나 사보심에서는 연구과정에서, 우리나라의 당시 국가재정적, 경제적 또는 사회적 현실을 고려하여 실업보험제도에 관하여는 근로기준법상의 퇴직금제도를 보완하는 퇴직금공제제도를 발족시키는 것으로 하고 제도 자체는 장기연구과제로 돌리는 것으로 결정하는 한편, 산업재해보상보험제도의 창설을 제1순위로 추진하기로 결정하였다.[65) 산재보험제도의 도입이 더 시급하다고 판단한 이유는, 피재근로자는 소득상실과 의료비 지출이라는 이중의 고통을 받게 되며, 또한 경제개발계획의 추진에 따라 산업재해자들이 계속 늘어날 것으로 예상하였기 때문이었다.[66)

---

60) 손준규, 위의 논문, 22면.
61) 노동부, 앞의 책, 18면.
62) 노동부, 위의 책, 18면.
63) 우명숙, 앞의 논문, 169-170면.
64) 노동부, 앞의 책, 18면.
65) 민부기, "산재보험제도의 창설", 68면.
66) 손준규, 앞의 논문, 35면.

산재보험제도의 수립에 관하여 당시 전문가들은 일본의 노동자재해보상보험제도를 모델로 채택하였다.[67]

3) 실태조사 및 법안 기초작업

1963. 2. 사보심 노동보험반은 '산재보험실시에 관한 제안'을 통하여 산재보험 창설사업 추진계획 및 제정법안을 발표하였다. 산재보험사업 창설 이유로는 근로자 또는 사용자의 무지로 인하여 피재근로자의 권리보호에 심각한 문제가 제기되고 있는바, 근로자의 업무상 재해에 관한 재해보상의 불이행이 사용자의 부당한 태도에 기인한 경우에는 처벌로 대응할 수 있지만 재력부족에 기인할 경우에는 해결할 수 있는 방법이 없어 근로기준법만으로는 재해보상에 관하여 제대로 적시에 대응하기 어려우므로 이를 해결하기 위하여는 보험제도를 도입할 수밖에 없다는 점을 들고 있다.[68]

위 제안서에서는 산재보험제도의 실시요강도 함께 제시하고 있는바, 주된 내용은 다음과 같다.[69]

- 목적: 근로자의 업무상 재해에 대한 신속하고 공정한 보상
- 적용범위: 근로기준법의 적용사업체. 단, 시행 첫해(1963. 7. 예정)에는 상시 100인 이상[70] 근로자를 사용하는 업체에 강제적용하는 한편, 임의 가입도 주무장관의 승인하에 가능
- 보험업무관장기관: 보사부
- 보험사고: 업무상 재해(2요건주의)
- 보험료: 재해율 실적주의
- 보험급여: 요양, 휴업, 장해, 유족, 장제비 및 일시보상의 6가지
- 산재보험정책심의기관 및 재결기관 설치
- 회계: 산업재해보상보험특별회계를 설치하여 운영

위 요강과 더불어 노동보험반에서는 산재보험의 실시를 위한 1963 회계연도 및 5개년차별 사업계획도 함께 수립하였으며, 그 내용은 다음과 같다(이하 표 3, 4는

---

67) 손준규, 위의 논문, 55면.
68) 노동부, 앞의 책, 21면.
69) 노동부, 위의 책, 21-22면.
70) 이는 이후 500인 이상으로 수정하고, 단계별로 적용이 확대되는 것으로 하였는바, 당시의 기업들의 경제적 여건을 고려한 결과로 생각된다.

노동부, 「산재보험 40년사 1964~2004」, 2004, 2223면에서 재인용)

〈표 3〉 1963년도 회계연도[71] 산재보험 사업계획

1) 보험대상자: 약 90,000인 (500인 이상의 사업장)

2) 재정
   예산총액   37,221,000원
   (내역)
   국고부담(일반회계전입)   15,900,000원
   사용자부담(보험료)   21,321,000원

   보험료 산출기초
       (평균임금)(대상)(평균요율)
       5,150원×90,000인×(23/1000)×2월＝21,321,000원

3) 사무개시   1963. 8.

4) 보험사업 개시   1963. 11.(이후 1964. 7. 1.로 변경)

〈표 4〉 산재보험 연차별 사업계획표

연도	대상인원	대상사업장 종업원규모	예산액	국고부담	사용자부담
1963 (제1차년도)	90,000명	500인 이상	37,221,000원	15,900,000원	21,321,000원
1964 (제2차년도)	90,000명	500인 이상	150,126,000원	22,200,000원	127,926,000원
1965 (제3차년도)	150,000명	100인 이상	263,230,000원	0원	263,230,000원
1966 (제4차년도)	150,000명	100인 이상	263,230,000원	0원	263,230,000원
1967 (제5차년도)	400,000명	16인 이상	690,390,000원	0원	690,390,000원

3. 주무장관 보고 및 결재

위와 같은 산재보상보험법안과 사업계획은 사보심내 심의에서는 수정 없이 그대로 통과되었으나, 예기치 않게도 당시 주무장관인 보사부 정희섭 장관이 보험관장자를 보험자인 보사부장관이 아니라 민간보험공사로 변경하라는 지시를 행하였다.[72] 사보심 노동보험반은 연구과정에서 국가별 사례를 비교분석하여 민간보험공

---

71) 원문은 FY63으로 표기하고 있으나 알기 쉽게 정정함.

사에 의한 보험운영, 공사에 의한 운영 등의 장단점을 비교한 후, 사회보험 중 최
초로 시도하는 시범사업으로서의 의의와, 근로자 안전대책과의 관련성 등을 고려
하여 볼 때, 산재보험의 주관은 정부가 하여야 한다는 논거를 들며 법안 자체도
이를 전제로 구성하였음을 설명하고 1개월 간에 걸쳐 장관을 설득하여, 1963. 7.
경 최종적으로 결재를 받고 관계부처의 협의 및 법제처의 심의로 법안을 넘기게
되었다.[73]

4. 부처별 협의, 심의와 최고회의에서의 통과

1) 관계부처 협의에 의한 예산확보 및 법제처 심의

민정이양을 앞둔 시기의 일정의 촉박함으로 인하여 산재보험법안은 관계부처
협의와 법제처 심의를 동시에 거치게 되었으며, 이러한 업무처리를 위하여 남윤호
씨[74]가 추가로 노동보험반에 합류하였다. 노동보험반은 경제기획원에 산재보험법
안의 협의를 회부하였으나, 동 부처에서는 당시 1인당 국민소득이 100달러에도 미
달하는 현실 및 기존 근로기준법에 옥상옥으로 규제가 추가되는 것이라는 점을
들어 협의에 응하지 아니하였다.[75]

이에 노동보험반은 예산확보를 위하여 남윤호 씨의 주도적 역할하에 경제기획
원 예산국장으로부터 예산확보에 의한 동의를 받아냈으며, 사회보장의 실시가 시
기상조라며 협조하지 아니하는 상공부에 대하여도 담당 법무관을 설득하여 장관
의 결재를 받아내는 데 성공하였다. 남윤호 씨는 나아가 재무부에 대하여도 담당
사무관 및 국장과 협의하여 산재특별회계예산을 배정하도록 담당국의 결재를 얻
는 데 성공하였다고 하고 있다.[76]

한편 법제처에서는 담당법제관의 비교적 적극적인 협조하에 법안 심의가 순조
롭게 진행되었다. 다만 보험료의 산정이나 요양 및 질병 부분에 있어서의 의학분
야에 관하여는 원칙적으로는 관련기관의 협조를 구하고 전문가의 참여를 통하여
법안 내용을 확정하여야 함에도 불구하고 해당 분야의 전문지식을 갖춘 공무원이
없었던 관계로 위원들의 사적인 인맥을 동원하는 등의 방법으로 민간의 전문가의

---

72) 노동부, 앞의 책, 23면.
73) 노동부, 위의 책, 23·24면.
74) 동인은 당시 서울대학교 법과대학 석사과정 헌법전공중이었으나 학업을 중단하고 취직하였음. 노동
    부, 앞의 책, 25면.
75) 노동부, 앞의 책, 25면.
76) 손준규, 앞의 논문, 56면.

협조를 얻어 업무를 추진하였다.[77]

2) 이해관계집단의 관여

1961년 5·16 쿠데타가 발생한 이후, 박정희 군사정부는 노동조합을 전면 해체한 후 같은 해 8. 3. '사회단체 등록에 관한 법률'을 개정 공포하고 '근로자의 단체활동에 관한 임시조치법'을 공포하여 노동조합을 신규등록하도록 하였다.[78] 이후 노동조합의 재건은 한국노동단체재건조직위원회를 통하여 이루어졌고, 그 결과 한국노동조합총연맹(이하 한국노총이라고 한다)이 결성되었는바, 이후 노동조합의 조직은 한국노총계의 산업별 조합의 승인 없이는 불가능할 정도로 노동조합에 대한 한국노총의 통제권은 강력하였다.[79] 그러한 한국노총에서는 노동운동의 강령으로 사회보장제도를 내걸었을 뿐,[80] 산재보험제도의 도입과 관련하여 여하한 적극적 주장도 공식적으로 표명하지 아니하였던 것으로 확인되고 있다.[81] 또한 당시 이익단체들이 의견을 표명할 수 있는 다른 통로로는 상공회의소의 기관지 '상의 뉴－스'를 들 수 있는바, 동 기관지에서도 산재보험을 포함하여 사회보장제도와 관련한 주장은 특별히 확인되고 있지 아니하다.[82]

이와 같이 산재보험제도의 입법과 도입과정은 매우 폐쇄적이었으며, 주된 논의는 최고회의, 최고회의의 분과위원회인 문교사회위원회, 보사부, 사보심 기타 관련 정부부처 사이에서만 이루어졌다.[83]

그럼에도 불구하고 제한적이나마 이해관계집단의 의견을 반영하고자 하는 노력은 있었는바, 이는 당시 상공부가 주최한 좌담회 또는 대한상공회의소가 주최한 집회에서의 정부의 공개설명회를 통하여 사용자단체와 노동조합에게 산재보험의 도입 필요성을 알리며 이들을 설득하는 정도의 수준으로만 이루어졌을 뿐이다.[84] 당시 상공회의소 주관 설명회에서 사용자들은 산재보험법을 근로기준법에 대한

---

77) 노동부, 앞의 책, 26면. 이에 의하면, 보험수리에 대하여는 미군정 당시 자격을 취득한 우리나라의 유일한 보험계리사인 이겸재 동방생명보험회사 부사장이 협조하였고, 요양내용 및 특히 직업병 등에 관하여는 가톨릭의과대학 부설 산업의학연구소 이승한 박사가 각종 자문을 행하고 참고서적을 대여하며 외국에서의 자료구입 등에 관하여 협조를 아끼지 않았다고 하고 있다.
78) 김삼수, "박정희시대의 노동정책과 노사관계", 「개발독재와 박정희시대」, 창비, 2007, 187면.
79) 김삼수, 앞의 논문, 199-200면.
80) 손준규, 앞의 논문, 27면.
81) 손준규, 위의 논문, 61면.
82) 손준규, 위의 논문. 61면.
83) 우명숙, 앞의 논문, 166면.
84) 우명숙, 위의 논문, 166-167면.

옥상옥으로 받아들이며, 보험에서 보상을 담당할 경우 이중부담이 불가피하므로 노무관리상의 목적으로도 종래와 같이 피재근로자와 유족에게 사용자가 직접 보상을 행하는 것이 낫다는 의견을 피력하였고, 한편 노동단체도 단체교섭의 목표는 100% 보상인데 법안은 가령 휴업보상의 경우 60%만 보상하도록 규정하고 있어 근로자보호에 후퇴된다는 비판을 행하였으나, 전문위원은 산재보험의 도입의의에 관한 원칙론을 들어 설명하며 이들의 양해를 구할 수 있도록 설득하였다.[85]

이와 관련하여 당시의 신문들은 산재보험제도가 성립되기 전까지는 크게 관심을 보이지 아니하였으며, 법이 제정되고 난 뒤 비로소 신법의 조문만 대략적으로 소개하였을 뿐, 이에 대한 논평은 그다지 행하지 아니하였던 것으로 파악된다.[86]

3) 차관회의 및 각의 심의

부처간 협의와 법제처의 심의, 설명회 등을 거친 산재보험법안은 차관회의에 상정되었다. 1차적으로는 1963. 8. 1.자 제58회 차관회의에 '사회보험(산재보험, 의료보험) 실시계획(안건 989호, 보사)'의 일부로 상정되었으나, 아무런 구체적인 이유를 표시함이 없이 안건은 보류처리되었다.[87] 이어 2차로 안건 989호로 상정된 같은 달 5일자 제59회 차관회의에서도 동 안건은 보류처리되었으며,[88] 같은 달 8일 개최된 제60회 차관회의에서는 위 안건은 철회되고 말았다.[89]

1963. 9. 9. 제70회 차관회의에 '사회보장에 관한 법률' 및 산업재해보상보험법의 양 법안이 다시 상정되었다. 동 회의에서 전자는 수정 통과되었으나, 산재보험은 체신부 등의 보험부서가 담당하거나 민간보험에 위탁함이 타당하므로 이를 검토하여야 한다는 이유를 들어 심의가 보류되었다. 그에 따라 체신부, 보사부 및 관계부처 공무원이 참석한 관계관 회의에서 위 차관회의의 결정사항에 대하여 논의하였으나, 체신부는 산재보험과 같은 신종업무는 수행할 수 없다는 결론을 내렸고,[90] 그에 따라 같은 달 12일 차관회의에 위 내용이 보고된 후 차관회의에서는 산업재해보상보험법(안건 1235호 보사)은 원안대로 의결하는 것으로 결정하고 각의에 회부하였다.[91]

---

85) 노동부, 앞의 책, 26-27면.
86) 손준규, 앞의 논문, 61면.
87) 내각사무처, 「제58회 차관회의록」, 1963, 115면.
88) 내각사무처, 「제59회 차관회의록」, 1963, 141면.
89) 내각사무처, 「제60회 차관회의록」, 1963, 159면.
90) 그 이유로는 체신부에서 군인연금을 취급하였다가 이중지불하는 사고를 일으킨 후 원호처에 떠넘겼다는 전례가 지적되었다. 노동부, 앞의 책, 28면.

당시 당국자들은 재원의 우선순위를 경제부문에 두었기 때문에 경제개발 이외의 문제, 특히 사회보장정책에 대하여는 소극적인 태도를 취하고 있었다.[92] 그 때문에, 1963. 9. 17. 상정하기로 예정된 제94차 각의의 심의에 앞서 정희섭 장관이 법안통과를 위하여 원용석 경제기획원장, 상공장관, 농림장관 등 각 장관실을 순방하며 산재보험법의 내용에 관하여 사전에 장관 스스로 직접 브리핑을 행하였으며, 그러한 노력의 결과 산재보험법은 안건 제1235호로서 위 각의에서 원안대로 가결되었다.[93]

4) 국가재건최고회의에서의 심의 및 통과

문교사회위원회 및 법제사법위원회는 법안을 심의 후 원안대로 통과시켰으나 문제는 상임위원회의 심의였다. 산재보험법안은 1963. 10. 8. 제107차 상임위원회에 사회보장에 관한 법률안과 함께 심의안건으로 상정되었다.[94] 본 회의는 오전 10시부터 시작하여 오후 3:32에야 폐회되었으며, 이를 기록한 회의록은 무려 264쪽에 달하였다.[95]

상임위원회에서는 우선 양 법안의 주관위원인 홍종철 문교사회위원이 본 법안은 최고회의에서 사회보장의 확립을 위한 시정방침의 하나로 확고히 명시한 것이며, 1963. 1. 5. 발표한 사회복지정책 및 1963. 7. 박정희 의장의 직접적인 공문에 의한 지시가 있었다는 점을 언급하며 제안설명의 요지를 발언하였고, 이어 홍종철 위원이 법안을 간략히 소개한 다음 강봉수 기획조정관이 보충설명을 하였다.[96]

그러나 정책질의과정에서는 각 위원들이 (1) 기업환경이 악화된 상태에서 산재보험에 의하여 추가부담을 가하는 것에 대한 문제점, (2) 근로기준법에 의하여 이미 재해보상에 관한 문제가 규율되고 있는데 왜 이에 더하여 보사부가 불필요하게 관여하는 것인지 여부, (3) 산재보험업무를 관장하는 기구를 창설함에 의하여 추가로 인원 및 예산을 배정하여야 하는 것에 대한 부담 등을 거론하며, 산재보험

---

91) 노동부, 앞의 책, 28면.
92) 손준규, 앞의 논문, 14면.
93) 노동부, 앞의 책, 29면.
94) 국가기록원 및 국회에 확인하여 본 바로는 국가재건최고회의의 본 제107차 상임위원회 회의록은 양 기관 모두 보유하고 있지 아니하다는 회답을 받았으며, 따라서 본 회의록은 공개되지 아니한 서류로 보인다. 산재보험법의 제정경위를 보여줄 수 있는 가장 기본적인 자료 중 하나임에도 불구하고 본 회의록에 기록된 사항은 이를 인용한 다른 문헌자료를 통하여 간접적으로 확인할 수밖에 없는 한계를 지닌다.
95) 노동부, 앞의 책, 31면.
96) 노동부, 위의 책, 31면.

법의 도입에 관한 비판을 다양하게 제기하였다. 이후 정책질의를 끝내고 축조심의 과정에서도 치열한 공방이 벌어졌지만, 최종적으로는 상임위원회의 수정안대로 법안이 통과되었고, 이어 본회의에서도 가결, 통과됨으로써 산재보상보험법이 확정되었다.[97]

Ⅳ. 제정법률의 주된 내용 및 제정 이후의 경과

1. 제정법률의 주된 내용 및 기본원칙

통과된 법률은 1963. 11. 5.자 관보 제3581호에서 법률 제1,438호로 공포되었고, 1964. 1. 1.자로 시행되었다. 본 법률은 총 6장 37개 조항, 부칙 3개 조항으로 구성되어 있으며, 주된 내용은 다음과 같다.[98]

> (1) 목적: 사회보장에 관한 법률에 의하여 산업재해보상보험사업을 행함으로써 근로자의 업무상의 재해를 신속하고 공정하게 보상하고자 함(제1조).
> (2) 산업재해보상보험 심의위원회의 설치: 보건사회부장관의 자문에 응하여 보험사업에 관한 중요사항을 심의하게 하기 위하여 근로자, 사용자 및 공익을 대표하는 자 각각의 3명으로 구성되는 산업재해보상보험심의위원회를 설치함(제5조).
> (3) 보험가입자: 사업주는 산업재해보상보험의 보험가입자로 당연히 되지만, 이에 대한 예외를 각령으로 정하도록 함(제6조).
> (4) 보험관계의 성립 및 소멸: 성립 및 소멸의 요건을 당연가입 및 임의가입 등의 경우로 나누어 규정함(제7조, 제8조).
> (5) 보험급여: 요양급여, 휴업급여, 장해급여, 유족급여, 장제급여 및 일반급여의 6가지 보험급여를 규정하고, 각 급여별로 보험금을 명시함(제9조).
> (6) 보험급여의 사유와 부채: 근로기준법상의 재해보상의 사유가 발생시 보험급여가 지급되는 것으로 하고, 근로기준법상의 재해보상책임과의 관계를 명확히 함(제11조).
> (7) 수급권자: 수급권자를 명시하는 한편, 수급권이 퇴직을 이유로 소멸되지 아니하고 양도 또는 압류의 대상으로 할 수 없다고 하는 등, 수급권의 보호를 규정함(제12조, 제16조).
> (8) 보험급여의 제한: 보험가입자의 허위신고 등 보험가입자 또는 근로자의 일정한 행위시 보험급여의 지급을 제한할 수 있도록 함(제14조).
> (9) 기타: 보험료의 징수 및 산정, 요율결정 기타 법위반사항에 대한 벌칙 등을 규정함(제4장 이하).

---

97) 노동부, 위의 책, 3335면.
98) 법제처 국가법령정보센터 웹사이트(http://www.law.go.kr/LSW/main.html)의 산업재해보상보험법 제·개정문

한편 이러한 산재보험법을 구성하는 기본 원칙은, 당시 근로기준법이 일본의 노동기준법의 내용을 따르고 있었으므로 산재보험법 또한 일본의 법률을 따르는 것이 모순이 없을 것이라는 전제하에, 다음과 같은 사항을 기본 원칙으로 삼고 있다고 설명되었다.[99]

(1) **책임보험화**: 근로기준법의 재해보상규정은 근대적인 무과실책임주의를 도입, 적용하는 한편, 보상급부는 요양에 필요한 의료비를 제외하고는 피재자의 소득에 비례하여 균일한 비율이 적용되는 유형급부주의를 채택하고 있다. 이러한 내용으로 사용자가 직접 근로자에게 보상을 행하는 직선적 관계에 보험개념을 도입하여 정부가 관장하는 책임보험화한 것에 제도도입의 의의를 둘 수 있다.

(2) **2요건주의**: 근로기준법상으로는 업무상 재해의 '업무상'의 범위가 명확히 규정되어 있지 아니한데, 산재보험법에서는 우리나라의 대부분의 기업의 영세성을 고려하여 업무수행성 및 업무기인성의 두 요건이 모두 충족되어야만 업무상의 재해로 인정되는 2요건주의를 채택하였다.

(3) **실적주의**: 모든 가입자에게 동일한 보험료율이 일률적으로 적용되는 것이 아니고, 개별 사업장의 재해율의 고저에 적응하여 특별한 보험료율을 적용하는 실적주의(merit system, 경험요율제도)를 도입하였다.

(4) **독립채산제**: 보험사업의 소요경비가 일반회계에서 지출되는 재원보다는 보험료 수입에 주로 의존하므로, 운영을 원활하게 하기 위하여 별도의 독립채산제를 채택하였다.

(5) **적용규정의 이원화**: 재해율이 높은 광업, 제조업, 건설사업 및 전기, 가스업 등에 대하여는 강제가입을 원칙으로 하는 한편, 위험도가 낮은 서비스업 즉 금융, 보험업 기타 사무업에 대하여는 사업주의 자율적 선택에 의하나 직원의 과반수의 요구시 가입하도록 하는 임의가입으로 하여 적용대상사업을 이원화하였다.

2. 시행령 및 시행규칙의 제정 및 시행

산재보험법 시행령은 대통령령 제1837호, 1964. 6. 9.자로 제정되어 같은 해 7. 1.자로 시행되었다. 본 시행령은 총 5장 40개 조항, 부칙 및 별표로 구성되어 있으며, 주된 내용은 다음과 같다.[100]

---

99) 민부기, 위의 글, 68면.
100) 법제처 국가법령정보센터 웹사이트(http://www.law.go.kr/LSW/main.html)

(1) 적용범위: 산재보험법의 적용예외로 되는 사업은 상시 500인 이상의 근로자(일용근로자를 제외함)를 사용하는 광업 및 제조업 이외의 모든 사업으로 함(제2조).

(2) 보험관계의 성립 및 소멸: 당연가입대상인 사업주는 보험관계 성립일로부터 7일 이내에 보험관계성립사실을 보건사회부에 신고하여야 하며(제4조 제1항), 당연가입대상이 아닌 사업주는 보건사회부에 보험가입을 신청할 수 있음(동조 제2항). 당연가입대상인 사업주는 보험관계 소멸시 7일 이내에 보건사회부에 신고하여야 하며(제6조 제1항), 임의가입대상인 사업주는 보험관계의 소멸을 보건사회부장관에게 신청할 수 있음(동조 제2항).

(3) 보험급여: 각종 보험급여의 청구방법 및 이와 관련한 절차를 규정하고(제3장), 요양은 보험시설로서 설치된 병원 및 의원과 보건사회부장관이 지정하는 병원, 의원 및 보건소 또는 약국에서 행하는 것으로 규정함(제8조). 한편 장해급여의 등급기준은 근로기준법 시행령 별표의 '신체장해등급표'의 등급기준에 의하며, 등급기준의 결정은 근로기준법 시행령을 준용하는 것으로 규정(제12조).

(4) 보험요율결정의 특례: 보험요율결정시 특례를 적용할 수 있는 사업은 500인 이상의 근로자를 사용하는 광업 및 제조업에 속하는 사업으로 함(제25조).

(5) 개산보험료의 보고 및 납부: 개산보험료의 보고절차 및 연 4기 분할납부에 관하여 규정(제28조 내지 제31조).

(6) 확정보험료의 보고 및 반환청구: 확정보험료의 보건사회부장관에 대한 보고의무(제32조) 및 확정보험료를 초과하는 개산보험료 금액의 반환절차(제33조) 규정.

(7) 연체금 징수의 예외: 독촉장에 지정된 납부기한까지 보험료 기타 징수금을 완납한 경우, 체납액이 100원 미만인 경우, 보건사회부장관이 기타 부득이한 사정이 있다고 인정한 경우를 연체금징수의 예외사유로 규정(제34조).

(8) 수급자사항의 보고: 보건사회부장관이 요구할 경우, 보험가입자는 보험급여를 받을 자의 성명, 본적, 주소, 부양가족의 성명, 진단서, 노동계약체결일자 등을 기재한 보고서를 제출하여야 함(제37조).

산재보험법 시행규칙은 보건사회부령 제139호로 1964. 6. 18.자로 제정되고 같은 해 7. 1.자로 시행되었다. 본 규칙은 총 26조, 부칙 및 서식 29종으로 이루어져 있는바, 산재보험의 가입, 소멸 등 각종 절차와 관련된 신고서, 통지서, 청구서 등의 제반 서식에 관한 사항을 규정하고 있다.[101]

3. 시행예산 확보 및 노동청으로의 업무이관

법이 통과할 당시 정부는 경제불황 및 국가재정의 악화로, 1964년도 예산편성

---

101) 법제처 국가법령정보센터 웹사이트(http://www.law.go.kr/LSW/main.html)

시 원칙적으로 일체의 신규사업비를 인정하지 않기로 하고 있었다.[102] 산재보험의 소요예산으로 계상된 1964년도 총 예산 89,219,215원이 각의에 상정되었으나 정일권 국무총리가 위와 같은 원칙을 이유로 해당 예산의 전부삭감을 선언하였고, 이에 대하여 정희섭 장관이 그러면 기 통과된 보사부 예산의 한도 내에서 산재보험에 전용할 것을 제안, 예산서의 보사부 부녀국 예산 중 13,940,000원을 산특회계 전입표시를 하며 총리 이하 다른 구성원들을 설득하여 비록 원안보다 대폭 삭감되기는 하였으나 간신히 시행을 할 수 있게 되었다.[103]

산재보험 업무를 관장하기 위하여 1963. 8. 31. 각령 제1441호로 제정된 노동청 직제에 따라 중앙기구로 노동청이 설치되었는바, 정희섭 보사부 장관이 초대 노동청장을 겸임하였고, 동인의 방침에 따라 사보심 노동보험반의 전문위원 3인 전원이 노동청에 파견근무하게 되었다. 또한 계류중이던 '산업재해보상보험 특별회계법'과 '산업재해보상보험업무 및 심사에 관한 법률'이 제도의 시행을 위하여 1963. 12. 16.에 제정, 공포되었다.[104]

노동청의 설치로 종전의 보건사회부 노동국 4과 78명의 정원이 2국 6과에 147명 정원으로 확대되었으며, 노동청내 직업안정국에 정원 8명의 산재보상과를 설치하고, 청장 소속으로 감찰관 2명을 두었다. 산재보험사업이 사보심에서 노동청으로 이관됨에 따라, 위 직업안정국 산재보상과에 일체의 예산서류 및 사업계획 등 문건이 이관되었고, 동 과에서 산재보험사업을 담당하게 되었다. 위 정희섭 장관 겸 청장의 방침에 의하여 사보심 노동보험반 소속 3인은 전원 산재보상과에 잠정 배치되었고,[105] 특히 심강섭 위원은 초대 직업안정국장을 역임하게 되었다.[106]

위 노동청 직제는 1963. 12. 16. 개정되어 노동청 조직이 다시 2국 8과에 정원 210명으로 확대되었으며,[107] 나아가 지방조직으로서는 같은 날 각령 제1720호로 제정된 산업재해보상보험사무소 직제에 의하여 총 정원 53명의 7개 지방사무소(서울, 부산, 장성, 대구, 전주, 광주, 대전)가 설치되었다.[108] 1965. 6.에는 4개소가 증설되어 총 정원이 294명으로 증가하였다.[109]

---

102) 손준규, 앞의 논문, 57면.
103) 노동부, 앞의 책, 37면.
104) 임기 1963. 9. 2.~1964. 1. 17. 노동청, 「노동행정10년사」.
105) 노동부, 앞의 책, 38-39면.
106) 노동부, 위의 책, 40면.
107) 노동부, 앞의 책, 39면.
108) 노동청(1973), 앞의 책, 253면.
109) 노동청(1971), 앞의 책.

4. 제정 이후의 경과

산재보험이 시행된 초년도인 1964년에는 근로자 500인 이상을 사용하는 사업 또는 사업장으로서 광업 및 제조업을 그 적용대상으로 하여,[110] 총 64곳의 사업장 (광업 17곳, 제조업 47곳)이 적용대상으로 되었는바, 보험의 적용을 받게 된 근로자 는 전체 근로자 중 총 81,798명(광업 21,757명, 제조업 60,141명)에 불과하였다.[111] 1964년의 14세 이상 총 인구 16,348,000여 명 중 경제활동인구가 대략 8,893,000 명이며,[112] 그 중 광공업 종사자만 하더라도 726,000여 명(제조업 종사자는 이 중 671,000여 명)[113]이란 점에 비추어 볼 때, 법 시행 이후에도 초기에는 극히 일부의 근로자만이 동법에 의한 혜택을 받았을 뿐이라는 점을 알 수 있다.

동법의 적용범위는 그러나 다음과 같이 해마다 업종별, 규모별로 단계적으로 확대되어 나아갔다.[114]

〈표 5〉 연도별 산재보험 적용상황 (노동청, 제1회 한국노동통계연감, 224-225면 재인용)

연도별 / 산업별	1964		1965		1966		1967	
	사업체수	근로자수	사업체수	근로자수	사업체수	근로자수	사업체수	근로자수
총계	64	81,798	289	161,150	594	222,456	1,142	336,159
광업	17	21,757	48	30,873	71	34,527	95	44,322
제조업	47	60,041	172	101,642	370	142,536	756	217,330
전기, 가스 및 수도사업	–	–	10	7,807	14	7,836	16	8,113
운수, 보관, 통신업	–	–	59	21,548	139	37,557	275	66,374
건설업	–	–	–	–	–	–	–	–
상업	–	–	–	–	–	–	–	–
서비스업	–	–	–	–	–	–	–	–
각급사무소	–	–	–	–	–	–	–	–

---

110) 산업재해보상보험법 시행령(대통령령 제1,837호) 제2조.

111) 노동청이 1973년 발행한 「노동행정 10년사」에서는 총 64곳의 사업장(광업 16곳, 제조업 48곳)이 적용대상으로 되었고, 적용을 받게 된 근로자는 총81,798명(광업 26,607명, 제조업 55,191명)이라 고 설명하고 있어 세부적인 숫자는 한국노동통계연감과 다소 불일치를 보이고 있다(260-261면). 여기에서는 연감을 기준으로 하여 인용하였다.

112) 노동청(1971), 앞의 책, 10면.

113) 노동청(1971), 위의 책, 14-15면.

114) 노동청(1973), 앞의 책, 260-261면.

연도별 산업별	1968		1969		1970	
	사업체수	근로자수	사업체수	근로자수	사업체수	근로자수
총계	2,389	488,628	3,696	683,377	5,583	779,053
광업	140	50,536	138	45,541	137	44,704
제조업	1,604	335,755	1,978	428,663	238	477,032
전기, 가스 및 수도사업	22	9,544	42	1,687	41	12,134
운수, 보관, 통신업	623	92,793	811	119,173	1,027	132,787
건설업	–	–	414	25,937	1,477	37,845
상업	–	–	169	23,706	240	30,567
서비스업	–	–	98	19,461	156	25,961
각급사무소	–	–	46	9,209	124	18,023

한편 산재보험제도 시행 후 연도별 보험료 징수상황 및 연도별로 발생한 재해 자와 이들에 대하여 지급된 각종 급여에 관한 사항을 간략히 확인하여 보면 다음 과 같다.

<표 6> 연도별 보험료 징수상황

연도 \ 구분	누계분	
	징수결정액	수납액
1964	77,834,293	44,604,652
1965	229,537,882	227,831,783
1966	489,290,841	472,426,330
1967	853,200,064	797,992,006
1968	1,273,650,712	1,148,168,623
1969	2,220,928,953	1,840,761,024
1970	3,327,470,276	2,835,277,791

출처: 노동청, 제1회 한국노동통계연감, 1971, 226면.

〈표 7〉 연도별 재해자 상황

재해상황 / 연도	보험적용 근로자수	총 재해자수	사망	부상	신체장해
1964	81,798	1,489	33	1,456	13
1965	161,150	9,470	144	9,326	155
1966	222,456	13,024	295	12,729	448
1967	336,159	18,207	319	17,888	504
1968	488,628	22,959	370	22,589	727
1969	683,377	32,229	524	31,705	918
1970	779,053	37,752	639	37,113	1,198

출처: 노동청, 노동행정 10년사, 1973, 269면.

〈표 8〉 연도별 급여지급내역

구분 / 연도	요양급여	휴업급여	장해급여	유족급여	장제비	총비용
1964	478	1,447	13	33	33	2,004
1965	11,590	10,167	155	144	146	22,202
1966	22,924	21,196	448	295	290	45,153
1967	36,278	25,518	504	319	320	62,939
1968	33,869	29,237	727	370	364	64,567
1969	43,066	34,400	915	524	520	79,428
1970	47,890	36,445	1,198	639	633	86,805

출처: 노동청, 제1회 한국노동통계연감, 1971, 231면.

위 각 항목들을 살펴보면, 산재보험제도의 시행 전 근로기준법제하에서의 보상과 비교하였을 때 공식적으로 확인되는 재해발생건수도 급증하지만 이에 대응하는 급여지급 자체에도 괄목할 만한 신장이 있었음을 부정할 수는 없다. 다만 그럼에도 불구하고 전체 근로자수에 비교하여 보았을 때에는, 시행 당시 및 그 후 상당기간 동안도 여전히 극히 일부의 근로자만이 보험제도의 적용을 받았을 뿐이라는 점에서 초기의 제도시행의 한계를 엿볼 수 있다.

5. 산재보험 도입 및 시행의 효과

산재보험제도의 도입 및 시행과 관련한 효과는 국가, 근로자 및 사용자의 각 당사자들에 대한 효과로 구별하여 설명되었다. 우선 국가적인 면에서는, 근로자의 재해로 인한 불안을 제거하고 사회안정을 기하게 되어 정치적인 효과를 거둘 수 있고, 산재보험제도의 실시에 의하여 요구호대상자로의 전락을 방지하여, 생활보호법에 의한 국가의 부담을 상대적으로 경감시킬 수 있고, 국가노동력의 보전으로 산업발전에 기여될 수 있고, 신속하고 정확한 재해보상 및 관리로 근로자복지를 효율적으로 발전시키고 소요비용을 경감시킬 수 있으며, 재해발생 상황을 정확하게 파악하여 과학적인 재해예방책을 수립할 수 있는 한편, 현행 근로기준법에 대한 사회적 불신을 해소하여 법의 권위 및 정부의 위신을 높일 수 있을 것으로 기대되었다. 이와 더불어 근로자는 사용자의 재력부족 또는 고의적인 불이행으로 인한 미보상에서 벗어나 신속한 보상이 확보됨에 의하여 권익을 보장받을 수 있고, 사용자로서도 위험부담을 분산하여 기업의 정상적인 운영에 기여할 수 있다는 점을 제도 도입의 효과로 들고 있다.[115]

Ⅴ. 결 론

이상에서 살펴본 바와 같이, 산재보험법 제정 당시의 경제적 환경, 예산사정, 개별 기업의 능력, 일반국민이나 사회의 인식문제만을 고려하여 보면, 산재보험 등 사회보장제도가 도입될 수 있는 외적 여건이 조성되었다고 볼 수는 없었다고 할 것이다. 그럼에도 불구하고 산재보험제도가 도입, 시행될 수 있었던 것은, 군사정권의 정통성 실추로 인한 민정이양 선거에서의 패배를 방지하기 위한 군출신 정치가들의 의도에 더하여, 민간의 사회보장 전문가들의 신념 및 전문지식, 정책결정의 성공을 위한 전략이 맞물린 결과로 평가되고 있다.[116]

이와 같이 법 자체가 정책적 목적으로 도입되었으므로 기본적으로는 어디까지나 정부의 주도하에 법제정이 진행되었고 그 과정에서 이익집단의 참여는 거의 전무하였는바, 결과적으로 산재보험법은 당시 정부의 최대 목표인 경제성장정책보다 우선할 수 없고 이를 해하지 않는 범위 내에서만 시행되는 한계를 지니게 되

---

115) 민부기, 앞의 글, 71면.
116) 손준규, 앞의 논문, 115면.

었다. 다만 그렇다고 하더라도, 민간 사회보장 전문가들이 사보심에 참여, 군출신 정치가들을 적극적으로 설득하여 사회보장제도의 하나로서의 산재보험을 도입하도록 함에 따라 개별 고용주책임주의에서 보험제도로의 전환으로 인하여 보험의 적용을 받는 근로자의 총 인원수 및 대상범위가 확대되고, 재해보상에 관한 보험급여지급액도 증가됨에 따라 조금씩이나마 근로자들에 대한 보호가 확대되어 나아갔다는 점은 어느 정도 인정될 수 있을 것이다.

산재보험법은, 제정 이후 50여 회 이상의 크고 작은 개정을 거쳐 현재에 이르고 있는바, 큰 틀에서는 제정 당시의 기본적인 구조 자체는 그대로 유지하면서 적용인원의 규모 및 대상을 지속적으로 확대하고, 보험급여지급수준의 향상 등을 통하여 사회보험으로서의 기능을 강화하여 근로자들에 대한 보호의 확대를 도모하였고, 한편으로는 산업재해의 발생원인이 사업주의 고의 또는 중대한 과실로 인한 경우에는 노동부장관이 근로자에게 지급한 보험금의 일부를 당해 사업주로부터 징수하던 제도를 폐지하여 사업주에 대한 부담을 완화하여 주기도 하였다. 1995년부터는 정부에서 직접 관리운영하던 산업재해보상보험에 관한 일선업무를 노동부 산하 근로복지공단에 위탁하여 산업재해보상보험업무의 전문성과 효율성을 확보하고 있다.

06 의료보험법 제정사

이율경*

I. 서 론

의료보험법은 국민의 질병·부상에 대한 예방·치료 및 건강증진을 위한 사회보험법(법률 제1623호)으로, 1963. 12. 16. 제정[시행 1964. 3. 17.[1]]되었다. 이 시기는 1961년 5·16 군사쿠데타 이후 집권하게 된 군사정권이 적극적으로 사회정책을 마련하고자 하는 의욕을 보인 시기로, 오늘날 사회복지 정책의 근간을 이루는 많은 사회보장 법률이 제정되었다. 구체적으로 1961년 12월 30일 '생활보호법', 1962년 1월 10일 '선원보험법', 1963년 1월 28일 '군인연금법', 1963년 11월 5일 '사회보장에 관한 법률' 및 '산업재해보상보험법'의 제정 등을 들 수 있다.

이로부터 사회보장입법을 주도하는 분위기가 군사정권에 형성된 것처럼 보이지만, 이 시기를 지나 군사정권이 정치적 안정기를 이루는 1960년대 중·후반부터는 별다른 사회복지법이 입안되지 않았고 초반에 입법된 사회보장 관련 법률도 제대로 시행되지 않는 점 등을 미루어볼 때 군사정권이 사회보장 정책에 적극적인 의지가 있었다고 확신하기 어렵다.

의료보험법의 경우도 마찬가지로, 1963년 제정 당시 의료보험이 임의가입형식이라는 입법상 결함에도 불구하고 이후 이에 대한 개정의 움직임이 없었고, 1970년 전면개정을 통해 근로자·공무원 또는 군인에 대하여 강제적용을 원칙(단, 그 적용은 단계적으로 시행토록 함)으로 하였으나 동법의 시행을 위한 하위법령을 제때에 제정하지 못하여 결국 1976년에 개정되어 1977년부터 의료보험이 시행되기까지 14년간 사실상 사문화된 채 방치되어 있었다.

---

* 세명대학교 강사. 법학박사.
1) 이는 동법 부칙{(시행일)이 법은 공포 후 3월이 경과한 날로부터 시행한다.}의 규정에 따른 것이다.

이처럼 의료보험법의 수혜대상이나 혜택이 매우 제한적이고 명목적인 수준에 머무르게 되면서, 그 입법이 실질적으로 법을 시행하려는 군사정권의 의지에서 비롯된 것이라기보다 경제성장을 위한 보조적 도구이자 정치적 정당성 확보를 위한 수단으로 활용하고자 하는 정치적 의도에서 이루어진 것으로 평가되고 있다.[2] 그러나 의료보험법의 제정 동기를 단지 정치적 정당성 확보 수준으로만 귀결시키는 것은 입법 전후의 사회적 맥락을 지나치게 경시한 것으로, 그 입법 경위를 둘러싼 정치적 측면뿐 아니라 사회구조적 상황과 당시 중요한 행위자의 역할 등도 구체적으로 살펴볼 필요가 있다.

이를 위해 이하에서는 의료보험법 등 사회보장입법에 대한 본격적인 논의가 시작된 1961년 5·16 군사쿠데타 시기를 기준으로 의료보장과 관련한 정치사회적 배경을 살펴보고, 이후 의료보험법 제정에 이르게 되는 경위를 살펴보고자 한다. 아울러 이 법의 주요 내용과 한계에 대해 간략히 검토한다.

Ⅱ. 의료보험법 제정 배경

1. 일제 강점기의 상황

일제 강점기에 일반 국민에 대한 의료보장은 형식적인 구료(救療)제도에 머물러 있었다고 할 수 있다. 관·공립병원이 있는 지역에서는 극빈자에게 외래진료권을 발급하여 의료를 받도록 했고 그러한 여건이 갖춰지지 않은 지역에는 각 면에 2개씩의 구급상자를 비치게 하는 등 의료보장제도는 전근대적 구빈사업에 불과했다.[3] 일제는 1945년 3월 조선구호령을 제정하여 65세 이상의 노쇠자, 13세 이하의 유아, 임산부, 불구·폐질·상이·정신질환 등 근로무능력 장애인을 대상으로 생활부조, 의료, 조산, 생산부조의 4개의 구호를 실시토록 했는데 이 역시 구빈 수준의 사회사업이었다. 그러나 이는 1960년대 새로운 사회복지관계법령이 제정될 때까지 여러 공적부조사업의 근거법령이 되었다.

1945년 미군정 통치가 개시되면서 군정은 종래 조선총독부 경무국 위생과를 보건후생부로 확대개편하고 위생, 일반 빈곤자에 대한 공공부조, 아동의 후생 및 기

---

2) 김연명, "한국 의료보험제도의 발달 및 형태 규정 요인에 대한 연구", 「한국의료보장연구」, 청년세대, 1989; 손준규, "한국의 복지정책 결정과정에 대한 연구", 서울대 박사학위 논문, 1981; 권문일, "1960년대의 사회보험", 「한국사회복지사론」, 박영사, 1989 등.

3) 의료보험연합회, 「의료보험의 발자취: 1996년까지」, 1997, 14면.

타 필요한 보호, 노무자의 후생제도, 귀국 및 실직한 한국인의 보호 및 귀향, 기타 한국 내 점령군의 목적 달성에 필요한 공공 후생계획과 경영 등을 담당토록 했다. 그리고 각종 전염병에 대한 대처와 보건후생사업의 원활한 수행을 위해 조선총독부 당시 시행되던 각종 보건관계법령을 그 개폐에 관한 명확한 공포가 없는 한 존치토록 했다. 미군정의 기본적 구호원칙은 일제가 공포했던 조선구호령과 거의 흡사한데, 예컨대 1946년 1월에 미군정청이 발표한 '후생각서 제3호'에 따르면 구호 대상자의 자격조건을 '65세 이상 노쇠자, 13세 미만의 아동, 6세 이하의 자녀를 가진 부녀, 폐질자, 임산부, 정신 또는 신체장애자로서 부양의무자가 없는 자'로 조선구호령과 같이 일정한 자격을 가진 자로 구호를 제한하고 있었고, 그 구호비의 기준과 부담 등에 대한 내용도 조선구호령의 규정과 대동소이했다. 전쟁 후에는 난민정착, 주택사업, 일시적 응급구호사업 등 전쟁 이재민에 대한 응급구조에 치중하였다. 이와 같은 미군정하의 보건 후생정책은 장기적이고 체계적으로 계획된 것이 아니라 대부분 응급수단에 불과한 사회구호사업으로 머물러 있었다.

2. 해방 이후의 사회정책 수립 의지

1948년 8월 15일 수립된 대한민국 정부는 미군정 기구인 보건후생부 및 노동부를 병합하여 사회부로 개편하고, 그 해 11월 보건국, 후생국, 노동국, 주택국 및 부녀국을 설치하였다. 그리고 1949년 7월 사회부 소관 업무 중 보건행정을 분할하여 보건부를 신설하였으나 1955년 2월 보건부 및 사회부를 보건사회부로 통합하였다.[4]

1948년 제정된 최초의 대한민국 헌법은 1919년 독일 바이마르 헌법을 상당부분 수용하여, 국가의 사회적 과제를 적극적으로 표현하였다. 이에 헌법 제19조는 "노령, 질병, 기타 근로능력이 없는 자는 법률이 정하는 바에 의하여 국가의 보호를 받는다"고 규정하여 국가의 빈민부조를 선언하였다.[5] 또한 전진한 초대 사회부장관은 「이재동포 구제에 거족적 열성을 경주」라는 정견발표[6]에서 "질병 의료 행정

---

4) 의료보험연합회, 앞의 책, 15면; 행정안전부 국가기록원, 기록물 생산기관 변천정보.
   (https://www.archives.go.kr, 2020. 12. 13. 최종방문일) 참조.
5) 다만 구체적으로는 헌법 조문의 내용이 빈민부조에 국한되어 있는 점, 보호대상이 근로능력이나 생활유지능력이 없는 자에 한정되어 있는 점, 해방 이후부터 6·25 전쟁 전후 사회적 기본권 실현을 위한 제반 여건이 결여되어 있던 상황을 고려할 때 동 조문은 실제 규범력을 갖지 못하는 형식적 조문에 불과하다고 지적되고 있다(전광석, 「한국사회보장법론」, 제8판, 법문사, 2010, 179-180면).
6) 전진한, "羅災同胞救濟에 擧族的 熱誠을 傾注", 「시정월보」 창간호, 1949. 1.

에 있어서는 국민이익균점의 헌법정신에 부합게 하여 전 국민은 빈부의 차별과 지방의 구별 없이 균등으로 의료를 향수하도록 현 의료행정을 개선하겠으며 그 목적달성을 위하여 당면 정책으로 사회보험제도를 계획하여 점차적 이익을 향수" 하도록 할 것이라며 제3항에서 사회보험제도의 실시를 약속[7]하였다.

이러한 선언은 기획처가 1949년 시정월보 창간호에 국가경제계획기구관견(國家 經濟計劃機構管見)이라는 제목의 기고를 통해 13개 항의 국가중요정책을 채택하고 그 가운데 제6항 노동정책에서 사회보험을 실시할 것이라고 표명함으로써 더욱 구체화되었다. 이 기고에서 기획처는 중요 정책의 세부방안과 관련하여 관계 부서 가 입안 중에 있으며 그 기본적 기획은 행정 각 부의 장과 민간 위원으로 구성된 경제위원회의 자문을 거쳐서 국무회의에 상정될 계획이라고 하는 등 사회보험의 도입에 대해 매우 구체적으로 상술하였다. 이와 관련한 구체적 연구내용과 결과는 알 수 없으나 복지국가 건설에 대한 이 같은 의욕은 주목할 만하다.[8] 또한 일제강 점기 시대에 추진된 은사적 차원의 구빈정책과 달리 자주적 사회보장제도를 창출 하고자 한 점에서 그 모습이 크게 일신된 것이라 볼 수 있다. 그러나 이 같은 시도 는 1950년 6 · 25 전쟁으로 무산되면서 사회보험제도의 도입은 무기한 유보되었다.

휴전 이후 정부는 전쟁에 따른 사회문제를 해결하기 위해 적극적인 사회보장 정책을 도입하기보다는 UN 및 외국의 민간원조단체로부터 제공받은 막대한 구호 물자에만 의존한 채 최소한의 응급구호행정, 난민정착 및 주택사업, 조선구호령에 따른 공적부조사업, 천재지변으로 인한 일시적 구호사업 등에 치중하였다. 그리고 기본적인 보건위생 정책을 제외하고 사회복지제도의 도입을 위한 노력을 전혀 하 지 않았다. 이처럼 정부의 사회정책에 대한 무관심은 보건의료와 사회복지서비스 의 공급에 있어 공공부조보다는 민간부문에 대한 의존도를 증가시키는 결과를 초 래했고,[9] 일정한 체계 없이 이루어진 외국원조단체의 구호사업에만 의존한 원조경

---

7) 그 구체적 내용은 다음과 같다.
　　三. 사회보험제도를 창정(創定)실시케 할 것
　　근로자가 불의의 재해 · 질병 · 폐질 급(及) 등의 불행한 경우에 처했을지라도 능히 그 생활에 소호 (小毫)라도 지장 없이 그들의 생활 향상과 그 사회적 처우를 적극적으로 개선하기 위하여 일반 노 동 보호시책과 병행하여 이에 대한 대책을 시급히 강구코저
　　(一) 노동재해보험
　　(二) 노동질병보험
　　(三) 양로 및 폐질보험
　　(四) 실업보험에 분(分)해서 국가제도로서 차(此)를 강행 실시하고자 합니다.
8) 신언항, "의료보험발전 단계별 정책형성에 관한 연구", 연세대학교 박사학위 논문, 2006, 19면.
9) 정무권, "한국 사회복지제도의 초기형성에 관한 연구", 「한국사회정책」, 제3집, 한국사회정책학회,

제체제는 대한민국 정부 수립 후 자주적·자립적으로 형성된 사회보장정책 창출 의지를 해치고 일제 당시 수준의 구휼적 수혜의식을 만연시켰다.[10]

3. 경제적 상황

1960년대 초 한국은 산업화를 미처 경험하지 못했던 농업사회였다. 1963년의 경제상황을 보면 GNP가 27억 달러, 1인당 GNP가 100달러로 세계 최빈국 중 하나였고,[11] 산업구조를 보면 농어민 등 1차 산업 종사자가 전체 취업자의 63%를 차지하고 광공업, 제조업 등 2차 산업 종사자는 8.7%에 불과한 농업사회였다.[12]

노동조합을 보면 1963년 당시 노조 가입자 수는 224천 명, 노조 조직률은 20.3%의 낮은 수준이었다.[13] 또한 한국노동조합총연맹은 5·16 군사쿠데타 직후 수백 명의 노조 간부가 구속되고 해산되었다가, 군사정권이 그 재건작업에 깊이 개입하여 군사정권의 충실한 지지단체가 되면서 노동에 대한 대표성을 상실하였다. 경영계의 세력도 매우 미약하였는데, 단적인 예로 1963년 전체 제조업체 18,310개 중 100인 미만의 영세사업체 수는 17,778개로 전체의 약 97.1%를 차지한 데 비해, 근로자 300인 이상의 대규모 제조업체는 237개에 불과했고 이들 대기업이 생산한 부가가치는 전체 사업장이 생산한 부가가치의 약 46% 정도로 절반도 되지 않았다.[14] 그리고 전국경제인연합회는 군사정권에 의해 강제적으로 설립되어 경제개발 파트너로서의 역할을 담당하였다. 이처럼 노사 모두 정치권력에 의해 위로부터 재편성되면서 독자적으로 영향력을 행사할 수 있는 세력이 미약하였고 그 결과 사회정책에 대해 문제제기를 하거나 일정한 영향력을 행사할 것을 기대하기 어려웠다.

한편, 사회보험의 확립에 전제가 되는 경제적 요인 중 하나는 보험기여분에 영향을 주는 근로자의 임금 수준인데, 1960년대 임금 수준은 매우 열악하였다. 1960년대 초에는 2차 산업이 거의 발달하지 못했고 이후 진행된 산업화는 저임금을 전제로 한 노동집약적 수출산업에 기반하고 있었기 때문이다. 예컨대 1965년 제조

1996, 332면.

10) 의료보험연합회, 앞의 책, 17면.

11) 한국은행 경제통계시스템(http://ecos.bok.or.kr, 2020. 12. 13. 최종방문), 1969년 이전 연간지표 참조.

12) 국토정보플랫폼(http://map.ngii.go.kr) 한국지리지 총론편 제5장, 2008, 364면.

13) 통계청, 「(통계로 본) 한국의 발자취」, 1995, 399면.

14) 통계청, 위의 책, 144-147면.

업 종사 근로자의 평균 월급은 4,680원[15]이었는데, 이는 월 최저생계비에 훨씬 못 미치는 수준이었다.[16]

종합하면, 당시 경제상황은 1차 산업 중심의 전형적인 농업 경제사회였던 점, 국가 전체가 빈곤에 처해있었고 보험기여 대상자인 근로자의 임금 수준이 상당히 열악했던 점, 노사 모두 집단의 규모나 응집력에서 미약하여 이익집단의 대표자로서 정책결정자에 대한 영향력이 매우 미미한 수준이었던 점을 알 수 있다. 이와 같은 물적토대의 결여와 사회경제적 미성숙은 아래로부터의 사회보장제도 도입은 물론, 사회보장정책을 추진하는 데 있어서도 어려움으로 작용했다.

4. 의료보장제도의 태동

1) 의료보험제도 도입을 위한 연구회 활동

의료보험법 등의 사회보장 관련법령이 제정되기 이전까지의 시기에는 사회보장의 외형을 갖는 사회정책이 존재하지 못했고, 그러한 정책이 있더라도 법제화되지 못했다. 그러나 이 시기 처음으로 우리나라 사회보장연구의 효시라 할 수 있는 "건강보험제도 도입을 위한 연구회"가 구성되어 사회보장에 대한 체계적인 논의가 시작되었다는 점은 중요한 의미를 갖는다.

이 연구회는 1959년 10월 보건사회부 의정국 주관 아래 구성된 것으로, 그 구성경위는 정확히 밝혀지지 않았다. 다만 일제의 수탈과 자본의 착취를 경험한 이후 당시 혁명적인 토지개혁 시행과 함께 풍미했던 사회주의 사상과 특히 사회부 장관이었던 전진한의 사회복지 이념이 보건사회부 관료들의 의식에 큰 영향을 미쳐 연구회의 조직으로 이르게 된 것이 아닌가라고 짐작해 볼 수 있다.

동 연구회는 윤유선(의정국장), 김용성(의정국 의무과장), 윤석우(의정국 시설과장), 손창달(의무과 촉탁), 김택일(의무과기좌), 정경균(의정국 촉탁), 엄장현(자문위원),[17] 양재모(자문위원)[18] 등 8명으로 구성되었고, 매주 목요일 오후 보건사회부 회의실에서 모임을 가졌다. 이들은 사회보장제도의 도입을 위한 기초연구와 무의면(無醫面) 해소 대책 등을 논의하였고, 「의료보험제도 도입에 관련된 제문제에 관한 견

---

15) 경제기획원, 「한국통계연감」, 1966년, 230면.
16) 통계청(1995, 405면)에 따르면 1966년 도시근로자 가구 4인 가족의 월평균 가계지출은 9,000원으로, 근로자의 평균 임금이 실제 생계비의 50%에 불과한 것을 알 수 있다.
17) 당시 서울대학교 보건대학원 교수였다.
18) 당시 연세대학교 의과대학 교수로, 1950년 보건부 보건과 모자보건계에 근무, 1953년 박술음 사회부장관 비서실장을 역임하였다.

해 및 예비권고(1960년)」(엄장현), 「사회보장제도 창시에 관한 건의(1961년)」(양재모), 「건강보험제도 5개년 계획시안(1961년)」(손창달) 등 많은 연구결과를 발표하였다. 이와 같은 연구들은 제도 시행의 기초여건을 점검하고 시행방안 등을 전개한 것으로, 구체적으로 현실화되지 못했지만 선구적 연구로서 이후 의료보험법 제정의 이론적 밑거름이 되었다.[19]

2) 전국종합경제회의의 사회보장제도심의위원회 설치 건의

전국종합경제회의는 민주당 집권 시절인 1960년 12월에 학자, 기업가, 근로자, 문화인, 종교가, 지방대표 등 모든 분야를 망라한 각계 각 지역 대표 총 300여 명과 윤보선 대통령, 장면 국무총리까지 참석하여 수일간 개최된 대규모 경제학술대회였다. 이 회의의 총 7개 분과 중 '고용 및 생활수준분과'에서 모든 근로자와 근로조건 개선 및 생활보장을 위해 사회보장제도를 수립할 것과 이를 위한 제도를 연구 심의할 수 있는 사회보장제도심의위원회를 설치할 것이 건의되었고, 만장일치로 채택되었다. 그리고 회의 마지막 날 이 건의는 전체회의에서 원안대로 통과되었다. 전국종합경제회의가 끝난 후 회의결과 보고서를 제출하여 보건사회부 내 사회보장제도심의위원회 설립을 정부에 공식 건의하였으나 별다른 성과가 없다가, 이듬해 1961년에 당시 보건사회부 장관과 차관이 사회보장 관련 연구자들의 건의를 받아들여 사회보장제도심의위원회 설치에 관한 작업을 착수하였다. 그리고 같은 해 3월 사회보장제도심의위원회규정을 만들어 법제처 심의를 거쳐 국무회의에 회부하였다. 그러나 국무회의 의결예정일 새벽에 5·16 군사쿠데타가 발발하여 이 규정의 법제화 작업은 중단되고 말았다. 그리고 그로부터 반년여가 경과한 뒤 군사정권의 새로운 필요성에 따라 사회보장제도심의위원회 규정에 대한 제정 작업이 다시 추진되기에 이르렀다. 이러한 경위로 동 규정안은 1962년 3월 20일 각령 제469호 '사회보장제도심의위원회 규정'으로 제정되었고, 이에 근거하여 사회보장제도심의위원회가 탄생하였다.

3) 민간 병원의 유사 의료보험사업 출현

당시 국민의 의료에 대한 수요는 계속하여 증가하였으나 빈곤으로 인해 의료혜

---

19) 의료보험연합회, 앞의 책, 21-23면. 특히 양재모 교수의 「사회보장제도 창시에 관한 건의」는 1961년 5월 건강보험제도 연구위원회의 자격으로 정부에 공식제출한 건의서인데, 구체적 의료보험 시행 계획으로는 최초의 것이라는 점에서 의미를 갖는다. 그 주요 내용은 의료보험연합회, 앞의 책, 22-23면 참조.

택을 받지 못하는 자가 대다수였고, 국가가 이를 해결하지 못하자 민간부문에서 자생적으로 의료보험 방식이 출현하였다.

1955년 부산에서 설립된 '사단법인 부산노동병원'이 그 대표적인 예로, 이 병원은 의료보험조합의 운영 형식을 모방하여 일정액의 회비(200환)를 받고 회원증을 교부하여 의료이용이 어려운 일반 근로자의 질병을 치료하였다. 병원의 이용대상자는 부두노조, 기아산업노조, 대한조선공사노조, 이용사 및 영양사 노조 등의 노동조합에 가입한 자들과 그들의 직계존비속으로 당시 이용대상자는 약 38,000명이었다. 이러한 독특한 회원제 중심의 진료사업은 행정기관의 지원 없이 이루어진 것으로 우리나라에서 처음 나타난 의료보험의 한 형태라 할 수 있다.

이후 이 병원은 근로자들의 이용률이 높아지면서 병원의 규모를 전국으로 확대시키려는 취지로, 병원의 명칭을 '사단법인 한국노동병원'으로 개칭하고 임원진을 이사장 신영식, 총무는 손창달[20]로 개편했다. 한국노동병원은 의료보험사업을 전개하는 한편, 환자들의 질병발생빈도, 진료횟수 및 이환율 등을 조사 연구하여 1959년 8월 '의료보장을 중심으로 한 한국의 사회보장 도입을 권고함'이라는 건의서를 정부에 제출하기도 하였다.[21]

한편, 정부의 의료보장제도와 관계없이 시행된 또 다른 자율적 의료보험제도로 학생의료보험제도를 들 수 있다. 이는 1961년 서울대학교에서부터 실시되었는데, 일부 대학에서는 학생뿐 아니라 교직원 의료보험도 함께 전개되었다. 학생의료보험은 주로 대학부속병원을 중심으로 운영되었기 때문에 재학생을 치료할 때 일정 감면 혜택을 부여하는 점, 등록금 납입 시 보험료 징수가 용이한 점, 피보험자가 집단화되어 있는 점, 피보험자가 건강한 연령층이어서 보험료 부담이 적은 점, 대학병원만으로 모든 의료 수요를 담당할 수 있는 점 등에서 실시가 용이하고 급여의 내용이 비교적 충실하여 다른 대학으로 꾸준히 확대되었다.[22]

Ⅲ. 의료보험법 제정 경위

1. 사회보장에 대한 관심의 증대

5·16 군사쿠데타가 일어난 1961년에는 각종 비상조치들이 시행되는 가운데 사

---

20) 손창달은 이 당시 노동병원의 운영 경험을 토대로 이후 보사부 의무과 촉탁으로 근무하면서 "건강보험제도 도입을 위한 연구회"의 구성원으로 활동하게 된다.
21) 의료보험연합회, 앞의 책, 18면.
22) 학생의료보험 내용 및 실시 현황에 관한 보다 자세한 내용은 의료보험연합회, 앞의 책, 63-65면 참조.

회보장에 대한 별도의 방안이 없었으나, 1962년부터 사회보장에 관한 논의가 본격화되기 시작했다. 이는 군사정권의 정통성과 지지기반 확보를 위한 과제로서 사회보장제도의 도입이 경제정책에 버금가는 중요한 변수가 되었기 때문으로 평가된다.[23)]

집권 초기의 군사정권은 보다 근본적인 정통성 획득의 근거로 '경제성장을 통한 조국 근대화'라는 구호를 제시하는 한편, 사회보장정책에 대해서는 정치적 정당성을 유지하기 위한 최소한의 형식적인 수단으로 인식하는 경향이 강했다. 이는 손창규 문교사회위원장이 「國家再建을 爲한 前提와 社會文化政策의 方向」이라는 기고문에서 "서구적인 사회와는 달리 우리사회는 아직 농촌의 방대한 문맹, 극도의 빈곤, 무수한 실업자, 경제적인 파탄, 사회적인 불만과 불안 등이 팽배하고 있는 곳에서 …(중략)… 한국의 근대화와 산업화가 적극적으로 추진되어야 한다. … 이와 같이 민생고를 해결하기 위하여 산업화의 추진과 산업화를 추진하기 위한 민족적 단결과 아울러 이러한 민족적 단결을 위한 사회정의의 실현의 기초 위에서 이룩하겠다는 국민적인 기강 등은 국가재건을 위한 기본적인 대전제이며 …(중략)… 교육정책이니 사회정책이니 또는 재건국민운동의 방향과 공보정책 등의 목표도 종국적으로 국가적으로는 이상에서 지적한 제요건과 근본적으로 상치될 수 없음은 물론 이를 위하여 적극 추진하는 방향이 되어야 하겠다."라고 한 데에서도 확연히 드러난다.[24)] 이처럼 사회복지정책을 경제개발의 수단으로 보는 태도는 1960년대 후반까지도 지속되었다.

그러나 1962년 들어 군사정권은 사회보장제도에 대한 종전의 피상적인 태도와 달리 관심을 보이는데, 이는 1962년 및 1963년 박정희 국가재건최고회의 의장의 시정연설에서 드러난다. 예컨대 1962년 1월 시정연설에서 박정희 의장은 "의료균점시책을 수립하고 부조와 보험을 근간으로 하는 사회보장제도 수립의 기틀을 마련하여 국민생활 향상과 복지사회 건설을 기할 것입니다."라고 하였고, 1963년 시정연설에서는 "구두선에서만 그쳤던 복지국가 건설을 강력한 실천력으로 구현하려는 것은 현 정부의 기본정책의 하나입니다. 따라서 정부는 보건사회, 노동, 원호 등 복지행정면의 제 시책을 더욱 강력히 추진할 것이며 … 광범한 사회보험제도 실시의 일환으로서 의료보험과 근로자를 위한 재해보험제도를 발족시킬 것을 기

---

23) 의료보험연합회, 앞의 책, 28면.
24) 손창규, "국가재건을 위한 전제와 사회문화정책의 방향", 「최고회의보」(창간호), 국가재건최고회의, 1961. 8. 15. 110-114면.

약…(후략)"할 것을 약속하였다.[25]

이와 같은 사회보장제도에 대한 태도는 1962년부터 1963년의 1년 사이에 급격히 변화한 것을 발견할 수 있다. 예컨대 1963년 시정연설에서는 62년 연설에서 찾아볼 수 없었던 '강력히, 적극적인, 활발히' 등과 같은 강한 어조의 수식어가 보이고, 62년 연설에서 막연히 사회보장제도 마련이라고 언급한 데 비해, 63년 연설에서는 '의료보험과 재해보험제도 발족'과 같이 구체적 제도를 언급하는 것 등에서 이러한 변화를 엿볼 수 있다. 이후 이 같은 군사정권의 적극적인 사회정책 의지는 1962년 12월 26일 헌법 개정에서 적극적으로 수용되어, 헌법 제30조에서 사회보장의 목표와 최소한의 내용이 규정되었다. 그리고 1948년 제정헌법과 달리 보호대상으로 근로능력과 관련된 생활보호 청구요건이 삭제되었다.[26]

2. 사회보장심의위원회의 설치

군사정권은 1963년 말 민정이양을 앞두고 사회보장제도 도입을 국민에게 약속하였는데, 이러한 정치일정에 맞추기 위해 서둘러 사회보장제도심의위원회(이하 '사보심'이라 함)[27]를 구성하였다. 다만, 사보심이 군사정권에 의해 일방적으로 구상된 관변기구가 아니라 전술한 엄장현이 '의료보험 도입에 관련된 문제에 관한 견해 및 예비권고'(1960년)에서 이미 그 설치를 주장한 바 있고, 앞서 언급된 전국종합경제회의에서 그 실체가 구체화되었다는 점을 주목할 필요가 있다.

사보심은 1962년 2월 20일에 제정된 사회보장제도심의위원회규정(각령 제469호)을 근거로 설치되었다. 동 규정에 따르면 사보심은 보건사회부 산하 연구기관으로서 위원장, 부위원장 각 1인을 포함한 위원 20인 이내로 조직하되 위원장은 보건사회부 차관, 부위원장은 보건사회부 기획조정관으로 하며 기타 위원은 사회보장제도에 관한 학식과 경험이 풍부한 자 및 관계공무원 중 보건사회부 장관이 임기

---

25) e영상역사관(http://www.ehistory.go.kr, 2020. 12. 13. 최종방문) 참조.

26) 1948년 제헌헌법 제19조는 "노령, 질병 기타 근로능력의 상실로 인하여 생활유지의 능력이 없는 자는 법률의 정하는 바에 의하여 국가의 보호를 받는다."고 규정하고 있었으나 1962년 헌법(1962. 12. 26. 전부개정) 제30조에서 "① 모든 국민은 인간다운 생활을 할 권리를 갖는다. ② 국가는 사회보장의 증진에 노력하여야 한다. ③ 생활능력이 없는 국민은 법률이 정하는 바에 의하여 국가의 보호를 받는다."로 개정되었다.

27) 이 위원회는 1963년 말에 제정된 '사회보장에관한법률'에 따라 법적 기구로 격상됨에 따라 그 명칭을 '사회보장심의위원회'로 변경하고, 1966년 가을에는 국제사회보장협회(ISSA) 준회원으로 가입하였다. 위원회는 1986년 말 한국인구보건연구원으로 연구기능이 이관될 때까지 25년 동안 존치하였다.

1년으로 위촉 또는 임명한 자로 구성하도록 하였다. 또한 위원회에는 15인 이내의 전문위원을 두어 사회보장제도에 관한 사항을 조사・연구하도록 하고, 이때 전문위원은 공무원이 아닌 자로 사회보장에 관한 학식과 경험이 풍부한 자를 보건사회부 장관이 임명하도록 규정하였다. 이 규정에 따라 사보심 초대 위원장으로 한국진 보건사회부 차관, 부위원장으로 강봉수 기획조정관이 임명되었고, 위원으로는 백창석 중앙대 교수, 손정준 최고회의자문위원, 심재모 연세대 교수, 육지수 국회의원, 하상락 서울대 교수, 김치선 서울대 교수가 위촉되었고, 김문영 노동국장, 김원규 사회국장, 김용승 의정국장이 공무원위원으로 임명되었다. 또 실제 연구업무를 맡을 전문위원으로는 최천송, 심강섭, 한상무, 조만제가, 전문위원보조로는 박필재, 남상복, 민부기, 강남희가 임명되었다. 사무실은 삼청동 소재 사회사업지도자훈련원에 두고 4개반[종합반, 노동반(이후 산재보험반으로 개칭), 의료보험반, 공적부조반]으로 연구를 시작하였다.[28]

사보심은 사회보장제도의 도입을 본격화하기 위해 사업 목표를 '사회보장제도의 기초를 확립하여 복지사회건설을 지향한다'라고 정하고, 그 구체적인 방침으로 ① 우리나라 현실에 적합한 사회보장제도를 조사 연구하고, ② 우선적으로 시작될 사회보험의 시험적 실시를 연구평가하고, ③ 사회보장제도의 확대 실시를 위한 방법 및 단계를 연구할 것을 정했다. 이와 같은 방침에 따른 세부목표는 먼저, 선진국의 제도를 분석하고 평가하여 우리나라에 적합한 제도의 우선순위, 대상선택 및 규범 등을 심의하고, 둘째, 지역별, 직종별 표본을 선택하여 의료보험, 노동재해보험, 실업보험을 시험적으로 실시하기 위한 기초조사를 하며, 셋째, 사회보장제도를 확대실시하기 위한 법안을 작성하는 것으로 설정하였다.[29]

3. 최고회의 의장의 지시각서와 입법작업

전술한 사보심의 의료보험반은 최천송, 강남희를 중심으로 본격적인 연구를 시작하였고 이후 5명(이정희, 홍창섭, 하재옥 합류)으로 증원되었다.[30] 그리고 1962년 7월 28일 박정희 의장이 '국가지도노선' 원칙으로 ① 사회보험제도를 중심으로 한 사회보장제도를 국가가 발전시키겠다는 것과, ② 그 내용과 시기는 경제성장의 범

---

28) 신언항, 앞의 논문, 35-37면.
29) 보건사회부, 「사회보장제도심의위원회 보고심의사항」, 1962, 12-13면. (이선근, "의료보험법 제정과 그 변화 과정에 관한 연구", 성균관대학교 석사학위논문, 1986, 19면에서 재인용)
30) 의료보험연합회, 앞의 책, 30면.

위 내에서 국가가 결정한다는 것을 천명한 「사회보장제도 확립」이라는 지시각서 (국가재건최고회의 문서 제683호)[31]를 내각 수반에게 직접 전달한 후부터 사회보장 에관한법률안, 산재보상보험법안, 의료보험법안의 입법화 작업이 활발하게 진행되 기 시작하였다.

이 지시각서는 앞서 본 박정희 의장의 연두사나 시정연설과 같이 사회보험제도 가 경제개발계획과 병행하여 추진되어야 한다는 점에서 일맥상통하나, 내용 면에 서 보다 더 구체성을 띠고 있다. 또한 제(諸) 사회보험 중 '실시에 비교적 용이한 보험을 선택하여 착수할 것'을 언급한 것에서 사회적 위험의 위급성 정도보다 국 가의 실시 용이함 여부 내지 그 정도에 비추어 사회정책을 도입하려는 편의적 발 상을 엿볼 수 있다.

4. 의료보험법안의 마련

1962년 후반부터 구체적인 법제화 작업이 추진되어 1963년 2월 15일 1차 법안 이 마련되었다. 법안의 초안은 일본의 건강보험법과 국민건강보험법이 모델이 되 었다. 전문, 10개장 64개조 및 부칙 2개조로 구성된 1차 시안[32]은 그 후 4차례에 걸쳐 법적 체계, 적용가능성 등을 고려하여 수정보완된 후 전문, 10개장, 59개조 및 부칙 2개조의 정부안으로 정리되었다.

이 법안의 핵심내용은 500인 이상 사업장을 의료보험 당연적용대상으로 하고 의료보험조합을 설립하도록 하는 의료보험 강제적용을 원칙으로 하되, 그 시행시 기를 5년 유예시키는 것을 골자로 하였다.

5. 문교사회위원회 심의

의료보험법안은 1963년 11월 29일 최고회의 문교사회위원회에 회부되었다. 문 교사회위원회 심의과정에서 법안의 강제가입에 관한 조항이 계약자유의 원칙에

---

31) 구체적 내용은 "국민소득을 증가시키고 실업, 질병, 노령 등의 생활위험으로부터 국민을 보호하여 복지국가를 조속히 이룩함은 우리의 궁극적 목표… 이미 생활보호법을 공포하여 요구호자에 대한 부조를 실시하고 있지만 국민, 기업주, 정부가 함께 참여하여 연대적으로 국민생활을 보장하는 항 구적인 사회보장제도가 경제개발과 병행하여 추진되어야 할 것이며 사회보장제도의 중요한 부분인 사회보험 중에서 그 실시가 비교적 용이한 보험을 선택하여 착수하고 이 시범사업을 통하여 우리나 라에 적합한 제도를 연구발전시켜 종합적인 사회보장제도를 확립토록 지도할 것…"으로 이에 관련 한 내용은 의료보험연합회, 앞의 책, 30면 참조.

32) 1차 시안 전문은 최천송, 「한국사회보장연구사」, 한국사회보장문제연구소, 1991, 67-83면 참조.

위반되는지 여부가 쟁점이 되었다. 또한 당시의 경제여건과 기업사정으로 보아 당연가입은 기업과 정부의 부담이 되는 점을 감안하여야 한다는 논리도 함께 제기되었다.

이에 위원회는 500인 이상 사업장에 대한 강제포괄적용을 삭제하고 300인 이상 사업장의 사업주는 당해 근로자 2분의 1의 동의를 얻어 보건사회부 장관의 승인을 얻도록 하는 임의포괄적용으로 변경하였다.

이어 12월 11일 제139차 최고회의 상임위원회(헌정 상태의 국회본회의에 해당함)에 상정하였다.[33]

6. 국가최고재건회의 심의

최고회의 상임위원회에 상정된 의료보험법안은 정부원안과 문사위 수정안을 대조하는 과정에서 수정안 제8조 임의포괄적용 조항이 다시 쟁점으로 대두되었다. 이를 둘러싸고 최고위원들 간 논란이 있었으나 사회자인 이주일 부의장의 종용으로 "이 법은 이대로 통과된 것으로 하고 실제 법조문은 법률고문(최고회의 부의장 법률고문)이 수정한 내용으로 한다"는 단서와 함께 통과되었다.[34]

이에 따라 동 법안의 수정을 위해 그 후 약 1주일여 동안 수정 내용을 두고 법률고문, 당시 최고회의 자문위원인 손정선과 보사부 사회보장연구담당 전문위원 최천송 3명이 논쟁을 벌였다. 법률고문은 법의 공평성 원칙에 따라 일부 국민계층을 대상으로 하는 예산지출이나 법적 구속력을 갖는 법률제정은 불가하고, 어떠한 명목으로도 조세 이외에 일부 국민으로부터 재산을 강제징수하는 것은 불가하므로 원안의 강제가입이 헌법과 계약자유의 원칙에 위반된다고 주장하였고, 최천송 전문위원은 외국례에 비추어 볼 때 사회보험을 일부 국민계층에게 강제적용하도록 한 법제가 얼마든지 있고 사회정의 실현을 위한 사회보장적 대의에서 그 접근 방법론상 일시적 현상에 지나지 않는다고 주장하며 본안의 통과를 주장하였다. 그러나 결국 법률고문의 의견에 따라 강제적용조항은 삭제되고, 근로자 300인 이상

---

33) 그러나 1963년 국가재건최고회의 회의록 자료가 보존되어 있지 않아 최고회의상임위원회의 회의 내용을 원본으로 확인하지 못한 한계가 있다. 이 글에서는 그 당시 회의에 참여한 최천송 전문위원이 쓴 책으로 회의의 심의 내용을 대신하였다.

34) 이때는 민정이양을 위한 대통령선거와 총선거를 마친 뒤로, 2월 17일 제3공화국 출범을 며칠 앞둔 시점이었기 때문에 최고회의의 입법 기능 자체가 시한에 쫓기고 있었다. 이로 인해 의료보험법 뿐 아니라 함께 상정된 많은 중요 법안들이 제대로 된 심의 없이 무더기로 통과되었다. 최고회의 마지막 보름 동안 제정 또는 개정된 법률은 무려 166개였다(의료보험연합회, 앞의 책, 36면).

을 상시 사용하는 사업소의 사업주는 근로자 300인 이상의 동의를 얻어 의료보험
조합을 설립할 수 있도록 하는 임의적용 방식으로 수정되었다. 또 1개 사업소가
300인 이하인 경우에는 다른 사업소와 공동으로 조합을 설립할 수 있도록 하여
우리나라 최초의 의료보험제도는 조합방식을 채택하는 것으로 법이 제정되게 되
었다.

그 후 의료보험법은 1963년 12월 16일 법률 제1623호[시행 1964. 3. 17.]로 공
포되고, 동법 시행령이 1964년 6월 5일 대통령령 제1832호[시행 1964. 6. 5.]로, 동
법 시행규칙이 1964년 10월 27일 보건사회부령 제145호[시행 1964. 10. 27.]로 각
각 제정되었다. 그리고 의료보험심사규정이 1964년 6월 29일 대통령령 제1858호
[시행 1964. 6. 29.]로 제정되었다. 이는 의료보험법 제49조 및 제50조에 의한 의료
보험심사위원회의 구성과 운영에 관한 사항을 별도로 규정한 것인데, 대통령령 제
1832호와 별개의 시행령으로 정해진 점이 특색이다. 이어 동 규정의 운영세칙으로
의료보험심사규정 시행규칙이 1964년 11월 30일 보건사회부령 제149호[시행 1964.
11. 30.]로 각각 제정되었다.

Ⅳ. 의료보험법의 내용과 시행

1. 의료보험법의 주요 내용

국가최고재건회의에 의해 제정된 의료보험법의 주요 골자는 다음과 같다.

① 임의보험제도의 채택
② 300인 이상 상시근로자의 사업장별 적용
③ 보험료의 노사 쌍방 부담
④ 당사자주의에 의한 의료보험조합 결성
⑤ 요양, 장제, 분만 등 보험급여
⑥ 사업비 전액 및 보험급여비 일부 국가 보조 등

이 법은 원안의 강제적용의 부분을 제외하고는 그대로 법제화되었다. 그러나 일
부 국민을 강제가입 시킬 수 없을 뿐 아니라 갹출료의 강제징수마저도 법으로 규
정할 수 없다는 이유로 사회보험의 가장 중요한 성립요건인 강제성이 배제된 채
임의보험으로 입법되었기 때문에 동 법은 사실상 사회보험으로 아무런 의미가 없
는 불완전한 법이었다. 이후 1976년에 의료보험법이 전면 개정되어 의무가입이

1977년부터 시행되면서 비로소 진정한 의미의 의료보험이 시행되게 된다. 제정된
의료보험법의 구체적 내용 및 특징은 다음과 같다.

1) 목 적

법 제1조(목적)는 "이 법은 사회보장에 관한 법률에 의하여 의료보험사업을 행함
으로써 근로자의 업무 이외의 사유로 인한 질병, 부상, 사망 또는 분만과 근로자의
부양가족의 질병, 부상, 사망 또는 분만에 관하여 보험급여를 함을 목적으로 한다."
고 하여 이 법이 사회보장에 관한 법률을 기본법으로 한 법임을 명시하였다.

2) 적용대상

법 제1조에서 그 적용대상을 근로자 및 그 부양가족으로 하고 공무원 및 군인,
자영업자는 적용대상에서 제외하였다. 이때 부양가족은 "남자 60세 이상, 여자 55
세 이상인 직계존속, 배우자(사실상 혼인관계에 있는 자를 포함한다) 및 미성년인 자
녀로서 주로 그 근로자의 수입에 의하여 생계를 유지하는 자"로 현행 국민건강보
험법상 피부양자의 범위[35]보다 그 적용대상 범위가 좁다. 그리고 제8조(적용대상)
에서 다른 법에 의한 사회보험가입자, 2월 미만의 기간을 정하여 임시로 고용되는
자, 일용근로자, 계절적 업무에 사용되는 자 등을 제외하였다.

피보험자의 자격은 의료보험조합에 가입한 날부터 취득하고, 피보험자가 사망하
거나 당해 사업소에서 해고된 때, 탈퇴한 때 등에는 상실되었다.

3) 보험자

의료보험의 보험자는 의료보험조합으로 하고, 의료보험조합은 피보험자 및 사업
주로 조직된다.

4) 적 용

이 법의 의료보험은 피보험자의 가입 여부에 따라 적용될 수 있다. 법 제8조에

---

35) 현행 국민건강보험법상 피부양자는 다음과 같다.
제5조(적용대상등) ② 제1항의 피부양자는 다음 각 호의 어느 하나에 해당하는 사람 중 직장가입자
에게 주로 생계를 의존하는 사람으로서 소득 및 재산이 보건복지부령으로 정하는 기준 이하에 해당
하는 사람을 말한다.
1. 직장가입자의 배우자
2. 직장가입자의 직계존속(배우자의 직계존속을 포함한다)
3. 직장가입자의 직계비속(배우자의 직계비속을 포함한다)과 그 배우자
4. 직장가입자의 형제·자매

서 "근로자는 이 법에 의한 의료보험에 가입할 수 있다"고 하고 제17조는 "의료보험에 가입한 근로자 300인 이상을 상시 사용하는 사업소의 사업주는 근로자 300인 이상의 가입동의를 얻어 대통령령이 정하는 바에 의하여 보건사회부 장관의 승인을 얻어 의료보험조합을 설립할 수 있다"고 규정하였다. 그리고 동법 제10조[36]와 동법 시행령 제8조[37]는 피보험자의 자격상실 요건으로 비자발적 사유뿐 아니라 피보험자의 자발적 탈퇴도 가능토록 규정하였다. 이와 같은 임의적용·임의탈퇴 조항은 보험의 역선택을 가능케 하였고 사실상 의료보험을 적용하는 데 가장 큰 걸림돌이 되었다.

5) 의료보험조합의 설립 단위

이 법은 직장을 근거로 한 조합주의적 운영방식을 취하고 있다. 의료보험조합은 법 제17조 제1항에 따라 원칙적으로 1개 사업소 단위(의료보험에 가입한 근로자 300인 이상을 상시 사용하는 사업소)로 설립할 수 있도록 하되, 동조 제2항에 따라 1개 사업소의 가입희망자가 300인이 안 될 경우 2 이상의 사업소가 합하여 300인 이상이 될 경우 공동설립이 가능토록 하였다.

6) 보험급여의 종류

법 제28조는 보험급여의 종류로 요양급여, 장제급여, 분만급여를 두었다. 요양급여에 대해 피보험자가 일부부담하게 될 경우, 현행 국민건강보험법이 입원 여부, 요양기관의 종류, 급여비용의 다과 등에 따라 본인부담의 내용을 다양하게 차

---

36) 법 제10조(피보험자의 자격상실) ① 피보험자는 다음 각호의 1에 해당하는 사유가 발생한 때에는 그 사유가 발생한 날의 익일로부터 피보험자로서의 자격을 상실한다. 다만 제2호의 사유가 발생한 날에 다른 사업소에 사용되어 다시 피보험자로서의 자격을 취득하게 된 때에는 그 상실의 사유가 발생한 날로부터 그 자격을 상실한다.
1. 사망한 때 2. 당해 사업소에서 해고된 때 3. 제8조 제1항 단서 각호의 1에 해당하게 된 때 4. 탈퇴한 때
② 제8조의 규정에 의한 피보험자를 사용하는 사업주는 그 사용하는 피보험자의 4분의 3 이상의 요구가 있을 때에는 대통령령이 정하는 바에 의하여 보건사회부장관의 승인을 얻어 그 사용하는 모든 피보험자의 자격을 상실하게 할 수 있다. ③ 생략.

37) 법 시행령 제8조 (피보험자의 자격상실) ① 법 제10조 제1항 제4호의 규정에 의하여 피보험자가 의료보험조합(이하 '조합'이라 한다)을 탈퇴하고자 할 때에는 탈퇴하고자 하는 날의 30일 전까지 보험자에게 의료보험조합 탈퇴통보서를 제출하여야 한다. 다만, 부득이한 사유가 있는 때에는 그러하지 아니하다.
② 법 제10조 제2항의 규정에 의하여 사업주가 보건사회부 장관의 피보험자 자격상실의 승인을 얻고자 할 때에는 다음 각호의 사항을 기재한 피보험자자격상실신청서로써 하여야 한다.
1. 사업소 및 조합의 소재지와 명칭 2. 자격상실 요구자의 성명과 그 피보험자증의 기호·번호 3. 자격상실년월일 4. 피보험자의 총수와 자격상실 요구자의 총수

등화하고 있는 데 비해, 이 법은 본인부담율을 입원, 외래 구분 없이 일괄적으로 피보험자 20%, 부양가족 40%로 규정하였다(법 제30조, 동법 시행령 제27조). 요양급여의 기간을 6개월 이내로 제한하고 있는 점 또한 특징적이다(법 제31조).

장제급여가 지급된다는 것과 분만급여와 함께 법정급여로서 정액이 지급된다는 것도 주목되는 부분인데, 급여의 액수는 피보험자 및 부양가족에 따라 차등 지급된다. 장제급여의 경우 시행령 제28조에 따라 피보험자가 사망한 경우에는 5,000원, 그 부양가족이 사망한 경우에는 3,000원을 지급하도록 하였다. 또한 분만급여는 시행령 제29조에서 2,000원(배우자의 경우 1,500원)의 정액으로 지급토록 하였다.

7) 보험의료기관

보험의료기관은 의료법상의 의료기관만을 대상으로 보험자가 신청하여 보건사회부 장관이 지정토록 하되, 보험의료기관이 언제든지 보건사회부 장관에게 지정취소를 요구할 수 있도록 규정하였다(법 제39조 내지 제40조). 이처럼 명목상으로는 지정제 형식을 띠고 있지만 사실상 의료기관에 상당한 자율성을 부여함으로써 피보험자가 선택할 수 있는 의료기관은 상당히 제한되었다.

8) 재 정

의료보험조합의 재정은 피보험자와 그 피보험자를 사용하는 사업주가 부담하는 보험료에 의해 충당하도록 규정하였다. 이때 보험료의 액은 피보험자의 임금액에 보험요율을 승한 금액이 되고, 피보험자와 사업주가 각각 50%씩 부담한다(법 제44조 내지 제46조). 그리고 동법 제43조에 따라 국가는 조합관리 운영에 필요한 전액을 보조하되 보험급여비는 일부를 보조할 수 있는데, 이때 보조되는 급여비는 시행령 제36조에 따라 총 급여비의 10%로 하였다.

9) 보험료율

보험료율은 근로기준법상의 임금총액에 대하여 3% 이상 8% 이내의 범위 안에서 적용되는데(법 제44조), 요율은 보건사회부 장관이 매년 1월말까지 자문기구인 의료보험심의위원회 의결을 거쳐 결정하도록 하였다(동법 시행령 제37조).

10) 심사 및 지급

심사 및 지급을 포함한 모든 사업은 각 조합이 보건사회부의 감독 아래 직접

운영하도록 하였다. 그리고 법 제49조 제1항은 보건사회부에 중앙의료보험심사위
원회를, 보건사회부 장관이 필요하다고 인정하는 지역에는 지방의료보험심사위원
회를 두어 보험료 기타 징수금의 부과 및 징수, 피보험자의 자격 또는 보험급여
등에 관한 처분에 대한 이의를 심사하도록 하였다.[38]

2. 의료보험법의 적용

의료보험법이 제정된 후 2년간의 시범사업 준비를 마치고 최초로 중앙의료보험
조합(현대병원, 시사문화사, 풍진사업사, 소사신앙촌제사공사, 삼흥실업, 고려와사공업주
식회사, 대한중석 서울제련소의 7개 사업장이 공동으로 설립한 조합)이 1965년 4월 23
일에 설립되었다.[39] 조합의 5월 한 달간 실적으로 입원 1건, 외래 111건, 수술 1
건, 분만 1건이 이루어졌다. 급여비는 모두 161,600원이었고, 보건사회부는 같은
해 6월 제1차 사업비로 국고 33,640원을 지급하였다. 그러나 사업주와 피보험자의
보험료 납부에 대한 미온적 태도와 사업비 부족으로 6월 이후 급여업무가 중단상
태에 이르게 되면서 그해 11월 조합에 대한 설립인가가 취소되고 말았다.

실질적으로 운영된 조합으로는 1965년 9월 25일 전남 나주에서 설립된 호남비
료 의료보험조합을 필두로, 1966년 3월 설립된 경북 문경의 봉명흑연광업소 의료
보험조합, 대한석유공사 의료보험조합, 1975년에 설립된 협성 의료보험조합의 4개
조합이 전부였다.[40]

이 법은 임의가입 방식으로 인한 역선택, 사회보험에 대한 낮은 인식과 보험료
에 대한 부담감 등으로 인한 낮은 가입율, 이에 따른 조합 재정자립의 어려움 등
의 문제를 발생시키면서 실효를 거두지 못했다.

Ⅴ. 결 론

우리나라의 의료보험법의 제정 과정은 자본주의의 모순심화와 노동계급의 성장
이라는 산업사회의 위기상황에서 사회보장제도가 도입된 서구와 사뭇 다르다.

---

38) 중앙의료보험심사위원회 및 지방의료심사위원회는 각각 보건사회부 장관과 시·도지사가 학식과 경
   험이 풍부한 자 가운데 위원장을 포함한 7인의 위원을 위촉하여 구성한다. 위원의 임기는 2년으로
   연임할 수 있다(의료보험심사규정 제3조 내지 제4조).
39) 행정안전부 국가기록원(https://www.archives.go.kr, 2020. 12. 14. 최종방문일), 의료보험법 제개
   정 주제설명 참조.
40) 의료보험연합회, 앞의 책, 45-46면.

의료보험법이 제정되었던 1960년대는 농업위주의 사회였고, 극심한 가난으로 세계 최빈국의 하나였으며, 노동계급은 군사정권의 통제로 인해 억제되었다. 그리고 사회적으로 의료보험 요구를 할 만큼 경제적 기반이 갖추어져 있거나 의료기관이 확립되어 있지도 않았다. 이처럼 의료보험의 설계·시행에 전제되는 사회·경제적 여건은 상당히 취약하였다고 볼 수 있다.

그러나 정치적 측면에서는 의료보험법 제정의 동기를 엿볼 수 있다. 군사정부는 정치적 정통성을 확보하기 위해서 또는 그 흠결을 보완하기 위해 경제건설과 사회정의를 최우선 과제로 두고 사회보장 제도를 도입했다. 그 구체적 동기에 대해서는 정치적 선전도구로서 사회정의의 실현이라는 구호를 내세웠다거나 경제개발을 위해 안정적 자금을 동원할 필요에서라는 등 연구자마다 판단은 다르나, 군사정권의 정당성의 빈곤을 메우기 위한 정책적 편의에서 생겨난 것이라는 데에는 공통적이다. 다만, 의료보험법 제정 경위를 살펴볼 때 그 입법요인을 단순히 정치적 정당성 확보를 위한 수단만으로 설명하기는 어렵다. 의료보험제도 도입을 위한 기초 작업은 1959년 10월 보건사회부에 설치된 건강보험제도 도입을 위한 연구회와 1962년 3월에 설치된 사회보장제도심의위원회에 의해 진행되었는데, 이들 기관은 박정희 의장의 지시에 따라 입법안을 마련하기 이전에 이미 자발적으로 각각 의료보험제도 도입을 위한 연구를 진행해 왔고 전국경제회의를 통해 사회보장제도심의위원회 설치를 시도했던 역사가 있기 때문이다. 한편으로 군사정부가 사회보험과 같은 정책을 개발하고 집행할 능력이 부족한 수준이었을 것이라는 점도 함께 고려될 수 있다. 실제로 이 시기 사보심 정책전문가들은 의료보험제도 설계에 필요한 연구를 진행하는 동시에 군사정권에 사회정책 및 의료보험제도의 의미와 필요성을 지속적으로 설명, 홍보하여 의료보험 등의 사회보장제도를 군사정권의 정당성 확보를 위한 새로운 아이디어로 제시한 것으로 드러난다.[41] 이러한 점에서 의료보험법 제정은 정당성이 결핍된 군사정부의 정당성 확보라는 필요성과 의료보험 정책전문가들의 의료보험제도 도입의 요구가 역학적으로 작용한 결과물이라고도 볼 수 있을 것이다.

그러나 최초 연구회의 의료보험법 제정 논의가 처음에는 크게 진전하지 못하다가 5·16 군사쿠데타로 군사정권이 민심 수습을 위한 중요 정책으로 지정함으로

---

41) 실제로 의료보험을 비롯한 사회보장제도 입법에 결정적 영향을 미쳤던 박정희 의장의 지시각서를 만드는 데서도 사보심 위원이었던 손창달 씨가 참여하였다고 한다(조영재, "한국복지정책과정의 특성에 관한 연구", 「한국정치학회보」, 제42집 제1호, 한국정치학회, 2008, 78면).

써 본격적으로 논의가 이루어져 마침내 1963년에 제정에 이르게 되었다는 점, 특히 입법 과정에서 국가의 경제성장 정책을 해하지 않고 실시용이함이라는 편의성에 의거하여 사회보험의 핵심기능인 강제가입조항이 임의가입조항으로 수정되면서 사실상 실시불가능한 입법이 되었다는 점에서 국민의 의료복지를 위한 의료보험법 제정이라는 애초 연구회의 취지가 상실되고 군사정권의 정치적 도구로 이용되었다는 비판으로부터 결코 자유롭지 못할 것이다.

07 사회복지사업법 제정사*

심재진**

Ⅰ. 들어가며

한국의 사회복지법제의 특징은 기본적으로 국가책임의 미약과 이에 따른 민간 분야에의 의존이라고 할 수 있다.[1] 국가의 복지개입의 극소화,[2] 잔여적 유형의 사회복지서비스[3] 등은 강조점에서 다소의 차이가 있지만 크게 보면 이러한 특징을 표현한 것이라고 볼 수 있다. 이와 같은 특징은 여러 사회복지통계가 보여주고 있는데, 예를 들어 2005년도를 기준으로 GDP 대비 한국의 공공의 사회복지지출은 6.9%로 OECD 35개의 국가 중 최하위로 OECD 국가의 평균 21%에 크게 못 미친다.[4] 그렇다고 해서 한국에서 국가의 복지서비스 공급이 전혀 없는 것은 아니다. 그런데 국가의 복지서비스가 공급되는 방식은 공적 전달체계를 구축하여 이루어지기보다는 주로 사회복지법인 등 비영리민간부분을 통해 이루어진다.[5] 정부는 사회복지법인과 위탁계약을 맺거나 사회복지법인 등이 운영하는 사회복지시설에 대해 보조금을 지급하여 사회복지서비스를 주로 전달한다. 그 결과로 공공 사회복지

---

* 이 글은 한국사회보장학회가 발간하는 학술지 사회보장연구(제27권 제2호, 2011. 5. pp. 279-307)에 이미 게재된 것이다. 다시 싣는 것을 허용해준 한국사회보장학회에 감사드린다.
** 서강대학교 법학전문대학원 교수.

1) 백종만, "해방 50년과 남한의 민간복지", 비판과 대안을 위한 사회복지학회, 「상황과 복지」, 창간호, 1996, 48-49면.
2) 남찬섭, "한국 복지정치의 딜레마: 낮은 조세능력과 자가복지로 인한 한계에 중점을 두어", 한국사회복지연구회, 「사회복지연구」, 제38호, 2008, 103면.
3) 박용수, "한국 복지국가의 성격: 잔여적 유형", 한국외국어대학교 국제지역연구센터, 『국제지역연구』, 제10권 제3호, 2006, 173면.
4) OECD, *OECD FACTBOOK* 2010, 2010, p. 201.
5) 백종만, 앞의 논문; 이혜경, "한국비영리영역의 구조와 실체: 민간 사회복지부문의 역사와 구조적 특성", 연세대학교 동서문제연구원, 「동서연구」, 제10권 제2호, 1998; 문순영, "한국 민간사회복지부문의 구조적 특성에 관한 연구: 정부와의 관계를 중심으로", 연세대학교 박사학위논문; 2000; 백종만, "지방분권과 사회복지전달체계의 변화", 한국보건사회연구원, 「보건복지포럼」, 제109호, 2005.

전달체계는 주로 공공부조 영역에 한정되어 있어 그 '공급 인프라 구조'가 상당히 미흡한 편이다.[6] 이러한 점에서 한국의 사회복지법제는 그 전달체계의 면에서 또 하나의 특징을 갖는다고 하겠다.

사회복지사업법은 사회복지 목표의 효과적 실현을 위해서 "사회복지사업의 각 분야에 걸쳐 공통적이고 기본적인 사항을 체계화하여 하나의 법률에 담아 놓고 이를 사회복지사업의 각 분야에 적용할 필요"에 부응한 것이다.[7] 그 공통적이고 기본적인 사항은 ① 사회복지사업의 범위, ② 사회복지서비스 공급주체의 조건 및 자격, ③ 사회복지서비스의 재원, ④ 사회복지서비스의 전문성(인력), ⑤ 사회복지시설의 기준 및 운영방식, ⑥ 공급자 간의 연대 등이다.[8] 결국 사회복지사업법은 사회복지서비스를 위한 조직체계와 서비스조직의 운영에 대한 기본법적 성격을 가지는 법이라고 할 수 있다.[9]

사회복지사업법이 이러한 특성을 갖기 때문에 이 법은 특정 영역에 국한되는 개별적인 사회복지법보다 한국사회복지법제의 특징을 더 잘 보여줄 수 있다. 실제로 이와 같은 특징은 현재의 사회복지사업법에 반영되어 있다. 첫 번째 특징과 관련해서는 사회복지사업법은 사회복지에서의 국가책임을 선언하고는 있으나[10] 이를 위해 국가는 관련 분야에서 노력할 의무만을 지닌다.[11] 두 번째 특징은 현재의 사회복지사업법이 공적 서비스 전달체계보다는 사회복지법인과 사회복지시설의 규율을 그 중심으로 하고 있는 데에서 드러난다. 이 때문에 1970년 사회복지사업법이 제정되고 1977년 사회복지사업법에 관한 판례[12]가 형성된 이래 지금까지 사회복지사업법과 관련된 법원의 판례는 거의 전부가 사회복지법인에 관련된 것이다.[13] 즉 사회복지사업법은 사회복지서비스의 기본법임에도 불구하고 사회복지사

---

6) 김영종, "공공 사회복지전달체계 개편방안에 대한 비판적 고찰", 한국사회복지협의회, 「사회복지」, 제168호, 2006.

7) 이상용, "사회복지서비스전달체계의 변용에 관한 연구-사회복지사업법 제·개정을 중심으로-", 연세대학교 사회복지연구소, 「연세사회복지연구」, 제9호, 2003, 62면.

8) 이상용, 앞의 글, 61면.

9) 이상용, 앞의 글, 61면.

10) 사회복지사업법(법률 제10261호, 시행 2011. 1. 1.), 제4조 제1호.

11) 사회복지사업법(법률 제10261호, 시행 2011. 1. 1.), 제4조 제2호-제5호 참조.

12) 사회복지사업법에 관한 대법원의 최초의 판례는 대법원 1977. 9. 13. 선고 77다1476 판결로 사회복지법인의 기본재산의 처분과 관련한 당시 사회복지사업법 20조의 해석에 관한 것이었다.

13) 판례검색사이트 로엔비에서 사회복지사업법을 참조법령으로 하는 판례(헌법재판소 결정례 포함)는 총 30개가 된다(http://www.lawnb.com. 2011년 4월 25일 검색). 이중 사회복지법인에 관련된 것이 27건이고, 나머지 3건은 주된 측면에서는 사회복지사업법이 아닌 다른 법률 조항에 대한 것이고, 사회복지사업법은 부차적으로 참조가 되는 것이어서 사실상 법원이나 헌법재판소에서 다투어지

업법과 관련한 법적 분쟁은 사회복지법인의 설립과 운영 그리고 활동에 한정되어
왔다.

　이 글은 1970년에 제정된 사회복지사업법(이하 제정사회복지사업법)의 입법사를
그 연구대상으로 한다.[14) 일반적으로 입법사 연구는 해당 법의 제정배경과 법안,
그리고 국회의 논의과정을 살펴보는 것이다. 이 글의 본문에서 이후 밝혀지는 바
와 같이 제정사회복지사업법은 위와 같은 한국사회복지법제의 특징을 훨씬 더 적
나라하게 드러내고 있다. 이러한 점을 감안하여 이 글은 제정사회복지사업법의 입
법사를 고찰할 때 한국사회복지법제의 특징이 사회복지사업법의 제정과정과 내용
에는 어떻게 반영되었는가를 주로 고찰한다. 이를 위해 제정사회복지사업법의 입
법배경과 법안 그리고 국회논의과정을 추적한다. 예를 들어 제정사회복지사업법에
국가책임규정이 완전히 부재한 것은 어떠한 배경 때문이고, 제안된 법안 내용은
사회복지서비스의 공급주체와 관련하여 어떠한 모습을 보여주고 있는지, 그리고
국회논의과정에서는 이와 관련하여 어떤 논의가 있었는지를 살펴본다. 이와 같은
연구문제에 대해 효과적으로 고찰하기 위하여 이 글은 기본적으로 법해석학이 아
닌 법사회학의 방법론에 입각한다. 이 글에서 이용하는 법사회학적 방법론은 규범
으로서의 법보다 사회적 실재로서 법현상에 중점을 두어,[15) 법은 그 사회의 상황
을 반영하고 드러낸다는 전제에 기초해 있다. 이 글은 법안의 제안과 법내용의 형
성에 영향을 끼치는 법현실을 드러내는, 국회회의록, 신문기사, 통계자료 등의 문
헌자료를 검토해 앞서 언급한 연구문제를 탐구한다.

　이 글의 연구대상 및 문제와 관련하여 기존의 연구들은 주로 사회복지사업법
제정의 필요성을 크게 두 가지 요인으로 규정하고 있다. 그 첫 번째는 사회복지서
비스의 전달과 운영의 측면에서 그 제정 필요성을 보는 것이다. 예를 들어 이상용

　는 사건은 모두 사회복지법인과 관련된 것이라고 할 수 있다. 로엔비 사이트에서 검색되지는 않으
　나 예외적으로 사회복지사업법의 사회복지서비스신청권(제33조의2)과 관련된 최근에 내려진 하급심
　판결이 있다(청주지방법원 2010. 9. 30. 선고 2010구합691 판결, 서울행정법원 2011. 2. 8. 선고
　2010구합28434 판결).

14) 비록 이 법이 1970년 1월 1일에 공포되고 같은 해 4월 1일에 시행되었으나, 본문에서 밝혀질 바와
　같이 이미 1960년대 초반에 입법논의가 시작된 1960년대의 산물이다. 그러나 일부 논자들은 사회
　복지법사에서 사회복지사업법의 제정을 1970년대의 상황과 맥락에서 보고 있다(백종만, 앞의 논문
　(1996), 47면; 남찬섭, "1970년대의 사회복지-1", 참여연대사회복지위원회, 「사회복지」, 제86호,
　2006). 또한 일부 논자들은 비슷한 이유로 1960년대의 사회복지사를 다루면서 사회복지사업법의
　제정을 전혀 다루지 않고 있다(손준규, "한국의 사회정책 결정과정에 대한 연구-행정부 내 정책결
　정과정을 중심으로-", 서울대학교 박사학위논문, 1981; 정무권, "한국 사회복지제도의 초기형성에
　관한 연구", 한국사회정책학회, 「한국사회정책」, 제3집, 1996).

15) 윤찬영, 「사회복지법제론」, 나남, 2011, 354면.

은 사회복지사업법의 제정이 사회복지서비스 전달체계의 구축에 있다고 파악한다.[16] 그러나 단순하게 사회복지전달체계의 구축으로만 볼 경우 왜 사회복지법인과 사회복지시설의 규율이 제정사회복지사업법의 주요 근간이 되었는지에 대한 설명이 부족하다. 두 번째는 사회복지사업법의 제정을 외원단체의 철수에 따른 민간자금의 동원이라는 측면에서 보는 것이다. 예를 들어 남찬섭은 사회복지사업법의 제정배경과 의미를 주로 외원단체의 철수라는 사실에 기초하여 민간자금을 동원하려는 시도에서 찾았다.[17] 이러한 견해는 사회복지사업법안이 국회에 제출되는 시점과 외국원조단체가 한국에서 철수하기 시작하는 시점이 일치한다는 측면을 설명하고 있지만, 이후 본문에서 보이는 바와 같이 제정사회복지사업법 초안이 외원단체 철수 시점보다 한참 앞선 시점에 마련되었다는 점을 설명하지 못하는 한계가 있다. 또한 기존의 연구는 법안 내용 자체나 국회의 논의과정에 대해서는 단순하게 열거해서 소개하는 데 그치고 있거나,[18] 사회복지사업의 정의나 공동모금제도와 관련한 조항에만 초점을 맞추어 분석하고 있다.[19]

이 글은 앞서 언급한 특징을 갖는 한국사회복지사업법제의 초기형성이라는 측면에서 기존에 논의되는 사회복지사업법 제정의 두 요인을 종합하여 설명해본다는 점에서 기존 연구와 차별성을 갖는다. 그리고 이 글은 법안 내용과 국회논의과정을 각각 독립적으로 다루면서, 사회복지사업법의 제정에 영향을 끼친 요인들이 법안의 내용과 입법과정에서는 어떻게 작용했는지까지 살펴본다는 면에서 기존의 연구보다 더 입체적이고 종합적이라고 할 수 있다.

마지막으로 이 글의 체계와 구성내용에 대해 간략히 설명한다. 이 글은 우선 제2장에서 사회복지사업법 제정 요인을 앞서 언급한 2가지로 제시하고, 이 2가지 요인이 상호 어떠한 관련을 가지며 사회복지사업법의 제정으로 이어졌는지를 설명한다. 제3장에서는 국회논의과정에서 크게 바뀌지 않은 제정사회복지사업법 법안을 영역별로 나누어 그 내용을 분석한다. 이 장에서는 특히 당시 일본의 사회복지사업법[20] 내용과 비교하고, 사회복지사업법 제정 요인이 법안내용에 어떻게 반영

---

16) 이상용, 앞의 논문.
17) 남찬섭, 앞의 논문(2006).
18) 이상용, 앞의 논문.
19) 남찬섭, 앞의 논문(2006).
20) 일본의 사회복지사업법은 1951년(昭和26년)에 제정되었고, 2000년(平成12년)에 사회복지법으로 그 명칭을 변경하였다. 이 글에서는 일본의 사회복지법을 지칭할 때 편의상 이전의 명칭인 사회복지사업법을 사용하기로 한다.

되었는지를 살펴본다. 그리고 제4장에서는 윤인식 법안이 어떠한 국회논의과정을 거쳤는지에 대해 살펴본다. 본문에서 확인하는 바와 같이 국회논의과정은 그 내용이 대단히 부실하고 빈약했는데, 이러한 사실에 대해 2가지의 제정요인에 비추어 설명해본다.

II. 사회복지사업법 제정배경

1. 제정요인

1) 사회복지관련 법인과 시설에 대한 규율의 체계화

우리나라는 1950년대에 3년간의 전쟁을 거친데다가 극도의 빈곤상태가 지속됨에 따라 대량의 고아, 부랑민, 상이군인 등 사회복지서비스가 긴급하게 필요한 계층이 등장하였다. 그러나 정부의 재정으로는 이러한 사회복지서비스를 감당할 수 없었다. 따라서 정부의 책임 아래 발달한 서구와는 달리 우리나라는 주로 민간단체에 의해(후술한 바와 같이 주로 외국의 원조에 의해) 사회복지서비스가 형성되고 발전하였다.[21]

<표 1>은 1960년대에 사회복지시설의 설립과 운영의 주체에 대한 통계이다. 이 표에서 드러나듯이 사회복지 시설 설립 및 운영에서 국가는 별다른 역할을 하지 못했다. 이 표에서 사회복지시설의 설립 및 운영주체는 90%가 넘는 절대다수가 민간단체임을 보여준다. 또한 정부예산에서 보건사회부 예산이 차지하는 비율 또한 극히 적었다. 예를 들어 1961년, 1965년, 1969년의 이 비율은 각각 2.56%, 3.34%, 2.98%였다. 이 예산이 얼마나 적은 것인지는 현재의 보건복지부 예산과 비교해 보면 쉽게 알 수 있다. 서두에서 밝힌 바와 같이 현재 우리나라의 사회복지 비중은 다른 나라와 비교해도 상당히 낮은데 그럼에도 불구하고 2007년도 보건복지부 예산이 일반회계예산에서 7.37%를 차지하고, 사회보장 예산 전체로는 12.03%를 차지한다.[22] 이러한 점에서 결국 이 시기에 사회복지사업에서 정부의 역할은 극히 미미했다.

---

21) 남찬섭, 앞의 논문(2006), 44면.
22) 보건복지부, "보건복지가족부 예산추이", 보건복지부 통계포털
   (http://stat.mw.go.kr/stat/civil/ask_data_view.jsp?menu_code=MN04010000&cont_seq=14191.
   최종방문일자 2011년 3월 6일).

〈표 1〉 사회복지 시설 설립 및 운영주체

연도	국립	공립	사립	계
1963	9(1.3)	48(7.0)	631(91.7)	688
1966	5(0.7)	57(7.4)	704(91.9)	766
1967	14(1.8)	35(4.5)	727(93.7)	776

출처: 보건사회부, 보건사회통계연보, 해당연도(강만춘, "1960년대에 있어서의 사회복지사업의 경향", 한국사회복지연합회, 「사회복지」, 제30호 1970, 17면에서 재인용).

사회복지서비스의 절대 다수를 민간단체가 담당하게 되었기 때문에 이들 단체의 관리 감독, 보조금 등의 지원 등에 대한 규율이 필요하게 되었다. 그리고 이와 같은 관리감독과 지원을 위해서는 관리감독과 지원의 대상이 되는 사회복지사업의 범위나 이들 단체의 법적인 성격과 위상을 확정할 필요가 있었다. 1960년대 초 사회보장심의위원회의 사회복지사업법부의안의 입법제안취지는 이러한 필요를 잘 보여준다.

"사회복지사업은 요보호자를 수용하여 생활의 대부분을 거기에서 영위케하는 시설을 운영하는 사업과 부당한 이득을 수반하기 쉬운 사업 등 그 대상의 인격의 존엄에 중대한 관계를 가진 사업임으로 제도상으로 경영의 주체, 시설의 설치, 사업의 개시, 폐쇄·종사자의 기준 등에 규제를 가하여 공적 책임 하에 그 운영이 이루어져야 함을 명시하고 책임의 소재와 이에 대한 보호책을 마련함이 의당의 처사임을 재확인하는 바이다. 이에 사회복지사업법(가칭)안을 마련하여 서상의 취지를 입법하고저 제안하는 바이다."[23]

물론 1960년대에 들어서 기초적인 형태의 사회보장제도가 도입되었다. 공공부조와 사회복지서비스에 한정해서 보면, 1961년에 생활보호법, '윤락행위 등 방지법', 아동복리법이 제정되었다. 새로 제정된 각 법률에서는 해당 법률이 관계하는 사회복지시설에 대한 규정이 도입되었다. 예를 들어 생활보호법에서는 양로시설, 교육시설, 보호시설, 재활시설, 의료시설 등 "보호사업을 목적으로 하는 사회복지시설로서" '보호시설'에서의 보호에 대해 규정하였다.[24] 또한 '윤락행위 등 방지법'에서는 윤락행위와 관련하여 요보호여자에 대한 보호를 담당하는 보호지도소와

---

23) 사회보장심의위원회, "사회복지사업법안의 제안취지" (신남균, "사회복지사업법해의", 한국사회복지연합회, 「사회복지」, 제28호, 1970, 82면에서 재인용).
24) 생활보호법(제정 1961. 12. 30. 법률 제913호), 제24조-제27조.

직업교육을 담당하는 직업훈련시설을 공익법인이 보건사회부장관의 허가를 얻어 설치할 수 있도록 규정하였다.[25] 또한 이 공익법인이 설치하는 보호지도소와 직업 전도시설 및 그 운영에 요하는 비용은 국가가 그 전부 또는 일부를 보조할 수 있 다고 규정하였다.[26] 그리고 아동복리법에서도 아동복리시설의 설치와 관련하여 재 단법인의 아동복리시설 설치, 이에 대한 국가의 비용 보조 등을 규정하였다.[27]

이와 같이 개별법에서는 사회복지사업을 행하는 법인과 이 법인이 운영하는 사 회복지시설의 규율을 해당 법의 성격에 따라 규정하고 있었지만, 사회복지사업 전 체를 모두 망라하여 법인의 설립과 운영 등에 대한 사항을 규율하는 법률은 없었 다. 다만 해당 법인과 사회복지시설에 대한 정부의 지도, 감독, 통제는 정부가 6·25 전쟁 중에 정부가 임시적으로 만들어 놓은 기준에 의해서 다소 편의적이고 비체계적인 방식으로 이루어지고 있었다. 그 기준은 '후생시설 설치 기준'(1950. 2. 27.), '사회사업을 목적으로 하는 법인 설립허가 신청에 관한 건'(1952. 4. 21.), 장 관훈령인 '후생시설운영요령'(1952. 10. 4.) 등이다.[28] 이들 기준은 전시에 고아나 난민 등을 수용하는 시설이 급증함에 따라 그 시설의 최소 기준을 마련하고, 시설 설립을 등록제에서 허가제로 전환하고, 재단법인만이 시설을 운영하도록 하였다 (보건사회부, 1981: 212).[29]

이처럼 개별법에서 각기 달리 규정되고, 장관훈령 등에 의해 임시방편적으로 운 영해왔던, 사회복지사업을 수행하는 주체로서의 법인과 그 법인 등이 운영하는 시 설은 통일적으로 규율될 필요가 있었다. 또한 이후에 도입될 수 있는 다른 사회복 지관련 제도를 위해서도 사회복지서비스를 위한 조직체계와 서비스조직의 운영에 대한 기본법적 성격을 가지는 법이 필요했다. 이 점을 당시 법안을 제안했던 윤인 식 의원은 아래와 같이 설명하고 있다.

> "현재 우리나라에서는 생활보호법 아동보호법 및 윤락행위방지법 등 사회복지에
> 관한 법률과 앞으로도 신체장해자의 복지를 위한 법률이나 기타의 사회복지에 관한
> 법률이 제정될 것으로 보이나 아직 사회복지관계법령의 기본법인 사회복지사업법의
> 제정을 보지 못하고 있어 이를 제안하게 된 것입니다."[30]

---

25) 윤락행위 등 방지법(제정 1961. 11. 9. 법률 제771호), 제9조.
26) 윤락행위 등 방지법(제정 1961. 11. 9. 법률 제771호), 제10조.
27) 아동복리법(법률 제912호, 1961. 12. 30. 제정), 제17조와 제21조.
28) 보건사회부, 「보건사회」, 1981, 212면; 백종만, 앞의 논문(1996), 43면.
29) 보건사회부, 앞의 책, 212면.
30) 국회사무처, 「제67회 국회 보건사회위원회회의록」, 제2호, 1968년 9월 11일, 1면.

이러한 제안취지는 사회복지사업법안이 심사되는 각 단계마다 거의 동일한 형태로 언급되었다.[31] 이렇게 입법제안자들은 사회복지사업법의 필요성을 다소 추상적으로 표현하였다. 그러나 이 법안의 실질적인 의미가 사회복지 관련 법인과 시설의 관리와 사회복지행정의 체계화에 있었음은 당시 법안 내용을 세부적으로 심사하였던 전문위원들은 분명히 언급하고 있다.

> "사회복지사업법안은 현재 여러 가지 사회복지활동을 하는 그런 법률이 있는데 현행법에 있는 사회복지에 관한 활동을 위한 법률이외에도 여러 가지 더 많은 사회복지사업활동을 위한 법률이 제정되어야 될 것이다 그러나 그러한 사회복지활동을 위한 여러 가지 법률에 앞서서 그 모든 사회복지활동을 규제하는 기본법이라고 할 수 있는 이런 법안이 필요하지 않겠느냐 그래서 이 법안이라는 것은 모든 사회복지 활동을 하는 법률에 기본이 되는 법률로서 제안이 된 것이다 이렇게 취지가 되어 있고 그 내용의 주가 되는 것은 이 사회복지사업법에 따라서 사회복지활동을 규제 할 수 있는 이러한 위원회라든가 이런 것을 보사부장관 밑에 두어 가지고 사회사업 활동을 하는 법인을 일률적으로 자격을 규제하고 그것을 총괄할 수 있는 이러한 체제로 되어 있는 것으로 알고 있습니다."[32]

2) 외국원조의 감소와 사회복지예산의 부족에 대한 대응

앞서 언급한 바와 같이 한국에서 사회복지서비스는 민간단체가 중심이 되었다. 그러나 이것은 엄밀히 얘기해서 정확한 언급은 아니다. 왜냐하면 한국의 민간단체는 그 기반이 영세하여 극빈곤의 시기에 사회복지를 제공할 만한 여력이 부족했기 때문이었다. 그럼에도 불구하고 민간단체가 중심이 된 사회복지서비스가 가능했던 것은 외국의 원조 때문이었다.

<표 2>는 1960년대 현재의 기초생활급여대상자와 유사한 생계보호대상자와 영세민에 대한 지원액에서 외국원조가 차지하는 비율을 보여주고 있다. 1968년을 제외하고는 외국원조가 이 지원액의 50% 이상을 넘었다. 또한 <표 3>은 사회복지서비스시설의 하나로서 아동복지시설의 지원액 중 외국원조가 차지하는 비율을 보여준다. 여기에서도 1968년도까지 외국의 원조가 이 지원액의 50% 이상을 차지

---

31) 예를 들어 보건사회위원장 신동욱의 국회 본회의 심사보고 참조(국회사무처, 「제72회 국회회의록」, 제18호, 1969년 12월 23일, 397-398면).
32) 전문위원 이상선의 발언(국회사무처, 「제67회 국회 내무위원회회의록」, 제10호, 1968년 10월 29일, 7면).

하였다.

〈표 2〉 요보호대상자에 대한 지원의 자원 비율(%)

연도	계	국고	지방비	외원
1960	100	7		93
1962	100	32.4	15.7	51.9
1964	100	39.3	10.7	50
1966	100	28.0	9	63
1968	100	55.3	7.4	37.3

출처: 한국사회복지사연합회, 「사회복지」, 1967. 7, 49면; 보건사회부, 「사회행정시책」, 1969, 19-26
면 (강만춘, 앞의 논문, 16면에서 재인용).

외국의 원조가 사회복지재정의 과반수를 차지하고 있던 상황에서 1960년대 후
반에 한국에 진출한 외국의 원조단체들이 철수하고 이에 따라 외국의 원조액수도
조금씩 감소하기 시작했다. 한국에서 사회복지사업을 주로 담당하던 외국의 원조
단체들은 몇 가지 이유로 1960년대 후반부터 조금씩 철수하기 시작했다.[33] 미국경
제가 쇠퇴하면서 외원단체에 대한 미국정부의 지원이 감소한 점, 한국의 경제성장
을 감안하여 외원단체가 더 이상 원조가 필요하지 않다고 판단한 점, 당시 아프리
카나 베트남 등에 대한 원조의 시급한 필요성의 증대로 대상 국가를 변경한 점
등이 그 이유로 거론되고 있다. 외국원조단체의 철수는 1970년대 이후에 본격적으
로 진행되었다. 그러나 아동시설에 대한 지원에서 두드러진 활동을 보인 미국기독
교아동복리회(CCF)가 1968년 말과 1969년 초에 걸쳐 11개 시설에 대한 지원을 중
단했고, 다른 단체에서도 이 시기에 사업규모 축소를 고려하였다.[34]

〈표 3〉 아동복지단체에 대한 재정 원천 비율(%)

연도	정부보조	외국지원	자체 소득	기부
1961	21.1	53.3	20.4	5.2
1962	20.0	56.0	18.0	6.0
1965	15.5	64.0	13.2	7.3

---

33) 최원규, "외국민간원조단체의 활동과 한국 사회사업 발전에 미친 영향", 서울대학교 박사학위논문,
1996, 213-216면.
34) 최원규, 앞의 논문, 213-216면.

1966	17.4	53.3	18.7	10.6
1967	19.8	50.3	20.7	9.2
1968	22.2	52.5	16.8	8.5

출처: 보건사회부, 「아동복지사업」, 1969, 43면(강만춘, 앞의 논문, 16면에서 재인용).

그동안 외국원조에 사회복지사업 재정의 절대다수를 의지하던 사회복지사업계와 한국정부는 외원단체의 철수 움직임에 크게 놀라 대응방법을 모색하게 되었다. 예를 들어 1969년 3월에 사회복지 관련 단체들은 원조중단에 대한 긴급좌담회를 개최하기도 하였다.[35) 한국정부는 외국원조가 줄어든다고 하더라도 정부예산을 사회복지사업에 사용할 여력이나 의지가 없었다. 당시 정부의 공식적인 반응은 한국은 국방비 부담으로 사회복지분야에 투자를 못하고 있기 때문에 외국원조가 계속 필요하다는 것이었다.[36)

이러함에도 불구하고 당시의 사회복지단체들과 한국정부는 외국원조단체의 철수로 부족해지는 재정을 충당할 방법을 모색해야 했다. 그 방법으로 제안된 것이 사회복지사업법상 사회복지공동모금회의 창설에 의한 공동모금의 활성화이었다. 이와 같은 이유로 사회복지공동모금회의 조직에 의한 공동모금의 활성화는 사회복지사업법을 시급히 제정해야 할 중요한 목적 중의 하나로 부각되었다. 물론 외국원조가 감소하기 전부터 정부는 빈약한 사회복지재정을 민간의 모금을 통해 충당하는 방법을 모색하고 있었다. 예를 들어 1965년 보건사회부안으로 사회복지사업법안이 확정되었을 때 이를 보도한 신문은 "기부로 복지사업 보사부, 새 법안을 마련"이라는 제목으로 보도하였다.[37) 그러나 외국원조가 비록 아직은 상대적으로 적은 액수나마 가시적으로 중단되면서 정부는 입법추진을 본격적으로 서두른 것으로 보인다. 사회복지사업법안을 논의하는 국회의 보건사회위원회에서 당시 김도욱 보건사회부 차관은 아래와 같이 보건사회부가 공동모금을 관리하고 감독하는 주체가 되어야 한다고 하면서 당시 정부의 입장을 잘 드러내주었다.

"연간 100억에 가까운 그러한 막대한 외원이 지금까지 우리나라에 들어오고 있었는데 불구하고 최근의 경향에 의하면 그러한 외원이 점차적으로 감소되어가는 그

---

35) 한경생·이규현·전병훈·이윤재·조규동·임양호·강만훈, "민간외원단체의 원조중단에 대한 우리의 견해", 한국사회복지연합회, 「사회복지」, 제24호, 1969.
36) 최원규, 앞의 논문, 216면.
37) 경향신문, "기부로 복지사업-보사부, 새 법안을 마련", 1965년 12월 28일자, 7면.

러한 경향을 보여주고 있습니다. 한편 정부로서 또는 지방자치단체의 재정능력으로 보아서 가까운 시일 내에 사회복지사업에 관한 충분한 재정적 뒷받침을 받을 수 있다고 하는 확실한 보증은 아직 없는 것입니다. 적어도 저희들이 보기에는 국민소득이 300불 가까운 선이 가야만 모든 사회보장사업이 궤도에 오를 수 있지 않나 이렇게 생각되고 그렇게 볼 때에는 시간적으로 보아서 대체로 1980년대에나 가야 비로소 궤도에 이를 수 있다고 하는 그러한 전망을 할 수밖에 없는 실정입니다. 그렇게 볼 때 이 사회복지사업에 대해서는 앞으로 보다 더 능동적인 차원에서 민간운동으로서 이것이 적극적으로 전개되어야 한다고 이렇게 보이는 것입니다. 그렇게 볼 때 우리가 가장 관심을 가지는 것은 이 사회복지사업을 뒷받침할 재정적 지원의 방편을 어떻게 할 것이냐 하는데 집중이 되는 것입니다마는 보건사회부의 입장으로서는 다른 부에 관련되는 여러 가지의 입법이 있기 때문에 그러한 제약을 면치 못할 것도 사실이겠습니다마는 가급적 이것이 민간에서 다른 제외국에서 행하여지는 것과 마찬가지의 활발한 모금이 이루어져 가지고 사회복지사업의 기금이 형성되는 것을 희망하는 것입니다."[38]

2. 법안 제안 과정과 제정요인의 종합적 이해

사회복지사업법은 1966년 12월 5일 김성철 의원 외 15인이 최초로 제안했다. 이 법안은 같은 해 12월 12일에 국회보건사회위원회에서 다루어졌으나 제안설명만을 듣는 데 그쳤다.[39] 그 이후 이 법안은 같은 회기 내에 더 이상 다루어지지 못하고 자동적으로 폐기되었다. 어떤 이유로 이렇게 되었는지에 대해서는 확인되지 않는다. 2년여 후인 1968년 6월 26일 김성철 의원 등이 발의한 사회복지사업법안과 거의 동일한 사회복지사업법안을 윤인식 의원[40] 외 32인이 발의했다(이하 윤인식 법안이라 칭한다). 두 법안이 거의 동일하고, 모두 의원입법의 형태로 제안되었다는 점이 그 특징이다.

1969년도 국회 보건사회위원회 전문위원인 오정근에 따르면(오정근, 1969),[41] 사회복지사업법안은 이미 1963년경에 보건사회부 당국자와 한국사회복지사업연합회

---

38) 국회사무처, 「제70회 국회 보건사회위원회회의록」, 제5호, 1969년 7월 18일, 3면.
39) 국회사무처, 「제58회 국회 보건사회위원회회의록」, 제25호, 1966년 12월 12일, 11면.
40) 법안을 발의한 윤인식 의원은 1969년 9월경 한국사회복지연합회(현 한국사회복지협의회)의 회장을 맡았다[「사회복지」 제26호(1969년 9월호) 참조].
41) 오정근, "사회복지사업법(안)의 중요 골자와 문제점", 한국사회복지연합회, 「사회복지」, 제26호, 1969.

가 함께 의논해 그 초안이 마련되었다. 이 초안은 다시 사회보장심의위원회에서 1년 반 정도 검토를 거쳐서 사회보장심의회안으로 성안해 보건사회부 장관에게 자문을 했다. 보건사회부 장관은 이 자문에 따라 사회보장심의회안을 보건사회부안으로 확정했으나.[42] 정부안으로서 제안되면 오랜 시일이 걸릴 것으로 판단되어 의원입법의 형식으로 국회에 제출되었다고 한다. 따라서 1968년 윤인식 법안은 그 연원이 1963년 정도까지 거슬러 올라간다. 그리고 제정사회복지사업법이 공포·시행된 직후인 1970년 6월에 이 법에 대한 해설을 작성한 신남균에 따르면 1960년대 초반의 보건사회부 사회보장심의위원회 부의안은 이후에 공포·시행된 사회복지사업법과 거의 동일하다.[43]

앞에서 이 글은 사회복지사업법 제정의 두 가지 배경적 요인에 대해 설명하였다. 바로 위에서 설명한 사회복지사업법 제안의 경위와 이 두 가지 배경적 요인을 종합할 때, 눈여겨볼 부분은 외국원조가 감소되는 시점은 1960년대 후반인데 반해, 사회복지사업법안은 그 초안이 만들어진 시점이 생활보호법, 아동복리법 등이 이미 제정·공포된 1960년대 초반인 점이다. 그리고 1960년대 초반 법안에서는 이미 공동모금제도를 규정하고 있었던 점도 눈여겨 봐야할 부분이다.[44]

외국원조가 감소되기 이전부터 이미 사회복지사업법의 초안이 제출되고, 이미 이 초안에 공동모금제도와 관련한 조항도 존재했었다는 점은 이 법이 1968년 외원단체의 부분적 철수를 배경으로 하고 있다는 것과 일견 맞지 않아 보인다. 이와 같은 외견상 불일치는 두 가지의 배경적 요인을 차별화하여 이해하면 설명이 가능할 것이다. 민간단체 중심으로 이루어지고 있었던 사회복지사업에 대해 당시에 비록 체계화되고 통일적인 규율의 필요성은 있었지만, 그렇다고 해서 법이 시급히 제정되어야 할 긴박성은 없는 것으로 당시 정부는 판단했던 것으로 보인다. 이런 점이 이미 1960년대 초에 그 초안이 완성되었지만 국회에서의 논의가 실질적으로 진전되기 시작한 것은 1968년이었던 사실을 설명해준다. 그러나 왜 1968년대에 국회에서의 논의가 진전되었는지를 설명해주는 것은 두 번째의 배경적 요인이라고 볼 수 있다. 외국원조가 감소하기 시작함에 따라 민간단체의 공동모금을 위한

---

42) 경향신문에 따르면, 보건사회부는 원래 1965년 성안된 사회복지사업법안을 각의에 상정할 계획이었다(경향신문, "寄附로 福祉事業-保社部, 새 法案을 마련", 1965년 12월 28일자, 7면).

43) 신남균, 앞의 논문, 81면.

44) 신남균은 자신의 글에서 사회보장심의위원회의 사회복지사업법안의 주요골자를 제안문건에서 그대로 인용하고 있는데, 그 골자의 7번째는 "공동모금제도와 그 주체의 존립을 허용함으로써 사업의 재정난을 해결코저 하였다."이다(신남균, 앞의 논문, 85면).

법적 근거를 마련하고 준비하는 것은 긴급한 과제가 되었다. 이렇게 보면 제정사회복지사업법안은 민간단체 중심의 사회복지사업의 기본적 규율의 필요성을 바탕으로 외국원조의 감소라는 당시의 상황적 계기에 추동을 받아 제안되었다고 볼 수 있다.

Ⅲ. 1968년 윤인식 법안 분석

1. 법안분석의 방식

법안의 마련과정에서 참고한 자료, 논의내용 등에 대한 자료는 발견되지 않아 제안된 법안의 내용을 제외하고는 자세히 알 수 없다. 그러나 사회복지사업법안의 내용 중에서도 공동모금회와 공동모금의 구상은 일본의 사회복지사업법의 공동모금과 공동모금회를 모방했다고 명시적으로 언급되었다.[45] 법안의 다른 조항을 마련하는 과정에서도 일본의 사회복지사업법을 상당히 참고하였을 것이라 추측된다. 일본의 사회복지사업법은 1951년에 제정되었는데, 총89개 조항으로 총29개 조항인 한국의 법안보다 훨씬 상세하게 규정되어 있으나, 한국 법안의 조문은 그 형식이나 조문 내용이 일본의 법과 상당히 유사하기 때문이다. 앞의 신남균도 이와 같이 추측하고, 그 양법의 목적 조항이 상당히 유사함을 비교를 통해 보여준다.[46] 이렇게 보면 일본의 사회복지사업법의 조항 중에서 필요하다고 생각하는 부분만을 취사·선택하여 1960년대 초반 사회복지사업법안의 내용을 만들었던 것으로 보인다. 따라서 이 글에서는 관련 조항에서 당시 일본의 사회복지사업법과 비교하여 윤인식 법안을 분석하고자 한다.

사회복지사업법이 일반적으로 규정하고 있는 내용은 크게 보면 여섯 가지 범주로 나뉠 수 있다. 그 여섯 가지 범주는 ① 사회복지사업의 범위, ② 사회복지서비스 공급주체의 조건 및 자격, ③ 사회복지서비스의 재원, ④ 사회복지서비스의 전문성(인력), ⑤ 사회복지시설의 기준 및 운영방식, ⑥ 공급자 간의 연대 등이다. 윤인식 의원 등이 발의한 법안은 벌칙조항을 포함하여 총29개로 간략한 형태의 사회복지사업법안이다. 이하에서는 이 법안의 내용을 앞의 여섯 가지 범주에 따라 분류하여 소개하고 분석한다.

---

45) 오정근, 앞의 논문, 82면.
46) 신남균, 앞의 논문, 86면.

2. 법안 내용

1) 사회복지사업의 범위

어떤 사업이 현재의 사회복지사업법상 사회복지사업의 정의에 해당하게 되면, 이 사업에 대해서 보조금 등 국가지원과 지역사회복지계획 수립의 대상 등에 포함하고, 사회복지시설과 관련한 운영, 시설평가, 지도감독 등의 의무조항을 적용하고, 이 법에 따라 운영하는 사회복지시설에 대한 세금감면과 국공유재산 우선 매각 등의 혜택을 받게 된다.[47] 다시 말하면 이 정의규정에 의해 국가가 지원을 하고 의무를 부과하는 사회복지사업의 범위를 확정하는 것이다. 윤인식 법안에서 제안된 사회복지사업의 정의는 현재와 비교하면 그 범위가 대단히 협소하다. 이 법안에서는 생활보호법, 아동복리법, '윤락행위 등 방지법'에 의한 복지시설의 운영을 목적으로 하는 사업과 '사회복지상담, 부랑인선도, 직업지도, 노인휴양, 인보무료숙박 등 각종 선도사업 및 복지시설의 운영을 목적으로 하는 사업'만을 규정하고 있다.[48] 이것은 현재와 마찬가지로 사회복지사업에 열거주의를 택해 주로 당시에 시행되는 개별 사회복지법에 의거한 사업만을 포괄했기 때문이다.

2) 사회복지서비스 공급주체의 조건 및 자격

사회복지서비스를 공급하는 주체는 국가와 지방자치단체 그리고 민간단체 등이다. 이중 국가와 지방자치단체는 통상 예산에 의하여 각종의 사회복지사업을 수행한다. 선진국에서는 국가와 지방자치단체가 수행하는 사회복지사업이 전체 사업복지사업의 다수를 차지한다. 그러므로 사회복지서비스의 기본적 사항을 규율하는 사회복지서비스사업법은 사회복지서비스의 공급주체로서 국가의 역할과 책임을 규정해 놓는 것이 일반적이다. 예를 들어 사회복지사업법안을 만들면서 참고로 하였던 일본의 당시 사회복지사업법은 이를 분명히 하고 있다. 일본의 사회복지사업법에서는 생활보호법, 아동복지법, 노인복지법, 신체장해자복지법, 정신박약자복지법, 매춘방지법 등과 관련한 사회복지시설을 경영하는 사업을 제1종의 사회복지사업으로 하고,[49] 이 사업에 대해서는 국가와 지방자치단체와 사회복지법인이 담당

---

47) 이형하·김재곤·오영란·김형수·조원탁·조준, "사회복지사업법 제2조의 사회복지사업에 포함되는 법률에 관한 연구", 한국사회복지정책학회, 「사회복지정책」, 제36권 제4호, 2009, 377-379면.
48) 윤인식 법안, 제2조.
49) 일본사회복지사업법(법률 제139호, 昭和 42년), 제2조 제2항.

하는 것으로 규정하고, 국가와 지방자치단체는 법률에 따라 맡게 된 책임을 다른 사회복지사업을 경영하는 자에게 전가하거나 혹은 이 자의 재정적 지원을 구하지 않는 것을 명확히 하지 않으면 안 된다고 하고 있다.[50] 이에 반해 윤인식 법안은 사회복지사업에 대한 국가의 역할과 책임에 대해서 규정하는 바가 전혀 없다. 이와 같은 부재는 외국의 원조에 의존하고, 민간단체가 중심이 된 당시의 사회복지사업의 상황을 그대로 반영한 것으로 보인다.

사회복지사업에 대한 국가의 역할과 책임에 대해서 법안의 준비과정에서 어떠한 논의가 있었는지에 대해서는 파악이 어렵다. 그러나 국가의 책임규정이 전혀 없는 점은 당시 유사한 법에 대한 정부의 태도에서 유추할 수 있다. 앞서 언급한 바와 같이 윤인식 법안은 사실상 정부의 법안이고, 1960년대 초반에 이미 윤인식 법안과 대동소이한 초안이 나왔다. 그런데 이 초안이 마련되는 시기에 해당하는 1963년에 정부는 사회보장심의위원회의 건의에 따라 '사회보장에 관한 법률'[51]을 제정하였다. 이 법 또한 사회보장에 대한 국가의 책임을 명시적으로 규정하지 않고, "정부는 사회보장사업을 행함에 있어서 국민의 자립정신을 저해하지 아니하도록 하여야 한다"고 하고, "사회보장사업은 국가의 경제적 실정을 참작하여 순차적으로 법률이 정하는 바에 의하여 행한다"고만 규정했다.[52] 이와 같은 규정이 탄생한 배경을 상세하게 분석한 손준규는 "모든 정책의 우선순위는 경제개발에 치중하고 있는 터에 사회복지에 대한 국민의 요구가 많을 경우 어떻게 대처할 것인가에 대해서 굉장히 신경을 썼기 때문에 가급적 사회보장에 대한 표현을 약화시키려고 했던 것이다"고 파악했다.[53] 이와 같은 사정을 보면, 비슷한 시기에 같은 정부기관에 의해 마련된 사회복지사업법안도 동일한 맥락에서 국가책임 규정이 삽입되지 않았던 것으로 보인다.[54]

또한 사회복지사업에 대한 국가책임을 이행하기 위하여 사회복지사업법은 사회복지의 공적 전달 체계를 둔다. 예를 들어 일본의 당시 사회복지사업법은 사회복지에 대한 국가책임을 명시하는 데 그치지 않고 '복지에 관한 사무소'를 각 지방

---

50) 일본사회복지사업법(법률 제139호, 昭和 42년), 제4조, 제5조 제1호.
51) 사회보장에 관한 법률(법률 1437호, 1963. 11. 5. 제정).
52) 사회보장에 관한 법률 제3조 제2항과 제3항.
53) 손준규, 앞의 논문, 49면.
54) 사회복지에 대한 국가책임은 1992년의 개정을 통해 최초로 사회복지사업법 제4조 제1항에 명시되고, 다시 2003년, 2007년의 개정을 통해 사회복지에 대한 국가와 지방자치단체의 여러 노력의무가 제4조 제2항, 제3항, 제4항에 명시되었다.

자치단체가 의무적으로 설치하도록 규정하고,[55] 사무소의 조직과 직원의 수를 구체적으로 명시하여 규정하였다.[56] 그러나 윤인식 법안에는 사회복지사업의 공적 전달 체계에 대한 규정도 전혀 없다.[57]

사회복지법인은 비정부단체로서 사회복지시설을 운영하거나 지원하는 역할을 수행한다. 물론 민간단체 중에서도 사회복지법인이 아닌 개인이나 단체가 사회복지시설을 운영할 수 있지만 절대 다수는 사회복지법인이라고 할 수 있다. 사회복지법인은 사회복지사업법에 의해 창설되는 비영리법인에 속하는 특수법인이고, 사회복지서비스의 기본적 사항을 규율하는 사회복지사업법은 사회복지법인의 설립과 운영에 관한 사항, 사회복지법인과 정부와의 관계 등을 규정한다.

1970년 사회복지사업법이 제정되기 전에는 사회복지법인에 대한 일반적 규정이 없었다. 그래서 1970년 이전에는 사회복지사업을 목적으로 하는 법인은 민법에 의해서 "영리 아닌 사업을 목적으로 하는" 비영리법인으로 규율되고 있었다.[58] 그래서 예를 들어 아동복리법에서는 '재단법인'이 서울특별시장 또는 도지사의 허가를 얻어 아동복리시설을 설치할 수 있다고만 규정하고 있었고,[59] 생활보호법에서는 양로시설, 교육시설, 보호시설, 재활시설, 의료시설 등의 사회복지시설을 명시하고 있지만[60] 이들 시설의 설립주체로서 사회복지법인에 대한 규정은 없다. 또한 '윤락행위 등 방지법'에서는 공익법인이 보호지도소와 직업전도시설을 설치할 수 있다고만 규정하고 있었다.[61]

윤인식 법안에서는 사회복지서비스 공급주체로서 국가와 지방자치단체의 책임과 역할에 대한 조항은 아예 없는 것과는 달리 민간단체인 사회복지법인에 대한 규정은 상대적으로 상세하다. 이 법안은 사회복지법인이라는 특수법인제도를 도입하여 그 설립과 운영에 관한 사항을 규정하고 있다. 우선 사회복지법인은 "사회복

---

55) 일본사회복지사업법(법률 제139호, 昭和 42년), 제14조.
56) 일본사회복지사업법(법률 제139호, 昭和 42년), 제15조, 제16조.
57) 현재의 사회복지사업법 제15조에서와 같이 시, 군, 구에 복지사무전담기구를 설치할 수 있도록 규정된 것은 1992년 사회복지사업법 개정을 통해서였다. 이 조항에 근거해 전국 5개 지역에서 시범복지사무소가 설치되어 1995년 7월부터 1999년 12월까지 운영되었다. 그리고 시범복지사무소 설치·운영은 제2차로 2004년 7월부터 2006년 6월까지 진행되었다.
58) 민법(법률 제1668호, 1964. 12. 31. 일부개정), 제32조. 김형수·조원탁, "한국 비영리법인 복지시설의 유형분류와 발전방안", 한국사회복지행정학회, 「한국사회복지행정학」, 제9권 제2호(통권 제20호), 2007 참조.
59) 아동복리법(법률 제912호, 1961. 12. 30. 제정), 제17조 2항.
60) 생활보호법(법률 제913호, 1961. 12. 30. 제정), 제25조.
61) 윤락행위 등 방지법(법률 제771호, 1961. 11. 9. 제정), 제9조.

지사업을 행할 것을 목적으로 이 법의 규정에 의하여 설립되는 법인 또는 그 연합체"로 정의된다.[62] 이 사회복지법인을 설립하기 위해서는 보건사회부장관의 설립허가를 받고 주사무소의 소재지에서 설립등기를 하도록 규정했다.[63] 이외에도 법인의 정관의 기재사항(제8조), 임원의 수와 임기(제9조), 임원의 결격사유(제10조), 궐위임원의 선임(제11조), 사회복지사업운영에 필요한 자산의 소유 의무(제12조), 법인이 아닌 자의 유사명칭의 사용금지(제14조), 관련 서류의 비치 의무(제15조), 허가에 의한 법인의 병합(제19조), 정관변경 등의 허가(제20조) 등 법인의 설립과 운영에 대해 규정했다. 그리고 이와 같은 사항을 제외하고는 민법 중 법인에 관한 규정과 비송사건절차법 중 법인에 관한 규정을 준용하도록 했다.[64]

여기에서 눈여겨 볼 수 있는 것은 정부와 법인의 관계이다. 우선 정부는 앞서 언급한 것처럼 법인의 설립을 허가하는 주체가 된다. 이외에도 국가 또는 지방자치단체는 법인에 대하여 보조를 할 수 있도록 규정하여, 정부에 의한 사회복지법인의 재정지원의 근거를 마련했다.[65] 또한 보건사회부나 지방자치단체장은 법인의 업무 및 재산상황에 대한 감독권을 갖고, 법에 의한 명령을 위반하거나 공익을 심히 행할 우려가 있는 경우 법인의 설립허가를 취소할 수 있는 권한이 부여되었다.[66] 이처럼 윤인식 법안은 사회복지법인이라는 특수법인제도를 창설하여 이에 대한 정부의 지원하고 관리·감독을 할 수 있는 근거를 마련함으로써 사회복지법인에 대한 규율을 체계화하였다.

3) 사회복지서비스의 재원

사회복지서비스의 재원은 정부가 부담하는 것이 보통이다. 그러나 앞서 언급한 바와 같은 사정으로 1960년대에 한국의 정부는 이 재원을 부담하는 것을 전혀 상정하고 있지 않았다. 윤인식 법안에는 정부의 재정부담에 대한 조항은 사회복지법인에 대해 국가가 보조금을 줄 수 있다는 제13조 조항뿐이다.

대신에 법안에는 사회복지서비스의 재원을 충당할 수 있는 2가지의 방안에 대해서 규정한다. 첫째로 사회복지법인에 대해서 수익사업을 허용하는 것이다. 즉 사회복지법인은 사업운영에 충당하기 위하여 수익사업을 행할 수 있도록 하고, 다

---

62) 윤인식 법안, 제2조 제2항.
63) 윤인식 법안, 제7조.
64) 윤인식 법안, 제21조.
65) 윤인식 법안, 제13조.
66) 윤인식 법안, 제16조.

만 수익을 사회복지사업 이외의 용도로 사용하는 것을 막기 위해 수익사업에 관한 회계를 일반회계와 분리해서 하도록 의무를 지우고, 실제로 사업이외의 목적에 사용한 때에는 수익사업의 정지를 명할 수 있도록 했다.[67]

그러나 첫 번째 방안보다 법안에서 훨씬 더 비중 있게 제안되었던 것은 사회복지공동모금회에 의한 공동모금에 대한 것이었다. 이 방안은 사회복지공동모금회에 의해 공동으로 모금된 금품을 사회복지법인에 배분하여 사회복지서비스의 재정에 충당하는 것이다. 이를 위해 윤인식 법안에서는 보건사회부장관에게 사회복지공동모금회에 의한 공동모금의 허가권을 부여한다.[68] 그러나 이 규정은 당시의 기부금품모집금지법[69]에서 모든 기부금품 모집에 대해서 내무부장관이 허가를 받도록 한 규정과 배치된다. 이러한 점 때문에 보건사회부장관의 허가권은 이후의 법안 논의과정에서 가장 크게 문제가 되었던 부분이다.

4) 사회복지서비스의 전문성(인력)

현재 사회복지서비스를 담당하는 전문인력은 사회복지사이다. 이 사회복지사만이 사회복지시설의 특정 업무를 담당하며, 사회복지 담당 공무원도 사회복지사 중에서 선발한다. 윤인식 법안에서는 대통령령이 정하는 자격을 가진 자에게 사회복지사업종사자자격증을 교부하고, 사회복지법인은 단순한 노무에 종사하는 자를 제외한 범위에서 대통령령이 정하는 정수 이상을 사회복지사업종사자자격증을 가진 자 중에서 선발하도록 규정한다.[70] 그러나 사회복지에 관한 사무에 종사하는 공무원의 경우에는 유사한 규정이 없고, 다만 보건사회부장관이 이들 공무원의 자질향상을 위한 지도와 훈련을 명할 수 있도록 하고 있다.[71]

5) 사회복지시설의 기준 및 운영방식

윤인식 법안은 국가와 지방자치단체가 사회복지시설을 설치 운영할 수 있도록 한다.[72] 기본적으로 정부는 사회복지서비스의 주체가 되기 때문에 이러한 규정을

---

67) 윤인식 법안, 제17조, 제18조.
68) 윤인식 법안, 제24조 제1항.
69) 기부금품모집금지법(법률 제224호)은 1951년 11월 17일 제정·시행되었다. 이 법은 1996년 기부금품모집규제법(법률 제2235호, 1996. 7. 1. 시행)으로 대체되었으며, 2006년에 다시 기부금품의 모집 및 사용에 관한 법률(법률 제7908호, 2006. 9. 25. 시행)로 변경되어 현재에 이르고 있다.
70) 윤인식 법안, 제5조, 제6조. 사회복지법인이 일정한 정수 이상의 사회복지종사자 자격증 소지자를 고용하도록 한 조항은 법 공포일로부터 2년 이후에 시행하도록 되어 있다. 윤인식 법안, 부칙 제4조 참조.
71) 윤인식 법안, 제4조.

둔 것으로 보인다. 그러나 법안은 정부에 의한 사회복지시설의 설치에 대해서는 이러한 규정만을 두고 있을 뿐이다. 이 법안에서 사회복지시설과 관련한 규율의 중심은 국가와 지방자치단체의 사회복지시설이 아니라 민간의 그것이다. 이 법안에서는 오직 사회복지법인 이외의 법인이 보건사회부장관의 허가를 받은 때를 제외하고는 법인으로서 관할 광역단위 지방자치단체의 허가를 받은 자만이 사회복지시설을 설치운영할 수 있도록 하고 있다.[73] 또한 정부에는 사회복지시설이 설치기준에 미달하게 된 때, 사무감사를 정당한 이유 없이 거부하거나 기피할 때, 사회복지사업법에 의한 처분이나 명령에 위반하거나 허위의 보고를 한 때에 사회복지시설의 허가 취소권을 부여하고 있다.[74]

사회복지사업법이 제정된 이후에 만들어진 사회복지사업법 시행규칙은 사회복지법인의 설립 기준과 사회복지시설의 허가기준을 규정하였다. 이에 따르면 사회복지시설의 운영을 포함해 사회복지법인의 연간운영에 필요한 경비의 수입은 기본재산수입이 10분의 3, 기타 사업수입이 10분의 5 이상이 되어야 하는 것으로,[75] 사회복지시설은 재소인원이 상시 20인 이상이 되어야 하는 것으로[76] 각각 규정되었다. 정부가 사회복지시설의 설립 주체와 시설 규모를 제한한 취지는 정확히 알기 어렵다. 사회복지시설의 설립을 쉽게 할 경우 자칫 난립되어 나타날 수 있는 문제를 방지하고 당시에는 비교적 큰 규모의 사회복지시설이 대부분이었던 점[77]을 그대로 반영하여 앞에서와 같은 기준을 설정했을 수도 있다. 다른 측면에서 사회복지법인의 설립과 사회복지시설의 설치에서 상대적으로 높은 기준을 설정한 것은 낮게 설정할 경우 증가할 수 있는 정부의 재정부담을 감당하기 어렵다고 정부가 판단했기 때문이라고 보는 견해도 있다.[78]

정부의 의도의 면에서 효과적인 관리와 통제를 목적으로 한 것이든 재정부담을 고려한 것이었는지는 불분명하다고 하더라도 이러한 기준을 설정한 결과는 분명

---

72) 윤인식 법안, 제22조 제1항.
73) 윤인식 법안, 제22조 제2항.
74) 윤인식 법안, 제23조.
75) 사회복지사업법 시행규칙 [보건사회부령 제356호, 1970. 8. 28. 시행] 제6조.
76) 사회복지사업법 시행규칙 [보건사회부령 제356호, 1970. 8. 28. 시행] 제16조.
77) 1969년 사회복지시설에 수용되고 있는 인원은 63,209명이고 사회복지시설의 수는 981개이다(강만춘, "사회경제적인 변천과 1970년대 사회복지의 방향-60년대 사회복지를 검토하고 70년대를 전망한다-". 한국사회복지협의회, 「사회복지」, 제19권 제4호, 1971, 12면). 이 수치에 근거할 때 1개의 사회복지시설당 수용인원은 64.4명에 해당한다.
78) 소진헌, "사회복지법인 및 시설의 공익적 통제방안", 영남대학교 석사학위논문, 2007, 9면; 남찬섭, 앞의 논문(2006), 44-45면.

한 것으로 보인다. 제안된 사회복지사업법안에 따르면 법이 정한 기준에 맞지 않음에도 불구하고 허가 없이 사회복지시설을 설치한 자는 처벌하도록 규정하였다.[79] 따라서 이러한 무허가사회복지시설은 정부의 사회복지정책의 대상에서 제외되었다. 그러나 국가의 공적 관리범위는 협소하나 현실적으로 많은 사람들이 사회복지서비스를 필요로 함에 따라 다수의 미허가사회복지시설이 함께 공존하게 되었다. 정부는 다수의 미허가시설을 사회복지사업법에 의해 단속할 수 없었다. 왜냐하면 이 무허가시설에서 미약한 형태나마 사회복지서비스를 제공받고 있는 사람들에 대해서 대책이 없었기 때문이다. 이러한 이유로 사회복지사업법이 제정된 이후 상당기간 한국에서는 그나마 정부가 지원하는 사회복지법인 중심의 사회복지시설과 불법이지만 묵인되는 미허가시설로 이중화되었다.[80]

6) 공급자 간의 연대

윤인식 법안은 본문에서 사회복지단체들의 연합조직에 대한 규정을 두고 있지 않다. 다만 사회복지단체들의 연합조직인 사단법인 한국사회복지연합회는 사회복지사업법에 의하여 허가된 법인으로 본다는 규정을 부칙에 두고 있다.[81] 엄밀하게 얘기해서 사회복지공급자들의 조직은 아니지만, 사회복지사업의 자문기구로서 보건사회부 산하에 중앙사회복지위원회를 광역지방자치단체 산하에 지역사회복지위원회를 구성하도록 하고, 조직 운영 기타 필요한 사항에 대해서는 대통령령으로 정하도록 하였다.[82]

3. 법안의 총괄 평가

윤인식 법안은 부칙을 제외하고 총 29개의 조항으로 이루어져 상대적으로 간단한 법안에 해당한다. 그런데 이 29개의 조항에서 벌칙규정 4개 조항을 제외한 25개 조항에서 16개의 조항이 사회복지법인에, 2개의 조항이 사회복지시설에 관련되고, 4개의 조항이 벌칙규정에 해당한다. 앞서 언급한 바와 같이 법안을 만들 때 참고한 일본의 사회복지사업법과는 달리 사회복지에 대한 정부의 책임이나 공적

---

79) 윤인식 법안 제26조에 따르면 허가를 받지 않고 시설을 설치한 자는 3년 이하의 징역 5만원 이하의 벌금에 처한다.
80) 사회복지시설에 대한 허가제 규정은 1997년 사회복지사업법 개정을 통해 신고제로 전환되며, 2000년에 일정한 규모 이상을 요구하는 시설기준이 완전히 폐지되었다.
81) 윤인식 법안, 부칙 제2조.
82) 윤인식 법안, 제3조.

사회복지전달체계에 대한 조항은 전혀 없다. 이러한 점에서 윤인식 법안은 현재의 사회복지사업법보다 한국사회복지법제의 특징을 훨씬 더 적나라하고 선명한 형태로 드러내주고 있다.

사회보장에 관한 법률의 예로 보아 경제개발을 지상과제로 하는 당시 정부의 입장에서 국가책임 규정은 비록 선언적인 형태라고 할지라도 대단히 신중해야 하는 문제이었을 것이다. 또한 경제개발을 제외하고도 정부는 사회복지예산을 늘리지 못하는 이유를 국방비 부담에서 찾았다. 이러한 현실적 배경에서 제안된 사회복지사업법안은 한국의 사회복지전달체계를 사회복지법인을 통한 사회복지시설의 운영을 기본으로 하여 이를 효과적으로 관리·감독하려고 하는 것을 그 기본목적으로 하면서 동시에 외국원조의 감소에 따른 공동모금조항을 삽입하였다. 그렇기 때문에 사회복지법인과 시설의 규율이 중심이 된 사회복지사업법안은 정부의 책임과 개입 없이 외국의 원조를 기반으로 해 민간단체를 통해 사회복지서비스를 제공하는 현실을 그대로 반영하고 있다고 말할 수 있다.

Ⅳ. 법안의 국회논의

1. 전체 논의과정

윤인식 의원이 1968년 6월 26일에 제안한 법안은 약 1년 6개월 후인 1969년 12월 23일 최종적으로 국회본회의를 통과하였다. 법안이 통과되기까지 1년 6개월 정도 걸렸던 것은 법안 내용에 대한 반대가 강했기 때문이 아니었다. 오히려 국회에서의 사회복지사업법안에 대한 논의는 아주 빈약한 편이었다. 제안된 법안은 1968년 9월 11일 국회 보건사회위원회에서 법안에 대한 제안 설명만 듣고 토론 없이 마무리되었다. 다시 1968년 11월 6일 보건사회위원회에서는 사단법인 한국사회복지연합회의 '사회복지사업법안 시정에 관한 청원'을 들었다. 그러나 이 청원은 별다른 토론 없이 절차상 규정에 맞지 않는다며 공식적으로는 폐기하였다(내용에 대해서는 후술). 그리고 1969년 4월 17일 보건사회위원회에는 보건사회부장관의 의견을 듣고, 비로소 보건사회위원회에서는 소속 전문위원이 법안에 대한 예비심사를 하기로 결정하였다. 그리고 1969년 7월 18일 보건사회위원회는 전문위원으로부터 예상심사보고를 듣고, 이에 대해 보건사회부 차관의 의견을 들었으나 별다른 토론 없이 소위원회를 구성하여 검토하기로 하였다. 그러나 소위원회의 활동

결과를 보고받는 회의가 없는 것으로 보아 이 소위원회는 실제로 구성되어 활동하지 않은 것으로 보인다. 그 후 약 5개월이 지난 시점인 1969년 12월 19일 보건사회위원회는 상임위원회 소속 의원 전원이 교체되었다는 이유로 새로이 소위원회를 구성하기로 결정하였다. 그리고 바로 다음날인 12월 20일 보건사회위원회는 소위원회의 보고를 듣고, 공동모금에 관한 사항을 제외하고는(이에 대해서는 후술) 1969년 7월 18일에 보건사회위원회에서 전문위원에 의해 제시된 의견을 받아들여 별다른 토의 없이 통과시켰다. 1969년 12월 22일 국회의 법제사법위원회에서도 전문위원의 예비심사보고를 듣고, 몇 가지 용어를 정정하는 것 이외에는 수정된 법안을 거의 그대로 통과시켰다. 그리고 바로 다음날인 1969년 12월 23일 국회본회에서는 제안 설명을 듣고 토론 없이 수정안이 통과되었다.

외견상 강한 반대가 없었음에도 불구하고 법안이 통과되기까지 상당히 오랜 시간이 걸린 것은 사회복지사업의 재정마련을 위한 공동모금의 관할과 허가를 관할하는 부처에 대한 의견대립 때문이었다. 이 점을 제외하고는 국회의 논의과정에서 법안의 내용과 관련해 반대나 수정 혹은 보완 의견이나 토론이 사실상 없었다. 물론 형식적으로는 법안은 전문위원들이 검토하는 과정에서 법안의 수정이 이루어졌지만 이것은 모두 법안의 체계나 내용상의 오류에 대한 수정이었다.[83] 그리고 법안의 논의과정에서 앞서 언급한 바와 같이 직접적 이해단체인 사회복지연합회의 청원이 있었던 점이 특징적이다. 이러한 이유로 다음에서는 공동모금과 관련된 쟁점, 사회복지연합회의 청원에 대해서 다루기로 한다.

2. 공동모금사업의 관할과 허가의 소관 문제

윤인식 법안이 논의될 당시의 기부금품모집금지법[84] 제3조에서는 누구든지 기부금품 모집을 할 수 없도록 하고, 몇 가지 사유에 한하여 내무부 장관과 도지사 또는 서울특별시장은 기부심사위원회의 심사를 거쳐 허가하도록 규정하고 있었다. 그런데 제안된 사회복지사업법안에서는 제24조를 통해 이 기부금품모집금지법에 대한 예외로서 공동모금의 목적을 달성하기 위하여 사회복지공동모금회에 공동모

---

83) 앞서 언급한 공동모금과 관련한 쟁점에 대한 수정을 제외하고 전문위원의 예비심사과정에서 일어난 가장 큰 수정은 원래의 법안의 제2조 4호에 나완치자(癩完治者) 사회복귀사업이 추가되고 선도사업이 복지사업으로 바뀌는 것이었다. 나머지는 모두 체계상의 오류나 법문의 의미를 명확히 하는 것에 한정된다. 자세히는 국회사무처, 1969(f)의 원법안과 수정법안의 대비표 참조.

84) 기부금품모집법(법률 제1110호, 1962. 7. 24. 일부개정).

금을 허가할 수 있는 권한을 보건사회부장관에게 부여했다. 보건사회위원회는 1968년 10월경 기부금품모집금지법과 관련한 소관위원회인 내무위원회에 의견제시를 요청했다. 같은 달 29일 국회내무위원회는 회의를 개최해 이에 대해 논의하였다. 이 회의에서 내무위원회 소속 전문위원은 윤인식 법안의 관련 조항은 기부금모집금지법의 특례를 인정하는 전례가 될 수 있고, 현행 기부금모집금지법을 통해서도 기부금품을 모집할 수 있다는 이유로 해당 규정에 대해 부정적 의견을 제시하였으나 별다른 토론 없이 이 건에 대한 논의는 종료되었다[국회사무처, 1968(b)]. 그리고 1968년 12월 13일 내무위원장 오치성의원은 보건사회위원회에 제24조를 삭제해달라는 의견통보를 하였다.

다음해인 1969년 4월 17일 보건사회위원회는 내무위원회에서 기금모집과 관련해 24조를 삭제하도록 요청한 것에 대해서 당시의 보건사회부장관인 정희섭의 의견을 들었다. 장관은 사회복지사업이 더 활발하게 추진되는 데 필요한 것이라며, 사업을 추진하면 연간에 10억 이상을 모을 수 있다며 제24조의 존치를 강력히 주장하였다. 이에 오원선 보건사회위원회 위원장대리는 전문위원이 내무위원회의 의견과 보건사회부측의 의견을 감안해서 예비심사의 자료로 만들도록 하면서 이 안건에 대한 토론 없이 종료했다.

그리고 약 석 달 후인 1969년 7월 18일 보건사회위원회는 전문위원으로부터 사회복지사업법안에 대한 예비심사보고를 받았다. 이 예상 심사 보고 중에서 기부금품모집법과 관련해서 전문위원은 기부금품모집법과 관련해서 내무위원회의 의견을 일부분 반영하여 제2조, 제24조를 수정하는 안을 제시하였다. 이에 따르면 공동모금에 대해서는 기부금품모집법의 규정에 따라 내무부 장관 등의 허가를 얻도록 하였지만, 공동모금을 하는 조직인 사회복지공동모금회를 허가하는 권한은 보건사회부장관이 갖도록 하였다[국회사무처, 1969(a)]. 이에 대해 장관을 대신해 참석한 김도욱 당시 보건사회부차관은 사회복지사업을 위한 기금의 형성에 대해 좀 더 검토를 해달라는 의견을 제시했다. 보건사회위원장은 정부 측 의견을 반영하여 소위원회에서 검토하기로 결정하고 회의는 종료되었다.

그러나 앞서 언급한 바와 같이 이 소위원회는 구성되지 않았고, 1969년 12월 19일 보건사회위원회에서는 국회법에 따라 상임위원회 소속 의원이 전원 교체되었다고 하면서 새로이 소위원회를 구성하기로 결정하였다.[85] 이 소위원회는 신동

---

85) 국회사무처, 「제72회 국회 보건사회위원회회의록」, 제7호, 1969년 12월 19일.

욱, 이윤용, 최희송 의원으로 구성되었다. 이 소위원회는 이전의 수정안에 제16조 제3항을 덧붙이는 방식으로 보건사회부의 의견을 받아들여 모금회가 행하는 기부 금품의 모집 및 그 사용에 관한 감독을 기부금품모집금지법에도 불구하고 보건사회부장관이 행하는 것을 추가하기로 결론을 지었다.[86) 결국 수정된 법안에 따르면, 보건사회부장관은 공동모금회의 설립을 허가하는 권한을 가지나, 공동모금회가 수행하는 공동모금의 허가는 내무부장관 등이 행하고, 다시 이 허가된 공동모금 활동과 그 모집된 금품에 대한 감독권한은 보건사회부장관이 갖는다. 이렇게 수정된 내용은 이후의 법사위원회나 국회본회의에서 더 이상 수정되지 않고 통과되었다.

3. 한국사회복지연합회의 청원

사단법인 한국사회복지연합회에서 사회복지사업법과 관련하여 세 가지 사항을 청원하였다. 첫 번째는 사회복지사업법안 제3조 제2항에 서울특별시장, 부산시장, 각도지사가 사회복지사업의 지도육성에 관한 사무를 관장할 사회복지사무소를 설치할 수 있도록 규정하는 것이다. 이 사회복지사무소의 설치 내용은 일본의 사회복지사업법의 '사회복지사무소' 규정을 참고한 것으로 보인다. 이 규정에 따르면 일본의 지방자치단체는 사회복지사무소를 설치하여 생활보호법, 아동보호법, 모자복지법, 노인복지법 등에서 정하는 원호, 육성 또는 갱생의 조치에 관한 사무를 처리하도록 하고 있다.[87) 두 번째는 법안 제13조 2항에 사회복지사업을 위하여 사용된 재산과 피보호자의 기술습득을 위하여 생산된 제품에 대해서는 면세조치토록 규정하는 것이다. 앞서 언급한 것처럼 빈약한 사회복지재정 때문에 자구책으로 사회복지법인이 수익사업을 하는 것을 허용하도록 법안은 제안하고 있는데, 사회복지연합회에서는 수익사업을 허용하는 취지를 살리려면 면세조치가 요구된다고 청원한 것이었다. 세 번째는 제25조를 신설해서 사회복지사업중앙연합회를 설립할 수 있도록 하는 것이다. 세 번째와 관련해 청원의 소개자인 신동욱의원은 다양한 사회복지단체를 사회복지사업중앙연합회에 가입하도록 해 사회복지행정을 일원화할 필요가 있다고 주장했다[국회사무처, 1968(c)].

앞서 언급한 것처럼 이 청원은 당시 청원법에 의하면 현재 법률을 개정하는 것

---

86) 국회사무처, 「제72회 국회 보건사회위원회회의록」, 제8호, 1969년 12월 20일.
87) 일본사회복지사업법(법률 제139호, 昭和 42년), 제13조 참조.

에 한정된다는 이유로 폐기하기로 결정하였지만, 보건사회위원회는 내용상으로는 법안심사에서 청원내용을 고려해 취사선택하기로 정했다. 그러나 이 청원의 내용이 반영되어 사회복지사업법안이 수정되지는 않았다. 두 번째 청원내용에 대해서는 당시 보건사회위원회 전문위원은 이 내용이 반영되지 않은 것은 세법소관위원회인 재경위원회의 협조사항인데 이미 행정부의 예산이 편성된 이후라 합의를 얻기가 사실상 어려울 것이라는 점을 들고 있다(오정근, 1969: 80). 첫 번째와 세 번째 청원내용에 대해서는 이후의 논의과정에서 고려가 되었다는 정황은 발견되지 않는다.

위의 세 가지 청원 사항 중 한국의 사회복지법제의 특징의 형성이라는 측면에서 주목할 만한 점은 사회복지사무소의 설치이다. 앞서 언급한 바와 같이 사회복지에 대한 국가책임과 이에 근거한 공적인 사회복지전달체계 구축은 윤인식 법안의 내용에는 전혀 포함되지 않았었다. 그리고 정부는 정부의 재정부담을 늘리는 것은 전혀 고려하지 않고 다만 외국원조가 중단되는 경우에 사회복지공동모금을 통해 이를 보완하려는 계획이었다. 이러한 상황에서 공적인 사회복지전달체계의 근간인 사회복지사무소를 설치하자는 요구는 정부가 받아들이기 어려웠을 것이다.

4. 소 결

윤인식 법안의 국회논의과정은 사실 논의과정이라는 말이 무색할 정도로 그 내용이 빈약하다. 앞서 언급한 바와 같이 법안은 공동모금회에 대한 사항을 제외하고는 그 기본적 내용이 변경되지 않았다. 법안을 좀 더 엄밀하고 정확하게 만드는 취지로 전문위원에 의해 검토된 내용을 국회에서는 일체의 토론이 없이 그대로 채택하였다. 논란이 되었던 공동모금회에 대한 것도 사회복지 재정 충당의 방안에 대한 논의가 아니라 공동모금회의 규율과 관련한 권한을 어느 부서가 가져야 하는가의 대립이었다. 제정사회복지사업법의 국회논의과정은 정부주도 법안의 지극히 형식적이고 절차적인 승인과정에 불과하였다.

사회복지법제에서 사회복지사업법의 중요성에도 불구하고 국회논의과정에서 사회복지사업법안의 조항 중 '공동모금회 구성에 의한 공동모금'에 대한 것이 그나마 빈약한 논쟁의 대부분을 차지했고, 법 제정 후에도 이 법에 의해서 공동모금이 가능하다는 점이 가장 크게 부각되었다는 점은 추가의 해석이 필요하다. 사회복지서비스의 제공에서 가장 중요한 문제는 재정인데, 당시의 정부와 국회의원들은 국가가 재정을 책임지는 것이 실현불가능하다고 암묵적으로 공유하고 있었던 것으로 보인다. 따라서 사회복지예산의 확보 방안이나 이를 선결과제로 하는 공적 사회복지서비스 전달체계 등은 논의에 별다른 의미가 없다고 판단한 것이다. 당시의 사회복지전달체계를 그나마 유지하여 사회복지서비스가 외국원조 단체의 철수 후에도 진행되려면 다른 방식으로 재정을 확보하는 것이 가장 중요한 문제라고 보았던 것이다. 이러한 점에서 '민간단체의 공동모금'에 대한 논의는 사회복지사업법제에서의 재정문제가 다소 왜곡된 방식으로 표현된 것이라고 볼 수 있다.

이상과 같은 논의과정을 거쳐서 국회에서 통과된 사회복지사업법은 1970년 1월 1일에 공포되고, 같은 해 4월 2일에 시행되었다. 또한 사회복지사업법의 시행령은 같은 해 4월 15일, 그리고 시행규칙은 같은 해 8월 28일에 시행되었다. 제정사회복지사업법 시행령은 사회복지위원회 구성과 관련한 사항, 사회복지사업종사자(현재의 사회복지사)의 자격, 법인의 설립과 운영, 공동모금 등을 세부적으로 규정하였다. 그리고 제정사회복지사업법 시행규칙은 이러한 내용을 더욱 세부적으로 규정하였다. 특히 이 시행규칙은 사회복지시설의 설치허가 및 설치기준 등을 상세히 규정하였다. 이로써 사회복지사업은 사회복지법인이라는 특수법인제도, 사회복지시설의 허가제, 사회복지종사자자격증 제도 등의 일관된 체계와 통일성을 갖게 되었다. 오늘날 사회복지사업 수행의 기본적 단위와 구조가 이 사회복지사업법을 통해 형성된 것이다.

V. 맺으며

이미 본문에서 확인한 바대로 현재의 사회복지사업법은 선언적인 국가책임규정과 노력의무규정을 갖고 있는데 반해 제정사회복지사업법은 사회복지에 대한 국가책임의 문제에 대해 완전히 침묵하였다. 이 글은 법안을 준비하면서 참고했던 당시의 일본의 사회복지사업법과 비교해 보고, 또한 '사회보장에 관한 법률'의 사례에서와 같이 이러한 침묵은 의도된 것이었을 것으로 추론하였다. 이 침묵을 야기한 것은 당시의 경제개발 지상주의와 사회복지에서 외국원조단체에의 의존이었다. 예를 들어 이미 인용한 바와 같이 당시 보건사회부 차관은 "국민소득이 300불 가까운 선이 가야만" 정부가 사회보장사업을 제대로 할 수 있고, 이것은 "1980년대에나 가야" 가능하다고 전망하였다. 그리고 남북분단의 현실에서 국방비의 부담은 사회복지예산을 마련할 수 없는 대외적 이유로서 기능하였다.

사회복지사업법의 제정과정에서 공동모금회의 구성이 가장 크게 부각되었던 것은 사회복지사업의 주체이어야 할 국가가 퇴장한 상태에서 사회복지사업법제에서의 재정문제가 다소 왜곡된 방식으로 표현된 것이라고 볼 수 있다. 공동모금에 의한 사회복지재정의 확충계획이 당시 상황에서 얼마나 현실에 맞지 않은 것인지는 법 제정 이후의 경과가 잘 드러내주고 있다. 실제로 이 법에 따라 1970년 7월 20일 사회복지공동모금회가 창립되었다.[88] 이 조직의 회장은 사회복지사업법안을 제안했던 윤인식 국회의원이 맡고, 1972년 9월 29일 내무부의 기부금품모금에 관한 허가를 얻어 활동을 시작했다. 그러나 모금실적이 극히 부진해 활동을 시작한 지 1년이 안된 1973년 5월 회장단 등이 사퇴하면서 그 기능이 마비되었다.[89]

또한 이미 확인한 바대로 제정사회복지사업법은 공적 서비스 전달체계에 대한 규정이 전혀 없고, 대부분 사회복지법인과 시설에 대한 규율로 이루어졌다. 이것은 1960년대 당시의 사회복지서비스 전달체계의 현실을 그대로 반영한 것이었다. 즉 전쟁에 따른 대량의 고아와 난민이 발생하여 이에 대해 대처하기 위해 외국원조에 의존하는 민간단체가 급증하게 되면서 이를 효과적으로 관리·규율하는 차원에서 사회복지법인과 시설에 대한 규율 중심으로 사회복지사업법이 제정된 것이었다. 이 때문에 제정사회복지사업법이 참고로 한 일본의 사회복지사업법의 사회복지사무소에 대한 규정은 제정사회복지사업법에 포함되지 않았고, 이의 설치를 요구하는 한국사회복지사업연합회의 청원은 받아들여지는 것은 차치하고 전혀 논의조차 되지 않았다.

위와 같은 이 글의 결론이 무엇을 의미하는 것인지는 제정사회복지사업법에 대한 기존의 연구와 비교하면 더 분명히 알 수 있다. 첫 번째로 사회복지사업법이 사회복지서비스의 전달과 운영을 위해 제정되었다고 하는 것은 왜 사회복지법인과 사회복지시설 중심으로 이 전달과 운영 체계가 갖추어졌는지에 대해 설명하지 못한다. 이 글은 국가책임의 부재와 외국원조단체에의 의존이라는 당시의 상황에서 이와 같은 한국형 사회복지사업법이 탄생했다고 설명한다. 그렇기 때문에 이 글의 관점에서 보면 1960년대 후반의 사회복지사업법 제정은 사회복지사업 규율 체계의 확립이라는 의의에도 불구하고 그 제정과정과 그 내용에서 한국의 사회복지제도의 문제가 구조화되고 고착화되는 모습 또한 그대로 드러내었다. 두 번째로

88) 매일경제신문, "福祉공동募金會 창립", 1970년 7월 21일자, 7면.
89) 경향신문, "사회福祉募金會機能마비", 1973년 7월 20일자, 7면.

외원단체의 철수가 시작되는 것을 계기로 사회복지재정의 문제에 대한 대안으로 민간자금을 동원하려는 시도에서 사회복지사업법이 제정되었다고 보는 것은 부분적으로 타당하다. 그러나 이러한 설명은 사회복지법제의 내재적 발전의 측면에서는 설명력이 취약하다고 볼 수 있다. 이 글은 몇 개의 개별 사회복지법이 이미 제정되었고, 사회복지서비스를 거의 전적으로 제공하는 사회복지단체와 시설에 대해 효율적인 관리와 규율이 필요했던 점을 사회복지사업법 제정의 내재적인 요구로 파악한다.

이상과 같은 결론에도 불구하고 이 글은 언급되어야 할 한계가 있다. 무엇보다도 사회복지사업법 제정이 보건사회부와 사회복지연합회 그리고 사회보장심의위원회에서 논의되어 국회에 제출되는 사회복지사업법안이 성안되기까지의 과정에 대해 자료의 한계로 접근이 불가능했다. 이러한 점 때문에 사회복지법인이나 사회복지시설과 관련하여 왜 제출된 내용으로 성안되었는가에 대해서는 추론에 의존할 수밖에 없었다. 또한 사회복지사업법에서 사회복지법인이나 사회복지시설을 최초로 규율한 것이 당시의 상황에서 어떠한 의미를 갖는지에 대한 구체적인 분석이 부재하다. 이 글의 이러한 한계는 당시의 상황의 맥락에서 제정사회복지사업법의 시행령, 시행규칙 그리고 각종 훈령까지 포함하여 규율의 의미와 정도를 파악하는 법사회학적인 연구를 통해 극복되기를 기대해본다.

서정희*

I. 서 론

사회보장법이 먼저 실시되었던 서구의 경우, 그 역사는 자본주의의 역사와 궤를 같이 한다. 서구 자본주의가 첨예화 되었던 19세기 말, 노동 계급의 성장과 사회주의의 위협은 서구사회로 하여금 충분한 위기감을 느끼게 했고, 자본 계급과 국가는 효과적인 대응 방안을 모색하게 되었다. 세계 최초로 사회보험법이 제정된 독일의 비스마르크 정권의 경우, 사회보장법은 노동자에 대한 자선이라는 종교적 이념보다는 자본주의 위기가 심화된 시점에서 자본주의의 영속적 발전을 위한 잘 부양된 노동자의 공급 방안으로서 그리고 사회주의로의 일탈을 억제하는 적극적 대응책으로서 모색되었다.[1] 그리고 이것이 사회보장법의 일반적 함의라는 암묵적 동의를 이끌어 내게 된다.

그러나 우리나라에 있어 1973년의 국민복지연금법의 제정은 서구의 경우와는 사뭇 다른 시기에, 다른 목적에 의해서 시도된 것으로 보인다. 노동자의 안정과 자본주의 국가 질서의 안녕을 도모하기 위해서라면 국민연금 기여 및 급여 방식을 서구와 같은 부과방식(pay-as-you-go system)이 아닌 적립방식(funding system)으로 설계할 이유가 없고, 석유파동으로 무기한 연기할 이유 또한 설명하기 어렵다.

---

* 군산대학교 사회복지학과 교수, 사회복지학 박사.
1) "빈곤으로 인해 허약해지고 둔해진 개인에 의한 산출물은 결코 값싼 것이 아니다. 잘 부양된 노동자들은 자신들의 생계비와의 관련 때문에 그렇지 않은 노동자들에 비해서 훨씬 많이 생산하게 된다. …… 이러한 노동자의 확보는 자신에게 복지를 제공해 주는 기업의 성공에 관심을 갖는 만족한 개인들을 통해서만 이루어질 수 있다. 사회적 질병의 치유는 단지 사회민주주의적 일탈을 억제하는 방법만으로 추구되어서는 안 되며, 노동계급의 복지를 적극적으로 증진시키는 방법이 동시에 취해져야 한다. …… 현존 국가의 요구가 실현된다면 프롤레타리아트의 해방을 위한 전쟁이 수행되는 싸움터인 노동시장은 국가 또는 지배계급의 무제한한 지배하에 놓일 것이다." Rimlinger, Welfare Policy and Industrialization in Europe: America and Russia, Jone Wiley and Sons, 1972.

이러한 이유로 기존의 선행연구들은 한국의 국민복지연금법의 제정을 사회보장법의 도입이라기보다 중화학공업으로의 전환과정에서 내자동원의 필요성으로 제정 및 연기를 설명한다.[2] 기존 연구들이 중화학공업에 필요한 내자동원을 국민복지연금법의 제정과 무기한 연기의 주요 원인으로 부각시켜 설명하고 있기 때문에 연구의 명확성이 확보되는 측면이 있다. 그러나 기존 연구들은 크게 세 가지 한계를 내포한다.

첫째, 법 제정과 무기한 연기의 주요 이유에만 초점을 맞춘 나머지, 법안 자체의 의의나 한계 등에 대한 평가를 거의 수행하지 못했다. 특히 법제도라는 것이 경로의존성(path dependency)이라는 특성을 내재하고 있다는 점을 고려한다면 법과 제도 자체에 대한 평가를 통해 이후 제도의 발전가능성 및 방향성 등을 예견할 수 있도록 법안 자체에 대한 평가가 필요하다.

둘째, 기존 연구들은 1973년 국민복지연금법이 제정되기 이전 한국개발연구원안(기획재정부안 또는 KDI안),[3] 보건사회부안, 최종 정부안 등에 대해 저마다 다른 자료들을 제시하고 있다. 서로 상이한 정보에 근거하여 경제부처의 비교우위를 설명하거나 보건사회부와 경제부처의 대등한 관계를 설명하고 있다. 보다 엄밀한 분석을 위해서는 자료의 정확성이 확보될 필요가 있다. 특히 최종 정부안의 경우 국회 속기록 등을 통해 대통령령과 부령에 위임하기로 부처 간 합의했다는 내용 등으로 확인 가능함에도 불구하고, 기존 연구들이 제시하고 있는 최종안과 실제 법안의 내용이 상이하다는 점은 연구의 신뢰성을 떨어뜨릴 수 있다.

셋째, 국민복지연금법의 제정과 연기 과정의 역동에서 내자동원을 위한 대통령과 경제부처의 우위만으로는 설명되지 않는 부분들이 존재한다. 석유파동이 무기한 연기에 크게 기여하기는 했지만, 내자동원만을 생각한다면 기여율을 낮춰서라도 추진했어야 할 것이다. 실제로 이 과정에서 주요 행위자였던 국회 보건사회위원회의 국회의원들과 관련 부처장관들, 당시 국민들의 여론 등의 역할과 진행과정에서 행위자들의 역할이 상대적으로 평가절하된 측면이 있다. 행위자들의 역할이

---

2) 국민복지연금법의 제정을 중간 이상의 고소득 근로계층으로 가입자의 범위를 한정함으로써 중간층 이상의 노동계급을 선택적으로 포섭하려는 의도와 자원동원을 위한 도구적 성격의 법으로 설명하기도 한다. 이에 관해서는 김태성·성경륭, 「복지국가론」, 나남출판, 2007, 382면.

3) 한국개발연구원(영문약자 KDI)은 경제기획원 산하의 국책연구기관이다. 김만제 원장의 주도 하에 법안이 만들어졌으나 경제기획원 장관이 상급 보고 라인이었기 때문에 한국개발연구원이 제출한 국민복지연금법안은 연구들마다 '한국개발연구원안' 또는 '경제기획원안' 또는 'KDI안'으로 다르게 사용하고 있다. 본 연구에서는 원안을 만든 주체를 고려하여 '한국개발연구원안'으로 명명하였다.

과소평가 되었다는 문제의식에 기반하여 국민복지연금제도의 형성과 시행유보를 고찰한 연구가 존재한다.[4] 양재진 교수의 이 연구는 주요 행위자들에 대한 인터뷰를 통해 그간 빈 공백으로 남아있던 부분들을 해명하였는데, 경제부처와 사회부처가 우위관계라기보다 상호대등한 관계이고, 경제부처 사이에서도 협력뿐만 아니라 경쟁관계가 존재하였음을 그 근거로 제시하고 있다. 그러나 상당한 의의에도 불구하고, 법안 초안에 대해서 보건사회부 자료만을 근거로 활용함으로 인하여 초안의 중재과정에서 보건사회부의 의견이 많이 반영된 것으로 해석될 소지가 존재한다. 이러한 근거자료의 문제는 국민연금의 실제 집행기구인 국민연금관리공단이 제시하고 있는 자료와도 배치되는 부분들이 있다는 점에서 문제의 소지가 있다. 또한 이러한 자료들에 근거함으로써 보건사회부의 위상이나 역할이 다소 과대평가된 측면이 있다.

이와 같은 문제의식에 기반하여 본 연구에서는 국민복지연금법 제·개정사를 재고찰하고자 한다. 특히 국회의 상임위원회와 본회의 속기록의 면밀한 검토를 통해 기존 연구들의 공백을 메우고, 법안의 제·개정 과정에서의 주요 행위자들의 역할을 재평가하고 법안에 대한 평가를 추가할 것이다.

II. 1973년 국민복지연금법 제정의 전사(前史) : 적립방식 연금 기획 단계

1. 국민복지연금법 기획단계

1) 5·16 군사정부의 사회정책

5·16 군사정부의 사회보장 정책에 대한 입장은 1962년 7월 28일 박정희 국가재건최고회의 의장이 내각수반에게 내려보낸 '사회보험제도 확립'이라는 지시각서에 잘 나타난다. 이 지시각서는 "첫째, 국민소득을 증가시키고 실업, 질병, 노령 등의 생활위험으로부터 국민을 보호하여 복지국가를 조속히 이룩함은 우리의 궁극목표이다. 둘째, 이미 생활보호법을 공포하여 요구호자에 대한 부조를 실시하고 있지만 국민과 기업주, 정부가 같이 참여하여 연대적으로 국민생활을 보장하는 항구적인 사회보장제도가 경제개발계획과 병행하여 추진되어야 한다. 셋째, 사회보장제도의 중요한 부문인 제 사회보험 중 실시에 비교적 용이한 보험을 선택하여

---

4) 양재진, "유신체제하 복지연금제도의 형성과 시행유보에 관한 재고찰", 『한국거버넌스학회보』, 제14권 제1호(2007년 4월), 87-108면.

착수하고, 이 시범사업을 통하여 우리나라에 적합한 제도를 확립토록 조치할 것" 등의 내용을 포함하고 있었다.[5] 5·16 군사정부는 국민·기업주·정부가 같이 참여하는 서구식 3자 코포라티즘적 사회보장 정책에 대한 의지를 명시적으로 밝히고 있다. 그러나 이러한 정책은 '경제개발계획과 병행'하여 추진할 것을 부가하고 있다는 한계가 있다. 또한 제 사회보험 중 '실시에 비교적 용이한' 보험을 선택하여 착수하라고 언급함으로써 사회보장제도의 확립을 목적이나 위급성보다는 실시 용이함을 우선하는 행정 편의주의적 태도 또한 한계라 하겠다.

지시각서가 원론적이고 원칙적인 정부의 입장표명이라면 이 당시 구체적인 사회보장에 대한 계획 및 연구는 보건사회부 산하기관으로 설치된 사회보장심의위원회에서 이루어지고 있었다.[6] 그러나 연금제도에 대한 연구는 사회보장의 핵심적 과제였음에도 불구하고 연구과제에서 제외되고 있었다.[7]

2) 사회적 자원동원으로서의 국민복지연금법 제정 기획

1960년대 이후 주요 국가정책은 모두 국가개발계획에 포함되어 있었는데, 제3차 경제개발계획까지 국민복지연금법에 대한 언급은 전혀 없다. 사회보장에 대한 언급으로는 사회보험 중 산업재해보상보험과 의료보험만이 언급되어 있을 뿐이다. 국민복지연금법의 공식적인 언급은 1973년 박대통령 연두기자회견에서부터 시작된다. 그렇다면 급작스럽게 1973년 국민복지연금법이 공론화되고 그해 연말 제정되고 무기한 연기된 배경은 무엇인가?

(1) 중화학 공업 육성을 위한 내자동원의 필요성

한국은 경제발전을 위한 자본으로 주로 외자를 사용하였다. 1957년까지의 한국의 외자는 대부분 미국으로부터의 정부지원 형태의 원조였다. 그러나 1957년 미국은 정부지원형태에서 개발차관프로그램으로 외자의 성격을 전환하였다. 1960년대의 외채는 고작 5만불에 불과하였으므로 정부는 경제개발을 위해서 외자도입을 적극적으로 권장하였다. 그 결과 전체 투자액 대비 외자의 비율은 지속적으로 증가하여 1962년에서 1965년 사이에 5.1%에 불과하던 비율이 1971년 72.3%까지 급

---

5) 손준규, "한국의 복지정책 결정과정에 대한 연구 – 행정부 내 정책결정과정을 중심으로", 서울대학교 박사학위논문, 1981.
6) 우리나라의 사회보장에 관한 연구의 기원은 1963년 3월에 공포된 '사회보장제도 심의위원회 규정'으로 거슬러 올라간다. 이 규정을 근거로 '사회보장에 관한 법률'이 제정되었다.
7) 국민연금 10년사 편찬위원회, 「국민연금십년사」, 국민연금관리공단, 1998, 58면.

증하였다.[8] 제1, 2차 경제개발5개년계획의 동력이 되었던 것은 외자였으나, 외자를 차입한 지 10년이 경과하면서부터 이자까지 상환해야 하는 문제가 발생하게 된다. 1962년에는 상환액이 1백만 불 정도에 불과하였으나, 1971년에는 3억 2천만 불 정도로 증가하였다.[9]

외채상환부담의 가중 탈피와 중화학공업화로의 산업구조조정을 통한 산업재편을 하기 위해 정부는 제3차 경제개발5개년계획에 중화학공업화 추진을 명시하고 1970년에는 국민총생산의 9.2%였던 외자의 비율을 3.4%로 감소시킬 계획을 발표한다.[10] 이 계획의 수행을 위하여 내자동원을 시도하는데, 전화세, 하수도세, 주민세 등의 새로운 세원의 발굴과 농·어촌 1조원 저축운동 등이 그러한 노력의 일환이었을 것으로 보인다.[11]

(2) 내자동원 방안으로서 한국개발연구원(KDI)의 연금제도 도입 건의 및 주요일지

이러한 상황 하에서 한국개발연구원(KDI) 김만제 원장은 1972년 11월 30일 청와대에서 대통령과 몇몇 경제장관에게 사회보장연금제도로 2년 이내에 일천억 원의 내자동원이 가능함을 보고한다.[12] 이 당시는 중화학공업화에 필요한 재원으로 500억 불의 자금이 소요될 것으로 예상하던 시점이었다. 특히 1973년 당시 전체 예산 규모가 5천800억 원에 불과했다는 점을 감안하면 2년 이내에 1천억 원의 내자 동원에 대한 아이디어는 중화학공업 육성을 위한 자원동원으로 부심하던 박대통령 및 경제팀에게 결정적인 영향력을 주었을 것이다.[13] 결국 그 자리에서 대통령은 김만제 원장에게 연금제도의 도입을 위해서 한국개발연구원이 책임지고 구체적인 방안을 계속해서 연구개발해 나가도록 지시하고 관련부처의 협조를 얻도록 당부하였다.[14] 보건사회부 산하의 사회보장심의위원회가 아닌 경제기획원 산하의 연구기관인 한국개발연구원이 국민복지연금법 제정에 주도적이었다는 것은 이전까지 국가정책의제로 떠오르지 못한 국민연금제도가 다른 의도에서 제정되었다는 것을 반증한다.

---

8) 전남진, "한국복지연금제도의 정책수립과정에 관한 연구", 「한국사회복지학」, 제3권(1982), 10면.
9) 최장집, 「한국 자본주의와 국가」, 한울, 1990.
10) 대한민국정부편, 제3차 경제개발5개년계획: 1972~1976, 1971.
11) 전남진, 전게논문, 10면.
12) 최정원, "한국의 복지정책결정과정 연구 – 정책환경과 정치행위자 간의 관계를 중심으로", 연세대학교 박사학위논문, 1998.
13) 김행범, "복지정책의 산출요인에 관한 연구", 서울대학교 박사학위논문, 107면.
14) 국민연금 10년사 편찬위원회, 전게서, 64면.

이는 한국개발연구원의 국민복지연금법 구상에 있어서의 활동내용들을 통해서도 드러나게 된다.[15] 1972년 11월 30일 김만제 원장의 건의는 매우 구체적으로 이루어지고 있는데, 우리나라 경제·사회 여건으로 보아 단기적으로는 국민의 조세저항이 점차 강해지며 또한 민간저축을 재정으로 유도할 수 있는 수단이 한정되어 있으므로 사회보장연금제도의 도입은 국내저축의 제고뿐만 아니라 국가재정을 위한 투자재원의 조달에도 크게 기여할 수 있다는 것으로 보고했다. 1973년 5월 한국개발연구원이 발표한 최종보고서에는 사회보장연금제도의 도입목적을 두 가지로 요약하고 있다. ① 노령, 장해 및 사망으로 인한 생활의 불안과 위협에 대처함으로써 근로자로 하여금 보다 안정된 자세로 경제활동에 참여할 수 있는 보장된 사회를 조성한다. ② 이 제도를 통해서 축적된 기금을 생산적인 투자에 투입함으로써 1970년대에는 경제성장과 고용확대에 이바지하며, 더 나아가 1980년대에는 소득재분배 기능을 통하여 사회계층 간의 소득격차 및 국민생활수준의 불균형을 예방하는 역할을 한다.[16] 한국개발연구원은 유신정권의 내자동원의 필요성에 관한 고민에 대한 대응으로 국민연금복지법안을 강구하였던 것이다.

(3) 1970년대 초반 사회·경제적 환경

국민연금제도는 노동자기여분과 기업기여분과 정부부담금이 존재한다. 국민연금제도를 실시한다는 것은 그 사회의 경제적 부담능력이 어느 정도 선행되어야 함을 의미한다. 그러므로 어느 제도보다도 노동, 자본, 정부의 사회·경제적 환경을 살펴보는 것이 필요하다.

---

15) 한국개발연구원의 활동내역을 간략하게 살펴보면, 1972년 9월 22일부터 10월 6일: KDI의 박종기 박사 미국 방문, 연금제도 분야의 석학들 면담. 1972년 11월 25일: 김만제·박종기 공저 '사회보장 연금제도를 위한 방안(잠정)'의 대외비 보고서 완료, 김만제 KDI 원장과 박종기 박사, 태완선 부총리 겸 경제기획원 장관과의 면담. 보고서 내용 보고. 1972년 11월 30일: 김만제 원장 청와대에서 대통령과 경제장관들에게 연구결과 보고. 1972년 12월 5일: 청와대 대변인인 김성진 공보수석비서관이 한 달 뒤에 있을 대통령의 연두기자회견에서 대통령이 연금제도의 도입방향을 발표하는 데 필요한 연설문 작성을 위한 자료수집을 위해서 KDI 박종기 박사에게 면담 요청. 1973년 1월 12일: 대통령의 연두기자회견에서 국민연금제도 도입에 대하여 공식적으로 선포. 1973년 1월 23일: 보건사회부 이경호 장관 사회부문 중요정책 과제로 '국민복지연금(안)'을 대통령 연두순시 시에 보고. 박정희 대통령은 경제기획원과 한국개발원을 함께 참여시켜 종합안을 마련하여 1974년부터 실시하도록 지시. 같은 날: 김만제 원장과 박종기 박사는 청와대에서 김주남 경제기획원 기획차관보 동석으로 정소영 경제수석비서관과 면담. 한 시간 뒤에 보건사회부의 김원규 기획관리실장 주재 하에 실무작업팀이 동참하여 구성문제 및 구체적인 작업추진계획 토의. 1973년 1월 31일: 태완선 부총리 겸 경제기획원 장관이 국민복지연금법의 초안을 마련하기 위한 실무작업팀 공식 발표. 국민연금 10년사 편찬위원회, 전게서, 58~68면에서 재구성.
16) 국민연금 10년사 편찬위원회, 전게서, 66~67면.

1960년대부터 진행되어 온 경제개발5개년계획은 경제의 양적 성장 면에서 큰 성과를 이룩하였다. 지속적인 고도의 경제성장이 1960년대부터 이루어졌고, 수출의 증대, 국내 저축의 증가, 농업개발의 추진, 사회간접자본의 확충 및 안정기반의 구축 등 여러 부문에서 상당한 성과를 거둠으로써 1970년대 경제도약의 기반을 마련하였다. GNP는 1959년에서 1969년의 10년 사이에 무려 126.8%의 증가를 보였으며, 1인당 GNP 규모도 이 기간 동안 77%의 증가를 보이고 있다. 1973년에 이르면 경제성장 면에서 12.6%의 실질증가율이 있었다.[17] 그러므로 정부의 부담능력은 정부의 의지에 따라 제고될 수 있었다.[18]

전반적인 경제성장은 복지정책에 대한 기업의 부담능력 역시 강화시키고 있었다. 매출액 순이익률을 살펴보면 1967년 6.7%에서 1969년에서 1971년 사이에 감소세로 접어들었으나 1972년 4.0%, 1973년 7.5%로 증가한다. 기업 측에서는 몇 년간의 단기적인 감소를 이유로 국민연금 정책을 연기하든지 아니면 경제계의 부담을 줄여줄 것을 요구하기도 하나, 실제적으로 1960년대부터 장기적으로 살펴보면 기업의 규모는 경제성장 전략에 힘입어 괄목할만한 성장을 보이고 있고, 순이익률이 다시 증가세에 있었던 점을 감안한다면 기업 역시 국민연금제도 시행에 따른 부담능력은 어느 정도 있었다고 볼 수 있다.[19]

1970년대에 들어오면서 사회적 환경은 급격하게 변화하기 시작하였다. 사회보험 정책은 노동계급의 수적 증가와 계급의 성장과 불가분의 관계에 있다. 1970년대의 산업화의 측면을 보면, <표 1>에서 나타나듯이 지속적인 산업화 정책으로 인해 1차 산업인구는 급격하게 감소하고 2차 산업인구는 급격하게 증가하게 된다. 1969년의 36.9%였던 1차 산업인구는 6년만인 1973년에 25.1%로 감소하고, 2차 산업인구는 15.7%에서 25.0%로 급격하게 증가한다. 광공업 및 제조업을 포함하는 2차 산업인구의 증가는 곧 임금 근로자의 증가를 의미하는 것이고, 이는 노동계층의 복지문제가 사회문제화 될 수 있는 여지가 있었다는 것이다.

---

17) 한국은행. 국민계정(http://bok.or.kr/kobank/owa/stats6)
18) 최정원, 전게 논문, 100면.
19) 한국은행(1973, 1992), 기업경영분석; 김행범, 전게 논문, 107면에서 재인용.

〈표 1〉 연도별 산업구조의 변화

(단위: %)

산업구조＼연도	1969	1970	1971	1972	1973
1차 산업	36.9	28.4	27.2	26.1	25.1
2차 산업	15.7	21.7	22.8	24.0	25
3차 산업	47.4	49.9	50.0	49.9	49.9

출처: 경제기획원(1989). 주요경제지표; 최정원, 전게 논문, 101면에서 재인용.

그러나 사회보험 중 산업재해보상보험이나 고용보험 제도와는 다르게 국민연금 제도에 있어 보다 중요한 인구구조 지표는 노인인구 비율이라 할 수 있다. 60세 이상의 인구비율이 1960년 4.5%에서 1969년 5.4%로 상승하였다는 것을 근거로 사회보장의 욕구가 증대되었다고 설명할 수도 있겠으나,[20] 1955년 65세 이상의 노인인구는 전체 인구 중 3.4%를 차지하고 있는데, 15년이 지난 1970년에도 3.4%로 노인인구 증가는 거의 나타나고 있지 않다.[21] 손준규의 연구와 국민연금 10년사 편찬위원회의 연구만 연금보험에 대한 관심이 높아진 배경으로 노인인구의 급격한 증가를 설명하고 있으나 이 당시 노령화라는 전세계적 추세와는 상이한 한국의 인구구조를 노인인구가 급격히 증가하고 있는 상황이라고 해석하기는 어려울 것으로 보인다.

이는 결국 사회보험에 대한 잠재적 수요는 있었으나 국민연금법 입법화의 계기가 될 수 있는 급박한 사회·경제적 상황은 나타나고 있지 않았던 셈이다. 결국 국민연금 제도 도입의 요구는 노동계층에서 제기되지 않았고, 노인인구 증가로 인한 노후복지로서의 제도의 필요성 역시 사회적 이슈로 제시되지 않았다. 국민연금 제도에 대한 입장은 오히려 법안 제정 작업이 시작되면서 공론화되기에 이른다.

기존 연구들에서는 국민복지연금법의 제정의도를 중화학공업화를 위한 내자동원의 필요성으로 설명하는 데는 크게 이견이 없다. 역사적 사실에 대해 서로 다르게 평가하는 부분은 동법의 제정 의도가 아니라 무기한 연기에 이르기까지의 과정에 대한 부분이다. 이하의 장에서는 동법의 제정과정에서부터 무기한 연기에 이르기까지의 과정을 살펴보기로 하겠다.

---

20) 국민연금 10년사 편찬위원회는 이러한 인구학적 추세가 노후생활 대책에 대한 사회보장 욕구가 증대되었고, 보건사회부와 한국개발연구원이 대통령과 고위 경제계획 당국자들을 설득할 것을 당면과제로 삼았다고 평가한다. 국민연금 10년사 편찬위원회, 전게서, 62면.

21) 통계청, 한국통계연감 1986, 서울: 통계청, 42-43면. 최정원, 전게 논문, 102면에서 재인용.

2. 국민복지연금법 정부초안 작성 단계

1) 실무위원회에서의 한국개발연구원(경제기획원)과 보건사회부의 이견

국민복지법안의 제정 작업은 한국개발연구원의 제안을 통해 시작된다. 1973년 1월 23일 보건사회부 연두 순시 시에 대통령은 1974년 1월 1일부터 시행할 수 있도록 경제기획원 및 한국개발연구원과 함께 준비할 것을 보사부 장관에게 지시하게 된다. 이로 인해 연금제도 도입을 위한 실무위원회가 구성되었고, 동 위원회에서 보건사회부와 경제기획원은 각각의 시안을 내놓는다.

보건사회부와 경제기획원이 작업한 시안은 내용에 있어서 상당한 차이가 나타나는데, 이는 연금제도에 대한 양측의 목적이 서로 상이했기 때문으로 보인다. 한국개발연구원이 작성한 경제기획원 시안은 비교적 단순한 것으로 내자동원을 효과적으로 수행할 수 있는 체계를 갖추고 있었고, 제도 시행 첫 해에는 465억 원, 2년째에는 1,816억 원의 적립금을 확보할 수 있도록 구조화되었다.[22] 전담기구로는 연금제도의 운영과 기금관리를 전담하는 독자적 기구를 설립할 것과 보험료[23] 징수와 급여업무를 담당하기 위해서 국세청을 이용할 것을 제안하고 있다.[24]

보건사회부 시안은 내자동원이 목적이 아니라 체계를 갖춘 사회보장제도의 확립이 목적이었다.[25] 따라서 적용대상은 만 20세에서 60세 사이의 모든 국민으로 하였고 첫 해의 적립금은 70억 원으로 예상하고 있었는데, 이는 한국개발연구원의 465억원과는 극히 대조적인 수치이다.[26] 전담기구에 있어서도 보건사회부는 사회보장의 주무관청으로 내부에 새로운 국을 설치하여 연금제도를 전담하고, 연금징수와 자격관리 등은 보건사회부 소속관청인 노동청 조직을 이용할 것을 제안하고 있다. 이는 노동청이 산업재해보상보험의 시행 경험이 있으며 동시에 전국적으로

---

22) 김행범, 전게 논문, 114면.
23) 국민복지연금법이 제정되던 시기와 국민연금법 초기에는 '기여'라는 용어 대신 '갹출'이라는 용어를 사용하고 있다. 그러나 현재 갹출이라는 용어는 기여 혹은 보험료로 바꾸어 사용되고 있기 때문에 본 연구에서는 갹출이라는 용어를 현재의 사용되는 용어로 대체하여 표기하였다.
24) 전남진, 전게 논문, 13면.
25) 그러나 보건사회부가 내자활용가능성을 원천적으로 봉쇄하고 있던 것은 아니었다. 보건사회부는 대통령 연두순시 시에 보고한 내용에 따르면 제도실시 기대효과로 세 가지를 언급하고 있는데 이 중 두 번째 기대효과가 "적립된 기금은 경제개발에 필요한 내자로 활용가능하여 국가 경제부흥에 이바지"하게 된다는 것이었다. 국민연금 10년사 편찬위원회, 전게서, 65면.
26) 보건사회부가 예상하는 적립금의 규모는 1974년 70억, 1976년 206억, 1978년 603억, 1980년 1,199억 원이었다. 국민연금 10년사 편찬위원회, 전게서, 65면.

조직이 확립되어 있었기 때문이었다.[27)]

한국개발연구원과 보건사회부 간의 이견을 조율하기 위해 실무위원회가 12회나 열렸지만, 결국 이견이 좁혀지지 않아 1973년 5월 18일에 1차 개요를 작성하여 차관회의로 넘기게 된다. 그러나 차관회의에서도 담당기관, 부담률, 정부보조 등의 쟁점은 합의를 보지 못하게 된다. 이에 청와대 정소영 경제수석비서관은 결정을 유보하고 외국의 실례를 직접 시찰한 후에 결정할 것을 지시하였다.[28)] 이후 몇 가지 과정들을 거쳐 단일안이 차관회의에서 확정되어 7월 30일 경제장관회의에 회부되고, 최종정부안으로 확정되었다.

2) 소결: 기존연구들에 대한 평가

기존 연구들은 보건사회부안, 한국개발연구원안, 최종정부안을 저마다 다소 상이하게 제시하고 있다. 연금제도에서 가장 핵심을 이루고 있는 대목이자 부처 간 입장차가 크게 드러나는 지점은 기여율과 적용대상에 관한 것이다. 국민연금공단 산하의 국민연금 10년사 편찬위원회의 연구가 가장 공식적인 정부의견이므로 이를 기준으로 이와 다르게 기술하고 있는 기존 연구들의 내용들을 살펴보기로 하겠다.

첫째, 정부 내부에서 그리고 기존 연구에서 입장차가 가장 크게 나타나는 항목은 기여율이다. 한국개발연구원은 3개의 안을 제시하는데 피용자 및 사용자가 각각 3%, 4%, 5%씩 부담하여 기여율이 6%, 8%, 10%인 안을 제시한다. 이와 달리 보건사회부는 사용자 3%, 피용자 2%로 기여율을 달리하여 도합 5%의 기여율안을 제시한다. 이와 관련하여 전남진은 한국개발연구원안이 3~5%안이고, 보건사회부안이 2~3%안이라고 언급하고 있고, 최정원, 손준규, 남찬섭, 김행범은 한국개발연구원안이 10%, 보건사회부안이 2%안이라고 언급하고 있다. 후자의 연구들은 마치 보건사회부안과 한국개발연구원안이 기여율에서 5배의 차이가 존재하는 것처럼 기술하고 있는데 이는 사실과 다르다 할 수 있다. 국민복지연금과 관련된 가장 최초의 연구는 손준규의 연구인데 손준규는 본문에서 보건사회부안을 설명할 때 가입자 2~3%, 사업주 2~3%, 자영자 정액이라고 서술하고, 보건사회부안과 한국개발연구원 안의 주요 차이점을 표로 도식화하면서 보사부안을 "보험료율 2%로 하되 단계보험료율 적용"으로 기록하고, 한국개발연구원안을 "보험료율 10%"로 기

---

27) 전남진, 전게 논문, 14면.
28) 손준규, 전게 논문, 84면.

술하고 있다.[29] 손준규 연구의 오류는 가입자와 사업주의 기여율을 합산하여 5%
로 언급해야 정확한 기술임에도 불구하고 보사부안은 근로자의 기여분만을 언급
하고 한국개발연구원안은 근로자와 사용주의 기여율을 합산하여 언급한 데 있다.
최정원, 남찬섭, 김행범의 연구에서 이와 동일하게 언급되고 있는 것은 모두 손준
규의 연구를 참고한 탓으로 보인다.[30] 또한 한국개발연구원의 안을 언급할 때, 전
남진의 연구에서 6~10%가 아니라 3~5%라고 언급된 것은 피용자와 사용자의 개
별 기여율의 범위를 언급한 것으로 추정되고, 최정원, 손준규, 남찬섭, 김행범의
연구에서 10%로 언급된 것은 한국개발연구원의 내자동원 추계로 미루어 3안이 주
요안이었으므로 이를 토대로 언급한 것이 아닌가 추정된다.

　둘째, 적용대상과 관련해서도 기존연구들은 상이하게 다루고 있다. 국민연금 10
년사 편찬위원회의 연구와 양재진의 연구에 의하면 한국개발연구원은 만 18세 이
상 60세 미만의 근로자, 10인 이상 사업체이나 시행초기인 1974년에서 1976년까
지는 30인 이상 사업체로 제안하고, 보건사회부는 18세 이상 60세 미만인 근로자,
30인 이상 사업체로 시작하여 1977년부터는 10인 이상의 사업체로 확대를 명시하
고 있다. 말의 순서만 바뀌었을 뿐 시행단계 전략은 동일하다고 할 수 있다. 그럼
에도 불구하고 전남진은 한국개발연구원안의 적용대상을 "광업, 제조업, 건축업,
전자산업, 상업, 금융업 등 비교적 안정된 직종에 종사하는 피고용자만을 대상으
로 삼았는데 이것은 전체 근로자의 약 33%밖에 되지 않는 것"으로 언급하고, 보
건사회부안을 "만 20세에서 60세 사이의 모든 국민"으로 언급하고 있다.[31] 최정원
의 연구는 전남진의 연구와 동일하다. 이와는 정반대로 손준규 연구와 남찬섭의
연구는 한국개발연구원안을 "전 국민"으로 언급하고, 보건사회부안을 "500인 이상
사업장의 근로자부터 적용단계별로 전 국민으로 확대"로 제시하고 있다.[32] 특히
서로 상반되는 양재진의 연구와 손준규의 연구는 두 연구 모두 보건사회부가
1974년 작성했다고 하는 「국민복지연금의 발자취」라는 미간행 보고서를 근거자료
로 제시하고 있다. 미간행보고서라 진위여부를 확인하기 어려우나, 동일한 자료를
근거로 상반된 언급을 하고 있다는 점은 기존 연구들의 한계라 하겠다.

---

29) 손준규, 전게 논문, 83면.
30) 남찬섭의 연구는 손준규의 연구를 토대로 "보험료율을 보건사회부가 2% 정도를 예정하고 있는 반
　　면 경제기획원은 무려 10%를 정해놓고 있다."고 평가하고 있다. 남찬섭, "1970년대의 사회복지 2",
　　「복지동향」, 2006. 3월호, 37-38면.
31) 전남진, 전게 논문, 13-14면.
32) 손준규, 전게 논문, 83면; 남찬섭, 전게 논문, 37-38면.

양재진의 연구는 풍부한 자료와 인터뷰를 바탕으로 국민연금 10년사 편찬위원회의 연구와 그 내용에 있어서는 동일하게 서술되어 있으나, 최종안에 대한 평가에 있어서는 차이를 보인다. 그는 적용대상에 대한 최종합의안이 "보건사회부안"으로 채택되었다고 서술하고 있으나 이는 한계로 보인다. 최종안은 법률로 제시되었기 때문에 이견이 있기 어렵다. 다만 주요 사안들을 대통령령으로 위임하고 있기 때문에 정확하게 그 내용을 확정하기 어려운 부분들이 존재하나, 국회 상임위원회 속기록에 근거하면 그 위임의 범위와 내용에 대한 합의사항을 장관과 국회의원 간에 논의하고 있기 때문에 다른 주장을 하기는 어려울 것으로 판단된다. 실제로 양재진의 연구는 이 부분을 근거로 보건사회부의 위상이나 정책결정과정에서의 부처별 역동을 설명하고 있기 때문에 보건사회부의 역할이 다소 과대평가될 여지가 존재한다.

기여율과 적용대상에 대해서는 국민연금 10년사 편찬위원회 자료가 실제 법안 내용과 가장 근접한 것으로 추정된다. 이 자료를 근거로 한국개발연구원안, 보건사회부안, 최종정부안을 '추정'으로 제시하고, 기존 연구들이 이 안을 다르게 설명하고 있는 부분들을 '차이'로 제시하여 도식화하면 다음과 같다.

〈표 2〉 한국개발연구원안, 보건사회부안 및 최종정부안

		한국개발연구원안	보건사회부안	최종정부안
기여율	추정	1안: 6%(사용자 3%, 피용자 3%) 2안: 8%(사용자 4%, 피용자 4%) 3안: 10%(사용자 5%, 피용자 5%)	5% (사용자 3%, 피용자 2%)	8% (사용자 4%, 피용자 4%)
	차이	• 전남진은 3~5%로 제시 • 최정원, 손준규, 남찬섭, 김행범은 10%로 제시	• 전남진은 2~3%로 제시 • 최정원, 손준규, 남찬섭, 김행범은 2%에서 단계적으로 확대로 제시	

---

33) 이에 대해서는 국회사이트 국민복지연금법안(의안번호 090092) 참조.
http://likms.assembly.go.kr/bms_svc/img_attach2/09/doc_10/090092_10.PDF 검색일: 2012년 5월 1일.

적용 대상	추정	만 18세 이상 60세 미만의 근로자 10인 이상 사업체(단, 74~76년은 30인 이상 사업체)	18세 이상 60세 미만인 근로자 30인 이상 사업체 단, 1977년부터는 10인 이상의 사업체로 확대	30인 이상 사업장, 1종 가입자(월급여 15,000원 초과인 자)는 강제가입, 2종가입자(15,000원 이하인 자)는 임의가입[33]
	차이	• 손준규, 남찬섭은 '전국민'으로 제시 • 전남진은 "광업, 제조업, 건축업, 전자산업, 상업, 금융업 등 비교적 안정된 직종에 종사하는 피고용자만을 대상"으로 제시	• 손준규, 남찬섭은 500인 이상 사업장 우선 적용으로 제시 • 전남진은 "만 20세에서 60세 사이의 모든 국민"으로 제시	• 양재진은 "보건사회부(안)"으로 제시

Ⅲ. 국민복지연금법 제정 단계

1. 국민복지연금법 제정안 도출 단계

1) 당시의 여론 동향

1973년 9월 20일 태완선 경제기획원장관이 남덕우 재무부 장관, 이동화 보사부 장관이 배석한 자리에서 국민복지연금법안에 대한 기본요강을 공식적으로 발표하였다. 법안이 발표되자마자 국민복지연금법안은 어느 사회복지관계법보다도 정치적, 사회적 관심의 대상이 되면서 각계로부터 강한 반론이 제기되었는데, 그 핵심은 이 법안의 목적이 실질적인 복지보다는 경제개발자금의 조달에 있다는 것이다. 비록 이 발표에서는 국민복지연금법의 기본방향을 발표하면서 앞에서 살펴본 보고서에서 사용되었던 '내자동원'이라는 표현은 직접적으로 언급되지 않았다. 그러나 당시의 여론은 국민복지법안은 내자를 동원하기 위해 정부가 총력을 기울이고 있었던 점을 감안하여 동 법안에 대한 강력한 반대의사를 표현하고 있다. 일례로 동아일보의 경우 9월 한 달 동안 국민복지연금법에 대한 기사가 무려 13회나 게재되고 있다.[34]

국민복지연금법안 발표 바로 다음날인 1973년 9월 21일에는 중앙일보, 서울신문, 조선일보, 한국일보, 경향신문 각 언론은 사설란을 통해 국민복지연금법안에 대한 입장을 담고 있다.[35] 이들은 모두 국민복지연금법안은 시기상조이며, 오히려

---

34) 최정원, 전게 논문, 114면.

내자동원의 필요성에 의한 제정이라는 의구심을 표명하고 있다. 9월 21일자의 한
국일보나 9월 26일자의 동아일보, 9월 14일자의 조선일보, 9월 20일자의 서울신문
등은 중화학 공업 추진을 위한 내자조달의 방편으로 전용될 우려가 높다고 직접
적으로 언급하고 있다. 다음의 내용은 9월 14일자의 조선일보 신문사설의 주요내
용으로, 그 당시 여론 동향을 구체적으로 알 수 있다.[36]

> "…… 이 연금제도의 요강이 경제기획원에서 작성되는 것은 석연치 않은 의문점
> 을 남기게 된다. 사회복지 문제를 다루는 부처가 다루어야만 사회복지적인 안목에
> 서 다룰 수 있을 것이고 불필요한 억측을 사지 않을 것이다. …… 복지연금 기금의
> 대부분이 사회복지 관련 사업에 회전 활용되는 것이 기금의 성격이나 우리나라 사
> 회개발 사업의 낙후성으로 보아 옳다. …… 20년 후 생활력을 잃게 되는 노후를 보
> 장하는 문제 이상으로 몇 년 후에 당면할 지도 모르는 실업에 대하여 실효성 있는
> 보장이 있어야 한다. …… 공무원연금과 군인연금까지 포함하여 '국민복지연금'을
> 하나의 독립관서가 부담하도록 하는 것이 예산을 절약하고 그 운영을 효율화 할 수
> 있다. …… 이 연금제도는 국민의 장래의 보장, 계획하는 중대사이니 중지를 모을
> 수 있도록 과제를 공개하고 신중을 기해야 한다. 또 단순히 사용주와 근로자의 부
> 담을 모았다가 일정 기간 후 연금으로 지급하는 식의 사회보장제도가 되지 않게 사
> 용주와 근로자 외에 정부도 일정한 갹출금을 부담하여야 소득재분배 효과를 얻을
> 수 있다. ……"

2) 여론 분석 후 원안 수정

기본 요강에 대한 비판여론에 따라 1973년 9월 28일 국무총리 지시가 이루어지
고 기본요강 재조정 실무작업반을 긴급 소집하여 여론 분석과 보완 작업을 실시
하게 된다. 주요 쟁점은 피용자(근로자) 기여율 인하 문제, 저임금 가입자 부담면
제 문제, 여성의 반환일시금 지급 문제, 장해 및 유족연금 지급조건 완화 문제, 의
료 및 실업보험 조기도입 문제, 퇴직금과 연금의 선택 문제, 가입연령 20세 문제,
기업부담 경감 방안, 물가상승에 따른 화폐가치 유지 대책, 노사참여의 기금운용
문제 등이었다.[37]

여론을 수렴하여 최종적으로 내놓은 기본요강은 당초안에서 근로자의 부담률을

---

35) 각 언론사의 사설 제목 및 내용에 대해서는 국민연금 10년사 편찬위원회, 전게서 84-85면 참조.
36) 최정원, 전게 논문, 114-115면.
37) 국민연금 10년사 편찬위원회, 전게서, 86면.

4%에서 3%로 완화하고 저임금근로자의 개인 부담과 사용자의 부담을 완화하는 방안으로 수정되었다. 약간의 수정만을 가하였다. 기여율을 노동자분에 한해 1%를 하향 조정하였고, 저소득 노동자를 고려하여 부담을 완화시키는 조치를 동반하였다. 또한 여성과 유족연금의 수급자격과 수급액을 상향조정하였으며, 연금급여 면세를 확대하였다. 이렇게 최종 조정된 조정안은 10월 30일 확정되어 동년 11월 11일 국무회의에서 의결된다.[38]

<표 3> 조정 기본 요강안

구분	당초안	조정안
1. 기여율	사용자: 4% 피용자: 4%	사용자: 4% 피용자: 3%
2. 저소득층에 대한 고려	월소득 갑근세의 기초공제액 1/2 (7,500원) 미만의 자는 사용자가 전액부담	8,000원~15,000원 미만: 2% 8,000원 미만: 면제
3. 여성 퇴직자에 대한 반환일시금	55세에 달하면 반환일시금 지급 ·2년 미만 불입: 자기부담의 원리금 ·2년 이상 10년 미만 불입: 자기부담원리금+특별가산금	여성으로서 퇴직 후 1년 경과하면 본인 희망에 따라 자기부담 원리금을 반환일시금으로 지급하고 본인이 희망하지 않을 경우에는 당초안 적용
4. 장해연금 및 유족연금	·수급자격: 불입기간 3년 이상인 자로서 장해발생 또는 사망일로부터 3개월 전까지 갹출료 납부 실적이 있는 자 ·유족연금액: 배우자=기본연금액의 50% 자(子) 및 폐질자=기본연금액의 30%	·수급자격: 불입기간 1년 이상인 자 ·유족연금액 : 배우자=기본연금액의 50% 자(子) 및 폐질자=기본연금액의 50%
5. 표준보수월액	·하한: 7,000원 ·상한: 150,000원	·하한: 좌동 ·상한: 200,000원
6. 연금급여 면세	50% 면세	100% 면세

출처: 국민연금 10년사 편찬위원회, 전게서, 86~88면에서 재구성.

2. 국회 상임위원회에서의 법안 심의 단계

1) 동 기간의 여론 및 국회 상황

국민복지연금법 제정에 대한 발표 이후 각 언론들이 강한 반대 의견을 표명했

---

38) 국민연금 10년사 편찬위원회, 전게서, 88면.

던 것과는 대조적으로 국회 및 정당은 소극적 역할로 일관한다. 이후 야당인 신민당은 11월 8일에 와서야 여론에 동조하여 이 법은 중화학공업 육성발전을 위한 내자동원에 불과한 것이며 사회복지의 취지와는 무관한 것이므로 전면 반대한다는 성명을 발표한다. 이는 각 언론이 빈번하게 국민복지연금법안에 대하여 의견을 피력하였던 것에 비해 아주 미미한 정도의 대응이라 할 수 있다. 그러나 이 시기는 김대중 납치사건 발생으로 인해 정국이 매우 혼란한 상황이었다. 이러한 정치적 상황과 관련지어 생각할 때, 정당과 국회의 소극적 활동은 정치적 현안에 밀려 국민복지연금법안이 부차적 쟁점으로 간주되고 있었기 때문이라 짐작할 수 있다.[39]

이와 같은 상황 속에서 1973년 11월 11일 국무회의에서 통과한 국민복지연금법안과 국민복지연금특별회계법안은 동년 11월 17일에 국회에 회부되어 11월 20일 보건사회위원회로 회부되었고 1973년 11월 21일 제88회 국회 제7차 보건사회위원회에 상정되었다.[40] 동년 11월 22일 제10차 상임위에서는 공청회를 열기로 합의하고, 다음날인 11월 23일에 학계, 언론계, 실무진, 사용자측, 피용자 측과 공청회를 개최한다. 찬반양론이 있었는데 특히 국가 재정에 기여가 없다는 점이 지적되었으며 "아예 입법동기가 중화학공업을 위한 내자동원이라고 명문화해서 참여의식을 높이는 것이 차라리 더 나을 것이다."라는 강한 반대의견도 제기되었다.[41]

2) 상임위원회 수정안 도출

국회 보건사회위원회 상임위원회에서의 논의는 격렬하게 이루어졌지만, 내자동원이기 때문에 반대하는 내용이 전부가 아니었다.[42] 실제로 그간 기존 연구들이

---

39) 1973년 9월 20일에 제88회 정기국회가 개회되었으나 동년 8월에 일어난 김대중 납치사건에 대한 진상규명에 대한 요구로 국회는 파행적으로 운영되고 있었다. 유신정권이 들어서고 암흑기를 겪고 있던 학생운동은 김대중 납치사건 이후 급속히 확산되었고, 결국 11월 2일 김종필 총리는 일본을 방문하여 김대중 납치사건으로 일본에 누를 끼친 것을 사죄하였다. 이어 11월 5일 그동안 공전 중이던 국회 본회의를 재개하였으나 야당은 방일사죄는 제2의 국가적 굴욕이라면서 내각사퇴권고 결의안을 채택하면서 상임위원회 불참을 결정한다. 결국 11월 21일에야 국회가 정상화되었다. 이와 관련하여 최정원, 전게 논문, 115–116면 참조.

40) 국민연금 10년사 편찬위원회, 전게서, 88면.

41) 중앙일보. 1973년 11월 24일자 정치면. 최정원, 전게 논문, 119면; 김행범, 전게논문, 118면.

42) 당시 야당의원인 천명기 의원은 "저희 신민당으로서는 이 법안에 대해서 원칙적인 반대를 표명한 바가 있었습니다. …… 그러나 저 개인으로서는 이 사회보장제도는 반드시 있어야 되겠다는 이러한 원칙에서 이 보장법 자체는 저는 찬성을 합니다. 그러나 내용에 있어서는 여러 가지 문제되는 점이 있기 때문에 거기에 대해서 제가 질문도 겸해서 말씀을 드리고"라고 진술하고 있다. 정당 차원에서의 법안 자체에 대한 반대와는 달리 보건사회상임위원회에서의 논의는 법률 조항에 대한 세세하고 진지한 논의가 이루어지고 있었다. 이와 관련해서는 대한민국국회사무처, 제88회 국회 보건사회위

간과했던 부분은 상임위원회에서의 논의가 보다 사회보장 정책의 차원에서 이루
어졌고, 이를 근거로 법안이 저소득층을 배려하는 수정안으로 새로이 도출되었다
는 점이다.[43] 상임위원회에서 가장 쟁점이 된 사항은 크게 3가지였는데, 이는 가
입대상자 문제와 국가의 재정부담 문제, 내자동원의 문제였다.

국회 상임위원회에서 가장 많은 시간을 할애하면서 격렬하게 논의된 사항은 가
입대상자에 관한 것이다. 이 논쟁은 여야 의원들 간의 논쟁이라기보다는 국회의원
과 정부부처 장관 간의 논쟁이었다. 정부가 제출한 법안은 월소득 15,000원을 초
과하는 사람을 1종 가입자로, 월소득 7,500원 이상 15,000원 이하인 사람은 2종
가입자로 구분하여 1종 가입자는 강제가입을, 2종 가입자는 임의가입을 규정하고
있다. 이 문제와 관련하여 국회 보사위 위원들은 제9회부터 제15회까지의 6차례
상임위원회 회의 내내 지속적으로 반대의견을 제시하고 있다. 저임금 근로자를 2
종 가입자로 상정하여 임의가입을 하게 할 경우 몇 가지 문제가 우려된다. 노동시
장에서 낮은 시장임금으로 인해 생활이 어려운 계층일수록 사회보장제도를 통해
삶의 수준이 향상되어야 함에도 불구하고 저임금 근로자를 임의가입하게 할 경우
사회보장제도에서 역진성이 나타나게 된다. 또한 저임금 근로자의 임의가입은 저
임금을 합법화시킬수 있는 구실을 제공할 우려가 있다. 국회 상임위원회 제14차
보건사회위원회에서 채영철 의원과 김상봉 의원은 이와 관련하여 구체적으로 문
제를 제기하고 있다.

> "현재까지의 통계를 보면 보험대상자가 약 117만 명 그 가운데에서 1종 가입자
> 의 자격을 가진 사람이 81만 6천 명 그리고 7,500원 이상 15,000원 미만이 다시 말
> 하면 2종 가입자 대상자 35만 6천 명입니다. 이 법의 입법목적이 국민 특히 근로자
> 복지를 위한 것이라고 하면 …… 적어도 7,500원 선으로 제1종 가입자격을 낮추어
> 서 …… 국민부담 30/1,000 이것은 적어도 국가가 출손을 하고 40/1,000은 사용자
> 가 출손을 해서 7,500원 이상 15,000원 미만의 근로자에 대해서 적극적으로 정부에
> 서 보호를 할 수 있는 그러한 방안이 강구되어야만 된다. 그 이유로서는 첫째, 제2
> 종 가입자의 임의가입은 저임금제도를 부채질하고 저임금을 합법화시킬 수 있는 구

원회 제12차 회의록, 1면 참조.
43) 기존 연구들은 여야가 극렬하게 대립하여 합의에 이르지 못했다고 서술하고 있으나(최정원, 전게
논문, 120-121면.) 이는 사실과 다소 차이가 있다. 실제 국회 상임위원회 속기록을 살펴보면 여당
의원들이 이 부분에서 야당 의원들의 견해에 반대하고 있지 않아 여야 간의 갈등으로 보기 어렵다.
또한 야당 의원들의 장시간의 문제제기로 실제 수정안이 도출되었다는 점에서 합의에 이르지 못했
다고 보기도 어렵다.

실을 만들어 줄 수 있다. 4%의 부담을 갖지 않기 위해서 15,000원 이하의 선에서 항상 임금이 묶일 위험이 충분히 있습니다. 사용자의 4%의 부담이 피용자의 임금인 상에 저해요소가 되어서는 안 되겠다. …… 둘째 근로자의 일부만이 참여하는 것이 아니라 직업을 가진 모든 근로자는 누구나가 이러한 정부의 혜택을 향유할 수 있는 특전이라고 하는 것을 인식을 시켜 주시고 공동의식을 가지고 참여할 수 있는 국회를 만들어 주어야 되겠다."[44]

"이 중에서도 가장 기본적으로 다루어야 할 위급한 문제가 바로 영세임금 때문에 이 국민복지연금제에서 제외된 층과 포용되는 하위임금선의 적용대상자들의 과중위험에 대한 문제라 하겠습니다. …… 첫째, 현실적으로 볼 때 이 하위수준의 적용대상자는 실지 소득수준에서 볼 때에 과중한 부담이 되고 있는 실정입니다. 연령상으로는 가입자격대상이 되나 임금수준 미달로 막대한 수의 근로자가 제외되는 형상 …… 71년도 근로청통계에 의하면 전국직역근로자 176만 명 중 15,000원 이하인 영세근로자 수가 전체의 38%로서 444,000여 명이고 이 가운데 18세 미만인 연소근로자수가 16만 명 …… 18세 이상 15,000원 이하의 저임금 근로자가 28만 명이나 이 복지연금에서 제외 당한다고 하는 결과 …… 모처럼의 이 복지연금제도는 출발부터 사회보장제도의 원칙과 정신에 반하는 제도가 되는 것이기 때문에 이들에 대한 구제책은 반드시 강구되어야 된다."[45]

둘째, 상임위 위원들은 국가재정부담 문제에 관해서도 지속적으로 요구하였다. 이는 저임금 근로자의 임의가입 문제와 연동하여 제기되었는바, 저임금 근로자를 강제가입시키게 되면 기본 생계조차 위협받게 될 여지가 있으므로 보사위 소속 국회의원들은 저임금 근로자의 자기기여분에 대한 국가재정부담을 요구하였다. 제10차 상임위원회에서는 전문위원이 검토보고에서 가입대상을 1, 2종으로 구분하지 말고 월임금 7,500원 이상의 모든 노동자로 확대하고 저임금근로자에 대한 국가부담을 제안하고 있다. 내용과 관련한 회의가 본격적으로 진행된 제14차 상임위원회에서 김상봉 의원은 "정부가 부조제의 사회보장제도를 확대하는 차원에서 이들의 기여금 3%를 임금수준이 15,000원선에 오를 때까지 부담하는 방법"을 제안하였고, 채영철 의원과 김윤덕 의원 역시 전액 정부부담을 주장하였다.[46]

---

44) 채영철 의원은 이러한 이유로 가입대상의 확대를 주장하고 있다. 대한민국국회사무처, 제88회 국회 보건사회위원회 제14차 회의록, 1-2면.
45) 김상봉 의원의 질의 내용은 대한민국국회사무처, 제88회 국회 보건사회위원회 제14차 회의록, 2-3면 참조.
46) 대한민국국회사무처, 제88회 국회 보건사회위원회 제14차 회의록 참조.

셋째, 내자동원 문제에 대해서도 극렬한 논의가 이루어졌으나 사실 내자동원 그
자체로 법안의 폐기를 요구한 것은 아니었다. 한건수 의원은 제15차 상임위원회에
서 그동안 정부의 사회보장제도는 최저임금제, 단기보험인 의료보험과 실업보험,
장기보험인 국민연금보험 순으로 사회보장제도를 확립하기로 하였음에도 불구하
고, 이전 단계에 대한 아무런 작업없이 내자동원의 필요성으로 국민연금부터 도입
하는 것을 문제 삼고 있다. 국민복지연금법안이 내자동원에 우선순위를 두었을 뿐
사회보장제도에 대한 밑그림을 그리고 이를 확대하기 위함이 아니라는 것이다. 또
한 국민연금이 본래적 의미대로 사회보장이기 위해서는 저소득층에 대한 고려가
있어야 함에도 불구하고 저임금 근로자를 배제하는 것 역시 내자동원에 효율적이
지 못한 국민은 배제하는 문제가 있다는 것이다.

> "정부가 정지작업을 해야 될 사항이 몇 가지 있었지 않았느냐 이렇게 보는 것입
> 니다. 그 하나는 최저임금제를 확립하고 그 다음에 가서 단기보험제도인 의료보험
> 과 실업보험제도를 확립한 연후에 이 장기보험제도법안을 내놓는 것이 순서가 아니
> 었던가 이렇게 본위원은 알고 있습니다. 그런데 그러한 정지작업을 하지 않고 이
> 법을 불쑥 내 논 이유는 중화학공업의 내자동원의 방안의 하나로서 내놓은 것으
> 로…… 물론 자금이 모여지면 어딘가 써야 그 이자를 계산할 수 있기 때문에 그것
> 이 부당하다고 생각지 않습니다. 다만 지금까지 정부가 그러한 정지작업을 해야 될
> 과거의 시기에 그런 것을 하지 않고 다급하니까 이것을 내놓았다는 이 점에 대해서
> 는 정부로 있어서는 좀 반성할 여지가 있지 않느냐"[47]

이후 제15차 상임위원회에서는 여당이 수정안을 제시하였는데 그 주요골자는
국가가 저임금 근로자의 보험료 3% 중 1.5%를 지원한다는 것을 포함하고 있었다.
전액 정부 부담을 주장했던 야당은 이에 동의하지 않았으나 야당의 천명기 의원
이 제안한 재수정안은 소수의견으로 법률안에 첨가하기로 합의하였다.[48]

3) 소결: 법안에 대한 평가

기존 연구들은 이 부분에 대해 여야가 합의에 이르지 못했고, 여당의 안이 수적
우세로 일방적으로 통과되었다고 평가한다.[49] 그러나 반대여론으로 인한 1차 수정
과 상임위원회에서의 야당의 반대 등으로 인한 2차 수정은 당시의 법안을 현대적

---

47) 대한민국국회사무처, 제88회 국회 보건사회위원회 제15차 회의록, 1-2면 참조.
48) 대한민국국회사무처, 제88회 국회 보건사회위원회 제15차 회의록 참조.
49) 이에 관해서는 최정원, 전게 논문; 김행범, 전게 논문; 전남진, 전게 논문 등 참조.

의미로 해석했을 때조차 매우 의의가 큰 수정으로 볼 수 있다. 기존 연구들이 내자동원에 초점을 맞추면서 이 법안의 의의를 과소평가한 대목이다.

가장 쟁점이 되었던 부분이자 여러 차례 수정이 이루어진 부분은 기여율과 적용 대상에 관한 것이다. 내자동원의 수단으로 시작된 국민복지연금법은 여론과 야당 국회의원들의 문제제기에 밀려 급여율에 변동없이 근로자의 기여율이 낮아지게 된다. 기여와 급여 간의 비례적 관계라는 '보험수리원칙'의 수정이 이루어진 부분이다. 이 대목에서 더욱 큰 의의가 있는 것은 기업주와 근로자 간의 2자 기여 방식에서 국가·기업주·근로자 간의 3자 기여 방식으로 수정되었다는 것이다. 여론의 동향에 밀려 수정안을 낼 때는 기업주의 부담을 감소시키면서 적용대상이 축소된 측면이 있었으나 상임위원회 논의과정을 통해 저임금 근로자의 보험료의 절반을 국가가 부담하는 것으로 수정되면서 적용대상이 다시 보다 확대되고 기여 없이 급여액을 보장받는 구조가 되었다. 국민연금제도에 있어서 운영비 부담외에 보험료 기여분에 대한 국가 부담은 농어촌 지역 확대 시 농어민에 대한 한시적 보조 외에 현재까지 이루어지지 못하고 있는 실정이다. 우리나라의 사회보험제도를 선진 외국에서처럼 3자 기여 방식이라 부르지 못하는 이유가 여기에 있다. 그럼에도 불구하고 지금으로부터 무려 40년 전 법안에 국가부담을 명시하고 있다는 것은 매우 고무적인 일이다.

Ⅳ. 국민복지연금법의 무기한 연기 단계

국민복지연금법은 1974년 1월 4일에 시행된다. 그러나 1973년 말 중동전쟁으로 촉발된 제1차 석유파동과 그로 인한 경제 불황, 연평균 16%에 달하는 물가상승으로 인하여 유신정부는 1974년 1월 14일에 긴급조치 제3호를 공포한다. 긴급조치 제3호 제18조에는 국민복지연금법의 효력을 1974년 12월 31일까지 정지한다고 명시하고 있다. 유류파동과 경기침체가 장기화될 전망을 보이자 1975년 12월 동 법안의 실시 시기를 대통령령에서 정하도록 함으로써 사실상 무기한 연기되었다.[50]

Ⅴ. 결   론

1973년 우리나라의 국민복지연금법의 제정은 서구의 국민연금법 도입과는 다른

---

50) 국민연금 10년사 편찬위원회, 전게서, 93면.

양상을 보인다. 서론에서 살펴본바 서구의 경우 사회보장제도는 자본주의의 모순 심화와 노동계급의 성장이라는 체제적 위기 상황에서 노동계급을 달래는 방법의 일환으로 채택된다. 그러나 우리나라의 경우 1960년대 말 외자 도입과 재벌 중심의 외자배분을 통해 이룩한 경제구조에서 자본축적의 위기가 발생하지만, 박정희를 핵으로 하는 5·16 군사정부와 유신정부의 혹독한 노동탄압으로 노동계급의 성장은 오히려 위축되어 있는 실정이었다. 뿐만 아니라 자본축적의 위기가 발생되었다고는 하나 그것이 사회주의(혹은 사회민주주의)로의 체제 전환을 의미하는 체제적 위기와는 전혀 다른 성질의 것이라 할 수 있다.

이러한 상황 속에서 1973년의 국민복지연금법 제정은 사회보장 수급권에 대한 인식이 높아진 결과라기보다는 1960년대 말의 자본축적의 위기를 극복하기 위한 방안으로 모색되었다고 할 수 있다. 즉 중화학공업 육성을 위한 내자동원 방안을 모색하던 정부는 한국경제개발원의 국민복지연금법을 통한 내자동원이라는 아이디어 제안을 받고 이를 추진하게 된 것이다. 적립방식의 연금제도는 유신정부의 내자동원이라는 정책적 목표에 이상적인 대안이 될 수 있었던 것이다.

국민복지연금법의 제정 의도라는 측면에서는 기존 연구에서처럼 내자동원의 필요성이 가장 설득력이 있다. 기존 연구들의 의의에도 불구하고 본 연구에서는 몇 가지 점을 추가함으로써 기존 연구들의 한계를 극복하고자 하였다.

첫째, 기존 연구들은 국민복지연금법의 제정의도인 '내자동원'에만 초점을 둔 나머지 동 법안이 가진 의의를 과소평가한 측면이 있다. 동법은 현재적 시점에서 평가한다 할지라도 사회보장법의 가치 측면에서 매우 큰 의의가 있다. 국가·기업주·근로자 3자 조합주의 방식의 사회보장을 실현하고자 하였으며 특히 저임금 근로자 기여분에 대한 국가 부담을 명시함으로써 무기여 연금을 부분적으로 실현하고자 하였다.

둘째, 기존 연구들이 큰 틀에서 동법의 제정의도가 '내자동원'의 필요성이 크게 작용하였다는 점을 증명했다는 점에서 의의가 있으나, 그 과정에서 같은 사안에 대한 서로 다른 근거를 제시하면서 같은 결론에 이르고 있다는 한계가 존재하였다. 본 연구에서는 이와 같은 한계점들을 비교·분석하여 제시하였고 잘못 서술된 부분이나 오역을 수정하였다.

셋째, 법 제정과정에서 행위자들의 역동이라는 측면에서 여론이나 보건사회부, 보건사회상임위원회 소속 국회의원들의 역할이 그간 과소평가되거나 과대평가된 측면이 존재한다. 실제 동법의 제정 및 이후 무기한 연기는 오일쇼크로 인한 근로 계층의 부담능력의 어려움으로 인한 것이라기보다, 법안의 제정 결과가 내자동원의 효율성이 떨어짐으로 인해 경제적 부담을 감안하면서까지 추진할 유인이 없었을 것으로 추정된다. 이 과정에서는 경제부처보다는 오히려 보건사회부 및 국회 보건사회위원회 위원들, 당시 여론 등이 기여한 것으로 보인다. 행위자의 역동에서 보자면, 제정의 출발과 초안에 대해서는 경제부처가 더 큰 기여를 했다고 보이나, 제정과 연기 과정에서는 보건사회부 관련인들이 더 큰 기여를 했다고 보는 것이 타당할 것이다.

09 사립학교교원연금법 제정사

장혜영*

I. 서 론

사립학교교직원연금법에 의한 사학연금은 사립학교 교직원의 퇴직 등 사회적 위험에 대비한 사회보장제도[1]로서, 국민연금, 공무원연금, 군인연금과 더불어 대표적인 공적연금이다. 동법은 1973. 12. 20. 사립학교교원연금법으로 제정되어 1974. 1. 1. 시행된 후 2000. 1. 12. 현행법과 같은 명칭으로 변경되었다.

정부 정책의 최우선순위를 경제개발에 두고 관료조직의 주도 하에 산업화가 급속히 진행된 1960년대[2]에 공무원연금법(1960. 1. 1. 제정 및 시행), 산업재해보상보험법(1963. 11. 5. 제정, 1964. 1. 1. 시행), 의료보험법(1963. 12. 16. 제정, 1964. 3. 17. 시행) 등 여러 사회보장 법률들이 제정되기 시작했다.[3] 사학교직원의 연금제도에 대한 관심은 1960년 공무원연금법 제정이 기폭제로 작용하여 전체 사학교직원의 숙원사업이 되었다[4]는 점에 비추어, 사립학교교직원연금법의 제정이 직접적으로는 사립학교 교직원 또는 사학단체 등 사학계를 중심으로 추진[5]된 것으로 볼

---

* 서울대학교 법학박사, 검사.

1) 사립학교교직원연금법 제1조(목적) 이 법은 사립학교 교원 및 사무직원의 퇴직·사망 및 직무로 인한 질병·부상·장해에 대하여 적절한 급여제도를 확립함으로써 교직원 및 그 유족의 경제적 생활안정과 복리향상에 이바지함을 목적으로 한다.

2) 구인회, 양난주, "사회보장 60년: 평가와 전망", 한국사회보장학회, 2008, 155, 157면.

3) 1960년대 사회보장 관련 법률들의 제정 배경에 관하여, '한편으로는 4·19혁명에서 분출된 국민의 생존권보장에 대한 대응책으로서, 또 다른 한편으로는 민정이양형식으로 정권획득을 노린 군사정부가 1963년 후반부의 대통령 선거 및 총선거에서 승리할 선거 전략의 하나로 복지국가지향의 그랜드 디자인을 홍보한 정치선전의 분식적 상징물'로 해석하는 견해로, 이흥재, "사회보장법 형성의 풍토적 특징 – '전문집단 헌신' 주도 속의 '국민저항과 집권층대응'의 '정치적 산물' –", 「서울대학교 법학」 제52권 제3호, 2011, 400면.

4) 사학연금20년사편찬위원회, 「사학연금이십년사」, 1994, 70면.

5) 1962. 2. 24.자 동아일보 기사, "私立學校敎員에의 年金制度討議". 대한교육연합회가 1962. 2. 23. 제17회 대의원대회를 개최하여 '금년도 사업계획의 하나로 「교원의 생활권 증진에 관한 일」을 이번

수 있으나, 사회적으로도 사립학교 교직원에 대한 처우는 국가 교육 정책의 성패와 직접 관련되는 문제라는 인식6)이 공감을 얻고 있었던 것으로 보인다.

이하에서는 사립학교교직원연금법 제정 이전의 배경, 제정 과정, 제정 이후의 주요 법률개정 사항에 대해서 살펴보기로 한다. 제정 배경은 주로 당시 신문기사를 통하여, 제정 과정은 국회에서 이루어진 법안의 제안, 수정, 의결 과정을 통하여, 제정 이후 개정 사항은 법률 또는 시행령의 개정 내용을 통하여 살펴본 후, 결론적으로 동법의 제정 및 개정이 갖는 의의를 검토한다.

Ⅱ. 사립학교교원연금법 제정 배경

1. 사회적 공감대의 형성

사립학교 교직원에 대한 소득보장 등 사회보장 제도의 필요성은 일찍부터 제기되었다. 일제 강점기에 이미 관공립학교 직원 및 일본의 사립학교 교원과 비교하여 조선의 사립학교 교직원은 퇴직 후 생활 보장이 없다는 사실에 대한 문제의식7)이 있었고, 당시 사립학교 자체적으로 이에 대한 대책을 마련하려는 시도8)도

대의원대회에서 중점적으로 심의할 예정인데 그 방안으로 ① 교원후생법의 제정을 추진하여 교육자가 최소한의 생활을 영위할 수 있도록 하여 ② 타부처 공무원들과 균형이 맞지 않는 법정제수당을 증액해줄 것 등을 요구하고 있다.' (https://www.donga.com/news/Pdf?ymd=19620224)

6) 1967. 3. 30.자 경향신문 사설, "卒倒한 敎員과 敎員의 生活保障". '교원은 그 직책상 생활문제 기타 번다한 세속문제에서 벗어나 오로지 독서와 연구에 몰두할 수 있고 피교육자의 지도에만 정력을 경주할 수 있어야 한다. 그렇지 못하면 교원의 질은 저하되고 따라서 피교육자의 훈도도 불여의하게 된다. 이런 결과는 인재의 양성과 또 그것을 바탕으로 하는 국가의 발전에 적지 않은 장애를 가져온다고 할 수 있다...(중략)... 그런데 며칠 전 시내 창천초등학교 6학년 담임인 오모교사가 수업 중 교단에서 졸도한 사건이 발생하였다. 진단에 의하면 영양실조와 정신과로라고 한다. 오교사는 1만원 내외의 봉급으로 8식구를 부양해왔다고 한다. 4일만에 의식을 회복한 그는 "월급만으로 살자니 이 꼴이 되었다"라고 술회했다고 하니 실로 가슴 아픈 일이 아닐 수 없다.' (https://newslibrary.naver.com/viewer/index.nhn?publishDate=1967-03-30&officeId=00032&pageNo=1)

7) 1938. 1. 22.자 동아일보 기사, "私立學敎員의 自衛彈". '우리 사회의 가장 중요하고 긴급한 교육사업에 봉사하는 사학계 교원들은 여러 가지 조건이 불리한데다가 박봉일 뿐 아니라 십여 년 혹은 이십년 동안을 칠판 밑에서 늙었다 할지라도 일단 용퇴하는 날이면 생활보장이 없다. 다른 직업전선은 말할 것도 없거니와 동일한 직업부문인 관공립학교의 직원들에게는 은급제도가 있고 다 같은 사립학교라 할지라도 일본 내지 사립학교 교원들에게는 은급제도와 유사한 연금제도라는 격이 있음에 불구하고 조선 사학원에게만은 귀중한 수행봉사에 대한 사은이 없다.' (https://www.donga.com/news/Pdf?ymd=19380122)

8) 앞의 1938. 1. 22.자 동아일보 기사. '지난 19일 경성을 중심으로 한 입오(十五)개 사립중등학교 교장으로 조직된 친화회에서는 부내 중앙고보교에 정기회의를 열고 여러 가지의 안 중 전기 은급제도에 대한 중대 문제를 건의하고 장시간 의논한 결과 동 친화회에 가입한 학교교원에 대하여서만이라도 절대 필요하고도 시급히 실현시켜야겠다(고) 만장일치로 가결하였다.'

있었다.

이는 국공립학교 교직원과 사립학교 교직원 사이의 불평등 문제로 인식되기도 하였다. 즉 국공립학교 교직원과 사립학교 교직원은 그 임용요건과 직무내용이 동일함에도 단지 임용주체가 다르다는 이유로 사립학교 교직원이 연금 혜택을 받지 못한다는 사실은 평등의 원칙에 위반된다[9]는 것이다. 물론 사립학교 교직원도 1961. 12. 4.부터 시행된 개정 근로기준법상 퇴직금제도[10]에 의한 소득보장을 받을 수 있었으나, 일부 사립학교에서는 퇴직금을 지급할 수 없을 정도로 재정이 열악하여 공무원연금법의 적용을 받는 국공립교원과 사립학교 교직원은 퇴직소득보장 측면에서 큰 차이[11]가 있었다. 비슷한 시기에 추진되던 국민복지연금법(1973. 12. 24. 제정)에 사립학교 교직원에 대한 연금 제도를 포함시키자는 견해[12]도 있었던바, 교육의 중요성 및 교원 업무의 특수성을 근거로 사립학교 교원의 소득보장을 위한 별도 입법의 당위성 자체는 인정[13]되었다. 즉 사립학교 교원에 대한 연금 제도는 성공적인 교육을 위한 실천 수단 중 하나로 생각[14]되었다.

또한 당시 중학교 무시험 진학, 고등학교 학군별 추첨배정 등 교육 정책이 시행되고 있었는바, 이러한 국가 정책이 효율적으로 수행되기 위해서는 그 전제로 학교의 평준화, 교원의 평준화가 이루어져야 할 필요성[15]도 고려되었는바, 사립학교 교원에 대한 연금 제도의 도입은 교원들 간 근무조건의 평준화를 통해 위와 같은

9) 정석원, "사립학교교직원연금 재정운영 실태분석과 개선방안연구", 숭실대학교 교육대학원 석사학위논문, 2004, 7면.
10) 구 근로기준법(법률 제791호, 1961. 12. 4. 일부개정 및 시행) 제28조 (퇴직금제도) 사용자는 계속 근로년수 1년에 대하여 30일분 이상의 평균임금을 퇴직금으로서 퇴직하는 근로자에게 지급할 수 있는 제도를 설정하여야 한다. 단 근로년수가 1년 미만인 경우에는 예외로 한다.
11) 강강원, "공적연금 정책대안의 평가모형 개발에 관한 연구 - 사립학교교직원연금제도를 중심으로", 중앙대학교 행정대학원 박사학위논문, 2006, 3면.
12) 사학연금20년사 편찬위원회, 전게서, 75면.
13) 1967. 11. 10.자 경향신문 사설, "「私立學校年金法」의 成案". '유독 교직원에 대해서만 특별보장을 하라는 것 자체가 어딘지 모르게 어색하고 무리한 점이 있다고도 할는지 모른다. 그러나 교단에 서는 것을 유일한 천직으로 삼고 있는 교직자로 말하자면 다른 직업과는 달리 일반사생활마저도 제자에게 수범을 보여야 한다는 점에서 모든 일거일동에 신중한 배려를 해야 함은 물론 직업 자체도 교단에서의 수업으로만 그치는 것이 아니고 그를 위한 연구 내지는 수업준비과정을 더욱 중시하는 성격을 띠고 있는 것이므로 근무시간을 따져본다 해도 학교 가정의 구별이 없거나 가정이 즉 직장이 되는 것임을 면치 못하는 것이다.' (htts://newslibrary.naver.com/viewer/index.nhn?publishDate=1967-11-10&officeld=00032&pageNo=1)
14) 1973. 8. 25.자 동아일보 사설, "私立校教師年金制의 意義". '이것은 단지 사립학교 교사들만을 위하는 일이라기보다도 보다 절실한 의미에서 이 나라의 교육을 위하는 일이 되기 때문이다.' (https://www.donga.com/news/Pdf?ymd=19730825)
15) 김사달, "通過法律解說 私立學校 教員年金法", 「국회보」, 1974, 120면.

국가 정책을 효율적으로 달성하기 위한 수단으로도 인식된 것으로 보인다.

2. 사학계의 활동[16)

1) 1960년대

1963. 6. 26. 사립학교법의 제정으로 사립학교가 발전할 수 있는 법적, 제도적 장치가 마련된 이후 사학계에서는 적극적으로 사립학교교직원연금법의 제정을 위한 활동을 개진하였는데, 1963년 사립학교 교직원의 퇴직금을 보장하기 위하여 퇴직금의 적립과 관리를 담당하는 사단법인 대한사립학교교직원보조회가 창립되었다. 그러나 위 보조회는 법적 근거가 없는 임의 기구로서 모든 학교로 확산될 수 없었고, 국공립학교와의 제도적인 형평을 기할 수 없었기 때문에, 이후로는 대한사립중등학교장회연합회의 주도로 사립학교교직원연금법 제정이 추진되었다.

대한사립중등학교장회연합회는 1919년 서울 사립중고등학교 교장들이 일제의 사학탄압정책에 대응하여 사학정책에 관한 대총독부투쟁 및 건의를 목적으로 조직한 친화회에서 시작되었다. 친화회는 3·1운동 당시 사립학교 정보연락기구로 기능하였으나, 1944년 단체의 명칭을 경기사립중등학교장회로 변경하여 지역 단위 친목회 성격을 띠게 되었다. 이후 1945년 조선교육자협회, 1947년 조선교육연합회, 1956년 대한사립중등학교장회연합회로 각 명칭을 변경하면서 전국 단위 교장회로 조직을 확대하였고, 1974년 대한사립중고등학교장회로 명칭을 변경하여 현재에 이르고 있다.

대한사립중등학교장회연합회는 1965. 10. 14. 사립학교 교직원에 대한 연금제도의 입법을 국회, 행정부 등 여러 관계부서에 건의한 이래 1969. 4. 29. 국회에서 김용진 의원[17) 외 22명이 사립학교교직원연금법안(이하 김용진 법안)[18)을 제안하기까지 지속적으로 건의하였고, 1947. 11. 23. 설립된 교원단체인 대한교육연합회는 김용진 법안에 대하여 일부 내용의 수정을 건의[19)하기도 하였다.

---

16) 이 항의 내용은 위 「사학연금이십년사」, 71-75면에서 발췌, 정리하였다.

17) 제7대 국회의원, 전주, 민주공화당.

18) 김용진 법안의 내용에 대해서는 아래 Ⅲ의 1.항에서 검토한다.

19) 1969. 6. 30.자 매일경제신문 기사, "국고부담 50%를 敎聯 私立校직원 연금법 개정건의". '大韓敎聯은 30일 「사립학교직원연금법안」은 사회보장제도의 특수성에 비추어 일부 수정해야 된다고 국회 및 각 요로에 건의했다. 大韓敎聯은 ① 교직원이 부담하는 수익자부담인 寄與金 이외의 연금 등은 국고와 사학법인이 각각 50%씩 부담하도록 하고 ② 연금의 관리를 총무처로부터 문교부장관이 담당하도록 제정되어야 한다고 지적했다.' (https://newslibrary.naver.com/viewer/index.nhn?articleld= 1969063000099201004&officeld=00009)

2) 1970년대

김용진 법안이 1971. 6. 30. 제7대 국회의 임기만료로 폐기된 이후 대한사립중등학교장회연합회는 다시 사립학교교직원연금법의 제정을 건의하였다.[20] 당시 중학교 무시험 진학제도의 시행, 고등학교 입시제도의 개선 등으로 학교시설의 평준화 및 교원의 평준화가 절실히 요청되어 사립학교교직원연금법 제정에 보다 유리한 입지가 조성되었다.

이에 과거보다 더욱 적극적, 조직적으로 사립학교교직원연금법의 제정을 촉구하기 위하여, 1971. 6. 23. 교육단체, 문교부, 총무처, 언론계, 학부형, 교원 등을 망라한 사립학교교직원연금법안기초위원회(위원장 백낙준[21])를 구성하였다. 위 위원회에서 약 4개월 동안 7번의 회의를 통해 사립학교교직원연금법안의 기초를 작성하여 문교부장관에게 제출하였다. 위 법안이 제9대 국회에서 정부 제안 법안[22]으로 제출되어 문교공보위원회의 수정을 거쳐 1973. 12. 20. 제정된 사립학교교원연금법의 기초 법안으로, 급여의 주요 내용은 공무원연금법을 준용하고, 일부를 국고에서 부담하고, 관리기구로 특별법인체를 구성하는 내용 등이 포함되었다. 1971. 10. 12. 위 위원회는 해산하고, 같은 달 15. 사립학교교직원연금법제정추진위원회가 발족하였는데, 사립학교교직원연금법제정추진위원회는 국회, 행정부는 물론 대통령에게 건의서 및 탄원서 등을 제출하는 방법으로 법 제정을 촉구하였다.

Ⅲ. 사립학교교원연금법 제정 과정

1. 김용진 법안의 발의 및 폐기

1969. 4. 29. 국회의원 김용진 외 22명이 사립학교교직원연금법(안)[23]을 제안하였으나, 1971. 6. 30. 제7대 국회의 임기만료로 폐기되었다. 비록 임기만료로 폐기

---

20) 1971. 11. 24.자 경향신문 기사, "교직원年金法 法制化를 要求 私立中교장회의". '71년도 사립중등학교장연합회 추계총회가 23일 상오 9시 仁荷工大 강당에서 전국 사립중학교 5백여 교장이 모인 가운데 열렸다. 이날 사립중학교장 전체 토의에서 교장들은 ① 사립학교 교직원연금법 제정을 국회의원 제안으로 법제화하도록 추진하고 5억원의 국고보조를 요구했으며(후략).'
(htts://newslibrary.naver.com/viewer/index.nhn?publishDate=1971−11−24&officeld=00032&pageNo=1)
21) 제2대 문교부장관(1950. 5.~1952. 10.), 연세대학교 명예총장.
22) 이 법안의 내용에 대해서는 아래 Ⅲ의 2.항에서 검토한다.
23) 이 법안 중 한문으로 기재된 부분은 한글로 표시한다.
(https://likms.assembly.go.kr/billDetail.do?billld=006891)

되긴 했으나, 법안 제출로 사립학교교직원연금법 제정을 위한 사회적 분위기가 성숙[24]되었다. 김용진 법안의 제안이유 및 주요 조문은 다음과 같다.

> **제안이유:** 이 법안은 사립학교에 근무하는 교원·직원에 대하여 공무원 및 군인에 준하는 사회보장제도 즉 건강진단·질병·부상·폐질·분만·퇴직 또는 사망등에 적절한 급여를 실시함으로써 이들에 대한 경제적 안정과 복리향상을 도모하고자 제안하는 것입니다.
>
> **제1조(목적)** 이 법은 사립학교에 근무하는 교직원의 건강진단·질병·부상·폐질·분만·퇴직 또는 사망에 대하여 적절한 급여를 실시함으로써 그들에 대한 사회보장제도를 확립하고 교직원 및 그 유족의 경제적 생활안정과 복리향상에 기여함을 목적으로 한다.
>
> **제2조(정의)** ① 이 법에서 사용하는 용어의 정의는 다음과 같다.
>
> 1. "교직원"이라 함은 사립학교법에 의하여 설립된 학교에서 보수를 받고 상시 근무하는 교원 및 직원을 말한다. 다만, 학교법인의 이사·감사 및 임시적 또는 조건부로 근무하는 자는 제외한다.
>
> **제4조(급여)** 이 법의 규정에 의하여 교직원이 기여금을 납부하고 그 학교법인이 부담금을 불입한 때에는 건강진단·질병·부상·분만 및 장례에 대하여는 제16조의 규정에 의한 단기급여를 지급하고 교직원의 퇴직·폐질 및 사망에 대하여는 제30조의 규정에 의한 장기급여를 지급한다.
>
> **제34조(퇴직연금)** ① 교직원이 20년 이상 재직하고 퇴직하였을 때에는 사망할 때까지 퇴직연금을 지급한다.
>
> **제35조(퇴직일시금)** ① 교직원이 20년 미만 재직하고 퇴직한 때에는 퇴직일시금을 지급한다.
>
> **제52조(비용부담의 원칙)** 이 법을 운영하기 위한 비용은 다음 각호에 의하여 산정한다. 이 경우에 급여에 소요되는 비용은 적어도 2년마다 다시 계산하여야 한다.
>
> ① 급여에 소요되는 비용은 그 비용의 예상액과 기여금 학교법인의 부담금 및 예정운용 수익금의 합계액이 장래에 있어서 재정적 균형이 유지되고 매사업연도의 기여금과 학교법인의 부담금의 액이 평균적으로 되도록 하여야 한다.
>
> ② 급여사무에 소요되는 비용은 국고가 부담한다.
>
> ③ 학교법인의 부담금의 일부를 국고가 보조할 수 있다.
>
> **제53조(기여금)** ① 기여금은 교직원으로 임명된 날이 속하는 월로부터 퇴직 또는 사망한 날이 속하는 월까지의 분(分)을 월별로 납부하여야 한다.
>
> ② 전항의 기여금의 액은 봉급월액의 1,000분의 35로 한다.
>
> **제74조(특별회계)** 이 법을 운영하기 위한 특별회계를 설치한다. 이 법에서 본 회계라 함은 사립학교교직원 연금특별회계를 말한다.

---

24) 1972. 1. 12.자 동아일보 기사, "私立校敎員에도 年金혜택 주기로 共和, 法案 성안". '共和黨은 전국 私立初中高等大學 교원의 사회보장제도로 年金혜택을 줄 수 있는 사립학교교원연금법안을 의원입법으로 제안할 것으로 十二日 알려졌다.'
  (htts://newslibrary.naver.com/viewer/index.nhn?publishDate=1972-01-12&officeId=00020&pageNo=1)

> 제76조(연금업무의 관리기관) 연금업무의 관리는 총무처장관이 하되 필요에 따라 당해학
> 교의 감독관서금융기관 또는 법인에게 그 관리사무를 위탁할 수 있다.

2. 사립학교교원연금법의 제정

1) 정부의 사립학교교원연금법안 제안

  정부는 1973. 11. 19. 사립학교교원연금법(안)[25](이하 정부안)을 제안하였는데, 정부안은 폐기된 김용진 법안과 달리, 법의 적용 대상을 교원에 한정하고, 학교법인이 당해 학교 교원이 부담하는 개인부담금의 합계액과 동일한 금액을 부담하는 반면, 국가는 관리공단의 운영 경비를 보조할 수 있도록 임의적으로 규정하였다. 급여의 사유, 종류, 급여액 등 구체적인 내용은 공무원연금법을 준용하도록 하였고, 재직기간 통산을 위한 경과조치를 5년으로 제한하였다. 국가부담에 관한 부분은 이후 문교공보위원회에서 국가부담금을 신설하는 내용으로 수정 의결되었다.

  정부안의 제안이유 및 주요 조문은 다음과 같다.

> **제안이유:** 사립학교 교원의 건강진단·질병·부상·폐질·분만·퇴직 또는 사망에 대하여 적절한 급여제도를 마련하여 사립학교 교원에 대하여도 교육공무원과 동일한 사회보장제도를 실시하게 함으로써 사립학교 교원 및 그 유족의 경제적 생활안정과 복리향상에 기여하게 하려는 것임.
> **제1조(목적)** 이 법은 사립학교 교원(이하 "교원"이라 한다)의 건강진단·질병·부상·폐질·분만·퇴직 또는 사망에 대하여 적절한 급여제도를 확립하고, 교원 및 그 유족의 경제적 생활안정과 복리향상에 기여함을 목적으로 한다.
> **제4조(설립)** 다음 각호의 업무를 관장하기 위하여 사립학교교원연금관리공단(이하 "관리공단"이라 한다)을 설립한다.
> 1. 부담금의 징수
> 2. 제 급여의 결정과 지급
> 3. 자산의 운용
> 4. 기타 연금에 관한 업무
> **제33조(급여)** 교원의 건강진단·질병·부상·분만 및 장제에 대하여는 단기급여를 지급하고, 교원의 퇴직, 폐질 및 사망에 대하여는 장기급여를 지급한다.
> **제42조(공무원연금법의 준용)** 제33조의 규정에 의한 단기급여 및 장기급여에 관한 종류와 급여의 사유, 급여의 액 및 급여의 제한에 관한 사항은 공무원연금법 제13조 내지 제49조의 규정을 각각 준용한다. 이 경우에 "공무원"은 "교원"으로, "공무"는 "직무"로, "총무처장관"은 "관리공단"으로, "기여금"은 "개인부담금"으로, "공무원연금급여심사위원

---

25) 정부안은 모두 한글로 기재되어 있다.(https://likms.assembly.go.kr/billDetail.do?billld=007872)

회"는 "사립학교교원연금급여심사위원회"로 하며, 공무원연금법 제28조 제2항 중 "제3조 의2"와 제30조 제4항 중 "제3조 제2항"은 이 법 "제32조"로 하고, 동법 제48조 중 "제 52조 제2항"은 이 법 "제45조 제2항"으로 한다.

제43조(비용의 부담) 급여 기타 이 법을 운영하기 위하여 소요되는 비용은 개인부담금·법인부담금과 그 운용수익금으로 충당한다.

제44조(개인부담금) ① 개인부담금은 교원이 그가 임명된 날이 속하는 달로부터 퇴직 또는 사망한 날이 속하는 달까지 이를 부담한다.

② 제1항의 개인부담금의 액은 봉급월액의 1,000분의 55로 한다.

제46조(법인부담금) ① 법인부담금은 학교경영기관이 이를 부담한다.

② 제1항의 법인부담금의 액은 당해 학교교원이 부담하는 개인부담금의 합계액과 동액으로 한다.

제59조(국고보조) 국가는 예산의 범위 안에서 관리공단의 운영에 필요한 경비를 보조할 수 있다.

부칙 제3조(재직기간에 대한 경과조치) 1969년 1월 1일부터 1973년 12월 31일까지의 기간중이 법 시행당시의 학교(학교경영기관이 동일한 다른 학교를 포함한다)에 계속하여 근무한 기간에 한하여 이 법 시행일이 속하는 달부터 매월 당해 월분의 개인부담금 및 법인부담금과 동액의 소급개인부담금 및 법인부담금을 따로 납부하는 경우에는 그 소급 납부한 기간을 재직기간으로 통산한다. 다만, 소급부담금을 납부하던 자가 퇴직하는 경우에는 퇴직하는 달의 부담금을 기준으로 하여 소급 통산하는 재직기간에 해당하는 개인부담금 및 법인부담금을 일시에 납부하고 그 기간을 재직기간으로 통산할 수 있다.

2) 문교공보위원회의 심의

1973. 11. 27. 문교공보위원회가 개최되어 정부안을 심의[26]하였다.

먼저, 민관식 문교부장관이 정부안에 대하여 제안설명을 하고, 고광득 문교부보통교육국장이 법안의 내용을 보고하였다. 문교부장관은 정부안에 대하여 사립학교 교원이 임용주체가 다르다는 이유로 국공립학교 교원이 받고 있는 사회보장의 혜택을 받지 못하는 것은 교육법에 규정된 교원의 사회적 대우의 형평에 어긋난다는 점, 사학이 차지하는 비중에 비추어 사학의 건전한 육성이 국가 교육발전의 관건이 된다는 점, 중학교 무시험 진학 및 고교입시제도 개선 등 정책을 충실히 수행하기 위해서는 학교의 평준화, 교원의 평준화가 요구된다는 점 등을 근거로 사립학교 교원에게 국공립학교 교원과 같은 연금제도를 마련하려는 것이라고 제안설명을 하였고, 애초에 법인부담금 중 일부를 국가가 부담하는 내용으로 제안하였으나 경제기획원에서 예산부족 및 비슷한 시기에 추진되었던 국민복지연금법[27]에

---

26) 제88회 국회 문교공보위원회회의록 제13호, 대한민국국회사무처, 1973. 11. 27.

도 정부의 출연이 없다는 형평상의 이유로 위와 같은 내용으로 정부안을 제출하지 못하였다고 하면서, 국회 심의 과정에서 법인부담금 중 일부를 국가가 부담하는 내용으로 수정해줄 것을 요청하기도 하였다.

이어서 김사달 문교공보위원회 전문위원이 예비검토 보고를 했는데, 국가교육공무원은 1960년 이래 사회보장제도의 혜택을 받아온 점에 비추어 사립학교교원연금법의 제정은 뒤늦은 것이라고 평가한 후, 정부안 제46조의 법인부담금은 현재의 학교재단의 경영실태로 보아 그 부담능력이 심히 의심스러운 형편이므로 국가의 재정적인 지원이 없이는 그 실효성이 의문시되고, 부칙 제3조(재직기간에 대한 경과조치)와 관련해서는 사립학교 교원이 부담금을 소급 납부하여 그 권리를 획득하고자 할 때 학교법인이 이를 거부하거나 부담능력이 없을 경우에 야기될 분규에 대한 해결책이 시급하다고 지적하였다.

이후 이해관계 당사자인 교원 및 학교 법인을 각 대표하는 서기원 대한교육연합회부회장과 유상근 사학재단연합회장이 차례로 의견을 진술하였는데, 공통적으로 사립학교의 재정 형편이 어려움을 역설하였으나, 서기원 대한교육연합회부회장이 사립학교의 재정 능력을 이유로 정부안이 국회에서 통과되지 않을 것을 우려하면서 교원의 권익 및 복지사회 지향 등을 근거로 정부안이 반드시 통과되어야 하는 당위성에 중점을 둔 반면, 유상근 사학재단연합회장은 정부안이 규정하고 있는 법인부담금을 전액 국가가 부담해야 한다고 주장한 점에서 다소 차이가 있었다.

이어서 이숙종,[28] 김동욱,[29] 신기석,[30] 손승덕,[31] 김경인,[32] 채문식[33] 위원들은 정부안 부칙 제3조가 장기근무자를 5년간만 소급시키고 있는데 국가교육공무원과 같이 전 근무연한을 인정할 수는 없는지, 연금관리공단을 운영함에 있어서 학원재단의 부담금이 제대로 납부되지 못하여 연금운영에 차질을 가져올 때 국가가 책임지도록 할 수 없는지, 현재 학교재단의 실태를 볼 때에 국가부담이 전혀 없이는 이 법의 제정의의가 없으니 일부는 국고에서 부담하도록 하여야 한다는 내용 등으로 질의하였다.

---

27) 1973. 12. 24. 제정(법률 제2655호)된 후 대통령긴급조치 제3호의 실시, 경제여건 등의 이유로 그 시행일이 계속 미뤄져 오다가, 법명이 국민연금법으로 변경되어 1988. 1. 1. 시행되었다.
28) 제9대 국회의원, 유신정우회.
29) 제9대 국회의원, 통일주체국민회의.
30) 제9대 국회의원, 부산, 민주공화당.
31) 제9, 10, 14대 국회의원, 춘천, 민주공화당 및 통일국민당.
32) 제8, 9대 국회의원, 목포, 신민당 및 민주통일당.
33) 제8~13대 국회의원, 문경 및 전국구, 신민당 및 민정당.

위 질의에 대하여 민관식 문교부장관 및 조성옥 문교부차관은 부칙 제3조에 대하여는 부담능력을 고려하여 5년으로 제한하였고, 앞으로 관리공단의 운영을 철저히 감독하여 부실화되지 않도록 할 것이고 운영상 모순점이 생기면 법을 보완할 예정이고, 법인부담금의 일부를 국고에서 부담해야 한다는 부분에 대해서는 정부 자체에서도 노력했으나 뜻을 이루지 못했는데 국회에서 그러한 내용으로 수정해 줄 것을 요망한다고 답변하였다.

3) 문교공보위원회의 수정의결 및 수정내용

위와 같이 심의한 후 문교공보위원회는 1973. 11. 28. 정부안을 일부 수정의결[34]하였다.

수정안의 주된 내용은 국가부담금을 신설하고, 그에 따라 관련 조항을 수정하고, 관리공단의 운영에 대한 국고보조를 임의규정에서 의무규정으로 변경하고, 관리공단 임직원에 대한 벌칙 조항을 신설하는 것이다. 또한 '기타 필요한 사항'으로 '이 법이 제정되어 국가가 부담하여야 할 금액은 약 5억 원으로 예상되는데, 이것은 1974년도 예산심의 과정에서 계상토록 할 것이라는 정부 측의 동의를 얻은 바 있음'이라는 내용을 명시하였다.

정부안에 대한 수정내용은 다음과 같다.

> 제2조 제1항 제6호를 다음과 같이 한다.
> 6. "부담금"이라 함은 국가부담금과 개인부담금 및 법인부담금을 합한 금액을 말한다.
> 제2조 제1항 제8호를 제9호로 하고 제8호를 다음과 같이 신설한다.
> 8. "국가부담금"이라 함은 급여에 소요되는 비용으로 국가가 부담하는 금액을 말한다.
> 제43조 중 "개인부담금" 다음에 "국가부담금"을 삽입한다.
> "제36조 내지 제61조"를 각각 "제47조 내지 제62조"로 하고 제46조를 다음과 같이 신설한다.
> **제46조(국가부담금)** ①국가부담금은 제44조 제2항의 규정에 의한 개인부담금의 합계액의 55분의 20으로 한다.
> ② 국가는 제1항의 부담금을 관리공단에 납부하여야 한다.
> 제47조 제2항을 다음과 같이 한다.
> ② 제1항의 법인부담금의 액은 당해 학교 교원이 부담하는 개인부담금의 합계액의 55분의 35로 한다.
> 제60조를 다음과 같이 한다.
> **제60조(국고보조)** 국가는 관리공단의 운영에 필요한 경비를 보조하여야 한다.

---

34) 私立學校敎員年金法(案)에 對한 審査報告書(修正要), 文敎公報委員會, 1973. 11. 28.

제62조를 다음과 같이 한다.

제62조(벌칙) ① 관리공단의 임원 및 직원이 제30조의 규정에 의한 검사를 기피, 방해 또는 거부하거나 허위의 보고를 한 때에는 1년 이하의 징역 또는 50만원 이하의 벌금에 처한다.

② 제19조 제1항의 규정에 위반하여 보고를 하지 아니하거나 허위의 보고를 한 잔 또는 검사를 방해하거나 기피한 자는 5만원 이하의 벌금에 처한다.

4) 본회의 의결 및 공포

1973. 12. 2. 제17차 본회의에서 문교공보위원회에서 위와 같이 수정한 정부안이 상정되었고, 문교공보위원장 대리 최세경 의원[35]의 심사결과 보고 후 위 수정안대로 의결되었다.[36] 이후 1973. 12. 20. 사립학교교원연금법(법률 제2650호)이 시행일을 1974. 1. 1.로 하여 공포되었다.

Ⅳ. 사립학교교원연금법의 시행 준비 및 연기

1. 시행령의 제정 및 관리공단의 설립

1973. 12. 28. 국무회의에서 사립학교교원연금법시행령을 의결[37]한 후, 1974. 1. 4. 대통령령 제7005호로 제정되었으나, 그 시행일은 법의 시행일에 맞춰 1974. 1. 1.로 하였다. 시행령은 사립학교 교원의 표준봉급월액 및 개인부담금, 관리공단의 설립 절차 및 수익 사업의 범위, 직무상 요양비 금액 및 지급절차, 상병수당, 분만수당, 재해부조금의 각 금액 및 지급 절차 등을 포함하고 있다.

한편, 1973. 12. 13. 관리공단 설립을 위하여 사립학교교원연금관리공단 설립위원회가 발족되었는데, 민관식 문교부장관이 고광덕 문교부 보통교육국장 등 5인을 설립위원으로 위촉하였다. 위 위원회는 서울 종로구 계동 147－21 소재 사학회관에 사무실을 두고 정관작성 등 관리공단 설립 준비를 시작하였고, 1974. 1. 9.에는 문교부장관이 관리공단의 이사장, 상무이사, 이사 3명 및 감사 등 임원을 임명하였는데, 초대 이사장은 당시 문교부차관인 조성옥이었다. 이후 1974. 1. 11. 관리

---

35) 제8~9대 국회의원, 사천, 민주공화당.

36) 제88회 국회회의록 제17호, 대한민국국회사무처, 1973. 12. 2.

37) 1973. 12. 29.자 경향신문 기사, "질병, 부상 부조금 최고 3만원 사립교원연금법시행령 의결". '국무회의는 28일 사립학교교원연금법 시행령을 의결했다.(후략)'
(https://newslibrary.naver.com/viewer/index.nhn?publishDate＝1973－23－29&officeId＝00032&pageNo＝1)

공단의 설립등기가 완료되었다.[38]

2. 대통령긴급조치 선포로 인한 사립학교교원연금법 시행의 연기

1974. 1. 14. 경제위기의 극복 등을 목적[39]으로 하는 국민생활안정을위한대통령긴급조치가 대통령긴급조치 제3호로 제정 및 시행[40]되었는데, 이로 인하여 사립학교교원연금법의 효력이 1974. 12. 31.까지 정지[41]되었다.

위 긴급조치에 대하여, 도시근로자의 생활안정에 집중함으로써 상대적으로 농촌거주민의 생활대책이 부족하다고 평가한 기사[42]는 있었으나, 사립학교교원연금법의 시행이 1년간 보류된 사실에 대해서는, 유상근 사학재단연합회장이 '재정압박을 받고 있는 사립학교들을 위해 큰 도움이 될 것'이라고 환영했다는 기사[43] 외에는 별다른 언급이 없었다. 유상근 회장은 앞에서 살펴본 것처럼 사립학교교원연금법의 제정 과정 중 문교공보위원회에 출석하여 사립학교법인의 재정이 어렵다는 점을 들어 법안의 법인부담금을 모두 국고보조로 해달라고 요청[44]하기도 했었다.

---

38) 사립학교교직원연금연금관리공단, 「사학연금30년사」, 2004, 98-99면.
39) 국민생활안정을위한대통령긴급조치 제1조 (목적) 이 긴급조치는 저소득자에 대한 조세부담의 경감 등 국민생활의 안정을 위하여 필요한 조치와 사치성 소비의 억제, 자원의 절약과 개발 및 노사간의 협조강화등 건전한 국민생활 기풍의 진작을 위하여 필요한 조치를 신속히 취함으로써 격동하는 세계경제의 충격에 따른 국민경제의 위기를 국민의 총화적 참여에 의하여 극복함을 목적으로 한다.
40) 1974. 1. 14.자 동아일보 기사, "박대통령, 긴급조치에 담화". '친애하는 국민여러분! 나는 이번 세계적인 경제위기에 직면하여 국민생활을 시급히 안정시키고 국민경제의 위기를 극복하기 위하여 헌법절차에 따라 이에 필요한 긴급조치를 선포하면서 우리국민 모두가 다같이 합심협력하여 이 난국을 슬기롭게 극복해 나갈 것을 당부하고자 합니다.(후략)'
(htts://newslibrary.naver.com/viewer/index.nhn?publishDate=1974-01-14&officeId=00020&pageNo=1)
41) 국민생활안정을위한대통령긴급조치 제18조 (국민복지연금법 등의 효정지) 국민복지연금법과 사입학교교원연금법은 1974년 12월 31일까지 각각 그 효력을 정지한다.
42) 1974. 1. 15.자 동아일보 기사, "도시서민에 중점...농촌 등한 긴급조치3호 학계의견". '이종하 교수(연세대상경대학장)=(전략) 특히 도시거주주민의 생활안정에 중점을 둔 느낌이 든다. 바꾸어 말해서 농촌인구층의 생활안정대책이 결여돼 있는 것 같다.(후략)'
(htts://newslibrary.naver.com/viewer/index.nhn?publishDate=1974-01-15&officeId=00020&pageNo=1)
43) 1974. 1. 15.자 매일경제신문 기사 "한 번 더 허리띠 졸라매야 할 때. 검소하고 알찬 가계 꾸밀 계기-1·14 긴급조치3호 환영... 각계각층의 소리". '(전략) 유상근 씨(사학재단연합회장)=이번 조치는 세계적인 불황에 대처하기 위한 필요하고도 적절한 예방조치가 될 것으로 믿어 환영한다. 사립교원연금제도의 시행연기도 가뜩이나 재정압박을 받고 있는 사립학교들을 위해 큰 도움이 될 것으로 생각된다.(후략)'
(htts://newslibrary.naver.com/viewer/index.nhn?publishDate=1974-01-15&officeId=00009&pageNo=1)
44) 위 제88회 문교공보위원회회의록 제13호, 12면.

한편, 사립학교교원연금법과 함께 국민복지연금법의 효력을 정지한 것에 대해서는 '국민생활 안정'을 위한 조치라고 긍정적으로 평가[45]되었다.

사립학교교원연금법과 국민복지연금법의 시행 연기에 대한 위와 같은 태도는 평등의 원칙, 국가교육발전 등의 이유로 사립학교교원연금법의 제정을 추진하던 것과는 사뭇 다른 태도로 보이는바, 사회보장제도는 경제 여건이 좋지 않을 때는 마땅히 양보되어야 할 문제라는 인식을 나타내는 것으로 생각되고,[46] 연금 제도의 수혜자인 교원과 그 비용의 일부를 부담하는 사립학교 재단의 입장이 다를 수 있다는 사실 또한 보여준다고 생각된다.

V. 사립학교교원연금법의 시행 및 개정 경과

1. 시 행

정부는 위 긴급조치[47]에 의하여 그 시행이 1년간 보류되었던 사립학교교원연금법을 예산 삭제를 이유로 1년 더 연기하기로 했다가,[48] 사학계의 반발[49]로, 국회에서 예산을 확보하여 1975. 1. 1.부터 시행[50]하게 되었다.

---

45) 1974. 1. 19.자 매일경제신문 기사, "복지경제 실천을 위한 행동윤리 박대통령 연두회견을 계기로 살펴본 좌담". '(전략) 탁희준(성대교수) = 이번 회견이나 1·14대통령긴급조치에서 석유파동, 원자재난, 국제적인 불황 등에 대비해서 두가지 대응책을 마련했습니다. 하나는 국민생활 안정을 위해 국민복지연금법 시행을 1년간 보류하고 저소득층의 조세부담을 감면한 것이고, 다른 하나는 임금채권에 우선권을 부여하고 근로기준법위반 단속을 강화키로 한 것입니다.(후략)'
(https://newslibrary.naver.com/viewer/index.nhn?publishDate-1974-01-19&officeId=00009&pageNo-1)

46) 이런 관점에서, 위 1974. 1. 19.자 매일경제신문 기사 중 탁희준의 '이번 조치로 정부는 지금까지 성장위주에서 복지위주로 전환한 것으로 받아들여집니다'라는 발언은 공감하기 어렵다.

47) 위 긴급조치는 1974. 12. 31. 제정된 대통령긴급조치제3호의해제조치(대통령긴급조치 제6호)에 의하여 1975. 1. 1. 해제되었다.

48) 1974. 9. 26.자 동아일보 기사, "사립교원연금 1년간 더 보류 국고보조 모두 깎여". '정부는 내년부터 실시키로 했던 사립학교교원연금법을 1년간 더 보류키로 했다.(후략)'
(https://newslibrary.naver.com/viewer/index.nhn?publishDate-1974-09-26&officeId-00020&pageNo-1)

49) 1974. 10. 4.자 경향신문 기사, "사립교원연금법 조속한 시행 건의 교련, 국회에". '정부와 여당이 75년도부터 실시키로 된 사립학교교원연금법 시행을 다시 1년간 늦추기로 한 결정에 대해 사학관계자 등 교육계에선 국민복지연금과 혼동한 잘못된 결정이라고 크게 반발하고 있다.(후략)'
(https://newslibrary.naver.com/viewer/index.nhn?publishDate-1974-10-04&officeId-00032&pageNo-1)

50) 1974. 12. 3.자 매일경제신문 기사, "사립교원 연금제 실시 1월부터 국가부담 7억 1천만원". '대통령긴급조치에 따라 시행이 보류됐던 사립학교교원연금제도가 지난번 예산국회에서 국가부담금 7억 1천만원이 확정됨으로써 내년 1월 1일부터 실시케됐다.(후략)'
(https://newslibrary.naver.com/viewer/index.nhn?publishDate-1974-12-03&officeId-00009&

2. 이후 주요 개정 경과

1) 적용대상의 확대

법의 적용대상과 관련하여, 제정 당시 교원에게만 적용되었으나, 1978. 1. 1.부터 사립학교에 근무하는 사무직원[51]도 교원과 동일하게 연금혜택을 받을 수 있게 되었다. 1984. 1. 1.부터는 법률에 의하여 대학원을 설치·운영하는 연구기관으로서 문교부장관이 지정하는 연구기관의 교수요원 및 연구요원[52]도 법의 적용을 받게 되었다. 2000. 1. 12. 사립학교 직원에게도 법이 적용된다는 사실을 명확히 하기 위하여 법의 명칭을 현행법과 같은 사립학교교직원연금법으로 변경[53]하였다. 2006. 3. 24.부터 학력이 인정되는 평생교육시설에서 근무하는 교직원[54]도 법의 적용을 받게 되었다. 2016. 3. 1.부터는 서울대학교 병원 및 치과병원, 국립대학 병원 및 치과병원의 임상교수요원, 직원[55]도 사립학교교직원연금을 받게 되었다.

---

pageNo-1)

51) 구 사립학교교원연금법(법률 제3058호, 1977. 12. 31. 일부개정, 1978. 1. 1. 시행)
제3조 (적용범위) 이 법은 다음 각 호에 규정된 학교기관에서 근무하는 교직원에게 적용한다.
1. 사립학교법 제3조에 규정된 사립학교 및 이를 설치·경영하는 학교경영기관
2. 제1호에 해당하지 아니하는 사립학교 및 학교경영기관 중 특히 문교부장관이 지정하는 사립학교와 이를 설치·경영하는 학교경영기관

52) 구 사립학교교원연금법(법률 제3684호, 1983. 12. 30. 일부개정, 1984. 1. 1. 시행)
제60조의4 (적용범위의 특례) ① 법률에 의하여 대학원을 설치·운영하는 연구기관(이하 "硏究機關"이라 한다)으로서 문교부장관이 지정하는 연구기관의 교수요원 및 연구요원에 대하여는 제3조의 규정에 불구하고 이 법을 적용한다. 이 경우 교수요원 및 연구요원은 제2조 제1항 제1호의 규정에 의한 교원으로, 연구기관은 제2조 제1항 제5호의 규정에 의한 학교경영기관으로 본다.

53) 구 사립학교교직원연금법(법률 제6124호, 2000. 1. 12. 일부개정 및 시행)
사립학교교원연금법 중 다음과 같이 개정한다.
제명 "사립학교교원연금법"을 "사립학교교직원연금법"으로 한다.

54) 구 사립학교교직원연금법(법률 제7889호, 2006. 3. 24. 일부개정 및 시행)
제60조의4 (적용범위의 특례) ② 「평생교육법」 제20조 제2항의 규정에 따른 학교형태의 평생교육시설 또는 같은 법 제22조 제3항의 규정에 따른 원격대학형태의 평생교육시설로서 교육인적자원부장관이 지정하는 평생교육시설의 교원 및 사무직원에 대하여는 제3조의 규정에 불구하고 이 법을 적용한다. 이 경우 교원 및 사무직원은 제2조 제1항 제1호의 규정에 따른 교직원으로, 학교형태의 평생교육시설을 설치·운영하는 자 또는 원격대학형태의 평생교육시설을 설치하는 법인은 같은 항 제6호의 규정에 따른 학교경영기관으로 본다.

55) 구 사립학교교직원연금법(법률 제13934호, 2016. 1. 28. 일부개정, 2016. 3. 1. 시행)
제60조의4(적용범위의 특례) ⑥ 국가가 법인으로 설치한 서울대학교병원 및 서울대학교치과병원의 임상교수요원, 직원(국가나 지방자치단체로부터 수탁을 받아 운영하는 병원에 파견되어 근무하는 경우를 포함한다)에 대하여는 제3조에도 불구하고 이 법을 적용한다. 이 경우 임상교수요원, 직원은 제2조 제1항 제1호에 따른 교직원으로, 서울대학교병원 및 서울대학교치과병원은 같은 항 제6호에 따른 학교경영기관으로 본다.
⑦ 국가가 법인으로 설치한 국립대학병원 및 국립대학치과병원의 임상교수요원, 직원(국가나 지방

2) 재직기간의 확대

1984. 1. 1.부터 사립학교교원연금법 시행 이전의 사립학교 교직원 근무기간을 공무원연금법에 맞추어 1948. 8. 15.까지 소급통산할 수 있도록 하는 동시에, 현재 재직하고 있는 학교와 다른 학교에서 근무한 기간도 재직기간으로 소급통산[56]할 수 있게 되었다. 재직기간의 계산과 관련하여, 종전에는 일부 휴직 및 직위해제 기간은 그 기간의 2분의 1을, 정직 기간은 그 기간의 3분의 2를 감했으나,[57] 1988. 12. 29.부터는 위 기간 모두 재직기간에 포함[58]되었다.

3) 급여의 종류 확대

1985. 1. 1. 공무원연금법의 준용을 통해 퇴직(유족)급여가산금, 유족연금특별부가금 및 사망조위금[59]이 신설되었다. 1991. 12. 27.부터 퇴직급여 외에 퇴직수당을

자치단체로부터 수탁을 받아 운영하는 병원에 파견되어 근무하는 경우를 포함한다)에 대하여는 제3조에도 불구하고 이 법을 적용한다. 이 경우 임상교수요원, 직원은 제2조 제1항 제1호에 따른 교직원으로, 국립대학병원 및 국립대학치과병원은 같은 항 제6호에 따른 학교경영기관으로 본다.

56) 구 사립학교교원연금법(법률 제3684호, 1983. 12. 30. 일부개정, 1984. 1. 1. 시행)
부칙 제2조 (재직기간의 소급통산) 교직원으로서 1948년 8월 15일부터 1974년 12월 31일(事務職員은 1977年 12月 31日, 私立의 特殊學敎 및 學校經營機關에 在職중인 敎職員은 1981年 3月 19日, 第3條第3號 또는 第60條의4의 規定에 의하여 이 法適用對象의 學校·學校經營機關 또는 硏究機關으로 指定받은 學校機關에 在職중인 敎職員은 그 指定을 받은 전날) 사이에 교직원으로 근무한 기간이 있는 자가 대통령령이 정하는 바에 의하여 매월 당해 월분의 개인부담금 및 법인부담금을 따로 소급납부하는 경우에는 그 소급납부한 기간을 재직기간으로 통산할 수 있다. 다만, 다음 각호의 1에 해당하는 기간에 대한 소급통산에 있어서 소급납부하는 모든 부담금은 당해 교직원이 전액을 부담하되, 그 금액은 매월 당해 월분의 개인부담금의 2배에 해당하는 액으로 한다.
1. 재직하고 있는 학교기관(學校經營機關이 동일한 다른 學校를 포함한다. 이하 이 條에서 같다)이 아닌 학교기관에 교직원으로 근무한 기간
2. 재직하고 있는 학교기관의 교직원이었던 자가 퇴직한 후 다시 당해 학교기관에 재임용된 경우의 그 퇴직 전의 교직원으로 근무한 기간
57) 구 사립학교교원연금법(법률 제3954호, 1987. 11. 28. 일부개정, 1988. 1. 1. 시행)
제31조 (재직기간의 계산) ③ 재직기간의 계산에 있어서 다음 각호의 사유로 인한 휴직을 제외한 휴직기간과 직위해제기간은 그 기간의 2분의 1을, 정직기간은 그 기간의 3분의 2를 각각 감한다.
<신설 1982·12·27>
1. 직무상 질병·부상으로 인한 휴직
2. 병역법에 의한 병역복무를 마치기 위한 휴직
3. 기타 법률의 규정에 의한 업무를 수행하기 위한 휴직
58) 구 사립학교교원연금법(법률 제4035호, 1988. 12. 29. 일부개정 및 시행)
제31조 (재직기간의 계산) ③ 삭제 <1988·12·29>
59) 구 사립학교교원연금법시행령(대통령령 제11583호, 1984. 12. 31. 일부개정, 1985. 1. 1. 시행)
제47조의2 (사망조위금지급대상 및 청구절차) ① 준용법 제41조의2제1항 전단에서 "대통령령이 정하는 그 배우자의 직계존속"이라 함은 교직원이 배우자의 직계존속을 부양하고 있는 경우의 그 배우자의 직계존속을 말한다.
제53조 (퇴직급여 청구) ① 준용법 제46조, 동법 제48조 또는 동법 제48조의2의 규정에 의하여 퇴

지급하도록 개정된 공무원연금법의 준용을 통해 사립학교 교원에게도 퇴직수당[60]
이 지급되었다. 2005. 5. 31.부터는 질병 등으로 요양급여를 받은 자에 대하여 요양
기간이 경과한 후에도 필요한 경우 간병비 등을 지급하거나 재요양[61]을 받을 수
있도록 하였다. 2016. 1. 1.부터 공무원연금법의 준용을 통해 직무 외의 사유로 생
긴 질병 또는 부상으로 인한 장애에 대해서도 장해연금 또는 장해보상금[62]을 지급
하여 보상의 범위를 확대하였다. 2018. 9. 21.부터는 공무원재해보상법의 준용을 통

직연금·퇴직연금일시금·퇴직연금공제일시금·퇴직일시금 또는 퇴직급여가산금을 지급받고자 하는
자는 퇴직급여청구서를 소속 학교기관의 장에게 제출하여야 한다.
제58조 (유족급여의 청구) ① 준용법 제56조, 동법 제57조, 동법 제60조 또는 동법 제60조의2의
규정에 의하여 유족연금·유족연금부가금·유족연금특별부가금·유족연금일시금·유족일시금 또는
유족급여가산금을 또는 유족일시금을 지급받고자 하는 자는 유족급여청구서에 다음 각호의 서류를
첨부하여 교직원이었던 자의 소속 학교기관의 장에게 제출하여야 한다. 다만, 퇴직연금 또는 장해
연금을 받던 자가 사망하여 유족급여를 청구하는 경우에는 본문의 청구서류에 연금증서를 첨부하여
관리공단에 제출하여야 한다.<개정 1977·12·31, 1980·2·4, 1982·12·31, 1984·12·31>
1. 제2조의 규정에 의하여 유족임을 증명하는 서류.
2. 동 순위의 유족중 그 대표자가 청구하는 때에는 제23조의 규정에 의하여 그 대표자임을 증명하
   는 서류
3. 사망진단서.
60) 구 사립학교교원연금법(법률 제4455호, 1991. 12. 27. 일부개정, 1991. 12. 27. 시행)
제31조 (재직기간의 계산) ③ 제2항의 규정에 의한 복무기간, 제32조 제1항의 규정에 의하여 합산
한 재직기간 및 법률 제3684호 사립학교교원연금법중개정법률 부칙 제2조의 규정에 의한 재직기간
은 제42조의 규정에 의하여 준용되는 공무원연금법 제42조 제4호의 규정에 의한 퇴직수당(이하
"退職手當"이라 한다)의 지급에 있어서는 제1항의 재직기간에 이를 합산 또는 산입하지 아니한
다.<신설 1991·12·27>
④ 퇴직수당 지급에 있어서의 재직기간의 계산에 있어서는 다음 각호의 사유로 인한 휴직을 제외한
휴직기간, 직위해제기간 및 정직기간은 그 기간의 2분의 1을 각각 감한다.<신설 1991·12·27>
1. 직무상 질병 또는 부상으로 인한 휴직
2. 병역법에 의한 병역복무를 마치기 위한 휴직
3. 국제기구·외국기관 또는 재외국민교육기관에 임시고용됨으로 인한 휴직
4. 기타 법률의 규정에 의한 의무를 수행하기 위한 휴직
61) 구 사립학교교직원연금법(법률 제7536호, 2005. 5. 31. 일부개정 및 시행)
제33조의2 (간병비 등의 지급) ① 제33조의 규정에 따른 급여를 받은 자가 「공무원연금법」 제35조
제2항의 규정에 따른 소정의 요양기간이 경과한 후에도 의학적으로 상시 또는 수시로 간병이 필요
한 때에는 간병비를 지급하고, 신체상의 장해로 인하여 보철구를 필요로 하는 자에 대하여는 보철
구 또는 보철구수당을 지급한다. 다만, 「공무원연금법」 제36조의 규정에 따른 직무상요양일시금을
받은 경우에는 해당 기간 동안 간병비, 보철구 또는 보철구수당을 지급하지 아니한다.
제33조의3 (재요양) ① 제33조의 규정에 따른 급여를 받은 자가 치유 후 요양의 대상이 되었던 직
무상의 부상 또는 질병이 재발하거나 치유 당시보다 상태가 악화되어 이를 치유하기 위한 적극적인
치료가 필요하다는 의학적 소견이 있는 경우에는 제33조 및 「공무원연금법」 제35조 제1항의 규정
에 따른 요양(이하 이 조에서 "재요양"이라 한다)을 받을 수 있다. 다만, 「공무원연금법」 제36조의
규정에 따른 직무상요양일시금을 받은 경우에는 해당 기간 동안 재요양을 실시하지 아니한다.
62) 구 사립학교교직원연금법(법률 제13561호, 2015. 12. 15. 일부개정, 2016. 1. 1. 시행)
부칙 제3조(비직무상 장해급여 지급에 관한 적용례) 제42조 제1항에 따라 준용되는 「공무원연금법」
제51조 제2호의 개정규정은 이 법 시행 후에 최초로 발생한 질병 또는 부상으로 인하여 지급사유
가 발생한 경우부터 적용한다.

해 재활운동비, 심리상담비 등[63] 급여를 신설하여 급여의 종류를 확대하였다.

4) 연금재정의 안정화

사학연금 재정의 안정화를 내세운 법률개정이 처음 이루어진 때는 1990년대 중반이다. 즉 1996. 1. 1.부터 연금재원의 안정적인 확보를 위하여 개인부담률을 기존의 보수월액의 1,000분의 55에서 1,000분의 75 범위 안에서 대통령령으로 정하도록[64] 하였다. 2001. 1. 1.부터는 퇴직연금 등의 산정기준을 기존의 퇴직 직전의 보수월액에서 최종 3년간 평균보수월액으로 변경하고, 개인부담금의 금액을 1,000

---

63) 구 사립학교교직원연금법(법률 제15554호, 2018. 4. 17. 일부개정, 2018. 9. 21. 시행)
제42조(「공무원연금법」 및 「공무원 재해보상법」의 준용) ① 제33조에 따른 급여의 종류, 급여의 사유, 급여액 및 급여의 제한 등에 관한 사항은 「공무원연금법」 제28조, 제34조부터 제36조까지, 제40조, 제41조, 제43조부터 제52조까지, 제54조부터 제65조까지 및 「공무원 재해보상법」 제8조, 제13조부터 제15조까지, 제19조, 제20조, 제22조, 제24조부터 제33조까지, 제35조부터 제37조까지, 제40조부터 제45조까지 중 해당 규정(위험직무순직유족연금 및 위험직무순직유족보상금에 관한 규정은 제외한다)을 각각 준용한다. 이 경우 "공무원"은 각각 "교직원(「공무원 재해보상법」 제42조 제1항의 재난부조금 산정과 같은 법 제43조 제3항의 배우자, 부모, 배우자의 부모, 자녀의 사망에 따른 사망조위금 산정, 「공무원연금법」 제50조 제1항 제2호에 따른 연금의 지급정지 대상의 경우에는 제외한다)"으로, "공무상"은 각각 "직무상"으로, "비공무상"은 각각 "비직무상"으로, "순직공무원"은 각각 "직무상사망직원"으로, "순직"은 각각 "직무상"으로, "공단" 및 "인사혁신처장"은 각각 "공단"으로, "「사립학교교직원 연금법」"은 "「공무원연금법」"으로, "사립학교교직원"은 "공무원"으로, 「공무원연금법」 제34조 제1항 단서 중 "제25조"는 이 법 "제31조"로, 「공무원연금법」 제40조 제2항 및 제3항과 같은 법 제43조 제3항의 "제26조"는 이 법 "제32조"로, 「공무원연금법」 제52조 제5항의 "제31조와 제32조"는 이 법 "제36조와 제37조"로, "기여금"은 각각 "개인부담금"으로 본다.
공무원재해보상법 제8조(급여) 이 법에 따른 급여는 다음 각 호와 같다.
1. 요양급여
2. 재활급여
   가. 재활운동비
   나. 심리상담비
3. 장해급여
   가. 장해연금
   나. 장해일시금
4. 간병급여
5. 재해유족급여
   가. 장해유족연금
   나. 순직유족급여
      1) 순직유족연금   2) 순직유족보상금
   다. 위험직무순직유족급여
      1) 위험직무순직유족연금   2) 위험직무순직유족보상금
6. 부조급여
   가. 재난부조금
   나. 사망조위금
64) 구 사립학교교원연금법(법률 제5068호, 1995. 12. 29. 일부개정, 1996. 1. 1. 시행)
제44조 (개인부담금) ④제1항의 개인부담금의 액은 보수월액의 1,000분의 75의 범위안에서 대통령령으로 정한다.

분의 75 범위 안에서 정하던 것을 1,000분의 85 범위 안에서 정할 수 있도록 상향조정하는[65] 등 연금재정의 안정을 도모하였다. 2010. 1. 1.부터 연금지급률을 인하하여 연금지급액을 인하하고, 교직원, 국가 및 법인의 부담금을 각 인상하는 등[66]의 내용으로 개정하였다.

---

65) 구 사립학교교직원연금법(법률 제6330호, 2000. 12. 30. 일부개정, 2001. 1. 1.)
제2조 (정의) ① 이 법에서 사용하는 용어의 정의는 다음과 같다.
5. "평균보수월액"이라 함은 급여의 사유가 발생한 날(퇴직으로 급여의 사유가 발생하거나 퇴직후에 급여의 사유가 발생한 경우에는 퇴직한 날의 전날을 말한다. 이하 같다)이 속하는 달부터 소급하여 3년간(재직기간이 3년 미만인 경우에는 그 재직기간을 말한다)의 보수월액을 공무원보수인상율 등을 고려하여 대통령령이 정하는 바에 따라 급여의 사유가 발생한 날의 현재가치로 환산한 후 이를 합한 금액을 해당 월수로 나눈 금액을 말한다. 다만, 제42조 제1항의 규정에 의하여 준용되는 공무원연금법 제46조 제1항 제1호·제2호·제5호 및 제2항의 규정에 의한 퇴직연금·조기퇴직연금 및 동법 제56조 제1항 제1호의 규정에 의한 유족연금(교직원이었던 자가 퇴직연금 또는 조기퇴직연금을 받다가 사망하여 그 유족이 유족연금을 받게 되는 경우를 제외한다)의 산정의 기초가 되는 평균보수월액은 급여의 사유가 발생한 당시의 평균보수월액을 공무원보수인상율 등을 고려하여 대통령령이 정하는 바에 따라 연금의 지급이 시작되는 시점의 현재가치로 환산한 금액을 말한다.
제35조 (급여액산정의 기초) ③ 제42조 제1항의 규정에 의하여 준용되는 공무원연금법 제46조 제1항·제2항의 규정에 의한 퇴직연금·조기퇴직연금 및 동법 제56조 제1항 제1호의 규정에 의한 유족연금의 산정은 평균보수월액을 기초로 한다. 다만, 제2항 단서의 규정에 의하여 감액되기 전의 보수월액에 의한 개인부담금을 납부하게 할 경우에는 그 보수월액을 평균 보수월액 산정의 기초로 한다.
제44조 (개인부담금) ④ 제1항의 개인부담금의 액은 보수월액의 1,000분의 85의 범위안에서 대통령령으로 정한다.

66) 구 사립학교교직원연금법(법률 제9908호, 2009. 12. 31. 일부개정, 2010. 1. 1. 시행)
제42조(「공무원연금법」의 준용) ① 제33조에 따른 단기급여 및 장기급여에 관한 급여의 종류, 급여의 사유, 급여액 및 급여의 제한 등에 관한 사항은 「공무원연금법」 제34조부터 제41조까지, 제41조의2, 제42조 및 제43조, 제43조의 2, 제44조 및 제45조, 제45조의2, 제46조, 제46조의2, 제47조부터 제49조까지 및 제51조부터 제61조까지, 제61조의2 및 제62조부터 제64조까지의 규정 중 해당 규정(순직유족연금 및 순직유족보상금에 관한 규정은 제외한다)을 각각 준용한다. 이 경우 "공무원"은 "교직원"으로, "공무상"은 "직무상"으로, "공무상요양비"는 "직무상요양비"로, "공무상요양일시금"은 "직무상요양일시금"으로, "공단" 및 "행정안전부장관"은 각각 "공단"으로, 「사립학교교직원연금법」은 「공무원연금법」으로, "사립학교교직원"은 "공무원"으로, "제23조"는 이 법 "제31조"로, "제24조"는 "제32조"로, "제28조 및 제29조"는 "제36조 및 제37조"로, "기여금"은 "개인부담금"으로 본다.
제44조(개인부담금) ① 개인부담금은 교직원이 그가 임명된 날이 속하는 달부터 퇴직한 날의 전날 또는 사망한 날이 속하는 달까지 부담한다.
② 교직원이 퇴직한 달에 다시 교직원으로 임용되었을 경우에는 재임용 후 다시 그 달의 개인부담금을 부담하여야 한다. 다만, 제32조에 따른 재직기간 합산을 받은 경우에는 재임용된 달(1일자로 재임용된 경우의 달은 제외한다)의 개인부담금은 부담하지 아니한다.
③ 제1항과 제2항에도 불구하고 개인부담금 납부기간이 33년을 초과한 사람은 개인부담금을 내지 아니한다.
④ 제1항의 개인부담금은 기준소득월액의 1,000분의 70에 상당하는 금액으로 한다. 이 경우 기준소득월액은 「공무원연금법」 제66조 제2항 후단에 따라 산정된 금액을 초과할 수 없다.
제46조(국가부담금) ① 국가부담금은 다음 각 호의 금액의 합계액으로 한다.
1. 제44조 제4항에 따라 교원이 부담하는 개인부담금의 합계액 중 대통령령으로 정하는 금액
2. 제48조의3에 따라 교직원이 내는 소급개인부담금 합계액과 같은 금액
3. 퇴직수당 지급에 드는 비용 중 제47조 제2항 단서에 따라 부담하는 금액

2016. 1. 1.부터는 연금지급 개시연령을 연장하여, 1996. 1. 1. 이후 2009. 12. 31. 사이에 임용된 교직원에 대하여도 퇴직연금 지급 개시연령을 2022년부터 2033년까지 단계적으로 65세가 되도록 함[67]으로써, 간접적으로 연금재정의 건전성을 제고하고자 하였다.

5) 수급권의 보호

2014. 7. 1.부터 일정금액 이하의 급여액에 대해서는 압류할 수 없게[68] 함으로

---

② 국가는 제1항의 부담금을 공단에 내야 한다.

③ 국가부담금을 더 내거나 덜 냈을 때에는 다음 기(期)의 국가부담금을 낼 때에 가감한다.

④ 제3항에 따라 더 내거나 덜 낸 국가부담금을 다음 기의 국가부담금을 낼 때에 정산하지 아니한 경우(해당 연도 내에 전액을 공단에 납입하지 아니한 경우를 포함한다)에는 그 금액을 원금으로 하고 대통령령으로 정하는 바에 따라 이자를 가산한 금액으로 정산하여야 한다. 다만, 퇴직수당 지급에 드는 비용에 대한 국가부담액에 대하여는 해당 회계연도 말까지 국가가 납입한 금액이 실제 든 비용보다 적거나 많은 경우에는 대통령령으로 정하는 바에 따라 다음 해 1월 말까지 정산하여야 하며, 다음 해 1월 말까지 정산하지 아니한 경우에는 대통령령으로 정하는 바에 따라 이자를 가산한 금액으로 정산하여야 한다.

제47조(법인부담금) ① 법인부담금은 학교경영기관이 부담하되, 학교경영기관이 그 학교에 필요한 법인부담금 전액을 부담할 수 없을 때에는 그 부족액을 학교에서 부담하게 할 수 있다.

② 제1항의 법인부담금은 해당 학교 교원이 부담하는 개인부담금의 합계액 중 대통령령으로 정하는 금액 및 그 학교기관의 사무직원이 부담하는 개인부담금 합계액과 같은 금액에 교직원의 퇴직수당 지급에 드는 비용을 합한 금액으로 한다. 다만, 퇴직수당 지급에 드는 비용은 공단이 그 일부를 부담할 수 있으며, 국가는 공단에서 부담하는 비용을 제외한 나머지 비용의 일부 또는 전부를 부담한다.

③ 제2항에 따른 퇴직수당의 지급에 드는 비용의 부담범위 등에 관하여 필요한 사항은 대통령령으로 정한다.

④ 학교경영기관은 제2항에 따른 법인부담금을 매년 학교기관의 예산에 계상(計上)하여야 한다. 이 경우 학교에 필요한 법인부담금은 학교경영기관의 업무 예산에서 학교회계로 전출하여야 한다. 다만, 제1항에 따라 학교에서 부담하게 된 금액은 그러하지 아니하다.

67) 구 사립학교교직원연금법(법률 제13561호, 2015. 12. 15. 일부개정, 2016. 1. 1. 시행)

부칙 제7조(2009년 12월 31일 이전 임용자의 퇴직연금 지급에 관한 특례) ① 이 법 시행 당시 재직 중인 교직원으로서 1996년 1월 1일부터 2009년 12월 31일 사이에 임용된 교직원(2010년 1월 1일 이후에 임용된 교직원으로서 1996년 1월 1일부터 2009년 12월 31일 이전의 교직원·공무원 및 군인 경력을 합산 받은 사람을 포함한다. 이하 제2항에서 같다)이 이 법 시행 후 퇴직하는 경우의 퇴직연금은 제42조 제1항에 따라 준용되는 「공무원연금법」 제46조 제1항 제1호 및 법률 제9908호 사립학교교직원 연금법 일부개정법률 부칙 제4조 제5항에도 불구하고 다음 각 호의 퇴직연도(퇴직한 날의 전날이 속하는 연도 또는 사망한 날이 속하는 연도를 말한다. 이하 제2항에서 같다)별로 정한 해당 연령에 도달한 때부터 지급한다.

1. 2016년부터 2021년까지: 60세   2. 2022년부터 2023년까지: 61세
3. 2024년부터 2026년까지: 62세   4. 2027년부터 2029년까지: 63세
5. 2030년부터 2032년까지: 64세   6. 2033년부터: 65세

제8조(2010년 1월 1일 이후 임용자의 퇴직연금 지급에 관한 특례) 법률 제9908호 사립학교교직원 연금법 일부개정법률 제42조 제1항에 따라 준용되는 법률 제9905호 공무원연금법 일부개정법률 제46조에도 불구하고 2010년 1월 1일 이후 임용된 교직원에 대하여는 이 법 부칙 제7조 제1항부터 제3항까지를 준용한다.

써, 사립학교 교직원 및 유족의 수급권을 실질적으로 보호하였다.

Ⅵ. 결 론

사립학교교원연금법의 제정은 당사자인 사립학교는 물론, 사회의 다른 분야에서도 별다른 이의 없이 추진되었다. 그 주된 동력은 법의 제정이 사립학교 교원과 국공립학교 교원 사이의 평등의 문제로 인식되었기 때문이라 생각된다. 즉 교육을 담당하는 주체로서 사립학교 교원과 국공립학교 교원 사이에는 임용주체 외에는 다른 점이 없고, 임용주체의 차이는 양 교원에 대한 처우의 불평등을 정당화할 수 있는 사유가 아니라는 사실에 대한 사회적 합의가 형성되어 있었던 것으로 보인다. 법 제정 이후에도 공무원연금법에 급여가 추가되면 이를 준용하여 급여를 확대하는 등 공무원과의 동등한 처우는 법의 제정뿐만 아니라 이후 시행에 있어서도 중요한 기준이었던 것으로 보인다. 또한, 당시 시행되던 중학교 무시험 진학 등 교육정책의 성공적인 시행을 위하여 학교의 평준화, 교원의 평준화가 전제되어야 했고, 정부는 그 수단으로서 사립학교 교원의 처우를 개선해야 할 정책적 필요도 있었던 것으로 보인다.

그러나, 법의 제정 전후 과정에서 교원과 학교법인 사이의 입장의 차이가 양 측을 대표하는 단체의 활동을 통해서 드러난 점은 흥미롭다. 즉 교원들의 단체인 대한사립중등학교장회연합회 및 대한교육연합회가 1960년대부터 사립학교 교원에 대한 연금제도의 실시를 촉구하는 본질적인 측면에서 적극적인 역할을 한 것에 비하여, 학교법인의 입장을 대변하는 사학재단연합회는 법인부담금의 전액을 국가가 부담할 것을 주장하고, 대통령긴급조치 제3호에 의하여 동법의 시행이 1년간 연기되었을 때 학교법인의 재정 문제를 들어 이를 환영하는 등 상대적으로 소극적인 역할을 한 것으로 보인다.

1975. 1. 1.부터 시행된 사립학교교원연금법은 이후 약 20년 동안 사립학교 교직원의 급여확대에 중점을 두고 법령이 개정되었다.[69] 즉 법의 적용대상 및 급여의 종류가 확대되었고, 재직기간도 확대됨에 따라 지급되는 급여의 액수도 증가하였다. 2014. 7. 1.부터는 일정 금액 이하의 급여에 대해서는 압류가 금지됨에 따라

---

68) 구 사립학교교직원연금법(법률 제12124호, 2013. 12. 30. 일부개정, 2014. 7. 1. 시행)
　　제40조(권리의 보호) ② 수급권자에게 지급된 급여로서 「민사집행법」 제195조 제3호에서 정하는 금액 이하의 급여는 압류할 수 없다.
69) 강강원, 앞의 글, 3면.

수급권자의 권리를 더욱 실질적으로 보호하게 되었다.

그런데 연금제도의 특성상 시간이 지날수록 지출이 늘어날 수밖에 없고, 고령화로 인한 연금수급자의 급격한 증가 등 재정불안을 해소하기 위하여, 1995. 12. 29. 최초로 연금재원의 안정적 확보를 위한 법률개정이 이루어졌다. 이후의 법 개정은 대부분 연금재정의 안정을 도모하기 위하여 급여의 축소를 지향하는 방향으로 이루어졌다. 1990년대 중반 이미 사회적으로 연금재정의 안정을 위한 제도개혁에 관한 요구[70]가 나타났고, 그 이후로도 재정의 안정, 급여의 적정성 그리고 세대내 및 세대 간 공정성이 사학연금 제도존속의 기반이라는 주장[71]이 계속되었다.

이상 살펴본 바와 같이, 사립학교 교직원의 퇴직 후 소득보장을 포함한 경제적 생활안정, 국공립교원과의 동등한 처우 등을 근거로 도입되었던 사학연금 제도는 사립학교 교직원의 권리를 계속 확대하는 방향으로 발전하다가, 20여 년 만에 고령화 등으로 인한 연금재정의 악화, 일반 국민과의 형평성 등 측면에서 개혁을 요구받게 되었다고 할 것이다.

---

70) 1997. 7. 15.자 한겨레신문 사설, "연금제도 개혁 시급하다". '감사원 감사결과 드러난 연금제도 부실 운용·관리 실태는 공적 연금제도 운영 방식의 한 단면에 불과하다. 제도의 근본적 문제점은 기금 운용 방식과 보험 기여·급여체계 등에 있다. 공적 연금제도 전반에 걸친 개혁이 시급하다는 말이다.(후략)'
(htts://newslibrary.naver.com/viewer/index.nhn?publishDate = 1997 - 07 - 15&officeId = 00028&pageNo = 1)
1998. 1. 5.자 한겨레신문 기사, "공무원·사학연금 특혜투성이 국민연금보다 돈내는 기간 짧고 받는 액수는 3배 2032년 부도액 600조 예상... 국민부담 가중". '공무원연금이 10년 뒤인 2007년부터 연금재정이 바닥나는 파산위기에 놓였으며, 오는 2032년(국민연금 부도예상 직전시점)까지의 '부도액수'는 무려 494조원에 이르는 것으로 밝혀졌다. 또 사립학교교원연금도 2019년 파산선고를 받아 2032년까지의 부도액수는 105조원이나 되는 것으로 나타났다.(후략)'
(htts://newslibrary.naver.com/viewer/index.nhn?publishDate = 1998 - 01 - 05&officeId = 00028&pageNo = 1)
71) 박유성, 정민열, 전새봄, "사학연금의 재정안정화와 적정성 유지 방안", 「한국통계학회」, 2015, 659면.

10 심신장애자복지법 제정사

김종수*

Ⅰ. 서 론

현재 우리나라에 장애인 관련법은 많다. 기본법인 '장애인복지법'부터 시작해서, 장애인의 고용정책에 대한 '장애인고용촉진 및 직업재활법', 장애인 교육에 관한 '장애인 등에 대한 특수교육법', 장애인 관련 편의시설에 대한 '장애인·노인·임산부 등의 편의증진보장에 관한 법률', '교통약자의 이동편의 증진법', 장애인 차별에 대한 '장애인차별금지 및 권리구제 등에 관한 법률', 장애인의 소득보장에 관한 '장애인연금법'도 시행되었다. 이러한 법령의 완비로 우리나라의 경우 형식적으로는 장애인 복지에 대해서 제도적으로 완비되었다고 볼 수 있다.[1] 반면에 2019년 현재 장애인가구 소득을 전국 가구와 비교해 보면, 연평균 4,246만 원으로 전국 가구 평균 소득(5,924만 원)의 71.7% 수준이며, 소득 분위로는 하위 분위(1~2분위)에 장애인가구의 59.8%가 분포하고 있다. 이런 이유들로 2020년 현재 장애인 가운데 국민기초생활보장 수급 가구의 비율은 19.0%로, 전체 인구 대비 기초생활 수급자 비율 3.6%와 비교해도 6배 가량 높다.[2]

이런 법제도와 현실의 괴리의 출발점에 심신장애자복지법의 제정이 있을지도 모른다. 본 연구는 심신장애자복지법 제정의 배경부터 시작해서 입법 과정 및 이후 예산 배정 현황까지 살펴봄으로써, 장애인복지법제에서 법과 현실의 괴리현상

---

* 변호사, 법무법인 세종.

1) 정부는 2006년 UN 총회에서 통과된 「장애인의 권리에 관한 협약」을 비준하면서 "비용추계서 미첨부 사유서"를 통해 우리나라의 경우 추가 입법 조치 및 예산 조치가 불필요하다고 주장한다. 그 이유는 "장애인권리협약 50개 조항의 대부분이 국내법에 의하여 이행되고 있으므로 장애인권리협약 비준 후 신규 추진 예상 사업이 없다."는 것이다. 서정희, "장애인 사회보장수급권의 실효성에 관한 기준", 서울대학교 사회복지학과 박사학위논문, 2009, 1면 참조.

2) 한국보건사회연구원, 「2020년 장애인 실태조사」, 2021. 4. 참조.

의 근원을 살펴보는 것을 목적으로 한다.

이를 위해서 우선 심신장애자복지법 제정 배경을 먼저 살펴보도록 한다. 제정 배경을 살펴보는 여러 방법이 있겠지만, 시간적인 순서대로 장애인복지법이 어떤 사회적 맥락 속에서 준비되었는지를 살펴보도록 하겠다. 그 당시의 생생한 목소리를 듣기 위해서 주로 신문기사를 통하여 사회적 배경을 살펴보도록 한다. 이후 국회의 속기록을 중심으로 국회에서 어떤 논의를 거쳐 구체적인 법률로 제정되었는지 살펴본다. 마지막으로 입법 이후에 이 법의 실효성을 담보하기 위하여 필요한 후속 조치들이 제대로 되었는지를, 시행령과 시행규칙, 이후 예산을 통해 살펴보도록 한다.

Ⅱ. 입법 배경

1. 심신장애자복지법 제정의 시작

국제재활협회(Rehabilitation International)[3]는 1970년 9월 이란의 수도 테헤란에서 모여 1970년대를 "재활의 10년"으로 정하고,[4] 각국의 장애인복지법 입법화 운동을 시작하였다.[5] 한국에서도 국제재활협회의 한국지부인 한국신체장애자재활협회(이하 '재활협회'라 한다)[6](회장: 임병직[7])에서 심신장애자복지법의 제정운동이 시

---

3) 국제재활협회는 1922년 미국 미드웨스트에서 장애아동을 위한 국제협회(The International Society for Crippled Children)로 창설된 단체이다. 1939년에는 장애복지를 위한 국제협회(The International Society for the Welfare of Cripples)로, 1960년에는 장애재활국제협회(The International Society for the Rehabilitation of the Disabled)로 이름을 개칭하였으며, 1972년 국제재활협회(Rehabilitation International)로 개칭한 후 현재까지 동일한 명칭을 사용하고 있다. 현재에는 위 국제재활협회의 약어인 RI를 공식명칭으로 사용하고 있다. 본부는 뉴욕에 있고, 현재 약 90여 개국의 700개 정도 되는 단체가 가입되어 있다. 공식 홈페이지는 http://www.riglobal.org이다.

이 협회는 ① 장애인재활복지에 관하여 국제연합기구 및 각국 정부와의 협력과 연락, 제휴를 추진, ② 재활, 복지에 관한 각국의 프로그램 서비스 및 기술 등의 정보교환, ③ 재활전문요원 양성 훈련의 촉진 및 기술지원, ④ 각 국의 재활 사업의 발전책에 대한 연구 촉진, ⑤ 재활복지에 관한 국제회의의 조직 및 관리의 주도, ⑥ 재활복지 분야의 발전을 위한 각국 정부와 민간단체의 협조체제의 추진을 주요 사업으로 삼고 있는 단체이다(한국신체장애자재활협회, "제6차 범태평양 국제재활회의 개최취지서 및 회의개요", 1979, 3면, 임성현, "한국아동복지시설이 장애인생활시설로 전환된 배경요인에 관한 연구", 가톨릭대학교 사회복지학 석사학위논문, 2000, 23면에서 재인용).

4) 신정순, "심신장애자 이대로 좋은가 재활을 위한 캠페인(하)", 동아일보, 1974. 3. 6, 4면 8단 칼럼

5) "국제재활협회는 1972년 1차 국제대회 이후 1978년 마닐라에서 2차 재활입법국제대회를 가졌다." 동아일보 1978년 1월 9일 5면 중단 좌측 7단 기사, 당시 국제재활협회 사무총장이었던 "노만 액턴"의 인터뷰 기사 중.

6) 한국신체장애자재활협회는 한국불구자협회로 시작하였다. 1954년 9월 한국불구자협회 발기인회(발기인회장: 백낙준)를 창립하고, 2년 이상의 준비를 거쳐 1957년 1월 창립총회를 열어 한국불구자협회(회장: 백낙준)를 창립하였다. 1961년 6월 한국사회복지연합회와 통합하여 앞의 연합회의 불구자

작되었다.

재활협회는 1971년 5월 15일 총회에서 신체장애자복지법 제정을 결의하는 결의문을 채택하였고,[8] 이어 법제위원회(위원장: 이태영)를 조직하여 신체장애자복지법 제정을 논의하였다. 법제위원회는 1972년 3월 15일 장애자복지법의 기초 작업 착수하였고, 재활협회는 1972년 4월 20일, 제1회 "재활의 날"을 기념하면서 "장애인복지기본법" 제정을 정부(보건사회부)에 건의하였다.[9]

이 초안은 4장 30조로 이루어져 있으며, 전반적인 내용은 일본의 '심신장해자대책기본법'을 기초로 해서 만들어졌다.[10] 이 안 제9조에서는 연차보고라고 하여, 정부가 국회에 장애자의 발생 예방 및 장애자의 복지에 관하여 강구한 시책과 장애자 상황을 고려하여 강구하고자 하는 시책을 명확히 하여, 매년 국회에 제출하도록 하고 있고, 부칙 제2조에서 보건사회부에 장애자복지국을 설치할 것을 규정하는 등 장애인 복지 정책을 위한 시스템의 구축을 위한 법이었다. 그러나 1972년 10월 유신에 따른 정치적 상황의 급변에 따라 입법은 바로 이루어지지 않았다. 그러나 보건사회부의 80년대 장기계획의 일환으로서 심신장애자복지법 제정이 들어가게 되었다는 것은 이러한 노력의 작은 성과였다.[11]

복지위원회로 개칭하였다가, 1964년 1월 불구자복지위원회에서 한국 지체장애자복지협회로 다시 개칭하였다. 그러다가 1968년 11월 한국신체장애자재활협회 창립총회를 개최하여, 한국신체장애자재활협회가 되었다. 1981년 세계장애자의 해를 계기로 한국장애인재활협회로 개칭되었다. (한국장애인재활협회 홈페이지 http://www.freeget.net의 연도별 주요활동 참조.)

7) 1893년 10월 26일 충청남도 부여(扶餘)에서 출생하였다. 1913년 미국으로 건너가 오하이오·디킨슨 대학교에서 수학하고 명예법학박사학위를 받았다. 임시정부 대통령 이승만(李承晩)의 비서로서 독립운동에 참여, 1919년 3·1운동 소식을 듣고 4월 14일 필라델피아에서 서재필(徐載弼)·조병옥(趙炳玉)·장기영(張基永) 등 150여 명의 유학생들과 한인연합대회를 열고 자주독립정신 고취와 해외여론 환기에 힘쓰는 등 활발한 항일활동을 전개하였다. 1943년 재(在)워싱턴 한인협회(韓人協會) 수석비서로 활약하였으며, 1944년 미국전략사령부에 근무하다가 광복을 맞이하였다. 1949년 외무부장관에 기용되었으며, 1951년 유엔대사가 되어 한국의 국제적 지위향상에 공헌하였다. 신체장애자재활협회의 회장에는 1969년에 취임하였다. (naver 백과사전에서 http://100.naver.com/100.nhn?docid=130482 2010. 7. 1. 검색)

8) 조선일보 1971. 5. 16., 7면 상단 좌측 2단 기사.

9) 경향신문 1972. 4. 21., 6면 헤드라인 7단 기사.

10) 이 초안은 전반적으로 일본법과 매우 유사하였다. 약간 차이가 있는 조문은 거택 장애자의 지도에 관한 제14조(일본법 제13조)와 자립의 원조에 관한 제19조 제2항(일본법 제21조)를 들 수 있다. 특히 제19조 제2항은 일본법과는 완전히 다른 조항인데, "장애자시설에 기부하는 자산에 관하여 세제상의 특별조치로 면세조치를 강구하여야 한다"고 하여 장애자시설의 어려움을 기부로 해결하려는 당시의 생각이 반영되어 있다. 이 초안은 1979년 9월 25일 서울특별시와 사단법인 자행회(慈行會)가 주최한 "심신장애아(자)의 복지와 교육대책의 방향"이라는 세계아동의 해 기념 심포지움의 보고서 부록에 게재되어 있다.

11) "80년대 복지사회 청사진", 경향신문, 1972. 11. 16., 4면 상단 6면 기사.

2. 장애인복지에 관한 관심 확산

장애인복지에 관한 사회적 관심의 확산은 아이러니컬하게도 장애인 복지시설의 부족이 불러왔다. 사실 1960년대의 우리나라의 사회복지는 대부분 외국민간원조단체(이하 '외원단체'라 한다)에 의해서 이루어졌는데, 1970년대 전후로 외원단체들이 철수하거나 사업을 축소하였으며, 남아있는 외원단체들은 그 본연의 목적인 선교사업에 그들의 에너지를 집중하였다.[12) 그 이유는 미국 경제의 쇠퇴에 따른 외원단체에 대한 미정부지원의 감소, 한국의 경제성장을 감안한 외원단체 자체의 판단, 당시 국제적으로 현안이 되었던 아프리카 비아프라 내전에 따른 구호욕구의 발생과 월남 등에서의 원조욕구의 발생 등에 따른 외원단체 자체의 원조대상국가 변경, 외원단체의 활동에 대한 한국정부의 통제 강화에 따른 활동입지의 축소 등이었다.[13)

이러한 외원단체의 지원 축소는 아동시설에 가장 큰 충격을 주었다. 왜냐하면 대부분의 아동시설은 소요 양곡의 1/3 정도, 생계비의 90%를 외원단체의 지원에 의존하고 있었기 때문이다.[14) 이런 결과 1974년에 이르러서는 시설에 있는 장애아동이 사회적 문제가 되기 시작했다.[15) 이에 따른 대책으로 정부는 1975년 9월에 1977년까지 각 시도별로 한 개씩의 직업재활원을 설치하는 계획을 발표하였다.[16) 나아가 박정희 대통령은 1975. 11. 15. "보사부는 신체불구아 또는 정신박약아, 고아 등 불우어린이들을 돕는 일을 보다 더 적극적으로 실시해 나갈 수 있도록 구체적인 계획을 세워 추진토록 하라"고 지시하면서, 특히 "불우아동들을 위해서는 민간단체에서 뿐만아니라 정부예산을 써서라도 더욱 적극적으로 불우아동들을 위한 영아시설, 육아시설, 고아원, 직업보도시설, 불우아 보호시설 등 아동복지를 위한 사업을 전개해 나가도록 하라"고 하였다.[17)

---

12) 최원규, "외국민간원조단체의 활동과 한국사회사업 발전에 미친 영향", 서울대학교 대학원 박사학위 논문, 1996, 203면.
13) 최원규, 앞의 논문, 228면.
14) 최원규, 앞의 논문, 225면.
15) "불구아동이 늘고 있다. 수용 - 보호시설 모자라, 시립병원에만 집중 ··· 입양도 안돼" 조선일보 1974. 7. 4., 7면 중단 8단 기사 및 "버림받는 아이들 서울시립아동병원 · 보호소의 심신장애어린이" 동아일보 1974. 10. 30., 7면 상단 7단 기사.
16) "심신장애자 복지대책. 재활원 설치 구상을 환영하면서", 조선일보, 1975. 9. 16., 조간 2면 하단 사설.
17) 매일경제, 1975. 11. 15., 1면, 상단 4단 기사.

이런 정부의 분위기를 반영하여 1976년 제4차 경제개발 5개년 계획의 수립을 앞두고 정부는 당시 장애인 복지의 문제점에 대해 다음과 같이 진단하였다.[18]

1) 장애자의 수용시설이 부족하고 대부분의 시설이 영세하여 조기에 치료하거나 기능상실을 회복시킬 수 있는 의료재활시설은 전무한 상황에 있다.

2) 심신장애자의 실태 및 출현율에 대한 정확한 조사, 통계자료가 미비하므로 이에 관한 조사연구가 부족하다.

3) 심신장애자가 있는 가정의 대부분이 저소득층·빈곤가정이라는 데 큰 문제가 있다.

4) 산업화정책의 강화로 인한 산업재해의 증가, 교통사고, 정신장해 및 선천성 질환의 증가 등에 대응하는 대책강구가 시급하다.

5) 장애자복지시설의 영세성으로 단순한 수용보호에 불과하고 의료재활에 뒤따르는 직업재활시설이 전무하므로 이들의 자활을 위한 '취업'이 미약하다.

이에 따라 보건사회부는 장애인 복지 관련 대책 중 하나로 장애자복지법의 제정과 전담과의 설치를 제안하였다.[19] 그러나 실제 경제개발계획에는 반영되지 않았고,[20] 이에 반발하여 재활협회는 1977년 9월 제2회 심신장애자 재활심포지움(장소: 가족계획연구원)에서 '제4차 경제개발 5개년 계획과 장애자 재활·복지'라는 제목 아래 제1주제로 "장애자 복지기본법 제정의 필요성"을 논의하였다.[21]

나아가 재활협회는 1979년에는 서울에서 국제재활협회 주관의 범태평양 국제회의를 개최하였다.[22] 이 회의는 "재활을 통한 자립의 길"이라는 주제로 열렸으며, 이 회의를 통해 장애자복지기본법의 필요성이 다시 한 번 강조되었다.[23]

---

18) 5차계획실무계획반, "제4차 5개년 계획 일차시안", 220면 참조. 보건사회부 사회보장심의위원회, 『사회복지사업을 위한 재원조달방안에 관한 연구』, 보건사회부, 1976, 61면에서 재인용.

19) 앞의 글 참조.

20) 국무총리 기획조정실, 『행정백서』, 1977에는 제4차 경제개발5개년 계획의 주요 내용이 실려 있다. 제4장 '부문별 실적과 계획' 중 제3항 '생활보호대책 강화' 1. '공적 부조'에는 '생활보호', '재해구호', '아동 복지', '부녀복지'만 있을 뿐 '장애인 복지'는 없다.

21) 조선일보 1977. 9. 25., 5면 [십자로] 좌측 3단 기사

22) 국제재활협회는 1958년 11월 오스트레일리아 시드니에서 "신체장애인의 정복"이라는 주제를 가지고 범태평양 국제회의를 한 것을 출발점으로 하여, 1962년 마닐라에서는 "태평양 지역의 도전: 재활을 위한 국가사업", 1965년 동경에서는 "재활의 실제적 실천", 1968년 홍콩에서 "재활: 지역사회의 새로운 일꾼", 1975년에는 싱가폴에서 "재활의 실제적 접근" 등의 주제로 지속적으로 범태평양 국제회의를 열어왔다(임성현, 앞의 논문, 23-24면 참조).

23) "심신장애자의 자립대책", 동아일보, 1979. 4. 26., 2면 상단 사설.

3. 세계장애자의 해와 입법

군사쿠데타를 통해 정권을 탈취한 전두환은 1980년 9월 11대 대통령취임사에서 80년대 국정지표가 1) 민주주의 정착화, 2) 복지국가건설, 3) 정의사회구현, 4) 교육개혁 및 문화창달임을 밝혔으며 12대 대통령취임사에서 이를 재확인하였다.[24] 이러한 국정지표의 제시는 한편으로는 70년대의 경제성장에 기반한 80년대의 사회복지에 관한 사회적 욕구를 충족시키면서,[25] 다른 한편으로는 정권의 정당성을 사회복지분야로부터 얻으려는 것이었다.[26] 이런 분위기 가운데 복지관련 입법도 증가하게 되었다. 심신장애자복지법의 제정과 같이 노인복지법(1981년)의 제정이 이루어지고, 아동복지법(1981년)과 생활보호법(1982년)이 전면 개정된 것은 이와 무관하지 않다고 볼 수 있다.

한편 다른 법들과 달리 심신장애자복지법 제정에 있어서 가장 직접적인 계기는 1981년 '세계 장애인의 해'이었다.[27] UN에서는 1971년 정신지체인권리선언,[28] 1975년 장애인권리선언[29]을 채택하였고, 이어 1976년 제31차 총회에서는 1981년을 '세계장애자의 해'로 정할 것을 결정하고, 1979년 UN내에 세계장애자의 해 자문위원회를 설립하여 '세계장애자의 해' 행동계획을 수립하고 모든 국가에 대하여 장애인의 사회통합을 위하여 제반구조를 적극적으로 추진할 것을 촉구하였다.[30] 이에 따라 우리나라에서도 1980. 8. 5. 보건사회부 장관을 위원장으로 하는 '세계장애자의 해 한국사업추진위원회'를 구성하여 세계장애자의 해 기본 방침 및 기념사업 세부계획을 확정추진하였고,[31] 그 계획 중의 하나가 심신장애자복지법의 제정이었다.[32]

---

24) 이진행, 앞의 논문, 14면.

25) 70년대 말부터 80년대 개발전략은 성장보다 분배(복지)에 우선순위를 두는 것으로 되어 있다. 유신정우회 편, 「80년대 개발전략」, 동방도서, 1978 참조.

26) 김유성, 「한국사회보장법론」, 제5판, 법문사, 2002, 120면.

27) 김유성, 앞의 책, 450면.

28) Declaration on the Rights of Mentally Retarded Persons (20 December 1971)A/RES/2856 (XXVI)

29) Declaration on the Rights of Disabled Persons (9 December 1975)A/RES/3447 (XXX)

30) 신선웅, "우리나라의 사회복지서비스 정책분석에 대한 적용연구-심신장애자 복지를 중심으로", 서울대학교 행정대학원 석사학위논문, 1984, 35면.

31) 이에 대해서 동아일보는 사설에서 "왕왕 우리 행정당국은 무슨 '해', 또는 '달'이나 '날'을 맞을 때마다 그것들이 한낱 전시효과에 그치는 일이 적지 않다"고 비판하고 있다. 동아일보 1981. 6. 7., 2면 사설.

32) 국무총리행정조정실, 「청소년백서」, 1982, 349-351면.

Ⅲ. 입법 경과

1. 입법안의 준비

1) 장애인 실태 조사

심신장애자복지법을 제정하기 전에, 우선 장애인 실태조사가 필요하였다. 이전까지 장애인의 수에 대한 보고서는 1961년 한국장애아동조사보고서와 1966년도 장애자조사보고서,[33] 1973년도 서울시 신체장애아 실태조사[34] 등이 있었지만, 전국적인 장애인 수에 대한 조사보고서가 없어서, 전국적인 실태조사가 필요했기 때문이다.

보건사회부는 1980. 11. 17.부터 24.까지 전국 4백개 조사구에서 30,160가구를 표본으로 하여 심신장애자 실태조사를 하였다.[35] 그 조사에 따르면, 장애인 인구는 약 901,800명으로 인구 1,000명당 23.74명이 장애인으로 인정되었다.[36] 이는 UN이 추정한 전체인구의 12~15%에 한참 못 미치는 수임을 알 수 있는데, 이는 조사 당시부터 장애인복지의 수급권자의 요건을 엄격하게 했기 때문이다.[37] 한편 조사대상장애자의 62.4%가 무직으로 나타나 장애인 고용정책이 시급하였음을 알 수 있다.[38]

2) 법안의 준비

심신장애자복지법안은 정부에서 준비되었는데, 기존의 재활협회의 복지법안과 달리 일본의 '신체장해자복지법'을 기본으로 하여, '정신박약자복지법'과 '심신장해자대책기본법'[39]을 추가하여 만들어졌다.[40] 일본법을 근거로 하여 심신장애자복지

---

33) 최천송, "한국신체장애자의 현황과 대책", 「사회복지」, 3월호, 한국사회복지협의회, 1972, 108면.
34) 박보희, "한국아동·노령 및 신체장애자의 인구문제와 그 대책", 「사회복지」 5월호, 한국사회복지협의회, 1977, 40면.
35) 매일경제, 1980. 11. 12, 7면 중단 1단 기사.
36) 제11대 제107회 국회 보건사회위원회회의록 제1호, 44면. 이하 회의록은 국회홈페이지회의록 시스템 (http://www.assembly.go.kr/record) 참조.
37) 김상균, 「현대사회와 사회정책」, 서울대출판부, 1987, 291-293면 참조.
38) 앞의 회의록, 45면.
39) 제2조-제5조, 제11조는 일본의 심신장해자대책기본법에 따른 것이다. 당시 '심신장해자대책기본법' 의 번역본은 국회도서관입법조사국, 「주요국의 사회복지관계법」, 입법참고자료 제221호, 국회도서관, 1981, 276-281면에 있다.
40) 이용훈(李龍薰, 1927) 의원(전국구, 민주정의당, 서울법대, 검사, 법무차관 및 법제처장)은 법안 제20조에 대한 검토발언에서, "이 심신장애자복지법하고 노인복지법은 대부분 일본에 있는 법을 갖다

법을 만들었다고는 하나, 일본법과 동일한 것은 아니고 우리나라 상황을 고려하여 장애인복지수급권이 축소되는 여러 가지 변형이 있었다.

예를 들어, ① 일본의 신체장애인복지법에서는 재활훈련비를 지급하는 데도 불구하고, 우리법에서는 삭제되었고, ② 보장구의 교부 대상자도 일본에서는 신체장애자 전부인데, 우리법에서는 "생활이 곤란한" 심신장애자로 제한되었으며, ③ 일본에서는 국가에게 신체장애자재활원호시설을 설치할 의무를 부과한 것에 비해, 우리법에서는 임의규정으로 되어 있다. 또한 복지시설 설치 및 운영 비용과 관련하여, 일본법은 국가와 지방자치단체의 비용 부담이 명시되어 있는 반면, 우리 법에서는 "매년 예산의 범위 안에서" 국가 또는 지방자치단체가 그 비용의 일부를 보조한다고 되어 있어, 예산이 배정되지 않는다면, 복지시설의 설치·운영 비용의 조달을 어렵게 하고 있다.

이렇게 만들어진 심신장애자복지법은 실효성의 측면에서 많은 문제점이 있었다. 우선 권고 내지 임의규정이 대부분을 차지하는 프로그램 규정이 대부분이었고,[41] 구체적인 실시를 시행령에 미루어 놓는 경우가 많았다.[42] 예를 들어, ① 장애인의 소득보장과 관련된 부양수당의 경우, "국가 또는 지방자치단체는 심신장애의 정도가 중하여 자립하기가 심히 곤란한 심신장애자를 부양 또는 보호하는 자에 대하여 부양수당을 지급할 수 있다(제14조)"고 규정하여 임의규정에 머물렀고, ② 장애인의 고용보장과 관련하여서도, "국가 또는 지방자치단체는 스스로 경영하는 사업에 심신장애자의 능력과 적성에 따라 이들을 고용하도록 노력하여야 한다. 국가 또는 지방자치단체는 심신장애자에게 적합한 직종의 사업을 경영하는 자에 대하여 심신장애자의 능력과 적성에 따라 이들을 고용하도록 권유할 수 있다"고 하여 노력규정이나 권유규정에 그쳤으며, ③ 장애인의 이동권 보장과 관련하여서도,

---

가 그대로 번역한 것으로 알고 있습니다"라고 말하고 있다. 제11대 제107회 국회 법제사법위원회회의록 제6호, 3면. 일본에서는 신체장애자를 위한 '신체장애자복지법'을 1949년 12월 26일에 제정·공포하고, 1950년 4월 1일부터 시행에 들어 갔으며, 10여년 후에 정신박약자를 위한 '정신박약자복지법'이 1960년 3월 31에 제정·공포하였고, 또한 1970년 5월 21일에는 신체장애자와 정신박약자의 종합적인 복지를 도모하기 위하여 '심신장애자대책기본법'을 제정하여 이들에 대한 종합적인 시책을 추진하였다. 그 당시 일본의 심신장애자복지법제에 대해서는 신각철, "일본의 심신장애자복지법제개관", 「법제」, 통권 제50호, 법제처, 1981. 2, 19면 참조.

41) 국회의 보건사회위원회 손충목 검토의원도 같은 의견이다. 제11대 제107회 국회 보건사회위원회회의록 제1호, 43면.

42) 예를 들어, 심신장애자에 대한 의료서비스가 그러한 경우이다. 우리 법에서도 복지실시기관이 필요한 경우 의료기관에 의뢰하여 의료를 받게 하고 있으나(법 제9조 제1항 제1호), 이에 대해서 구체적인 것은 시행령에 규정하고 있다(시행령 제6조~제11조).

"도로·공원·공공건물·교통시설·통신시설 기타 공중이 이용하는 시설을 설치하는 자는 심신장애자가 이를 편리하게 이용할 수 있는 시설이나 설비를 갖추도록 노력하여야 한다"고 하여 이 역시 노력규정에 불과하였다.

또한 장애인복지서비스의 비용부담을 명확히 규정하지 않은 채, "예산의 범위안에서" 부담한다고 하여 국가 및 지방자치단체의 책임을 경감하고 있었다. 또한 국가의 비용부담도 정부의 직접 출연에 의한 것이 아니라 사회복지기금법에 의한 사회복지기금[43]으로 하고 있었다(제21조).

2. 보건사회위원회에서의 심사

국회 보건사회위원회에서 심신장애자복지법안은 노인복지법안과 같이 심의되었다. 대부분의 국회의원이 주로 노인복지법안에 관심이 있어서 심신장애자복지법안은 부수적으로 심의되었다. 이는 노인집단이 장애인집단에 비해서 사회적으로 더 세력이 있고, 선거에 있어서도 강한 정치력을 발휘할 수 있기 때문이라고 추측된다.

보건사회위원회의 심사에서는 앞에서 제기한 실효성이 가장 큰 문제가 되었다. 우선 법의 대부분이 임의규정이라는 점이 지적을 받았다.[44] 이에 대해서 보사부차관인 나도헌은 "장애인 복지법이 기본법으로서 제정을 하고 또 복지실시기관인 국가 지방자치단체의 경제 형편에 따라서 얼마든지 할 수 있는 프로그램적인 내용이기 때문에 앞으로 경제 형편의 변화에 따라서 발전에 따라서 좀더 보완하고 할 수 있는 그러한 내용으로 실시과정에 있어서 그렇게 할 것을 예견하고 있는 것"이라고 하였다.[45]

또한 자금과 관련하여 사회복지기금법에 의한 찬조금이 아니라 정부가 투자를 해야한다는 지적이 김완태 의원에 의해 제기되었다.[46] 이에 대해 보사부차관은 사회복지기금법에는 국가에서 출연을 하고 기타 개인 또는 민간이 출연하는 그러한 것을 통합한 재원으로 구성된다고 대답하였다.[47]

---

43) 이 기금은 정부의 출연금, 정부 이외의 자가 기부하는 현금·물품 기타 재산, 기금의 운용에 의하여 생기는 수익금, 기타의 수익금으로 조성된 것이다(사회복지사업기금법 제5조).

44) 김완태(金完泰, 1931) 의원(진천·괴산·음성, 한국국민당, 서울약대 및 충북대 교육대학원 졸업, 우정학원 이사장 및 대한약사회 부회장)과 백찬기(白瓚基, 1932) 의원(마산 갑, 민주사회당, 부산대 경제학과 졸업, 항만운수노동조합 경서지부 위원장)에 의해서 지적되었다. 제11대 제107회 국회 보건사회위원회회의록 제2호, 51, 57면 참조.

45) 앞의 회의록, 55면.

46) 앞의 회의록, 51면.

그리고 장애인 고용문제가 지적되었다. 법에서는 장애인의 고용촉진을 위한 사업을 실시하도록 하고 있으나, 국가 또는 지방자치단체가 스스로 경영하는 사업에 대해서 고용하도록 노력하는 임의규정만을 두고 있고, 그 밖의 개인사업자에 대해서는 고용하도록 권유만 할 수 있었다(제11조). 이에 대해서 이헌기(李憲琦, 1938) 의원(전국구, 민주정의당, 고려대 경제학과 졸업 및 단국대 경제학 박사, 한국노총 사무차장)[48]과 김집(金潗, 1926) 의원(전국구, 민주정의당, 경북대 의대, 의사 및 대한체육회 부회장)[49]은 공적 기관의 의무적 고용을 비롯한 장애인 고용정책이 필요하다는 점을 지적하였다. 그러나 보사부차관은 장애인 고용에 대한 의무규정을 두는 것이 바람직하나, 경제형편상 이는 불가능하고 다만 법안에서 보시다시피 사회적인 여러 가지 제약은 취학이나 기타 취업하는 데 있어서의 필요한 자격을 갖추면 장애자라고 해서 그것을 제약하는 것은 완화하고 있다고 하였다.[50]

이런 여러 국회의원의 지적을 효율적으로 반영하기 위해 소위원회가 구성되었다. 소위원회는 최영철(崔永喆, 1935) 의원(목포·무안·신안, 민주정의당, 서울대 정치학과 졸업, 동아일보 정치부장)을 위원장으로 하고, 이상희(李祥羲, 1938) 의원(전국구, 민주정의당, 서울대 약학 박사, 변리사 및 과학기술처 장관), 이헌기 의원, 심헌섭(沈憲燮, 1947) 의원(동대문구, 민주한국당, 연세대 행정대학원 졸업, 한국 교통문제 연구소 소장), 김완태 의원을 위원으로 구성되었다.[51] 소위원회의 검토결과는 조금은 실망스러운 것인데, 자구수정을 한 것을 제외하고는 심신장애자 복지시설의 폐지 또는 휴지의 시기에 관하여 도지사의 승인을 받도록 하고 있는바 이의 실효성을 보장하기 위하여 벌칙조항을 신설한 것에 불과하였고, 위에서 지적된 문제점에 대한 수정은 없었다.[52]

3. 법제사법위원회에서의 심사

1) 소위원회 심사

법사위의 법안심사소위원회[53]에서는 임의규정으로 되어있던 제6조 제1항,[54] 제

---

47) 앞의 회의록, 55면.
48) 앞의 회의록, 54면.
49) 앞의 회의록, 61면.
50) 앞의 회의록, 64면.
51) 앞의 회의록, 65면.
52) 제11대 제107회 국회 보건사회위원회회의록 제3호, 2면.
53) 법안심사소위원회에서는 김사용(金仕龍, 1916) 의원(전국구, 민주정의당, 일본 중앙대 법학과 졸업,

7조,[55] 제8조[56]의 규정을 강행규정으로 바꾸었다. 그러나 제7조와 제8조는 지도계
발과 조사와 관계된 것으로 장애인복지수급권의 실효성과는 거리가 멀었던 것이
었고, 다만 심신장애복지지도원을 두는 것을 강행규정으로 한 것은 사회복지전달
체계의 확보를 위해 다행스러운 일이라 할 수 있다.[57]

한편 제2조의 "상당한 제약을 받는 자"를 "대통령령으로 정하는 기준에 해당하
는 자"로 수정하여 법의 적용대상이 되는 장애자의 범위를 "대통령령에서 정하는
기준에 해당하는 자"로 한정하여, 수급권자의 확정을 대통령령에게 위임하였다.[58]

2) 상임위원회 심사

실효성과 관련하여 장애인복지재정에 대해서 여러 의원의 지적이 이어졌다. 이
용훈 의원과 박병일(朴炳一, 1934) 의원(이리·익산, 민주한국당, 중앙대 법대 졸업,
검사)은 제23조의 복지시설에 대한 지원 규정을 의무화하자고 하였지만, 보사부차
관은 아직 경제형편상 어렵다는 이유를 대며 거절하였다. 한편 나석호(羅碩昊,
1934) 의원(나주·광산, 민주정의당, 서울법대 졸업, 판사)은 심신장애자법안이 기본
적인 법률이라는 것을 인정하고 정부의 예산이나 정부의 방침은 이에 수반하는
특별회계, 특별법을 제정할 용의가 있는 것인지에 대해 질의하였고, 강행규정으로

검사장 및 국가보위입법회의정치관계법특별위원장)이 위원장을 맡고 이치호(李致浩, 1939) 의원(대
구남·수성, 민주정의당, 연세대 법대 졸업, 경제기획원 사무관 및 판사), 이양우(李亮雨, 1932) 의
원(전국구, 민주정의당, 서울법대 중퇴 및 해군사관학교 졸업, 해군법무관), 황산성(黃山城, 1944)
의원(전국구, 민주한국당, 서울법대 졸업, 판사 및 변호사), 신철균(申喆均, 1924) 의원(춘천·춘
성·철원·화천, 한국국민당, 서울법대 졸업, 춘천시장)이 위원을 담당했다. 제11대 제107회 국회
법제사법위원회회의록 제5호 2면 참조.

54) 제6조 (심신장애자복지지도원) ① 심신장애자의 복지를 위한 상담 및 지도업무를 담당하게 하기 위
하여 구(서울특별시 및 직할시에 한한다)와 시·군에 심신장애자복지지도원을 둔다.

55) 제7조 (지도계발) 국가와 지방자치단체는 질병이나 사고 기타 원인에 의한 심신장애의 발생의 예방
및 심신장애자의 조기발견에 대한 국민의 관심을 높이고 심신장애자에 대한 원호사상을 보급하기
위하여 국민을 지도계발하여야 한다.

56) 제8조 (조사) 보건사회부장관은 심신장애가 있는 자의 상황에 관하여 조사를 실시하거나 서울특별
시장·직할시장 또는 도지사(이하 "도지사"라 한다) 기타 관계행정기관으로부터 조사보고를 받아
그 결과에 따라 심신장애자에 대하여 최대한의 복지조치를 하여야 한다.

57) 다만 우리나라의 심신장애자복지지도원은 일반적인 복지사무를 담당하는 사람으로서 장애인 복지에
대한 전문성이 확보되지 못하는 단점이 있다. 특히 도지사는 필요하다고 인정할 때에는 아동복지법
에 의한 아동복지지도원, 노인복지법에 의한 노인복지상담원 또는 사회복지에 관한 업무를 담당하
는 공무원으로 하여금 심신장애자복지지도원을 겸직하게 할 수 있다(동 시행령 제3조 제2항)고 하
여, 한 명의 복지지도원이 각기 다른 복지업무인, 아동복지와 노인복지를 모두 담당하게 만들 수
있는 길을 열어놓고 있다.

58) 제2조 (정의) 이 법에서 "심신장애자"라 함은 지체부자유, 시각장애, 청각장애, 음성·언어기능장애
또는 정신박약등 정신적 흠결(이하 "심신장애"라 한다)으로 인하여 장기간에 걸쳐 일상생활 또는
사회생활에 상당한 제약을 받는 자로서 대통령령으로 정하는 기준에 해당하는 자를 말한다.

변한 것 중에 정부 재정이 뒷받침될 수 있는지에 대해서도 질의하였다. 이에 대해 보사부차관은 긍정적으로 대답하였다.[59)]

그밖에 법제사법위원회에서는 보건사회위원회와 달리 복지시설에 관한 논의가 중점이 되었다. 이는 법제사법위원회의 특성상 복지시설에 대한 법적 규제에 대해 민감하게 검토하였기 때문이다. 특히 이용훈 의원, 박병일 의원은 사회복지시설에 대한 여러 의견을 개진하였다.

첫째, 위 두 의원은 규제완화의 측면과 민간주도의 복지사업의 조장을 위해 복지시설을 허가제(제16조)에서 신고제로 변경하자고 하였다.[60)] 이에 대해서 보사부차관은 복지시설의 충분한 시설확보의 측면에서 기본시설이나 재산이 매우 중요하기 때문에 허가제로 하여야 한다고 대답했다.[61)]

둘째, 법안심사소위원회는 사업강제를 방지하기 위하여 복지시설의 사업폐지시 승인(제17조)을 "신고"로 바꾸었다.[62)] 이에 대해서 위 두 의원은 복지시설의 경우 갑자기 폐지하거나 휴지하면 문제가 발생한다는 이유로 이를 반대하였고,[63)] 김사룡 소위원장은 신고제로 하고 대통령령으로서 그 조건을 다소 정하는 것이 좋다는 입장을 보였다.[64)]

셋째, 이용훈 의원은 장부 기타 서류 검사(제19조)는 개인의 프라이버시권을 지나치게 침해한다는 점에서 일본법과 같이 이를 삭제하자고 하였다.[65)] 그러나 보사부차관은 중요하고 필요한 한도 내에서 제한적으로 운영하면 된다고 말하였다.[66)]

넷째, 허가취소(제20조)의 경우 변명의 기회를 주고 개선명령으로 가능하면 복지시설을 유지하자고 제안하였다.[67)] 이에 대하여 보사부차관은 운영시 고려하겠다

---

59) 앞의 회의록, 10-11면. 그러나 그 이후 이러한 특별법이나 특별회계는 없었다.

60) 앞의 회의록, 3, 6면.

61) 앞의 회의록, 8면.

62) 제17조 (폐지 또는 휴지) 사회복지법인 기타 비영리법인이 제16조의 규정에 의하여 설치한 심신장애자복지시설을 폐지 또는 휴지하고자 할 때에는 대통령령이 정하는 바에 의하여 미리 도지사에게 신고하여야 한다.

63) 앞의 회의록, 3, 6면.

64) 시행령 제17조에 의하면 3월 전에 신고하여야 한다.
   시행령 제17조 (심신장애자복지시설의 폐지 또는 휴지의 신고) 법 제17조의 규정에 의하여 사회복지법인 기타 비영리법인이 그가 설치한 심신장애자복지시설의 폐지 또는 휴지를 신고하고자 할 때에는 3월전에 신고서에 다음의 서류를 첨부하여 도지사에게 제출하여야 한다.
   1. 폐지 또는 휴지후의 수용자 또는 이용대상 심신장애자에 대한 조치계획서
   2. 폐지 또는 휴지후의 시설ㆍ재산에 관한 사용 또는 처분계획서

65) 앞의 회의록, 3면.

66) 앞의 회의록, 8면.

67) 앞의 회의록, 3, 6면.

고 하였다.[68]

다섯째, 무허가 복지시설의 경우 벌칙을 규정하는 것(제28조 제1호)이 적절하지 못하다는 지적[69]에 대해서 보사부차관은 최소한의 벌칙규정이며, 법원에서 여러 사정이 참작 가능할 것이라고 대답했다.[70]

이상의 논의를 거쳐서 심신장애자복지법은 소위원회의 수정안대로 가결되었고, 본회의에서도 소위원회의 수정안 그대로 통과되었다.

Ⅳ. 입법 이후 심신장애자복지법의 집행

1982. 2. 17. 시행령이 대통령령 제10730호로 제정되어, 같은 날 시행되었다. 대통령령에서는 여러 복지조치들에 대해 좀더 자세하게 규정하였지만, 실효성을 확보하기에는 부족하였다. 특히 ① 대통령령에서는 "심신장애자의 기준"을 협소하게 규정하였고(시행령 제2조), ② 아동복지지도원, 노인복지상담원 또는 사회복지에 관한 업무를 담당하는 공무원으로 하여금 심신장애자복지지도원을 겸직하게 할 수 있도록 하여, 사실상 별도의 심신장애자복지지도원을 두지 않고, 기존의 사회복지 담당 공무원이 관련 업무를 수행할 수 있도록 하였으며(시행령 제3조), ③ 부양수당에 대해서는 법에서 정한 범위를 더욱 축소하여 지급기준을 엄격하게 하였다(시행령 제14조).

한편 심신장애자복지법이 시행된 이후 장애자복지가 예산에서 새로운 비목으로 책정되어 계속 증가하는 등의 실질적 효과도 있었다. 구체적인 장애자복지의 예산 추이는 다음 표와 같다.

〈표 1〉 장애자복지 예산추이

(단위: 백만 원)

구분 \ 연도	1982	1983	1984	1985	1986	1987
예산액	4,670	5,459	6,413	11,190	11,014	15,041
비중(%)	0.051	0.052	0.058	0.091	0.080	0.097

출처: 경제기획원, 「예산개요」 각연도, 이진행, 앞의 논문, 57면에서 재인용.

---

68) 앞의 회의록, 8면.
69) 앞의 회의록, 4, 7면.
70) 앞의 회의록, 8면.

1983년에는 의료재활과 직업재활서비스가 신규로 국고에서 지출되었고, 각종 장애자복지시설이 계속 증가하여 수용인원도 약 50% 정도 증가하였고, 시설의 신축·개축에도 적잖은 예산이 투입되어 복지시설의 질적 수준도 향상되었다.[71]

그러나 예산액이 1985년부터 급격하게 늘어난 것은 88년 장애인올림픽에 즈음하여 여러 장애자복지사업을 실시한 것이었기 때문에,[72] 심신장애자복지법이 장애자 복지예산확대에 기여한 정도는 표에서 보는 것보다 작았다고 판단된다. 또한 전체 예산 대비 장애인복지에 대한 예산비중이 매우 낮은 편이었고, 생활보호장애자 중 70%에 가까운 수가 자활보호자와 같은 정도의 지원을 받고 있었다.[73] 그리고 부양수당은 법과 시행령에 규정되어 있음에도 불구하고, 1989년에 가서야 정부에서 146억 원의 예산을 준비하여 줄 수 있게 되었다.[74]

결과적으로 심신장애자복지법은 장애인 복지에 대한 주의를 환기하고, 이에 대한 정부와 사회의 관심을 불러일으키는 등 일정정도의 성과는 있었지만, 이 법을 통해 장애인복지수급권이 실효적으로 보장되었다고 보기는 어렵다. 이런 취지에서 이후 이 법에 대해 이철용(李喆鎔, 1948) 의원(도봉을, 평민당, 서울 종암초등학교 졸업, 한국기독교 도시빈민선교회 위원장)은 "당초 입법취지와는 달리 제정된 지 무려 8년이 지난 지금에도 우리나라의 장애자복지는 감히 복지니 정책이니 하는 말을 붙이기 낯뜨거울 정도로 낙후되어 있는 현실입니다. …(중략)… 이처럼 우리나라의 장애자복지가 우리의 경제수준이나 나라발전의 정도에 비해 크게 뒤떨어져 있는 이유는 정부의 이 분야에 대한 의지와 노력이 미약했던 탓도 있지만 소위 우리나라 장애자복지의 기본틀이라 할 수 있는 이 심신장애자복지법이 그 이름과 겉모습만 그럴싸하지 실효성을 제대로 갖추지 못한 형식적이고 전시적인 법이었다는 데에 큰 원인이 있다고 본의원은 생각하는 바입니다."[75]라고 심신장애자복지법개정안의 제안설명에서 말하고 있고, "장애인복지정책이 유명무실하다"는 점에 대해서는 이병희(李秉禧, 1926) 의원(수원을, 신민주공화당, 육군사관학교 졸업 및 경희대 정치학 박사, 중앙정보부 서울지부장)[76]과 송두호(宋斗灝, 1928) 의원(전국구, 통일민주당, 서울의대 졸업, 의사)[77]도 동의하고 있다. 다만 당시 여당인 김한규(金漢

---

71) 김상균, 앞의 책, 295면.
72) 이진행, 앞의 논문, 57면.
73) 이진행, 앞의 논문, 57면.
74) 제13대 제147회 국회 법제사법위원회회의록 제13호, 5면.
75) 제13대 제144회 국회 보건사회위원회회의록 제11호, 4면.
76) 앞의 회의록, 7면.

圭, 1940) 의원(대구 달서, 민주정의당, 미국캘리포니아주립대학교 졸업 및 러시아 국립
연방사회과학원 정치학 박사, 사회복지법인 홀트아동복지회 회장)은 "심신장애자복지법
이 제정된 이래 장애자 복지시설에 수용된 장애자복지는 획기적인 향상을 가져왔
으나 재가장애자들의 다양한 복지욕구의 증가추세에 따라 이들의 자립자활을 지
원하는 제도적 보완이 필요하게 되었다"[78]는 평가를 내리고 있다.

V. 결 론

심신장애자복지법은 장애인 단체의 요구와 장애인 복지에 대한 국민의 요구에
의해 제정 작업이 시작되었다. 그러나 재정이 많이 소요된다는 경제적인 이유로,
심신장애자복지법 제정이 건의된 지 8년 동안이나 차후의 과제로 미루어져 오다
가, "세계 장애인의 해"라는 전 세계적 행사시기에 맞추어 졸속으로 제정되었다.
그 결과 심신장애자복지법에는 구체적인 복지조치는 대부분 임의규정으로 되어
있고, 이후에도 이런 한계는 극복되지 못하였다. 앞으로 예산을 더 투입해서 장애
인복지를 하겠다는 보사부차관의 답변은 그 이후에도 실천되지 못하였다. 이런 장
애인복지법제의 특징은 앞에서 지적했듯이, 실효성의 문제, 즉 법제도와 현실의
괴리현상을 낳았다. 또한 고용정책과 소득보장정책의 소홀로 인하여, 장애인의 소
득보장을 오로지 최저생활보장을 기준으로 하는 생활보호법에 의존하도록 하였다.
특히 생활보호법 및 국민기초생활보장법은 장애인을 위한 특별한 법이 아니라, 장
애인의 추가비용을 고려하지 않는 국민 전체를 대상으로 한 입법이라는 점에서
이러한 방식은 문제가 많다.

이와 같은 장애인복지법제에 있어서 명목화 현상은 전통적으로 장애인 복지가
정치적 명분을 위한 선심쓰기 정도로만 여겨졌고, 장애인집단이 노인과 같은 다른
수급자 집단에 비해 정치적 영향력도 떨어지기 때문이라고 생각된다. 한편 이런
명목화 현상을 극복하기 위한 여러 장애인 단체의 노력들이 이루어지고 있고, 이
런 노력의 결실로 미흡하지만 '장애인·노인·임산부 등의 편의증진보장에 관한
법률', '장애인차별금지 및 권리구제 등에 관한 법률' 등이 통과되었고, '장애인의
권리에 관한 협약'도 비준하였다.

그러나 '장애인연금법'의 시행을 둘러싼 논쟁[79]에서도 알 수 있듯이, 여전히 장

---

77) 제13대 제124호 국회 보건사회위원회회의록 제3호, 3면.
78) 앞의 회의록, 2면.

애인복지법제의 명목화 현상은 문제가 되고 있다. 다른 사회복지와 마찬가지로 장애인 복지도 정부의 예산이 투입되어야 하는 것이고, 이러한 예산확보는 다른 국가과제들과 형량을 통해 이루어진다. 제일 좋은 것은 장애인 복지에 대한 이념이 국가와 사회 전반에 넓게 인식되어 장애인 복지의 실질화가 이루어지는 것이겠지만, 국가의 자원이 한계가 있고 국가과제의 수가 다양하므로, 이러한 이상은 실현되기 어려운 것이 현실이다. 이런 상황에서 정치적인 타협의 결과로 명목화된 입법이 만들어지고, 그에 따른 실질적인 복지수급권의 향상은 지체되기도 한다. 이런 장애인복지법제의 명목화를 막기 위해서는 여러 장애인단체들 및 시민들의 적극적인 감시와 문제제기가 계속되어야 한다.

---

79) 김유림, "속 빈 강정 '장애인연금' 이게 뭐냐 :장애수당과 비슷, 오히려 혜택 축소 … 지자체에선 특별수당 지급 중지 움직임", 「주간동아」, 통권 733호, 동아일보사, 2010. 4. 27., 56-57면.

11 노인복지법 제정사

황신정*

Ⅰ. 서 론

노인복지법은 법률 제3453호로 1981. 6. 5. 제정되었다. 제정문은 법 제정 이유를 "의약기술의 발달과 문화생활의 향상으로 평균수명이 연장되어 노인인구의 절대수가 크게 증가하는 한편 산업화, 도시화, 핵가족화의 진전에 따라 노인문제가 점차 큰 사회문제로 대두되고 있음에 대처하여 우리 사회의 전통적 가족제도에 연유하고 있는 경로효친의 미풍양속을 유지·발전시켜 나아가는 한편 노인을 위한 건강보호와 시설의 제공 등 노인복지시책을 효과적으로 추진함으로써 노인의 안락한 생활을 북돋우어 주며 나아가 사회복지의 증진에 기여"하기 위함이라고 소개하고 있다. 또한 제정법 제1조는 법의 목적을 "노인의 심신의 건강유지 및 생활안정을 위하여 필요한 조치를 강구함으로써 노인의 복지증진에 기여함"이라고 정하고 있다.

이 법은 2021. 12. 개정을 포함하여 2022. 4. 현재까지 총 62차례 개정(타법개정 포함)되었고, 현행법 제1조는 종전 제정법의 목적에서 한 걸음 더 나아간 "노인질환의 사전 예방, 질환의 적절한 치료·요양"[1]을 법의 목적으로 정하고 있다.[2] 노

---

* 삼성생명 기획실 연구원, 서울대학교 법학박사.

1) 제1조(목적) 이 법은 노인의 질환을 사전예방 또는 조기발견하고 질환상태에 따른 적절한 치료·요양으로 심신의 건강을 유지하고, 노후의 생활안정을 위하여 필요한 조치를 강구함으로써 노인의 보건복지증진에 기여함을 목적으로 한다(법률 제18609호, 2021. 12. 21. 일부개정, 시행 2022. 3. 22.).

2) 주요개정 내역으로는 ① 노인복지대책위원회를 설치하고, 국가 또는 지방자치단체가 65세 이상의 노인에 대하여 노령수당을 지급할 수 있도록 하는 등의 내용을 담았던 1989. 12. 30. 전부개정, ② 경로연금 지급, 치매노인에 대한 연구·관리사업 및 노인재활요양사업 등의 실시에 대한 사항을 정하였던 1997. 8. 22. 전부개정, ③ 노인학대를 방지하고 학대받는 노인을 보호할 수 있도록 긴급전화 및 노인보호전문기관을 설치하도록 하고, 노인학대에 대한 신고의무와 조치사항을 신설하였던

인공경, 노인의 사회참여, 노인의 심신건강이라는 법의 기본이념[3]이 보다 적절히 구현될 수 있는 현실적 틀을 갖추고자 여러 개정 작업을 거쳐왔지만, 현행법은 입법목적의 요청을 대단히 불충분하게 반영하고 있다[4]는 평가를 받고 있다. 1970년 대 및 1980년 노인복지법 제정을 위한 국회 보건사회위원회(현행 보건복지위원회) 회의[5]에서도 지적된 법의 실효성 문제가 여전히 남아있는 것이다. 그렇다면 구체적으로 제정 당시 국회에서 어떠한 쟁점에 대하여 논의하였으며 각 쟁점에 대한 실효성 문제로 지적된 바는 무엇이었을까. 그에 앞서, 보다 근본적으로 법의 제정을 논의하게 된 배경이 무엇이며, 법의 제정 과정은 어떠하였을까. 이하에서 차례로 살펴보도록 하겠다.

Ⅱ. 입법 배경

1970년 11월 26일 제7대국회 제75회 제14차 보건사회위원회에서 윤인식 의원은 노인복지법안을 제안한 이유를 다음과 같이 설명하였다.

> "노인은 장구한 시일에 걸쳐 국가와 민족의 번영 및 사회의 발전에 기여하여 온 자로서 존경되어야 하고, 노인의 지식과 경험은 국가사회의 귀중한 자원으로서 사회발전에 최대한으로 동원됨과 아울러 노인에게는 건강하고 문화적이며 쾌락한 생활이 보장되어야 할 것이나, 157만 명(69년도 경제기획원 통계)에 달하는 노인들은 평균수명의 연장과 출산율의 저하에 따라 노인 인구는 연년 증가 추세에 있으며, 급격한 경제사회의 변천에 의한 산업구조의 근대화는 노인의 직장을 좁혔고, 인구

2004. 1. 29. 일부개정, ④ 치매에 대한 정의규정을 만들고, 노인학대의 정의규정에 정서적 폭력을 추가한 2007. 1. 3. 일부개정 등이 있다. ⑤ 이후 노인학대와 관련하여, 2015. 12. 29. 일부개정을 통해 노인학대예방의 날 지정 및 관련 규제와 처벌 강화, 2016. 12. 2. 일부개정으로 정서적 학대 추가, 2017. 3. 14. 일부개정으로 노인학대 재발방지 및 관련 심리치료 이행, 학대피해노인 전용쉼터의 설치 및 업무위탁에 필요한 비용 지원 근거를 마련하는 등 여러 차례 개정 작업을 진행하였다. (참고로 1989년 법 개정 이후 1991년부터 70세 이상의 일정 노인에게 지급되어 오던 노령수당은 1997년 법 개정 이후 1998년부터 65세 이상의 일정 노인에게 경로연금으로 지급되어 왔다. 이후 2007년 기초노령연금법이 제정되어 2008년부터는 해당 법에 따라 65세 이상의 일정 노인에게 기초노령연금을 지급하고 있다.)

3) 제2조(기본이념) ① 노인은 후손의 양육과 국가 및 사회의 발전에 기여하여 온 자로서 존경받으며 건전하고 안정된 생활을 보장받는다.
② 노인은 그 능력에 따라 적당한 일에 종사하고 사회적 활동에 참여할 기회를 보장 받는다.
③ 노인은 노령에 따르는 심신의 변화를 자각하여 항상 심신의 건강을 유지하고 그 지식과 경험을 활용하여 사회의 발전에 기여하도록 노력하여야 한다. (동조는 제정 이후 개정된 바 없다.)
4) 전광석, 「한국사회보장법론」, 법문사, 2010, 552면.
5) 1970. 12. 15. 제7대국회 제75회 제15차 보건사회위원회 회의; 1981. 5. 14. 제11대국회 제107회 제2차 보건사회위원회 회의 등.

의 도시 집중화와 친족부양의식의 감퇴 및 핵가족제도는 노인층이 과밀 과소문제와 주택 교통 노인가구 등의 증가문제를 야기시켰으며, 가정에서의 노인의 지위를 저하하게 되어, 이들의 생활불안을 초래하는 등 노인문제는 이제 중대한 사회문제로 되고 있어, 국가와 사회는 경노사상의 보급진작 노인의 건강유지와 생활안정 및 이들의 복지증진에 관한 시책을 종합적으로 체계화하여 추진하기 위하여 이 법을 제안하는 바입니다."[6]

윤인식 의원의 발언을 요약해 보면, 노인복지법 제안 당시 ① 노인인구의 증가와 핵가족화와 같은 사회적 배경과 ② 산업구조의 변경으로 노인고용이 어려워지고 나아가 노인의 지위가 저하되는 식의 경제적 배경을 고려해 볼 수 있다.

1. 사회적 배경

구체적으로, 노인인구는 1960년 24,989,000명에서 1970년 31,435,000명, 1980년에는 37,448,000명으로 전체인구의 약 4% 정도에 해당하는 수로 증가한 것으로 나타났다.[7] 1960년 당시 65세 이상의 인구는 전체 인구의 약 2.9%, 80세 이상의 인구는 약 0.2%에 불과하여 고령화 지수는 6.9로 조사되었다. 1980년에는 65세 이상 인구가 3.8%, 80세 이상 인구가 0.5%로 증가하였고 고령화 지수는 11.2로 60년에 비해 2배 가까이 늘어난 것으로 나타났다.[8] 나아가 도시화와 산업화가 진행되면서 종전 대가족 중심의 가족구성이 핵가족화 되었고, 많은 가정이 노인을 가정 내에서 부양하지 않는 혹은 못하는 일이 나타났다. 통계청 조사결과 연도별 가구당 가구원수를 살펴보면, 1966년 한 가구당 평균 5.49명이 있었던 것에 반하여, 1975년에는 5.04명, 1980년에는 4.62명, 1985년에는 4.09명으로 가구당 인원수도 줄어들었다.[9] 한 가구에서 부양하게 되는 부양인구의 수도 그만큼 감소하였다는 점을 추론할 수 있다. 1950년대 말부터 1980년대 초반 노인복지법이 제정될 무렵까지 주요 일간지에서 다룬 핵가족화 문제와 노인 부양 문제[10]를 살펴보면,

---

6) 제75회 국회 제14차 보건사회위원회회의록 제14호 2-3면.
7) 자료는 제107회 국회 제1차 보건사회위원회회의록 49면 및 조선일보, "서울시서 조사한 고령자, 83세 이상이 1,428명", 1958. 3. 26.자, 석간 3면 참조.
8) 통계청, 「한국의 사회동향」, 2009, 13면. 참고로 2011년 기준 노인 인구비는 약 11%에 달하는 것으로 나타난다. 보건복지부 통계포털, 주요지표 100선 참조. (2012. 1. 25. 검색)
9) 통계청 사이트 (www.kostat.go.kr) 가구당 가구원수 검색결과. (2010. 5. 25. 검색).
10) 조선일보, "60노인이 자살. 생활고로 고압선서", 1955. 3. 21.자, 조간 2면; 조선일보, "현대판 고려장사건 韓씨 구속 송청", 1959. 9. 8.자, 조간 3면; 조선일보, "추위 닥쳐 땔감 걱정. 적은 예산…관리조차 힘에 겨워. 인생의 겨울 … 아쉬운 온기. 노인정의 경우", 1962. 11. 23.자, 조간 6면.; 경향

가족단위의 공적부양체계가 흔들리는 시기에 상대적으로 사회적 변화에 취약층인 노인들은 사회적·제도적 지원을 필요로 한다[11]는 점을 발견할 수 있다. 즉 노인 지원 및 보호를 위한 사회안전망에 대한 현실적 요청이 있었다고 볼 수 있다.

2. 경제적 배경

노인들이 특별한 사회적 보호를 필요로 하는 이유로 과거 1차산업 중심으로 구성되었던 산업구조가 2차, 3차산업 중심 구조로 변경되면서 많은 노인의 일자리가 상실된 점도 고려할 수 있다. 1976년 12월 30일자 조선일보는 "노인은 소외당하고 있다 여성단체협의회, 조사와 토론회. 과감한 노후보장제 마련을 용돈 고통 31% … 퇴직후 소일거리 없어"라는 제목의 기사를 게재한 바 있다. 이와 달리 1인당 국민소득(GNI)은 1965년 105달러이던 것이, 1970년 252달러, 1976년 803달러, 1980년 1,592달러로 증가[12]하는 등 전체적인 국가의 경제 상황은 호전되고 있었다. 경제상황이 좋아지면서 점차적으로 복지서비스에 대한 관심이 증가하고 보건사회부 예산이 점차 증가한 것을 부인할 수는 없다. 상대적으로 가족의 부양을 받지 못하는 노인의 비중은 증가한 반면 전반적인 국가의 경제상황은 좋아지면서 노인복지의 필요에 대한 인식이 늘어나게 되었다고 볼 수 있다.

3. 정치적 배경

1970년대 및 80년대 초 정부와 정치계는 경제개발과 안보확보에 주력하여 왔다. 사회보장부문 중 경제성장과 관련된 부문인 사회보험은 경제가 발전하면서 지속적으로 강조되었지만, 노인복지를 포함한 사회복지부문에 대한 정부의 관심은 매우 낮은 수준이었다. 1967년 5월 3일 박정희 대통령이 선거유세석상에서 경로연금제도를 언급한 후, 사회보험의 성격을 띤 양로보험제도에 주목을 하기는 하였

신문, "핵가족에 밀려나는 노인", 1970. 11. 19.자.; 조선일보, "「탈 경로사상」 몰고 온 핵가족시대의 사회문제. 떨어진 「우상」 노인. 따로사는 경향 늘어", 1972. 10. 12.자, 조간 5면.; 조선일보, "푸대접 노부모. 30대의 96.7% 부모와 동거 기피…도시가 더 심해", 1974. 4. 17.자, 조간 5면. 등

11) 조선일보, "양로사업 협회. 적극원조를 진정", 1955. 4. 5.자, 조간 3면.; 조선일보, "노인에게 좋은 나라들. 사회가 노인을 만들고 사회가 노인을 감싸준다", 1959. 12. 20.자, 석간 4면.; 조선일보, "외로운 노인…전국에 4만 - 도마다 경로원도, 대한경로회서 1억2천만환 모금 운동", 1961. 4. 16. 자, 석간 3면.; 동아일보, "노인복지를 생각한다", 1974. 4. 10.자, 2면.; 동아일보, "孝의 오늘적인 의미…노인문제의 근원적 해결방안", 1976. 12. 1.자, 2면.; 조선일보, "늙는다는건 서러운 것, 국가와 사회는 노인문제에 깊은 관심을", 1978. 9. 24.자, 조간 2면. 등.

12) 통계청 사이트 (www.kostat.go.kr) 1인당 국민소득. (2010. 5. 25. 검색).

지만, 이는 국민복지연금과 생활보호사업으로 연결되었을 뿐이었다.[13] 1970년대 중반에 이르러서야, 여당인 공화당은 유신체제로 인하여 국민 여론이 일고 있음을 감안하여 노인복지법을 제정하는 방안을 검토하기 시작하였다. 그러나 이는 정부 내 일부 정책결정자나 실무자들이 노인집단 등과 개별적이고 비공식적 접촉을 통하여 진행한 일에 불과하였고,[14] 정부 차원에서 노인복지법에 일말의 관심을 보인 것은 새로운 정권이 시작된 1980년대 초반부터라고 볼 수 있다. 박정희 대통령 서거 이후, 전두환 정권이 국민들에게 공포정치를 단행하면서도 동시에 유화적 조치를 취해야 했고, 그 일환으로 정의로운 복지사회구현을 국정목표로 설정하여 심신장애자복지법(1981), 아동복지법(1981), 노인복지법(1981) 등을 제정하였다는 평가를 받기도 한다.[15]

4. 소 결

노인복지법은 어느 한 가지 요인에 기인하여 제정되었다고 보기 어렵다. 사회적으로 노인에 대한 지원 체제가 필요할 무렵, 경제성장에만 몰두하지 말아야겠다는 인식이 확산되면서, 정치적 입지를 굳히기 위한 정치인들이 노인복지법을 제정하기에 적절한 시기를 노려 법을 제정하였다고 볼 수 있을 것이다. 그렇지만 1981년 실제로 법이 제정되기 이전인 1969년부터 일부 개인 및 정치인을 중심으로 법 제정에 대한 논의와 시도가 있었다는 점을 고려한다면, 결국은 법을 제정하는 위치에 놓인 사람들의 법 제정 의지와 이를 뒷받침하는 정치 환경이 가장 중요한 고려 요소가 된다고 생각할 수 있다. 이하에서는 법이 제정되기까지의 논의 과정을 살펴보고, 각 과정에서의 정치적 주도 세력을 분석해 보도록 한다.

Ⅲ. 입법경과

1. 1960~1970년대 법안 논의 과정

1) 1960년대 개인의 청원

1962년 정부는 보건사회복지부 내 사회보장심의위원회를 발족하여 사회복지에

---

13) 손준규, "한국의 복지정책결정 과정에 관한 연구", 서울대학교 박사학위 논문, 1981, 25면.
14) 현외성, "한국과 일본의 노인복지정책 형성과정에 관한 연구: 노인복지법 제정과정의 특성 비교 및 다원주의론 적용검토를 중심으로", 서울대학교 박사학위논문, 1993, 90-91면.
15) 윤찬영, 「사회복지법제론」, 나남출판사, 2010, 431면.

관한 정책을 수립·집행하도록 하였다. 이 위원회는 1960년대 중반부터 노인복지에 관심을 가지기 시작하였고, 1960년대 후반, 한국사회복지협의회 전신인 사회복지시설연합회 상임이사 이현모가 노인복지법 제정을 제안한 것을 바탕으로 노인복지법 제정의 필요성을 주장하였다. 그러나 막상 법(안)을 마련한 것은 노인복지시설(청운양로원) 운영자 이윤영 씨였다. 이윤영 씨는 1965년에 제정된 일본의 노인복지법을 토대로, 1968년 노인복지제도의 법제화조치를 작성하여 보건사회부장관에게 전달하고, 이어 1969년에는 노령자복지법(안)을 구성하여 사회복지지에 게재하고 법 제정을 국회에 청원하였다. 이윤영 씨가 제안한 법안의 가장 큰 특징은 일본의 노인복지법과 같이 사회보험 부분이 없는 공적부조와 사회복지서비스의 내용을 담은 법이라는 점이었다. 그러나 노인문제는 정부의 정책을 변화시킬 만큼 관료나 고위정책결정자들의 관심사가 아니었다. 국회 보건사회위원회는 법안에 대한 토의를 하지 않았고, 법안은 폐기되었다.[16]

2) 국회의원 발의

1970년에 당시 여당이던 민주공화당 소속 윤인식 의원[17]이 당 지도부와의 협의 없이 의원 11명의 서명을 받아 노인복지법안을 국회에 제출하였다. 그러나 이 법안은 보건사회분과위원회까지만 통과되고, 법제사법심사위원회에서 심사 중 국회 회기가 만료되면서 법안도 폐기되었다. 이후에는 1977년 공화당 소속 정우식 의원이 정기국회에서 (한국노인문제연구소에서) 노인복지법 제정을 청원한 것에 대하여 질문을 한 것 외에, 1981년까지 의원의 법안 발의 및 법 제정에 대한 논의는 없었다. 약 11년 동안 노인복지법 제정에 대한 의원들의 노력이 없었다는 점을 고려할 때에, 윤인식 의원이 1970년 법안을 국회에 제출한 것은 자신 지역구의 노인표를 의식하여 그러한 것이라는 지적[18]이 일면 타당한 것이 아닌가 생각된다. 진심으로 법 제정의 필요성을 인식하고 있었더라면 과연 11년 동안 침묵하고 있을 수 있었을까.

---

16) 현외성, 앞의 논문, 51, 77-78, 82-86, 114면.; 안성칠, "한국 노인복지정책 형성과정에 관한 연구: 노인복지법 제정개정 중심으로", 서울대학교 석사학위논문, 58-59면.

17) 전남 함평 출신인 윤인식 의원은 중앙신학교에서 사회복지학을 전공하고, 전남도의원을 거쳐 67년 7대국회의원에 당선된 후, 8.9.10대 의원을 지냈다. 1970년 당시 사회복지공동모금회 초대회장직을 맡고 있었으며, 이후 사회복지협의회 11대 회장 및 한국복지재단 대표이사를 역임하였다.

18) 현외성, 앞의 논문, 80면.

3) 대한노인회의 법 제정 건의

노인복지법 제정에 대한 노인들의 견해는 다양하였다. 전통적인 관습과 어른으로서의 체면으로 인하여 노인들이 자신의 복지증진을 위해 적극적인 노력을 기울이지 못하는 경우가 많았다.[19] 일부는 노인복지법을 받아들이면 경로효친사상을 오히려 감퇴시키는 결과를 가져올 것이라는 주장을 하기도 하였다.[20] 1969년에야 대한노인회가 창립되었고, 대한노인회는 1971년 창립 2주 기념식에서 노인복지법안 기초위원을 위촉하며 법 제정에 대한 시도를 하였다. 동년 대한노인회 서울시연합회는 박정희 대통령에게 '노인복지법 및 노인회관 건립에 관한 건의'를 하였고, 1976년에는 '노인복지시책 강화에 관한 동정'을 국회에 보내고, 한국노인문제세미나를 개최하는 등 노인문제를 사회문제로 대두시키는 역할을 하였다.[21]

4) 1970년대 개인 청원

대한노인회의 활동이 눈에 띄던 1970년대 중반, 한국법인문제연구소 소장인 김국도, 노인문제연구소장인 박재간은 개인적으로 노인복지법제정에 관심을 가지게되었다. 박재간 소장은 1976년에 종전 이윤영 씨의 법안 등을 참고하여 노인복지법을 만들었고, 당시 국회 보건사회위원회 서기관이었던 봉원순 씨를 통해 법 제정 청원을 하였다. 노인문제연구소에서 국회에 노인복지법안을 청원한 사실은 당시 한국일보,[22] 동아일보 등 주요 일간지를 통해 보도가 되었고, 박재간 소장은 박정희 대통령에게 직접 노인문제와 노인복지에 대한 브리핑을 하기도 하였다. 그렇지만, 당시 정부는 경로사상을 강조할 것을 지시하는 데에 그쳤고, 법 제정에 관심을 기울이지 않았다. 이는 법의 필요성은 인정하지만, 복지개념이 노인들에게 의식화되면, 당시 한창 추진하고 있던 경제성장정책에 혹여 차질을 빚을 수 있다는 우려가 있었기 때문이었던 것으로 추측된다.[23] 노인문제연구소는 1977년 한 번 더 국회에 입법 청원을 하였지만 이 역시 받아들여지지 않았고, 김국도 소장은 별

---

19) 현외성, 앞의 논문, 53면.
20) 대한노인회편, 「대한노인회 20년사」, 1989, 171면.
21) 현외성, 앞의 논문, 84면.
22) 한국일보, "노인문제는 무엇인가 - 급증하는 노후보장 심각성을 적시할 때", 1976. 11. 19.자.; 동아일보, "노인문제를 소홀히 말자 - 더 늦기 전에 대책을 세워야 한다", 1976. 11. 20.자.
23) 현외성, 앞의 논문, 87면에서 언급하고 있는 바에 찬동한다. 또한 안성칠, 앞의 논문, 63면에서는 "박정희대통령 당시 제9회 국회(1973.~1987.) 국회의원은 여당인 유신정우회 73명과 공화당 71명, 야당인 신민당 52명, 무소속 23명이었기 때문에, 대통령의 의지만 있었다면 노인복지법을 통과시키기에 전혀 어려운 정치적 상황은 아니었다고 분석하고 있다.

도로 1979년 및 1980년에 '노인복지법제정법률 시안'을 작성하여 복지시설협회 세미나에서 이를 발표하여 법 제정의 필요성을 강조하였다.[24] 그렇지만 이들의 노력은 큰 영향력을 미치지 못하였다. 당시 국정의 최고 지표였던 경제개발 지상주의와 경로효친 사상을 기반으로 한 가정 내 노인문제 해결이라는 국민적 정서로 제정화 작업이 결실을 보지 못하였다는 평[25]이 타당하겠다.

2. 1980년대 법안 논의 과정

1979년 여당인 공화당과 정부가 노인복지법의 제정을 추진할 계획이 있다는 소식이 있었다.[26] 그러나 10월 박정희 대통령이 서거하자, 당시 여당인 공화당은 정국 주도권을 상실하였고, 노인복지법제정 작업은 활발히 진행되지 못하였다. 이어 제5공화국 정부는 정권 자체의 정통성 결여라는 최대 약점을 무마하기 위하여 "복지사회 건설"이라는 국정지표를 내걸고 이의 실천 방향으로 노인복지법과 장애인복지법의 제정을 추진하기로 결정하였다.[27] 그러나 그 이전 1979년부터 보건사회부에서 노인복지를 담당하고 있는 실무자들은 이미 노인복지법 제정 준비 작업을 진행하고 있었다. 1980년 보건사회부는 노인복지법 제정을 위한 청문회를 개최하였고, 그간 제안된 법안을 바탕으로 "보건사회부 초안"을 마련하였다. 보건사회부가 만든 최초의 노인복지법안은 국가의 재정부담을 요청하는 사항이 많았기에, 당시 시기상조라는 반대의 입장이 많았다. 법 반대측과 논의를 진행하여 제정에 대한 합의점을 찾아가면서 최초안에 들어있던 정부부담 영역은 많이 줄어들었다. 이렇게 수정된 법안을 국무회의에 제출할 때에 보건사회부 장관은 급기야 "예산조치 필요없음"이라는 문구를 첨부하였고, 국무회의 의결을 거쳐, 1981년 5월 8일 제107회 임시국회에 제출되었고, 5월 9일 보건사회위원회에 회부되었다.[28]

3. 1981년 보건사회위원회 및 법제사법위원회 심의 과정

보건사회위원회는 5월 13, 14, 15일 3번의 회의를 열어 제출된 노인복지법을 심의하였다. 먼저 13일에 열린 제1차 회의에서는 나도헌 당시 보건사회부 차관이

---

24) 현외성, 앞의 논문, 83-85, 89-90면.
25) 임인택, "노인복지 정책의 형성과정 분철", 서울대학교 행정대학원 석사학위 논문, 1999, 20면.
26) 김계삼, "한국의 노인복지제도에 관한 연구", 부산대학교 대학원 박사학위논문, 1982, 144면.
27) 임인택, 앞의 논문, 21면.
28) 현외성, 앞의 논문, 114-119면.

법 제정 이유를 다음과 같이 설명하였다.

> "이번에 노인복지법을 제정하고자 하는 이유는 노인인구의 절대수 증가 산업화 도시화 핵가족화의 진전에 따라 노인 문제가 점차 사회문제로 대두되고 있음에 대응하여 우리 사회의 전통적 가족제도에 연유하고 있는 경로효친의 미풍양속을 유지 발전시켜나가는 한편 노인을 위한 건강보호와 시설의 제공 등 노인의 안락한 생활을 도모하고 나아가 사회복지의 증진에 기여하려는 데 있습니다."[29]

이어 나도헌 차관은 노인복지법의 주요골자[30]를 설명하였고, 손윤목 전문위원은 그에 대한 법제적 측면 및 법조문 측면에서 검토를 진행하였다. 법제적 측면에 있어서 노인복지상담원 제도가 얼마나 실효성이 있을지 의문이고, 예산상 어려움이 있는데 국가나 지방자치단체가 운영하는 공공시설마저도 무료나 할인에 이르기까지 일괄 임의규정으로 하고 기타에 있어서도 권유에 그친 것은 법률로서는 상당히 미흡하다며 법의 실효성에 대한 의문을 제기하였다. 또한 노인의 연령을 70세 이상으로 한 것도 현재 지역에 따라서는 65세를 기준으로 하고 있다는 점에 비추어 볼 때 오히려 제도상의 후퇴라고 지적하였다. 법조문 측면에서는 '노인의 건강유지'는 단순한 육체적 건강만을 뜻한다고 보여 미흡하므로, "심신의 건강유지"로 추가하고, 할인우대에 있어 위 조항이 임의 내지 권유조항인 점에 비추어 대상 연령을 일괄 70세로 하기보다는 65세 이상으로 법정하고 시행과정에서 분야별로 운영의 묘를 살리는 것이 좋을 것 같다는 지적을 하였다.[31]

다음날 열린 제2차 회의에서는 노인복지법안에 대한 의원들의 자유 질의와 이에 대한 나도헌 차관의 답변이 있었다. 의원들은 ① 할인우대 대상의 연령상한(민주한국당 김찬우 의원), ② 사회복지기금마련 방안(국민당 김원태 의원), ③ 양로시설 확충과 예산문제(민정당 이헌기 의원), ④ 유료 양로시설의 유예 필요성(민주사회당 백찬기 의원), ⑤ 가족단위 및 마을단위 노인부양 지원(민정당 문병량 의원), ⑥ 노

---

29) 1981년 5월 13일, 제11대국회 제107회 보건사회위원회 회의록 제1호, 41면.

30) 주요골자는, ① 노인복지를 위한 상담 및 지도 업무를 담당하기 위한 시군구에 상담원 비치, ② 매년 5월에 경로기간 설정, ③ 65세 이상 노인으로 신체 정신 환경 및 경제적 이유로 거택에서 보호받기 곤란한 자를 노인복지시설에 입소시켜 보호, ④ 65세 이상 전 노인에 대하여 건강진단과 보건교육실시, ⑤ 70세 이상 노인에 대해서는 국가 또는 지방자치단체의 수송시설 기타 공공시설 및 민간서비스사업의 이용료를 무료 또는 할인우대 실시, ⑥ 노인에게 적합한 직종의 개발보급, 근로능력 있는 노인에게 일자리 제공, ⑦ 노인복지시설을 다양화하여 양로시설, 노인부양시설, 유료양로시설 및 노인복지센터 등으로 구분하고 양로시설 및 노인부양시설은 무료와 실비시설로 구분이었다. 1981년 5월 13일, 제11대국회 제107회 보건사회위원회 회의록 제1호, 41면.

31) 1981년 5월 13일, 제11대국회 제107회 보건사회위원회 회의록 제1호, 47-48면.

인헌장 제정 선포 필요(민정당 이찬혁 의원), ⑦ 노인연령 기준 일괄적 마련 필요 (민정당 손춘오 의원) 등에 대하여 논의를 하였다.[32]

5월 15일에 열린 제3차 보건사회위원회에서는 전날 검토한 사항을 민정당 이선의 의원이 보고한 후 이에 대한 의결을 하였다. 여기에서 의결된 법안은 종전의 논의를 토대로 일부 수정한 것으로, 구체적인 내용은 ① 70세 이상의 할인 우대대상을 65세로 인하할 것, ② 공공시설의 무료이용을 의무규정으로 하는 문제는 공공시설은 권유규정만으로도 사실상의 강행성이 있는 것, ③ 유료양로원 설치 보류 문제는, 현실적으로 유료양로원이 필요하므로 인정하되 사후감독을 철저히 하는 방향으로 하여 부작용 없도록 할 것, ④ 노인부양수당 신설문제는 예산상 어려우므로 국민복지기금법 개정시 노령연금지급과 관련시켜 검토할 것, ⑤ 노인의 정의 규정문제는 또 하나의 논쟁을 불러일으킬 소지가 있으므로 법정화 하지 않을 것, ⑥ 경로당지원을 의무화하는 문제는 안 제10조 제2항에 지원 권장규정이 있으므로 이를 토대로 정부차원에서 노력할 것, ⑦ 사망자 유류금품은 유언에 의해서 처리하도록 하자는 문제는 유언이 없을 경우도 있으므로 이는 정부제출안 대로 두고 기타 법률체계상 미비점을 보완하여 일부조항 수정할 것이었다.

위의 세 차례 보건사회위원회 회의를 거쳐 수정된 노인복지법안은 5월 16일 법제사법위원회로 전달되었고, 당 위원회는 일부 노력조항을 의무조항으로 변경[33]한 안을 의결하였다. 1981년 5월 19일 국회 본회의에서 노인복지법은 통과되었고, 6월 5일 공포되었다.

Ⅳ. 심의과정에서의 문제된 쟁점들

보건사회위원회와 법제사법위원회의 심의과정에서 문제된 쟁점들은 제도 적용 대상 노인 연령을 어떻게 정할 것인지, 양로시설 등 노인복지시설을 어떻게 운영할 것인지 이렇게 크게 두 가지로 압축할 수 있다. 이하에서는 이 두 쟁점에 대하여 보건사회부가 구성한 1980년 노인복지법 초안[34]과 수정의결 후 제정된 1981년 제정 노인복지법을 비교분석하여 심의과정에서 논의된 사항을 정리해 보도록 하겠다.

---

32) 1981년 5월 14일, 제11대국회 제107회 제2차 보건사회위원회 회의록, 50-64면 참조.
33) 1981년 5월 16일, 제11대국회 제107회 제5차 법제사법위원회 회의록 참조: 제6조의 "노인복지상담원을 둘 수 있다"는 "둔다"로, 노인복지시설 폐지 및 휴지의 "승인제"를 "신고제"로 변경하였다.
34) 현외성, 앞의 논문, 210-215면 참조.

1. 법의 적용대상 노인의 범위(연령) 설정 문제

1980년에 보건사회부가 작성한 노인복지법 초안은 제1장 총칙, 제2장 복지조치의 종류와 방법, 제3장 복지시설, 제4장 보호조치의 비용, 제5장 잡칙, 제6장 벌칙으로 구성되어 있었다. 제2장 복지조치의 종류로 제7조(보호조치), 제8조(건강진단및 보건교육), 제9조(의료보호), 제10조(경로우대), 제11조(경로부양수당) 등이 명시되어 있었다. 각 조치는 적용 대상 노인의 연령을 각각 정하고 있었다.

1981년 제정법은 제1장 총칙, 제2장 복지조치, 제3장 노인복지시설, 제4장 비용, 제5장 보칙으로 구성되어 있었다. 제2장 복지조치의 종류로 제7조(상담·입소등의 조치), 제8조(건강진단등), 제9조(경로우대) 등이 명시되어 있었고, 각 조치의 적용대상 노인의 연령을 각각 정하고 있었다.

양 법의 내용을 비교하면 다음과 같다.

	노인복지법 초안(1980)	제정법(1981)
상담, 지도, 입소 등	제7조(보호조치): 65세 이상의 자 [지도, 복지시설 수용, 수용 위탁 조치] 단, 특별한 경우 65세 미만의 자도 해당.	제7조(상담·입소등의 조치): 65세 이상의 자 [상담·지도, 입소, 입소 위탁 조치] 단, 특별한 경우 65세미만의 자도 해당.
건강진단 등	제8조(건강진단 및 보건교육): 65세 이상의 자 [정기 건강진단, 보건교육]	제8조(건강진단등): 65세 이상의 자 [건강진단, 보건교육]
의료보호	제9조(의료보호): 70세 이상 [의료보호법에 따름]	관련 규정 없음
경로우대	제10조(경로우대): 70세 이상 [대중 서비스사업 이용료 할인]	제9조(경로우대): 65세 이상의 자 [공공시설 무료 또는 할인]
경로부양수당	제11조(경로부양수당): 65세 이상의 노인을 부양하는 자에게 지급 가능	관련 규정 없음

1981년 제정법에서는 복지조치가 전체적으로 '65세 이상의 자'를 대상으로 하지만, 1980년 초안에서는 일부 조치의 경우 '70세 이상의 자'를 대상으로 하고 있음을 확인할 수 있다.

노인복지의 대상이 되는 노인의 연령을 어느 수준으로 정할 것인가의 문제는 1970년 윤인식 의원이 제안한 노인복지법안을 논의하였던 1970년 12월 15일 제7대국회 제75회 제15차 보건사회위원회 회의에서도 다루어진 적이 있다. 당시 오정근 전문위원은 "이 법의 기본구상은 헌법 제30조 제1항에 모든 국민은 인간다운 생활을 할 권리가 있다는 국민의 생활보장을 바탕으로 생활보호법에서 빠진 부분을 구제하고 생활보호대상자가 아닌 65세 이상인 자에 대해서도 30조 2항이 말하는 「국가는 사회보장의 증진에 노력하여야 한다」하는 취지에 따라서 노인의 복지 증진을 도모하기 위한 것이라고 풀이되는 것입니다."[35]라고 하면서, "65세의 기준이 옳으냐 그르냐에 대해서는 여러 가지 이론이 있을 수 있습니다. 그러나 현재 우리나라 법의 예를 볼 것 같으면 생활보호법 제3조 제1항 제1호에도 65세를 기준으로 하고 있습니다. 또 대개 외국에도 전부 65세를 기준으로 하고 있습니다. 또 이 법에서는 노인에 대한 정의를 정하지 않았습니다. 65세 이상인 자에 대하여는 원칙적으로 연 2회 건강진단을 하게 하고 65세 이하의 자에 대해서도 현저히 노쇠현상이 있는 자에 대해서는 지방자치단체의 장이 적당한 방법을 취해가지고 보호해 주도록 되어 있습니다. 의학이 발전이 오늘날 현저하여져서 장수하는 이 시점에서 65세를 기준으로 하는 것이 옳겠느냐 하는 이론도 있을 수 있습니다. 우리나라의 실정으로 보아서 연령을 어떠한 선으로 정하는 것이 옳으냐 하는 것은 정책적인 문제이기 때문에 의원님 여러분들께서 논의하셔서 결정하실 문제라고 생각합니다."[36]라고 하였다. 이에 대하여 이우헌 의원은 법의 적용 대상 연령을 낮게 설정할 경우 제도의 운영이 현재의 예산으로는 실현이 어렵고, 다른 국가와 비교하지 말고 우리나라의 실정을 살펴서 판단해야 하며, 우리 국민은 의타심을 가지고 있기 때문에 연령을 80세로 조정해야 한다[37]는 근거없는 주장을 하기도 하였다. 이우헌 의원의 주장에 대하여 당시 법을 제안한 윤인식 의원의 답변(일본, 미국, 영국의 법이 65세를 기준으로 한다는 답변)[38]을 바탕으로 하여 볼 때, 나아가 윤인식 의원이 제안한 법의 기본이 되었던 이윤영씨 제안법이 일본 노인복지법을 참고하여 작성된 법이라는 점을 감안할 때에, 당시 법 제안자는 제도 적용 대상 연령을 여러 가능한 상황별로 구체적으로 분석하지 않고 다른 나라의 법을 차용하여 65세로 정한 것이 아니었을까 하는 의문이 든다. 1970년 12월 23일 제7대국회 제75회 제14차 법제사법위원회에서는 한문수 전문위원이 "생활보호법과의 관계를 고려하여 70세 미만의 자에 대하여도 보호조치가 적용되도록 하는 것"이 옳

---

35) 1970년 12월 15일 제7대국회 제75회 제15차 보건사회위원회 회의록, 3면.
36) 1970년 12월 15일 제7대국회 제75회 제15차 보건사회위원회 회의록, 4면.
37) 1970년 12월 15일 제7대국회 제75회 제15차 보건사회위원회 회의록, 5-6면.
38) 1970년 12월 15일 제7대국회 제75회 제15차 보건사회위원회 회의록, 7면.

다고 주장[39]하여 법안을 수정하였지만 이 법은 통과되지 못하고 폐기되었다.

초안에서 70세 이상의 자에 대하여 조치가 적용되도록 정한 것은 당시 보건사회부가 법 제정에 의의를 두고, 최대한 예산을 늘리지 않는 한에서 법을 통과시키고자 하는 의지를 가지고 있었기 때문이 아닌가 생각된다. 앞서 언급한 바 있지만, 당시 보건사회부 장관은 국회에 법안을 제출하기 위하여 "예산조치 필요없음"이라는 문구를 첨가하였고, 재정부담이 있는 사항은 대부분 삭제하여 초안 수정안을 만들었다.[40] 실제로 초안의 내용에 대하여 손윤목 전문위원은 1981년 5월 13일 제1차 보건사회위원회 회의에서 70세 이상의 노인에게 대중 서비스 할인 혜택을 받도록 정한 경로우대 조항과 관련하여, "비록 현재의 여건으로는 예산상 어려움이 있어서 그러한 것이겠지만, 현재 사실상 지역에 따라 부분적으로 65세 이상의 노인이 혜택을 받고 있다는 점을 감안한다면 법에서 70세로 정한 것은 오히려 제도상 후퇴"[41]라고 지적하기도 하였다.

1981년 5월 14일 제2차 보건사회위원회 회의에서는 김찬우 의원이 "제7조, 제8조와의 균형상으로도 그렇고, 노인에 대한 할인우대가 65세 이상 노인에게 부분적으로 실시되고 있는 실정이며, 예산상의 문제는 있겠지만 모처럼 복지사회건설의 기본이 되는 법을 제정하면서 생색만 내서는 안"[42]되기 때문에 70세로 정한 경로우대도 65세로 기준을 낮추어야 한다고 주장하였고, 백찬기 의원 역시 "제9조의 할인우대연령을 70세로 하는 것은 기존에 혜택을 박탈하는 경우도 있으므로 65세가 좋을 듯하다."[43]고 주장하였다. 이러한 의원들의 주장이 받아들여져서 5월 15일 제3차 회의에서는 70세를 65세로 조정하는 안을 채택하였다.

현행 노인복지법(법률 제9964호, 2010. 1. 25. 일부개정된 법률) 또한 제26조(경로우대) 및 제27조(건강진단), 제28조(상담·입소 등의 조치) 등은 65세 이상의 노인을 대상으로 실시하는 것으로 정하고 있다.[44]

---

39) 1970년 12월 23일 제7대국회 제75회 제14차 법제사법위원회 회의록, 24-25면.

40) 현외성, 앞의 논문, 118면.

41) 1981년 5월 13일 제11대국회 제107회 보건사회위원회 회의록 제1호, 47면.

42) 1981년 5월 14일 제11대국회 제107회 보건사회위원회 회의록 제2호, 51면.

43) 1981년 5월 14일 제11대국회 제107회 보건사회위원회 회의록 제2호, 57면.

44) 사회보장제도에서 복지서비스 대상이 노인인 경우 대상자 선정 요건 중 연령이 기준에 포함된 경우가 많으며 대부분 65세가 기준이 되고 있다. 국민연금 수급 개시연령은 2033년까지 5년마다 1세씩 상향되어 65세로 늘어나고, 기초연금 수급연령 및 노인장기요양보험의 대상 연령 또한 65세이다. 2019년 대법원은 손해배상의 기준이 되는 일반 육체노동자의 가동연한을 기존 60세에서 65세로 상향했는데 이는 1989년 55세에서 60세로 올린 지 30년 만의 변경이다. (김은표, "노인 연령 기준의 현황과 쟁점", 「이슈와 논점」 제1894호, 국회입법조사처, 2021. 11. 23., 1-2면 참조)

2. 복지시설 운영의 문제

1980년 초안에서는 제14조에서 노인복지시설의 종류를 ① 양로시설, ② 실비양로시설, ③ 노인요양시설, ④ 실비노인요양시설, ⑤ 노인복지서비스시설 이렇게 5가지로 정하고 있었다. 이 안은 양로시설은 '65세 이상의 자로서 부양의무자가 없거나 부양의무자가 있어도 그 보호를 받게 하는 것이 부적당하다고 인정되는 자'를 수용, 보호하는 시설임에 반하여, 실비양로시설은 '65세 이상의 자로서 신체상, 정신상, 환경상의 사유 또는 경제적 이유로 주거에서 보호를 받기가 곤란한 자'를 저렴한 요금으로 수용, 편의제공하는 시설이라고 정하고 있었다. 또한 이 안은 '65세 이상의 자로서 항시의 보호를 필요로 하며 주거에서 보호를 받기 곤란한 자'는 노인요양시설에 수용될 수 있으며, 그 중 장기간의 요양을 필요로 하는 자는 저렴한 요금으로 실비노인요양시설을 이용할 수 있도록 정하고 있었다. 제15조 및 제16조에서는 ① 국가와 지방자치단체, ② 사회복지법인은 복지지설을 설치할 수 있지만, 사회복지법인의 경우 설치, 폐지, 정지의 경우 시·도지사의 "인가"를 받도록 정하고 있었다.

반면 1981년 제정법은 제13조에서 노인복지시설을 ① 양로시설: 노인을 입소시켜 무료로 또는 저렴한 요금으로 급식 기타 일상생활에 필요한 편의를 제공함을 목적으로 하는 시설, ② 노인요양시설: 노인을 입소시켜 무료로 또는 저렴한 요금으로 급식·치료 기타 일상생활에 필요한 편의를 제공함을 목적으로 하는 시설, ③ 유료양로시설: 노인을 입소시켜 급식·치료 기타 일상생활에 필요한 편의를 제공하고, 이에 소요되는 일체의 비용을 입소한 자로부터 수납하여 운영하는 시설, ④ 노인복지회관: 무료로 또는 저렴한 요금으로 노인에 대하여 각종 상담에 응하고 건강의 증진·교양·오악 기타 노인의 복지증진에 필요한 편의를 제공함을 목적으로 하는 시설 이렇게 4가지로 정하였다. 법 제14조 및 제15조에서는 ① 국가와 지방자치단체, ② 사회복지법인은 복지시설을 설치할 수 있지만, 사회복지법인의 경우 설치 시 시·도지사의 "허가"를, 폐지, 휴지의 경우 시·도지사에 "신고"를 하도록 정하고 있었다.

초안과 제정법은 노인복지시설을 어느 범위까지 유료/무료로 운영할 것인지, 시설의 설치·폐지 등의 용이성을 어디까지 허용할 것인지에 관하여 차이를 두고 있다고 파악된다. 제정법의 경우, 유료/무료의 시설 적용범위 대상자에 차이가 없다. 그러나 초안의 경우 애초에 일정 범주의 노인을 대상으로 무료 복지시설을 운영하는 것으로 정하고 있다. 또한 '허가와 신고'라는 비교적 완만한 행정절차에 따라 시설을 운영하도록 허용하고 있는 제정법과 달리, 초안은 "인가"라는 상대적으로 완강한 행정절차에 따라 시설을 운영하도록 정하고 있다.

1981년 5월 13일 제1차 보건사회위원회 회의에서 손윤목 전문위원은 "유료양로시설은 자칫하면 계층간 위화감을 조성할 우려가 있고 경우에 따라서는 부모봉양을 기피하려는 사회풍조를 조장하여 본 법의 입법취지를 벗어날 우려 있다."[45]며 유료로 양로시설을 운영하는 것에 우려를 표명한 바 있다. 14일 제2차 회의에서는 이헌기 의원이 "양로시설과 관련해서는 무의탁 노인만은 100% 수용할 수 있도록 공립양로시설의 확충이 필요하다. 유료양로원은 앞에서 지적한 대로, 경로효친사상의 붕괴, 노인계층간의 위화감 조성, 양로시설의 폭리 등의 문제가 우려된다. 실비 양로시설 또한 정부가 어느 정도 비용부담 할 것인지 분명치 않다."[46]는 지적을 한 바 있다. 이에 대하여 제3차 회의에서 소위원들은 "유료양로원 설치 보류문제는, 현실적으로 유료양로원이 필요하므로 인정하되 사후감독을 철저히 하여 부작용을 방지"할 수 있도록 정하는 것으로 하여 유료양로원 설치를 명문으로 인정하였다. 그런데 초안에서 정하고 있는 유료양로원 대상 노인의 범위가 제정법과 왜 달라졌는지에 대하여는 법제사법위원회의 제5차 및 제6차 회의록을 살펴보아도 그 이유를 찾기가 어렵다. 종전의 인가를 허가로 변경한 것에 대하여는 "일일이 그 사업내용에 대해서 국가기관이나 지방자치단체의 장이 엄격히 하는 것은, 노인복지시설을 설치하는 뜻을 가지고 있는 사람에게는 국가의 후원·보조가 어렵고, 지금 정부에서 기획하고 있는 복지행정에 맞지 않는다고 보인다"[47]는 박병일 의원의 주장을 받아들여 인가가 아닌 허가에 의해 시설 설립이 가능하도록 하였음을 확인할 수 있다.

노인복지시설 운영에 대한 여러 논의를 차치하고 법 제정의 결과로, 1975년 총 45개였던 노인복지시설은 1985년에는 67개로 증가하였으며, 수용 인원은 75년 입소자가 891명, 재소자가 2,441명이었던 것에 비하여 1985년에는 약 2배 정도 증가한 입소자 1,700명, 재소자 5,059명으로 나타났다.[48]

---

45) 1981년 5월 13일, 제11대국회 제107회 보건사회위원회 회의록 제1호, 47면.
46) 1981년 5월 14일, 제11대국회 제107회 보건사회위원회 회의록 제2호, 52면.
47) 1981년 5월 18일, 제11대국회 제107회 제6차 법제사법위원회 회의록, 6면.
48) 보건복지부, 「보건복지통계연보」, 1998, <표 7-3-1> 참조. 2008년 4월 법 개정으로 노인복지시설 명칭이 다수 변경되었고, 변경된 바에 따른 시설 현황은 2010년 기준 노인주거복지시설이 397

V. 법 제정의 의의 및 한계

1. 법 제정의 의의

「노인복지법」이 제정되기 이전에는, 「생활보호법」 제3조와 제25조에 근거하여 65세 이상 생활능력이 없는 노인을 대상으로 한 보호만 있었을 뿐 여타 노인복지에 대한 구체적인 법적 지원이 없었다. 법 제정으로 복지시설이 증가하고 각종 복지조치들을 실현하기 위한 명문규정이 마련되었고 이를 계기로 여러 정책이 종전보다 적극적으로 마련되고 시행되기 시작하였음은 부정할 수 없다. 위에서 언급한 노인복지시설 수용 인원의 확대가 그 일례라고 볼 수 있을 것이다. 특히 법 제정 이후 정부는 법에서 정하고 있는 기본이념에 따라 1982년 5월 8일 '경로헌장'[49]을 선포하기도 하였다. '국민교육헌장', '어린이헌장'에 이어 3번째로 선포된 '경로헌장'은 노인문제에 대한 범국민적 관심을 일으키기 위해 제정된 것으로 세계 최초의 경로헌장이기도 하다. 헌장에서는 노인에게 본인이 자신의 위치와 할 일을 찾아서 여생을 보내는 슬기를 보일 것을 요구하고 있다.

재미있는 것은 헌장 외에 법 또한 노인 스스로의 역할을 강조하고 있고, 노인복지의 주체로 국가와 국민 그리고 노인을 모두 정하고 있다는 점이다. 단순히 노인을 위한 법을 넘어 노인의 발전을 요구하는 법이라고 해석할 수도 있겠다. 구체적으로 법 제정 이후 단 한 번도 개정되지 않은 제2조(기본이념)과 제3조(가족제도의 유지·발전) 조항이 각 주체의 역할을 정하고 있다. 먼저 제2조 제3항에 따라 노인은 "노령에 따르는 심신의 변화를 자각하여 항상 심신의 건강을 유지하고 그 지식

개, 노인의료복지시설이 3,852개, 노인여가복지시설이 62,469개, 재가노인복지시설이 2,496개로 나타났다. 보건복지부, 「노인복지시설 현황」, 2011, 3면.

49) 경로헌장의 내용은 아래와 같다.
　노인은 우리를 낳아 기르고 문화를 창조 계승하며 국가와 사회를 수호하고 발전시키는데 공헌하여 온 어른으로서 국민의 존경을 받으며 노후를 안락하게 지내야 할 분들이다. 그러나 인구의 고령화와 사회구조 및 가치관의 변화는 점차 노후생활을 어렵게 하고 있다.
　우리는 고유의 가족제도 아래 경로효친과 인보상조의 미풍양속을 가진 국민으로서 이를 발전시켜 노인을 경애하고 봉양하여 노후를 즐길 수 있도록 노인복지증진에 정성을 다해야 한다.
　우리는 아래와 같은 사항을 구현하기 위하여 다 함께 노력한다.
　1. 노인은 가정에서 전통의 미덕을 살려 자손의 극진한 봉양을 받아야 하며 지역사회와 국가는 이를 적극 도와야 한다.
　2. 노인은 의식주에 있어서 충족되고 안락한 생활을 할 수 있어야 한다.
　3. 노인은 심신의 안정과 건강을 누릴 수 있어야 한다.
　4. 노인은 자신의 능력에 따라 사회활동에 참여할 수 있어야 한다.
　5. 노인은 취미·오락을 비롯한 문화생활과 노후생활에 필요한 지식을 얻는 기회를 가져야 한다.

과 경험을 활용하여 사회의 발전에 기여하도록 노력하여야" 하고, 국가와 국민은 제3조에 따라 "경로효친의 미풍양속에 따른 건전한 가족제도가 유지·발전되도록 노력하여야 한다." 특히 제3조의 경우, 노인문제의 해결과 노인부양에 대한 책임을 가정과 사회가 공동으로 대처해 간다는 의미로 해석될 수 있다.[50] 즉 법은 노인 스스로 후손과 국가의 발전에 도움이 되도록 노력할 것을 전제로 하고, 이후 발생하는 문제를 노인과 가정, 국가가 함께 해결해 나갈 것을 강조하고 있는 것이다. 노인의 주체적이고 자발적인 역할을 강조하는 노인복지법 기본이념은 여러 관련 법들의 방향을 정하는 받침돌이 되었다. 2011년 7월 제정된 「서울특별시 고령친화도시 구현을 위한 노인복지 기본조례안」의 모태도 바로 제정 노인복지법의 기본이념이라고 볼 수 있다. 다양한 노인복지정책의 기본 준거를 보다 구체화한 조례안은, 노인들을 단순한 복지의 수혜자로 설정하는 것이 아니라 옴부즈만 제도, 시정 모니터링단, 자원봉사단 등을 통한 권리의 주체로 참여할 수 있도록 다양한 참여 방안을 정하고 있어 제정 및 현행 노인복지법의 기본이념을 충실히 반영하고 있는 조례라 생각될 수 있겠다.

2. 법 제정의 한계

물론 법 제정의 한계도 있었다. 먼저 노인복지법에 따라 노인들이 받을 수 있는 서비스는 제한적이었다. 일례로 현행 법 제26조의 경로우대 조항은 제정 당시부터 있던 조항으로 노인들이 국가 또는 지방자치단체의 수송시설 및 고궁·능원·박물관·공원 등의 공공시설을 무료로 또는 그 이용요금을 할인하여 이용하게 할 수 있도록 정하고 있다. 현행 시행령 별표1은 지하철, 도시철도, 국공립 박물관이나 공원 또는 미술관을 65세 이상의 노인들이 무료로 이용할 수 있도록 정하고 있다. 그러나 제정 시행령은 공원을 제외한 나머지 사항에 대하여 50% 할인이 가능하도록 정하고 있을 뿐이었다. 노인복지의 실현이라는 큰 틀에서는 각 부처가 뜻을 같이 할 수 있었지만, 구체적인 실현 방법에 있어서는 예산상 문제를 이유로 합의를 이루지 못하는 사례가 너무 많았고, 위 경로우대 조항은 각 부처간 법 실행 방법과 정도의 차이로 제한적으로 서비스를 제공하게 된 일례라고 볼 수 있다.

근본적으로는 제정법은 선언적이고 훈시적인 성격을 가지고 있는 부분이 많아

---

50) 유성호, "한국과 미국의 노인복지법 비교 연구-한국의 노인복지법 개정과 관련된 추진 과제에 대한 제안", 「노인복지연구」 제14권, 한국노인복지학회, 2001. 12., 157면.

서 노인복지 증진을 위한 실질적인 법적 효력이 약하다는 비판을 피할 수 없었다. 제정법은 경로우대 조항뿐만이 아니라 국가 또는 지방자치단체의 경로사업의 실시와 지원 조항,[51] 직종개발조항,[52] 노인복지시설 설치조항[53] 등 구체적인 복지정책 실현에 관한 조항을 임의규정 또는 노력규정으로 두고 있는 부분이 많았다. 그리고 국가 또는 지방자치단체를 책임 주체로 명시하고 있지만 양자의 역할과 책임영역이 명확하게 구별되어 있지 않아 예산의 분배나 직접적인 서비스의 제공 등에 있어 책임주체가 분명하지 않다는 문제도 있었다. (이는 현행법에서도 해결되지 않고 있으며 구체적인 시도 조례안 등을 통해 해결되고 있을 뿐이다) 재정적인 문제를 해결하기 위한 적극적인 규정 부재로 복지정책 실현에 제한이 있다는 비판은 예견된 바였다.[54]

또한 노인복지시설에 입소되어 있지 않는 노인 중 신체적 또는 정신적 장애로 돌봄이 필요한 경우, 지원 가능한 가정봉사 서비스 등을 제정법이 다루고 있지 않았다. 법에서 정하고 있지 않는 추가적인 서비스 지원에 대한 필요도 요구되는 일이 점점 많아지면서 제정법의 개정 논의가 현장에서 일어나기 시작했다.

3. 이후의 개정작업

개정요구가 일면서 제정법은 1989년 처음으로 개정이 되었다. 이후 몇 차례 크고 작은 개정 작업을 거치면서 제정법은 그 내용이 상당부분 변경되었다. 1989년 개정법은 노인복지 정책에 관한 실무 및 정치권의 질문에 응답하기 위하여 국무총리소속 하 노인복지대책위원회를 설치, 운영하였다. 1990년 보건사회부(현 보건복지부) 내 노인복지과를 처음으로 신설하여 구체적인 노인복지 정책을 실현해 가는 데 초점을 두기 시작하였다. 또한 저소득층 노인의 소득을 지원하기 위하여 '노령수당'을 신설하여 지원하였다. 노령수당은 1997년 법 개정으로 '경로연금'으로

---

51) 제10조 (경로사업의 실시 · 지원) ① 국가 또는 지방자치단체는 노인의 심신건강의 유지와 여가선용을 위하여 교양강좌 · 오락 기타 노인의 복지증진을 위한 사업을 실시하도록 노력하여야 한다.
   ② 국가 또는 지방자치단체는 경로당 · 노인정 · 노인교실 기타 노인의 복지증진을 목적으로 하는 사업을 하는 자에 대하여 적절한 지원을 할 수 있다.
52) 제11조 (직종의 개발등) ① 국가 또는 지방자치단체는 노인에게 적합한 직종의 개발과 그 보급에 노력하여야 한다.
   ② 국가 또는 지방자치단체는 근로능력이 있는 노인에게 일할 기회를 제공하도록 노력하여야 한다.
53) 제14조 (노인복지시설의 설치) ① 국가 또는 지방자치단체는 노인복지시설을 설치할 수 있다.
54) 이세훈, "노인복지법 해설", 「월간법제」, 1981. 6., 법제처 사이트 참조. (2012. 2. 12. 검색)
   (http://www.moleg.go.kr/knowledge/monthlyPublication?mpbLegPstSeq=125732)

지급되어 오다가, 기초노령연금법을 제정하면서 소득계층에 상관없이 전 노인에게 일정 생활비를 지원하는 보편적 연금제도로 종전 노령수당제도를 확대하였다. 따라서 경로연금과 관련된 내용은 노인복지법에서 2007년 삭제되었다. 2000. 1. 12. 법률 제6124호로 일부 개정이 되었으며, 이전과 비교하여 노인복지대책위원회에 관한 법조항이 삭제되고 노인주거 복지시설에 대한 법이 신설되었다. 그리고 재가복지의 중요성이 증가하면서 가정봉사원의 교육과 가정봉사교육기관의 설치에 관한 규정이 새롭게 신설되었다.[55] 또한 종전 초안이나 제정법에서는 언급조차 되지 않았던 "노인학대"에 대한 규정이 2004년 1월 신설되었다. 현행법은 "노인에 대하여 신체적·정신적·정서적·성적 폭력 및 경제적 착취 또는 가혹행위를 하거나 유기 또는 방임을 하는 것"이라며 노인학대에 대한 정의규정(제1조의2 제4호)을 두고 있다.

최근 노인학대가 중요한 사회문제로 대두됨에 따라[56] 노인학대 예방 및 방지를 위한 법적·제도적 장치를 강화할 필요가 있으므로 노인학대와 관련된 여러 쟁점이 순차적으로 노인복지법에 도입되었다. 2015. 12. 29. 일부개정으로 매년 6월 15일을 노인학대 예방의 날로 지정하고, 지상파방송 및 전광판을 통해 노인학대 관련 홍보영상을 제작·배포·송출할 수 있도록 하였다. 나아가 2020. 4. 7. 일부개정으로 종편방송에서도 관련 영상을 방영할 수 있도록 그 범위를 확대하였다. 2015. 12. 29. 개정은 그 외에도 노인학대 신고의무자의 범위를 확대하였고, 노인학대 위반자의 처벌을 강화하였다. 2016. 12. 2. 일부개정으로 제39조의9 금지행위에 정서적 학대 행위를 제6호의 금지행위로 추가하면서, 금지행위의 객체가 되는 노인연령 기준을 65세로 명시하였다. 2017. 3. 14. 일부개정으로 노인보호전문기관의 장은 노인학대행위자에 대하여 상담·교육·심리치료 등 필요한 지원을 받을 것을 권고할 수 있고, 노인학대행위자는 이에 협조하도록 정하였다. 동시에 학대 피해를 입은 노인을 일정 기간 보호하기 위해 학대피해노인 전용쉼터를 설치·운영하도록 하였다. 가장 최근 개정인 2021. 12. 21. 개정법은 노인과 관련된 사회복지시설에서 복무하는 사회복무요원 또한 사회복지시설의 종사자와 마찬가지로 업무 특성상 노인학대 등의 사실을 알게 될 가능성이 높으므로 사회복무요

---

55) 국가기록원 나라기록, 노인복지법 부문 참조. (2012. 2. 12. 검색)
 (http://contents.archives.go.kr/next/content/listSubjectDescription.do?id=000324&pageFlag=)
56) 2015년 대비 2019년 노인학대 전체 사례건수는 35% 증가(11,905건 → 16,071건)하였다. (보건복지부·중앙노인보호전문기관, 「2019 노인학대 현황보고서」, 2020. 6., 17면 참조)

원을 노인학대 신고의무자에 포함시키도록 하였다.

Ⅵ. 결 론

노인복지법의 제정배경을 살펴보면, 일부 개인(노인복지 실무자) 및 단체의 노인 문제 인식이 법 제정을 이끈 원동력이 되었음을 확인할 수 있다. 당시 사회적으로 노인들의 처한 환경, 지위를 고려하여 각자가 목소리를 꾸준히 냈던 것이 후에 정치적 상황이 영글어졌을 때 법을 제정할 수 있는 기반을 마련한 것이라 볼 수 있다. 일부 개인과 단체가 꾸준히 법 제정에 대한 논의를 진행했던 것과 달리 정치인 개인 및 집단, 정부는 정치적으로 법을 제정하기에 불리하지 않은, 오히려 유리한 상황이 되었을 때야 비로소 법 제정에 대한 논의를 추진하였다는 점에서 실제 결과물을 창출해 내는 당사자임에 비하여 그 역할 비중이 전체적인 법 제정 과정에서 절대적으로 크지는 않았다는 것을 확인할 수 있다. 그렇지만 제정심의 과정 중 나온 의원들의 논의를 볼 때에, 우리나라의 법체계와 전체적인 사회복지 체제 구성에 대하여 의원들이 충분하지는 않지만 적극적인 관심을 표명하였다는 점을 알 수 있다. 나아가 복지행정에 대한 관심을 어떠한 이유로 갖게 되었는지 의심은 가지만, 그래도 국가의 대표자인 대통령이 복지행정을 전면적으로 긍정하였을 때에 관련 법안이 최종적으로 제정되는 것을 확인할 수 있다. 법 제정 당시 주요 쟁점으로 논의되었던 노인의 기준이 되는 연령에 대한 문제, 복지시설 운영 방법에 대한 문제 등은 실은 오늘날도 여전히 전 세계적으로 유효하게 논의되는 노인복지 관련 주요 쟁점이다. 실무가가 중심이 되어 법 제정 문제를 제기한 것이 당시 제정 논의의 출발 수준을 일정 정도 뒷받침하지 않았는가 생각이 든다. 특히 평균 수명이 점차 증가하면서, 논의를 진행하는 의원들 본인이 곧 노인이 될 수 있다는 의식이 특히나 여타 복지 관련 법안에 비하여 비교적 활발한 의원들의 참여를 이끌어내지 않았나 싶기도 하다.

지속적으로 개정작업을 거치면서 제정 노인복지법이 보다 구체화되고 보다 현실화되고 있다고 생각한다. 그러나 노인복지 수요를 고려할 때 현행 노인복지법은 아직까지도 여러 가지 미흡한 면이 많이 있지 않나 생각된다. 노인복지에는 노인의 사회참여, 노인일자리 및 소득보장문제, 보건의료와 관련된 노인건강문제, 노인 주거시설과 관련된 문제, 재가노인복지서비스를 포함한 여러 복지서비스 등 다양한 쟁점에서 수요에 따라 필요한 서비스가 논의되게 된다. 참고로 미국은 노인복지법과 사회복지법 두 법을 축으로 노인복지와 연결된 각 관련분야에 대한 개별 법을 정하여 각각 법에 따라 복지정책을 실현하도록 하고 있다.[57] 우리나라는 제정법 이래 단일법에서 노인복지와 관련된 여러 사항을 정하고 있다. 물론 단일법은 통일적으로 복지 정책을 논의할 수 있게 하지만, 법을 보다 방대하게 하는 작용도 한다. 나아가 점점 법체계가 복잡해짐과 동시에 규율 내용 체계가 흐트러질 가능성도 있다. 노인인구가 점점 증가하면서 노인복지 관련 예산도 점차 증가하고 있고, 앞으로 더 많은 노인복지 정책이 다양하게 시도될 것으로 예측된다. 이러한 시점에서 제정 노인복지법의 이념을 바탕으로 각 분야별 세분화된 노인복지법안 체계를 구축하는 것이 보다 다양한 정책을 구체적이고 체계적으로 시행하는 데 도움이 되지 않을까 생각한다.

---

57) 김성순, "고령사회에 대비한 노인복지법의 문제점과 개정방향", 「노인복지연구」 제15권, 한국노인복지학회, 2002.3., 18-19면 참조.

12 법률구조법 제정사*

구본권**

Ⅰ. 서 론

법률구조법은 1986. 12. 23. 법률 제3862호로 제정·공포되어 1987. 7. 1.부터 시행되었다. 1986년 법률구조법의 제정 당시 전국의 변호사 수는 1,414명[1]이었으나 2021. 7. 1. 기준 전국의 변호사 수는 30,553명[2]에 이른다. 이렇게 변호사의 수가 크게 늘어난 이유는 법학전문대학원 제도의 도입을 통해 다양한 전공을 가진 다수의 법조인을 배출하여 법률문화 정착에 힘쓰는 한편 변호사 사무실의 문턱을 낮추기 위함일 것이다.

법률구조법의 제정 당시와 현재를 비교하면 약 34년 만에 변호사의 수는 약 22배로 증가하였고, 현재는 변호사시험을 통해 매년 약 1,700명 정도의 법조인이 새로 탄생하고 있다. 급격한 법조인의 증가로 인하여 자칫 법조인들이 생존경쟁에 매몰되고, 법조인의 본분과 사회적 책임을 망각하지는 않을까 우려된다. 이러한 시기에 법률구조법의 제정사를 살펴봄으로써 법조인의 사회적 책임에 대해 다시 생각해 볼 필요가 있다.

이하에서는 법률구조법의 제정 배경을 알아보기 위하여, 간략히 변호사들의 자

---

* 이 글은 필자의 졸고인 "법률구조법 제정사", 「사회보장법학」, 제7권 제1호, 한국사회보장법학회, 2018. 및 법학석사 학위논문인 "사회보장으로서의 법률구조법 시론", 서울대학교 법학과, 2019.의 글을 일부 수정한 것이다.

** 법률사무소 도윤 변호사, 법학 석사.

1) 양승규, "변호사의 적정수", 「법학」, 29권 1호, 서울대학교 법학연구소, 1988, 70면.

2) 대한변호사협회 홈페이지 > 협회소개 > 회원현황 참조(2021. 7. 2. 방문. https://www.koreanbar.or.kr/pages/introduce/stat.asp). 2021. 7. 1. 기준 대한변협 회원수는 개업 회원이 24,945명, 준회원(휴업,미개업) 회원이 5,608명으로 총 30,553명이다. 형태로는 법무법인이 1,268개 사무소로 구성원 5,113명, 소속변호사 3,319명이 있고, 법무법인(유한)이 68개 사무소로 구성원 1,589명, 소속변호사 2,867명이 있고, 공증인가합동 사무소가 18개 사무소로 구성원이 85명 있고, 공동법률사무소가 346개로 구성원이 1,811명이다.

발적인 법률구조활동 및 법률구조법의 제정으로 탄생한 대한법률구조공단[3)의 전신이었던 재단법인 대한법률구조협회의 활동을 살펴보겠다.

II. 민간에서의 법률구조 운동 및 법률가들의 노력

1. 변호사제도의 시작

사법제도의 근대화에 부응하여 사법사무를 담당할 사법관(司法官)을 양성하기 위한 속성 법학교육을 목적으로 1895년에 법관양성소가 설립되었고, 법관양성소의 교육을 받고 성법학사(成法學士)의 자격을 수여받아 법률가로서의 자격이 인정된 자들이 배출되기 시작하였다. 1894년부터 1896년에 이르는 갑오개혁으로 신제(新制)의 재판소와 판검사의 관직이 창설되었지만 변호사직은 탄생하지 못하던 중, 1905. 11. 최초의 변호사법이 공포되면서 변호사제도가 시작되었다. 변호사 등록이 개시된 것은 1906년부터이며, 그 해 등록한 변호사는 홍재기(洪在旗), 이면우(李冕宇), 정명섭(丁明燮) 3명이었고, 1907년에 등록한 변호사는 심종대(沈鍾大) 이하 17명이었다. 1907년에 갑자기 많은 수의 변호사가 등록한 이유는 일제의 통감부가 설치되자 일본인 밑에서 관직에 머무는 것을 치욕으로 생각하고 많은 법조직의 퇴직자가 생겼기 때문이라고 한다. 1908년까지 33인의 변호사가 광무변호사법에 의하여 등록하였다.[4)]

변호사는 변호사회에 가입해야 변호사 직무를 수행할 수 있도록 변호사법에 규정되어 있었기에 변호사들이 모여 변호사회의 인가신청을 하였고, 1907. 9. 23. 법무대신 조중응의 명의로 이를 인가하고 같은 해 10. 1.자 관보에 공고하였는바, 이면우 이하 10명의 변호사가 포함된 최초의 변호사회인 한성변호사회가 조직되었다. 이후 1909. 4. 변호사법이 새로 공포되어 각 지방재판소 단위로 변호사 등록을 하도록 개정되었고, 이에 따라 변호사회는 지방별로 조직하게 되었다. 이후 '을유각서'로 사법권을 강탈한 통감부는 1909. 10. 통감부변호사규칙을 새로 공포하고, 한국 변호사뿐 아니라 일본인 변호사도 같이 등록할 수 있도록 하였다.

참고로 변호사법의 변천사만을 간략히 살펴보면, 1905. 11. 광무변호사법, 1909. 4. 융희변호사법, 1909. 10. 통감부변호사규칙, 1910. 12. 조선변호사규칙, 1936. 4. 조선변호사령, 1945. 11. 미군정 명령 '조선변호사에 관한 명령', 1948. 7. 미군정

---

3) 구 법률구조법(법률 제3862호, 1986. 12. 23. 제정) 부칙 제3조 및 제4조.
4) 대한법률구조공단, 「한국법률구조사」, 1994, 77-78면.

법령 변호사법, 1949. 11. 대한민국 변호사법이 있다.

2. 변호사협회의 역사

위에서 본 바와 같이 1907. 9.에 한성변호사회가 설립·인가되어 우리나라 최초의 변호사단체가 탄생하였다. 1909. 4.에 융희변호사법이 공포되면서 경성에는 일본인 변호사로 구성되는 경성제1변호사회와 한국인 변호사로 구성되는 경성제2변호사회로 분리되었다. 1919년 경성제1변호사회와 경성제2변호사회가 통합이 될 듯하였으나, 회장선거에서 한국인 변호사인 장도(張燾)가 일본인 변호사에게 1표 차이로 이기자 두 변호사회의 통합은 무산되었다. 두 변호사회는 1939년에 일본인과 한국인이 통합된 경성변호사회로 발족하였고, 그 사이에 각 지방법원 소재지에 각 지방변호사회가 구성되었다.

지방변호사회는 그 연합체인 대한변호사협회를 1949. 11. 7. 공포·시행된 변호사법(법률 제63호)에 따라 조직하였는데, 1950. 6. 각 지방변호사회 회장과 대의원이 모여 창립총회를 개최하고 협회규약을 정하여 법무부장관에게 인가신청을 하였으나 6·25전쟁으로 창립이 좌절되었다가 1952. 7. 임시수도인 부산에서 다시 창립총회를 속개하여 회장 최병석(崔秉錫) 등 임원을 선출하고, 인가신청을 하여 그 해 8월 법무부장관으로부터 인가를 받아 오늘에 이르고 있다.[5]

3. 변호사협회의 법률구조 활동

1) 대한변호사협회의 법률구조활동

1952. 8. 29. 설립된 대한변호사협회는 아래에서 보는 바와 같이 소속 변호사들이 주로 서울지방변호사회를 통해 법률구조활동을 하였기에 대한변호사협회 차원에서는 법률구조활동이 활발히 진행되지 못하고 있었다. 그러던 중 1976년에 특별분과위원회로서 "기획조사위원회"를 설치하여 변호사업무가 날로 침체되고 영세화하여 국민의 신뢰도를 상실하고 있고 아울러 국민생활과 유리되어 가고 있는 이유를 검토구명(檢討究明)하게 하였다. 그 결과 첫째로 변호사들이 급변하는 사회현상에 적응할 수 있는 자질을 갖추지 못하고 구태의연하게 법정에만 집착하고 있으니 변호사 스스로 자질을 향상시켜 직역회복과 더불어 변호사업무의 활성화를

---

5) 대한변호사협회, 「한국변호사사」, 1979. 참조.

도모해야 한다는 것이고, 둘째로는 변호사들이 국민으로부터 신뢰를 되찾고 친근 감을 얻으려면 변호사단체가 국민을 위하여 무엇인가 봉사하고 기여하는 단체라 는 것을 인식시켜 주어야 한다는 결론에 이르게 되었다.

이에 1978. 9.에 대전 유성에서의 제2회 변호사연수회에서 "변협의 법률구조사 업의 전개"라는 제목으로 토론회를 거쳐 1978. 10. 1. "법률구조기금설치요강"을 마련하여 1억 원을 목표로 기금을 마련하였으나 1980. 7. 9.에 절반 수준인 49,000,000원의 기금을 마련하였다. 이를 기초로 12건의 소송구조 사건을 진행하 였고, 기금을 재단법인을 설립하여 인도하려고 하였으나 1980. 7. 26. 법무부로부 터 법인설립허가신청이 불허[6]되었고, 이로 인해 잠시 법률구조사업은 중단되었 다.[7][8] 이에 대한변호사협회는 1980. 8.에 제6회 변호사연수회 당시 "법률구조제도 의 현황과 장래"에 대한 세미나를 갖고 대응책을 논의하였다.

대한변호사협회는 갹출된 기금을 재단 설립 시에 법률구조기금을 이관하는 조 건으로 보관하던 중, 1982. 12. 31. 변호사법이 개정되면서 대한변호사협회는 그 회칙에 법률구조사업에 관한 사업을 반드시 기재하도록 하였고, 법률구조기구를 대한변호사협회에 두고 지방변호사회에는 그 지부를 둘 수 있도록 규정하였으며, 이에 따라 "법률구조사업회"를 신설하게 되었다. 1985. 9. 9. 제2차 법률구조사업 회에서 법률구조기금을 대한변호사협회 법률구조사업회 예산으로 편입하여 운영 할 것을 결의하고, 동년 10. 1. 법률구조기금을 변협 법률구조사업회 기금특별회 계로 이관하였고, 이를 재원으로 법률구조사업을 실시하였다.[9] 사업의 첫해인 1986년도 예산액은 1억8천만 원이었고, 법률상담실적 민사 6,468건, 상사 178건, 형사 532건, 가사 1,157건, 행정 47건 등 합계 8,472건이었다.[10]

---

6) 이를 두고 법무부가 대한변호사협회의 설립인가 신청을 거부하고 법무부 주도로 법률구조공단을 설 립한 것이라는 의견(정주교, "법률구조의 현황 및 사례 발표", 「법률구조대회 자료집」, 재단법인 대 한변협법률구조재단, 2011, 51면)도 있으나, 구체적인 근거자료는 찾지 못하였다. 다만, 1979. 10. 26. 박정희 대통령의 서거 이후 최규하 대통령이 1980. 8. 16.까지 재임하였고, 이후 1980. 9. 1. 전두환 대통령의 취임이 있는 등 격동의 시기였던 점은 고려되어야 할 것이다.
7) 김준수, "변호사단체의 법률원조(구조) 현황", 「대한변호사협회지」 제6회 변호사연수회 <특집>, 59 (1980. 8.), 대한변호사협회, 1980, 11−12면.
8) 황석연, "법률구조제도의 개선전망과 실적", 「대한변호사협회지」, 101 (1984. 10.), 대한변호사협회, 1984, 44면.
9) 대한법률구조공단, 앞의 책, 104−110면.
10) 정범재, "법률구조제도에 관한 연구", 한양대학교 행정대학원, 석사학위논문, 1987, 104−105면.

2) 서울지방변호사협회의 법률구조활동

현재의 서울지방변호사회는 서울통합변호사회가 1982. 12. 31. 변호사법이 개정되면서 그 명칭을 변경한 것인데, 서울통합변호사회는 통합이 이루어진 1980. 7. 이전에는 서울변호사회와 서울제일변호사회로 나뉘어 있었다. 서울변호사회가 둘로 나뉜 것은 1960. 9.에 4 · 19 학생의거 직후 혁신의 바람이 고조되면서 일부 회원인 노진설, 조평재 등 약 60명이 탈퇴하여 서울제일변호사회를 창립하였고, 1960. 10. 29. 법무부장관이 이를 인가하였기 때문이다.

(1) 서울변호사회

서울변호사회는 1962. 3. 1.에 "인권상담소"를 설치하고 무자력과 무지로 인하여 법의 보호를 받지 못하는 대중을 위하여 무료 법률상담 및 소송상의 원조와 무료변론을 실시하여 왔다. 또한 1977년부터는 변호사가 주재하지 아니한 시군청 소재지에 대한 무료법률상담도 벌여 1977년에는 강화군, 안성군, 1978년에는 평택군, 이천군, 파주군, 성남시, 부천시, 포천군을 순회하며 상담을 하였다.

서울변호사회의 1980년까지의 법률상담실적은 1962년 1,326건, 1963년 1,191건, 1964년 1,252건, 1965년 493건, 1966년 1,468건, 1967년 1,358건, 1968년 1,127건, 1969년 1,073건, 1970년 1,774건, 1971년 1,635건, 1972년 943건, 1973년 1,304건, 1974년 1,043건, 1975년 358건, 1976년 544건, 1977년 1,378건, 1978년 2,314건, 1979년 1,778건, 1980년 361건이었다.

법률구조실적은 1962년 166건, 1963년 159건, 1964년 128건, 1965년 38건, 1966년 52건, 1967년 15건, 1968년 27건, 1969년 21건, 1970년 47건, 1971년 69건, 1972년 36건, 1973년 39건, 1974년 24건, 1975년 8건, 1976년 19건, 1977년 8건, 1978년 12건, 1979년 7건, 1980년 1건이었다.[11]

(2) 서울제일변호사회

서울제일변호사회는 1970. 7. 당시 회장이 법률구조기금으로 금 100만 원을 희사(喜捨)하여 1972년부터 법률상담을 넘어선 법률구조사업을 벌였다. 특이한 점은 서울제일변호사회는 무료법률상담소를 서민대중이 쉽게 이용할 수 있도록 하기 위하여 1972. 7. 1. 서울시내 신세계 백화점에 방을 빌려 매주 토요일과 월요일에

---

11) 김준수, 앞의 논문, 12-14면.

오후 4시간씩 전 회원이 윤번제로 상담을 맡았으나, 1974. 10. 말경 백화점 측 사정으로 중지한 바 있다. 또한 1977. 9. 초부터는 서울시내 구로동 소재 한국수출산업공단 내에 "종업원무료법률상담소"를 설치하여 매 일요일에 회원을 파견하여 법률상담에 응하게 한 바 있다.[12]

서울제일변호사회의 무료법률상담 실적은 1961년 64건, 1962년 85건, 1963년 105건, 1964년 120건, 1965년 93건, 1966년 152건, 1967년 128건, 1968년 127건, 1969년 78건, 1970년 35건, 1971년 45건, 1972년 54건, 1973년 2,245건, 1974년 549건,[13] 1975년 342건, 1976년 273건, 1977년 165건, 1978년 542건, 1979년 785건,[14] 1980년 25건이었다.

법률구조사건 실적은 1972년 2건, 1973년 7건, 1974년 5건, 1975년 4건, 1976년 3건, 1977년 4건, 1978년 2건, 1979년 2건이었다.[15]

(3) 서울통합변호사회

서울지방변호사회와 서울제일변호사회는 1980. 7. 4. 법무부장관의 통합인가를 얻어 동년 7. 21. 창립총회를 열어 하나의 회로 통합되었다. 통합회는 제7장 변호사의 업무 중 제3절 법률구조의 절을 두어 제48조에 변호사회가 무료법률상담과 법률구조사업을 펴나가는 근거를 마련하였고, 항구적인 사업기구로서 법률원조사업회를 설치하여 사업을 적극적으로 전개하기로 하였다.[16] 이후 위에서 본 바와 같이 변호사법의 개정 등으로 서울지방변호사회의 법률원조사업회는 대한변호사협회 법률구조사업회의 지부 역할을 겸하게 되었으나, 지부의 역할보다는 독자적인 원조사업에 주력하였다.

법률상담실적은 1980. 9. 1.부터 1981. 3. 31.까지 3,252건, 1982. 3. 31.까지 4,634건, 1983. 3. 31.까지 2,841건이었고, 법률구조실적은 위와 같은 기간 동안 9건, 5건, 10건이었다.[17] 이러한 추세로 1986. 7. 30.까지의 6년 동안 총 상담건수는 37,220건이며, 상담변호사도 연인원이 3,020명이었고, 법률구조건수는 106건에 이르렀으며, 법률원조사업회의 1986년도 예산액은 1억 2,300만 원이었다.[18] 이후

---

12) 대한법률구조공단, 앞의 책, 97면.
13) 1972년, 1973년, 1974년 상담건은 신세계점 상담소 상담건이다.
14) 한국수출산업공단 상담건은 1977년 49건, 1978년 86건, 1979년 46건이었다.
15) 김준수, 앞의 논문, 14면.
16) 대한법률구조공단, 앞의 책, 98면.
17) 황석연, 앞의 논문, 45-46면.
18) 대한법률구조공단, 앞의 책, 98면.

당직변호사제도를 1993. 5. 1.부터 시행하는 등 법률구조를 확대해 나갔다.

4. 한국가정법률상담소의 활동[19]

한국가정법률상담소는 1952년에 여자로서는 처음으로 고등고시에 합격한 최초의 여성법조인인 이태영 변호사가 1956년 여름날 을지로 입구 낡은 여총회관 4층 한 귀퉁이에 여성법률상담소라는 간판을 달게 되면서 시작되었다. 여성법률상담소는 1961. 12. 인권옹호주간을 맞아 보건사회부의 협조 아래 출장상담을 실시하기 시작하였고, 1960년대 초반에는 미국에서 창설된 아시아 재단의 지원을 받기도 하였다.

여권 신장을 위한 이태영 변호사의 노력에 힘입어 1963. 7. 31.에 가사심판법이 제정·공포되었고, 같은 해 10. 1.부터 시행되어 가정법원이 문을 열게 되었다. 여성법률상담소는 정부의 배려로 1964. 11. 초순에 가정법원 구내로 사무실을 이전하였고, 1966. 8.에는 남녀를 가리지 아니하고 가정문제에 대한 법률상담활동을 포괄적으로 나타낼 수 있는 명칭을 검토하던 끝에 "여성법률상담소"란 명칭을 "가정법률상담소"로 개칭하였다. 상담소 개소 제8차년도인 1963. 8.부터 1964. 7.까지의 상담자수가 510명이었던 것이 제9차년도인 1964. 8.부터 1965. 7.까지는 전년도의 6배인 3,017명이었고, 그 다음해에는 5,291명으로 늘어났는바, 가정법원 구내로 이동 이후 눈부신 성장을 이룩하였다.

이후 1977년에 여성백인회관이 건설되었고, 여성백인회관에서는 매월 첫째 목요일마다 실시하는 "월례목요법률강좌"를 시작하였고, 이 가족법 강좌는 1992년까지 총 61회, 3,745명이 수료하였다. 이밖에도 한국가정법률상담소는 1978. 3.에 시작한 "어머니 학교" 등 수많은 교육 강좌를 개설하여 교육활동을 지속하였다. 또한 1979. 5. 1.에는 이태영 변호사의 제안으로 "억울하면서도 경제적으로 여유가 없어 변호사의 도움을 받지 못하는 극빈자에 대한 법률구조를 목적"으로 하는 백인변호사단이 창립되었고, 1982년에는 해외의 교포들을 위한 해외지부도 탄생하였으며, 한국가정법률상담소는 설립 이후 가족법 개정을 위한 운동을 활발히 전개하는 등 많은 활동을 하였다.

---

19) 대한법률구조공단, 앞의 책, 113-151면.

5. 다른 단체들의 활동

변호사협회 이외의 단체들도 법률상담 등의 법률구조 활동을 벌였다. 국제인권 옹호 한국연맹은 1953. 10. 24. 대한인권옹호연맹으로 창립되었고, 1955. 4. 7. UN 인권위원회 산하 비정부국제기구인 국제인권옹호연맹에 가맹한 후 1957. 11. 16. 국제인권옹호 한국연맹으로 개칭하여 현재에 이르고 있다.[20] 1961. 10. 12. 사단법 인 한국인권옹호협회가 설립[21]되었고, 협회회장은 박제상 변호사였다.[22] 1964. 11. 2.에 "세계인권선언과 법을 통한 세계평화정신에 입각한 법률구조사업"을 목적으 로 하는 사단법인 한국법률구조협회가 설립[23]되었고, 설립 발기인은 한복[24] 외 9 명이었다. 이러한 단체들도 인권침해 사례에 대하여 꾸준히 상담과 소송지원 활동 을 하였음은 신문기사로서 확인된다. 이외에도 법무사협회, 한국인원협회, 각종 종 교단체, 소비자단체, 국제인권옹호연맹, 일부 법과대학교 부설 상담소 등이 법률구 조활동을 해 왔다. 그러나 이러한 민간단체의 법률구조활동은 기구조직, 재정, 인 력의 확보 등에서 상당한 어려움이 있었고 거의 전적으로 법률상담활동에만 의존 한다는 한계점을 가졌다.[25]

6. 소 결

위와 같은 변호사단체와 한국가정법률상담소 및 많은 민간단체들이 무료법률 상담 및 소송구조활동을 전개하였으나, 법률 전문가인 변호사의 수가 절대적으로 부족하다는 측면과 그 조직과 재정의 규모가 크지 못했다는 측면에서 전국적인

---

20) 현재 국제인권옹호 한국연맹의 홈페이지(http://www.humanrights-korea.or.kr)상으로는 1953. 10. 24. 창립된 것으로 기록되어 있다. 1947. 5. 25.자 경향신문 3면에 22일에 조선인권옹호연맹을 결성하고 다음날 미국인권옹호연맹 이사장인 "뽈드윈"과 간담회를 개최하였다는 내용의 기사가 있 고, 1990. 2. 1.자 경향신문 9면에 "우리나라에서의 무료법률상담은 53년 국제인권옹호한국연맹(이 사장 김연준)이 인권침해구제사업의 일환으로 인권상담소를 개설한 것이 최초"라는 기사가 있는 것 으로 판단할 때, 1947년에 미국인권옹호연맹 이사장의 방한으로 인권옹호연맹의 결성을 결의하였으 나 실질적인 단체로 발전하지 못하다가 1953년에서 정식 출범하여 상담활동을 시작한 것으로 판단 된다.
21) 동아일보 1961. 10. 13.자 3면, "인권옹호협발족".
22) 이사는 유기천 서울법대학장, 이항녕 고대법대학장, 유순덕 이대법정대 조교, 최순문 서울시법률고 문, 변기엽 변호사, 강순원 변호사, 이영한 변호사로 구성되어 있었다.
23) 관보, 1964. 11. 2. 발행 제3878호, 법무부공고 제90호.
24) 1914. 4. 16.생. 고문(高文)에 합격한 후 7년 동안 부산 경성지법 판사생활을 하다가 1946년부터 변호사로 활동하였다. 경향신문 1983. 9. 16.자 3면, "야단스런 칠순잔치대신 해외여행이나".
25) 김대환, "법률구조제도에 관한 연구", 전남대학교 대학원 법학과, 박사학위논문, 2008, 7면.

법률구조 사업을 하기에는 한계가 있었던 것으로 판단된다. 다만 여러 단체가 어려운 여건 속에서도 법률구조 활동을 하고자 많은 노력을 기울였던 점, 그리고 시간이 지남에 따라 법률구조의 규모와 실적이 꾸준히 확대되었던 점은 주목할 만하다.

Ⅲ. 정부주도적인 법률구조 활동

1. 정부 초기의 활동

법무부는 1950. 3. 31. 직제를 일부 개정하여 산하 정보과의 주요업무 중의 하나로 인권옹호업무를 추가하였다. 그러나 6·25 사변으로 인해 사업을 제대로 수행하지 못하다가 1953. 12. 10. 제5회 세계인권선언기념일 이후 법무부에 제출된 인권침해사실에 대한 고발서 109건을 검찰총장으로 하여금 조속히 조사케 하여 엄중처단하도록 조치하였다. 이후 국민의 인권옹호에 관한 인식을 제고하기 위하여 1954. 12. 10. 제6회 세계인권선언기념일에 즈음하여 1주일간을 인권주간으로 정하고 내무부, 외무부, 국방부, 문교부, 사회부, 공보처, 중앙사법보호협회, 국제연합회, 한국협회, 대한인권옹호연맹, 대한부인회, 국민회, 대한방범협회, 각 신문사, 통신사 등과 공동주최로 전국적인 다채로운 기념행사를 거행하였다.

1953. 12. 인권주간에 서울지방검찰청에 인권상담소가 처음 설치되고, 법무부에서는 다음 해 12. 10. 전국 각 지방검찰청에 인권상담소를 설치·운영하도록 하였다. 그러나 동 상담소의 운영실적은 당시 여건상 미미하였다. 이후 인권상담소를 법제화하고 인권상담소와 법무부 검찰국 인권옹호과에서 인권침해사건의 조사, 정보수집 또는 법률상담을 하는 데 필요한 집무규정을 정하기 위하여 1962. 9. 21. 인권침해사건처리규정을 제정·공포하여 동년 10. 1.부터 시행하였다.[26] 이후 법무부령 제48조(1963. 5. 21.)에 의거 각 지방검찰청 및 각 지청 내에 인권상담소를 두고 검사 1명과 서기 1명을 배치하여 인권침해사건의 접수처리 등을 하도록 하였으나, 만족할 만한 성과를 거두지 못하고 있었다.[27]

1967. 8. 1.에는 인권옹호단체감독규정을 제정·공포하였고, 동 규정에 의하여 법무부장관의 조정감독을 받은 민간인권옹호단체는 사단법인 국제인권옹호한국연맹, 사단법인 한국인권옹호협회, 사단법인 한국법률구조협회, 사단법인 한국여권옹

---

26) 대한법률구조공단, 앞의 책, 164-165면.
27) 정범석, "법률구조의 방향", 「사법행정」, 124 (1971. 4.), 한국사법행정학회, 3-4면.

호총회, 사단법인 가정법률상담소, 사단법인 부산가정법률상담소로 6개 단체였다.[28]

위에서 본 바와 같이 정부 주도로 법무부에서 진행되었던 인권상담소 등의 활동은 주로 수사기관에서의 고문, 감금 등과 같은 인권침해의 발생을 방지하기 위한 것으로 판단되며, 민사적인 권리구제까지는 나아가지 못했던 것으로 보인다.

2. 재단법인 대한법률구조협회의 설립

1) 설립 배경

1970년대 초반은 세계의 법률구조사에 있어서 획기적인 법들이 제정되던 때였다. 예를 들면 프랑스의 1972년 "Establishing Legal Aid", 스웨덴의 1972년 "Public Legal Aid Law", 영국의 1974년 "Legal Aid Act", 퀘백 주(캐나다)의 1972년 "Legal Aid Act", 미국의 1974년 "The Legal Services Corporation Act" 등의 입법조치가 있었다.[29]

이러한 세계적인 추세 때문인지 또는 국내 정치적인 이유 때문인지는 정확히 알 수 없으나, 박정희 대통령은 1971. 1. 법무부를 연두순시하는 자리에서, 생활이 어려운 국민에 대하여 법률상 원조하여 줄 수 있는 문제에 관하여 연구하라는 특별지시를 하였다. 이에 따라 법무부는 1971. 4.경 재단법인 대한법률구조협회의 정관 초안을 작성하였고, 1972년도 예산 1,600만 원을 책정하는 한편 기부금 2억원의 모금계획을 세웠으나 이를 취소하고, 대통령[30] 및 국무총리 하사금 110만원, 전 대한상공협의소 박두병 회장이 출연한 400만 원을 기금으로 하여 1972. 6. 12. 민법에 기초한 재단법인을 설립하고, 동년 6. 14. 법무부장관의 설립허가를 받아 동년 6. 15.에 등기를 마친 후, 동년 7. 1.부터 법률구조사업을 개시하였다.[31]

---

28) 대한법률구조공단, 앞의 책, 165-166면.

29) 김인철, "우리나라 법률구조의 현황과 개선방향", 「입법조사월보」, 국회사무처, 154 (1986. 10.), 43면; 정범재, 앞의 논문, 84면.

30) 1972. 6. 23.자 관보(제6186호) 3면에 오늘의 중요지표로서 1972. 6. 22. 대통령 각하 지시사항으로 "법무부의 대한법률구조협회 발족에 대하여"란 제목의 글이 실려 있다. 내용은 "법무부는 가난하고 불우한 사람들이 자기의 법률적 권리를 구제받을 수 있도록 법률구조협회를 계획대로 발족시켜, 법률적인 면에서의 사회보장제도를 확충해 나가도록 적극 노력하라. 연초 법무부 순시 때 가난하고 불우한 사람들에 대한 법률구조를 강구하라고 지시했듯이, 부유층에 있는 사람들보다도 불우한 사람들의 법률적 구제는 더욱 시급하고 중요한 문제이므로, 예정대로 활동을 하도록 하라"라고 하고 있는바, 대통령의 지시에 따른 설립임을 잘 알 수 있다.

31) 최병찬, "법률구조제도의 운용실태와 당면과제", 「법조」, 30,12 (81. 12.), 법조협회, 108면.

2) 설립 목적

재단법인 대한법률구조협회는 설립 목적을 "권리침해를 당하고도 자력의 부족, 법률지식의 결여 등 사유로 법률상의 구조를 받지 못하는 불우한 국민을 위하여 소송비용을 대납하고 변호사를 선임하여 주어서 법률구조를 하는 일방 법률상담에 의한 권리침해의 사전예방 등으로 국민 누구나가 균등하게 법의 보호를 받게 함으로써 국민총화형성(國民總和形成)에 기여코자 함에 있다"고 밝히고, 정관 제4조에 "협회는 법률구조·법률상담 등을 통하여 불우한 처지에 있는 국민의 권리를 옹호신장(擁護伸張)함으로써 세계인권선언과 헌법상의 기본적 인권존중의 정신을 구현함을 목적으로 한다"고 규정하고 있다. 이를 위한 협회의 사업은 ① 자력이 부족한 자 등에 대한 법률구조, ② 법률상담, ③ 기타 협회의 목적달성에 필요한 사항 등이다.[32]

3) 조 직

재단법인 대한법률구조협회의 회장과 부회장은 이사 중에서 이사회가 선출하고 법무부장관의 승인을 받도록 되어 있으며, 이사는 대법원장, 국회법제사법위원회 위원장, 검찰총장, 대한변호사협회장이 추천한 덕망 있는 독지가(篤志家) 중에서 법무부장관이 위촉하고, 감사는 이사회에서 선임하며 고문은 이사회에서 추천한 자 중에서 회장이 위촉하도록 되어 있다. 협회설립 시에 회장은 법무부차관, 부회장은 법무실장이 각각 선출되었고, 1977년 당시 이사 13명 중 회장, 부회장을 제외한 이사는 법무부실국장 4명, 대학교수 1명, 공증인 1명, 대검찰청검사 2명, 변호사 1명, 판사 1명, 국회의원 1명으로 구성되어 있었다.

협회는 지방법원소재지와 기타 필요하다고 인정되는 장소에 지부를 둘 수 있는바, 서울, 춘천, 청주, 대전, 대구, 부산, 광주, 전주, 제주 등 9개 지방검찰청에 각지부를 설치하고 동 지청에 지부출장소를 설치했다. 각 지부의 지부장은 회장이 법무부장관의 승인을 얻어 위촉하게 되어있는데, 각 검사장이 지부장으로 위촉되었고,[33] 검사를 비롯한 법무공무원들이 협회의 임·직원을 겸하였다.[34]

심사위원회는 법률구조신청사건에 대하여 그 구조여부 및 구조기준의 적용 및

---

32) 이용식, "법률구조의 효율화방안", 「법무연구」, 5 (1978.12) 법무연수원, 4면.

33) 이용식, 앞의 논문, 4-5면.

34) 강원일, "우리나라 법률구조제도 연구", 서울대학교 행정대학원 석사학위논문, 1986, 24면; 정범재, 앞의 논문, 85면.

그 취급방법 등을 심사, 결정한다. 협회에 중앙법률구조심사위원회를 두고, 지부에 지부법률구조심사위원회를 두었는데, 중앙심사위원회는 7명, 지부심사위원회는 5명으로 구성되었고, 위원은 회장이 판사, 검사, 변호사, 법률학교 교수 중에서 위촉하되 지부심사위원회위원 위촉 시에는 지부장의 의견을 들어야 한다. 1978년 당시 중앙심사위원회의 위원장은 대검찰청 공안부장, 부위원장은 서울고등법원 부장판사, 위원은 대학교수 1명, 변호사 1명, 법무부 검사 3명이고, 각 지부심사위원회 위원장은 차장검사, 부위원장은 지방법원 부장판사, 상임위원은 검사로 되어있었다.[35]

법률구조위원은 법률구조사건을 전담케 할 목적으로 회장이 협회목적에 찬동하는 변호사 중에서 법무부장관의 승인을 받아 법률구조위원으로 위촉하였다.

4) 구조대상

법률구조 대상자는 다음 각 호의 1에 해당하는 자여야 한다.

① 주민세 이외의 과세소득이 없는 자

② 농지세 500원 미만을 납부하는 농민

③ 상이군경 및 전몰군경의 유족으로서 군사원호보상법의 원호를 받는 자

④ 노쇠(老衰), 질병, 연소(年少) 기타 정신상 또는 신체상의 장애로 인하여 자력으로 법률적 구제를 청구할 수 없는 자

⑤ 풍수해, 한해(旱害), 화재 등 재해 또는 사변으로 인하여 법률적 구제능력을 상실한 자

⑥ 5급 이하의 공무원과 하사관 및 병

⑦ 월수 5만 원 이하의 회사원과 공원(工員)[36]

⑧ 일용노동자

⑨ 주택을 소유하지 않은 자

⑩ 전9호 이외의 생활정도, 법률적 구제의 필요성 등 제반 사정을 고려하여 자력으로 구제수단을 강구하는 것이 불능 또는 현저히 곤란하다고 인정되는 자

---

35) 이용식, 앞의 논문, 5-6면.

36) 1972년 4월 말 기준 당시 여성근로자들의 월 평균임금이 11,784원으로 남성 근로자의 절반 정도였다는 내용의 신문기사를 보면, 당시 남자 근로자의 월 평균임금은 23,500원 정도였다고 추측할 수 있다. 1972년 9월 22일자 동아일보 4면, "하루 11시간에 월 11,000원 전국근로여성의 현황".

5) 구조절차

소송구조 절차를 살펴보면, 지부장은 구조신청을 받으면 지체 없이 조사를 위하여 지부심사위원회에 회부하고, 지부심사위원회는 사건의 내용 의뢰자의 자력정도를 조사하여 구조여부를 결정한다. 다만, 지부심사위원회는 조사결과 다음 사항에 해당하는 경우에는 구조를 거부할 수 있다.[37]

① 해당사건이 정의 및 법률의 관점에서 구조할 가치가 없다고 인정되는 경우
② 의뢰자가 구조를 요할 사정에 관하여 소명하지 못한 경우
③ 국가 지방자치단체 또는 행정관청을 피고로 하는 경우
④ 그밖에 구조에 적당하지 못하다고 인정되는 사정이 있는 경우

3. 재단법인 대한법률구조협회의 실적

재단법인 대한법률구조협회는 설립 이래, 1987. 8. 말까지 법률구조사업을 실시하여 온 결과 총 112,733건의 법률구조를 하였으며, 965,437건의 법률상담을 통하여 분쟁의 사전예방을 위한 노력을 하였다.

법률상담 건수는 1972년(7. 1.~12. 31.) 3,579건, 1973년 6,310건, 1974년 2,569건, 1975년 5,583건, 1976년 5,846건, 1977년 3,390건, 1978년 2,986건, 1979년 22,249건, 1980년 51,344건, 1981년 77,838건, 1982년 99,672건, 1983년 130,647건, 1984년 138,378건, 1985년 138,684건, 1986년 158,203건, 1987년(1. 1.~8. 31.) 117,869건이었다.

소송구조 건수는 1972년(7. 1.~12. 31.) 25건, 1973년 203건, 1974년 365건, 1975년 320건, 1976년 320건, 1977년 130건, 1978년 89건, 1979년 744건, 1980년 652건, 1981년 631건, 1982년 986건, 1983년 1,111건, 1984년 1,293건, 1985년 1,390건, 1986년 1,538건, 1987년(1. 1.~8. 31.) 1,014건이었다.[38]

IV. 법률구조법의 제정과 대한법률구조공단의 설립

1. 법률구조법의 제정 배경

1979. 12. 12. 쿠데타를 통해 정권을 장악한 후 1980. 9. 대통령에 취임한 전두

---

37) 이용식, 앞의 논문, 6-8면.
38) 대한법률구조공단, 앞의 책, 215-217면.

환 대통령은 1980. 10. 13.에 법률구조의 활성화를 추진할 것을 지시하였고, 이에 법무부는 1981년 초에 '법률구조사업확대 3개년계획'을 수립 및 시행하는데,[39] 1982년은 법률구조대상자 범위 확충, 1983년은 법률구조사업의 신속·내실화, 1984년은 신속·충실한 법률구조사업의 전개가 그것이다.[40]

그러나 검찰중심의 법률구조사업은 몇 가지 한계에 부딪히게 된다. 대한법률구조협회의 설립 당시에는 검찰 이외에는 전국적으로 법률구조업무를 수행할 수 있는 조직이 없었기 때문에, 검찰이 겸직을 통해 업무를 담당하여 예산의 절감 및 구조업무의 활성화에 기여한 바가 있다. 그러나 1973년의 상담이 6,310건, 소송구조가 203건이었던 법률구조실적이 1986년에는 상담이 158,203건, 소송구조가 1,538건으로 상담건수는 25배, 소송건수는 7.5배 증가하였다. 더구나 1987. 1. 1. 당시 전국에는 지부 12개, 출장소 36개소가 설치되었고, 협회의 총 임직원은 501명이었는데 그 대부분이 겸직 직원이고 순수한 협회 전담직원은 46명에 불과하였기에 늘어난 법률구조 수요를 충족시킬 만큼 충실한 법률구조사업을 진행하기 어려웠다.

한편 수사기관인 검찰이 민사문제에까지 관여하는 것은 사적 자치의 원칙을 해하고, 국민들도 법원보다는 검사의 권위에 의존하는 신속한 민사문제의 해결을 선호하는 경향이 있었고, 이러한 민·형사사건의 개념 혼동은 국민의 법의식형성에 좋지 않은 영향을 준다는 비판이 있었다. 또한 앞에서 본 바와 같이 법률구조 업무량의 증가는 검찰업무에 장애를 초래하였기 때문에 협회의 서비스가 형식적이고 사선변호사에 비해 질이 떨어진다는 비판이 있었고, 정부기관인 검찰이 검찰권력을 이용한 영향력을 행사하여 공정성을 해친다는 비판도 있었다.[41] 이에 더하여 법률구조나 조언을 받고자 하는 자의 상당수는 직접 또는 간접적으로 국가나 지방공공단체 또는 그 소속공무원으로부터 피해를 입은 사람이거나 그에 관계되는 사람인데, 이러한 피해를 국가기관인 검찰에서 구조하는 것이 타당하지 아니하며, 변호사의 참여도가 적다는 비판도 있었다.[42]

주목할 만한 점은 1972년부터 1977년 말까지 6년간 구조완결사건 7,340건 중 약 81%인 6,009건이 제소전 화해로 해결되었다는 점이다.[43] 1980. 8. 15.에 경주

39) 법무부차관 지시사항, 전국검사장회의, 대검찰청, 1981.
40) 정범재, 앞의 논문, 87면.
41) 정범재, 앞의 논문, 88면.
42) 이용식, 앞의 논문, 28-30면.
43) 이용식, 앞의 논문, 28면.

신라호텔에서 "법률구조제도의 현황과 장래"라는 주제로 개최된 제6회 변호사 연수에서 토론된 내용을 살펴보면 위 통계와 관련한 재미있는 의견을 발견할 수 있다. 당일 발표자 중에는 법무부가 주관하고 있는 대한법률구조협회의 업무를 변호사회가 맡아서 해야 한다는 주장을 하는 자가 있었다. 이에 대한 토론에서 대구회 김영길 변호사는 대한법률구조협회가 하는 것은 가정부의 월급을 주지 않는다거나, 사회에서 다소의 부상을 입었는데 그에 대한 보상을 해주지 않는다거나 하는 대개 소액의 소소한 문제들인데, 법무부가 검찰기관을 통하여 돈 있는 사람과 돈 없는 사람을 불러 조정을 하는 과정에서 검찰권을 배경으로 만일 돈을 지급하지 아니하면 이러이러한 법에 저촉이 되어 입건하겠다고 협박에까지 가지 않더라도 한두 번 불러서 지급하라고 하면 순순히 응하게 되는데, 이를 변호사가 하게 되면 기업주 등이 조정을 받아들이지 않을 것이고 오히려 사건이 장기화 되는바, 변호사협회가 이 일을 가져오는 것은 적절치 아니하다는 의견을 피력했다.[44]

참고로 위 토론회에서 이재운 변호사는 1976년도에 개인이 한국노동법률상담소를 개설하여 4년간 상담을 해보았는데 상담을 계속할수록 변호사가 답변할 수 없는 것들, 예를 들면 어떻게 하면 군대를 안 가고 방위를 갈 수 있는가, 또는 군대를 면제받는 방법은 무엇인가가 가장 많은 상담요청 내용이었기에 결국 중단하였고, 노동문제를 전문화하여 상담을 실시하였는데, 노동단체나 노동조합이 근로자와 사용자 간의 분쟁이 발생하였을 때 브로커 역할을 해서 변호사에게 오는 사건이 거의 없었다고 이야기하고 있는바, 당시의 생활상과 국민들의 법률의식을 엿볼 수 있다.[45]

1980년대 초반에 법률구조제도의 개선방안에 대한 여러 의견이 있었다. 첫째는 법률구조는 사인 간의 사적 분쟁 해결이므로, 국가권력을 배경으로 하는 것보다는 변호사협회로 이관하여 추진하는 것이 바람직하다는 견해인데, 이에 대해서는 변호사협회의 인적·물적 여건이 오히려 법률구조제도의 축소를 가져올 것이라는 비판이 있었다. 둘째는 공익의 대표자인 검사의 직무에 법률구조를 포함하도록 법을 개정하자는 견해인데, 이에 대해서는 재단법인 대한법률구조협회에 대한 비판과 동일한 비판이 있었다. 셋째는 법무부 주도의 법률구조제도는 존속시키되, 변호사협회는 협회대로 법률구조를 하도록 하자는 의견이다. 넷째는 국고로 법률구

---

44) 김영길 외, "법률구조제도의 현황과 장래", 「대한변호사협회지」 제6회 변호사연수회 <특집>, 59 (1980. 8), 대한변호사협회, 38-40면.
45) 김영길 외, 앞의 논문, 46면.

조, 국선변호, 행정소송 등을 통합 대행할 사법복지공단을 설치하자는 견해인데, 특별법을 제정해야 하고 많은 비용이 든다는 비판이 있었다.[46]

2. 법률구조법의 제정

1) 입법취지

법무부는 1986년 정부의 제6차 경제사회발전 5개년계획(1987~1991) 수립 시에 법률구조법 연구반을 편성하여 국고보조금의 대폭 증액과 변호사의 증원을 내용으로 하는 의욕적인 계획을 추진하였으나 이를 충분히 반영하지 못했다. 그러나 민정당에서 법률구조 사업의 활성화를 중요한 선거공약으로 채택하여 1986. 11. 19. 김중권, 현경대, 이성열 의원 외 32인이 의원입법으로 법률구조법을 발의하였고, 1986. 11. 26.에 법제사법위원회를 거쳐 1986. 12. 2. 본회의에서 의결되어 1986. 12. 23. 동법이 제정·공포되었고, 1987. 7. 1. 시행되었다.[47]

발의 당시 제안이유는 "종전의 법률구조는 각종 민간주도의 법률구조사업단체들이 그 사업을 전개하고 있었으나 국고보조의 미흡, 임직(任職)의 비전문화, 검찰공무원의 사무겸직 등으로 인하여 충분한 법률구조사업을 전개하지 못하고 있었으므로, 법률구조사업단체들을 육성·발전시키고 민간주도의 특수법인인 대한법률구조공단을 설립하여 법률구조사업을 활성화시킴으로써 국민의 기본적 인권을 옹호하고 법률복지의 증진에 이바지하려는 것"이라고 밝히고 있다.

2) 국회 의사록의 내용

법제사법위원회[48]에서 발언한 법률구조법안에 대한 최병국 전문위원의 검토의견[49]은 재단법인 대한법률구조협회의 법률구조기준에 의한 법률구조대상자가 전

---

46) 강원일, 앞의 논문, 88-91면.
47) 정범재, 앞의 논문, 88-89면.
48) 제131회 국회 법제사법위원회 1986. 11. 26. 회의록.
49) 첫째, 이 법안은 경제사정이 어렵거나 법을 잘 모르기 때문에 법의 보호를 적절히 받지 못하는 사람들에게 법률상담 변호사에 의한 소송대리 기타 법률사무에 관한 모든 지원을 하여 줌으로써 이들이 법률의 혜택을 받을 수 있도록 해 주려는 것입니다. 현재 우리 사회에는 재단법인 대한법률구조협회의 법률구조기준에 의한 법률구조대상자만도 전국민의 40.1%에 달하고 있는 실정인 만큼 국가차원에서 법률구조사업을 체계화·활성화 하는 것이 무엇보다 긴요하다고 생각되므로 이 법의 입법취지는 그러한 필요에 부응하는 것이라고 생각되고,
둘째, 안 제3조 내지 제7조에서는 현재 법률적 뒷받침이 없이 법률구조사업을 하고 있는 대한법률구조협회 대한변호사협회 등 법률구조사업단체들을 육성 발전시키기 위하여 새로 법률구조법인등록제를 도입하고 법률구조법인에 대하여는 대리행위의 제한 비밀누설의 금지 수수료 등의 징수금지 등을 규정하여 동사업 운영의 건전화를 도모하는 한편 보조금의 교부 세제상의 지원등 이들 법인의

국민의 40.1%에 달하고 있으므로 법률구조사업의 실질화를 위해서는 법률구조사업을 체계화·활성화하는 것이 필요한데, 법률구조법안의 주요 내용들이 대한법률구조공단을 설립하도록 하고 있고, 민간 단체에 대한 지원 및 관리를 하도록 하고 있으므로 별다른 문제점은 없다는 것이었다.

법제사법위원회에서 장기욱 의원이 ① 법무부에 등록하여 받을 수 있는 법률구조업무를 법인으로 한정한 이유, ② 공단이란 용어를 사용한 이유, ③ 법률구조협회와 신설되는 대한법률구조공단의 관계, ④ 법률구조의 남용에 대한 변호사들의 직무와의 관련성은 검토한 것인지를 질의하였다. 이에 대하여 발의의원 중 한 명인 김중권 의원은 ① 국가가 보조금을 지급하는 등 강한 공익성을 띠고 있는데 개인이나 몇 사람의 단체까지 확대하면 문제가 생길 가능성이 있어 등록된 법인에 대해서만 혜택을 주고자 했고, ② 공단이란 명칭은 법률구조사업의 중요성을 고려한 것이며, ③ 부칙에서 법률구조협회의 이사회의 결정에 따라 권리 의무를 새로 설립될 대한법률구조공단에 승계할 수 있도록 하였고, ④ 대한변호사협회 등의 단체의 의견을 수렴하여 작성한 것이라고 답하였다.

이후 법률구조법안은 법안심사소위원회에 회부되었으나 법안심사기간인 1986. 12. 1. 24:00까지 심사를 마치지 못하여 법제사법위원장이 1986. 12. 2. 제19차 본회의에 심사중간보고를 한 후 상정되어 다른 21개의 법안과 함께 가결되었다.[50]

3) 법률구조법의 주요 내용

법률구조의 정의를 법률상담, 변호사에 의한 소송대리 기타 법률사무에 관한 모든 지원으로 규정하였다(제2조). 법인으로서 법률구조업무를 하고자 하는 자는 일정한 자산을 소유하고 법무부에 등록하도록 하고, 동 법률구조법인에 대하여는 국고보조 기타 세제상 지원을 할 수 있도록 하였다(제3조, 제4조, 제34조). 법률구조법인은 수수료 등의 징수와 법인명의의 대리행위를 하지 못하도록 하고, 동 법인에서 법률구조업무에 종사하였거나 종사하고 있는 자는 그 업무수행과정에서 알

육성·발전을 위한 정부의 지원장치를 갖추도록 하고 있는데 이는 이 사업의 활동기반조성과 정착을 위하여 필요한 제도라고 보았으며,

셋째 안 제8조에서 특수법인인 법률구조공단을 설립하여 이 법에 의한 법률구조사업을 담당하도록 한 것은 앞으로 법률구조사업을 민간주도로 발전시켜 사업기반을 확립하고 법률구조의 효율성을 확보하게 하려는 것으로 보이고,

넷째 안 제23조 제28조 및 제34조에서 법률구조기금을 설치하고 동 공단에 대하여 국·공유재산의 무상대부 등과 각종 세제상의 지원을 할 수 있도록 한 것은 법률구조사업을 위한 필수불가결한 재원확보를 위한 것 등으로 보여지므로 각 타당한 조치들이라고 보았습니다.

50) 제131회국회 국회본회의의사록 제19호 1-3면 참조.

게 된 비밀을 누설하지 못하도록 하였다(제5조 내지 제7조). 법률구조업무를 효율적으로 추진하기 위하여 민간주도의 특수법인인 대한법률구조공단을 설립하도록 하였다(제8조). 공단에 법률구조업무를 전담할 변호사를 두고 공단의 이사장은 법률구조사건의 소송수행을 위하여 필요한 때에는 변호사 중에서 법률구조위원을 위촉할 수 있도록 하였다(제19조, 제20조). 대한법률구조공단의 업무추진에 필요한 재원을 확보하기 위하여 법률구조기금을 설치하고, 동 공단에 대하여는 국·공유재산의 무상대부 등과 각종 세제상의 지원을 할 수 있도록 하였다(제23조, 제28조, 제34조). 법무부장관은 대한법률구조공단 이사장으로부터 요청이 있을 경우에는 법무부소속 공무원을 공단에 겸직하게 할 수 있도록 하였다(제31조).

4) 법률구조법 제정의 의의

첫째, 법률구조를 실정법상의 제도로 규정하여 국민의 기본권으로서 구체적으로 보장하게 되었다(법률구조의 기본권화). 둘째, 대한법률구조공단을 설립하여 민간주도화를 지향하게 되었다(법률구조의 민간주도화). 셋째, 법률구조의 공정성을 기하기 위하여 국가권력이나 정부의 영향력에서 벗어나 중립적이고 객관적인 입장에서 업무를 수행할 수 있게 되었다(법률구조의 독립성 확보).[51]

3. 대한법률구조공단의 설립

1) 조 직

법률구조법은 부칙으로 재단법인 대한법률구조협회의 권리와 의무를 이사회의 결의에 의하여 법률구조법에 따라 설립될 대한법률구조공단이 승계할 수 있도록 하였고, 이에 재단법인 대한법률구조협회를 승계한 대한법률구조공단이 설립되었다. 대한법률구조공단은 1987. 9. 1. 설립 당시 대한법률구조협회의 조직체계를 그대로 승계하여, 서울에 본부를 두고 지방검찰청에 대응하여 11개의 지부를, 서울지방검찰청 관할 4개 지청에 대응하여 4개 직할출장소를, 지방검찰청 관할 32개 지청에 대응하여 32개 출장소를 두고 출발하였다.

대한법률구조공단은 임원, 변호사, 일반직 직원, 기능직 직원과 법무부 소속 공무원으로서 겸직 근무하는 직원으로 구성된다. 또한 외부인사로는 법률구조신청사건의 구조여부를 심사·결정하기 위한 법률구조심사위원회의 심사위원과 법률구

---

51) 정범재, 앞의 논문, 90면.

조사건의 소송수행을 위하여 위촉된 법률구조위원이 있다.

공단의 이사장은 법무부장관이 임명하고, 이사 및 감사는 이사장의 제청에 의하여 법무부장관이 임명하며, 대한민국 국민이 아니거나 국가공무원법 제33조 각호의 1에 해당하는 자는 임원이 될 수 없었는바,[52] 검찰 업무의 일환으로서가 아닌 법무부장관의 지휘를 받는 독립된 기관으로서의 성격을 가지게 되었다.

공단 설립 당시의 임직원 현황은 임원 9명(비상임 임원 7명 포함), 변호사 10명, 일반직 46명, 기능직 33명으로 총 98명이었으며, 겸직 직원이 198명, 법률구조심사위원이 153명, 법률구조위원이 110명이었는데, 겸직 인원이 절대적으로 많아 설립 당시에는 조직의 구성원이 검찰과 분리되지는 못한 상황이었다.[53] 이후 지속적인 겸직 인원의 감소 및 인원 충당을 통해 2021년 3/4분기 기준 공단의 임직원 현황은 임원 12명(비상임 임원 10명 포함), 변호사 119명, 일반직 477명, 서무직 143명으로 총 741명이고, 겸직 직원은 없어 검찰로부터 조직의 독립성을 확보하였다.[54]

2) 구조 대상자

대한법률구조공단은 법률구조, 법률구조제도에 관한 조사·연구, 준법정신의 앙양을 위한 계몽사업, 기타 공단의 목적달성에 필요한 사업을 행하도록 하였고, 공단이 행하는 법률구조의 요건, 절차 등은 법무부장관의 승인을 얻어 공단의 규칙으로 정하도록 하였다.[55]

법률상담은 대한법률구조공단 설립 시부터 현재까지 전 국민을 대상으로 하고 있다.

초기의 법률구조대상자[56]는 ① 전체 농·어민, ② 월수입 40만 원 이하의 근로자와 영세상인, ③ 6급 이하의 공무원과 위관장교(尉官將校) 이하의 군인, ④ 국가유공자 예우 등에 관한 법률의 적용을 받는 국가유공자와 그 유족, ⑤ 기타 영세민 등이었고, 이는 전 국민의 43%가 법률구조대상자에 포함되는 수준이었다.[57]

현재 법률구조대상자는 소득 기준으로 보았을 때 ① 국민기초생활수급자 및 차

---

52) 대한법률구조공단 정관 제9조 제1항, 제2항, 제12조.
53) 대한법률구조공단, 앞의 책, 229-232면.
54) 대한법률구조공단 홈페이지 > 정보공개 > 경영공시 참조. http://www.klac.or.kr
55) 구 법률구조법 제21조, 제22조.
56) 법률상담은 대상자의 제한이 없었으므로, 대한법률구조공단 정관에서의 법률구조대상이란 소송구조의 대상을 지칭한다.
57) 정범재, 앞의 논문, 92면.

상위 계층은 모두 소송구조 대상자이고, ② 기준 중위소득 125% 이하의 경우에도 의료사고피해자, 가족관계미등록자, 결혼이민자·귀화자, 경찰·소방공무원, 고엽제후유의증환자, 국가유공자, 국가보훈대상자, 국내 거주 외국인, 독립유공자, 미혼모·부, 보호대상아동, 북한이탈주민, 선원법상의 선원, 소년·소녀가장, 소상공인, 영세담배소매인, 예술인, 의사자 유족, 의사사상자와 그 가족, 장애인, 재도전 기업인, 중·장기복무 제대군인, 참전유공자, 청년미취업자·대학생, 특수임무유공자, 한부모가족, 5·18민주화유공자, 6·25전쟁 전시납북자 가족, 국민 또는 국내 거주 외국인, 가정폭력·성폭력 피해자, 개인회생 및 파산·면책신청대상자, 범죄피해자, 주택임대차보호법상 소액임차인, 저소득교통사고피해자, 학교폭력피해학생, 불법사금융피해자, 아동학대범죄 피해아동 등이 구조 대상자이다.

공단의 설립 시에는 검찰조직과 사실상 분리되지 못한 상황이었기 때문에 검찰이 기소한 형사사건에 대한 법률구조가 없었고, 국가를 상대로 하는 행정소송사건이나 행정심판사건에 대한 법률구조도 없었다. 그러나 현재에는 법률구조 대상사건을 민사·가사사건, 국무총리행정심판위원회 및 각 시·도 행정심판위원회의 행정심판사건, 행정소송사건, 헌법소원사건, 형사사건으로 하고 있는바, 법률구조의 대상이 되는 소송사건이 형사사건, 행정사건 등으로 확대된 것이 가장 큰 차이점이다.

3) 구조실적

대한법률구조공단의 설립 직후 5년과 최근 5년간의 법률상담 및 소송구조 실적을 살펴보면 다음과 같다.

법률상담의 경우 1987년(9. 1.~12. 31.) 65,450건, 1988년 228,646건, 1989년 238,000건, 1990년 350,588건, 1991년 262,832건이었는데, 2016년(2015. 9.~2016. 8. 이하 동일) 1,506,034건, 2017년 1,401,246건, 2018년 1,322,686건, 2019년 1,356,678건, 2020년 1,335,909건[58]으로 1988년과 2020년을 비교하면 약 5.8배 증가했다. 이러한 증가는 공단 조직의 확충과 홍보 이외에도 전화상담 및 인터넷 상담 등을 통해 법률상담을 편리하게 받을 수 있도록 노력한 결과라고 판단된다.

민사 등 소송구조의 경우 1987년(9. 1.~12. 31.) 519건, 1988년 2,247건, 1989년 2,467건, 1990년 3,062건, 1991년 4,965건이었는데, 2016년 150,024건, 2017년

---

58) 대한법률구조공단 홈페이지 > 정보공개 > 국정감사업무보고자료의 매년 국정감사 업무보고자료 참조.

149,342건, 2018년 154,398건, 2019년 167,870건, 2020년 138,781건[59]으로 1988년 과 2019년을 비교하면 약 75배 증가했다.

대한법률구조공단의 경우 소송전구조사건이란 개념이 존재하는데, 이는 소송구 조결정을 하였으나 소송에 이르기 전에 공단 직원의 노력 등으로 당사자 간 합의 가 이루어진 사건을 말한다. 이러한 소송전구조사건의 경우 1987년(9. 1.~12. 31.) 4,827건, 1988년 16,344건, 1989년 17,491건, 1990년 17,371건, 1991년 16,037건이 었는데, 2016년 64건, 2017년 104건, 2018년 187건, 2019년 169건, 2020년 217 건[60]으로 1988년과 2020년을 비교하면 약 1.3%로 감소했다. 이는 공단의 지부장 을 검찰청의 검사가 겸직하고, 공단 직원의 대부분을 검찰청 직원이 겸직하던 공 단 초창기에는 대한법률구조협회 때와 마찬가지로 검찰청의 권위에 힘입어 공단 직원의 조정에 따라 당사자들이 합의에 이르는 경우가 많았으나, 공단과 검찰 조 직이 분리가 진행되고 국민들의 권리의식이 높아지면서 자연스럽게 줄어든 것으 로 판단된다.

형사사건의 경우 앞에서 보았듯이 설립 당시에는 소송구조 대상이 아니었으나, 1996년부터 형사사건에 대한 법률구조를 시작하여 1996년 654건, 1997년 1,954건, 1998년 2,716건, 1999년 3,752건으로 점차 증가추세에 있다가 2008년 25,952건을 정점으로 2016년 21,468건, 2017년 17,791건, 2018년 16,770건, 2019년 15,480건, 2020년 11,046건으로 감소 추세에 있다. 이러한 감소 추세는 법원의 국선변호사건 의 확대 및 국선전담변호인 제도의 신설에 따른 것으로 판단된다.

4. 법률구조법 제정에 대한 평가

재단법인 대한법률구조협회가 검찰청의 조직 내에서 운영되어 왔으나, 그 업무 량의 증가로 검찰청에서 이를 감당하기 어려워졌고, 검찰청의 권위에 힘입어 조정 으로 대부분의 사건을 처리하는 과정에 대한 많은 비판을 받게 되자, 이러한 문제 점을 개선하고자 법무부의 감독을 받으면서 법률구조업무를 담당하는 검찰청과는 분리된 독립된 기구를 만들고자 법률구조법이 제정되었다.

법률구조법의 제정으로 특수법인인 대한법률구조공단이 설립되었으나, 그 인 적·물적 조직이 예산상의 문제로 재단법인 대한법률구조협회를 그대로 승계하여

---

59) 대한법률구조공단 홈페이지 > 법률정보 > 전문자료실 > 법률구조실적 참조.
60) 대한법률구조공단 홈페이지 > 법률정보 > 전문자료실 > 법률구조실적 참조.

초기에는 법률구조법의 제정 전·후의 차별성이 거의 없었던 것으로 판단된다. 그러나 시간이 지남에 검찰청과는 독립된 기관으로서의 조직과 면모를 갖추게 되었고, 현재에 이르러서는 전국적인 법률구조활동을 벌이고 있는 거대한 기관으로 성장하였다.

정부주도의 법률구조사업은 1960년대의 수사기관의 가혹행위를 방지하기 위한 인권상담소 활동에서 1972년 재단법인 대한법률구조협회를 설립하면서 민사사건 부분에까지 법률구조사업을 확대하게 되었고, 1986년 법률구조법을 제정하면서 검찰청과는 독립된 특수법인인 대한법률구조공단을 설립에까지 이르게 되었다. 법률구조법에 따른 대한법률구조공단의 설립 후 그 인적 구성이 검찰청과 완전히 분리되면서, 민사사건을 넘어서 형사사건과 행정사건에 이르기까지 폭넓은 법률구조 활동을 할 수 있게 되었고, 이로 인해 많은 국민들이 대부분의 법률 영역에서 상담 및 소송구조를 받을 수 있게 되었다.

V. 결 론

정부가 주도한 법률구조 관련 사업은 1953년 검찰청에 설치한 인권상담소가 그 시초로 판단된다. 당시에는 수사기관에서의 가혹행위가 가장 큰 사회적 문제였기 때문에 수사기관을 감독하기 위하여 인권상담소를 설치하였으나, 수사기관 내에 수사기관을 감독하는 기구를 설치한 꼴이어서 그 실효를 거두지 못하고 있었다.

1970년대에 이르러 세계적인 법률구조법의 제정이라는 분위기와 국내의 정치적인 이유 등으로 박정희 대통령은 수사기관의 가혹행위 방지를 넘어선 민사문제까지 포함할 수 있는 법률구조사업을 지시하였고, 검찰청 조직을 이용한 재단법인 대한법률구조협회가 설립되었다.

1980년에 정권을 장악한 전두환 대통령은 대한변호사회의 재단법인 설립을 불허하고 법률구조사업의 확대를 위한 3개년 계획을 세웠으나 그 성과가 미비하였다. 1980년대 중반에 이르러 기존의 재단법인 대한법률구조협회에 대한 많은 비판이 제기되자 정부주도의 법률구조사업을 계속 이끌어가기 위해서는 새로운 변화가 필요하였다. 이에 검찰청과는 독립된 기구를 만들기 위한 법률구조법이 탄생하였다.

법률구조법의 제정으로 탄생한 대한법률구조공단은 예산과 경험상의 문제로 초기에는 기존의 재단법인 대한법률구조협회의 인적·물적 자원을 승계하였으나, 이후 입법 취지에 따라 점차 검찰청과는 분리된 독립기구로서 발전하였다. 독립된 조직인 대한법률구조공단은 민사사건을 넘어 국가와의 대립사건이라 할 수 있는 형사사건 및 행정사건에 대한 법률구조까지 그 구조대상 범위를 확대하였고, 법률 구조의 대상자도 계속 확대하여 지금은 전국적인 법률구조사업을 활발하게 진행 하고 있는 명실상부한 법률구조기관으로 성장하였다.

법률구조법의 제정과 이를 통한 대한법률구조공단의 설립 및 발전은 정부가 주 도한 것이었다. 그러나 이렇게 정부가 주도적으로 법률구조 사업을 진행하게 된 원동력은 민간 부분에서 많은 단체들과 변호사협회 등이 법률구조활동을 펼치면 서 정부를 계속 자극하였기 때문일 것이다.

최근에는 대한변호사회의 재단법인 대한변협법률구조재단도 2011년 중반 법률 구조대회를 여는 등 사업 홍보와 실적 향상에 힘쓰고 있고, 법원도 2004. 9.부터 국선전담변호사제도를 시행하는 등 각계에서 경쟁적으로 법률구조 사업을 확대해 나가고 있다. 또한 매년 배출되는 법조인의 수가 1,700명에 이르는 시대가 되었는 바, 다양한 변호사들이 새로운 생각과 노력으로 법률구조사업을 진행할 것이 예상 되는데, 2003년 공익 변호사그룹 "공감", 2012년 비영리 공익인권변호사 모임인 "희망을 만드는 법"의 출범이 그러하다. 이러한 민간, 법원, 국가의 노력이 서로에 게 자극이 되어 실질적인 법률구조가 이루어지길 바라며, 향후 법률구조가 아닌 법률복지의 시대가 오길 기대한다.

13 모자복지법 제정사

이재숙*

I. 서 론

모자복지법은 1989. 4. 1. 제정되었다. 1987년 6월 항쟁으로 촉발된 국민들의 민주와 자유의 열망은 1988년 출범한 제6공화국 정부의 정책에 깊은 영향을 미친다. 노태우 정권은 군부정권에서 태동된 정권이라는 한계에도 불구하고 시대의 거스를 수 없는 힘으로 나타난 국민의 민주화의 열망을 수용하지 않을 수 없었고, 민주화의 기본적 이념으로서의 인권 존중 및 이로 인해 파생되는 소수자 보호의 요구를 반영한 정책을 수립하게 된다. 모자복지법의 제정은 그 실효성의 의문에도 불구하고, 제6공화국의 사회보장 정책의 주요한 성과로서의 입법사적 의의를 가진다.

이 글은 모자복지법 제정의 현장을 생생하게 재구성하는 것으로 시작한다. 모자복지법의 입법 배경에 대한 사전 지식이나 선입견 없이 입법 현장 그 자체를 목도함으로써 입법의 배경을 추적해 보고자 한다. 이러한 방법론은, 국회속기록의 현장 증언에 의해 노동법 제정사를 규명한 「노동법 제정과 전진한의 역할」(이흥재, 2010)[1]에서 영감을 얻은 것이다. 모자복지법의 제정에 관한 사회보장법사에서의 의의를 찾기 위해서 이 글이 시작하여야 할 시점은 바로 제정의 현장이라고 판단하였기 때문에 마치 1989년의 국회의 제정 입법 현장에 있는 듯한 현장 보고로 글을 시작한다. 입법의 현장에서 우리는 발의한 국회의원들의 의도와 지향을 알 수 있고, 토론 과정에서 관련 주제에 대한 당시 사회의 사고방식과 경향성을 알 수 있다. 입법의 현장에서부터 우리는 입법의 배경을 역추적해 볼 수 있다.

제정 현장에서 출발하여 과거로 역추적하여 법 제정을 위한 직접적 준비과정을

---

* 법무법인 바른 변호사.
1) 이흥재, 「노동법 제정과 전진한의 역할」, 서울대학교출판문화원, 2010.

보고, 다시 거슬러 올라가 법제정 배경을 살펴본 후, 당시 제정된 법의 주요 내용을 검토하고, 논의는 다시 제정 이후의 상황으로 시간을 뛰어넘어 서술된다. 모자복지법의 제정 직후 이에 대한 당시의 평가를 검토함으로써 애초의 모자복지법 제정의 의의가 어떻게 관철되고 어떻게 변화하였는지 볼 수 있다.

사회보장법입법사에서 모자복지법의 또 하나의 특이한 점은 이 법이 계속 명칭을 바꾸어 개정되어 왔다는 것이다. 모자복지법의 보호대상이 모자가정에서 모·부자가정 이어 조손가정으로 확대되면서 한부모가족지원법으로 명칭을 변경하여 현재에 이르고 있다. 이에 대한 입법사적 의의를 밝혀 보는 것도 중요한 과제이다. 그러나, 이 글은 모자복지법의 입법사에만 초점을 맞추고 있으므로, 모·부자복지법이나 한부모가족지원법에 관한 제정사는 이후의 연구의 몫으로 남겨 놓는다.

Ⅱ. 모자복지법의 제정 과정

1. 국회 본회의장 의결 과정[2]

1989. 3. 8. 국회 본회의장, 제13대 국회 제145회 임시국회 제8차 회의가 진행되고 있는 가운데 11시 39분에 의장은 의사일정 제22항 모자복지법안을 상정하였다. 이에 보건사회위원회의 김문기 의원이 나와서 심사보고를 하였다. 내용의 골자는 "제정법안의 취지가 모자가정의 복지증진을 위한 바람직한 입법이라고 보아 대체로 원안을 수용하기로 하였으나 법률 간의 균형 등을 감안하여 안 제18조의 국민주택의 분양 및 임대에 관한 특례조항을 원안의 의무규정에서 훈시규정으로 조정하고 기타 일반조문의 체계 및 자구를 전문위원이 제시한 안을 중심으로 정리하여 수정의결하기로 하였다"[3]고 하였다. 소위원회에서는 수정안에 대한 소수의

---

2) 대한민국국회사무처, 제13대 제145회 국회 본회의회의록 제8호.
3) 보건사회위원회의 김문기의원 발언 전문
"모자복지법안에 대하여 보건사회위원회에서 심사한 결과를 보고 드리겠습니다. 이 법안은 모자가정에 대하여 생계보호, 교육보호, 직업훈련, 생업자금융자, 주택제공 등을 실시함으로써 모자가정이 건강하고 문화적인 생활을 향유할 수 있게 하여 사회안정과 모자복지의 증진을 도모하기 위하여 의원입법안으로 제안된 것으로서 그 주요골자를 말씀드리면, 첫째 모자복지사업의 기획 조사 실시 등에 필요한 사항을 심의하기 위하여 보건사회부에 모자복지위원회를 설치하도록 하고, 둘째 이 법에 의한 보호대상자에게는 생계비, 아동교육비, 직업훈련비, 아동부양비, 생업자금, 주택자금, 의료비 등의 복지급여를 지급할 수 있도록 하며, 셋째 국가 또는 지방자치단체는 모자가정의 가구원에게 직업훈련과 고용알선에 노력하도록 하고, 넷째 모자복지시설로서 모자보호시설, 모자자립시설, 미혼모시설, 일시보호시설, 부녀복지관, 부녀상담소 등을 두도록 하는 것 등입니다.
당 위원회에서는 소위원회를 구성하는 등 이 법률을 진지하게 심사한 결과 법안의 제안취지가 대체로 타당하나 일부 보완이 필요하다고 보아 수정의결하였습니다. 수정부분의 주요 골자를 말씀드리

견은 없었다고 보고된다.

이에 의장 김재형이 이의가 없는지를 물었고, 없다는 답변이 있은 후 가결을 선포하였다. 곧이어 다음 안건인 제23항 국민연금법 중 개정법률안이 상정된 시간이 11시 42분으로 모자복지법안은 국회 본회의에서 단 3분 만에 가결되었다. 이로써 대한민국에 모자복지법이라는 새로운 사회보장법이 탄생한 것이다.

2. 모자복지법 심사 과정

국회 본회의 의결에 앞서, 모자복지법안의 제안 및 심사과정은 다음과 같다.

1) 개 요

1988. 12. 9. 신영훈, 이윤자, 김장숙 의원 외 33인은 모자복지법안을 국회에 제안하였다. 이어 1988. 12. 10.자로 보건사회위원회에 회부되었고, 제14회 임시국회 상정으로 제1차 보건사회부위원회가 1989. 2. 21. 개최되어, 상정, 질의 소위원회 회부 절차를 거쳤다. 1989. 2. 27. 소위원회 회부된 법안은 다시 1989. 2. 28. 제5차 보건사회위원회에서 소위원회보고, 의결 절차를 거쳐 법제사법위원회에 회부되었다가, 1989. 3. 8. 제13대 국회 제145회 임시국회 제8차 본회의에 회부된 것이다.[4]

2) 보건사회위원회 및 소위원회 심사 과정

보건사회위원회(위원장 신상우) 심사과정에서는 1989. 2. 21. 10시 30분 보건사회위원회 제1차 회의[5]에서 신상우 위원장이 제1항으로 모자복지법안을 상정하였고, 신영순 의원의 제안 설명을 듣고, 전문위원 손윤목 의원이 전문위원의 검토보고를 하면서 "입법취지는 합당한 것으로 사료된다. 다만, 우리 사회에는 아직 심신장애자, 노인, 생활보호대상자 등 정책적 배려가 요구되고 있는 계층이 적지 않은 실정이므로, 모자복지사업을 추진함에 있어서는 이러한 유사시혜계층과의 복지 배분상의 균형이 유지되도록 하는 등 종합적인 고려가 전제되도록 하여야 할 것"

면, 첫째 안 제18조의 국민주택의 분양과 임대에 관한 특례조항에서 원안의 의무규정을 조정하고, 둘째 일부 중복규정된 조항을 삭제하였으며, 셋째 동일 형량의 벌칙을 2개항으로 분리하여 규정하고 있는 것을 1개항으로 통합하여 규정하는 등 법률의 체계와 표현방식을 합당하게 정비하는 것 등입니다. 이 법안에 대한 자세한 내용을 심사보고서를 참조하여 주시고 아무쪼록 당 위원회에서 심사보고한 대로 의결하여 주시기를 바랍니다."

4) 대한민국국회사무처, 제13대 제145회 국회 본회의회의록 제8호.
5) 대한민국국회사무처, 제13대 제145회 국회 보건사회위원회회의록 제1호.

이라는 취지로 보고하였다. 이에 대해 질의도 없었고, 토론도 없이 회의는 마무리되었다.

1989. 2. 23. 보건사회위원회 제3차 회의에서 신상우 위원장과 각 교섭단체 간사인 김충조 위원, 송두석 위원, 박병선 위원, 김인영 위원, 김기문 위원 6인으로 소위원회를 구성하였고, 이렇게 구성된 소위원회가 2. 27.과 2. 28. 두 차례에 걸쳐서 회의를 열고 모자복지법안을 심사하였다.

같은 날 오후 1989. 2. 28. 15시 21분에 개최된 보건사회위원회 제5차 회의[6]에서 김기문 위원이 소위원회 심의결과를 보고한바, 모자복지법은 바람직한 입법이라고 보아 대체로 수용하고, 법률 간의 균형을 감안하여 안 제18조 국민주택의 분양과 임대에 관한 특례조항을 원안의 의무규정에서 훈시규정으로 조정하고 기타 일부 조문의 체계 및 자구를 수정하였다고 보고하였다. 이어 이철용 위원은 모자복지법의 실효성에 의문을 제기하고 모자복지사무소의 조직과 기능 규정이 불명확하며, 자금조성도 선택적 사항으로 되어 있어 강제의무조항으로 바꾸어야 한다는 취지의 질문을 하였지만, 신상우 위원장이 "복지 욕구가 높아가고 있는 시점에서 예산의 뒷받침이 안 되는 그것을 일일이 다 어떻게 하겠느냐 그래서 이것은 이번에 모자복지에 관한 인식을 새롭게 하고 사회적인 문제제기로서 시작을 한다는 의미에서 다분히 훈시규정으로 두어가지고 환기시키는 그 취지가 더 강한 것"이라고 답변하고 다른 위원들이 이의가 없어 소위원회 검토대로 의결되었다.

모자복지법 발의안에서 국민주택분양 및 임대에 관한 특례조항을 훈시규정으로 변경한 것은 모자복지법의 실효성을 또 한 번 후퇴시킨 것이었다. 이미 발의안조차도 여러 의무규정을 대부분 훈시규정으로 수정하여 발의하였던 것이었기 때문에 이는 그나마 실효성 있었던 규정조차도 장식적 규정으로 후퇴시킨 결과를 초래하였다. 한편 보건사회위원회의 심의과정에서 "복지배분상의 형평"을 거론한 것은 사회보장 관련 입법 과정에서 항상적으로 제기되는 고려 또는 우려의 의견의 한 모습을 보여주고 있다.

3) 법제사법위원회 심사 과정

1989. 3. 6. 16시 1분 법제사법위원회 제6차 회의[7]에서는 이치호 위원장이 의사 일정 제7항으로 모자복지법안을 상정하였고, 신영순 위원이 제안이유와 주요

---

6) 대한민국국회사무처, 제13대 제145회 국회 보건사회위원회회의록 제5호.
7) 대한민국국회사무처, 제13대 제145회 법제사법위원회회의록 제6호.

골자를 설명하고 전문위원 채방은, 강재섭, 조찬형,[8] 장석화, 조승형, 김광일 등 위원들의 질문과 신영순 위원의 답변[9]에 이어 마무리되었고, 제2소위원회로 심사를 넘겼다.

특히 조찬형 의원은 "제4조 용어의 정의에서 '미혼인 여성'이 나와 있습니다."하고 보호 대상에 미혼모가 포함된 사실을 적시하고 있는데, 이는 당시 국회의원들이 이 법이 남편을 사별한 미망인과 그 자녀를 보호하기 위한 입법이라는 데 초점을 맞추고 있었음을 간접적으로 추론해 볼 수 있다. 또한 조찬형 위원은 미혼모가 보호대상에 포함된 것을 두고, 이는 오히려 미혼모 예방에 저해된다는 취지의 발언을 하였는데, 이 또한 사회보장 관련 입법 과정에서 흔히 나타나는 반대 논리 중 하나이다. 즉, 보장이 문제 상황을 조장한다는 것이다. 말하자면, 마치 실업급여가 실업을 조장한다는 논리와 비슷하다. 당시의 모자복지법안의 내용은 말할 것도 없고, 아무리 선진 복지국가 수준으로 보장의 수준을 높인다 하더라도 미혼모가 감수하여야 할 현실의 장벽과 고충을 모두 감당해 주지는 못할 것이다. 미혼모에 대한 복지의 마련이 미혼모의 양산을 조장한다는 논리는 사회보장입법의 역기능에 대한 과도한 두려움이다. 그리고 이러한 두려움은 사회보장법 이념에 대한 공감대가 없는 경우 항상적으로 나타나고 있는 현상으로 보인다.

그러나 조찬형 위원의 위와 같은 질의에 대해 신영순 위원이 직접적 답변을 피하고, 모자복지의 필요성만을 언급하였음에도 불구하고, 더 이상 문제 제기하지 않았던 것을 보면, 당시 회의의 분위기는 다분히 형식적인 문답에 불과하였다는

---

8) 조찬형 위원은 "제4조 용어의 정의에서 '미혼인 여성'이 나와 있습니다. 미혼인 여성의 모자가정도 보존해야 한다는 취지로 미혼여성을 넣고 있는 것 같은데 과연 이와 같은 미혼여성의 모자가정이 얼마나 돼서 그것을 꼭 보호해야 할 필요가 있는 것인지 검토가 있으면 알려 주시기 바랍니다. 그리고 "모자가정은 국가와 지방자치단체가 복지를 증진할 책임을 진다."라고 규정하고 있는데 미혼여성의 모자가정까지 보호한다는 것은 오히려 혼외정사를 조장하는 비윤리적 결과가 초래될 위험성도 있지 않느냐 생각해 보는데 그에 대한 견해를 답변해 주시기 바랍니다."라고 질의하고 있다.

9) 조찬형 위원의 질의에 대해 신영순 위원은 다음과 같이 답변한다. "그 다음에 조찬형 위원님께서 말씀하신 미혼모 시설은 현재 우리나라에 10개가 운영되고 있습니다. 그런데 한 개소의 수용인원은 40명입니다. 그런데 현재 미혼모로 등록된 수는 1만2,000명이 됩니다. 그래서 지금 10개 시설에 그 인원을 수용하기는 부족한 점이 많습니다. 그래서 이번에 모자복지법이 통과되면 점차적으로 보충해야 될 입장에 있습니다. …중략…지금 모자보호를 왜 이 시점에서 해야 하느냐 하는 것은 제 입장에서는 제6공화국에 들어서 우리가 복지원년을 맞이했기 때문에 무엇보다도 여성복지의 가장 기초가 되고 중요한 것이 모자보호가 아니겠는가 생각이 됩니다. 이것은 우리가 여·야를 가릴 것 없이 또 지난 대통령 선거 때도 4당 총재님이 기히 다 이것을 공약으로 내 놓으신 것으로 알고 있습니다. 그래서 이번 기회에 이것을 내놓은 것입니다. 그래서 이런 것은 기왕에 정부에서 시행을 하고 있기 때문에 거기에 보완만 하면 되는 문제이기 때문에 빨리 법을 통과시켜 주심으로 해서 더욱 의미가 있지 않나 이런 생각을 해봤습니다."

인상을 준다. 신영순 위원이 당시를 "복지원년"이라고 언급하면서 여성복지 중 모
자보호가 우선이라는 주장을 함으로써 더 이상의 논의를 종식시킨 것을 보면, 국
회의원들에게는 당 회기에 복지 관련 입법을 반드시 통과시켜야 한다는 공감대가
형성되었음을 짐작할 수 있고, 모자복지법의 제정은 표면상으로나마 소위 복지원
년을 복지원년이도록 하는데 기여한 입법이었던 것이 여실하다.

1989. 3. 7. 17시 1분 법제사법위원회 제7차 회의[10]에서 의안일정 제14항으로
모자복지법안을 상정하였고, 소위원장 조한형이 당일 있었던 법안심사제2소위원회
에서 심사경과를 보고하였다. 내용은 주로 안 제4조 제1항의 "정의"규정에서 "모"
의 정의와 관련된 것이었다. 이어 법안심사제2소위원회 법안대로 수정한 내용이
의결되었다. 바로 이 안이 다음 날 1989. 3. 8. 11시 39분 제13대 국회 제145회
임시국회 제8차 회의에서 통과되어 제정된 것이다.

3. 모자복지법 초안 작성 및 제안

국회에서 모자복지법이 통과되기 약 8개월 전인 1988. 6. 28. 한국여성개발원은
보건사회부의 의뢰로 "가칭 모자복지법(안) 공청회"를 개최하였다.[11] 당시는 1988.
9. 국회에 통과될 것을 목표로 준비하는 과정이었다. 당시 모자가정의 실태는 우
리나라 전체 가구의 9%인 85만 가구에 이르렀고, 모자보호시설은 전국에 33군데
극빈 모자가구 7만3천 세대의 1.1%인 803세대에만 도움을 주고 있던 실정이었
다.[12] 모자복지법의 법안 마련 실무 작업에 참여한 한국여성개발원 조사연구실 책
임연구원 주준희 박사는 "실태 조사 결과 모자가정은 자녀 교육에 곤란을 느끼고
정서적 안정을 잃고 있으며 특히 홀어머니는 취업과 가사의 이중부담으로 건강을
잃어 사회적 지원제도가 꼭 필요한 실정"이라고 인터뷰한 바 있는데, 당해 기사에
서 비교법적으로 일본의 '모자 및 과부복지법', 미국의 '자식 가진 빈곤가족지원
법', 영국의 '아동급부 및 과부연금지원제도' 등을 거론한 것을 보면, 이러한 외국
입법례가 법안 마련 과정에서 참조되었을 것으로 추측된다.[13] 실제로 국회에 제안
되어 검토하는 과정에서도 외국 입법례 중 일본, 미국, 영국, 독일, 프랑스의 사례
를 간략히 소개하는 자료가 의안에 참조자료로 첨부되어 국회속기록에 남아있

---

10) 대한민국국회사무처, 제13대 제145회 국회 법제사법위원회회의록 제7호.
11) 한국여성개발원, 「여성복지관계법제에 관한 연구」, 1990 연구보고서 200-2, 1990.
12) 1988. 6. 26. 한겨레 신문 기사.
13) 1988. 6. 27. 동아일보 신문 기사.

다.[14)]

공청회 현장에서 한국여성개발원의 김정자 조사연구실장은 모자가정이 85만 가구임을 전제로 "모자가족의 평균 가족수가 3.61명임을 생각하면 모자가구가족 3백만 명이나 된다. 이들을 경제·사회·심리적으로 도와줄 정책배려가 꼭 필요하다"고 모자복지법 제정의 필요성을 설명했고, 이화여대 법학과 최금숙 교수는 "복지지원금에 아동수당을 포함시킨 것은 중요한 발전이지만, 복지사무소나 복지위원회가 행정기관처럼 업무를 수행할 수 있도록 되어있지 않아 획기적으로 달라진 것으로 볼 수 없다. 현재 운영되는 부녀상담소 등과의 업무분담 문제가 잘 규정되어야만 실질적인 기능을 할 수 있을 것"이라고 지적하였고, 강남사회복지대학 사회복지학과 김만두 교수도 모자복지사무소의 조직과 기능을 명백하게 규정할 것, 복지지원금의 대상규정을 명백히 할 것, 모자복지단체 육성에 관한 조항을 넣을 것 등 제안하였다. 한편, 부녀보호사업 전국연합회 한신옥 부회장은 모자원 운영경험에 비추어 볼 때 기술교육 지원금 마련, 재형저축 등을 이용할 수 있는 자격을 부여할 것, 모자보호시설 중심으로 탁아소를 운영할 것 등을 법안에 포함시키는 것이 필요하다고 했다. 모자 세대주 최선옥씨는 가장 힘들었던 것이 교육비 등 목돈 마련이었다고 하며 법제정을 통해 '보증인 없어 돈 못 꾸는 모자 세대주'가 없게 되기를 바란다고 하였다.[15)]

그러나 당시 공청회에서 제안된 가칭 모자복지법(안)[16)]은 공청회에서의 의견을 반영하여 수정되지는 않았다. 공청회에서 제안된 초안에는 없었던 "모자가정의 자립에의 노력" 규정이 추가되고, 적용대상에서 배우자가 생사불명 및 장기복역인 경우 및 배우자와 별거한 경우의 모자가정은 제외되었으며, 유아원 시설에의 우선 배정 조항이 삭제되었다. 반면 복지급여내용으로는 '직업훈련비 및 훈련기간 중 생계비'가 추가되었다.

이렇게 마련된 모자복지법 원안은 1988. 9. 국회에 제안되지는 못하고, 1988. 12. 10. 신영순, 이윤자, 김장숙 의원 외 33인의 발의로 국회에 회부되었다. 제안자들이 표방한 제안 이유는 "첫째, 현대사회의 도시화·산업화·핵가족화 등으로 배우자의 사별·이혼·유기·별거 및 기타의 사유로 배우자가 없거나 배우자가 있어도 폐질·불구 등으로 장기간 노동능력을 상실하여 여성이 생계의 책임을 지

---

14) 대한민국 국회사무처, 제13대 제145회 국회 보건사회위원회회의록 제1호.
15) 1988. 6. 30.자 한겨레신문 기사.
16) 한국여성개발원, 공청회자료 "가칭 모자복지법(안)", 1988.

는 모자가정이 날로 늘어나고 있으므로 둘째, 이들 모자가정이 자활자립할 수 있
도록 생계보호, 교육보호, 직업훈련, 생업자금 융자, 주택 제공 등을 통하여 모자
가정의 건강하고 문화적인 생활을 영위할 수 있게 하여 사회안정과 모자복지의
증진을 도모하는 데 있다."는 것이었다.

위에서 살펴본 바와 같이 1988. 12.에 제안된 원안은 제13대 국회의 제145회
임시국회 회기 중 보건사회위원회와 법제사법위원회에서의 간단한 문구수정을 거
쳐 국회 본회의에서 의결되었다.

4. 모자복지법 제정 과정의 평가

모자복지법이 신영순, 이윤자, 김장숙 의원 외 33인의 발의로 제안된 이후 별다
른 논쟁 없이 순조롭게 해당 절차를 거쳐 가결된 것으로 보인다. 원안에서 크게
수정되지 않았고, 별다른 이견도 없이 진행되었다.

당시 언론의 보도[17]도 모자복지법의 통과가 무난할 것으로 예상했고, 국회 통
과 후의 보도[18]나 기타 관련 보도의 태도를 보더라도 별다른 의의를 거론하지 않
고 무난하게 평가하였던 것으로 보인다.

민주화와 복지의 실현을 공약으로 걸고 출범한 제6공화국에서 모자복지법은 명
실공히 제6공화국이 복지국가로 발돋움하고 있음을 입증하는 선구자적인 입법이
었다. 법의 실효성이라는 관점에서 볼 때 장식적이고 전시적인 입법이라는 비판도
충분히 가능하지만, 여하튼 당시 모자복지법 제정의 필요성에 대해서는 여야 국회
의원 모두의 공감대가 형성되어 있었던 것으로 보이고, 그 때문에 별다른 논란 없
이 무사히 입법 절차가 마무리되었다. 즉, 이 법은 "모자가정"이라는 보호대상에
대한 연민이나 시혜의 감수성 및 당시 6공화국의 복지 정책을 하루빨리 실현하여

---

17) <1989. 3. 3.자 한겨레신문 기사>
    의정사상 드물게 세 건의 여성관련 법률과 소비자 관계 법률의 개정안이 이번 임시국회에 상정돼
    있어 여성과 소비자들의 비상한 관심을 모으고 있다. 여성계의 오랜 숙원인 가족법개정은 어렵사리
    법사위까지 올라왔으나 의원들의 이해부족으로 통과가 불투명하고, 남녀고용평등법과 모자복지법은
    의외로 각 당 간의 의견조정이 잘 이루어져 여성계의 요구를 수렴, 무난히 통과될 것으로 보인다.
    민정당에서 마련, 보사위에서 심의를 거쳐 28일 법사위로 넘겨졌고 6일 질의, 응답 심의를 거쳐 무
    난히 통과될 전망이다.
18) <1989. 3. 9. 동아일보 신문 기사>
    국회통과 주요법안
    모자복지법(제)＝모자복지사업의 기획조사 실시 등에 필요한 사항을 심의하기 위해 보사위, 시・도
    및 시・군・구에 모자복지위원회를 설치. 복지급여내용은 생계비, 교육비, 직업훈련비, 부양비, 생업
    자금, 주택자금 의료비 등

야 한다는 정치적 목적을 공감대로 하여 여야 간 별다른 이견 없는 동의가 형성되어 비교적으로 쉽게 제정되었다. 대한민국이 복지국가로 발돋움한다는 정치적 요구, 시대적 요구가 자연스럽게 새로운 법을 탄생시킨 것이다. 여러 사회보장 관련 입법의 수요가 여전히 산재하여 있는 그 시대에, 입법과정에서 언급된 바대로 "복지배분상의 균형"이 필요한 그 시기에 하필 "모자복지법"이었는가에 대해서는 제6공화국의 여성정책과 여권의 신장이라는 시대 배경에 대한 이해가 필요할 것으로 보인다. 모자복지법이 마련되기까지의 정책의 발전 과정을 연대기적으로 살펴본다.

Ⅲ. 모자복지법 제정의 배경

1. 여성정책 진화 과정

모자복지법은 의안 입법으로 제안되었는데, 그 입안의 주체는 실질적으로 1983년 한국여성개발원법에 의해 설립된 국가차원의 여성문제 전문연구기관인 한국여성개발원이었다. 2007년 정부출연연구기관등의설립·운영및육성에관한법률 개정에 따라 '한국여성정책연구원'으로 기관 명칭이 변경되어 현재에 이르렀다. 모자복지법은 한국여성개발원에서 여성정책의 일환으로 제안한 입법이었고, 해방 이후 여성정책의 진화과정은 모자복지법 탄생의 배경을 이룬다.

1960년대 농업국가였던 한국사회가 60, 70년대에 공업화사회로 전환하면서 여성의 지위에 커다란 변화가 일어났다. 가족계획사업으로 변화된 가족구조 속에서 여성의 여가증대, 경제활동에의 참여기회 증대는 여성의 인력개발과 여성 교육의 기회를 확대시켰다. 여성의 사회참여 특히 노동시장의 참여의 경험은 성차별에 대한 인식을 바탕으로 남녀평등화 정책을 요구하게 되었다.

80년대는 이러한 여성의 요구를 구체적으로 정책화하던 시기였다. 여성전담기구가 역사상 처음으로 국가조직 속에 설치되었고 여성발전계획이 수립되어 국가발전계획에 통합되는 쾌거를 이룬다. 이와 병행하여 남녀평등사회 구현을 위한 법과 제도가 도입되고 성차별적인 법과 제도가 정비되기 시작한다.[19] 제5공화국 정부는 1981년 보건사회부 부녀아동국을 가정복지국으로 개편하여 가정복지과, 아동복지과, 부녀복지과의 3과 체제를 운영하였다. 그 후, 여성지위향상을 위해 제도적

---

19) 한국여성개발원, 「한국여성발전50년」, 정무장관(제2)실, 1995, 2면.

인 장치가 필요하다는 여성계의 지속적인 건의를 바탕으로 여성문제 전담 연구기구인 한국여성개발원(1983)이 설립되었고 이어 국무총리를 위원장으로 한 여성정책심의위원회(1983)가 탄생하였다. 1985년에는 '여성발전기본계획'과 '남녀차별개선지침'이 여성정책심의위원회의 의결을 통해 국가시책으로 채택되었고, 1987년 제6차 경제사회발전 5개년계획부터는 여성개발부문이 신설되어 국가계획으로 통합되었다.[20]

6·29선언으로 불리는 노태우의 개헌 선언과 함께 새로운 정국에서 벌어진 1987년 대통령선거 당시, 후에 제6공화국의 대통령이 된 노태우 후보는 특히 여성정책과 관련하여 많은 공약을 내걸었다. 당시 노태우의 민정당이 제시한 여성관련 공약은 가족법개정, 남녀고용평등법 철저 이행, 모자복지법제정, 탁아시설 확충 그리고 주요 공직에의 여성참여 확대 등이었다. 이에 따라 제6공화국은 1988년 여성정책을 총괄, 조정하는 정무장관(제2)실을 발족시키고, 지역의 여성행정을 담당하는 전국의 14개 시, 도 가정복지국(1988)을 탄생시켰다. 남녀고용평등법제정, 고용차별 및 모성기능에 대한 논쟁을 조정하는 고용문제조정위원회 설치, 미혼여성 임대아파트 건립과 여성전용직업훈련원 건립추진 등을 시행하였다. 제6공화국의 여성정책 가운데 가장 특징적인 것이 여성관련법의 제·개정 움직임이 두드러진 점이다. 이러한 시대적 배경에서 1989년 제정된 모자복지법은 그 실효성의 의문에도 불구하고, 법령 제정 그 자체로 '남녀고용평등법', '탁아관련 법안' 및 '윤락행위방지법'과 함께 제6공화국의 여성보호 입법의 중요한 표상이 되었다.

2. 복지 정책의 진화 과정

해방 후 제1공화국의 복지는 주로 국가와 특수관계를 맺는 집단(군인, 경찰, 공무원)들을 대상으로 하는 것이었고, 군사원호법(1950년), 경찰원호법(1951년), 공무원연금법(1960년) 등이 입법되었다. 물론 이 시기에도 정부 차원의 극소한의 구호활동은 있었다고 전해진다. 제3공화국은 생활보호법(1961년), 재해구호법(1962년), 산업재해보상보험법(1963년), 의료보험법(1963년), 자활지도사업에관한임시조치법(1968년) 등 빈민구제 등을 위한 복지제도를 마련하기 시작하였다. 그러나 제정 당시의 의료보험법은 임의가입보험으로 실질적인 효과를 갖지 못하였고, 산업재해보상보험법도 적용대상이 제한적이고, 보상수준이 낮아 실효성이 낮았다. 1973년

---

20) 한국여성개발원, 위의 책. 개요 ⅶ면.

제정된 국민복지연금법은 시행령이 마련되지 않아 실시되지 못하였다. 제5공화국은 1986년 국민연금법, 최저임금법 등의 복지 입법을 시도하였으나, 시행령의 미비로 1988년 1월 1일에 비로소 시행되게 되었다. 1987년의 6월 항쟁으로 그 종지부를 찍고 민주주의에 대한 열망으로 뭉친 국민적 저항에 대한 타협으로 탄생한 제6공화국의 정권은 이름하여 복지국가를 천명하고 복지입법의 제도 정비를 시작하여야 하는 숙제를 안게 되었다. "정치 민주화가 노사관계 등 사회적 영역의 민주화를 촉진하면서 동시에 복지민주주의를 발전시키"[21]게 된 것이다.

3. 여성복지의 진화 과정

여성정책과 복지정책의 교집합 영역이 바로 여성복지 정책의 영역이다. 개략적으로 말하자면, 여성정책이란, 사회적 약자로서의 여성에 대한 성차별을 극복하고 남녀평등을 보장하기 위한 평등권 보장 영역의 정책이라고 한다면, 여성복지 정책은 여성정책을 씨실로 하고 복지정책을 날실로 하여 여성을 사회보장수급 대상자로 하는 교차 영역이라고 개념화할 수 있다. 결국 모자복지법은 제6공화국의 탄생이라는 시대적 배경이 여성복지 관련 입법 수요를 창출하게 하여 탄생하게 하였다고 할 수 있다. 이러한 이해를 재확인하기 위해 여성복지의 진화 과정을 본다.

"한국의 여성복지정책은 50년대는 전쟁미망인의 자립지원과 보호를 위한 사업이 중심을 이루고 있었는데 1953년에 국립모자원을 설립하여 30세대를 수용하고 직업보도에 힘을 기울였다. 미망인 지원사업은 정부의 권장에 따라 민간으로 확산되어 1958년에는 전국에 83개소의 사설 모자원의 설립을 보게 된다."[22] 여성복지정책의 시발점이 모자가정의 보호였다는 점은 모자복지법이 여성복지정책의 가장 앞선 입법이 된 연유를 설명해 준다. 여성복지정책이 모자가정의 보호로 시발된 가장 큰 이유는 한국전쟁으로 전쟁미망인이 많았다는 역사적 특수성이었을 것이라는 점은 쉽게 추측된다.

"전쟁의 상처가 아물고 시간이 지남에 따라 모자원의 숫자는 감소되었다. 1965년에 3개소로 줄자 이러한 추세를 감안한 정부는 국립모자원을 국립부녀직업보도소로 개칭, 사별, 이혼 등에 의한 모자가정의 세대주나 미혼모 등, 저소득층 여성들을 대상으로 양재, 공예, 기계자수 등의 기능 교육을 실시하여 그들의 자립을

---

21) 김태성, 성경륭, 「복지국가론」, 나남, 2009, 419면.
22) 한국여성개발원, 앞의 책, 11면.

지원하는 사업을 담당케 하였다. 이 국립부녀직업보도소는 1983년 한국여성개발원이 발족될 때 국립여성복지원과 함께 통폐합됨으로써 그 역할을 마치게 된다. 그러나 산업사회와 가족의 변화는 여러 유형의 모자가정을 계속하여 양산하였"[23]다. 1960년대 이후 1980년대까지 산업화, 도시화, 핵가족화 등 사회의 구조적 변화와 함께 이혼, 별거, 사별 등의 원인으로 모·부자 가정이 증가하게 되었던 것이다.

특히 미혼모의 증가는 주요한 사회문제로 대두되고, 이에 대한 보호정책의 필요성이 증가하게 되었다. 이러한 추세가 결국 모자복지법 제정에도 큰 기여를 한 것으로 보인다. 1980년대 미혼모 복지 제도의 실상을 보면, 성에 대한 전통적인 엄격한 가치관으로 인해 미혼모에 대한 사회일반의 인식이 부정적이었기에 미혼모 복지에 대해서도 역시 부정적 인식이 있었다. 위에서 언급한 대로 모자복지법 제정 당시 미혼모를 보호하는 것이 미혼모를 양산할 수도 있다는 우려를 표명하였던 국회의원의 발언이 이러한 현실을 잘 나타내고 있다. 사회적 인식이 그러할수록 미혼모 보호의 필요성은 더욱 큰 것이었다.

1985년 당시 미혼모 복지에 관하여 연구한 한 자료[24]에 의하면 "우리나라의 경우 법률혼주의를 택한 까닭에 모권은 결혼의 테두리 안에서만 인정되며, 미혼모는 사회적으로 인정되지 않고 그 결과 적자와 혼외 출생아 사이에도 단순히 신분적 법률문제뿐 아니라 혼외 출생아의 생존권 확보, 복지혜택 등에서 많은 불이익을 갖게 된다. 그 외 생활보호법, 아동복지법, 모자보건법 등 아동보호와 모성보호를 목적으로 실시되는 복지법의 대상에서 제외되고 있을 뿐만 아니라, 미혼모보호를 위한 법적 근거도 전무하다. 한편 현행 미혼모보호서비스는 윤락행위등방지법에 근거하고 있으나 윤락행위자와 미혼모의 문제양상이 서로 판이하게 다르다는 사실을 고려해 볼 때, 그 서비스가 미혼모 상황에 적절하게 실시된다고 보기는 어려울 것이다. 서비스는 입양서비스가 주를 이루는데 이는 우리사회의 부정적 인식 때문에 대부분의 미혼모가 아기를 양육하는 것을 포기하기 때문인 것으로 보인다. 그 외 미미한 정도의 분만보조와 산전산후보조서비스 등이 전부로써 전체적으로 미혼모 자립을 위한 서비스나 경제적 지원 등의 실질적 서비스는 부재하며, 기존의 서비스들도 각 영역별로 분산되어 단편적으로 실시되고 있는 실정이다."[25]라고

---

23) 한국여성개발원, 앞의 책, 11면.
24) 안순덕, "미혼모의 발생요인과 예방", 서울시 홀트아동복지회, 2000년대를 향한 보호여성의 문제와 대책 – 제4회 보호여성세미나, 1985.
25) 안순덕, 앞의 글, 제51면.

쓰고 있다.

흥미로운 것은 한국에서의 미혼모에 대한 연구 및 정책 제안의 노력들은 1970년대에도 존재[26]하였지만, 1980년대 중반 이후에 모자복지법 제정 직전까지 활발하게 이루어졌는데.[27] 이 당시의 연구 활동은 모자복지법 제정의 필요성을 뒷받침하기 위한 목적의식적인 것이었다고 추측된다. 이러한 연구 활동들은 모자복지법 제정을 위해 초안을 만드는 노력과 직접 닿아 있었다. 그러나 미혼모 문제의 해결 노력과 모자가정의 보호가 곧바로 등치관계에 있지는 않다. 미혼모 문제의 해결 방식은 한 축은 모자가정의 보호이지만, 다른 한축은 그 발생의 예방 및 미혼모 자녀의 입양 등으로 가닥 지워졌다.[28] 입양촉진및절차에관한특례법[29]도 그 일환이다. 미혼모가 자녀를 출산하더라도 모두 직접 양육하는 것은 아니므로, 미혼모의 발생이 항상 곧바로 모자가정의 생성으로 직결되지는 않기 때문이다. 1988년의 보건사회부 조사에 따르면 모자가족의 83.3%가 남편이 죽은 경우이며, 그 나머지가 미혼모, 이혼모라고 하였다.[30] 그러므로 모자가정의 보호는 주로 미망인 가족을 주요 대상으로 고려하되, 미혼모 가족도 포섭하여 마련된 복지정책이었다고 할 수 있다. 한편, 자녀를 직접 양육하는 미혼모라 하더라도 미혼모가 자신의 호적에 출생한 자를 입적할 경우에 그자가 혼외자라는 사실이 알려지는 것을 꺼려 호적을 만들지 않는 경우가 많아 모자복지법의 지원을 받지 못하는 경우도 많았다고 한다.[31] 자녀를 양육하지 않는 미혼모에 대해서는 2006. 12. 28. 개정 모부자복지법에서 비로소 미혼모공동생활가정을 이용하는 경우에 한하여, 보호의 대상자로 포

26) 성영혜, "한국 미혼모의 현황분석", 「아세아여성연구」, 제14호, 숙명여대 아세아여성문화연구소, 1975.
27) 안순덕, "미혼모의 발생요인과 예방", 서울시 홀트아동복지회, 2000년대를 향한 보호여성의 문제와 대책 - 제4회 보호여성세미나, 1985; 안순덕, "미혼모 실태에 관한 연구", 「여성연구」, 제3권 1호, 한국여성개발원, 1985; 서경숙, "미혼모 발생 예방대책에 관한 프로그램 개발", 「여성연구」, 제5권 4호, 한국여성개발원, 1987; 김정자, 주유희, 금영옥, 정해숙, "저소득층 모자가족에 관한 연구", 한국여성개발원 1988 연구보고서 200-2.
28) 강정숙, "미혼모자 실태의 변화"; 한상순, "애란원을 중심으로 본 미혼모자세대 보호사업의 현황"; 허남순, "미혼모 자녀의 복지대책" 국제입양 활성화 세미나 자료, 「미혼모자녀의환황 및 복지대책」, 일시 1991. 12. 12. 장소 한국여성개발원 국제회의장, 한국여성단체협의회, 1991; 강영실, "미혼양육모 현황"; 백은자, "한국 미혼양육모 복지 현황과 대책"; 박영란, "해외 미혼양육모 복지 현황"; 한동대, "미국과 캐나다 미혼모시설의 교육 프로그램"; 박영란, "한국 미혼양육모 복지의 발전방향", 제7회 서울시여성복지세미나 자료, 미혼양육모! 어떻게 도울까?, 일시 2002년 10월 24일 장소: 여성프라자(서울대방동소재) 주최: 서울특별시 여성복지연합회, 2002.
29) 1976. 12. 31. 입양특례법이라는 명칭으로 제정되었다가, 1995. 1. 5. 전면개정되어 현재의 명칭으로 변경되었다.
30) 1988. 6. 26.자 한겨레신문 기사.
31) 김은희, "미혼모복지정책 개선 방안에 관한 연구", 한성대 행정대학원 석사학위논문, 2009.

함시켰고,32) 현재의 한부모가족지원법(제5조의2 제1항)에서도 유지된다.

한편 여성 복지정책의 또 다른 중요한 과제는 모성보호였다. 1973. 2. 8. '모자보건법'이 제정되고, 1986. 11.에 전면 개정되었다. 동법의 목적은 모성의 생명과 건강을 보호하고 건전한 자녀의 출산과 양육을 도모하는 모든 여성대상의 복지향상을 위한 것이었다. 모성보호의 이념은 1987년 '남녀고용평등법' 제정 시 근로여성의 모성보호를 명시적으로 규정하게 하였다. 모자보건법이 사회보장법인가는 약간의 논란이 있을 수 있을 것이다. 이 법은 그 입법의 목적이 "모성(母性) 및 영유아(嬰幼兒)의 생명과 건강을 보호하고 건전한 자녀의 출산과 양육을 도모함으로써 국민보건 향상에 이바지함"이라고 하고 있는바, 보건에 관한 법률을 사회보장법으로 분류하고 있지는 않기 때문이다.

그러나 모자복지법 제정을 추진하고, 그 입법에 대한 국민적 합의가 있었던 것의 배경에는 모성을 보호하고자 하는 우리 사회 일반의 이념이 존재하고 이것이 영향을 미쳤음은 부인할 수 없을 것이다.

그 밖에 1962년에 제정된 '윤락행위등방지법'을 거론한 경우도 있지만,33) 이 법은 형사처벌규정으로 매매음을 단속하고자 하는데 주안점을 두고 있고, 윤락여성을 대상으로 수용시설 보호를 하고 있기는 하지만, 이를 구태여 사회복지입법이라고 분류하기는 어려워 보인다. 윤락여성에 대한 실질적인 보호나 재활의 방안이 마련되기보다는 처벌 위주로 입법·시행되어 왔기 때문이다.

결국 여성복지정책은 대부분 주로 자녀를 양육하는 모성으로서의 여성을 대상으로 한 것이었다고 평가할 수 있겠다. 복지의 수급권자가 주로 취약계층이라고 본다면, 여성은 모성의 역할을 담당할 때 취약계층이 되는 것이다. 단, 여기서는 남성의 보호를 받지 못하는 모자가정의 경우를 말한다. 그러나 엄밀히 말해서 모자복지법이 여성복지의 대표적 입법이라고는 하지만, 그 보호대상은 모자가정의

---

32) 모부자복지법[시행 2007. 3. 29.] [법률 제8119호, 2006. 12. 28., 일부개정]
　　제5조의3 (미혼모에 대한 특례) 출산 후 해당아동을 양육하지 아니하는 미혼모는 제5조의 규정에 불구하고 제19조 제1항 제8호의 미혼모 공동생활가정을 이용함에 있어서 이 법에 따른 보호대상자가 된다.[본조신설 2006. 12. 28.]

33) 한국여성개발원, 「한국여성발전50년」, 정무장관(제2)실, 1995, 제12면에서 "제1장 광복 이후의 사회변천과 여성"을 집필한 권영자는 여성복지의 지속적 확대라는 소제목하에서 모자복지법, 모자보건법, 남녀고용평등법안의 모성보호규정과 함께 윤락행위방지법을 거론하고 있다. 한편 이 책의 "제5장 5. 사회보장법상의 여성의 지위"라는 단락에서는 그 소제목을 1) 모자복지법, 2) 영유아보육법, 3) 국민연금법의 여성관련규정, 4) 의료보험법의 여성관련규정, 5) 생활보호법의 여성관련 규정으로 마무리하고 "윤락행위등방지법"은 형법, 성폭력특별법과 함께 "6. 성에 관한 법률"로 분류해 두어, 일응 사회보장법에서 분리하였다.

"모" 뿐 아니라, 그 자녀도 보호 대상으로 하는 입법이었다. 이는 향후 모자복지법의 개정 및 보호 대상의 확장과도 관련이 있다.

4. 모자복지법 제안의 준비 과정

1980년대 초부터 모자가정의 보호를 위한 독자적인 입법의 제정에 대한 논의가 여성단체에서 일어났다. 1982년 모자가정의 생활안정과 복지를 위한 모자복지법의 입법을 위해 부녀보호사업 전국연합회에서 모자복지법 초안을 마련하였다. 이 초안은 일본의 모자복지법과 거의 동일한 형태였다. 그 후 논의의 중심은 모자가족의 실태와 문제점을 정확하게 파악하고 복지 대책을 마련하는 데 옮겨졌다. 한국여성개발원은 1984년 편부모가족의 지원방안에 관한 기초연구를 수행했는데, 여기에서 모자가족의 경제적 자립과 생활안정을 위한 종합적인 해결책을 모색할 수 있는 방안이 요구되어 이에 대한 대응으로 모자복지법 제정의 필요성과 아울러 경제적 지원 프로그램, 가사보조 프로그램, 아동보호 프로그램 및 교육프로그램을 포함하는 종합적인 프로그램을 실시할 수 있는 전문기구의 마련을 제안했다.[34]

모자복지법은 제6공화국의 여성복지정책의 대표적인 법이었지만, 사실 정부가 그 제정 작업에 착수하기로 결정한 것은 제5공화국 말기인 1987년 10월이었다. 당시 민정당과 정부는 아동복지법, 생활보호법 등에 규정된 미망인 및 그 자녀들에 대한 보호·지원 내용을 통합, 모자복지대책을 총괄적으로 펼 수 있는 새로운 법을 제정한다고 발표했다.[35]

1988년 여성개발원은 모자복지법 제정에 있어서 기초자료를 작성한다는 취지하에 저소득층 모자가정에 관한 연구 결과를 발표했다.[36] 본 연구에서는 모자가족의 일반적 특성, 편모의 경제활동 실태, 가구의 소득과 지출, 가정관리 및 건강, 기존 지원체계의 현황 및 평가 등 항목으로 모자가정의 취약한 구조를 파악한 후, 모자가족의 특성으로 "경제적 능력이 극히 취약한 집단이고, 따라서 극히 나쁜 경제적 여건에서 생활하고 있으며, 지역사회자원과 정보에 접근하는 능력이 부족하며, 자금대부를 위한 신용문제도 취약한 집단이고, 전문사회사업상담이 필요한 집단"[37]

---

34) 한국한부모가정연구소, 「아름다운 가정」, 2009. 4월호.
35) 1987. 10. 19.자 경향신문 기사.
36) 김정자, 주유희, 금영옥, 정해숙, "저소득층 모자가족에 관한 연구", 한국여성개발원, 1988, 연구보고서, 200-2.
37) 김정자 외 3, 위의 글, 169-172면.

이라고 평가하였다. 결론에 있어서는 모자가정을 위한 대책마련의 일환으로 법제정을 제안하였다. 기존의 입법으로는 아동복지법시행령(제2조 제8항)에서 모자원시설에 대한 조항이 마련되어 있었고, 모자가구의 일부가 생활보호법에 근거해서 공적 부조를 수혜하고 있지만 수혜대상 비율이 저조할 뿐 아니라 생활보호법에는 모자가족에 대한 별도 조항이 없어서 모자가정의 특수요구를 충족시켜주지 못하고 있다고 평가하면서 모자가족의 편모와 자녀를 위한 종합적 모자복지법 제정을 제안하였는데, 제정의 필요성을 다음과 같이 주장하였다.

"① 현대사회에서 모자가구는 증가추세에 있고 …(중략)…모자가족을 지원하기 위한 법적 근거가 마련되어 이들의 자립능력을 도와주어야 문제의 악화 및 장기화를 예방할 수 있을 것이다. ② 모자가정을 위한 지원제도가 극빈 모자가정만을 대상으로 하는 …(중략)…구빈적 보호수준에서 벗어나 편모가 적절한 직업을 가져 소득을 유지하고 미성년(18세 미만) 자녀를 건강하게 양육·교육하면서 모자가정이 우리사회에서 생활안정과 인간다운 문화적인 생활을 할 수 있도록 뒷받침 할 수 있는 모자복지법이 제정되어야 할 것이다. ③ 우리나라의 경제발전…(중략)…고려하면 우리도 사회복지서비스를 위한 정부의 지출…(중략)…의 일부를 모자가정을 위해서 지출해야 하는 사회발전단계에 이르렀음을 의미한다. 모자가정의 자립을 위한 복지프로그램에 정부재정지출을 보장하고 그 효율성을 높이기 위해서는 근거법의 마련이 선행되어야 할 것이다."[38] 이러한 법제정의 필요성을 주장하면서 급여의 개선, 자립기반의 확립, 접근서비스의 확대, 전달체계의 수립 등 정책제안이었고, 이것이 모자복지법 제정의 기초가 되었다.

Ⅳ. 제정 모자복지법의 골자와 그에 대한 평가

1. 주요 내용

모자복지법은 법률 제4121호로 1989. 4. 1.자로 제정 공포되었고, 그 시행일은 1989. 7. 1.이었다. 공포된 제정이유는 "날로 도시화·공업화·핵가족화되고 있는 오늘날의 산업사회는 배우자와의 사별, 이혼, 유기, 별거 등의 사유로 배우자가 없거나 배우자가 있어도 폐질·불구 등으로 장기간 근로능력을 상실하여 여성이 생계의 책임을 지는 모자 가정이 날로 격증하고 있는바, 이들 모자가정이 자립자활

---

38) 김정자 외 3, 앞의 글, 172-173면.

할 수 있도록 생계보호·교육보호·생업자금융자·주택제공 등을 통하여 모자가정의 건강하고, 문화적인 생활을 보장하려는 것"이었다.

이처럼 모자가정이 건강하고 문화적인 생활을 영위할 수 있게 함으로써 모자가정의 생활안정과 복지증진에 기여하는 데에 입법목적을 둔(제1조) 모자복지법의 보호대상자는 모자 가정의 구성원, 즉 세대주인 모와 그에 의해 양육되는 아동이다(제4조).

구체적으로 보호대상자로서의 '모'라 함은 다음 각 호에 해당되는 자로서 아동을 양육하는 자를 말한다(제4조).

① 배우자와 사별 또는 이혼하였거나 배우자로부터 유기된 여성

② 정신 또는 신체장애로 인해 장기간 근로능력을 상실한 배우자를 가진 여성

③ 미혼여성(사실혼관계에 있는 자를 제외)

④ 제1호 내지 제3호에 규정된 자에 준하는 여성으로서 보건복지부령이 정하는 여성 – 배우자의 생사가 분명하지 아니한 여성, 배우자 또는 배우자가족과의 불화 등으로 인하여 가출한 여성, 배우자의 해외거주·장기복역 등으로 인하여 부양을 받을 수 없는 여성(동법 시행규칙 제2조)

보호대상자로서의 '아동'이라 함은 이러한 '모'에 의해 양육되는 18세 미만(취학시에는 20세 미만)의 자를 말한다(제4조 제3항).

모자복지법에 의한 보호를 행하는 책임주체는 국가와 지방자치단체이며 이를 모자복지법상의 '보호기관'이라고 한다(제4조 제4항).

모자복지법상 모자가정에 대한 지원에는 복지급여, 복지자금 대여, 고용촉진, 공공시설내 매점 및 시설설치 우선적 허가, 시설우선이용, 전문사회사업서비스 제공, 주민주택의 분양 및 대여시 우선분양 등이 있는데, 모두 임의규정 내지 노력규정의 형태로 규율되고 있다(제12조 내지 제18조). 이 중 복지급여의 종류로는 생계비, 아동교육지급비, 직업훈련비 및 훈련기간 중의 생계비, 아동양육비 등이 있다(제12조).

모자복지법상 모자복지시설로는 모자보호시설, 모자자립시설, 미혼모시설, 일시보호시설, 부녀복지관, 부녀상담소 등이 있다(제19조).

재정과 관련하여, 국가 또는 지방자치단체는 모자복지사업에 소요되는 비용을 보조할 수 있다(동법 제25조).

2. 평 가

모자복지법의 제정의 사회적 의미를 살펴보기 위해서 모자복지법 제정 직후 또는 그 이후의 이 법에 대한 사회적 평가를 살펴본다. 모자복지법 제정이 있었던 1989년 학술단체협의회에서 주최한 한국사회지배구조 심포지엄에서 여성사연구회는 "모자복지법은 국가와 지방자치단체를 모자가정지원의 책임주체로 선정하고 생계비·아동양육비·직업훈련지원비 등을 복지자금으로 대여할 수 있게 하는 등 긍정적 요소를 포함하고 있다. 그러나 핵심적 내용인 복지급여와 복지자금대여에 대한 강제규정이 미흡해 이 법이 모자가정에 대한 실질적인 지원책으로 기능할지 의문시된다."고 평가했다.[39]

한편, 법제처는 1989. 11. 시행령 미제정으로 인한 집행불능법률을 집계했는데 이 중 보건사회부 입법의 모자복지법을 들었다. 이에 대해 언론은 법제처가 민생관련 15개 법률사문화에 대해서 보고했는데, 정부가 공포해 놓고 시행령을 마련하지 않아 국회입법권을 사실상 침해했다고 평가했다.[40]

1989. 11. 4. 한국여성개발원에서는 한국여성유권자연맹 주최로 제6공화국의 여성정책을 평가하였는데, 여성정책이 실속보다 과시효과에 그쳐 제6공화국 선거공약이 "빛 좋은 개살구"에 불과하고 성차별 근본문제에 대한 해결의지가 보이지 않는다고 정책 평가하였다. 모자복지법의 제정에도 불구하고, 제6공화국은 성차별의 핵심적인 문제를 해결하려는 의지보다는 국가발전계획에 여성을 효율적으로 통합시키려는 이념에 충실하며, 현실적으로 나타난 문제들을 치유, 또는 갈등을 약화시키는 미봉책의 성격이 강하다고 비판했다.[41]

한편 1980년대 여성계를 회고하는 언론 기사에서는 "여성정책의 초석을 마련하는 여성관련기구가 설치됐으며 여성발전을 위한 법적 제도적 장치 마련이 잇따랐다. 그중에서도 80년대 여성계의 가장 두드러진 특징은 정부 내에 여성을 위한 기구들이 많이 생겨났다는 점이다. 여성문제를 전담하는 정무 제2장관실과 여성개발원, 여성정책심의위원회 등이 설치돼 법적 제도적인 측면에서 여성발전을 위한 기틀이 마련됐다. 남녀고용평등법과 모자복지법제정이 그 대표적인 예다."[42]라고 하

---

39) 1989. 9. 10.자 한겨레신문 기사.
40) 1989. 11. 2.자 경향신문 신문 기사.
41) 1989. 11. 6.자 매일경제신문 기사.
42) 1989. 12. 9.자 매일경제신문 기사.

면서 모자복지법제정을 여성계의 주요한 발전으로 꼽았다.

V. 모자복지법의 입법취지 및 그 변화

1. 모자복지법의 입법취지 및 헌법적 근거

우리 헌법은 모성보호를 국가의 의무로 규정하고 있다. 그런데 헌법에 모성보호 규정이 최초로 도입된 것은 바로 모자복지법이 제정된 제6공화국 헌법에서였다.[43] 제5공화국 헌법에서는 혼인과 가족생활의 보호 외에 국민의 보건 보호를 추가하였지만, 아직 모성보호규정은 존재하지 않았다. 입법사적으로 볼 때, 1988년 대통령 선거 공약을 기점으로 제6공화국 헌법 제정 당시 여성정책 또는 복지정책에서 모성보호의 중요성이 대두되었음을 의미한다고 보아야 할 것이다.

그러나 모자복지법 제정의 헌법상 근거를 모성보호의 국가적 의무에서 찾는 것은 약간의 의문이 있다. 일반적으로 모성보호에 보다 충실한 입법으로는 '모자보건법'이 있고, '근로기준법'과 '남녀고용평등법'에서 유급생리휴가, 산전·산후 휴가 등을 규정하여 여성의 출산기능이라는 생리적인 특성에서 오는 차별 금지 및 배려 등을 규정하고 있다. 그러나 모성의 의미를 출산뿐 아니라 양육에 대한 1차적 책임자로 확대하여 볼 때, 역시 모자복지법은 모성보호를 위한 입법으로 분류될 수 있을 것이다. 모자복지법의 제정 당시의 사회 상황이나 국민의 법의식 하에서는 더욱 그러하였다. 그러므로 모자복지법은 모성보호를 이념으로 하면서 복지정책을 실현하는 주요한 여성복지정책 입법으로서 사회보장법 중 사회복지서비스법 체계 내에 존재하는 주요한 입법이다. 사회보장법의 이념인 헌법상 행복추구권 및 인간답게 살 권리로부터 도출된 입법이다.

---

43) 혼인과 가족생활, 모성보호 규정의 헌법 개정사
　1. 제헌헌법부터 제5호 헌법(4차 개정)까지 ‒ 제20조 혼인은 남녀동권을 기본으로 하며 혼인의 순결과 가족의 건강은 국가의 특별한 보호를 받는다.
　2. 제6호 헌법(7차 개정)부터 제8호 헌법까지 ‒ 제31조 모든 국민은 혼인의 순결과 보건에 관하여 국가의 보호를 받는다.
　3. 제9호 헌법(8차 개정) ‒ 제34조 ① 혼인과 가족생활은 개인의 존엄과 양성의 평등을 기초로 성립되고 유지되어야 한다. ② 모든 국민은 보건에 관하여 국가의 보호를 받는다.
　4. 제10호 헌법(9차 개정 1987. 10. 29. 개정 88. 2. 25. 시행 헌법) ‒ 제36조 ① 혼인과 가족생활은 개인의 존엄과 양성의 평등을 기초로 성립되고 유지되어야 하며, 국가는 이를 보장한다. ② 국가는 모성의 보호를 위하여 노력하여야 한다. ③ 모든 국민은 보건에 관하여 국가의 보호를 받는다.

2. 모자복지법의 변천

2002. 12. 18. 모자복지법은 '모·부자복지법'으로 법률명 변경을 포함한 개정 (2002. 12. 18. 법률 제6801호 2003. 6. 19. 시행)이 이루어져 남성이 세대주인 부자(爻子)가정도 지원대상으로 하면서, 부자호소시설과 부자자립시설을 복지시설에 추가하였다. 2006. 12. 28. '모·부자복지법'이 다시 개정되어, ① 외국인 중 대한민국 국민과 혼인하여 대한민국 국적의 아동을 양육하고 있는 자도 보호대상자로 추가하였고, ② 미혼모·부가 5세 이하 아동을 양육할 경우 복지급여를 추가로 지원하며, ③ 미혼모시설을 미혼모자시설로 변경하여 아동에 대한 보호와 양육 기능을 강화하였고, ④ 공동생활가정을 설치하여 아동양육 등 독립적인 생활이 어려운 미혼모자가정, 모·부자가정 및 미혼모가정을 지원하도록 하였다. 그 후 모·부자가족법은 2007. 10. 17. 한부모가족지원법(법률 제8655호 2008. 1. 18. 시행)으로의 개정으로 대체되었고, 사회적인 관심 대상으로 떠오른 조손(祖孫)가정을 보호대상에 포함시키고, 자녀가 취학중인 경우 보호대상을 20세 미만에서 22세 미만으로 보호기간을 연장하였다.

결국 모자복지법의 입법취지는 모자가정의 모와 자녀를 보호하는 목적에서부터 부자가정으로 다시 조손가정을 포함하는 한부모가족 전체를 보호하는 것으로 확장하는 변천사를 갖게 되고, 이에 따라 보호대상이 여성, 아동에서 남성, 노인으로 확장되는 과정을 갖게 되었다. 그렇다면, 모자복지법은 모성보호라는 주요한 이념을 포기하게 된 것일까? 모성을 자녀양육자로 확대하여 여성에게만 한정 짓지 않는 것으로 해석하는 한, 현재의 한부모가족지원법도 여전히 모성보호를 이념으로 하는 법이다. 그러나 모성의 의미를 그 언어적 의미에 배치되면서까지 확장하기는 어려우므로, 역시 모자복지법이 모부자복지법으로 바뀌면서 모성보호의 이념과는 결별하였다고 보아야 할 것이다. 결국 모자복지법의 제정 당시 고려되던 모성보호의 이념은 자녀 양육을 부담하는 한부모의 보호라는 더 중요한 키워드로 입법취지의 범위를 분명히 하게 되었다.

모성보호는 여성을 자녀 양육자의 주요 책임자로 인식할 때 강조되는 것이다. 여성의 고유한 영역인 출산은 생애에 있어 일회적인 사건으로 기껏해야 한 자녀당 10개월 내외의 일이므로, 복지 프로그램의 대상으로 구조화하기보다는 보건정책의 차원에서 다루는 것이 자연스러웠던 것이고, 이는 모자보건법의 영역에서 커

버릴 수 있었다. 시선을 양육의 문제로 옮겨 왔을 때, 양육의 1차 책임자를 "모"라고 강하게 인식하던 사회에서는 자연스럽게 모성보호가 사회보장체계 내에서 다루어져야 했고, 그것이 주요한 여성복지정책의 테마가 될 수 있었을 것이다. 그러나 양육의 의무가 "모"에 한정되지 않고 "부"에게도 확장되어야 한다는 사회 인식의 변화 및 자녀를 양육하는 의무를 부담하는 주체가 여성에만 한정되지 않고, "부"나 "조부모"로 확장되는 사회 구조 변화를 현실적으로 겪으면서 이제 양육을 수행하는 한부모 가정 전반에 특별한 배려가 필요하다는 인식이 커지게 된 것이다.

애초에 모자복지법이 제정되던 시기에도 편부모가정을 대상으로 하지 않고 편모가정만을 보호대상으로 하는 한계가 있음을 지적하는 견해[44]가 있었다. 당시 성차별적 고용구조 하에서 여성의 취업의 어려움, 성별에 따른 이중적인 성윤리가 지배하는 사회에서의 여성의 재혼이 가족 해체 없이는 힘든 상황에서 편부가족보다 편모가정을 법이 고려하는 것이 합리적 성차별인 '잠정적 우대조치'라고 볼 수 있지만, 남녀를 일반적 집단으로 취급하여 여성에 대해 편면적으로 적용함으로써 가부장적 사고를 강화시킨 면도 있다는 견해이다. 그러므로 현재 여성에게 편면적으로 적용되던 모자복지법이 한부모가족지원법으로 확대되었다는 것은 한편으로는 적어도 이 영역에 있어서는 여성에 대한 잠정적 우대조치가 필요한 영역이 아닌 것으로 사회 현실이 변화하고 있다고 보아야 할 것이다. 여성복지 입법의 가장 대표적인 것이 모자복지법이었다는 점을 고려할 때, 여성복지라는 개념 자체의 실익이 상실된 것이라고도 볼 수 있다. 복지의 대상으로서의 "여성"이라는 카테고리는 너무 광범위한 것이었던 것이다. 여성복지의 개념이 퇴화됨으로써 오히려 복지대상은 실질적으로 넓어진 것이다.

그러나 이 문제를 더 깊숙이 들여다보면, 모자가정이 부자가정에 비해 더 불리한 성차별적 현실이 극복되었다고 평가하기에는 무리가 있다. 오히려 모자복지법의 보호 내용이 애초에 여성 가장으로서의 특수한 문제점을 해결하는 대안을 두고 있지 않았던 취약점이 있었다고 평가할 수 있다. 바로 그런 이유로 모자복지법은 그 실질적 내용에 거의 변화를 주지 않고서도 비교적 간편하게 그 보호대상을 부자가정 및 조손가정으로 확대할 수 있었던 것이다.

---

44) 한국여성개발원, 「여성복지관계법제에 관한 연구」, 1990, 189면; 김엘림, "여성과 노동복지관계법", 「법과사회」, 제8호, 법과사회이론학회, 1993, 121면 이하.

Ⅵ. 결   론

모자복지법은 1989년 소위 제6공화국이 복지국가의 원년을 이룬다는 정치적 캐치프레이즈 하에서 여성정책과 복지정책의 두 축이 서로 진화하는 과정에서 교차하는 지점에서 탄생되었다. 이러한 역사적 필연성을 배경으로 모성보호라는 강한 사회 전반의 이념을 바탕으로 비교적 저항 없이 평이한 과정으로 제정된 입법이라고 평가한다. 그러나 법 규정 방식이 상당 부분 "노력규정"으로 되어있어 실효성 측면에서 많은 한계를 가진 법이었다.

그 후 모자복지법은 모부자복지법, 한부모가족지원법으로 명칭을 변경하여 보호대상을 확대하였다. 모자가정에서 부자가정, 조손가정으로 보호대상이 확대하는 과정에서 이 법의 일관된 키워드는 "자녀를 양육하는 한부모 가정"이었다. 부모가 양육의 책임을 공유하지 않는 상황에서 혼자서 양육하는 어려움은 모나 부가 다를 바 없다는 인식이다.

그런데, 자녀 양육이라는 키워드를 보다 더 확장해서 본다면, 모자복지법의 보호대상을 "자녀를 양육하는 취약계층 가정"으로 확장하여 사고해 볼 수도 있고, 역시 통합적으로는 "자식을 가진 가정"에 대한 보호로 사회보장의 영역을 확장하여야 할 가능성도 잠재적으로 가지고 있다. 그러나, 자식을 가진 가정 중 경제적 극빈자는 일반적 빈곤계층에 대한 사회보장과 만나게 되므로, 모자복지법의 지나친 외연의 확장이 반드시 바람직한 것은 아닐 것이다.

모자복지법이 그 외연의 확장을 멈추고 한부모가족지원법으로서의 고유한 기능을 살리려면, 적어도 한부모가족의 문제 상황의 인식을 경제적 어려움에만 맞출 것이 아니라, 한부모 가족의 심리학적, 사회학적 문제 상황을 함께 해결하는 실효성 있는 보장 내용을 포함시켜야 한다. 이러한 입법 방향이 명실공히 복지국가 원년에 기세등등하게 제정된 모자복지법을 살아있는 법으로 만들어 줄 것이다.

14 고용보험법 제정사

김 진*

I. 서 론

고용보험법은 고용보험의 시행을 통하여 실업의 예방, 고용의 촉진 및 근로자의 직업능력의 개발·향상을 도모하고, 국가의 직업지도·직업소개기능을 강화하며, 근로자가 실업한 경우에 생활에 필요한 급여를 실시함으로써, 근로자의 생활의 안정과 구직활동을 촉진하여 경제·사회발전에 이바지함을 목적(제정 고용보험법 제1조)으로 하는 법으로, 다른 사회보험이나 사회보장보다 고용관련법에 밀접하게 연관되어 있고 국가 고용정책의 주요 부분을 이룬다. 이 법은 1993. 12. 27. 제정(법률 제4644호)되어 1995. 7. 1.부터 시행되었는데, 사회보장에 관한 법률이 1963년, 산업재해보상보험법이 1963년, 의료보험법이 1963년, 생활보호법이 1961년, 사회복지사업법이 1970년 제정되었고 1973년 국민복지연금법으로 제정되어 시행시기를 미루어 오던 국민연금법도 1988년부터는 시행되었다는 점을 고려하면 상당히 늦어진 셈이다.

아래에서는 사회보장제도의 하나인 사회보험인 동시에 고용정책의 주요 부분을 이루는 고용보험 제도의 특성이, 법 제정 시기나 제정 과정에 어떠한 영향을 미쳤는지 보고자 한다. 이를 위해 고용보험 제도의 특성을 간단하게 보고, 1970년대부터 시작된 고용보험제도 도입 논의가 1993년에 이르러서야 비로소 제정에 이른 논의의 과정을 정리한 다음, 1993년 제정 당시 쟁점들을 검토하여 이 법이 지금과 같은 형태와 내용을 가지게 된 배경을 찾아본다.

---

* 법무법인 지향 변호사, 법학박사.

Ⅱ. 고용보험제도의 특성

1. 고용과 사회보장

흔히 고용과 사회보장의 관계는 이중적[1]이라고 한다. 고용은 사회보험료 납부 재원을 제공한다는 점에서 현대 사회보장이 가능하기 위한 전제조건인 동시에, 고용기회의 상실은 개인의 생활유형을 파괴하는 대표적인 사회적 위험이기 때문에 고용은 사회보장의 보호대상이기도 하기 때문이다.[2]

이러한 특수성 때문에 고용보험법은 그동안 국가고용정책의 법적 근거가 되었던 기존의 다른 법률과 기능적으로, 그리고 내용적으로 중복되는 면을 많이 가지고 있다(예컨대 퇴직급여보장법, 직업안정법, 근로자직업훈련촉진법). 그러나 다른 법령은 법 체계적으로 고용증진이라는 목적론적 성격의 촉진체계[3]이고 원칙적으로 그 사업 재원이 일반회계인 반면, 고용보험법은 목적론적 촉진체계라는 성격과 함께 사회보험의 성격(따라서 그 일차적 재원은 가입자들이 부담하는 보험료)을 갖는다는 면에서 구별된다.

한편 고용보험제도는 기본적으로 자본축적과정에서 '불가피하게' 발생하는 실업에 대해 노동자들에게 실업기간 동안의 생계비를 보조하고 적극적인 취업알선과 직업훈련을 통해 노동자들의 생활안정을 보장하는 사회보험제도이기 때문에, 자본주의 초기 단계나 만성적인 실업이 존재하는 경우에는 제도를 유지하기 위해 소요되는 비용 때문에 고용보험제를 도입하는 것이 불가능하므로, 한 나라에 고용보험제가 도입된다는 것은 그 나라의 경제 구조가 고용보험제의 도입이 가능한 구조로 변하고 있다는 것을 반영한다.[4]

2. 실업보험(실업급여)과 고용보험

고용보험 제도의 원형은 실업급여(실업보험)가 주축을 이루고 있었다. 미국과 같은 영미권은 물론 독일이나 일본도 처음에는 '실업보험'이라는 용어를 사용하였고 (1969년 서독이 고용촉진법 AFG, Arbeitsförderungsgesetz 제정으로 실업보험이 고용보험으로 개칭되고, 일본 또한 1974년 12월 고용보험으로 개칭되었다[5]), 제도 설계 중심

---

1) 전광석, 「한국사회보장법론」, 법문사, 2005, 366면.
2) 전광석, 위의 책, 366면.
3) 전광석, 위의 책, 369면.
4) 황덕순, "'고용보험법제' 정부입법안 문제 있다", 「월간 말」, 1993년 12월호, 189면.

도 실업보험이었다. 그러나 우리 고용보험법은 그 제정 당시부터 실업급여(보험)가
그 전부가 아니었다. 실직근로자에게 적극적인 취업알선을 통하여 재취업을 촉진
하고 직업안정을 위하여 실업예방, 근로자의 능력개발 등을 통하여 고용을 안정시
키고 근로자의 복리증진을 목적으로[6] 적극적인 취업알선을 통한 재취업 촉진과
근로자의 직업안정 및 고용구조개선을 위한 고용안정사업, 근로자의 직업능력개발
사업 등을 상호 연계하여 실시하는 사회보험제도가 고용보험제도라고 할 수 있
다.[7] 요컨대 실업보험은 단순하게 실직자의 생계를 지원하는 사후적·소극적 사
회보장제도에 그치는 반면, 고용보험은 실직자에 대한 생계지원은 물론 재취업을
촉진하고 더 나아가 실업의 예방 및 고용안정, 노동시장의 구조개편, 직업능력개
발을 강화하기 위한 사전적·적극적 차원의 종합적인 노동시장정책의 수단[8]인 것
이다.

이런 점에서 한국의 고용보험제도는 실업보험제도의 원형과는 거리가 있으며,
이는 1980년대 신보수주의를 표방하는 서구 우파정권들의 '복지국가 제도 재편'과
관련이 있다. 즉 전통적인 실업급여 부분을 축소하는 대신, 실업급여 수급조건을
직업훈련이나 교육과정과 연계시키거나 고용조정 지원프로그램 등을 통해 고용확
대를 유도하는 것이다.[9]

그러나 이미 있었던 실업보험을 유연화시키는 서구에서와는 달리 아예 실업보
험 제도가 없었던 우리나라에서는 고용보험의 도입이란 비용 축소 내지 효율화가
아니라 비용이 더 들어가는 일이었다. 그렇기 때문에 정책결정과정에서 정부부처
내의 갈등이나 노동부와 자본 간의 마찰을 초래하기도 하였으며,[10] "선진국의 실
시경험을 바탕으로 근로의욕 상실 등의 부작용을 최소화하고 기업 및 근로자의
부담을 고려하여 고부담 고복지가 아닌 저부담 저복지 원칙하에 제도를 설계한다"
는 정부의 제정방향에 대해서는, 사회보장제도로서의 실질적인 내용이 거의 배제
된 형태로 그 결과는 오히려 고용불안을 초래하게 될 것이라는 강력한 비판이 제
기되었던 것이다.[11]

---

5) 유길상·홍성호, "주요국의 고용보험 제도", 한국노동연구원, 1999, 5면.
6) 신수식·김동원·이규용, 「현대 고용관계론」, 박영사, 2002, 389면.
7) 김주복·유원상, 「고용보험법 정해」, 중앙경제사, 1995, 31면.
8) 노동부(2009), 「고용보험백서」, 23면.
9) 김진구, "고용보험제도의 도입과 노동자 계급", 「동향과전망」, 통권 제25호, 한국사회과학연구소,
    1995, 159면.
10) 김진구, 위의 논문, 160면.
11) 황덕순, 위의 논문, 192면.

Ⅲ. 고용보험법 제정 전 논의

1. 1961년까지

해방직후인 1946년 민주의원이 미소공동위원회를 앞두고 발표한 「임시정책대강」이 27개 정책 중 "모든 노동자와 고용인을 위하여 실업보험과 사회보험제도를 제정함"을 포함한 것[12]을 시작으로 '실업보험'은 지속적인 관심을 받아 왔다.

1949년 당시 사회부장관이었던 전진한이 제1회 국회 83차 본회의에서 발표한 시정보고에서는 "사회보험제도를 創定 실시케 할 것"이라는 제목 하에 "근로자가 不慮의 재해·질병·폐질·노년 급 실업 등의 불행한 경우에 처했을지라도 능히 그 생활난에 小毫라도 지장이 없이 그들의 생활향상과 그 사회적 처우를 적극적으로 개선하기 위하여 일반 노동보호시책과 병행하여 此에 대한 대책을 시급히 강구 수립코자 (1) 노동재해보험 (2) 노동질병보험 (3) 양로 급 폐질보험 (4) 실업보험"을 모두 논하고 있으며,[13] 대한노동총연맹의 행동강령에도 직업희생보험, 질병보험과 함께 실업보험 실시가 포함되어 있었다.[14]

이후 이승만 정권은 일련의 법안을 준비하고 사회보장연구 활동을 시작하였는데,[15] 1949년 보도에 의하면 당시 사회부에서는 "현재 취업 중인 자가 장차 사정에 의하여 실업을 하게 되는 경우를 위하여 매월 보험료를 적립하되, 이 보험료는 노무자와 기업주와 국가가 각각 3분의 1씩 부담"하는 내용의 실업자보험법을 기초 중에 있었다고 하였으며,[16] 1955년에는 재무부에서 사회보험정책을 하나의 방도로서 실업보험제도의 신설을 사회부 당국과 추진 중에 있다는 보도가 있었다.[17] 실업보험의 필요성이 논의되기 시작한 것은 당시 이미 실업 문제가 심상치 않았기 때문으로 보이는데, 신문기사에 의하면 1950년 3월말 현재 남한의 실업자 수는

---

12) 조선일보 1946. 3. 19.자.

13) 시정월보 창간호, 1949. 1. 5.자 29-42면, 국사편찬위원회 한국사데이터베이스.

14) 서울신문 1949. 4. 22.자 - 한편 법령상 실업대책이 처음 등장하는 것은 사회부령으로 1950. 4. 14. 제정·시행된 '실업대책위원회 규정'인데, 그 주요 내용은 사회부장관의 자문에 응하여 실업대책에 관한 사항을 조사, 심의하여 건의하기 위하여 사회부에 사회부장관을 위원장으로 하는 실업대책위원회를 두는 것이 전부였을 뿐 실질적인 내용은 없었다. 이 규정은 1982. 8. 13.까지 존치하다가 폐지되었다.

15) 이흥재, "사회보장법 형성의 풍토적 특징", 「서울대학교 법학」, 제52권 제3호, 서울대학교 법학연구소, 2011. 9., 385면.

16) 동아일보 1949. 6. 15.자.

17) 경향신문 1955. 1. 31.자.

△서울특별시 8만 3,141명 △경기 5만 8,506명 △충북 3만 3,825명 △충남 7만 4,058명 △전북 11만 8,258명 △전남 10만 3,246명 △경북 12만 5,323명 △경남 20만 8,390명 △강원 1만 7,458명 △제주 7만 3,263명 △합계 89만 5,468명 이상 이었다고 하며, 사회부에서는 이 당시에도 "실업보험제 실시에 의한 실업 구제"를 주요한 실업대책으로 언급은 하고 있었다.[18]

1956년에도 보건사회부에서 실업보험법안을 거의 완성하여 근일 중 법제실에 회부할 것이라는 보도가 있었으며,[19] 보건사회부가 1957년 국회에 제출한 국정감사 답변 자료에는 실업보험법안을 정부안으로 국회에 제출하였다고 기록되어 있고,[20] 이듬해인 1958년에도 보건사회부에서 법안을 만들어 법제실에 회부하고 여당과 회합하여 대체로 찬동을 얻었다는 보도[21]가 있으며, 1959년에는 수정안을 다시 제출한 것으로 보이고,[22] 1960년 초까지 법안이 심의 중이었다가[23] 4·19 혁명 뒤에는 당시 100만 명이 넘던 실업자와 경제위축으로 생기는 직업의 불안정은 봉급생활자에게 커다란 위협이 되고 있으므로 다음 해부터 직업안정법, 실업보험법, 긴급실업대책법 등 세 가지 노동복지법을 시행하겠다는 계획도 발표되었다.[24]

한편 실업보험에 관한 것은 아니지만 1960년과 1961년 두 차례에 걸쳐 이종남을 비롯한 민주당 의원들[25]이 보건사회부장관이 지역별 실업자 흡수비율을 정하고 공공기관이 경영하는 사업에서는 관할 직업소개소에 소개된 실업자들을 우선 채용하는 것을 내용으로 하는 '특별실업대책법(안)'을 제출하였으나, 모두 1961. 5. 회기 만료로 폐기된 바 있다.

2. 5·16 쿠데타 이후

1961년 5·16 쿠데타 후 적극적인 사회정책의 의욕을 보였던 군사정부는, 학계 및 실무계의 열정에 힘입어 사회보장제도 심의회를 구성하고 사회보장법의 각국

---

18) 서울신문 1950. 5. 18.자 – 구체적으로 제도 도입에 대해 논의하였다는 자료는 남아 있지 않다.
19) 동아일보 1956. 9. 3.자.
20) 남찬섭, "1950년대의 사회복지 3", 「복지동향」, 참여연대 사회복지위원회, 2005. 8. – 이흥재, 앞의 논문, 387면에서 재인용.
21) 동아일보 1958. 11. 12.자.
22) 동아일보 1959. 8. 7.자.
23) 동아일보 1960. 1. 10.자.
24) 동아일보 1961. 10. 23.자.
25) 발의 의원: 김웅주, 김판술, 문명호, 민장식, 박환생, 배성기, 성태경, 양일동, 이만우, 이종남, 정남규, 조명환, 조일환, 주도윤, 한종건, 홍정표.

유형을 연구하여 이를 한국에 접목하는 시도를 보였으나, 이후 정부는 정통성의 흠결을 경제성장을 통해서 보완하려는 데에 우선순위를 두고, 이로써 정부의 사회정책적 관심은 쉽게 무력화되었다.[26]

실업보험 도입에 관하여 논의가 시작된 것 역시 위와 같은 흐름에서였다. 쿠데타에 성공한 군사정부는 1961. 10. 1. "실업보험제도의 조속한 확립을 위하여" 전국 사업장 중 상시 5인 이상의 근로자를 고용하고 있는 관·공·민영사업장의 실태를 일제히 조사하겠다고 밝혔고,[27] 1961. 12. 6. 군사정부에 의해 제정·공포된 직업안정법(법률 제807호) 제2조에서는 실업보험사업을 정부가 행할 업무의 범위에 포함하여 실업보험제도의 도입에 관한 의지를 표명하였다.[28] 1962년의 보도도 "보건사회부 안에 있는 사회보장심의위원회가 사회보장제도의 첫 단계로 노재보험, 실업자보험 및 의료보험을 위한 기초조사를 완료하고 노재보험은 명년 7월부터, 실업보험은 명년 10월부터 실시하며 그 전에 관계법규의 정비 및 요원훈련을 마칠 것"이라고 하고 있었다.[29]

하지만 사회보장에 관한 법률(1963. 11. 5.), 선원보험법(1962. 1. 10.), 군인연금법(1963. 1. 28.), 산업재해보상보험법(1963. 11. 2.), 의료보험법(1963. 12. 10.)이 각각 제정된 1963년에도 실업보험법은 제정되지 못했다. 당시 경제발전단계에서는 실업보험을 도입하여 시행할 만한 여건이 아니었다는 견해가 있는가 하면,[30] 경제개발에 따라 실업률이 저하되기 시작한 데다가 보건사회부가 영세민에 대한 취업구호사업을 적극 추진하면서 별도의 실업대책 사업의 의미가 없어졌다는 설명도 있다.[31]

---

26) 전광석, "헌법 50년과 사회보장법의 발전", 「한국 법학 50년 – 과거·현재·미래; 대한민국 건국 50주년 기념 제1회 한국법학자대회 논문집 Ⅱ」, 한국법학교수회, 1998, 331면. 이 시기에 제정된 사회보장에 관한 법률과 의료보험법은 군사정부의 최초의 정책적 관심이 약화되는 것을 보여주는 대표적인 예이다. 사회보장의 청사진으로 사회보장의 기본원칙 등을 상세히 담으려던 이 법률은 결국 실체적인 내용이 모두 빠지고 기껏해야 사회보장심의회를 구성하는 조직법적 내용을 담는 정도로 그쳤고, 의료보험법은 사회보험법의 일종으로서 소득활동을 하는 국민을 의무적으로 가입대상으로 하며, 이들을 질병으로부터 보호하여야 한다. 그런데 1963년 제정된 의료보험법은 이러한 의료보험의 사회보험으로서의 특성을 전혀 반영하지 못하고 임의적인 보험으로 입법화되는데 그쳤다. 진정한 의미의 의료보험이 시행되기까지 그로부터 14년이 지나야 했다.

27) 경향신문 1961. 10. 1.자.

28) 노동부(2005), 「고용보험 10년사(우리나라 고용보험 발전경과)」, 2005, 9면 – 제정 직업안정법 제2조 (정부가 행할 업무) 정부는 전조의 목적을 달성하기 위하여 다음 각 호의 업무를 행한다. … 5. 실업보험사업과 이에 관련된 사항.

29) 동아일보 1962. 12. 24.자.

30) 노동부(2005), 앞의 책, 9면.

31) 김성중·성제환, 「한국의 고용정책」, 한국노동연구원, 2005, 159면.

다만 실업보험법은 아니지만, 1964. 12. 18. 공화당 의원 김호칠 등이 국무총리
산하에 실업대책위원회를 두고 공공사업에서 직업소개소에서 소개하는 실업자를
우선 채용하도록 하는 내용의 '긴급실업대책법(안)'을 발의하였으나, "이 법의 시행
에는 방대한 예산이 소요되며 취업문제를 보건사회부나 노동청에서 관장한다는
것은 현실적으로나 정부조직법 등등으로 실현불가능하다고 보아 본 법안은 본회
의에 부의하지 아니하기로 의결하였음"이라고 하여 폐기된 사실이 있는 것32)으로
보아, 현실적으로 정부나 의회에서 실업대책에 대한 문제의식이 구체화되지는 않
은 것으로 보인다.

언론 보도만으로 보면 1964년 이후 한동안의 외국의 복지상황을 소개한 자료나
민중당의 정책에 관한 것을 제외하면 '실업보험'이라는 언급이 아예 등장하지 않
는데, 이는 소위 '혁명정부'가 초기 사회정책에 의욕을 가지는 듯하다가 이후 정통
성의 위기를 경제성장으로 극복하는 데 집중하는 추이의 한 단면을 보여준다(실제
로 1961년 이후 집중되었던 사회보장법 입법은 1963. 12. 10. 의료보험법을 끝으로 한동
안 휴지기를 겪었다).

그러다가 1967년 노동청에서 실업보험 창설 5개년 계획을 세우고 제38차 국무
회의(1967. 5. 30.)에서 의결되고,33) 제2차 경제개발 5개년 계획이 추진될 때 보건
사회부가 「사회개발계획」 1차 시안을 만들면서 "실업보험, 퇴직보험의 창설 등 각
종 사회보험의 확대 및 일원화"를 언급하는 등34) 다시 구체적인 실업보험법 입안
이나 실시가 언급되기 시작하였다.35) 1967년에는 1970년부터 실업보험제를 실시
한다고 하면서 시험적으로 100인 이상을 고용하고 있는 100개 사업체를 선정하여
이른바 「모의실업보험」을 실시하여 보험료를 징수하고 실직자에 대한 보험금 지
급을 실시한다고 발표하고,36) 실제로 1969. 1.부터 이를 실시한 것으로 보이는

---

32) 국회 보건사회위원회, 긴급실업대책법안 심사보고서, 1면.
33) 김성중·성제환, 앞의 책, 158면.
34) 동아일보 1967. 12. 14.자.
35) 동아일보 1968. 7. 13.자, 매일경제 1968. 7. 17.자 등 - 이때 한국경제개발협회의 「우리나라에 적
    용하여야 할 실업보험제도에 관한 연구」와 같은 제도 연구 작업이 이어졌는데, 이 연구에서는 "헌
    법 제28조의 근로의 권리에서 직업을 요구할 권리와 실업할 경우에 생활비를 요구할 권리가 있다
    고 보아 국가 강제보험제도로 설정하고, 광업·제조업·전기 가스업 중 200인 이상을 상시 고용하
    고 있는 대기업체부터 적용하고, 적용대상 전 산업에 동일한 요율을 적용하되 보험료는 사용자와
    피용자가 1/2씩 부담하며 급부액은 최저생활을 보장할 수 있는 수준으로 해야 할 것" 등 구체적인
    추진방안을 제안하였다고 한다 - 김성중·성제환, 위의 책, 159면.
36) 동아일보 1968. 7. 13.자 - 이에 따르면 노동청은 제도의 기본방향을, ⅰ) 국영·강제 보험으로 하
    고, ⅱ) 보험적용 대상은 당연 피보험자와 임의 피보험자로 나누어 농림·수산업 및 일고(日雇) 고
    용자를 제외한 광공업부문과 토목·건축 등 근로자는 희망에 따라 가입하도록 하고, ⅲ) 보험료 부

데,37) 무슨 이유에서인지 연말에는 그 자료수집이 늦어졌기 때문이라고 하면서 당초 1970년부터 시행하려던 것을 늦추어 1971년부터 시행하겠다고 하였다.38) 1970. 4. 24. 노동청은 70년대 노동행정의 목표와 계획을 발표하면서 직업훈련법과 함께 실업보험법을 제정하겠다고 밝히기도 하였지만,39) 이후 구체적인 진전도 없이 해를 넘기고 다시 그 시행시기를 1972년으로 늦추고 500여명 이상 고용한 제조업체에 적용하겠다는 계획을 발표하였다.40)

당시 한국경영자협회는 실업보험법 제정 문제를 논의하기 위해 '노동법제위원회'를 소집하고,41) "실업보험제를 도입하기에 앞서 현행 퇴직연금제의 보완 입법"을 주장하여 사실상 실업보험 도입에 반대하는 내용이 포함된 「개방성장기 노동정책방향 구상」을 발표하여 정부에 건의하였고,42) 이에 대해서 한국노총에서 "실업보험과 퇴직연금의 일원화는 퇴직금이 근로기준법에 의한 후불임금으로 실업보험과의 일원화는 불합리"하다는 취지의 반박문을 내기도 하였다.43) 경영계의 이런 강경한 입장은 이후 야당의원들의 촉구는 계속되었지만 정부가 공식적으로 실업보험제 도입을 추진한다는 발표가 한동안 잦아진 원인이 된 것으로 보인다.44) 이후로도 노동청장의 구두 발언 등에서 "실업보험 제도 창설 등 종합적인 사회보장책을 추진하라"는 등의 언급은 간혹 보도되었으나,45) 1968~1970년처럼 법안을

담은 국가·사용자·근로자의 3자 부담으로 하고, iv) 보험금 지급은 근로자의 평균임금의 6~8%를 지급한다는 것이다.

37) 경향신문 1969. 5. 7.자.
38) 경향신문 1969. 12. 3.자.
39) 동아일보 1970. 4. 24.자.
40) 경향신문 1971. 1. 15.자.
41) 매일경제 1971. 2. 6.자.
42) 동아일보 1971. 3. 16.자 - 하지만 몇 년 뒤인 1978년에 경영자협회가 발표한 「1백억 달러 이후의 노동정책과제」에서는 "국내산업구조의 급변과 관련, 근로자들의 직업전환을 돕기 위해 전직훈련 기간 및 일정기간 동안 다시 취업하지 못할 때에는 생계를 보장해 줄 수 있는 보험혜택을 볼 수 있도록 실업보험 제도를 시급히 도입하도록 정부에 촉구"하는 내용이 포함되었다(동아일보 1978. 4. 21.자). 이렇게 180도 달라진 실업보험에 대한 경영계의 입장은 그러나 다시 1979. 7.에는 실업보험 반대로 돌아서는 등 최소한의 일관성도 없는 것인데, 당시에도 "복지연금제의 실시가 확정되자 복지연금보다는 실업보험이 먼저 도입되어야 한다고 주장하다가 복지연금제의 실시가 무기한 연기된 후에는 다시 기업의 채산성을 악화시킨다는 이유를 들어 실업보험조차 반대한다는 입장을 들고 나오는 등 일관성이 없고 내용마저 불충실하다"는 비판이 있었다(경향신문 1979. 8. 9.자).
43) 동아일보 1971. 3. 18.자.
44) 1972. 1. 발표된 각 부처 시책에서 보건사회부는 "산업재해 보험 확대" 방침을 밝혔으나 정작 1972년부터 시행하겠다고 하였던 실업보험에 관해서는 언급하지 않고 있으며(경향신문 1972. 1. 20.자), 1972년 10월 유신 이후 발표된 보건사회부의 「사회복지행정의 장기계획과 시정지침」에도 실업보험은 빠져 있다(경향신문 1972. 11. 17.자 사설).
45) 동아일보 1972. 7. 14.자, 매일경제 1972. 11. 15.자, 동아일보 1975. 2. 22.자, 매일경제 1975. 3. 31.자.

기초하고 있다거나, 시범 실시를 하였다는 등 실제 정책을 추진하였다는 자료는
찾아보기 힘들다.

한편 이 시기 1968년 작성된 것으로 추정되는 노동청 대외비 보고서에 의하면
경제개발초기의 고실업 상황에서 저소득실업자의 생활안정을 위해 일반재정에서
일정기간 실업수당을 지급할 것을 당시 노동청장에게 보고하여 결재를 받았다고
하고 있고, 1970년 정부용역을 받아 작성된 것으로 추정되는 한 작성자 미상의 비
공식보고서(「우리나라에 적용하여야 할 실업보험제도에 관한 연구」)에 의하면 실직근
로자에게 실업급여를 지급하는 순수한 실업보험제도를 실시할 것을 주장하면서,
비용부담은 국가와 사용자 및 근로자가 각각 1/3씩 공동 부담할 것을 제안하고
있다.[46]

3. 1980년대 초

1970년대 말 경제불황은 실업률[47]을 높여 실업대책에 대한 논의를 불가피하게
만들었고, 1979년에는 실업보험을 포함하는 폭넓은 고용안정사업이 논의되면서 보
다 범위가 넓은 「고용보험」이 거론되기 시작하였다.[48]

신군부의 1982년 제5차 경제사회발전 5개년 계획 수정계획 작성 시, 노동청에
서 노동부로 승격된 노동부는 당시까지 대외비 사항으로만 분류하여 검토하던 실
업보험 도입 문제를 경제기획원에 공식적으로 도입 요청을 하였고,[49] 이에 따라
위 계획 수정작업 과정에서 공식적인 검토가 시작되었으나, 당시 정부 내 실업보
험제도의 부작용에 대한 우려와 기업에 주는 부담, 우리나라 산업구조의 미성숙
등의 이유로 실업보험제도의 도입은 일단 유보되었다.[50] 1986년에 발표된 제6차
경제사회발전 5개년 계획에서는 많은 논란 끝에 고용보험제도의 도입을 적극 검
토한다는 구절이 반영되었으나 실제로 제6차 경제사회발전 5개년 계획기간 중 이

---

46) 노동부(2005), 앞의 책, 9-10면 - 연구 보고서의 제목은 각주 35)에서 본 한국경제개발협회의 「우
리나라에 적용하여야 할 실업보험제도에 관한 연구」와 동일한데, 보험료 납입 주체가 다르고, 노동
부에서 '작성 미상'이라고 하고 있는 것으로 보아, 같은 책은 아닌 것으로 보인다.

47) 1979년 3.8%, 1980년 5.2%, 1981년 4.5% - 한국은행 경제통계시스템 (http://ecos.bok.or.kr/); 다
른 자료에서는 1976~1986년 시기를 「고용정책의 발육기」로 구분하면서 "이 시기에는 그동안의 경
제성장에 힘입어 실업문제는 어느 정도 해소되고 오히려 인력부족 현상이 부분적으로 나타나기도
했다. 그러나 경기가 급격히 나빠졌다가 바로 회복되기도 하는 등, 불안정하였기 때문에, 경기불황
시에 여러 가지 실업대책을 실시하게 되었다"고 평가하기도 한다 - 김성중·성제환, 앞의 책, 279
면. 이 책이 "정치·경제·사회적 배경과 아울러 노동시장 상황을 중심으로 주요한 고용정책과 관
련 법규의 변화를 종합하여" 우리나라 고용정책을 나누는 방식은 다음과 같다.

에 대한 논의는 이루어지지 않았다.[51]

4. 1987년 이후의 논의

1987년 6월 민주화 항쟁 이후 실시된 1987년 대통령선거에서는 여당도 고용보험법 제정을 공약으로 언급하고 정부에서도 1990년부터 실시하겠다고 발표하고,[52] 이듬해 노동부가 "92년 실시"를 언급하기도 하였으나,[53] 고용보험에 대한 논의를 본격적으로 재점화한 것은 노동계라고 할 수 있다. 87년 7, 8월 노동자 대투쟁을 거치면서 비약적으로 발전한 노동운동은 노동관련 주요 정책에 대하여 적극적으로 의견을 개진하였고, 이전에도 여러 차례 성명이나 대정부 건의를 통해 실업보

	태동기 (～1961년)	발아기 (1961～1975)	발육기 (1976～1986)	발전기 (1987～1997)	시련기 (1998～2002)
노동공급	무기능자 과다공급	무제한노동공급	제한적노동공급	노동공급 부족	경제활동 위축
노동수요	부족	급증	증가	완만한 증가	급감
노동시장 상황	실업과다	고실업 해소과정	저실업	수급불균형	고실업
주요정책 과제	일제인력징발 피난민, 빈민 구제	과다한 실업해소	중화학공업 인력양성	유휴노동력활용	실업대란 극복
주요정책	근로자모집취체규칙(1918) 직업소개령(1940)	직업안정법(1961) 직업훈련법(1967)	직업훈련기본법 직업훈련촉진기본법	고평법, 장애인고용평등법, 고령자고용촉진법, 고용보험법, 고용정책기본법, 기능장려법	연도별실업대책 근로자직업훈련촉진법 제정 직업능력개발 3개년계획
주요행정 조직		노동청승격(1963) 직업안정국신설	노동부승격(1981) 직업훈련관리공단	고용정책실신설	실업대책단 자활사업추진단

48) 경향신문 1979. 3. 23.자 – 노동청이 발표한 「80년대 고용대책」에 "인력수급조절을 원활히 하기 위해 전국규모의 직업안전망과 컴퓨터 취업전산망을 설치하고 정부·사용자·근로자 등 3자가 부담하는 고용보험제를 도입하기로 했다"는 내용이 포함되었다.
49) 노동부(2005), 앞의 책, 10면.
50) 노동부(2005), 앞의 책, 10면.
51) 노동부(2005), 앞의 책, 11면 – 주지하는 바와 같이 1980년대 중반은 3저현상에 따른 고도성장기였고, 따라서 이 계획에서 고용정책의 목표는 「적정성장의 지속을 위한 고용구조의 질적·양적 개선」에 있었으며, 노동부의 세부 집행계획은 일시귀휴제, 단계적 해고 유도, 인재파견사업 제도화 등 고용유지시책과 청소년, 여성, 중·고령자 장애인에 대한 고용촉진, 직업안정 조치 및 기능의 보강, 사설 직업안전소의 설치 확대, 직업안전시책의 제도화를 위한 특별법 제정 여부 검토 등이 포함되었다 – 김성중·성제환, 위의 책, 351면.
52) 매일경제 1987. 10. 1.자, 매일경제 1987. 10. 10.자.
53) 동아일보 1988. 11. 26.자, 동아일보 1989. 9. 30.자, 경향신문 1989. 12. 22.자.

험 도입을 촉구해 왔던 한국노총은 1989. 9. 25. 국회에 고용보험제도 도입을 청
원하였던 것이다.54)

> ··· 산업화의 진전에 따른 산업 노동자수의 증대는 실업이라는 사회적 사고의 발
> 생가능성을 높여주고 있으며 이 같은 노동자의 사회적 사고에 사전, 사후적으로 대
> 처해 나가기 위한 총합적 고용, 실업대책이 고용보험 제도이다. ··· 노동력의 공급구
> 조 변화와 원화의 평가절상 및 임금의 높은 상승률로 인한 수출산업의 경쟁력 약화
> 에 따라 산업간 고용조정이 빠르게 이루어지고 있다. 여기에다 앞으로 주요 업종별
> 고용전망은 전기, 전자업종에서는 결원자를 충원하려는 계획을 유지하고 있으나 섬
> 유, 신발업종은 결원자보다 낮은 추가 필요 근로자수를 제시하고 있어 이들 업종이
> 감량 경영, 생산전환 등을 통한 고용조정을 서두르고 있는 것으로 보인다. 이러한
> 추세는 상당히 지속될 것으로 내다보여 산업간 고용구조의 조정에 따른 마찰을 줄
> 이기 위한 고용대책마련이 시급한 것으로 보인다. ··· 55)

한국노총은 그 외에도 1990. 5. 24. 민자당 정책간담회, 8. 24. 평민당 정책간담
회 등에서도 이를 주요 요구사항으로 내세웠고, 1991. 7. 3. 4개 부처에 고용보험
제 도입을 요구하고 8. 6. 경제기획원 장관 면담 시에도 그 도입을 요구하는 등,
대정부 또는 대정당 교섭의 기회가 있을 때마다 고용보험 제도 도입을 적극적으
로 요구하였다. 1993. 2. 25. 한국노총 대의원대회는「고용보험제 도입을 위한 결
의문」을 채택하고 김영삼 정부 출범 시 이를 건의하였으며, 신경제 5개년 계획 수
립에 대한 의견을 제출하면서도 이를 포함시키는 등 적지 않은 역할을 하였다.56)

한편 이 시기 정부에서도 한국노동연구원에 한국형 고용보험 모델 개발을 위해
각국 제도 검토를 의뢰하는 등 시행을 검토하였는데,57) 이때 노동부의 기본방침은
실업수당의 지급비율을 상대적으로 낮추면서 직업훈련 등 재취업을 도와주는 데
초점을 두는 것이라고 알려졌다.58)

---

54) 한겨레 1989. 9. 3.자.
55) 박종근(한국노동조합총연맹), 노동관계법 개정 청원(1989. 9. 23. – 청원번호 130268), 35, 41면.
56) 노동부(2005), 앞의 책, 11면.
57) 노동부는 1987년 12월에「일본 고용보험제도 연구」라는 내부 보고서를 작성하여 고용보험제도의
 도입을 위한 내부 검토를 하였으며, 한국노동연구원은 1990년에「외국의 고용보험제도」(김원식,
 1990) 보고서를 발간하였다 – 노동부(2005), 앞의 책, 12면.
58) 동아일보 1990. 7. 5.자.

Ⅳ. 고용보험법의 제정

1. 법 제정 경위

위와 같은 논의의 흐름 속에서 정부는 제7차 경제사회발전 5개년 계획을 수립하는 과정에서 고용보험제도 도입을 적극적으로 검토하기 시작하였다.[59] 5개년 계획 사회보장부문계획 중 고용보험관련 계획은 한국노동연구원이 검토하여 수립하였는데, 1991. 6. 12. 경제기획원에서의 정책협의회를 거쳐 같은 해 8. 23. 경제장관회의에서 "계획기간 후반기 중 고용보험제도 도입"이 결정되었다.[60]

이에 따라 1992. 3. 9. 한국노동연구원에는 ① 노동시장 및 고용안정연구반, ② 모형개발연구반, ③ 직업훈련연구반, ④ 재정분석 및 영향평가연구반의 4개 연구반과 ⑤ 총괄조정반으로 구성된 「고용보험연구기획단」을 설치하였고,[61] 이 기획단은 1년 동안 40여회에 걸친 쟁점별 토의를 거쳐 1993. 5. 18. 「우리나라 고용보험제도의 실시방안」 최종보고서를 정부에 제출하였다.

2. 노사의 입장

위와 같이 고용보험제가 현실적인 입법화 단계까지 나아가게 된 배경에는, 심화된 경제위기와 정리해고 요건 완화로 인해 초래된 고용불안정 상태, 그리고 이에 대한 대안을 요구한 노동계의 목소리가 있었다.[62]

전노협 등이 참가하여 1993년 출범한 전국노동자대표자회의(전노대) 역시 출범 당시 국회에 제출한 「고용관계법」 청원에 고용보험법 제정을 촉구하였고,[63] 1992

---

59) 노동부(2005), 앞의 책, 12면.
60) 노동부(2005), 앞의 책, 13면.
61) 고용보험연구기획단은 한국노동연구원장을 단장으로 하고 학자 29명을 추가 위촉하여 모두 30명으로 구성되었다 - 노동부(2005), 앞의 책, 15면.
62) 한겨레 1992. 1. 15.자.
63) 권영길·단병호·김동섭·김종렬(전국노동조합대표자회의), 고용관계법 제정 청원(1993. 5. 12. - 청원번호 140101): "… 최근 경기변동과 산업구조조정이 한데 맞물려 기술혁신과 경영합리화 조치가 빠른 속도로 진전됨에 따라 집단해고와 실업이 대량으로 발생하고 있다. 그러나 아직까지 우리나라에서는 고용보험제가 실시되지 않고 있음에 따라 수많은 노동자들이 실업기간 동안 생계를 보장받지 못하고 있고, 재취업 또한 손쉽지 않은 실정이다. 그 결과 많은 노동자들이 헌법으로 보장된 생존권과 근로권 및 사회보장권을 사실상 박탈당하고 있으며, 정부와 기업으로서도 원활한 노동력 공급저해는 물론 노사관계의 안정과 산업평화를 위협하는 요인으로 작용하고 있다… 노동부에서도 1995년부터 고용보험제 실행을 목표로 설정하고 있으나 고용보험제 도입이 더 이상 미룰 수 없는 시급한 과제임을 감안할 때, 금년 내 고용보험법을 제정함으로써 늦어도 1994년 하반기부터는 고용보험제를 실시하도록 해야 한다. 그리고 고용보험법은 적어도 다음과 같은 전제하에 도입되어

년 실시된 국회의원 선거와 대통령선거에서 각 정당들은 앞다퉈 고용보험제 조기 도입을 공약으로 내세웠다.[64]

하지만 그 적용범위, 실업급여 지급수준, 비용부담, 관리운영기구 등에서 정부 안과 차이가 있는 노동계의 주장은 반영되지 않은 채, 정부안이 별 수정 없이 통과되었다. 이는 정부와 여당이 거의 절대적인 영향력을 행사하는 우리나라 입법사의 한 특징을 전형적으로 드러낸 사례라고 할 수 있지만, 정부안을 마련하고 시행령을 제정하는 단계에서 특히 한국노총은 나름대로 영향력을 발휘하였으며 전노협이 주장한 고용보험법의 적용범위 및 비용 국고부담의 원칙도 국회 토의과정과 일부 언론에 의해 중요한 쟁점으로 부각되었다고 평가하는 견해도 있다.[65]

반면 종래 실업보험 제도 도입에 관하여 반대 입장을 취했던 경영계가 부분적으로나마 긍정적인 방향으로 회귀한 것은 1992년부터였는데, 1991년 말 정리해고 요건을 완화하는 대법원 판결이 나오자 정부와 경영계가 이에 편승하여 "우리나라처럼 해고요건이 까다로운 나라가 없다"고 하며 인력구조조정을 신축적으로 만들려고 하였고, 이에 대해 노동계가 "실직에 대한 사회보장제도로서 고용보험을 시행하지 않는 우리나라와 다른 나라들을 평면적으로 비교할 수 없다"고 맞서자 해고의 자유를 확보하기 위한 반대거래로서 고용보험제도의 도입을 적극적으로 고려하기 시작한 것이다.[66]

이러한 경영계의 입장은 유연노동시장의 구축이라는 점에서 고용보험연구기획단과 같았으나, 철저하게 수량적 유연성만을 주된 관심사로 하였으며, 따라서 기본적으로 기능적 유연성 추구전략인 고용보험제도를 철저하게 '비용'으로만 인식하면서 그 비용을 최대한 억제하려는 전략이었고, 경영계는 입법과정에서 적용범위, 기여율, 능력개발사업과 직업훈련제도의 통합문제, 급여수준, 관리운영체계 등 제도 전 범위에 걸쳐 이러한 입장을 유지하였다.[67]

야만 그 실효성을 보장받을 수 있다 ① 고용보험법은 실업기간 동안 노동자의 생계 보장과 직업훈련, 직업소개를 통한 고용안정이라는 사회보장적 관점에서 제정되어야 하며 '경제적·기술적 이유로 인한 집단해고 규제특별법'과 함께 도입되어야 한다. ② 고용보험법은 ILO 조약 제168호(1988년 고용촉진 및 실업보호 조약)와 권고 제176호(1988년 고용촉진 및 실업보호 권고) 등이 요구하는 최저기준을 상회하는 수준에서 제정되어야 하며, 공공직업소개기관 및 공공직업훈련기관의 양적, 질적 확대와 병행, 실시되어야 한다…"

64) 매일경제 1992. 3. 19.자.
65) 이흥재, "고용보험법의 생성과 노동세력의 주장", 「사회보장연구」, 제14권 제1호, 한국사회보장학회, 1998, 76면.
66) 김진구, 앞의 논문, 170면.
67) 김진구, 앞의 논문, 171면 - 이 논문에서 말하는 1991년 판결이 무엇을 말하는지는 정확지는 않

3. 법률의 제정

연구기획단의 최종보고서가 제출된 1993. 5. 이후 노동부 직업안정국 고용정책
과는 그 밖의 학계, 노사대표의 의견을 수렴하고 관계부처와의 협의를 거쳐 고용
보험법(안)을 마련하였으며, 이를 1993. 7. 30. 입법예고하고, 8. 3. 노사단체 등
이해당사자들이 참여한 가운데 공청회를 개최한 후, 9. 24. 경제장관회의 의결,
10. 21. 국무회의 심의를 거쳐 10. 28. 국회에 고용보험법(안)을 제출하였다. 국회
에 제출된 고용보험법안의 제안이유는 다음과 같다.[68]

> 적극적 고용정책의 일환으로 근로자의 직업능력개발·실업예방 및 고용기회의
> 확대 등을 도모하고, 근로자의 실업으로 인한 경제·사회적인 어려움을 해소하는
> 것을 주된 내용으로 하는 고용보험제도를 시행함으로써, 근로자의 생활의 안정 및
> 경제·사회발전에 이바지하려는 것

당시 정부 대표는 그 의미와 기대되는 4가지 효과에 관하여 다음과 같이 설명
하였다.[69]

> 우리나라의 사회보험제도는 1964년 산업재해보상보험제도, 1977년 공적의료보험
> 제도, 1988년 국민연금제도에 이어 이번에 고용보험제도가 도입됨에 따라 4대 사회
> 보험제도가 마련되기에 이르렀습니다. 이번에 정부에서 제출한 고용보험법안은 실
> 업자에 대한 실업급여지급이라는 사후 구제적 차원의 소극적인 고용정책이 아니라
> 실업을 예방하고 고용을 촉진하며 인력수급을 원활히 하고 직업능력을 개발·향상
> 시키는 사전적·적극적 차원의 고용정책을 실현하는 제도적 장치로서의 사회보험제
> 도라고 할 수 있습니다. … 동 법안의 제정으로 기대되는 효과를 살펴보면 첫째 산
> 업구조조정 과정에서 발생하는 기업의 고용조정에 따른 부담을 경감시키고 구조적
> 실업자의 생계를 안정시킴으로서 산업구조조정의 원활화를 기함으로써 경제의 효율

으나, 이른바 「도산회피설」을 「인원삭감 필요설」로 변경시킨 <동부화학 사건>을 말하는 것으로
보인다; "… 정리해고의 한 요건인 '긴박한 기업경영상의 필요성'이라는 것은 기업의 인원삭감 조치
가 영업성적의 악화라는 기업의 경제적인 이유뿐만 아니라 생산성의 향상, 경쟁력의 회복 내지 증
강에 대처하기 위한 작업형태의 변경, 신기술의 도입이라는 기술적인 이유와 그러한 기술혁신에 따
라 생기는 산업의 구조적 변화도 이유로 하여 실제 이루어지고 있고 또한 그럴 필요성이 충분히 있
다는 점에 비추어 보면 반드시 기업의 도산을 회피하기 위한 것에 한정할 필요는 없고, 인원삭감이
객관적으로 보아 합리성이 있다고 인정될 때에는 '긴박한 경영상의 필요성'이 있는 것으로 넓게 보
아야 한다(대법원 1991. 12. 10. 선고 91다8647 판결)."

68) 정부, 「고용보험법 제정안」(1993. 10. 28. 의안번호 140472) "제정이유".

69) 노동부차관 김기훈 1993. 11. 25. 제165회 정기국회 제8차 노동위원회에서 제안설명 (회의록 34면)

성을 제고하고 둘째 국가의 직업안정기능의 체계화로 직종간·지역간·규모간의 인력수급동향과 고용정보를 제공함으로써 시장기능에 의한 인력수급 조절의 원활화를 기하며 셋째 기술개발에 따른 재직근로자의 지속적인 직업능력개발을 지원함으로써 기업의 경쟁력 강화에 이바지하고, 넷째 실업근로자의 생활안정을 제도적으로 보장하면서 직업안정기관의 직업지도·직업소개·직업훈련을 통하여 재취업을 촉진함으로써 마찰적 실업을 최소화 하는 효과가 기대됩니다. …

국회에 제출된 고용보험법(안)은 1993. 10. 29. 노동위원회 회부, 11. 25. 노동위원회 상정, 11. 30. 법안 심사소위원회 회부, 12. 1. 본회의 통과 후 12. 27. 공포되었다(1995. 7. 1.부터 시행).

4. 제정 당시의 쟁점[70]

1) 도입 여부

위에서 본 바와 같이, 고용보험법은 노동계의 적극적 입법요구와 정부 내 도입 필요성에 대한 인식, 정치적 판단 등에 힘입어 입법이 추진되었을 뿐 아니라 여론에서도 상당한 지지를 받고 있었던 것으로 보인다.

> … 정부계획대로 내년 7월 고용보험제가 도입되면 우리도 선진국 수준의 4대 사회보장제도를 모두 갖추게 되는 셈이다. 사람에게 직장을 잃는다는 것만큼 막막하고 절망스러운 일도 없다. 그런 막막함이야 다시 일할 수 없을만큼 몸을 다친 경우나 산재로 목숨을 잃은 가족들의 경우가 크고 병이 들었으나 제대로 병원에 갈만한 돈이 없는 경우의 슬픔이 크지만, 일자리를 잃어 앞으로의 소득과 생계가 막막해질 때의 절망도 결코 그에 못지 않다. 그렇기에 보험방식을 통한 사회구제제도로서 고용보험은 어찌보면 퇴직금제도가 있는 상태에서 도입한 국민연금제도보다 앞서 도입되어야 마땅했을지도 모른다. …[71]

하지만 이에 대하여 사용자단체는 명시적으로 이를 반대하지는 못하였지만 아래에서 보는 바와 같이 도입 시기, 적용범위, 기준임금 등과 관련하여 반대의견을 제시하였다. 사회보장 입법 시에 경영계가 보이는 전형적인 '시기상조론'이라고 할 수 있다.

---

70) 쟁점의 정리에 관해서는 노동부(2005), 앞의 책, 18면 이하를 주로 참고하였다.
71) 동아일보, 1993. 9. 23.자 사설 "다가오는 고용보험 시대"

고용보험법 제정은 무엇보다도 우리 경제의 국제경쟁력을 손상시키지 않는 범위 내에서 이루어지도록 하고, 고용보험의 목적인 기업의 원활한 고용조정과 실직 근로자의 보호를 균형있게 수용하여야 한다. 이를 위해 고용보험 제정시 퇴직금 재원의 일부를 고용보험 재원으로 전환하는 조합이 신설되어야 한다. 고용보험의 실업급여와 법정퇴직금이 공존하여 전직 실업자를 이중 보호할 경우 기업의 노동비용 추가부담이 발생, 경쟁력 약화를 초래할 소지가 있다. 이외에 국가가 비용을 부담하는 고용보험 사업에 대해 … 구체적인 내용을 명시하고 보험요율 결정시 고용보험위원회의 심의를 거치도록 하는 한편 고용보험위원회, 고용보험심사위원회 등 각 위원회에 민간의 참여가 보장되어야 한다. 또 고용보험 도입 초기에는 기업부담의 경감과 보험재정의 악화를 방지하기 위해 고용안정사업의 범위가 축소되어야 한다. 장애인 및 고령자의 고용촉진을 위한 재원은 장애인 고용촉진법과 고령자 고용촉진법에 의거 소요재원이 형성되어 있고, 피보험자 및 기타 근로자를 대상으로 한 각종 시설은 고용보험이 대상으로 하는 실직자에 대한 고용촉진 시설이 아니고 일반 근로자 복지시설이기 때문에 중소기업 근로자나 근로자복지진흥법이나 타 사회복지법에 의한 재원으로 충당되어야 한다. …[72]

2) 고용보험 사업의 포괄범위

1990년대에 들어서는 좁은 의미의 실업보험 외에 다른 적극적 노동시장 정책 프로그램 연계에 관한 공감대가 형성되기는 하였으나, 연구기획단 논의 과정에서도 실업급여 중심의 순수 실업보험제도로 운영하자는 주장이 없었던 것은 아니다.[73]

그러나 대다수 위원은 고용보험제도 도입을 통해서 공공직업안정 조직을 발전시키고 근로자 평생 학습 체계를 구축하기 위해서는 실업급여와 고용서비스 및 적극적 노동시장 정책이 유기적인 연계를 가지고 추진되는 것이 바람직하다는 측면에서 적극적 노동시장 정책을 포괄하는 것으로 하였다.[74]

3) 적용범위

사업규모에 따른 적용범위를 어떻게 제한할 것인지에 관한 것으로, 1993년 하

---

72) 한국경영자총협회, 고용관련법제 개정에 대한 경영계 의견(1993. 8. 17.).
73) 노동부(2005), 앞의 책, 18면.
74) 노동부(2005), 앞의 책, 18면.

반기 고용보험법안에 대한 의견수렴과정에서, 노동계는 전국적인 직업안정기관의 설치 등 행정상 필요한 최소한의 소요기간을 감안하여 1995년부터 1997년까지는 10인 이상 사업에 적용하되 1998년부터는 5인 이상 사업까지 적용대상을 확대할 것을 주장한 반면, 경영계는 사업 내 직업훈련의무사업장과 연계하여 150인 이상 사업에 적용할 것을 주장하였다.[75]

실시방안에 대한 관계부처 협의 과정에서 노동부는 고용보험연구기획단의 건의대로 10명 이상 사업장을 주장하였으나 상공자원부가 경영계 의견대로 150인 이상을 주장하며 맞섰고,[76] 결국 시행령에 위임하는 것으로 절충이 되었다. 그러나 시행령 제정과정에서 다시 쟁점이 되었고, 당초 노동부는 근로자 30인 이상 사업장을 적용대상으로 하는 시행령안[77]을 마련하였으나 중소기업중앙회 등이 이에 반대하면서 문제가 되었다.[78]

결국 1995. 4. 6. 제정된 시행령(대통령령 1450호) 본문에는 10인 이상으로 하되 (시행령 제2조 제1항) 부칙에서 "제2조 제1항의 규정에 불구하고 1997년 12월 31일 까지는 상시 30인 미만의 근로자를 사용하는 사업에 대하여는 법의 전부를 적용하지 아니하고 …(부칙 제2조 제1항)"라는 규정을 두는 방식으로 중앙노사합의 취지를 반영하는 것으로 되었다.

4) 비용부담

고용보험연구기획단은 고용보험의 비용부담은 노·사·정 3자 부담원칙하에서 고용보험사업의 관리운영에 소요되는 비용과 고용안정사업 중 고용정보제공 및 직업지도의 비용은 정부가 일반회계에서 부담하며 고용안정사업과 직업능력개발사업에 소용되는 비용은 사업주가 부담하고 실업급여에 소요되는 비용은 고용주와 근로자가 1/2씩 부담할 것을 건의하였고,[79] 이에 따라 당초 1993. 7. 1. 노동부가 입법예고한 안에는 국고의 부담에 대해 '① 국가는 매년 보험사업의 관리운영에 소용되는 비용의 전부 또는 일부를 일반회계에서 부담한다. ② 국가는 매 연도 예산의 범위 안에서 보험사업에 소용되는 비용의 일부를 지원할 수 있다'고 규정

---

75) 노동부(2005), 앞의 책, 20면.
76) 한겨레신문 1993. 7. 1.자.
77) 이는 1994. 3. 30. 발표된 한국노총과 경총 사이의 「1994년 노·경총 중앙노사합의」에 기초한 것이며, 당시 한국노총과 경총은 "30인 이상 사업에 적용하되, 1998년부터는 10인 이상으로 확대할 것을 건의"하기로 합의하였다 - 노동부(2005), 앞의 책, 21면.
78) 동아일보 1994. 10. 1.자.
79) 노동부(2005), 앞의 책, 22면.

하면서, 노사의 보험료부담은 임금총액의 1000분의 20 범위 내에서 대통령령으로 정하되 고용안정사업과 직업능력개발사업의 보험료는 사업주가 부담하고 실업급여의 보험료는 노사가 1/2씩 부담하기로 하였다.

이와 같은 입법예고안에 대해서 노동계와 경영계 모두 관리운영비 전액을 국고에서 부담함은 물론 보험사업비의 일부도 국고에서 부담할 것을 주장하였고, 일부 학계에서는 관리운영비를 포함한 모든 보험사업비용은 노·사·정이 1/3씩 부담하여야 한다는 주장도 제기되었으나, 경제기획원 예산실은 관리운영비의 국고부담도 의무조항에서 임의조항으로 수정하고 고용보험사업에 직접 소요되는 비용을 국고에서 일부 지원할 수 있다는 규정도 삭제할 것을 요구하였으며, 이 의견이 고용보험법에 그대로 반영되어 "국가는 매년 보험사업의 관리운영에 소요되는 비용의 전부 또는 일부를 일반회계에서 부담할 수 있다"(법 제5조)는 것으로 당초 입법예고된 안보다 크게 후퇴하였다.[80]

구체적인 고용보험요율은 대통령령에 위임하면서 보험요율의 상한만 정하였기 때문에(제정 법률 제57조 1항), 다시 시행령을 제정하는 과정에서 문제가 되었다.

1994. 10. 26. 입법예고된 고용보험법 시행령안은 고용안정사업의 보험요율은 1,000분의 3, 직업능력개발사업의 보험요율은 1,000분의 4, 실업급여의 보험요율은 1,000분의 6으로 하였으나, 경제기획원과 상공부가 고용안정사업과 직업능력개발사업의 보험요율에 대해서는 이견을 제기하였고,[81] 관계부처 간의 협의를 거쳐 확정된 고용보험법 시행령(1995. 4. 6. 제정 대통령령 제1450호) 제69조는 고용안정사업의 보험요율은 2/1,000, 실업급여의 보험요율은 6/1,000(노 3/1,000, 사 3/1,000)으로 하고 직업능력개발사업의 보험요율은 기업규모에 따라 차등화하여 150인 미만 사업은 1/1,000, 150인 이상 중소기업범위의 사업은 3/1,000, 중소기업 범위를 초과하는 대기업은 5/1,000로 하였다.

5) 실업급여 요건과 급여수준

실업급여요건 중 이견이 있었던 부분은 피보험단위기간과 대기기간으로, 노동부는 고용보험연구기획단의 의견을 받아들여 실업발생 전 18개월 중 피보험단위기간이 통산하여 12개월 이상이어야 기본급여의 수급자격이 있다고 입법예고하였으나 노동계에서는 실업발생 전 12개월 중 피보험단위기간이 통산하여 6개월 이상

---

80) 노동부(2005), 앞의 책, 22면.
81) 매일경제 1994. 10. 28.자.

으로 할 것을 요구하였다.[82]

또한 기본급여 수급을 위한 대기기간에 대해서도 노동부는 2주로 할 것을 입법예고하였으나 노동계는 이를 1주로 할 것을 주장하였고 경영계에서는 4주로 할 것을 주장하였다. 결국 실업급여요건에 대해서 2주로 합의가 이루어져 고용보험법에 반영되었다(당시 노동계의 의견은 나중에 외환위기를 거치면서 고용보험법령 개정을 통해 단계적으로 반영되었다).[83]

기본급여의 수준에 대해서도 노동부는 실업발생 전 1년간의 평균임금의 50%로 할 것을 입법예고하였지만, 이에 대해서 노동계는 3개월간 평균임금의 60% 또는 하후 상박원칙에 입각하여 임금계층별로 60~80%로 차등화할 것을 주장하였고 상공자원부와 사용자단체는 통상임금의 50%로 할 것을 주장하여, 결국 노동계의 의견과 사용자의 의견을 모두 수렴하여 평균임금의 50%로 최종결정하였다.[84]

실업급여의 소정급여일수에 대하여 연구기획안은 기간, 연령, 취직의 난이도에 따라 90~210일로 할 것을 제안하였으나 노동부는 60~210일로 입법예고하였으며, 노동계는 90~300일을 제안하였다. 최종적으로 노동부 의견대로 60~210일로 하되 제도운영상황을 보아가면서 단계적으로 소정급여일수를 확대해 나가기로 합의되었으며, 노동계는 개별연장급여, 훈련연장급여 등 연장급여제도 도입을 주장하였고, 연구기획단도 일부 도입을 제안하여, 노동부가 이를 받아들였다.[85]

6) 퇴직금 일부의 고용보험료로의 전환

노동부가 입법예고한 법안에서는 퇴직금전환부분에 관한 규정을 두지 않았는데, 이에 대해서, 상공자원부 및 사용자단체는 법정퇴직금이 중도퇴직자에 대해 실업기간 동안의 생활보호기능을 담당하여 왔으므로 법정퇴직금 중 일부를 실업급여 보험요율로 전환하여야 한다고 주장한 반면, 노동계에서는 이에 반대하였다.[86]

---

82) 노동부(2005), 앞의 책, 26면.
83) 노동부(2005), 앞의 책, 26면 - 고용보험의 적용확대는 1998년 외환위기를 계기로 아주 빠르게 확대되었는데, 그 내역은 다음 표와 같다.

	상시고용 근로자수 기준				
	제정 시행령	1998. 1. ~	1998. 3. ~	1998. 7. ~	1998. 10. 이후
실업급여	30인	10인	5인	5인	1인
고용안정·직업능력개발	70인	50인	50인		

84) 노동부(2005), 앞의 책, 26면.
85) 노동부(2005), 앞의 책, 27면.
86) 노동부(2005), 앞의 책, 27면.

노사의 의견이 첨예하게 대립되자 결국 고용보험법 부칙 3항에서 노동부장관은 퇴직금제도의 개선방안을 강구하여야 한다고 규정하고, 추후에 논의하기로 하였다.[87]

7) 고용보험의 관리운영기구

노동부가 1993년 7월에 입법예고한 고용보험법안은 고용보험의 관장에 대하여 '① 고용보험은 노동부장관이 이를 관장한다. ② 노동부장관은 직업안정소를 설치하여 그 지휘감독 하에 보험에 관한 사무를 수행하게 한다'(안 제2조)고 하여 노동부 지방행정조직인 직업안정기관에서 고용보험의 사무를 수행함을 명시하였으나, 경제기획원은 공단을 설치하자며 반대하였고, 결국 고용보험법안 제2조 제2항을 삭제하고 "고용보험은 노동부장관이 이를 관장한다"(법 제3조)라고만 하였다.[88] 그러나 같은 시기 제정·공포된 직업안정법에서 노동부 소속 '직업안정기관'을 두도록 함으로써 그 기관에서 직업안정사업과 고용보험 사업을 담당하는 것으로 되었다.

V. 제정법에 대한 평가

1. 제정 당시 사회적 배경

앞서 본 바와 같이 고용보험법 제정이 현실적으로 논의되기 시작한 것은 1992년 총선거와 대통령 선거, 그리고 그 결과 탄생한 김영삼 정부에서라고 할 수 있다. 이 시기 고용보험법의 현실적 탄생을 추동한 원인은 여러 가지를 들 수 있겠으나, '고용' 또는 '고용정책'과 밀접한 관계가 있는 고용보험제도의 성격을 고려한다면 노사관계와 노동정치의 맥락을 빼놓을 수 없을 것이다.

1980년 하반기부터 3저 호황이 끝나고 산업구조조정이 요청되었으며 여기에 불황이 겹치면서, 우리나라에서도 고용문제가 심각한 사회문제로 대두하기 시작하였고,[89] 노동의 양적 유연화를 추구하면 당연히 증가할 실업자에 대한 사후적 구제뿐 아니라 인력수급 문제까지 원활하게 해결하기 위해서는 직업훈련이나 직업소개를 통한 사전적 실업예방이 중요한 과제가 된 것이다.[90]

---

87) 노동부(2005), 앞의 책, 27면.
88) 노동부(2005), 앞의 책, 28면.
89) 최영기·전광석·이철수·유범상, 「한국의 노동법 개정과 노사관계 – 87년 이후 노동법 개정사를 중심으로」, 한국노동연구원, 2000, 250면.

한편 1980년대까지 유지되었던 억압적 노동정책의 효율성과 가능성은 1980년대 후반 이후 활성화된 노동운동 경향에 비추어 더 이상 유지할 수 없게 되었을 뿐 아니라 [문민정부]를 자처하며 "세계화" ― 필연적으로 외국의 사회보장 수준을 우리 것과 비교하게 되는 ―를 화두로 삼은 새 정부 역시 (적어도 명목상) '사회적 합의' 기제를 선호하였기 때문에, 임금 인상 억제와 사회복지 확대를 교환하고자 하였다. 그리고 이러한 정부의 요구는, 1990년대 노동조합의 최대 목표를 "노동자 생활과 관련된 사회경제 정책의 내용을 연구개발하고 일선조직의 정책적 요구를 집약하여 정치적으로 관철해 가는 정치적 기능 활성화"에 두었던 한국노총의 적극적 지지를 받게 된다. 한국노총은 우선 사회보장과 관련된 각종 위원회에 참여하여 정책에 의견을 반영하는 것을 목표로 삼아 실제 많은 요구들을 관철시켰으며, 이것이 다시 민주노조 진영의 경쟁적·비판적 정책 개발을 촉진함으로써, 결국 이 시기에는 사회보장의 문제가 노사정 관계의 중요한 이슈로 자리잡는 획기적 변화가 일어나게 된 것이다.[91] 그리고 실제로 건강검진 등 예방적 기능을 중시하는 의료보험법 개정, 국민연금법 가입대상 확대, 사회보장기본법 제정(1995) 등이 모두 이 시기에 이루어졌다.

2. 고용보험법 내용에 반영된 이해관계

법안이 만들어지고 국회에서 통과되는 과정을 통해 경총, 상공회의소 등이 활발하게 의견을 제시하고 상당 부분 수용되었음을 알 수 있었다.[92] 입법 이전 도입을 촉구하는 단계에서는 활발하였던 노동조합 측은 제도가 상당 부분 왜곡되고 제한되는 방향으로 입법이 진행되었음에도 불구하고 밀착하여 끝까지 모니터링하고 의견을 제시하지 못하였던 것과 대비되는 대목이다.

한편 현실화되지는 않았지만 실업보험 도입을 계기로, 법정퇴직금 제도를 임의화 하려고 하였던 것은 놀랄 만한데, 이는 당초 「고용보험연구기획단」이 사용자들

---

90) 이흥재, 앞의 논문, 71면은 "그렇기 때문에 정부 측이 제시한 고용보험법의 기본방향은 실업자의 생활보장이라는 사후적 구제조치보다는 직업훈련이나 직업소개 등 적극적인 고용촉진을 통해 사전적 실업예방 조치에 더 큰 역점을 두었던 것"이라고 지적한다.

91) 최영기 외, 앞의 책, 241면.

92) 제출 법안에 첨부된 "입법예고 의견제출 및 조치내용"에 의하면, 주로 중소기업 협동조합 중앙회나 한국무역협회, 한국경영자총협회, 대한상공회의소 등 사용자 단체에서 퇴직금 제도를 고용보험으로 전환하는 것을 비롯하여 사내직업훈련에 대한 보험료 공제, 적립의무 면제 등을 주장하였고, 보험료나 직업훈련에 관한 것은 다수 반영된 반면, 한국노동조합 총연맹에서 주장한 적용범위와 수급기간 연장, 급여액 상향 조정, 불복제도 강화 등은 모두 받아들여지지 않았다.

의 추가적인 부담을 완화한다는 이유로 건의한 내용에서 비롯된 것으로 보인다. 하지만 퇴직금은 후불임금의 성격을 가질 뿐 아니라 퇴직 사유나 이후 취업 또는 구직활동 여부를 불문하고 지급되는 요건 상으로도 실업급여와 구분되는 것이어서 동일시하는 것은 무리가 있다.

3. 과제: 실업급여 적용범위의 확대

앞서 본 바와 같이 고용보험법은, 노·사·정 3주체가 그 성격에 대해 상이한 인식을 가진 상태에서 가까스로 제정되었다고 할 수 있다.

노동자들은 인간적 생활 보호를 위해서 직업·고용의 안정이 절실한 반면, 정부 입장에서는 정리해고 요건 완화 등 노동시장 유연화를 추구하면서 실업문제 해결과 인력수급 문제를 해결할 보완책이 필요하였고, 경영계는 이에 맞추어 노동시장 유연화에 대한 대가로 약간의 양보를 하는 형식으로 일정한 절충이 이루어진 것이다.

따라서 고용보험제도 개선의 과제는, 법 제정 이후의 역사가 그러하듯, 사회보장적 성격을 어떻게 얼마나 강화하는지에 달려 있다고 할 수 있고, 이는 사회적 재원 또는 국가·사용자 책임의 확대로 적용범위를 어느 수준까지 확대하는지에 따라 달라질 것이다.

류호연**

Ⅰ. 서　론

대한민국에서 이른바 4대 사회보험의 입법은 고용보험법을 제외하고는 모두 1960·70년대에 제정되었다. 가장 먼저 산업재해보상보험법이 1963년 11월 제정되었고, 의료보험법이 같은 해 12월에 제정되었으며, 국민복지연금법은 1973년 12월에 제정되었다. 그리고 제정과정에 있어 고용보험법을 제외한 사회보험법은 4·19와 5·16 및 10월 유신 등 정치적 격변의 시점과 맞물려 군사정권에 의하여 입법되었는데, 그로 인해 우리나라의 사회보험제도는 군사정부의 치적으로 인식되고 있다.

그런데 군사정부에 의한 사회보험법의 입법은 정권의 정통성을 확보하기 위한 방편으로 행해진 측면이 있다. 이는 강제가입조항이 삭제된 채로 의료보험법이 제정된 사실 및 국민복지연금법이 제정되었음에도 긴급조치실시로 그 시행이 유보된 사실을 통해 확인할 수 있다. 오히려 한국에서 사회보험제도가 부분적으로나마 실시될 수 있었던 데에는 사회보장심의위원회 연구위원들의 헌신적인 노력을 빼놓을 수 없다.

사회보장심의위원회는 1962년 2월 보건사회부 소속 연구자문기관으로 설치되었다. 사회보장에 대한 개념조차 생소하던 1960·70년대 사회보장심의위원회는 활발한 조사와 연구활동을 통해 사회보장제도의 이론적 토대를 제공해 주었다. 또한 사회보장심의위원회 연구위원들은 단순히 조사·연구활동에 그친 것이 아니라 우리나라에 사회보장제도를 확립시키겠다는 사명감을 갖고 정책결정자들에 대한 설

---

* 이 글은 「사회보장법연구」(서울대 사회보장법연구회) 제10권 제2호(2021)에 발표된 글이다.

** 국회입법조사처 서기관, 변호사(ryuhy@na.go.kr).

득작업도 적극적으로 수행하였다. 이에 본고에서는 1960·70년대 사회보장입법사에서 중요한 위치를 차지하고 있는 사회보장심의위원회의 입법활동을 조명하도록 한다.

Ⅱ. 사회보장심의위원회

1. 사회보장심의위원회의 설립과 변천

사회보장심의위원회는 1962년 설치되었으나, 설치 시도는 그 이전에도 존재하였다. 1960년 12월 서울대학교 강당에서 당시 민주당 정부는 윤보선 대통령과 장면 총리 등이 참석한 가운데 '전국종합경제회의'를 개최하였는데, 고용 및 생활수준 분과의 최천송[1]은 사회보장제도를 도입하기 위한 제도연구기구로서 사회보장제도심의위원회를 설치할 것을 주장하였고, 이러한 주장은 만장일치로 채택되었다. 이듬해 보건사회부 장·차관은 사회보장제도심의위원회 설치 작업을 손창달[2] 연구원에게 지시하였고, 그가 기초한 사회보장제도심의위원회 규정이 국무회의에 회부되었으나, 국무회의 의결예정일 새벽에 5·16이 발발하여 법제화 작업은 중단되었다.[3]

이처럼, 1961년 이전부터 정부 부처에서 이미 사회보장에 대한 관심이 싹트면서 전문지식이 쌓이고 있었고, 사회보장 연구 및 정책개발에 있어 중심적인 역할을 하는 조직에 대한 구상도 있었으나, 군사정부에서는 경제성장이 우선적 과제가 되면서 5·16은 이러한 역사의 흐름을 차단하는 결과를 가져왔다.[4] 하지만, 1961

---

1) 최천송(1921년생)은 사회보장심의위원회 설립 이전부터 활발한 사회활동을 하였다. 그는 1944년 11월부터 1945년 3월까지 후지코시 군수공장에 징용되었다가 병을 얻어 귀국하였으며, 해방 이후 건국사업에 참여하였고 한국독립당에 입당하였다. 파리대학 유학 중인 1955년 "구라파인의 생계"와 "사회안전보장"을 저술하여 외국의 생활과 빈곤시정방향을 살폈고, 공산주의적 강제배분이나 자본주의적 안이한 배분고려가 아닌 사회적 공동의식 하의 연대적 책임을 통한 빈곤문제 해결에 관심을 가졌다. 1957년 귀국 후 한국산업은행의 은행원으로 일하였고, 1960년 4·19 이후 같은 해 7월 29일 총선에서 한국독립당 소속으로 경기도 제24선거구(파주)에 출마하기도 하였으나 낙선하였다.
2) 손창달(1928년생)은 부산노동병원의 민간의료보험조합 운영(1955)－이승만정권의 보건사회부 '건강보험제도 도입을 위한 연구회' 회원(1959)－장면정권에서 '사회보장제도심의위원회규정' 작성(1961)－박정희정권에서 박의장의 '사회보장제도 확립'이라는 지시각서 작성 참여(1962)－위원회 행정지원반에서 위원회 연구위원으로 옮겨 활동(1968)－한국사회보장문제연구소 이사(1978)－'국민복지연금제도의 실시방향에 관한 연구'에 위원회 연구위원자격으로 참가(1984)－58세로 별세(1986)하기까지 사회보장법 형성의 외길을 걸었다(이홍재, "사회보장법 형성의 풍토적 특징－'전문집단 헌신' 주도 속의 '국민저항과 집권층대응'의 '정치적 산물'－", 「서울대학교 법학」 제52권 제3호, 서울대학교법학연구소, 2011, 405-406면).
3) 의료보험연합회, 의료보험의 발자취, 1997, 28면.

년 5·16에 성공한 군부세력도 위와 같은 국민의 요구를 외면하지 못하여 6대 혁명공약에 "절망과 기아선상에서 허덕이는 민생고를 시급히 해결한다"는 내용을 담았고, 이듬해 1월 1일 국가재건최고회의(이하 "최고회의"라 한다)는 1962년도 기본정책의 하나로 "사회보장심의회를 구성하여 우리나라의 현실에 적합한 사회보장제도를 조사·연구하게 한다"는 방침을 천명하였다. 이후 사회보장제도심의위원회 규정의 제정작업이 추진되어 당초 자료 그대로 각의에 상정되고 수정통과됨으로써 1962년 2월 20일 최고회의 각령 제469호로 사회보장제도심의위원회가 설립되었다.

이후 사회보장제도심의위원회는 사회보장 일반에 관한 내용을 담은 '사회보장에 관한 법률'을 기초하였고, 이 법안에 사회보장심의위원회라는 명칭[5]으로 법률적 근거를 마련하였으나, 입법과정에서 그 기능이 보건사회부장관에 대한 자문기능으로 축소되었다. 이후 '사회보장에 관한 법률'은 개정 없이 30여 년 존치되다가 1995년 12월 30일 사회보장기본법의 제정으로 폐지되었으며, 2012년 1월 26일 사회보장기본법의 전부개정[6]으로 사회보장심의위원회는 사회보장에 관한 주요 시책을 심의·조정하는 사회보장위원회로 변모하여 지금에 이르고 있다.

2. 1960·70년대 사회보장심의위원회의 조직과 구성

1960·70년대는 산업재해보상보험법, 의료보험법 및 국민복지연금법 등 우리나라 주요 사회보험법률이 제정되는 시기로서 사회보장심의위원회가 주도적으로 활동한 때이기도 하다. 당시 사회보장심의위원회(이하 "위원회"로 약칭한다)는 사회보장의 중요사항에 대한 자문에 응하기 위하여 보건사회부장관 소속으로 둔 기구로, 보건사회부장관은 사회보장에 관한 계획을 수립하고자 할 때 미리 위원회의 자문을 거치도록 하였다(사회보장에 관한 법률 제4조). 즉, 보건사회부 소속으로 사회보

4) 전광석, "1963년 사회보장 3법에 관한 연구", 「저스티스」 통권 제164호, 한국법학원, 2018, 201-202면.

5) 명칭에서 "제도"가 제외된 것은 제도라는 협의의 사회보장을 넘어 제도를 포함한 광의의 사회보장을 심의하기 위함이었다(의료보험연합회, 앞의 책, 33면).

6) 사회보장기본법 개정에는 전통적인 사회보험과 공공부조를 넘어서 교육이나 고용, 환경 등의 다양한 영역들을 포괄하는 사회서비스를 사회보장의 개념으로 포함시킴으로써 각 국민의 복지에 영향을 미치는 다양한 요소들을 총괄적으로 조정할 수 있는 기틀을 가지고 있다. 특히, 사회보장심의위원회를 사회보장위원회로 격상시키면서 중앙정부부처 간 그리고 중앙과 지방정부 간의 사회보장관련 다양한 제도들의 발전 및 총괄·조정 기능을 부여하였다. 이를 통해서 사회보장 관리체계, 신설 및 변경 시 사전협의, 사회보장통계, 그리고 사회보장정보시스템 등을 효율적으로 운영할 수 있는 기반을 마련하였다(보건복지부, 사회보장위원회 활성화 방안, 2012, 1면).

장에 관한 정책을 조언하는 자문위원회의 성격을 가졌으며,[7] 위원회는 위원장 1인과 부위원장 2인을 포함한 위원 11인 이내로 구성하였다(같은 법 제5조 제1항). 위원장은 보건사회부차관이 되고, 부위원장은 위원 중에서 호선하였는데, 위원은 관계행정부처의 2급공무원 이상인 자와 근로자·사용자 대표자 및 사회보장에 관한 학식과 경험이 있는 자로 구성하였으며, 위원의 임기는 2년으로 하되 공무원인 위원의 임기는 그 재직기간으로 하였다(같은 법 제5조 제2항·제3항 및 제4항).[8]

사회보장심의위원회는 사회보장제도의 근간을 마련하는 기구로 최초로 설치되었다는 점에서 역사적 의미는 있으나 사회보장제도가 사회복지정책만이 아닌 경제, 사회정책과 긴밀하게 연관된다는 점에서 보건사회부보다는 범정부적인 기구로 만들어져야 했다는 견해가 있다.[9] 실제로, 위원회의 입법안은 최고회의뿐만 아니라 상공부, 경제기획원, KDI 등 정부 내에서의 이견과 반대에도 직면하였다. 하지만 위원회가 보건사회부에 소속되어 있어 위원회 연구위원들의 의견 및 위원회의 자문이 보건사회부에 쉽게 받아들여질 수 있었고, 만약 위원회가 범정부적인 기구로 설치되었다면 다른 정부부처의 소극적인 태도로 위원회 연구위원들의 제안이 위원회 안건으로 논의조차 되지 못했을 수도 있었기 때문에 범정부적인 형태가 반드시 바람직하다고 단정하기는 어렵다고 본다.

한편, 1962년 2월 20일 제정된 사회보장제도심의위원회 규정에서는 사회보장제도에 관한 사항과 위원장이 지정하는 사항을 조사·연구하기 위하여 위원회에 전문위원을 두도록 하였다. 전문위원은 15인 이내의 사회보장제도에 관한 학식과 경험이 풍부한 자로서 전원 공무원이 아닌 사람으로 구성하였으며, 위원장의 승인을 얻어 위원회에 출석하여 발언할 수 있었다(사회보장제도심의위원회 규정 제7조). 이후 1963년 12월 16일 사회보장제도심의위원회 규정이 변경되어 '15인 이내의 전문위원'[10]이 '5인 이내의 연구위원'과 '연구위원을 보조하는 10인 이내의 참사(參事)'의 구조로 개편되었다.[11]

---

7) 현행 사회보장위원회가 사회보장에 관한 주요 시책을 심의·조정하는 기구로서 국무총리를 위원장, 보건복지부장관 등을 부위원장, 관계 행정기관의 장 등을 위원으로 하는 범정부 차원의 성격을 가진 것과 구분된다.

8) 위원회 창설 시 위원장은 보건사회부차관 한국진, 부위원장은 보건사회부 기획조정관 강봉수였고, 당연직 공무원이 아닌 위원에는 중앙대 교수 백창석, 최고회의 자문위원 손정준, 연세대 교수 양재모, 국회의원 육지수, 서울대 교수 하상락과 김치선이 위촉되었다.

9) 신언항, "의료보험발전 단계별 정책형성에 관한 연구", 연세대학교대학원 의료법윤리협동과정 박사학위 논문, 2006, 37-38면.

10) 그러나 실제로는 '전문위원'과 '전문위원 보조'의 역할로 구분하여 운영되었다.

11) 이에 따라 문헌별로 '전문위원'과 '연구위원'의 명칭이 혼재되어 있는데, 본고에서는 명칭 변경 시점

연구위원들은 분야별로 반을 나누어 활동하였다. 처음에는 연구 분야별 4개 반으로 나눠 과거의 경력과 일치되도록 분담했는데, 사회보장 전반은 조만제, 공적부조 및 사회복지는 한상무, 의료보험은 최천송,[12] 노동반(이후 노동보험반으로 개칭)은 노동행정에 오랜 경험이 있는 심강섭[13]이 담당하였다.[14] 이후 위원회 및 사회의 변화에 대응하여 내부개편이 계속되었는데, 1967년 연구원을 크게 확충하여 8개 분과의 연구반을 편성하고, 교수와 전문가들의 현지답사에 함께 참여하는 등 적극적인 사회개발모형구축을 위한 연구를 진행하였다.[15]

III. 산업재해보상보험법의 입법활동

1. 산업재해보상보험법의 제정

1962년 2월 사회보장제도심의위원회가 설치되어 사회보장에 관한 연구를 진행하던 중 1962년 7월 28일에 박정희 최고회의 의장이 "사회보험 중 비교적 용이한 보험을 선택하여 착수하고, 이 시범사업을 통하여 우리나라에 적합한 제도를 발전시킬 것"이라는 내용을 담은 '사회보험제도확립'에 관한 지시각서를 내각에 시달하였다. 이에 위원회 노동보험반은 고민 끝에 산업재해보험의 우선 추진을 결정하고 연구에 더욱 박차를 가하게 된다.

이후 위원회의 연구와 심의를 거쳐 마침내 산업재해보상보험법안이 성안되었다. 정부가 보험관장자로 된 법률안을 민간으로 변경하자는 논란이 있었지만 4주간의 논의 끝에 원안대로 보건사회부장관의 결재를 받았고, 관계부처 협의와 법제처의 심의가 이루어졌다. 차관회의에서 보건사회부가 보험을 관장하는 것에 대한 문제

을 기준으로 전문위원과 연구위원을 구별하여 기술하되, 전문위원 명칭이 위원회 초창기에만 사용된 점을 감안하여 전문위원과 연구위원을 통칭하는 경우 '연구위원'으로 적었다.

12) 위원회 활동 외에도 최천송은 1966년 6월 백창석과 함께 민간연구기관인 한국사회보장문제연구소를 설립하였다. 1967년 위원회 조직개편으로 위원회의 수석연구위원과 위원회연구실의 실장을 맡는 등 계속하여 위원회에서 근무하였고, 1968년에는 UN의 국제사회복지관계장관회의에도 참석하였다.

13) 심강섭(1918년생)은 1942년 일본대학 전문부 법률과 본과를 졸업하고 귀국해 미군정 시절과 정부 수립 후 경상남도 노동계장, 한국전쟁 이후에는 부산시 사회과장·사회국장으로 일하면서 부산 부두에서 속출하는 하역노동자들의 업무상 재해를 수도 없이 목격하였다. 1960년 7월부터는 보건사회부 노동국 직업과장으로 일하다 5·16 이후 사회보장제도심의위원회 전문위원으로 참여했다. 1963년 9월 노동청이 창설되고 산재보험업무를 관장하는 직업안정국장에 임명되었으며(고용노동부, 산재보험 50년사, 2014, 79면), 1977년까지 노동국에 근무하면서 노동보험국장, 중앙직업훈련원장, 주일본 노무관, 직업안정국장 등을 역임하였다.

14) 손준규, 「사회보장·사회개발론」, 집문당, 1983, 78-79면.

15) 최천송, 「한국사회보장연구사」, 한국사회보장문제연구소, 1991, 145면.

제기가 있었으나 당시 보험사업을 관장하던 체신부가 산재보험과 같은 신종 업무를 수행할 수 없다는 입장을 밝힘으로써, 산재보험법안은 1963년 9월 17일 제94회 각료회의 안건 제1235호로 상정되어 원안대로 가결되었다.[16]

같은 해 10월 8일 제107차 최고회의 상임위원회[17]에서 격론 끝에 산재보험법안이 가결되었고, 같은 해 11월 5일 산업재해보상보험법이 법률 제1438호로 공포됨으로써 우리나라 산재보험제도의 시작을 알렸다. 이후 산재보험 예산에 관한 문제 제기가 있었으나 당시 정희섭 보건사회부장관이 보건사회부 예산 중 1,394만원을 산재보험 예산으로 전용하여 사용할 수 있도록 요청하여 산재보험제도 실시를 위한 예산도 갖추게 되었다.[18]

2. 위원회의 활동

산재보험법의 연구 및 성안작업은 위원회 노동보험반에서 담당하였다. 당시 위원회 노동보험반의 전문위원은 심강섭, 민부기, 남윤호로 구성되어 있었는데,[19] 위 전문위원들은 조사 및 연구활동 뿐 아니라 사명감을 가지고 정책결정자들에 대한 적극적인 설득작업도 진행하였다. 그 밖에 홍종철[20] 문교사회위원과 정희섭 보건사회부장관도 산재보험법 제정에 있어 빼놓을 수 없는 인물들이다.

1) 조사 및 연구(실업보험제도와의 우선순위)

당시 사회적 풍조나 노동단체의 동향은 실업보험에 적지 않은 관심을 보였다. 이에 보건사회부 노동국에서는 "실업보험관계 노동실태조사보고서(1960)" 등 실업보험에 관한 연구보고서를 작성하고 있었다. 그러나 위원회 노동보험반은 수많은 재해근로자들이 산업활동 과정에서 상병 등의 재해를 입고도 응분의 보상이나 재

---

16) 고용노동부, 앞의 책, 75면.
17) 오늘날 법률안이 일반적으로 국회 상임위원회와 법제사법위원회 및 본회의 의결을 거치는 것과 유사하게 당시 최고회의에서 법률안은 분과위원회와 법제사법위원회를 거친 후 상임위원회에서 최종 의결되었기 때문에 최고회의 상임위원회의 지위는 일반적인 헌정질서에서의 국회 본회의라 할 수 있다.
18) 고용노동부, 앞의 책, 76-77면.
19) 내부적으로 심강섭이 전문위원, 민부기와 남윤호는 전문위원 보조 역할을 하였는데, 전술하였듯 당시 규정상으로 전문위원과 전문위원 보조가 구분되지 않았으므로 이 기간은 모두 전문위원으로 통칭하였다.
20) 당시 위원회와 군사정부의 일부 인사들 간에 밀접한 협력관계가 형성되었다. 문교사회위원회 위원이었던 홍종철은 대표적인 접촉창구였고, 사회보장제도 도입에 있어서 단계적인 구상을 하였다. 우선 근로자를 대상으로 하고, 이어 전체 국민으로 확대하였는데, 이에 산업재해보상보험법안이 가장 먼저 작성되었고, 의료보험법안이 뒤따랐다(전광석, 앞의 글, 204면).

활의 혜택을 받지 못하는 상황에 처해 있어 실업자보다 더 큰 육체적·정신적 고통에 놓여있다는 점 및 근로의욕 저하 등 실험보험에 대해 갖는 정책결정자들의 우려가 산재보험에서는 나타나지 않을 것이라는 점 등을 감안하여 산재보험제도의 도입을 최우선 과제로 삼았고,[21] 실업보험에 대해서는 근로기준법상 퇴직금제도를 합리적으로 보완하는 것으로 결론내렸다.[22]

이후 위원회 노동보험반은 본격적인 산재보험 연구에 착수하여 "산재 및 실업보험, 의료보험실시를 위한 현지조사보고서(1962)", "노재보험실시에 관한 제안(1962)", "산업재해보상보험사업에 관한 연구(1963)" 등의 조사보고서를 작성하였다. 이를 위해 심강섭·민부기 전문위원은 규모가 큰 공장에 대한 재해보상 실적을 조사하였으며, 그 결과는 다음과 같았다.

〈표 1〉 근로기준법 적용사업장 재해보상 현황[23]

(단위: 환)

연도	소계	요양	휴양	장해	유족	장제
1958년	122,432,322	3,534,528	1,389,390	2,072,040	106,813,130	14,623,234
1959년	110,798,563	8,889,080	2,848,318	5,126,540	83,238,990	10,695,335
1960년	148,423,254	5,465,165	5,016,967	5,023,440	119,680,690	13,236,992
1961년	282,888,616	14,736,933	15,216,562	10,856,610	219,566,676	22,511,835
총계	664,542,755	32,625,706	24,471,237	23,078,630	529,299,486	61,067,396

출처: 보건사회부 노동국.

또한 위원회는 대기업체 사용자들과의 좌담회를 가졌는데 사용자들의 반발이 있었고 한때 회의장이 아수라장이 되기도 하였으나, 전문위원들은 수 시간 상세한 설명을 통해 이해를 구하는 데 성공하였고,[24] 이후에는 국영기업체 기관장들에 대

---

21) 우명숙, "산재보험제도", 「한국의 복지정책 결정과정: 역사와 자료」, 나남, 2008, 27면; 심강섭은 "당시 한국사회는 경제발전이 안 돼 실업문제가 최대 현안이었다. 일자리가 없는 실업자는 경제적 고통만을 경험하지만, 산재근로자는 정신적 고통까지 겪어야 했다"며 사회보장제도로서 산재보험의 우선 추진을 회고하였다(고용노동부, 앞의 책, 79면).

22) 민부기, "산재보험제도의 창설", 최고회의보 26호, 국가재건최고회의, 1963, 76면.

23) 이 표에 대하여 민부기는 "과거 4개년간에 있어서 사용자들이 각 근로감독관에게 보고한 실제 보상액은 6억 6,454만 환이고 그의 연간 평균보상액은 1억 6,613만 환에 불과하다. 그러나 같은 대상자에 대해서 외국의 부담률을 적용하여 계산한다면 연간 소요액은 20억 환에 달한다. 따라서 이를 비교하면 20억 환 대 1억 6,613만 환으로서 대상자들이 받아야 할 보상금액의 1할도 못되는 8%에 불과하다는 것을 가히 알 수 있다"며 산재보험 도입의 당위성을 역설하였다(민부기, "사회보장의 실현을 위하여", 최고회의보 18호, 국가재건최고회의, 1963, 81~82면).

24) 예상치 않았던 재해사건이 일시에 대량발생할 경우 사용자가 일시에 다액의 보상액을 지출하게 되

한 설명의 시간도 가졌다.[25] 그리고 이러한 연구작업 등을 토대로 정부가 사용자로부터 보험료를 받아 근로자에게 급부하는 '3각관계'와 '2요건주의'를 골자로 한 산업재해보상보험법안을 성안하였다.[26] '3각관계'란 근로자가 재해를 당하면 사용자가 직접 재해근로자에게 적당한 방법으로 보상급부해 오던 '직선적인 관계'를 보험관장자인 정부가 사용자로부터 보험료를 받아 근로자에게 보상급부를 해 주는 '3자 관계'로 바뀌는 것을 뜻하고, '2요건주의'는 '업무수행성'과 '업무기인성'[27]의 두 가지 요건을 충족시켜야 업무상 재해로 인정된다는 것을 말한다.[28]

2) 관계부처 설득과정

위원회에서 성안된 법안이 정부안으로 확정되기 위해서 관계부처의 설득이 필요하였다. 1960년대 당시 관계부처 공무원들은 산재보험제도에 대해 무관심과 부정적인 태도를 보였고, 일부 공무원들은 장·차관을 상대하는 전문위원들을 질투하면서 사상이 불온하다고 몰아붙이던 사실이 당시 전문위원들의 인터뷰에서 진술되고 있다.[29] 관계부처를 설득하는 과정에서는 심강섭·남윤호 전문위원의 활약이 두드러지는데, 이들은 "사회보장의 실시가 시기상조"라는 상공부의 회신을 받자 직접 상공부를 찾아가 담당 법무관을 만나고 설득하여 장관의 결재를 받아내는 데 성공하였다. 이후 국무회의에서 상공부장관이 다시 시기상조라는 이유로 반대할 때 보건사회부는 당시 결재한 협조공문을 제시하기도 하였다.[30]

3) 보건사회부장관 결재과정

위원회 전문위원들의 적극적인 설득작업으로 순조롭게 진행되던 정부 내 입법과정은 정희섭 보건사회부장관이 산재보험을 민간보험회사가 담당하는 안에 대하

는바, 산업활동의 위축이나 파산의 위험을 초래할 가능성에 대비하여 매월 정해진 비율에 의한 소액의 보험료를 부담함으로써 그 위험을 분산하게 된다는 것이 위원회 노동보험반의 입장이었다(민부기, 앞의 글, 최고회의보 18호, 82면).

25) 손준규, 앞의 책, 101-102면.

26) 심강섭은 산업재해보상보험법의 특색으로 ①「업무상」재해에 대한 보상, ② 개인사용자의 무과실책임, ③ 재해보상액의 결정, ④ 구제의 신속, ⑤ 책임보험제도를 들었다(심강섭, "산업재해보상보험법개설 1", 산업과 노동 창간호, 노동청, 1967, 78-80면).

27) 업무수행성은 근로자가 근로계약 등에 기초한 담당업무에 종사하고 있는 상태를 말하며, 업무기인성은 근로자가 근로계약에 기초해 사업주의 지배관리 하에 있음으로 해서 수반되는 위험이 현실화했을 때 사회통념상 업무와 재해 사이에 인과관계가 있다고 인정된다는 것을 의미한다.

28) 고용노동부, 앞의 책, 73면.

29) 우명숙, 앞의 글, 29면.

30) 손준규, 앞의 책, 102면.

여 검토하라고 지시함[31])으로써 난항을 겪게 된다. 보건사회부 기획조정관은 심강섭과 남윤호 전문위원을 불러 이에 대해 질문하였는데, 전문위원들은 민간회사가 주관하는 복지사업의 부당함을 차트에 그려 장관과 차관에게 브리핑하였고,[32]) 그제야 장관은 산재보험의 정부운영에 대해 납득하였다.[33])

4) 최고회의 상임위원회 회의

1963년 10월 법안이 최고회의 상임위원회에 상정되자, 심강섭·남윤호 전문위원은 홍종철 문교사회위원 방에 들어가 "1년 동안 싸워서 여기까지 왔으니 꼭 통과되어야 한다"고 말했고, 이어진 홍 위원의 행정집행과정에 대한 물음에는 "자신 있습니다"라고 말함[34])으로써 최후까지 법안 통과를 위한 설득 노력을 하였다. 이후 최고회의 상임위원회에서 위원들은 우리나라 경제상황상 시기상조라는 이유 등을 들어 반대의견을 피력하였으나, 홍종철 문화교육사회위원은 강력한 추진의지를 보이면서 강경한 발언을 이어갔고, 4시간이 넘는 회의 끝에 산재보험법안이 의결되었다.

3. 소결론

1962년 7월 박정희 최고회의 의장의 '사회보장제도확립'에 대한 지시각서가 있었으나, 산재보험법의 제정은 순탄하지 않았다. 당시 정권의 사회보장에 대한 의지 표명은 군사정부의 정통성을 확보하기 위한 선언적인 성격이어서[35]) 사회보험 실시를 위한 구체적 계획이 있을 수 없었다. 또한 행정부 내에서도 우리나라 경제여건상 산재보험 실시는 시기상조라는 인식이 팽배하였다. 그럼에도 불구하고 산

---

31) 이에 대하여는, 산재보험의 경영주체는 민간인이 되어야 한다는 관련부처와 국영기업체의 의견 및 보사부 내에서 귀찮은 사업으로 보는 시각 등을 원인으로 볼 수 있고(손준규, 앞의 책, 103면), 최고회의 위원들이 예산문제를 들어 산재보험 도입 자체를 반대했는데 정 장관이 계속 밀고 나가자 그들이 심하게 압박했던 것 같다는 시각도 있다(심강섭 인터뷰-고용노동부, 앞의 책, 79면에서 재인용).

32) 노동보험반이 주장한 정부운영의 근거는 ① 재해보상과 산업안전 문제는 동전의 양면처럼 서로 분리될 수 없는데, 산업안전에 대한 사항을 민간에게 맡기기는 어렵다는 점 및 ② 산재보험은 한국 최초로 시도하는 사회보험으로서 시범사업의 성격을 갖고 있어 산재보험제도를 실시한 후 시행착오를 거쳐서 제도를 수정하는 것은 정부만이 할 수 있는 일이라는 점이었다(고용노동부, 앞의 책, 68면).

33) 손준규, 앞의 책, 103면.

34) 손준규, 앞의 책, 104면.

35) 박정희 정권에서 사회보장입법이 최고회의 시절 집중된 현상은 4·19혁명에서 분출한 국민의 생존권 보장에 대한 대응책으로서, 또 다른 한편으로는 민정이양형식으로 정권획득을 노린 군사정부가 1963년 후반부의 대통령 선거 및 총선거에서 승리할 선거 전략의 하나로 복지국가 지향의 그랜드 디자인을 홍보한 정치선전의 '분식(粉飾)적 장식물' 전시로 보아야 할 것이다(이홍재, 앞의 글, 400면).

업재해보상보험법을 제정하는 성과를 거둘 수 있었던 데에는 위원회의 역할이 절대적이었다. 위원회는 법안 제정을 위한 연구·조사와 법안 성안, 관계부처와 이익단체 및 정책결정자들에 대한 적극적인 설득 등 산재보험법 제정의 모든 과정에 기여하였다. 특히, 산재보험 도입의 후원자였던 정희섭 보건사회부장관마저 민간보험제도로의 운영을 검토하라고 지시하였음에도, 적극적인 설득작업을 통해 정부운영의 제도로 유지시킨 사실은 산재보험이 지금까지 민간책임보험이 아닌 공적사회보험으로서의 위치를 굳건히 지킬 수 있었던 초석이 되었다.

Ⅳ. 의료보험법의 입법활동

1. 의료보험법의 제정

의료보험에 대한 연구는 1959년 10월 보건사회부 의정국 주관 아래 관료와 민간전문가로 구성된 '건강보험제도 도입을 위한 연구회'의 활동이 시초로 평가받고 있으며,[36] 1962년 2월 위원회가 설립되고 위원회 내에 의료보험반이 설치됨으로써 보다 체계화되었다. 1962년 7월 박정희 최고회의 의장의 지시각서로 의료보험의 법제화 작업이 본격화되었고, 같은 해 10월 국민건강조사를 실시하여 상병률과 의료기관 이용도 및 지출의료비 등을 파악하였다.

위 자료에 근거하여 위원회 의료보험반은 의료보험법안을 작성하였고, 이 법안은 법제처의 심의와 각료회의 의결을 거쳐 1963년 11월 29일 최고회의 문교사회위원회에 회부되었으며, 강제적용은 유지시킨 채 약간의 자구수정을 하여 같은 해 12월 11일 제139차 최고회의 상임위원회에 상정되었다.

제139차 상임위원회는 민정이양을 앞둔 마지막 회의였기 때문에 의료보험법안은 그동안 미뤄졌던 수많은 법안들과 함께 심사되었다. 그런데 최고회의 상임위원회에서 강제적용의 내용을 담고 있는 의료보험법안 제8조를 임의적용으로 수정하여 통과시킴으로써 의료보험제도의 실효성을 확보하지는 못하였다.[37]

---

36) 연구회의 구성원들은 우리나라 사회보장연구의 선구자로서 이후 사회보장제도심의위원회 및 사회보장심의위원회에 참여하여 인적 계속성을 유지하면서 사회보장입법에 적극적인 역할을 수행하였다 (전광석, 앞의 글, 202면).

37) 따라서 의료보험법 제정은 사회보장에 관한 법률과 더불어 군사정부에서 최초로 사회정책적 관심과 의지가 약화되는 것을 보여주는 대표적인 예이다(전광석, 「한국사회보장법론」 제10판, 집현재, 2014, 170면).

2. 위원회의 활동

1) 위원회 설치 이전의 활동

(1) 민간에서 시작된 유사 의료보험사업

손창달은 위원회 설치 이전인 1955년 '사단법인 부산노동병원'을 설립하여 운영하였다. 이 노동병원은 이용대상자가 노동조합 가입자와 그 직계존비속으로 당시 약 38,000여 명이었고, 일정액(200환[38])의 회비를 받고 회원증을 교부하는 등 우리나라에서 처음 나타난 의료보험의 한 형태였다. 병원이 부산시 동광동에서 수정동으로 이전한 후 규모가 커지고 근로자들의 병원이용률이 높아지자 병원의 명칭을 '사단법인 한국노동병원'으로 개칭하였으며, 손창달은 총무를 담당하였다.

손창달은 이처럼 행정기관의 지원 없이 독특한 의료보험사업을 전개하는 한편, 환자들의 질병발생빈도 및 진료횟수 등을 조사·연구하여 1959년 8월 '의료보장을 중심으로 한 한국의 사회보장 도입을 권고함'이라는 건의서를 정부에 제출하였다. 그리고 이 사업을 통해 회원들의 병원이용률이 높은 사실을 발견한 손창달은 우리나라에서도 의료보험제도의 실시가 가능하다는 확신을 가지게 되었다.[39]

1961년 9월 1일 부산노동병원에 이어 서울대학교에서도 정부정책과 무관한 임의의료보험제도가 출현했다. 이때는 정부가 의료보험정책 수립을 위해 다각도로 조사·연구를 진행하던 시기여서 서울대학교의 자체 의료보험제도는 정부로 하여금 의료보험 도입의 필요성과 의지를 더욱 갖도록 하는 계기로 작용했다.[40]

(2) 의료보험 연구회

보건사회부 의정국에서는 1959년 10월부터 전술한 '건강보험제도 도입을 위한 연구회'[41] 모임을 시작하였고, 의료보험과 관련한 연구보고서들을 발표하였다. 연구보고서 중 나중에 의료보험제도에 큰 영향을 미친 것으로는, 엄장현, "의료보험제도 도입 관련 제문제점에 관한 견해 및 예비권고(1960)", 손창달, "건강보험제

---

38) 1955년의 물가는, 일반미(40kg)가 503환, 담배(1갑)가 5환, 시내버스요금(기본구간)이 2환이었다(서울연구원, "광복 70년, 서울은 어떻게 변했을까? ② 생활물가", 서울인포그래픽스 제144호, 2015 참조).

39) 의료보험연합회, 앞의 책, 18-19면.

40) 국민건강보험, 국민건강보험 40년사-통사편, 2017, 45면.

41) 연구회의 구성원은 의정국장 1인, 의정국 과장 2인, 의무과 촉탁 2인, 의정국 자문위원 2인, 의무과 기좌(技佐) 등 총 8명으로 시작하였고, 이들은 매주 목요일 오후 보사부 회의실에서 모임을 가졌으며, 손창달은 의무과 촉탁으로 참여하였다(의료보험연합회, 앞의 책, 19면).

도, 제1차 5개년계획시안(1961)", 양재모, "사회보장제도 창시에 관한 건의(1961)" 등이 있다.[42)

2) 제1차 국민건강조사

1962년 2월 위원회가 발족하고 의료보험반의 최천송, 강남희, 홍창섭 전문위원을 중심으로 의료보험제도에 대한 본격적인 연구를 시작하였다. 이들은 국민의 상병실태와 의료기관 이용도 및 지출 의료비 등을 파악하기 위해 제1차 국민건강조사를 실시하였다. 1962년 10월과 11월 서울시 일원에 거주하는 485,129가구 중 표본추출의 방법으로 선정된 500가구 2,744인을 조사하였고, 조사방법은 조사요원이 해당 가구를 매일 찾아가서 연구하는 방식을 택하였다. 조사 결과 단기적인 질병보다 결핵과 위장질환 등 장기치료를 요하는 만성 질병이 압도적으로 많았고 지출의료비와 병원이용률이 낮게 나왔으며, 이는 양질의 진료를 국민에게 베풀어야 한다는 당위성을 제공해 주었다.[43)

〈표 2〉 소득수준별 의료기관 이용방법 비교

구 분	병원	입원	왕진	치의	약국	한의	유사의료	기타	합계
3,000원 미만	23.3	1.7	1.7	1.7	46.5	6.9	2.2	0	84.0%
3,000~6,000원	1.5	0.1	0.1	0.2	5.0	0.7	0	0.2	7.8%
6,001~9,000원	0.7	0	0	0	1.7	0.3	0	0	2.7%
9,001~12,000원	0.6	0	0	0.1	1.9	0.2	0.2	0	3.0%
12,001~15,000원	0.1	0	0	0	0	0	0	0	0.1%
15,000원 이상	1.1	0.2	0.1	0	1.0	0	0	0	2.4%
계	27.3	2.0	1.9	2.0	56.1	8.1	2.4	0.2	100.0%

출처: 건강조사보고서(1963).

또한 국민건강조사는 소득수준과 상병상황이 반비례함을 보여주었으며, 도시 근로자 가구의 월평균 소득 6,680원에 비추어 건강조사 가구당 월지급 의료비 364.5원은 월평균 소득의 5.5%에 해당하는데,[44) 이를 통해 보험가능 소득층의 지출의

---

42) 손준규, 앞의 책, 109면.
43) 손준규, 앞의 책, 110면.
44) 1963년의 물가는, 일반미(40kg)가 1,505원, 라면(1봉지)이 10원, 짜장면(1그릇)이 25원, 담배(1갑)가 13원, 시내버스요금(기본구간)이 5원이었다(서울연구원, 앞의 글 참조).

료비 부담능력을 추정할 수 있었다.[45]

3) 법안의 성안 및 관계부처 설득과정

위 조사결과를 토대로 홍창섭 전문위원 등이 500인 이상 사업장에 대한 당연적
용을 골자로 하는 의료보험법안을 작성하였고, 의료보험반 전문위원 전체의 합의
가 이루어진 후 보건사회부의 안으로 확정되었다. 이후 홍창섭 전문위원은 법제처
의 승인을 얻기 위해 법제처장 보좌관이자 법대 동기생인 담당 사무관에게 법안
의 당위성과 중요성을 설명하면서 빠른 처리를 부탁하였다. 또한, 법대 선배인 남
윤호 전문위원에게 측면지원을 요청하였고, 남윤호 전문위원 역시 "권한도 없고
예산도 많지 않은 연구기관이니 잘 봐주라"면서 담당 사무관을 설득하였다. 이런
과정을 거친 의료보험법안은 차관회의를 통과한 후 각의에 회부되어 의결되었
다.[46]

4) 최고회의 상임위원회 회의

전술한 바와 같이 최고회의 상임위원회 회의에서 강제가입조항(제8조 제1항)이
삭제되었다. 표면적 이유로 당시 의장단의 법률고문은 의료보험 강제가입이 헌법
과 계약자유원칙에 반하기 때문이라 밝혔다. 그러나 국회의원 선거 이후 의료보험
법의 상임위원회 심의가 이루어진 점,[47] 당시 최고회의 위원들은 의료보험이 아직
시기상조이고 기업체의 부담도 늘어난다고 생각한 점 및 정부도 보험경영사무비
의 부담을 가졌던 점 등이 종합적으로 작용한 것으로 보인다.[48]

---

45) 최천송, 앞의 책, 61면.
46) 손준규, 앞의 책, 113-114면.
47) 산재보험에는 강제적용조항을 둔 반면, 의료보험은 임의가입을 규정한 이유에 대하여 당시 국회의
원 선거가 산재보험법 제정 후 의료보험법의 상임위 심의 전인 1963년 11월 26일에 있었다는 점에
착안하여 선거가 사회보험제도의 내용에 어느 정도 영향을 미쳤다고 보는 견해가 있다(권문일, "한
국사회보험입법의 형성에 관한 연구: 산업재해보상보험제도와 의료보험을 중심으로", 서울대학교대
학원 사회복지학과 석사학위논문, 1989, 93면).
48) 손준규, 앞의 책, 115-116면; 최천송은 이에 대하여 "모든 법률에 있어서 관계자들에게 직접 그 책
임이 돌아가는 일이 있어서는 안 되겠지만 법률학전문가의 손에 의하여 사회정의실현을 목표하는
기초입법이 이렇게 기형아로 출생되게 되었다는 것은 크게 부끄러워할 일이다."라고 밝혔다(최천송,
앞의 책, 113면).

<표 3> 정부 원안과 상임위원회 수정안 비교

정부 원안	상임위 수정안
제8조(강제적용) ① 이 법은 500인이상의 근로자를 사용하는 사업소(국가기관 또는 지방자치단체의 산하기관은 제외한다)에 적용한다. ② 전항의 사업소에 사용되고 있는 근로자는 이 법에 의한 의료보험의 피보험자로 한다. (단서생략)	제8조(적용대상) ① 근로자는 이 법에 의한 의료보험에 가입할 수 있다. (단서생략) ② 전항의 규정에 의한 근로자는 의료보험에 가입한 날로부터 이 법에 의한 의료보험의 피보험자로 한다.

3. 1976년 의료보험법 전부개정

보건사회부는 1975년 11월 정기국회 제12차 보건사회위원회 회의에서 고재필 장관이 "의료보험을 하기는 해야 하겠지만, 선진국도 실패한 나라가 허다하니 시범사업 성과를 보고 하자"고 답변하는 등 의료보험 실시에 대해 미온적인 반응을 보였다. 그러나 1975년 12월 19일 신현확 장관의 부임을 계기로 분위기가 바뀌었다.[49] 복지연금국이 실무적 차원에서 준비해온 의료보험 실시계획을 취임 업무보고에서 접한 신 장관은 의료보험 실시에 대한 강한 집념을 표명하였다. 또한 당시 박정희 대통령도 1976년 1월 15일 연두 기자회견에서 모든 국민이 싼 비용으로 의료혜택을 받도록 하기 위한 국민의료제도를 확립하여 내년부터 시행해 나가겠다고 밝혔고, 같은 해 2월 10일 보건사회부 연두순시에서는 "스스로 질병치료를 할 수 있는 생활수준의 사람들은 천천히 하고, 그 수준 이하의 사람들이 의료혜택을 받을 수 있도록 새마을 진료권을 연차적으로 확대해 나가는 등 단계적으로 해결해 나가 의료보험에까지 이를 수 있도록 해야한다"고 지시하였다.[50]

하지만, 이 과정에서 위원회 연구위원들은 장관과의 소원한 관계 등으로 인해 소외되었던 것으로 보인다. 위원회 연구위원들에 따르면 의료보험제도의 실시를 보건사회부장관에게 건의하였으나 접수되지 않았고, 이들의 주장은 정보기관을 통하여 비공식적으로 대통령 비서실에 보고되었으며, 대통령이 이 건의를 타당한 것으로 받아들여 부총리에게 검토·실시하라는 지시가 있음으로써 장관이 의료보험

---

49) 이에 대하여 김정렴 당시 대통령 비서실장은 박정희 대통령이 신임 신현확 장관에게 의료복지정책을 쓰되 국방력 강화와 경제의 고도성장이 계속해서 요긴한 우리 현실에 비춰 우리 실정에 맞는 건전한 제도를 마련해 주기를 특별히 당부하였다고 회고하나, 최수일 당시 보사부 사회보험국장은 의료보험 실시가 신현확 보사부장관의 주도와 설득에 의한 것이라고 증언한다(조영재, "건강(의료)보험제도", 「한국의 복지정책 결정과정: 역사와 자료」, 나남, 2008, 77면).

50) 의료보험연합회, 앞의 책, 77-79면.

실시를 받아들이게 되었다고 한다.[51]

이후 보건사회부는 의료보험법 개정안을 1976년 4월 28일 성안하여 같은 해 5월 6일 보건사회부안으로 확정하였다. 이후 10여 개 부처에 대하여 동 개정계획의 의견을 묻는 협조공문을 발송하였는데, 경제기획원은 보건사회부가 가장 힘겹게 상대해야 했던 대상이었다. 보건사회부안에 대한 경제기획원의 부정적 태도로 인하여 이후 개최된 경제차관회의와 장관회의에서도 난항을 겪게 되었고, 특히 청와대 경제관료와 보건사회부차관·복지연금국장 등이 참석한 청와대 회의에서는 격론이 벌어졌으나, 피용자의료보험이 국가경제에 결코 부담을 주지 않고 그 성공을 자신한다는 보건사회부 측의 확고한 태도에 따라 대통령의 최종 재가를 받게 되었다. 이에 1976년 9월 13일 보건사회부는 그동안 위원회에서 연구해온 '국민보건 향상을 위한 의료시혜 확대방안'을 확정하여 발표하였다.[52]

이후 여론수렴과정을 거친 의료보험법 개정안은 1976년 10월 12일 정부안으로 국회에 제출되었다. 경제기획원은 법안이 국회에 제출된 뒤에도 한국개발연구원 소속 연구원을 해외로 파견하여 자료를 수집하고 보건사회부의 조합방식 보험운영이 종국적으로 통제력을 잃고 운영부실을 낳아 막대한 재정결손을 가져온다고 주장하였다. 그러나 경제기획원의 이러한 반대는 법안에 영향을 미치지 못하였고 1976년 11월 30일 국회에서 의결됨으로써 1977년부터 의료보험의 실질적인 실시가 이루어지게 되었다.[53]

4. 소결론

위원회는 산재보험법 제정 때와 마찬가지로 의료보험법 제정에서도 사전조사와 연구부터 법안의 공포에 이르기까지 전 과정에서 주도적인 역할을 하였다. 의료보험법 제정 시 행정부 내에서는 큰 반발 없이 통과되었는데, 위원회 전문위원들과 관계부처 공무원 간 친분은 의료보험법안의 설득과 통과에 도움이 되기도 하였다. 더욱이 이러한 과정에서 위원회 전문위원들은 예산지원도 받지 못하여 업무협의에 어려움을 겪었음에도 이들은 오로지 제도 창설이라는 꿈을 가지고 뛰었다.[54] 비록 최고회의 상임위원회에서 강제적용 조항이 삭제되어 위원회 전문위원들의

---

51) 손준규, 앞의 책, 142-143면.
52) 의료보험연합회, 앞의 책, 80-82면.
53) 의료보험연합회, 앞의 책, 91-93면.
54) 손준규, 앞의 책, 114면.

허탈감이 상당했지만, 이후 위원회의 의료보험 시범사업 참여 및 지속적인 연구활동은 1976년 보건사회부가 발표한 '국민보건향상을 위한 의료시혜 확대방안'의 기초가 되는 등 의료보험법 개정 및 본격적인 의료보험제도 실시의 기틀이 되었다.

V. 국민복지연금법의 입법활동

1. 국민복지연금법의 제정과 시행유보

1) 제정과정 개관

산업재해보상보험법과 의료보험법의 제정이 4·19와 5·16이라는 정치적 급변상황과 맞물려 있다면, 국민연금제도의 본격적인 논의는 1972년 10월 유신과 맞물려 있다. 1972년 10월 유신 직후, 박정희 대통령은 "10월 유신에 대한 중간평가는 수출 100억 달러 달성에 달려 있다"고 말하고, 정부의 모든 정책초점을 100억 달러 수출목표에 맞추어 총력을 다하라고 지시하였다. 이후 1972년 말 각종 중화학공업 육성방안이 쏟아져 나왔지만, 문제는 중화학공업화를 추진할 재원마련이었다. 이에 경제부처는 여러 가지 재원조달 방안을 경쟁적으로 마련하였는데, 그중 하나가 연기금으로 내자(內資)를 동원하는 방법이었다.[55]

연금제도 실시에 있어 거시경제적 안목과 재정분야의 전문지식이 필수적이라는 입장에 근거하여 연구를 추진하고 정책형성과정에 깊숙이 관여한 기관은 1971년 국책연구기관으로 발족한 한국개발연구원(이하 "KDI"라 한다)이었다. KDI는 국민연금이 경제적 측면에서 이점이 많다는 사실을 부각할 수 있는 보고서를 작성하여 대통령을 설득하기로 하고, 1972년 9월 22일부터 10월 6일까지 약 2주간 미국을 방문하여 연금제도 분야의 저명한 학자들을 만났다. 미국 순방기간 동안 면담한 전문가들과의 토의내용과 그곳에서 입수한 방대한 참고문헌들을 토대로 KDI는 1972년 11월 25일 '사회보장연금제도를 위한 방안'이라는 대외비 보고자료를 완성하였다. 같은 해 11월 30일 김만제 KDI 원장이 청와대에서 대통령과 경제부처 장관들에게 그동안의 연구결과를 보고하면서 연금제도 도입의 필요성을 설명하였고, 장기간의 토론 끝에 대통령은 연금제도 도입을 위해 KDI가 책임지고 그 구체적인 방안을 계속해서 연구개발해 나가도록 지시하였다. 드디어 1973년 1월 12일 박정희 대통령은 연두기자회견에서 "정부는 정년퇴직 근로자와 심신장애자 및 유족들

---

55) 양재진, "국민연금제도", 「한국의 복지정책 결정과정: 역사와 자료」, 나남, 2008, 106-107면.

에게 일정한 연금을 지급하는 사회보장연금제도를 도입할 준비에 들어갔다"고 공식적으로 선포함으로써 국민연금제도 도입이 공식화되었다.[56]

이후 범정부적 차원에서 연금제도의 기본요강 작성에 착수하였는데, 보건사회부와 KDI가 각각 마련한 2개의 안을 놓고 절충해가는 방식으로 진행되었다. 8개월간 지속된 관계부처 간의 협의를 거치면서 정부는 마침내 1973년 9월 20일 연금제도의 요강을 발표하였는데, 이에 대한 비판적 여론이 거세게 일어났다. 특히 조선일보는 1973년 9월 22일 "국민연금를 보는 눈: 그 요강의 철저한 재검토를 촉구"라는 사설을 통하여 "요강에 나타나 있는 복지연금제도는 근로자들의 오늘의 생존은 물론 미래의 수요도 충분히 예비해주지 못하고 있다"고 비판하였다. 다른 언론사들도 비슷한 논조를 취하여, 동아일보는 "우리 사회의 현실적 여건상 연금제도의 실시는 시기상조(1973. 9. 22.)", 중앙일보는 "연금기여율을 근로자 소득의 8%로 정한 근거가 불분명(1973. 9. 21.)", 한국일보는 "복지연금제도가 중화학공업 투자재원의 수단으로 전용될 우려(1973. 9. 21.)"라는 제목으로 비판적 내용의 기사를 쏟아냈다.

비판적 여론에 직면한 정부는 보완작업을 실시하여 국민의 보험료 부담을 경감하는 차원에서 보험료율을 8%에서 7%(사용자 4%, 피용자 3%)로 인하하였고, 월급여가 15,000원에서 8,000원 사이인 저소득자에게는 국가보조 1%가 부가되어 피용자 부담이 2%로 경감되었으며, 8,000원 미만의 최저소득자는 보험료가 면제되었다. 이러한 최종안은 정부의 대국민 홍보를 거쳐 1973년 11월 11일 국무회의에서 의결되고, 같은 해 12월 1일 국회 본회의를 통과하였다.[57]

2) 시행유보

1974년 시행 예정이던 국민복지연금법은 1973년 중동전쟁이 발발하고 몰아닥친 세계적인 석유파동이 국내경제에도 심한 충격을 가져오게 됨에 따라 중단되었는데, 경제난 극복을 위해 정부가 대통령 긴급조치를 발동하는 과정에서 국민복지연금제도의 실시 보류조치도 포함된 것이었다.[58] "국민생활의 안전을 위한 대통령 긴급조치"라 명명된 이 긴급조치 3호는 석유파동으로 인한 경제난 타개를 목적으로 소득세와 물품세 등 각종 세율의 인하에 대해 세세히 규정하였다.[59]

---

56) 국민연금관리공단, 「국민연금10년사」, 1998, 39-44면.
57) 양재진, 앞의 글, 113-115면.
58) 국민연금관리공단, 앞의 책, 47-48면.
59) 기존의 연구에서는 복지연금제도의 시행유보를 오일쇼크에 따른 경제상황의 악화 때문으로만 이해

2. 위원회의 활동

1) 1973년 이전의 연구활동

1972년 10월 유신 이전부터 위원회의 연구위원들을 중심으로 4대 사회보험에 대한 구상이 논의되었다. 1963년 11월 '사회보장에 관한 법률' 제정과 더불어 '양로연금사업'이 구체적으로 구상되었으며, 이를 위한 조사와 연구사업이 시작되었다. 그 외 노인복지사업계획 등이 지속적으로 입안되었고 이러한 노력이 구체적으로 결실을 맺은 것은 '연금제도 도입을 위한 장기계획: 72~81년도'가 발표된 1972년 10월이다. 이 계획에서는 "1974년부터 연금제도를 실시하되 1976년에는 500인 이상 사업체 근로자 30만 명을 가입시키고, 1981년까지 단계적으로 확대적용하여 30명 이상 사업체 근로자 200만 명을 연금에 가입하도록 하며, 노령퇴직자에게는 월생계비를 정기적으로 지급하여 노후생활을 보장"하는 내용이었다.[60] 이처럼 KDI의 본격적인 연구 이전부터 위원회는 연금제도에 대한 조사와 연구에 착수하여 결과물을 내고 있었다.

2) 보건사회부와 KDI의 법안 경쟁

보건사회부는 1973년 1월 23일 예정된 대통령의 연두순시에서 연금제도의 도입을 주요정책과제로 보고하기로 결정하고 '우리나라 연금보험제도 수립을 위한 연구(서울대학교 행정대학원 석사학위논문)'를 작성한 민재성[61]을 위원회의 연구위원으로 영입하였다. 그리고 대통령의 연두순시 시 "국민복지연금(안)"을 보고하였고, 당시 박정희 대통령은 이 제도가 복지사회건설에 필수적인 중요한 사업이므로 경제기획원과 KDI를 함께 참여시켜 종합안을 마련하여 1974년부터 실시하라고 지시하였다.[62]

하고 있으나, 오일쇼크라는 환경적 측면보다는 복지연금제도가 애초 기대와는 달리 내자동원력이 상대적으로 취약했다는 점이 부각되어야 한다. 국민투자기금 등 다양한 재원조달 방안이 가시화된 상황에서 국민복지연금제도는 내자동원의 효과도 크지 않고 국민 일반과 기업에 직접적인 부담을 지워 유신정권의 지지를 떨어뜨리는 정책이 된 것이다. 게다가 당시 북한의 소득세 폐지 방침과 선전 역시 정부로 하여금 연금보험료라는 사실상의 새로운 세금 신설에 조심스러울 수밖에 없는 상황을 연출했다(양재진, 앞의 글, 120-121면).

60) 양재진, 앞의 글, 108-109면.
61) 민재성(1933년생)은 국민복지연금법의 급작스러운 시행유보에 충격을 받고 위원회 연구위원을 사직하였다. 이후 KDI 연구위원, 제5대 사회보장학회 회장과 국민연금관리공단의 고문 등을 역임하였으며, 1988년에는 국민연금 정책연구의 공훈으로 국민훈장 동백장이 수여되었다.
62) 양재진, 앞의 글, 110면.

이에 경제기획원과 보건사회부, KDI와 사회보장심의위원회가 망라된 범정부적 실무작업팀이 구성되어 연금제도의 기본요강 작성에 착수하였다. 기본요강의 작성 과정은 보건사회부와 KDI가 각각 마련한 2가지 안을 놓고 서로 절충하는 방식으로 진행되었는데, 보건사회부는 위원회를 중심으로 연금제도 기초연구반을 별도로 구성·운영하여 보고서를 작성하였고, KDI는 김만제 원장과 박종기 재정정책실장 등이 참여하여 요강안을 작성하였다.[63]

보건사회부와 KDI 간 가장 큰 쟁점이 되었던 것은 보험료율이었다. 보건사회부는 5%, KDI는 10%를 고수하였는데, 최수일 당시 보건사회부 보험과장은 KDI가 국민복지연금제도를 사회보장 측면보다는 내자동원의 관점에서 보고 있었기 때문이라고 증언하였다.[64] 보험료율을 둘러싼 양 부처의 의견대립은 태완선 경제부총리의 개입으로 8%안(사용자 4%, 피용자 4%)으로 조정되게 된다.[65] 또한 적용대상에 있어서 KDI는 월 1만 5천 원 이상의 소득을 갖는 자영업자의 경우 강제적용을 주장하였지만, 자영업자에 대하여 임의적용을 규정한 보건사회부안이 채택되었으며, 전담기구를 정함에 있어서 징수업무는 KDI안대로 국세청이 담당하되, 국민복지연금의 관리와 운영은 보건사회부가 담당하기로 합의하였다.

3. 국민연금제도의 실시

국민복지연금법의 시행이 전격 유보되었지만, 보건사회부는 연금기획과를 존치시키고 직제를 개편하는 등 내부적으로 법의 시행을 준비하였다. 1984년 8월 16일에는 국민복지연금실시준비위원회가 구성되었지만, 활동을 제대로 하지 못한 채 유명무실하였고, 오히려 동 위원회가 1986년 1월 KDI에 '국민연금개편구상과 경제·사회 파급효과 분석'을 연구의뢰함으로써 연금논의가 급물살을 타게 되었다.[66] KDI의 서상목 부원장과 민재성 연구위원 등이 참여하여 1986년 6월 연구보고서가 완성되었고 이를 정부에 건의하였는데, 국민연금복지에서 국민연금으로 호칭이 변경된 이유는 기존 노령계층을 위한 무갹출연금제도가 없다는 점 및 재원조달 면에서 적극적인 정부보조가 없다는 점을 감안하여 '복지'라는 용어가 삭제되었기 때문이었다.[67] 이후 의견수렴과정을 통해 보험료율을 시행초기 2.5%로 적

---

63) 국민연금관리공단, 앞의 책, 46면.
64) 양재진, 앞의 글, 111면.
65) 이후 여론의 비판으로 보험료율이 7%로 인하된 사실은 전술하였다.
66) 양재진, 앞의 글, 123-124면.

용하여 운영하다가 2000년 10.0%로 연차적으로 상향하는 방안이 제시되었고, 김만제 경제부총리 등의 대통령 설득작업을 거쳐 1986년 8월 11일 전두환 대통령은 하계기자회견에서 국민연금제도 실시방안 등을 포함한 국민복지 3대정책을 발표하였다. 이후 보건사회부의 내부검토안에 KDI의 연구내용을 대부분 받아들인 국민연금법안이 1986년 12월 국회를 통과함으로써 마침내 1988년부터 우리나라에서 국민연금제도가 실시되었다.[68][69]

4. 소결론

국민연금제도의 도입을 주도적으로 한 기관이 경제기획원과 KDI라는 사실은 부정하기 어렵다. 또한 국민연금이 사회보장의 측면도 있었지만, 내자동원과 안정적 경제성장의 방편으로 추진된 사실도 분명해 보인다. 하지만 국민연금제도의 도입에 있어 보건사회부와 사회보장심의위원회의 역할을 간과할 수는 없다. 위원회는 국민복지연금법 제정 이전부터 연금제도를 연구하고 있었고, 민재성 위원을 영입하고 대통령을 설득하는 등 연금제도 도입과정에서 능동적으로 대응하였다.

특히 국민복지연금법 제정과정에서 사회보장심의위원회는 보건사회부 소속기구로 KDI안과 경쟁하는 보건사회부안을 제공하였다. 당시 KDI는 국민연금을 내자동원의 측면으로만 바라봄으로써 연기금 실적을 달성하기 위해 10%라는 무리한 보험료율을 주장하고, 보험료 지급능력이 결여된 자영업자도 강제가입하는 안을 제시하였다. 이에 대응하여 민재성 연구위원[70]을 필두로 제안된 보건사회부안은 5%의 보험료율을 주장하고, 자영업자에 대한 임의가입을 규정함으로써 국민연금의 사회보장과 소득재분배의 기능을 강화하고 KDI와 경제기획원의 일방적인 국민연금 도입계획을 견제하는 역할을 충실히 수행하였다.

---

67) 국민연금관리공단, 앞의 책, 72면.
68) 국민연금관리공단, 앞의 책, 86~88면.
69) 최천송은 당시 상황에 대하여 국민연금 도입의 주도적 입장이 보건사회부에서 경제기획원과 KDI로 넘어갔고, 경제개발의 시녀가 된 KDI는 국민연금을 국민생활의 균등한 향상이 아닌 경제의 안정적 성장이라는 미명 아래 경제정책의 일부로서 그 실시를 추진하였다고 회고한다(최천송, 앞의 책, 139면).
70) 민재성은 KDI로 소속을 옮기고 국민연금제도가 실제 도입되던 1987년에도 정부안에 대하여 "연금급여 총액의 현가가 갹출금총액보다 모든 소득계층에서 높게 나타나고 있으며 저소득계층이 고소득계층에 비하여 상대적으로 유리하도록 추계됨으로써 소득재분배가 있도록 되어 있다"(민재성, "국민연금제도의 기본구상과 경제사회 파급효과", 「한국개발연구」 제9권 제1호, 한국개발연구원, 1987, 56면)고 평가하는 등 국민연금의 소득재분배적 영향에 대해 지속적으로 주목하였다.

Ⅵ. 결 • 론

사회보장심의위원회는 1960·70년대 사회보험법의 입법과정에서 주도적인 역할을 담당하였다. 특히 산업재해보상보험법 및 의료보험법 제정과정에서 위원회는 사전조사와 연구, 법안의 성안, 관계부처와 이익단체 및 정책결정자에 대한 설득작업 등 입법의 전 과정에 관여하였고, 국민복지연금법의 제정에 있어서도 KDI안에 대응하는 보건사회부안을 제시하는 등 중요한 역할을 수행하였다.

먼저, 산업재해보상보험법 제정과정에 있어 위원회는 논의 끝에 실업보험이 아닌 산재보험을 우선 추진하기로 한 후 규모가 큰 공장의 재해보상 실적을 조사하고, 대기업체 사용자 및 국영기업체 기관장에 대한 설명을 거쳐 '3각관계'와 '2요건주의'를 골자로 하는 산재보험법안을 성안하였다. 이후 상공부 등 관계부처 공무원들의 무관심과 견제 속에서도 적극적인 설득작업을 벌였고, 민간보험으로 변경하라는 보건사회부장관의 검토지시에도 정부운영의 당위성을 주장하여 장관을 납득시켰으며, 최고회의 상임위원회 회의 역시 순조롭지 않았지만 법안의 최종통과를 위하여 지속적으로 노력함으로써 대한민국에 산재보험이 실시되도록 하였다. 특히, 보건사회부장관을 설득하여 산재보험을 정부운영의 제도로 유지함으로써 현재까지도 산재보험은 공적사회보험으로서 위치를 굳건히 하고 있다.

다음으로, 위원회는 의료보험법 제정과정에서 부산노동병원의 유사 의료보험사업 운영과 의료보험 연구회의 성과 등을 토대로 연구를 진행하였고, 제1차 국민건강조사를 실시하여 의료보험제도 실시의 당위성을 제공하였다. 위원회는 500인 이상 사업장의 당연적용을 골자로 한 의료보험법안을 성안하였는데, 이 법안이 보건사회부안으로 확정된 후 각의 의결을 거쳐 최고회의 상임위원회에 회부되었으나, 상임위원회에서 의료보험의 임의가입으로 법안이 수정되어 통과됨으로써 의료보험제도의 실시는 미완에 그치게 되었다. 이후 1976년 의료보험법 전부개정 과정에서 위원회는 장관과의 소원한 관계 등으로 인해 소외된 것으로 보이나, 의료보험법 제정 이후 위원회의 적극적인 시범사업 참여와 지속적인 연구작업이 1976년 법 개정의 기틀로 작용하였음은 분명하다.

1973년 국민복지연금법의 제정과정에서도 위원회는 중요한 역할을 하였다. 비록 국민연금제도는 경제기획원과 KDI 주도로 도입되었지만, 1973년 이전부터 위원회는 4대보험에 대한 구상을 논의하였고, 1972년 '연금제도 도입을 위한 장기계

획: 72~81년도'를 발표하는 성과를 내었다. 1973년 박정희 대통령이 국민연금의 실시를 지시하자, 보건사회부는 위원회의 연구를 토대로 한 보건사회부안을 제시함으로써 KDI안에 대응하였다. 그럼으로써 KDI의 일방적인 국민연금 추진을 견제할 수 있었고, 사회보장과 소득재분배 기능을 보완한 국민복지연금법의 제정을 이끌어낼 수 있었다.

이처럼 사회보장심의위원회 연구위원들의 헌신적인 노력은 우리나라 사회보험법 제정에 절대적인 역할을 하였음에도 불구하고 그에 대한 합당한 보상은 이루어지지 못하였다. 연구위원들의 신분과 대우를 보장하는 규정이 부재하였으며, 명확한 이유 없이 해고되는 등 불이익한 처우를 받았다. 특히 산재보험법안을 기초하고 관계부처 설득작업에 적극적인 역할을 한 남윤호는 법 제정 이듬해 재임용이 되지 못하였고, 이후 행정직보좌를 전전하다 지병으로 짧은 생을 마감하였다. 현재에도 자료와 기록의 멸실로 사회보장심의위원회의 활동이 제대로 부각되지 못하고 있는데, 지속적인 관심과 연구를 통하여 사회보장심의위원회의 역할에 대한 조명과 정당한 평가가 이루어지기를 기대한다.

편저자 약력

■ 이흥재(李興在)
서울대학교 법과대학 및 동대학원(법학박사)
전 서울대학교 법과대학/법학전문대학원 교수
현 서울대학교 법학전문대학원 명예교수

■ 김복기(金福基)
서울대학교 법과대학 및 동대학원(법학박사)
전 헌법재판소 헌법연구관
현 서울대학교 법학전문대학원 교수

사회보장입법사연구 Ⅰ

2022년 12월 20일 초판 인쇄
2022년 12월 30일 초판 발행

편저자 이 흥 재 · 김 복 기
발행인 배　　효　　선

발행처 도서출판 法 文 社

주 소 10881 경기도 파주시 회동길 37-29
등 록 1957년 12월 12일/제2-76호(윤)
전 화 (031)955-6500~6 FAX (031)955-6525
E-mail (영업) bms@bobmunsa.co.kr
　　　　(편집) edit66@bobmunsa.co.kr
홈페이지 http://www.bobmunsa.co.kr
조 판 법 문 사 전 산 실

정가 30,000원　　ISBN 978-89-18-91372-8